Formierungen des konfessionellen Raumes in Ostmitteleuropa

GEISTESWISSENSCHAFTLICHES ZENTRUM
GESCHICHTE UND KULTUR OSTMITTELEUROPAS E.V.
AN DER UNIVERSITÄT LEIPZIG

Forschungen zur Geschichte und Kultur
des östlichen Mitteleuropa

Herausgegeben von

Winfried Eberhard
Adam Labuda
Heinrich Olschowsky
Hannes Siegrist
Petr Sommer
Stefan Troebst

Band 33

Formierungen des konfessionellen Raumes in Ostmitteleuropa

Herausgegeben von
Evelin Wetter

Franz Steiner Verlag Stuttgart 2008

Umschlagabbildung: Ehemaliger Epitaphaltar für Joachim Steinbrecher, 1587 (Detail). Berlin, St. Marien. Aufnahme: Andreas Mieth.

Redaktion und Layout: Silke Pasewalck und Madlen Benthin
Register: Annika Strupkus

Gedruckt mit Unterstützung des Geisteswissenschaftlichen Zentrums Geschichte und Kultur Ostmitteleuropas e.V. an der Universität Leipzig

Bibliografische Information der Deutschen Nationalbibliothek
Die Deutsche Nationalbibliothek verzeichnet diese Publikation in der Deutschen Nationalbibliografie; detaillierte bibliografische Daten sind im Internet über <http://dnb.d-nb.de> abrufbar.

ISBN 978-3-515-09131-2

Druck: Rheinhessische Druckwerkstätte, Alzey
Printed in Germany

Inhalt

Konfessionelle Aushandlungen über den Stadtraum

Markierungen von Konfession im territorialen Raum

Formierungen des konfessionellen Raumes in Ostmitteleuropa

Einführung

Sprechen wir heute von einem „typisch evangelischen" oder „typisch katholischen" Kirchenraum, sei es mit Blick auf die Schloßkirche zu Torgau oder den Paderborner Dom,[1] so scheint „das Typische" gleichsam auf der Hand zu liegen: Auf der einen Seite sind es die Konzentration auf den einen Altar, ergänzt um die Kanzel und vor allem die Emporen, auf denen die Gläubigen dem Wort Gottes lauschen. Auf der anderen Seite finden sich zahlreiche Altarstellen bzw. Seitenkapellen zur vielfachen Feier der Eucharistie durch den Klerus. Imaginiert man den heute nurmehr aus Quellen rekonstruierbaren Eindruck mittelalterlicher Kirchenräume, sind bei beiden Beispielen Akteure vorauszusetzen, die beherzt zugreifend oder sukzessiv Veränderungen vornahmen. Auf diese Weise gaben sie den Räumen ihr konfessionelles Gesicht: Durch neue Funktionen, Ikonographien und allgemein Zeichen sind sie unverkennbar einer bestimmten Konfession zuzuordnen. Daß sich solcher Wandel in den meisten Fällen nicht ad hoc und aus sich selbst heraus einstellte, liegt auf der Hand. Vielmehr ist von einem Prozeß auszugehen, von einer „Formierung des konfessionellen Raumes". Solchen „Formierungen" in bezug auf den Kirchenraum, den Stadtraum und den landesherrlichen Raum spüren die Aufsätze des vorliegenden Bandes nach.

Zur Beschreibung räumlicher Strukturen legte zuletzt vor allem die Soziologie Ansätze vor,[2] die sich für andere geisteswissenschaftliche Disziplinen als anschlußfähig zu erweisen scheinen.[3] Basierend auf dem britischen Soziologen Anthony Giddens[4] definiert Martina Löw „Raum" arbeitshypothetisch

> [...] als eine relationale (An)Ordnung von Körpern, welche unaufhörlich in Bewegung sind, wodurch sich die (An)Ordnung selbst ständig verändert. Das bedeutet, Raum konstituiert sich auch in der Zeit. [...] Durch den Begriff „(An)Ordnung" mit der hier

---

1 Zu Torgau zuletzt KRAUSE, Hans Joachim: Die Schloßkapelle in Torgau. In: Glaube & Macht. Sachsen im Europa der Reformationszeit. Ausst.-Kat. Torgau 2004. Bd. 1–2, hier Bd. 2 [Aufsätze]. Hg. v. Harald MARX und Cecilie HOLLBERG. Dresden 2004, 175–188. – Zu Paderborn: HENKEL, Georg: „Große Luft" – Aspekte zur Neugestaltung des Paderborner Doms nach dem Dreißigjährigen Krieg. In: Konfessionen im Kirchenraum. Dimensionen des Sakralraums in der Frühen Neuzeit. Hg. v. Gabriele WIMBÖCK und Susanne WEGMANN. Korb 2007 (Studien zur Kunstgeschichte des Mittelalters und der Frühen Neuzeit 3), 235–261.

2 LEFEBVRE, Henri: La Production de l'Espace. Paris [4]2000 [[1]1974]; LÖW, Martina: Raumsoziologie. Frankfurt/Main 2001; SCHROER, Markus: Räume, Orte, Grenzen. Auf dem Weg zu einer Soziologie des Raums. Frankfurt/Main 2006 mit einem umfassenden Abriß der verschiedenen Positionen.

3 RAU, Susanne/SCHWERHOFF, Gerd: Öffentliche Räume in der Frühen Neuzeit: Überlegungen zu Leitbegriffen und Themen eines Forschungsfeldes. In: Zwischen Gotteshaus und Taverne. Öffentliche Räume in Spätmittelalter und Früher Neuzeit. Hg. v. DENS. Köln-Weimar-Wien 2004 (Studien zum sozialen Wandel in Mittelalter und Früher Neuzeit 21), 11–52; siehe auch die Mitschnitte der Sektion des Deutschen Historikertags 2004 in Kiel „Die große Welt im kleinen Raum. Städtische Kommunikationsräume in der Frühen Neuzeit". In: http://www.historikertag.uni-kiel.de/anmeld.html (18.10.2005); vgl. auch SCHENK, Fritjhof Benjamin: Der *spatial turn* und die Osteuropäische Geschichte. In: http://hsozkult.geschichte.hu-berlin.de/forum/2006-6-001 (9.5.2007).

4 GIDDENS, Anthony: Die Konstituierung der Gesellschaft. Grundzüge einer Theorie der Strukturierung. Frankfurt/Main-New York 1988.

gewählten Schreibweise wird betont, daß Räumen sowohl eine Ordnungsdimension, die auf gesellschaftliche Strukturen verweist, als auch eine Handlungsdimension, das heißt der Prozeß des Anordnens, innewohnt.[5]

Sofern räumliche Strukturen vor allem gesellschaftliche Strukturen und Prozesse spiegeln,[6] dürfen wir „Raum" weder als euklidischen Behältnisraum oder geographischen Naturraum noch als den schlicht vorgegebenen „Ort des Geschehens" beschreiben, sondern als eine Kombination aus sozialen Gegenständen materieller Qualität und sozialen Handelns. Erst darin scheint sich Raum prozessual zu konstituieren. Für die historischen Kulturwissenschaften, die materielle Quellen in ihrer Gebundenheit an die Produktion und die Produktionsbedingungen gesellschaftlicher Symbolik und Kommunikation verstehen wollen, erscheint daher die Abkehr von der Vorstellung eines an diesen Prozessen nicht direkt beteiligten „Raumbehälters" als bloßen, beziehungslosen Rahmens von großem Ertrag. Sie eröffnet einen Interpretationsrahmen, der es gestattet, diverse materielle, aber auch diskursive Zeugnisse in ihrem jeweiligen Zusammenwirken für die Konstituierung eines gesellschaftlichen Handlungsraumes zu beschreiben. Wenn es darüber hinaus gelänge, deren Anteil an den allgemeingesellschaftlichen Veränderungen und hier speziell an den konfessionellen Formierungsprozessen auszuweisen, wäre eine wesentliche Absicht des vorliegenden Bandes erreicht.

Um die Vielschichtigkeit und das Erklärungspotential der Frage nach einer „Formierung des konfessionellen Raumes" nicht nur hinsichtlich des Kirchenraumes oder konfessioneller Markierungen des Urbanen, sondern gerade auch größerer Räume im Sinne von Regionen darzustellen, soll ein konkretes Beispiel zitiert werden, das zugleich die Sinne schärft für die höchst unterschiedlichen Medien, über die sich Räume konstituieren.

Als solches sollen im folgenden zwei Kathedralschätze des heutigen Ungarn betrachtet werden, nämlich in Gran (ung. Esztergom) und in Raab (ung. Győr). Ihre Geschichte kennzeichnet eine ausgeprägte Dualität.[7] Bei Gran handelt es sich zwar um den größten und sicher bedeutendsten Kirchenschatz des heutigen Ungarn. Ein Blick auf die alten Inventare genügt jedoch, um zu erkennen, daß hier nur ein Bruchteil des ursprünglichen Bestandes erhalten ist.[8] Im Jahr 1553 eroberten osmanische Truppen die Erzkathedrale, Sitz des ungarischen Primas. Angesichts der Bedrohung war das Kapitel schon unter dem Episkopat des Pál Várday (1526–1549)

---

5 Löw (wie Anm. 2), 131.

6 Ebd., 167.

7 Zusammenfassend zu den kirchlichen Schatzbeständen des historischen Ungarn: Mikó, Árpád: Liturgical Objects in the Cathedrals of Early Modern Hungary. In: A Celebration of Hungarian Gold and Silver. Ausst.-Kat. London 2003, 12–19; Ludiková, Zuzanna: The Fate of Buda's Ecclesiastical Treasuries. In: Mary of Hungary. The Queen and Her Court 1521–1531. Ausst.-Kat. Hg. v. Orsolya Réthelyi u. a. Budapest-Bratislava 2005–2006, 129–135.

8 Die alten Inventare sind ediert und diskutiert in: Történelmi műirodalmi és okmánytári részletek az esztergomi főegyház kincstárából főmagasságú herczeg prímás esztergomi érsek Símor János úrnak a római sz. Egyház bíbornoka megbízásából és költségén [Geschichtliches, Beschreibendes und Urkundliches aus dem Graner Domschatze im Auftrage und auf Kosten seiner Eminenz des Hochwürdigsten Herrn Johann Cardinal Simor, Primas von Ungarn, Erzbischof von Gran]. Hg. v. Josef Dankó. Esztergom 1880.

nach Tyrnau (slwk. Trnava, ung. Nagyszombat) verlegt worden. Den Kirchenschatz oder zumindest einen Teil davon evakuierte man 1527 ein erstes Mal auf die Burg Drégely,[9] darunter auch die Paramente der berühmten Kapelle des ungarischen Primas Tamás Bakócz (* 1442, † 1521).[10] Am 28. Juni 1528 inventarisierte man die Bestände der Erzkathedrale erneut.[11] Wann sie aus Drégely nach Gran zurückgelangten, ist offen. Über kurz oder lang fanden Schatz und Archivalien dann vor allem in Tyrnau einen sicheren Hort.[12]

Doch schon zuvor hatten Krieg und Landesverteidigung ihren Tribut gefordert: Erzbischof Georg III. Szatmári (1521–1524)[13] händigte auf Geheiß König Ludwigs II. (* 1506, † 1526) am 1. September 1523 den Nachlaß des Tamás Bakócz, der zur Ausstattung seiner Kapelle bestimmt war, als Subsidie gegen die Türken aus.[14] Primas Ladislaus Zalka (1524–1526) mußte nach dem Befehl vom 29. Juni 1526 14 ½ Mark Gold sowie 410 Mark Silber aus dem Kathedralschatz abgeben.[15] Ähnliche Forderungen stellte auch König Johannes Szapolyai (* 1487, † 1540) in den Jahren 1529 und 1530.[16] Es versteht sich von selbst, daß sich solche Maßnahmen auch in den Inventaren nachzeichnen lassen. Während das Inventar von 1528 noch dreißig Reliquiare nennt, zählt das nach dem Tod Pál Várdays am 12. Oktober 1549 aufgestellte Verzeichnis nur noch wenige.[17]

Neben solchen Entwicklungen fällt jedoch auch anderes auf: So beinhaltet der Graner Bestand heute zahlreiche Werke, die ursprünglich aus anderen Kirchenschätzen stammen, so etwa eines der Hauptwerke der Goldschmiedekunst Siebenbürgens, den Kelch des Benedek Suki, den ein Klausenburger Edelmann um 1440 der Kathedrale des Siebenbürgischen Bistums zu Weißenburg (rum. Alba Iulia, ung. Gyulafehérvár) vermachte (Abb. 1).[18] Dort lag die eigentliche Gefahr für den Kathedralschatz weniger in der Türkenbedrohung als vielmehr in den diversen Bekenntniswechseln derer, die die Kathedrale als ihr Gotteshaus einforderten. Mit der Reformation der Siebenbürgischen Stände 1556 wurde die Geistlichkeit vertrieben; das Kirchenvermögen bildete die

9 Budapest, Magyar Országos Levéltár, A Magyar Kamara Archívuma, E 210, Miscellanea No. 6. Ecclesiastica et religionaria, 3. tétel (1527, Regestrum bonorum ecclesiensis Stroniensis In Castro Dreghel depositorum), hier zit. nach Mikó, Árpád: Várday Pál esztergomi érsek hagyatéki leltára (1559) és az esztergomi egyház kincseinek sorsa Mohács után [Das Erbschaftsinventar des Graner Erzbischofs Pál Várday (1559) und das Schicksal des Kirchenschatzes von Gran nach der Schlacht von Mohács]. In: Ars hungarica 20 (1993), 61–88, hier 67–71.

10 Balogh, Jolán: Az esztergomi Bakócz Kápolna [Die Graner Bakócz-Kapelle]. Budapest 1955, bes. 80.

11 Történelmi műirodalmi (wie Anm. 8), Sp. 142–148. Zur Relation der beiden Inventare auch Balogh (wie Anm. 10), 84.

12 Vgl. im folgenden Mikó, Várday Pál (wie Anm. 9); Történelmi műirodalmi (wie Anm. 8), Sp. 19f.

13 Zu ihm auch Farbaky, Péter: Szatmári György, a mecénás [György Szatmári, der Patron]. Budapest 2002 (Művészettörténeti Füzetek 27).

14 Történelmi műirodalmi (wie Anm. 8), Sp. 17f.

15 Ebd., Sp. 17–20.

16 Ebd., Sp. 19–20.

17 Wien, Österreichisches Staatsarchiv, Finanz- und Hofkammerarchiv. Hoffinanz Ungarn, Fasc. Rote Nr. 2, fol. 344r–354v, hier zit. nach Mikó, Várday Pál (wie Anm. 9), 71–84.

18 Mit Abbildungen und dem Verweis auf ältere Literatur zuletzt in: Sigismundus rex et imperator. Kunst und Kultur zur Zeit Sigismunds von Luxemburg 1387–1437. Ausst.-Kat. Hg. v. Imre Takács u. a. Budapest-Luxemburg 2006, 385–387, Kat.-Nr. 4.95 (Evelin Wetter).

wirtschaftliche Grundlage für das Fürstentum und für die Residenzbildung.[19] In der Folge war das Schicksal der Kirche eng verknüpft mit den Neigungen der Landesherren: Sigismund Báthory (* 1573, † 1613) erstattete, nachdem er kurzfristig der reformierten und dann der unitarischen Kirche angehört hatte, die Kathedrale 1596 den Katholiken zurück. 1605 fiel sie jedoch erneut den Calvinisten zu, so daß auf katholischer Seite bis zur Wiederbegründung des katholischen Bistums 1716 lediglich Titularbischöfe zu verzeichnen sind.[20] Damit befindet sich der prächtige Kelch des Benedek Suki, nachdem er über das oberungarische Tyrnau 1556 in den Graner Schatz gelangt war, genaugenommen bis heute im Exil.

Ein ähnliches Schicksal ereilte die Reliquienbüste des hl. Ladislaus, eines Nationalheiligen der Ungarn und *athleta patriae* (Abb. 2).[21] 1557 ist sie noch in der ihm angestammten Kathedrale des Bistums Bihar, in der Ladislauskapelle zu Wardein (rum. Oradea, ung. Várad) nachzuweisen.[22] Ein nächstes Mal findet sich das Kopfreliquiar in dem am 18. Mai 1600 aufgenommenen Inventar der Weißenburger Kathedrale.[23] Hier ist nun auch das silberne Horn erwähnt, das der Heilige jeweils mit in die Schlacht geführt haben soll. Demeter Naprágy, von 1597 bis 1605 Weißenburger Bischof, scheint schon bald danach die hier noch genannte, aus vier Blüten gebildete Krone ersetzt zu haben durch die heutige, laut Inschrift 1600 in Prag gefertigte:

> IN HONOREM S(ancti) LADISLAI REGIS HUNG(arorum) DEMETRIUS NAPRAGI EP(isco)PUS ET CANCELL(arius) TRANSSYL(vanensis) RENOVAVIT PRAGAE ANNO MDC.

Man beachte hier die dezidierte Nennung der Würden des Auftraggebers. 1602 wurde Naprágy die Preßburger Propstei zugesprochen, in deren Inventar von 1605 auch

---

19 GÜNDISCH, Konrad: „Hauptstädte" in Siebenbürgen. In: Hauptstädte zwischen Save, Bosporus und Dnjepr. Geschichte – Funktion – Nationale Symbolkraft. Hg. v. Harald HEPPNER. Wien 2000, 51–83; BARTA, Gábor: Die Anfänge des Fürstentums und erste Krisen (1526–1606). In: Kurze Geschichte Siebenbürgens. Hg. v. Béla KÖPECZI. Budapest 1990, 243–301, hier 243–268.

20 Vgl. Historische Stätten. Siebenbürgen. Hg. v. Harald ROTH. Stuttgart 2003 (Handbuch der historischen Stätten), 5–10 (Eintrag „Alba Iulia" v. Thomas NÄGLER).

21 Mit weiteren Abbildungen und dem Verweis auf ältere Literatur zuletzt in: Sigismundus rex et imperator (wie Anm. 18), 378–383, Kat.-Nr. 4.91 (Terézia KERNY/Evelin WETTER).

22 Budapest, Magyar Országos Levéltár, F 2, Gyulafehérvári Káptalan Országos Levéltara, Protocolla, XIX. kötet (Misere mei Domine), 367–395, hier 39, zit. nach MIKÓ, Árpád/MOLNÁR, Antal: A középkori váradi székesegyház kincstárának inventráriuma [Das Inventar der mittelalterlichen Kathedrale von Wardein]. In: Művészettörténeti Értesitő 52 (2003), 303–318, hier 316: „Caput Sancti Regis Ladislai in argento inclusum et deauratum cum chorona et serto gyemmato (!) cui ex collo dependet cathenula parva aurea cum pace reliquiae."

23 „Caput S. Ladislai Regis Ungarorum argenteum cum reliquijs eiusdemque Corona argentea, cum floribus quatuor deaurata. [...] Tuba argentea S. Ladislai [...] Que omnia Reuerendissimus accepit in locum tuciorem. Propter periculum imminens ex bello", zit. nach [o. V.]: Régi egyházi ékszerek [Alter kirchlicher Schmuck]. In: Magyar Sion 1 (1863), 711–713. – Vgl. auch BALOGH, Jolán: Varadinum, Várad vára [Varadinum. Die Festung Wardein]. Bd. 1–2, hier Bd. 2. Budapest 1982 (Művészettörténeti Füzetek 13/1–2), 130. – Das Zitat bei LÁSZLÓ, Gyula: Szent László győri Ereklyéje [Die Reliquienbüste des heiligen Ladislaus in Raab]. In: Arrabona (1965), 157–209; hier zit. nach der französischen Fassung: DERS.: Le Reliquaire en forme de buste de Saint Ladislas a Győr. In: Acta archaeologica 20 (1968), 313–342, hier 320: „Inventarium. Ecc. maioris Albensis. Caput S. Ladislai regis Hung. argenteum cum reliquiis, eiusdem corona argentea cum floribus 4 deaurata [...] Cuba [sic!] argentea S. Ladislai – quae omnia Reverendissimus accepit in locum tutiorem propter periculum imminens de bello."

die Krone mit den heutigen zehn Lilienblüten beschrieben wird. Explizit nennt man Naprágy auch als Überbringer der Reliquien.[24] Als dieser 1607 das Bistum Raab erhielt, nahm er auch die Herma mit sich dorthin, wo sie sich abgesehen von ihrer Evakuierung anläßlich der osmanischen Invasion des Jahres 1683 nach Bernstein (ung. Borostyánkő) und auf das Schloß Lockenhaus (ung. Léka) noch heute befindet. Paradigmatisch ging es darum, ein mit vielfachen Bedeutungen aufgeladenes, ja als heilig angesehenes Wesen über die Zeit und in einen „sicheren Hafen" zu retten. Die Brisanz der Unternehmungen wird deutlich, wenn man sich eine zeitgenössische, dabei auch sicher topisch gefärbte Beschreibung der Wardeiner Verhältnisse des Jahres 1600 vor Augen führt:

> Wardein, oder Gross-Wardein hat vor diesem viel Kirchen und Clöster gehabt, so nunmehr fast alle niedergerissen worden seyn; wie dann in der Stadt kain ain[z]ige gemauerte Kirche mehr, sonder die Burger, so der Calvinistischen Religion, haben zu ihren Predigten ein gross auffgericht Schindeltach, gleich einer grossen Scheuern.[25]

Die hier skizzierten Wege mittelalterlicher Schatzkunstwerke des historischen Ungarn lassen bereits erahnen, daß hinter den Bemühungen von Akteuren wie Naprágy natürlich auch ein gewisser Anspruch steht. Einen etwas anders gelagerten Fall dokumentiert das 1577 datierte Testament des kaiserlichen Statthalters in Neutra (slwk. Nitra, ung. Nyitra), Pál Bornemisza, der zugleich die Würden eines Bischofs von Veszprém und von Weißenburg sowie die Ofener Propstei innehatte.[26] Eben diesen Kirchen vermachte er entsprechende Legate, d. h. Vasa sacra und Vasa non sacra, Insignien, Paramente – darunter etwa auch den ältesten erhaltenen Kelch mit antiken Münzen, der ursprünglich aus der Kathedrale von Weißenburg stammt, aber bis heute im Neutraer Schatz aufbewahrt wird.[27] Tatsächlich konnten die Objekte nicht an ihre Bestimmungsorte gelangen. Nichtsdestoweniger stehen sie stellvertretend für einen Anspruch auf streitig gemachte Würden, der etwa mittels Inschriften und Wappen zum Ausdruck gebracht werden konnte, so z. B. auch bei einem rekonstruierten Kelch mit Drahtemailschmuck, der sich gleichfalls noch in Neutra befindet. Auf seinem Aufsatzrand findet sich folgende Inschrift eingraviert:

---

24 László (wie Anm. 23), 320.

25 Podhradczky, József: Szent-László király tetemeinek historiája [Die Historie des Leichnams des heiligen Ladislaus]. Buda 1836, 21, zit. nach Bunyitay, Vincze: A váradi püspökség története alapitásától a jelenkorig [Die Geschichte des Bistums Wardein von der Gründung bis in die Gegenwart]. Bd. 1–4. Nagyvárad 1883–Debrecen 1935, hier Bd. 1, Nagyvárad 1883, 429.

26 Mikó, Árpád: Bornemisza (Abstemius) Pál püspök végrendelete 1577-ből. Adatok a nyitrai, az óbudai, a veszprémi és a gyulafehérvári egyház középkori kincseinek sorsához [Das Testament des Bischofs Pál Bornemisza (Abstemius) aus dem Jahr 1577. Angaben zum Schicksal der mittelalterlichen Schätze der Kirchen in Neutra, Alt-Ofen, Veszprém und Weißenburg]. In: Művészettörténeti Értesítő 45 (1996), 203–221.

27 Mikó, Árpád: „Pogánypénzes" Kehely a 16. század elejéről Budai Uladricus Gyulafehérvári kanonok kelyhe a nyitrai székesegyház kincstárában? [Ist der Kelch mit „heidnischen Münzen" des frühen 16. Jahrhunderts im Schatz der Neutraer Kathedrale der Kelch des Weißenburger Kanonikers Uldaricus Budai?] In: Ars decorativa 13 (1993), 137–144; Wetter, Evelin: Weite Wege siebenbürgischen Silbers der Jagiellonenzeit und seine Rezeption. In: Die Länder der Böhmischen Krone und ihre Nachbarn zur Zeit der Jagiellonenkönige (1471–1526). Kunst – Kultur – Geschichte. Hg. v. Ders. Ostfildern 2004 (Studia Jagellonica Lipsiensia 2), 49–65, hier 57–58.

> PAVLVS ABSTEMIVS + Q(in)Q(ecclesie)NSIS + EP(iscop)VS + TRANSILVANE(nsis) + FRACTV(m) + VENALE(m) + EMIT + ADDIDIT + REPERAVIT + AN(n)O + D(omi)NI + M + D + LXIIII + AETATIS VERO SUAE LXVII.

Von Bedeutung ist hier wiederum die Nennung der Würde eines Bischofs von Siebenbürgen. Des Weißenburger Bischofssitzes verwiesen, versucht Bornemisza im Exil stellvertretend den aufgelösten Schatz unter Einbeziehung mitgereister Objekte wie des Weißenburger Münzkelchs, aber auch erst später erworbenen alten Geräts neu zu konsolidieren. Ziel ist es, den Anspruch auf das Bistum weiterhin aufrechtzuhalten. Wie der Sukikelch und die Ladislausbüste damit an einem Ort weitab ihrer eigentlichen Bestimmung konzentriert, sind diese Objekte über ihren materiellen Wert hinaus in ihrer Symbolik zugleich räumliche Bezugnahmen auf ein Gebiet, das doch zu dem Zeitpunkt als verloren gelten mußte.

Zusammenfassend zeigen die Kathedral- und Kirchenschätze des historischen Ungarn zwar einerseits die Tragik der großen Verluste von Reliquiaren, Vasa sacra und anderer kostbarer Objekte in Anbetracht osmanischer Bedrohung und konfessioneller Umbrüche. Andererseits spiegeln sie in ihrem heutigen Umfang jedoch auch umfangreiche Rettungsversuche anderer, von diesen Gefahren beeinträchtigter Kirchenschätze, von denen sie einzelne Werke zwischenzeitlich oder bis in die Gegenwart beherbergen. Angesichts der immer weiter nach Westen verschobenen Grenze zwischen Osmanen- und Habsburgerreich bezeichnet gerade dieses Moment die große historische Leistung der katholischen Eliten, einen immer noch umfangreichen Schatzbestand in unruhigen, von Krieg überschatteten Zeiten zusammenzuhalten oder auch mit Stücken anderer Provenienz zu rekonstituieren.

Die soziologischen Raumkonzepten inhärente Handlungsdimension,[28] d. h. die als „Versäumnis", „Verzicht" oder als „Tat" des historischen Subjekts zu beschreibende Aktion, kann an dieser Stelle ein tragfähiger Ausgangspunkt sein auch für eine historisch kontextualisierte Bewertung des beschriebenen Umgangs mit vorgegebenen Räumen zu jener Zeit. Denn stets ist es die spezifische, also auf Zerstörung, Bewahrung oder Rekonstruktion von räumlichen Strukturen orientierte Aktion einzelner Individuen oder gesellschaftlicher Gruppen, aus der heraus sich der „konfessionelle" Zeugniswert einzelner, mit diesen Räumen verbundener Artefakte – seien es Kirchenarchitekturen oder, wie die angesprochenen Objekte, Ausstattungsstücke – konstituiert. Neben einer realen (landschafts- bzw. territorial-)räumlichen Dimension, bedenkt man nur das physische Verbringen der Werke, ist ihr auch eine symbolische gegeben. Die hier skizzierten Vorgänge lassen sich damit als die Geschichten einzelner Werke, ganzer Schätze oder der mittelalterlichen Goldschmiedekunst im historischen Königreich Ungarn beschreiben. Von hohem Zeugniswert sind sie darüber hinaus für die diversen konfessionellen Umbrüche und Veränderungen der politischen Landkarte in der Frühneuzeit. Sie bilden exemplarisch räumliche Strukturen und deren sukzessive Wandlungen ab, wie sie sich unter differierenden Konstellationen vielerorts im frühneuzeitlichen Ostmitteleuropa beobachten lassen. Die Bemühungen des ungarischen Klerus um die jeweiligen Bestände und damit verknüpfte

---

28 Löw (wie Anm. 2), 166f.

Ansprüche können im übertragenen Sinne sogar als *mental mapping*[29] beschrieben werden, d. h. als eine aus früheren Erfahrungen und späteren Kodierungen gespeiste Konstruktion, als eine wider die realhistorischen Verhältnisse „konzipierte“ – konfessionelle – „Landschaft im Kopf“.[30]

Im Zusammenspiel mit den jeweiligen ständischen bzw. ethnischen Konstellationen, die sich im östlichen Mitteleuropa immer wieder als konstitutiv auch für den Konfessionalisierungsprozeß erweisen sollten, wurden auf diese Weise Voraussetzungen geschaffen, die nicht zuletzt einer nationalen Kodierung der Objekte Vorschub leisteten. In bezug auf die Kathedralschatzkunst scheint es – freilich zugespitzt formuliert – somit der ungarische Klerus zu sein, der etatistisch-nationale Perspektiven des 19. und 20. Jahrhunderts präfigurierte. Gleichermaßen sind hinsichtlich des verbliebenen Abendmahlsgeräts der lutherischen Siebenbürger Sachsen, also eines eigentlich ständisch-konfessionell definierten Denkmälerbestandes, im Verlauf des 20. Jahrhunderts immer wieder auch ethnisch-nationale Vereinnahmungen zu beobachten. Hier ergibt sich ein interessanter Ansatzpunkt für eine Diskussion der diversen Modelle nationaler (Kunst-)Historiographien,[31] scheinen doch deren Topoi großenteils nicht erst im 19. oder 20. Jahrhundert ausgebildet worden zu sein, sondern – wie im zitierten Fall – tatsächlich in der Frühneuzeit verankert.

Das Beispiel deutet an, warum gerade Ostmitteleuropa als Ausgangspunkt für Fragen nach der „Formierung des konfessionellen Raumes“ so interessant sein könnte. Die mit dem Begriff „Ostmitteleuropa“ umrissene Großregion[32] weist in der geschichtswissenschaftlichen Beschreibung unter anderem zwei Strukturmerkmale von langer Dauer auf, die sie für vergleichende Analysen besonders prädestinieren: „Polyethnizität“ und „Multikonfessionalität“. Die Reichhaltigkeit einer so definierten Untersuchungsregion belegt auch der 1999 erschienene Sammelband „Konfessionalisierung in Ostmitteleuropa“, der darauf abzielt, „eine Bilanz über die theoretische Weiterentwicklung des Paradigmas [Konfessionalisierung] und den aktuellen Diskussionstand zu ziehen“ sowie „das Erklärungspotential für die

[29] Schlögel, Karl: Im Raume lesen wir die Zeit. Über Zivilisationsgeschichte und Geopolitik. Frankfurt/Main 2006, 243–248.

[30] Von geschichtswissenschaftlicher Seite ist das Thema bereits vielfach angegangen worden, vgl. stellvertretend: Geschichte und Gesellschaft 28 (2002). Sonderheft: Mental Maps. Hg. v. Christoph Conrad; Assmann, Aleida: Erinnerungsräume. Formen und Wandlungen des kulturellen Gedächtnisses. München 1999. – Hinsichtlich eines kunsthistorischen Zugriffs sieht es jedoch ganz anders aus, vgl. lediglich: Warnke, Martin: Politische Landschaft. Zur Kunstgeschichte der Natur. München-Wien 1992; Heck, Kilian: Genealogie als Monument und Argument. Der Beitrag dynastischer Wappen zur politischen Raumbildung der Neuzeit. München-Berlin 2002, bes. 261–273; zum Konzept einer „Memoriallandschaft“: Brachmann, Christoph: Memoria – Fama – Historia. Schlachtengedenken und Identitätsbildung am lothringischen Hof (1477–1525) nach dem Sieg über Karl den Kühnen. Berlin 2006.

[31] Vgl. hinsichtlich des Forschungsstandes: Die Kunsthistoriographien Ostmitteleuropas und der nationale Diskurs. Hg. v. Robert Born, Alena Janatková und Adam S. Labuda. Berlin 2004 (humboldt-schriften zur kunst- und bildgeschichte 1).

[32] Conze, Werner: Ostmitteleuropa. Von der Spätantike bis zum 18. Jahrhundert. Hg. v. Klaus Zernack. München 1993, 151–157; Halecki, Oskar: Grenzraum des Abendlandes. Eine Geschichte Ostmitteleuropas. Salzburg 1957. – Vgl. auch Zernack, Klaus: Alteuropäische Libertät und moderne Nation. Zur historischen Programmatik Ostmitteleuropas. In: Berichte und Beiträge des Geisteswissenschaftlichen Zentrums Geschichte und Kultur Ostmitteleuropas e. V. 1 (1996), 19–33.

ostmitteleuropäischen Ständegesellschaften auszuloten".[33] Das von Heinz Schilling und Wolfgang Reinhard seit den 1980er Jahren herausgearbeitete Paradigma geht von der Tatsache aus, daß

> [...] in Alteuropa [...] Religion und Politik, Staat und Kirche strukturell miteinander verzahnt waren, daß unter den spezifischen Bedingungen der frühneuzeitlichen Vergesellschaftung Religion und Kirche nicht historische Teilphänomene waren, sondern das Gesamtsystem der Gesellschaft abdeckten und zentrale Achsen von Staat und Gesellschaft bildeten.[34]

Wie detailliert das Paradigma indessen in bezug auf die einzelnen Regionen des „neuen Europa", um hier bei Oskar Haleckis Terminologie im Rahmen seines geschichtsregionalen Konzepts von „Ostmitteleuropa" zu bleiben,[35] hinterfragt werden muß, belegt der Fall Siebenbürgens, ein „Paradebeispiel für ein politisches Territorium [...], in dem bestimmte historische und ethnische Entwicklungen es möglich machten, daß nebeneinander mehrere Konfessionen offiziell anerkannten Status erhielten".[36] Anders als im Reich, wo sich die Maxime *cuius regio, eius religio* im wesentlichen durchsetzte, war die Entscheidung über religiöse Verhältnisse in Siebenbürgen aufgrund der standesrechtlichen Spezifik den staatlichen Befugnissen enthoben. Tatsächlich liegt ein weiteres Strukturmerkmal Ostmitteleuropas in der politischen Bedeutung der Stände. Das Paradigma „Konfessionalisierung" als vor allem etatistisch formuliertes Modell kann den polyethnischen und multikonfessionellen Gesellschaften Ostmitteleuropas daher nur bedingt gerecht werden. Die strukturelle Verzahnung von Gesellschaft, Kirche und Herrschaft läßt sich – in gleichwohl unterschiedlichen Gewichtungen – trotzdem den diversen Vorgängen und bleibenden Zeugnissen ablesen.

Unter diesen sind kulturelle Zeugnisse, Bauwerke, Denkmäler etc. die oftmals sichtbarsten Relikte diverser konfessioneller Formierungsphasen. Wollte man dies an einer Epoche verdeutlichen, wäre wohl

> [...] der Barock [...] Ausdruck des konfessionellen Europa, als er die kirchliche Spaltung sinnfällig macht. Das gilt bis auf den heutigen Tag, wie sich jeder Reisende leicht

---

33 Bahlcke, Joachim/Strohmeyer, Arno: Einführung. In: Konfessionalisierung in Ostmitteleuropa. Wirkungen des religiösen Wandels im 16. und 17. Jahrhundert in Staat, Gesellschaft und Kultur. Hg. v. Dens. Stuttgart 1999 (Forschungen zur Geschichte und Kultur des östlichen Mitteleuropa 7), 7–10, hier 7. – Vgl. auch: Konfessionelle Pluralität als Herausforderung. Koexistenz und Konflikt in Spätmittelalter und Früher Neuzeit. Winfried Eberhard zum 65. Geburtstag. Hg. v. Joachim Bahlcke, Karen Lambrecht und Hans-Christian Maner. Leipzig 2006.

34 Schilling, Heinz: Die Konfessionalisierung im Reich. Religiöser und gesellschaftlicher Wandel in Deutschland zwischen 1555 und 1620. In: Historische Zeitschrift 246 (1988), 1–45, hier 5. – Zur begrifflichen Differenzierung vgl. auch Schorn-Schütte, Luise: Die Reformation. Vorgeschichte – Verlauf – Wirkung. München [3]2003[[1]1996]; Ehrenpreis, Stefan/Lotz-Heumann, Ute: Reformation und konfessionelles Zeitalter. Darmstadt 2002 (Kontroversen um die Geschichte).

35 Halecki (wie Anm. 32). – Einen historiographischen Abriß bietet auch Troebst, Stefan: Region und Epoche statt Raum und Zeit – „Ostmitteleuropa" als prototypische geschichtsregionale Konzeption. In: http://hsozkult.geschichte.hu-berlin.de/forum/2006-05-001 (9.5.2007).

36 Leppin, Volker: Siebenbürgen: ein kirchenpolitischer Sonderfall von allgemeiner Bedeutung. In: Konfessionsbildung und Konfessionskultur in Siebenbürgen in der frühen Neuzeit. Hg. v. Dems. und Ulrich A. Wien. Stuttgart 2005, 7–13.

überzeugen wird, wenn er katholische und protestantische Länder in Europa miteinander vergleicht.[37]

Mit dem Bild des Reisenden, der verschiedene regionale und urbane Strukturen oder auch einfach nur ausgestattete Gebäude durchschreitet, wird hier ein Rezipient jener durch konfessionelle Kodierungen geformten Lebenswelten beschrieben. Diese Rezipientenhaltung können wir heute noch einnehmen, nicht zuletzt erschließt sich mit ihr ein großer Teil der mit Blick auf die Fragestellung auszudeutenden Quellen. Allein, sie setzt eine makrohistorische Perspektive voraus.

In einer Art Perspektivenwechsel verweisen nun die folgenden Untersuchungen auf die aktive Rolle und die ganz unterschiedlichen Strategien historischer Akteure, konfessionelle Unterschiede sichtbar werden zu lassen, das Individuum und die Gemeinschaft räumlichen Strukturen einzuschreiben und damit in Glaubensfragen zu verorten. Eine solche Analyse nimmt zwangsläufig eine mikrohistorische Perspektive ein, da sie doch im wesentlichen nur einen Ausschnitt aus jenen Konfessionsbildungsprozessen in den Blick nehmen kann.

Wie also ist „konfessioneller Raum in Ostmitteleuropa“ zu definieren? Begegnet er uns heute an erster Stelle als gebauter und ausgestatteter Sakralraum, so gilt es zu bedenken, daß darin soziale Strukturen nicht einfach reflektiert werden in dem Sinne, daß sie in bestimmten räumlichen Formen ihren unveränderlichen „Ausdruck“ finden. Vielmehr wird der Raum – wie eingangs erläutert – auch hier durch soziales Handeln erst konstituiert. Er ist somit als dynamisches, prozessuales Gebilde aufzufassen, dessen sowohl einzelne Elemente als auch größere Komplexe im Sinne Lefebvres für Neukodierungen grundsätzlich offen sind.[38]

Erst das Handeln der verschiedenen Protagonisten schafft einen Raum und definiert seine Erscheinung. Zu verstehen ist darunter nicht das Nebeneinander, sondern ein Ineinandergreifen von

1. materiellem Gestalten,
2. Aktionen, die aus Nutzung des entsprechenden Raumes resultieren und
3. Raumdiskursen.

Tatsächlich gehört in der Ära von Konfessionsbildung und Konfessionalisierung der Diskurs über den sakralen und konfessionellen Raum zu den Elementarprozessen im Rahmen der Ausbildung konfessioneller Identitäten. Daher könnte der „konfessionelle Raum“ Prüfstein sein für die konfessionellen Werte und Kodierungen geschaffener Lebenswelten. „Konfessioneller Raum“ beschreibt arbeitshypothetisch ein Versuchsmodell, das sich an ganz unterschiedlichen Orten, Plätzen, Städten und Regionen konstituieren kann. „Raum“ ist damit zwar gebunden an den Ort, aber nicht gleichbedeutend mit ihm. Gleichwohl wirkt „Raum“ zurück auf den Ort, an dem er sich konstituiert und produziert wird.

---

[37] Schilling, Heinz: Das konfessionelle Europa. Die Konfessionalisierung der europäischen Länder seit Mitte des 16. Jahrhunderts und ihre Folgen für Kirche, Staat, Gesellschaft und Kultur. In: Konfessionalisierung in Ostmitteleuropa (wie Anm. 33), 13–62, hier 55.

[38] Lefebvre (wie Anm. 2).

Neben dem Kirchenraum, der mit Blick auf Liturgie und Ausstattung jüngst noch einmal eingehend diskutiert wurde,[39] sollen nun darüber hinaus auch der Stadtraum und ebenso der landesherrschaftliche Raum als konfessionell „geformte" Räume Aufmerksamkeit finden. Der Akzent liegt hierbei auf dem Moment des Handelns von Individuen oder Gruppen für eine aktive Gestaltung dieser Räume, ihre Nutzung und nachhaltige Wahrnehmung. Unter den beteiligten Akteuren finden sich sowohl die Geistlichkeit, die kirchliche Gemeinde, die Bürgerschaft und der Landesherr, ja sogar gesellschaftlich randständige, außerhalb eines rechtlichen Kodex agierende Gruppen, die wiederum vom Establishment instrumentalisiert werden können.

Fragen, die sich die Verfasser und Verfasserinnen der folgenden Beiträge immer wieder stellen, zielen auf den Umgang mit vorgegebenen räumlichen Strukturen, deren Umgestaltung oder Neukodierung. Untersucht werden Aushandlungsprozesse wie auch Verfestigungsstrategien unter Einbeziehung raumkonstituierender Medien oder Diskursen. Tatsächlich können sie auch immaterieller – etwa sprachlicher Natur – sein. Faßt man räumliche Strukturen grundsätzlich als offenes System auf, das ständig in Wandlung begriffen ist, so eröffnet sich eine breite Quellenlage, die weit über das Dingliche hinausweist, etwa mit dem Nachspüren konkreter Erfahrungen einer konfessionellen Gruppe in einem von der Obrigkeit gesetzten „rechtlichen Raum".

Es versteht sich von selbst, daß eine solche übergeordnete Fragestellung das Engagement verschiedener Fächer erfordert. Hier sind es Theologen, Historiker und vor allem Kunsthistoriker, die mit dem ihnen zur Verfügung stehenden Methodenrepertoire und mit Blick auf die diversen Formierungen konfessioneller Räume ihre Quellen auswerten. Dies können programmatische theologische Schriften sein wie diejenigen Luthers oder auch Bild- und Architekturquellen. Wo durch weitreichende Zerstörung eine dingliche Evidenz der historisch beschriebenen Zeitspanne fehlt, sind Archivalien außerhalb des eigentlichen Untersuchungsraumes zu finden, etwa mit den Berichten an die Congregatio de Propaganda Fide in Rom, die ihrerseits unterschiedliche Aktionen der beteiligten Handlungsträger spiegeln, nicht zuletzt aber ein konfessionell definiertes Netzwerk. Daß es in den diversen Quellen immer auch um Selbstverortung des Subjekts in einem größeren, ja europäischen Rahmen geht, und sei er nur imaginiert, verdeutlichen schließlich literarische Zeugnisse, wie sie etwa paradigmatisch im Böhmen des 15. Jahrhunderts, also des Jahrhunderts der ersten, hussitischen Reformation entstanden sind.

Die Wahl der Themen zeigt, daß das Paradigma „Konfessionalisierung" für die meisten Autoren nach wie vor eine wichtige Folie darstellt. Ebenso wurde die bereits in der Ausschreibung der Konferenz signalisierte Bezugnahme auf einen relationalen, d. h. aus der Soziologie abgeleiteten Raumbegriff von den meisten Autoren mit Interesse aufgegriffen. Tatsächlich scheint es mit Blick auf die für Ostmitteleuropa geltend gemachten Strukturmerkmale „Polyethnizität", „Multikonfessionalität" und

---

[39] DÜRR, Renate: Politische Kultur in der Frühen Neuzeit. Kirchenräume in Hildesheimer Stadt- und Landgemeinden 1550–1750. Gütersloh 2006 (Quellen und Forschungen zur Reformationsgeschichte 77); Konfessionen im Kirchenraum. Dimensionen des Sakralraums in der Frühen Neuzeit. Hg. v. Susanne WEGMANN und Gabriele WIMBÖCK. Korb 2007 (Studien zur Kunstgeschichte des Mittelalters und der Frühen Neuzeit 3).

„Ständegesellschaft" einen recht geeigneten Analyserahmen zu bieten. Insgesamt wird das Thema „Raum" aus ganz unterschiedlichen Perspektiven angegangen, gemessen am zur Verfügung stehenden Quellen- und Methodenrepertoire mitunter auch nur „umspielt", was jedoch Anregungen zu weiteren Reflexionen geben könnte.

Selbstverständlich kann hier keine flächendeckende Untersuchung der Verhältnisse im gesamten Ostmitteleuropa geleistet werden. Im einzelnen wie in der Zusammenstellung der Beiträge versteht sich die Publikation lediglich als exemplarische Annäherung an das Thema. Neben einem synchronen Vergleich der Verhältnisse in den verschiedenen Regionen und gesellschaftlichen Strukturen gestattet die Anordnung der Untersuchungsschwerpunkte vom 16. bis ins frühe 18. Jahrhundert jedoch auch eine diachrone Lesart. Ein solcher Bogen ist zudem nicht nur von den (vor-) reformatorischen Verhältnissen bis zu den konfessionellen zu spannen, er hat auch eine äußerst brisante historiographische Dimension, wie sie oben bereits angedeutet wurde, aber auch in diversen Artikeln als Conclusio immer wieder gezogen werden kann. Hier könnte sich die Fragestellung für den historiographischen Diskurs über Ostmitteleuropa als anschlußfähig erweisen.

Der vorliegende Band ist in seiner Genese fest verankert in der Arbeit des von der VolkswagenStiftung geförderten Projekts „Bild und Konfession. Funktionen und Konzepte von Bildern in den gesellschaftlichen und kulturellen Formierungsprozessen des konfessionellen Zeitalters in Mitteleuropa", das im Jahr 2005 an zwei Standorten – dem Leipziger Geisteswissenschaftlichen Zentrum Geschichte und Kultur Ostmitteleuropas an der Universität Leipzig sowie dem Kunsthistorischen Institut der Universität Breslau – seine Arbeit aufnahm.[40] Im interkonfessionellen Vergleich ermitteln die am Projekt Beteiligten an ausgewählten Territorien die Rolle von Visualität in den jeweiligen konfessionellen Formierungsprozessen. Die zentrale Ausgangsthese lautet, daß Bilder diese historischen Vorgänge nicht nur widerspiegeln, sondern in wesentlichem Ausmaß auch gestalten. Der Schritt zu Überlegungen zum Raum, zu Objekten und Bildwerken als raumkonstituierende Medien und damit auch zum Raumdiskurs lag somit nahe. Erste Ergebnisse der vor allem in Leipzig geführten Diskussionen wurden auf der Sixteenth Century Conference 2005 in Atlanta (USA) im Rahmen eines Panels „Structuring – Re-structuring of the Sacred Space: A Comparative View on Central Europe" zur Diskussion gestellt.[41] Bei dieser Gelegenheit war festzustellen, daß der soeben erschienene Band „Sacred Space in Early Modern Europe" von ganz ähnlichen Überlegungen ausging.[42] Obgleich dieses weitsichtig konzipierte Buch die Verhältnisse in Ostmitteleuropa bereits mit zwei Beiträgen bedenkt,[43] erschien es uns nach wie vor reizvoll, Ostmitteleuropa

---

40 Vgl. http://www.uni-leipzig.de/gwzo/Projekte/Bild_Konfess.htm (10.4.07). Namentlich sind für den Leipziger Standort zu nennen Dr. Maria Deiters, Dr. Agnieszka Madej-Anderson sowie – als assoziierter Mitarbeiter – Kai Wenzel M.A., für den Breslauer Standort Prof. Dr. Jan Harasimowicz, Dr. Aleksandra Lipińska und Dr. Marcin Wisłocki.

41 Vgl. http://www.sixteenthcentury.org/SCSC_Program_2005.pdf (10.4.2007).

42 Sacred Space in Early Modern Europe. Hg. v. Will Coster und Andrew Spicer. Cambridge 2005, siehe darin vor allem die Einleitung „Introduction: the dimensions of sacred space in Reformation Europe", 1–16.

43 Crăciun, Maria: *Apud ecclesia*: church burial and the development of funary rooms in Moldavia. In: Ebd., 144–166; Louthan, Howard: Breaking images and building bridges: the making of sacred

eigens zu fokussieren. Mit einer Akzentverschiebung steht denn im Zentrum unseres Buchs erklärtermaßen weniger „sacred space“, also der „sakrale“ oder „heilige“, als vielmehr der „konfessionelle“, d. h. „konfessionell kodierte“ Raum.[44] Um beide, im wesentlichen unabhängig voneinander entstandene Diskussionsstränge nun direkt miteinander zu verknüpfen, baten wir Andrew Spicer, einen Epilog zu der hier vorliegenden Publikation zu schreiben, eine Aufgabe, für deren Übernahme ich ihm auch im Namen der Autoren herzliche danke.

In wesentlichen Aspekten gehen die hier abgedruckten Beiträge zurück auf die Konferenz „Formierung des konfessionellen Raumes. Eine vergleichende Sicht auf Siebenbürgen und Ostmitteleuropa“, die das Geisteswissenschaftliche Zentrum Geschichte und Kultur Ostmitteleuropas in Kooperation mit dem Arbeitskreis für Siebenbürgische Landeskunde und der Johannes a Lasco Bibliothek im Mai 2006 in der Alten Kirche zu Emden durchführte.[45] Nicht nur der eindrückliche Ort, sondern auch die große Gastfreundschaft und Unterstützung durch Frau Marlies Braams und Pastor Dr. h. c. Walter Schulz, für die ich an dieser Stelle noch einmal herzlich danke, werden allen Teilnehmern der Tagung noch lange im Gedächtnis bleiben. Mit großem Einsatz leistete Dr. Silke Pasewalck das Lektorat des daraus hervorgegangen Buches. Dank gebührt schließlich dem Direktor des GWZO, Prof. Dr. Winfried Eberhard, für die Aufnahme des Bandes in die Reihe „Forschungen zur Geschichte und Kultur des östlichen Mitteleuropa“, nicht zuletzt auch für die weitreichende Unterstützung, die er unserem Projekt stets hat angedeihen lassen.

Bern, im Mai 2007 Evelin Wetter

Redaktionelle Vorbemerkungen

Ein Sammelband, dessen in den einzelnen Aufsätzen abgehandeltes Untersuchungsgebiet einen Raum von Emden bis nach Belgrad und von Danzig bis nach Preßburg abdeckt, verlangt nach einer redaktionellen Festlegung im Umgang mit den Ortsnamen: Gemäß der zumeist gewählten Sprache der Verschriftlichung – Deutsch – werden, sofern existent, die deutschsprachigen Ortsnamen benutzt und bei Erstnennung in Klammern um die heute „landessprachlichen“ und um weitere historische Bezeichnungen ergänzt, z. B. Preßburg (slwk. Bratislava, ung. Pozsony). Im Register finden sich jeweils sämtliche Ortsnamen bzw. entsprechende Verweise. Auf die nationalsprachlichen Varianten von Regionen-, Gewässer- und Flurnamen wurde verzichtet. Die englischsprachigen Beiträge operieren mit den Ortsnamen der heutigen Landessprachen. Historische Personen werden, wo es notwendig schien, gleichfalls in entsprechender Übersetzung eingeführt.

---

space in early modern Bohemia. In: Ebd., 282–301.

44 Tatsächlich ist ein solcher dem Konzept des „sacred space“ gleichermaßen implizit, vgl. Sacred Space in Early Modern Europe (wie Anm. 42). – Zuletzt außerdem: Defining the Holy: Sacred Space in Medieval and Early Modern Europe. Hg. v. Andrew Spicer und Sarah Hamilton. Aldershot 2005.

45 Vgl. http://www.uni-leipzig.de/gwzo/konferen/Programm/BKEmden.htm (10.4.07).

Wo nicht anders angegeben, werden die Werke Martin Luthers zitiert bzw. nachgewiesen nach der Kritischen Gesamtausgabe (Weimarer Ausgabe = WA), Weimar 1883ff. und unter Angabe des jeweiligen Bandes bzw. des Zusatzes TR (= Tischreden) oder B (= Briefe). Abkürzungen der Namen von Institutionen werden bei Erstnennung in den Beiträgen selbst aufgelöst.

Formierungen des konfessionellen Raumes durch Liturgie und Kirchenausstattung

Volker Leppin

Kirchenraum und Gemeinde

Zur Änderung einer semiotischen Beziehung im Zuge der Wittenberger Reformation*

Eine Theorie oder Theologie des Kirchenraumes war nicht das primäre Interesse der Wittenberger Reformatoren.[1] Sie reflektierten über das Heil, den Glauben, die Gnade und über theologische Fragen – und sie taten all dies wenigstens auch im Kirchenraum. Aber sie sprachen nur selten und zurückhaltend über diesen Raum. Höchstens kam er als Folge liturgischer Änderungen in den Blick, die ihrerseits Konsequenz der veränderten Abendmahlstheologie waren. Die am stärksten programmatisch ausgerichteten Aussagen zum Kirchenraum finden sich daher erst relativ spät, und zwar in Luthers Predigt zur Übergabe der Torgauer Schloßkapelle an ihre Bestimmung von 1544. Hier, als ein neuer Raum entstanden war, wurde dieser selbst thematisch, hier auch wurde über eine reformatorische Gestaltung des Kirchenraumes nachgedacht. Zu diesem Zeitpunkt aber waren die entscheidenden Veränderungen schon erfolgt. Das Verständnis des Kirchenraumes in der Wittenberger Reformation hängt nämlich entscheidend vom Verständnis von Gottesdienst und Predigt ab, wie sie sich im Zuge der 1520er Jahre herausbildeten.

Die programmatischen Äußerungen von Torgau beruhten dementsprechend auf längeren Vorbereitungen. Luther war nicht der erste gewesen, der in Wittenberg Veränderungen des Kirchenraumes vornahm – Karlstadt und Gabriel Zwilling waren ihm in den sogenannten Wittenberger Unruhen vorausgegangen. Und diese nahmen ihren Ausgang bei den theologischen Reflexionen, die Luther schon früh mit Blick auf das Abendmahlssakrament vorgenommen hatte.

Luthers Umbau der Abendmahlstheologie und die Folgen für die Privatmessen

Daß überhaupt der Kirchenraum in den Blick des reformatorischen Geschehens geriet, lag an den liturgischen Folgen der reformatorischen Theologien, die ihrerseits unmittelbare Konsequenzen für die Gestaltung und Konzeption des Kirchenraumes hatten. Deren Wurzel wiederum war die neue Abendmahlstheologie, die sich in vielfachen Wandlungen seit 1519 bei Luther abzeichnete.

Den ersten architektonisch markanten Anstoß für eine reformatorische Umgestaltung gab dabei ein Element des spätmittelalterlichen Kirchenbaus, der diesen bis

---

* Die folgenden Ausführungen stellen die stark überarbeitete Fassung meines in Emden gehaltenen Vortrages dar. Ich danke den kritischen Diskutanten für Denkanstöße, dem Kollegen Andreas Müller (Minden) für eine nochmalige kritische und ebenfalls anregend weiterführende Durchsicht.

[1] Koch, Traugott: Der lutherische Kirchenbau in der Zeit des Barocks und seine theologischen Voraussetzungen. In: Kerygma und Dogma 27 (1981), 111–130, hier 113.

heute erkennbar kennzeichnet: die Seitenaltäre. Die Fülle der Seitenaltäre und -kapellen in spätmittelalterlichen Kirchen war ihrerseits architektonisch greifbare Folge des damaligen Meßverständnisses. Sie war aus einem reziproken Meßkonzept heraus entstanden, in dem die Messe unter dem Gesichtspunkt doppelter Stellvertretung interpretiert werden konnte: Der Priester konnte stellvertretend für die Kirche das eucharistische Opfer vollziehen und zugleich in Stellvertretung Christi das mit diesem Opfer verbundene Heil der Kirche zueignen. Er stand so im Mittelpunkt eines semiotischen Geflechts, das ihn zeichenhaft mit Gott wie mit den Glaubenden in der Kirche verband.[2]

Die Gemeinde trat aufgrund dieser Stellvertretung nicht notwendigerweise als Handlungssubjekt auf, was aber nur aus der reformatorischen und auch der tridentinisch geprägten römisch-katholischen Rückschau tatsächlich als Partizipationsdefizit erscheint. Versucht man jedoch das semiotische Beziehungsgeflecht zu analysieren, in dessen Verbindungslinien der Kirchenraum stand, so ergibt sich, daß gerade die Seitenaltäre auch Orte vielfacher Partizipationsmöglichkeiten der Christen waren. Durch die Stiftung eines Altars und der daran in der Regel ohne unmittelbaren Gemeindebezug[3] vollzogenen Messen wurde eine besondere Zueignung des Heils an einzelne Personen oder in der Regel an Gruppen möglich. Das Instrument der Bruderschaften, die sich um einzelne Altäre zu deren Finanzierung lagerten, bedeutete eine ganz eigene, aus neuzeitlicher Perspektive oft unterschätzte Form der Partizipation am kirchlichen Raum: Wer durch eine Bruderschaft mit einem Altar verbunden war, stand auch außerhalb des Kirchenraumes in einer ständigen semiotischen Verbindung mit diesem, ja hatte eine gewisse Form der Präsenz im Kirchenraum vermittels der hinterlegten und ständig in Gebrauch genommenen Stiftung, die, gebunden an den Ort der Kirche, im Opfer eine Beziehung zu Gott herstellte und zugleich zu den Menschen, die das Opfer gestiftet hatten und nun von ihm profitierten.

Die erste klar konturierte Reformforderung Luthers im Zusammenhang mit dem Abendmahl[4] bezieht sich auf eben diese Institution der Bruderschaften. 1519 verfaßte er seinen „Sermon von dem Hochwürdigen Sakrament des Heiligen Wahren Leichnams Christi und von den Bruderschaften". Dem Titel entsprechend zerfiel dieser Traktat in zwei Teile: Der erste entwarf die Grundlagen der neuen Abendmahlstheologie, der zweite wandte sich aufgrund der hier entwickelten Kriterien scharf gegen Auswüchse der Bruderschaften.[5]

---

[2] Leppin, Volker: Das Abendmahl. Evangelische Kontroversen, evangelische Einheit. In: Die Kirche – erfahrbar und sichtbar in Amt und Eucharistie. Zur Problematik der Stellung von Amt und Abendmahl im ökumenischen Gespräch. Hg. v. Joachim G. Piepke. Nettetal 2006 (Veröffentlichungen des Missionspriesterseminars St. Augustin 55), 53–74, hier 56–58.

[3] Siehe zu diesen Meßfeiern ohne Volk: Metzger, Marcel: Geschichte der Liturgie. Paderborn u. a. 1998, 130–133. – Kunzler, Michael: Die Liturgie der Kirche. Paderborn 1995 (Amateca 10), 284f.

[4] Zu den Wandlungen in Luthers Abendmahlsverständnis ist nach wie vor sehr instruktiv: Staedtke, Joachim: Art. Abendmahl III/3. Reformationszeit. In: Theologische Realenzyklopädie. Bd. 1. Berlin 1977, 106–122, hier 110–113; vgl. auch Kaufmann, Thomas: Art. Abendmahl. 3. Reformation. In: Religion in Geschichte und Gegenwart. Bd. 1. Tübingen [4]1998, 24–28.

[5] Simon, Wolfgang: Die Meßopfertheologie Martin Luthers. Voraussetzungen, Genese, Gestalt und Rezeption. Tübingen 2003 (Spätmittelalter und Reformation. Neue Reihe 22), 243–254.

Die rasch von der Öffentlichkeit wahrgenommene Polemik des ersten Teils bezieht sich auf die Gabe des Sakramentes unter beiderlei Gestalt,[6] die Luther allerdings nicht als spontane Maßnahme forderte, sondern als Beschluß eines Konzils:[7] Für die Zeit bis dahin hielt er ausdrücklich auch den Sakramentenempfang unter einer Gestalt für legitim.[8] Diese vor dem Hintergrund der Auseinandersetzungen um Wyclif und Hus im 14. und 15. Jahrhundert provozierenden Äußerungen waren freilich nur Teil einer Neuausrichtung des Abendmahls auf seine geistliche Verpflichtung. Angelpunkt seines Traktates war, daß die selbstverständlich vorausgesetzte Realpräsenz Christi[9] bewirkte, daß die Glaubenden in den Leib Christi hineingenommen wurden.[10] In der mittelalterlichen theologischen Sprache gesprochen: Das *corpus Christi reale* band in das *corpus Christi mysticum*, den geistlichen Leib Christi, als der die Kirche nach 1 Kor 11 zu sehen war, ein. Allerdings lag die Pointe auf Luthers Betonung, daß der geistliche Leib wichtiger als der reale sei:[11] Die Verpflichtung, die aus dem Empfang Christi für den Nächsten entsprang, stand im Vordergrund und war der Hebel für die Kritik an den Bruderschaften, die den zweiten Teil bestimmte.

Allerdings hat die soziale Repräsentationsfunktion der Bruderschaften sich gelegentlich stark in den Vordergrund gestellt. Luther appellierte in seinem „Sermon von dem Hochwürdigen Sakrament des Heiligen Wahren Leichnams Christi und von den Bruderschaften“ Ende 1519 an eine andere soziale Funktion: die Verpflichtung zur Nächstenliebe. Und er hat deutlich ausgedrückt, was er unter dieser Perspektive von den Bruderschaften hielt, wenn er diesen Vereinigungen vorwarf, sich hauptsächlich um die Abhaltung von Freß- und Saufgelagen zu kümmern:

> Was soll unßer lieben Frawen, Sanct Annen, sanct Bastian odder ander heyligen namen bey deyner bruderschafft thun, da nit mehr dann fressen, sauffen, unnutz gelt vorthun, plerren, schreyen, schwetzen, tantzen und zeyt vorlyren ist?[12]

Die scharfe Kritik hält einer Überprüfung an der Realität stand: Die Abrechnung der von Luther erwähnten Liebfrauenbruderschaft aus dem Jahre 1513/1514 weist eine Fülle von Posten auf, die mit Essen und Trinken zu tun haben.[13] Gleichwohl sind darin selbstverständlich die Ausgaben für das liturgische Personal und die liturgischen Vollzüge enthalten. Der Verband erschöpfte sich nicht, wie es Luthers Kritik suggeriert,

---

[6] Zur sekundären Bedeutung, die dies für Luther selbst hatte, siehe Vajta, Wilmos: Die Theologie des Gottesdienstes bei Luther. Göttingen [2]1954 [[1]1952] (Forschungen zur Kirchen- und Dogmengeschichte 1), 93.

[7] Luther WA, Bd. 2, 742, 24–26.

[8] Ebd., 742, 18–23.

[9] Ebd., 749, 7–10. Auf das Vorhandensein der Realpräsenzlehre bei geringer Betonung verweist zu Recht auch Althaus, Paul: Die Theologie Martin Luthers. Gütersloh [7]1994 [[1]1962], 318–320. – Grass, Hans: Die Abendmahlslehre bei Luther und Calvin. Eine kritische Untersuchung. Gütersloh 1954 (Beiträge zur Förderung christlicher Theologie. 2. Reihe 47), 19. Grass spricht hier von der „Realpräsenz am Rande der Abendmahlslehre“.

[10] Luther WA, Bd. 2, 743, 20–22.

[11] Ebd., 751, 13–17.

[12] Luther WA, Bd. 2, 754, 34–36.

[13] Abgedruckt bei: Die Wittenberger Bewegung 1521 und 1522. Die Vorgänge in und um Wittenberg während Luthers Wartburgaufenthalt. Briefe, Akten u. dgl. und Personalien. Hg. v. Nikolaus Müller. Leipzig 1911, 7–9.

in der sozialen Repräsentation, sondern blieb zurückbezogen auf das Geschehen am Altar, in dem der „gemeinschaftsstiftende Faktor“ für die Bruderschaft liegt.[14]

Die durch Mitgliedschaft in einer Fraternität begründete semiotische Form der Partizipation konnte dann auch konkretisiert werden, und dies nun unabhängig vom jeweiligen Stiftungsvorgang. Die Fülle von in einer städtischen Kirche zelebrierten Messen ermöglichte es, den kirchlichen Raum zu betreten und dabei nicht zwingend – und in der Regel überhaupt nicht – durch Kommunion am eucharistischen Geschehen zu partizipieren, sondern eher durch dessen Anschauung: Der Blick auf die konsekrierte Hostie in ihrer Elevation war eine jedem Bürger und jeder Bürgerin mögliche Form der Teilhabe, die angesichts der so oft gefeierten Messen zu ganz unterschiedlichen Tageszeiten realisierbar war und damit die Gelegenheit bot, den individuellen Alltagszyklus für das Geschehen am Altar zu öffnen. Aber diese semiotische Beziehung hatte für Luther ihre eigentliche Mitte verloren: Sie hatte ihren Dreh- und Angelpunkt nicht mehr im Übergang zwischen dem sich selbst gebenden *corpus reale* und der Auswirkung auf das *corpus mysticum*, sondern sie stellte ein gesellschaftliches Repräsentationsverhalten in den Mittelpunkt, das sich seinerseits auf ein von der Gemeindewirklichkeit gelöstes priesterliches Handeln bezog.

Erst nach und nach gewann Luther in aller Schärfe die Instrumente, um auch die diesem Handeln zugrunde liegende Theologie deutlicher anzugreifen. Auf Grundlage der voll ausgereiften Rechtfertigungslehre[15] konnte er im Rahmen eines Kondeszendenzmodells, das in den Mittelpunkt der Abendmahlsverständnisses die Gabe Christi an die Glaubenden stellte,[16] in aller Schärfe auch den Opfercharakter der Messe kritisieren:[17] Nach dem „Sermon von dem neuen Testament“ von 1520 „wirt sichs nut fugen, das wir ein gutt werck odder vordienst drauß machen, den ein testament ist nit beneficium acceptum, sed datum“,[18] und die Deutung der Messe als Opfer galt ihm in aller Schärfe als „der ergist mißprauch“.[19] Wenn aber die Deutung als Opfer ein Mißbrauch war, so konnte der bisherige rege Betrieb an den Seitenaltären der großen Kirchen nicht mehr aufrechterhalten werden. Das Abendmahl als eine Handlung Gottes, die durch die Gabe des realen Leibes Christi den Glaubenden für den geistlichen Leib Christi öffnete, war kaum anders vorstellbar denn als Geschehen in und mit der Gemeinde. Eine Privatmesse war theologisch so nicht mehr begründbar.[20] Indes finden sich noch 1520 in Luthers grundlegender Sakramentenschrift „De captivitate Babylonica“ zwar lange Passagen, in denen er gegen den erst jetzt von ihm

[14] Dies betont auch in seiner sozialhistorisch ausgerichteten Studie REMLING, Ludwig: Sozialgeschichtliche Aspekte des spätmittelalterlichen Bruderschaftswesens in Franken. In: Einungen und Bruderschaften in der spätmittelalterlichen Stadt. Hg. v. Peter JOHANEK. Köln u.a. 1993 (Städteforschung 32), 149–169, hier 169.

[15] Siehe zu deren allmählicher Entwicklung LEPPIN, Volker: Martin Luther. Darmstadt 2006, 116f.

[16] LEPPIN, Abendmahl (wie Anm. 2), 58–62.

[17] Zur soteriologischen Grundlegung des „Sermons von dem neuen Testament“ siehe SIMON (wie Anm. 5), 272. Die Neuakzentuierung in der Abendmahlstheologie des Sermons betonen auch MANN, Frido: Das Abendmahl beim jungen Luther. München 1971 (Beiträge zur ökumenischen Theologie 5), 47f.; BAYER, Oswald: Martin Luthers Theologie. Eine Vergegenwärtigung. Tübingen 2003, 246.

[18] Luther WA, Bd. 6, 364, 18–20.

[19] Ebd., 365, 25; vgl. hierzu SIMON (wie Anm. 5), 284–302; knapp LOHSE, Bernhard: Luthers Theologie. Göttingen 1995, 151.

[20] VAJTA (wie Anm. 6), 94.

kritisierten[21] Opfercharakter der Messe kämpft, aber keine Forderung nach Abschaffung der Privatmessen. Allerdings liegt eine solche, ähnlich wie schon im „Sermon von dem neuen Testament", im Fluchtpunkt seiner Gedanken, und dies drückt er in „De captivitate Babylonica" durch eine fiktive Frage eines Gegners aus:

> Quid? Nunquid subvertes omnium Ecclesiarum et Monasteriorum usum et sensum, quibus per tot saecula invaluerunt, fundatis super Missam anniversariis, suffragiis, applicationibus, communicationibus etc. hoc est, pinguissimis redditibus?[22]

Das bezieht sich klar auf gestiftete Messen, doch hat Luther noch in derselben Schrift nicht die Abschaffung der Votiv- bzw. Privatmessen gefordert, sondern ihre Reform im Sinne einer Konzentration auf die Fürbitte.[23] Eine Änderung des liturgischen Verhaltens und damit auch der Funktion des kirchlichen Raumes stand also nicht unmittelbar zur Debatte: Mit „De captivitate Babylonica" befinden wir uns ja noch in einer Zeit, in der das reformatorische Programm nicht unmittelbar umgesetzt wurde.

Privatmessen im Fokus der Wittenberger Unruhen

Ein wichtiger Antrieb, ja eine Art Katalysator für die reformatorische Umsetzung, war die Phase der sogenannten Wittenberger Unruhen während Luthers Wartburg-Aufenthalts nach dem Wormser Reichstag, also ab Mai 1521,[24] als in Wittenberg durch den Fortfall der charismatischen Führungsgestalt ein Autoritätsvakuum entstanden war, das mit unterschiedlicher Dynamik vor allem Gabriel Zwilling – den manche darum schon einen „alter Martinus" nannten –[25] und Andreas Karlstadt zu füllen suchten. Für den hier vorliegenden Zusammenhang ist sicherlich entscheidend, daß am 8. Oktober Gabriel Zwilling die Einstellung der Messen ankündigte,[26] was sich vor allem auf die Privatmessen bezog.[27] Für die Entwicklung in Wittenberg ist kennzeichnend, daß Zwilling zu diesem Zeitpunkt noch wegen des Vorwurfs, er habe auch die Anbetung des Sakramentes nach vollzogener Messe kritisiert,[28] von einer Kommission verhört wurde, der neben Melanchthon auch Karlstadt und andere angehörten,[29] und hier nach deren Auskunft erklärt hat, „das Christus vnter dem sacrament gegenwertig anzubeten vnd zueren sei."[30] Noch war also die dauerhafte Präsenz

---

21 Wislöff, Carl F.: Abendmahl und Messe. Die Kritik Luthers am Meßopfer. Berlin-Hamburg 1969 (Arbeiten zur Geschichte und Theologie des Luthertums 22), 20f.

22 Luther WA, Bd. 6, 521, 34–37: „Was? Willst du denn aller Kirchen und Klöster Brauch und Ansicht umkehren, bei denen sie so viele Jahrhunderte in Geltung stand, sind auf die Messen doch die Jahresgedächtnisse, Fürbitten, die Zuwendungen, die Mitteilungen usw., d. h. die allerergiebigsten Renten und Einkünfte gegründet."

23 Ebd., 525, 13–18.

24 Siehe zu den Ereignissen Leppin, Luther (wie Anm. 15), 193–204.

25 Wittenberger Bewegung (wie Anm. 13), 16.

26 Ebd., 20; vgl. Junghans, Helmar: Martin Luther und Wittenberg. München-Berlin 1996, 92.

27 Siehe hierzu das Gutachten von Jonas, Karlstadt, Melanchthon und anderen vom 20. Oktober, zit. nach: Wittenberger Bewegung (wie Anm. 13), 35–42, bes. 36–38.

28 Siehe das Schreiben des Kanzlers Brück an Kurfürst Friedrich den Weisen vom 11. Oktober, zit. nach: Ebd., 28.

29 Ebd., 29.

30 Ebd., 40.

Christi in den Elementen und damit die Grundvoraussetzung, die den Kirchenraum zu einem geheiligten Ort der Präsenz Christi machte, in Wittenberg unstrittig.

Strittig waren die liturgischen Vollzüge – dies allerdings in hohem Maße: Am 3. Dezember kam es in der Stadtkirche zu Gewaltakten gegen die Priester, die dort Privatmessen lasen,[31] von denen der Rat der Stadt in einem Schreiben an den Kurfürsten anschaulich berichtet:

> E. Cf. G. bitten wir wissen, Das etliche von der hochen Schulen beyn vns vnd auch etliche layn von denn mitburgern such auff heuthe dinstagk fruhe vnderstanden, den pristern in der pfarren kirchen das ampt der messen jn mossen, wie zcuuorn der brauch gewest, nicht gestaten zuhalten. Besondern die der vniuersitet vorwant haben, wie wir glaubwirdigk bericht, blosße messer untter jren rocken gehat, Szo die prister ubir den altar getrethen, die messebucher hynweck getragen vnd die prister von den altarien triben. Gantz fruhe jm fynstern haben etliche zu den priestern, die die gezceythen vnser liben frauhen jn gemelter pfarrenkirchen syngen, mit steynen geworffen, die dan vnser liben frauhen mesße auch haben fallen lossen.[32]

Damit war in einem symbolischen Akt die Privatmesse angegriffen worden. Weder Personen noch liturgische Bücher, wie die Erwähnung der Meßbücher zeigt, blieben verschont. Größere Aufmerksamkeit fand, daß Karlstadt den Weihnachtsgottesdienst 1521 unter beiderlei Gestalt und unter Verzicht auf alle liturgische Pracht in Kleidung und Gesang hielt.[33] Wiederum ist Gabriel Zwilling, Luthers Ordensbruder, in seinen Handlungen schärfer und radikaler als Karlstadt: Er entfernte im Januar 1522 kurzerhand Altäre, Kruzifixe, Bilder und Heiligenfiguren aus der Kapelle im Kloster der Wittenberger Augustiner-Eremiten.[34] Damit war ein Kirchenraum nun tatsächlich in radikaler Weise entschlackt und verlor wesentliche Teile dessen, was ihn im Mittelalter ausgezeichnet hatte.

In dieser Situation schaltete sich der Wittenberger Rat unter Hinzuziehung namhafter Theologen in das Geschehen ein und erließ eine Ordnung für die Stadt Wittenberg, die, unter faktischer Beanspruchung bischöflicher Rechte, auch liturgische Vorschriften erließ. Für den vorliegenden Zusammenhang aber ist weniger die sehr abgespeckte Liturgie entscheidend, die man hier beschloß, als ein Passus, der die Verquältheit der Situation deutlich erkennen läßt. Es hieß in der Ordnung: „Item die bild und altarien in der kirchen soellen auch abgethon werden, damit abgoetterey zu vermeyden, dann drei altaria on bild genug seind."[35]

Es wurden also zwar die Bilder, nicht aber die Altäre abgeschafft und offenkundig auch keineswegs die Privatmessen, denn in den Bestimmungen zur Liturgie wurde zwischen Messen mit und Messen ohne Kommunikanten unterschieden. Für den letzteren Fall sollte nun ausdrücklich gelten: „seind sy nit da, so consecriert er

---

[31] Ebd., 73f.; vgl. OEHMIG, Stefan: Die Wittenberger Bewegung 1521/22 und ihre Folgen im Lichte alter und neuer Fragestellungen. Ein Beitrag zum Thema (Territorial-)Stadt und Reformation. In: 700 Jahre Wittenberg. Stadt, Universität, Reformation. Hg. v. DEMS. Weimar 1995, 97–130, hier 104f. – JUNGHANS (wie Anm. 26), 93.

[32] Wittenberger Bewegung (wie Anm. 13), 73.

[33] Ebd., 170; vgl. BARGE, Hermann: Andreas Bodenstein von Karlstadt. I. Teil: Karlstadt und die Anfänge der Reformation. Leipzig 1905, 358–361.

[34] OEHMIG (wie Anm. 31), 122f. – JUNGHANS (wie Anm. 26), 94.

[35] LUTHER, Martin: Studienausgabe. Bd. 2. Hg. v. Hans-Ulrich DELIUS. Berlin ^{2}1992 [^{1}1982], 527, 20f.

[der Priester; V. L.] und summiert es, hat er anders andacht dartzu."[36] Das war nichts anderes als das Zugeständnis einer Privatmesse – für den Fall, daß der Priester eine solche beabsichtigte. Die Wittenberger Ordnung von 1522 hat also keineswegs eine komplette liturgische Neustrukturierung angestrebt oder gar erreicht: Das eigentliche theologische Problem, die ohne den Opfergedanken schwer erklärbare Privatmesse, blieb erhalten – und doch hat sich der Kirchenraum jedenfalls schrittweise umstrukturiert und zentriert: Die Reduktion auf drei Altäre läßt sich erst richtig begreifen, wenn man bedenkt, daß in einer nicht vollständigen Überlieferung für das späte Mittelalter in der Stadtkirche mindestens 13 Seitenaltäre zu veranschlagen sind.[37] Die Beseitigung der Bilder bedeutete zudem die Entfernung der Repräsentanzfunktion, die diese Altäre für ihre Stifter besaßen. Die Wittenberger Ordnung stellte also einen gewaltigen Schritt zu einer Konzentration des Raumes dar.

Neue Gottesdienstordnung und Theologie des Gemeinderaumes bei Luther

Freilich war die Wittenberger Ordnung nicht lange wirksam. In einem bemerkenswerten Konflikt mit seinem Landesherren, dessen Gebot, auf der Wartburg zu bleiben, er schlicht ignorierte, kam Luther zurück nach Wittenberg und hielt die berühmten Invokavitpredigten. Sie hatten für die reformatorischen Umgestaltungen in Wittenberg zum einen eine theologisch ordnende, zum anderen, äußerlich gesprochen, eine retardierende Wirkung. Luther unterschied klar zwischen dem, was sein müsse, und das war vor allem, das Verständnis der Messe als Opfer aufzugeben,[38] und den Dingen, die frei seien, das waren unter anderem die Bilder. Diese ordnende Funktion hatte eine weitgehende Zurücknahme der getroffenen Maßnahmen zur Folge und eine Verlangsamung des Reformprozesses. Luther betonte dabei immer wieder den Unterschied zwischen sachlicher Übereinstimmung in der Kritik an altgläubigen Riten und der Frage ihrer Durchsetzung, indem er auf die paulinischen Anweisungen zur Schonung der Schwachen verwies – ein Argument, das noch im Oktober 1521 in einem Gutachten zu Zwillings Neuerungen verwandt worden war und das Karlstadt selbst mit unterzeichnet hatte:[39] Nun hatte sich der Frontverlauf verschoben. Zu diesen Übereinstimmungen in der Sache gehörte auch, daß Luther bereits in seiner Schrift „De abroganda missa privata" aus der Zeit des Wartburgaufenthaltes[40] ausdrücklich die Konsequenzen Zwillings geteilt hatte, daß die Privatmessen abzuschaffen seien. Diese Position war nun rechtlich etwas in der Schwebe, aber die Einführung der „Formula missae" Ende des Jahres 1523,[41] mit der Luther dann nach

---

36 Ebd., 528, 1f.
37 Junghans (wie Anm. 26), 34.
38 Luther WA, Bd. 10/III, 14, 8–12.
39 Wittenberger Bewegung (wie Anm. 13), 38.
40 Luther WA, Bd. 8, 411–476.
41 Vgl. insgesamt zu Luthers Meßreform Vajta (wie Anm. 6). – Meyer, Hans Bernhard: Luther und die Messe. Eine liturgiewissenschaftliche Untersuchung über das Verhältnis Luthers zum Meßwesen des späten Mittelalters. Paderborn 1965; Messner, Reinhard: Die Meßreform Martin Luthers und die Eucharistie in der Alten Kirche. Ein Beitrag zu einer systematischen Liturgiewissenschaft.

nicht ganz zwei Jahren seinerseits eine neue Meßordnung formulierte, machte klar, es sei „perversissimum“, wenn Priester ohne Kommunikanten die Messe feierten.[42] Damit wurde deutlich, daß eigentlich nur der gemeindebezogene Altar in einer Kirche sinnvoll zu begründen war und die zahlreichen gestifteten Messen, die das Kircheninnere und den Kirchenbau des späten Mittelalters zunehmend geprägt hatten, für Wittenberg und die von hier aus reformatorisch beeinflußten Gebiete beseitigt wurden. Kirche war nicht mehr Ort der vielfachen Opfervollzüge, sondern Ort der Gemeindeversammlung um Altar und Kanzel. Dabei war der Altar für Luther zeitweise alles andere als selbstverständlich, so wie überhaupt auch die Notwendigkeit von Kirchen in Frage gestellt wurde. Noch auf der Wartburg hatte er für die 1522 gedruckte Kirchenpostille geschrieben:

> Sihe, das ist der rechte gottis dienst, datzu man keyner glocken, keyner kirchen, keyneß gefeß noch tzyerd, keyner lichte noch kertzen, keyner orgelln noch gesang, keyniß gemelds noch bildnyßl keyner taffelnn noch altar, keyner blatten noch kappen, keyniß reuchernn noch bsprengen, keyner proceß noch creutzgangß, keiniß ablaß noch brieffs bedarff.[43]

Grundsätzlich blieb die damit angedeutete Möglichkeit eines Gottesdienstes ohne Kirchenraum auch erhalten, als Luther 1526 die Liturgie zur „Deutschen Messe“ vorlegte. In einer berühmten Passage unterscheidet Luther hier verschiedene Gottesdienstformen: die lateinische Meßform nach seiner eigenen „Formula missae“, die ebenso wie die deutsche Messe für den öffentlichen Gebrauch bestimmt sein sollte,[44] und daneben in einer im Pietismus ausgeschlachteten Passage eine Gottesdienstform, die „nicht so offentlich auff dem platz geschehen“ soll „unter allerley volck“,[45] sondern in der sich die zusammenfinden sollen, „so mit ernst Christen wollen seyn“.[46] An dieser Stelle kann die Frage unberücksichtigt bleiben, ob damit tatsächlich eine Art pietistischer Hausgemeinschaft angedeutet ist oder nicht doch eher eine gedankliche Möglichkeit im Rahmen eschatologischer Hoffnung. Wichtiger ist, daß hier ein Konzept in das Denken des Reformators eintritt, das sich Gottesdienst ohne kirchlichen Raum vorstellen kann. Die Desakralisierung des kirchlichen Raumes durch die Beseitigung der Orte von Heiligkeit, die Altäre bislang waren, führt dazu, daß letztlich auch der Gottesdienst selbst nicht mehr einer besonderen sakralen Räumlichkeit bedarf, sondern grundsätzlich in jeder häuslichen Gemeinschaft durchgeführt werden kann: Der Kirchenraum wird im Rahmen der Wittenberger Reformation als Raum sui generis zur Disposition gestellt. Allerdings wird man diese Überlegung nicht zu stark gewichten dürfen beziehungsweise sehen müssen,

---

Innsbruck-Wien 1989 (Innsbrucker theologische Schriften 25), 189–206; WENDEBOURG, Dorothea: Luthers Reform der Messe – Bruch oder Kontinuität? In: Die frühe Reformation in Deutschland als Umbruch. Hg. v. Bernd MOELLER. Gütersloh 1998 (Schriften des Vereins für Reformationsgeschichte 199), 289–306.

42 Luther WA, Bd. 12, 215, 13f.

43 Ebd., Bd. 10/1/1, 39, 10–14.

44 Ebd., Bd. 19, 74, 23–25.

45 Ebd., Bd. 19, 75, 4.

46 Ebd., Bd. 19, 75, 5.

daß sie nicht dauerhaft Bestand hatte: 1530 äußerte Luther sich in der Auslegung des 111. Psalmes sehr positiv zur Notwendigkeit eines besonderen Kirchenraumes:

> Droben ist gesagt, das solcher Rat und gemeinde sey eine offentliche, redliche versamlung an sonderlichem ort, da nicht jderman sein mus, wie auff der gassen odder marckt, Auch etwas sonderliches darselbs gehandelt wird, da bey auch nicht jderman sein sol, als bey uns die Kirchen sind und sonderlich der kor, welcher von alters her dazu sonderlich ist gebawet und abgesondert, das man daselbst hat das Sacrament gehandelt und Christus gedechtnis gehalten, wie auch noch geschicht ynn offentlichen Messen.[47]

Damit steht um 1530 für Wittenberg eine Bejahung des Kirchenraumes und auch eine gewisse Definition fest. Kirche ist der öffentliche Raum für das öffentliche Geschehen von etwas Besonderem, nämlich der Feier der Messe, die ihrerseits, so hat es Luther in der „Formula missae" und der „Deutschen Messe" formuliert, wesentlich Verkündigungsgeschehen, also Wortgeschehen ist. Gewichtigster Ausdruck hierfür ist eine Anweisung aus der „Deutschen Messe":

> Da lassen wyr die Messgewand, altar, liechter noch bleyben, bis sie alle werden odder uns gefellet zu endern; wer aber hier anders will baren, lassen wyr geschehen. Aber ynn der rechten Messe unter eyttel Christen muste der altar nicht so bleyben und der priester sich ymer zum volck keren, wie on zweyffel Christus im abendmal gethan hat. Nu, das enharre seyner zeyt.[48]

In Entsprechung zu jener Versammlung wahrhaftiger Christen, wird auch hier unter Vorbehalt gesprochen: Es sei wünschenswert, aber noch nicht realisierbar, daß der Pfarrer sich voll seiner Gemeinde zuwendet – und dies habe auch Änderungen für den Altar zur Folge, wie Luther sie schon früher mit der Forderung nach der Abschaffung von Retabeln formuliert hatte.[49] Doch blieb dies nicht das letzte Wort. Sinnfälligster Ausdruck hierfür ist das berühmte Altargemälde Cranachs in der Wittenberger Stadtkirche aus den späten 1530er Jahren, das der Form nach eine Stellung des Zelebranten hinter dem Altar im Gegenüber zur Gemeinde unmöglich machte. Allerdings verdeutlichte es zugleich noch anderes: Vielfach wurde darauf hingewiesen, daß auf diesem Altargemälde die Porträts der zum Zeitpunkt der Darstellung noch lebenden Wittenberger Reformatoren Luther, Melanchthon und Bugenhagen, wohl auch ein Selbstporträt Cranachs und Darstellungen von Wittenberger Bürgern zu erkennen sind.[50] Der Stadtpfarrer Bugenhagen zelebrierte also vor seinem eigenen Porträt. Diese eigenartige Wendung ist aber von großer theologischer Tiefe, zeigt sich doch so, daß es nicht um die Verehrung jenseitiger Heiliger geht, sondern um ein Präsentmachen der Gemeinde in ihrer Versammlung vor Gott. Die ausschließliche Funktion des Altars als Ort der Abendmahlsfeier statt als Ort dauerhafter Präsenz von Heiligkeit war so sinnenfällig geworden.

Das gilt erst recht für den zentralen Ort der Präsenz Christi in der Kirche, den Tabernakel. Seine Funktion fällt fort mit der Konzentration des Abendmahlsverständnisses

[47] Ebd., Bd. 31/1, 406, 19–25.
[48] Ebd., Bd. 19, 80, 26–30.
[49] Ebd., Bd. 10/2, 33, 20f.
[50] JUNGHANS (wie Anm. 26), 118–120.

auf ein Wortgeschehen, wie es sich in besonderer Weise in „Vom Abendmahl Christi. Bekenntnis“ von 1528 und auch schon im vorangehenden Streit mit Zwingli abzeichnet: Das Abendmahl wird verstanden von der Einsetzung her, von der Verheißung Christi, die der Glaube aufgreift. Auf diesen Akt der Selbsthingabe Christi kommt es an, nicht auf die Anbetung des Sakramentes. Eine solche Anbetung hatte Luther in Reaktion auf Lehren unter den böhmischen Brüdern ausdrücklich als ein Adiaphoron erklärt, über das es keine definitiven Bestimmungen gebe:

> Alßo solls auch hier ym sacrament fry seyn und ynn allen glewbigen hertzen, das wyr gewiß seyen, er hab kein gebott davon gegeben, ym sacrament odder ynn gleubigen hertzen, yhn anzubeten. Er ist auch nicht drumb da. Doch soll man yhm auch solch anbeten und ehrbietung nicht versagen, sondern frey brauchen, wenn es die tzeyt und gelegenheyt gibt, odder nochlassen.[51]

Doch ist schon in dieser Schrift das Anbeten sehr deutlich auf den entgegengebrachten innerlichen Glauben bezogen und von äußerlichen Verhaltensweisen gelöst. Dem entsprechen auch andere Aussagen über die Anbetung des Sakramentes:

> Cum quidam interrogaret Martinum Lutherum, an esset adorandum sacramentum? Respondebat: Man sol keinen cultum mit dem sacrament anrichten. Ich knie wol nider, sed propter reverentiam. Cum autem decumbo in lecto, so nimb ichs ungekniet. Est enim res libera, sicut liberum est osculari bibliam vel non osculari. Das heist auch angebett. Si non facio, non peccavi. Sed si quis vellet cogere tanquam necessarium ad salutem, ibi non vellem facere, sed retinere meam libertatem.[52]

Nicht nur die ungleich schärferen Absagen an die Elevation,[53] sondern auch die Aussage selbst macht deutlich, daß das Anbeten stark eingeschränkt wird. Ein Kult des Sakramentes wird ausdrücklich abgelehnt, und so kann Luther später, im Zusammenhang der Regensburger Religionsgespräche, auch ausdrücklich erklären, er denke über die Aufbewahrung der Elemente in Ziborien ebenso wie über die Transsubstantiation nach. Das hieß: Er lehnte sie nicht strikt ab, aber hielt es für falsch, daraus einen Glaubensartikel zu machen, denn die eigentliche Anbetung geschehe im Essen und Trinken.[54]

Diese Aussagen sind alle auf den Sakramentsvollzug bezogen. In der Frage der dauerhaften Präsenz Christi im Abendmahl hat Luther sich nicht so einhellig geäußert, wie es der späteren klaren protestantischen Position entspräche.[55] Die hierfür

---

[51] Luther WA, Bd. 11, 448, 32–449, 2; vgl. im selben Sinne auch den Brief an Leonhard Puchler vom 12.12.1522. In: Ebd., Bd. B 2, 628f., Nr. 555.

[52] Ebd., Bd. TR 1, 139, 14–20 (Nr. 344, Sommer/Herbst 1532); vgl. ebd., Bd. TR 2, 201, 4–14 (Nr. 1745), wo das Knien ausdrücklich auf die Situation in der Kommunion bezogen wird.

[53] Ebd., Bd. TR 5, Nr. 5589, 6360; vgl. aber Luthers Legitimation der Beibehaltung der Elevation in Wittenberg: Ebd., Bd. 54, 162–165.

[54] Ebd., Bd. B 9, 419, 20–420, 22 (Nr. 3622, an Georg von Anhalt, 25.5.1541); vgl. ebd., Bd. 54, 426, 13.

[55] Das Abendmahl. Eine Orientierungshilfe zu Verständnis und Praxis des Abendmahls in der evangelischen Kirche. Vorgelegt vom Rat der Evangelischen Kirche in Deutschland. Gütersloh 2003, 51, wo deutlich formuliert wird, daß eine Gemeinschaft Christi mit den Elementen nur „*in usu*“, also während des gottesdienstlichen Gebrauchs bestehe.

auffälligste Aussage findet sich wiederum in einer Tischrede, die aus dem Jahr 1540 berichtet wird. Hiernach soll folgendes Gespräch stattgefunden haben:

> Doctor interrogatus, an sacramentum possit deferri ad aegrotos, respondit: Wir haltens nicht also. Wolan, man muß ein weill geschehen lassen. Es wirdt wol fallen, weil sie nur kein ciborium haben. Wie soll man im thun? Bey unß in der kirchen disputiren sie auch, ob man das sacrament solle auff ein andern altar tragen consecrirt(en). Ich laß mir also gefallen umb etzlicher ketzer willen, den man muß begegnen, denn es sindt ettliche, die lassen es nur ein sacramentt sein, weils in usu ist; was uber ist und bleibt, werffen sie wegk. Das ist nicht recht. Wir lassen einen sumieren.[56]

Die Lehre, daß die Elemente nur *in usu* Sakrament seien, wird hier in auffälliger Weise als Ketzerei abgetan. Freilich wird man, wie in vielen Fällen bei Luther, die Aussage von ihrem argumentativen Ergebnis her zu interpretieren haben: Der Text zielt darauf, daß die Elemente im Vollzug des Abendmahls konsumiert werden. Eine Aufbewahrung also scheidet aus – und damit, worauf es hier ankommt, die architektonische Notwendigkeit eines Tabernakels und die spirituelle Vorstellung einer fortdauernden Präsenz Christi im Kirchenraum. Dem entspricht, daß Luther sich tatsächlich, gerade in einem Zusammenhang, in dem er einen Pfarrer – Simon Wolferinus in seiner Geburtsstadt Eisleben – kritisiert, der übriggebliebene konsekrierte Hostien und Abendmahlswein einfach zu ungeweihten Elementen zurückgetan hat,[57] zu der Auffassung Melanchthons bekennt, daß es außerhalb der sakramentalen Handlung kein Sakrament gebe.[58] In diesem Zusammenhang definiert er die sakramentale Handlung als den gesamten liturgischen Vorgang vom Vaterunser bis zum Abschluß der Kommunion und der Entlassung der Gemeinde vom Altar.[59] Hierbei empfiehlt er – und das deckt sich ganz mit der Vorstellung der eben angeführten Stelle aus den Tischreden –, daß ein Pfarrer oder andere Kommunikanten die Überreste der Sakramente zu sich nehmen.[60] Der – in Sorge vor heiklen Disputationen formulierte –[61] Ratschlag zielt also ausdrücklich nicht auf Aufbewahrung der Hostien in einem besonderen Gehäuse, schon gar nicht auf deren kultische Verehrung, sondern schlicht auf die vollständige Kommunion.[62]

Diese scheinbare Detailfrage aber bedeutet nun tatsächlich, daß der Kirchenraum, der der Wittenberger Theologie entspricht, außerhalb dieses Kommunionsgeschehens nicht mehr den realpräsenten Christus in seinem Innersten birgt. Er ist tatsächlich in jeder Hinsicht zu einem Gebäude geworden, das der gemeindlichen gottesdienstlichen Aktion dient, die sich in Predigt und Abendmahl vollzieht. Architektonisch bedeutet dies, daß, nachdem Seitenaltäre wegen des Fortfalls der Privatmessen und

---

56 Luther WA, Bd. TR 5, 55, 13–21 (Nr. 5314).

57 Siehe den scharfen Angriff auf Wolferinus: Ebd., Bd. B 10, Nr. 3888; zu den Ereignissen vgl. Kawerau, Gustav: Der Streit um die Reliquiae Sacramenti in Eisleben 1543. In: Zeitschrift für Kirchengeschichte (ZKG) 33 (1912), 286–308.

58 Luther WA, Bd. B 10, 348, 13f. (Nr. 3894).

59 Ebd., Bd. B 10, 348, 27–30 (Nr. 3894).

60 Ebd., Bd. B 10, 348, 34–349, 2 (Nr. 3894).

61 Ebd., Bd. B 10, 340, 20–22 (Nr. 3888).

62 Vgl. zum raschen Ende kultischer Verehrung der Hostie im Luthertum Karant-Nunn, Susan C.: „Gedanken, Herz und Sinn". Die Unterdrückung der religiösen Emotionen. In: Kulturelle Reformation. Sinnformationen im Umbruch 1400–1600. Hg. v. Bernhard Jussen und Craig Koslofsky. Göttingen 1999 (Veröffentlichungen des Max-Planck-Instituts für Geschichte 145), 69–95, hier 85.

der Tabernakel wegen der Vorstellung einer ausschließlich aktualen Präsenz Christi überflüssig geworden sind, der Kirchenbau theologisch auf einen Gemeindealtar und eine Kanzel konzentriert sein sollte. Und eben dies wird umgesetzt, als es erstmals zur Errichtung eines neuen Kirchenbaus im von der Wittenberger Theologie geprägten Sachsen kommt.

Kirche als Raum für Predigt und Gemeinde: die Torgauer Predigt

Die bisherigen Ausführungen beziehen sich vor allem auf die theologischen Umbaumaßnahmen, die Luther gegenüber dem tradierten Gottesdienst und damit mittelbar auch am kirchlichen Raum vornahm. Im nun folgenden Abschnitt soll anhand von Luthers Predigt zur Eröffnung der ersten lutherisch entworfenen Kirche in Sachsen überhaupt,[63] der Torgauer Schloßkapelle, die tatsächliche Umgestaltung des Kirchenraumes in den Blick genommen werden. Daß dieser Bau programmatisch gemeint war, geht aus einer Aktennotiz über die Übergabe der Schloßkapelle an ihre Bestimmung hervor:

> Dieses Haus Ist Gott dem almechtigen Zuo lobe vnnd das man vf diesem Churfurstlichem Hauße vnd schlos ein bequeme vnnd gelegene stad habenn mag, darinnen Gotes wortt gelerett vnd gepredigett werden, aufgerichtett worden, Vnd vbertrifft vhast alle Kirchenn, so Itziger Zeitt in der weld sein, aus deme das die andern alle Zu des Bapstis vnd Bahlaaams Gottes dinst gestifft vnnd Rechte abgettische Kirchen gewesen, darin durch die messe, das ain opffer hat sein sollenn, vor lebendige vnd Todte vnnd der hailigen dinst, die man gleich, wie Gott angeruoffenn, Wie In andern heidnischenn Tempeln, den abgotten gedienett ist worden. Vnd obgleich dieselbigen numer vernewett, vnd aus ainer Abgottishen Kirchen, ain Christliche gemachtt, dieweil Gottes wortt drinn gepredigett Unnd die hochwürdigisten Sacrament darin gereichtt worden: So sein sie doch Zuvornn, Bebstliche vnd Balaams vnd nichtt Christi Kirchen gewesen. darumb diesze Kirche, die gantz Rein vnd Newe, vnnd nicht kein falschen Gottesdinst oder solche lher ist gelerett vnd getribenn wordenn, vil hoher vnd besser dan die andernn sein.[64]

Die Kapelle ist vom Innenhof aus nicht besonders gekennzeichnet,[65] und sie ist auch in ihrer Orientierung ganz an die Vorgaben des Schloßbaus angepaßt, daher nordsüdlich ausgerichtet.[66] Es ist nicht Folge der reformatorischen Änderungen, sondern greift auf vorherige Entwicklungen zurück, daß der chorlose Bau ringsum von Emporen umgeben ist,[67] so wie generell die Ausrichtung eines Kirchenbaus auf die Predigt im Mittelalter ihr Vorbild in den „Predigtscheunen" der Bettelorden besitzt.[68] In der Torgauer Schloßkirche waren, wie auch andernorts, die Emporen sozial zugewiesen: Die Südseite war für die Angehörigen der Fürstenfamilie bestimmt, die beiden

63 Zur ersten protestantischen Kirche in Joachimsthal in Böhmen aus den 1530er Jahren siehe Lewy, Max: Schloß Hartenfels bei Torgau. Berlin 1908, 84.

64 Thüringisches Hauptstaatsarchiv Weimar (im folg. ThHSTAW abgekürzt), Reg. S f. 290a, Nr. 1 z e; f–7[r-v].

65 Lewy (wie Anm. 63), 59.

66 Ebd., 85.

67 Zu den Vorbildern im Erzgebirge, in Wittenberg und in der Moritzburg siehe ebd., 84.

68 Binding, Günther/Untermann, Matthias: Kleine Kunstgeschichte der mittelalterlichen Ordensbaukunst in Deutschland. Darmstadt 1985, 341–343.

Längsseiten für Hofdamen und junge Herren,[69] der Saal für den Rest der Hofhaltung.[70] An einer der Längsseiten befand sich eine Kanzel, deren Programm bewußt biblisch ist: Dargestellt werden Jesus und die Ehebrecherin,[71] also der Hinweis auf die aufdeckende Funktion des Gesetzes als eines wichtigen Bestandteils des Lutherschen Schriftverständnisses, sowie der Zwölfjährige im Tempel und schließlich die Tempelreinigung.[72] Mit diesem letzten Relief ist wohl die theologische Aussage der Kanzel erreicht, gipfelt der biblische Text doch in der Aussage: „Mein Haus soll ein Bethaus heißen" (Mt 21,13, in Aufnahme von Jes 56,7) und damit in einer klaren nichtrituellen Funktionsbestimmung des Gotteshauses für das Wortgeschehen.[73] Dieser theologischen Ausrichtung entspricht auch die auffällige Gestalt des Altars, der die Form eines Tisches, einer von vier Säulen getragenen Platte, hatte.[74] Gegenüber früheren Deutungen[75] ist wohl davon auszugehen, daß er von Anfang an einen hölzernen Aufbau besaß, auf dessen Flügeln das Abendmahl Christi, die Fußwaschung und der „Ölberg Christi" dargestellt waren,[76] also wiederum eine Betonung der Wort- und Dienstfunktionen. Unmittelbar sichtbar war durch die Kombination aus Säulen und Platten, daß dieser Tisch keinen Unterbau zur Aufnahme von Reliquien besaß und ganz dem Zwecke der Abendmahlsfeier, nicht aber der fortdauernden Präsenz von Heiligkeit zugeführt war. Das sakramentale Geschehen, nicht aber die sakramentale Gegenwart war hier das Entscheidende.

Die so auf Predigt und sakramentales Geschehen ausgerichtete Kapelle wurde durch die erste Predigt Martin Luthers am 17. Sonntag nach Trinitatis, dem 5. Oktober 1544, ihrem gottesdienstlichen Gebrauch übergeben. Und diese Predigt stellt in gewisser Weise auch eine Deutung des Kirchenraumes dar, wenn Luther einleitend erklärt:

> Wir sollen jtzt dis newe Haus einsegnen und wehen unserm HERrn Jhesu CHRisto, [...] auff das dis newe Haus dahin gerichtet werde, das nichts anders darin geschehe, denn das unser lieber Herr selbs mit uns rede durch sein heiliges Wort, und wir widerumb mit jm reden durch Gebet und Lobgesang.[77]

Kirche wird hier gedeutet als Haus für ein doppeltes Wortgeschehen – was jedenfalls bedeutet, daß das partizipative Element der Gemeinde doch auch seinen eigenen

69 Lewy (wie Anm. 63), 87; Findeisen, Peter/Magirius, Heinrich: Die Denkmale der Stadt Torgau. Leipzig 1976, 190, die außerdem die Verwendung einer der Emporen für den Chor erwähnen.

70 Ebd., 190.

71 So die zutreffende Identifikation bei ebd., 192 (siehe Abb. 179, ebd.), gegenüber Lewy (wie Anm. 63), 88, der an die Darbringung Jesu im Tempel denkt.

72 Ebd., 88.

73 Sollte die traditionelle, aber nicht mehr ganz gesicherte Annahme stimmen, daß Cranachs Darstellung der Opferprobe des Elias in Auseinandersetzung mit den Baalspriestern für die Schloßkapelle bestimmt war, würde dies das Programm noch unterstreichen. Siehe hierzu Marx, Harald: Geschichte im Spiegel der Kunst. Ein Blick auf die 2. Sächsische Landesausstellung und darüber hinaus. In: Glaube und Macht. Sachsen im Europa der Reformationszeit. Ausst.-Kat. Torgau 2004. Bd. 1–2, hier Bd. 1 [Katalog]. Hg. v. Dems. und Eckhard Kluth. Dresden 2004, 21–35, hier 27–32.

74 Lewy (wie Anm. 63), 88.

75 Ebd., 88.

76 Findeisen/Magirius (wie Anm. 69), 191.

77 Luther WA, Bd. 49, 588, 12–18.

Status bekommt, wenn das Hören auf das Wort, auf die Entgegennahme der Heilszusage, auch ganz deutlich präferiert wird.

Luther verband dabei die kirchenbaurelativierende Perspektive der frühen Jahre mit seiner kirchbaubejahenden Perspektive: Aufgrund des allgemeinen Priestertums stellte er nicht nur die Notwendigkeit eines besonderen Priesterstandes in Frage, sondern er behielt auch seine Anfrage an die Notwendigkeit eines besonderen Kirchenraumes aufrecht, weil „wir alle zu aller zeit und an allerley orten Gottes wort und wrck veründigen sollen."[78]

Die Kirche hat hiernach ihre Funktion vor allem dadurch, daß um der Ordnung willen aus allen Priestern einer ausersehen ist, allen das Evangelium zu verkündigen, und die Gemeinde einen gewissen Ort haben muß, an dem sie gewisse sein kann, ihren Prediger anzutreffen.[79] Der Öffentlichkeitscharakter ist und bleibt also das maßgebliche Kriterium für die Sinnhaftigkeit eines Kirchenbaus, der damit rein funktional auf den Vollzug der öffentlichen Wortverkündigung ausgerichtet ist.[80] Von der Notwendigkeit eines solchen Kirchenbaus zu sprechen, wäre schon übertrieben: „Fiele aber die not fur, das man nicht volte oder kündte hierin zusamen komen, so möchte man wol draussen beim Brunnen oder anders wo predigen."[81]

An der Stelle also, an der der evangelische Kirchenbau begründet wird, bleibt entscheidend die funktionale Ausrichtung des Baus auf das Wort hin: Kirchenbau ist nach lutherischem Verständnis nicht etwas für sich Bedeutsames, sondern seine Ästhetik gewinnt er aus seiner Funktion, dem Wort Raum zu schaffen. Der Raum, der hier bestimmt wird, soll vor allem dem Hören Raum geben und ist von hier aus definiert.

Die Änderung des semiotischen Beziehungsgeflechts für reformatorische Frömmigkeit

Die ausgeführten Entwicklungen bedeuteten eine gewaltige Konzentration des Kirchenraumes, erkenntlich vor allem an der Beseitigung der Seitenaltäre. Auch und gerade die Predigtscheunen waren von solchen Seitenaltären alles andere als frei gewesen. In vielen Kirchen galt es als besonders zukunftsträchtig, seinen Altar bei einem der frommen Bettelorden zu haben, so daß auch dort das Geschehen keineswegs nur um die eine Hauptachse des Mittelschiffs konzentriert gewesen war, sondern sich in eine Fülle von Seitenräumen verteilt hatte. All dies mußte nun – in zeitlich unterschiedlichen Schüben – fortfallen, weil es jeder sinnvollen Grundlage entbehrte. Wenn man Berndt Hamms Konzept von der Reformation als einer „normativen Zentrierung" sinnenfällig machen will,[82] so braucht man nur auf diese Reduktion der Altäre auf letztlich einen einzigen zu verweisen.

---

78 Ebd., Bd. 49, 590, 36–591, 9.
79 Ebd., Bd. 49, 591, 27–592, 10.
80 Koch (wie Anm. 1), 116.
81 Luther WA, Bd. 49, 592, 33–35.
82 Hamm, Berndt: Reformation als normative Zentrierung von Religion in Gesellschaft. In: Jahrbuch für Biblische Theologie 7 (1992), 241–279.

Dieser äußere Vorgang, der sich auch architektur- wie kunstgeschichtlich beschreiben ließe, wäre als Gewinn von Konzentration freilich nur unzureichend benannt, und man muß, wenn man verstehen will, was tatsächlich mit dem Kirchenraum passierte, über die rein liturgischen Aspekte sowie über die Abschaffung der Privatmessen und der mit ihnen verbundenen Seitenaltäre hinausgehen. Schon dies bedeutete, wie oben angedeutet, den Verlust einer bestimmten Form von semiotisch vermittelter Partizipation der glaubenden Laien am Kirchenraum. Dieser verlor aber aufgrund der theologischen Überlegungen der Reformatoren weitere wichtige Aspekte. Wiederum kann man einen besonders sinnfälligen herausgreifen: Das späte Mittelalter hatte besonderen Wert auf die Ausgestaltung der Sakramentshäuser gelegt. Berühmt ist das Beispiel aus St. Lorenz in Nürnberg, wo der Tabernakel zu einem eigenen architektonischen Element geworden war, das den Ort der Präsenz des realen Leibes Christi in der Kirche sichtbar für die Gemeinde als den mystischen Leib Christi machte. Die Beseitigung eines Ortes für die Präsenz Christi im Kirchenraum außerhalb des Abendmahlsvollzuges durch die vollständige Konsumtion der Abendmahlselemente in eben diesem Vollzug ist eine vehemente Aktualisierung der Präsenz Christi, die im Ergebnis dazu führte, daß kein architektonisches Element mehr nötig war, um den realen Leib Christi zu beherbergen. Das bedeutete nun, daß die Kirche insgesamt nicht mehr außerhalb des Gottesdienstes Haus für Christus selbst war und daß sie einen Kristallisationspunkt materialer Heiligkeit verlor.[83] Dies verstärkt sich noch, wenn man bedenkt, daß die alte Tradition der Verehrung von Reliquien im Altar obsolet wurde, da die Verehrung von Heiligen an Bedeutung verlor. Der Altar war nicht mehr Bedeckung und Aufbewahrungsort für Reliquien, die ihn heiligen, sondern er war dazu da, im Vollzug des Abendmahls genutzt zu werden – anhand des Torgauer Altars wurde oben ausgeführt, welche Folgen dies hatte.

Diese Entwicklung läßt sich zumal vor neuprotestantischem Hintergrund leicht als Desakralisierung beschreiben und ist dies unzweifelhaft auch bis zu einem gewissen Grade: Der Raum verliert an Heiligkeit, an Durchscheinen für die jenseitige Wirklichkeit Gottes und Jesu Christi. Aber blickt man auf die sich vollziehende Wandlung der für die Frömmigkeit konstitutiven semiotischen Beziehungsgeflechte, so ist in sozialer Hinsicht keineswegs nur von einer Desakralisierung zu sprechen, sondern es gibt durchaus auch den gegenläufigen Effekt einer Heraushebung des Raumes aus der Alltagsgestaltung der Menschen. Betrachtet man deren Umgang mit dem Kirchenraum, so wird durch die reformatorischen Umstrukturierungen in vielfacher Weise ein Anlaß genommen, sich von den Alltagsvollzügen aus auf den Kirchenraum zu beziehen: Es fällt nicht nur durch die gestifteten Seitenaltäre der Bezug auf die Lebenswirklichkeit im Alltag der Handwerker einer Stadt fort, der sich in Gestalt semiotischer Repräsentation ja zuvor durchaus ergeben hatte. Es fällt durch die Reduktion der Zeiten von Messen wie durch die Beseitigung von Orten der Heiligkeit jeglicher Anlaß fort, Kirche und Kirchenraum individuell zu betreten, um in ihm entweder die Präsenz Gottes zu erfahren oder sich in der Andacht Gott zuzuwenden. Indem Kirche um alle Nebenfunktionen entschlackt wird, erfolgt eine Konzentration, aber auch Reduktion auf die gewissermaßen offiziellen gottesdienstlichen Anlässe.

---

83 Koch (wie Anm. 1), 117.

Als frommer Christ betritt man die Kirche, um den Gottesdienst zu besuchen, der zwar keineswegs nur am Sonntagvormittag stattfindet, sondern auch am Nachmittag und unter der Woche, der aber eben doch stets eine Versammlung der Gemeinde zum vorgegebenen Termin und unter Anleitung des Pfarrers darstellt. Außerhalb dieser Anlässe – und das heißt, im Kontext der außergottesdienstlichen Alltagswirklichkeit der Menschen – werden die semiotischen Beziehungen zwischen Kirchenraum und Glaubenden drastisch reduziert. Auch dort, so etwa Epitaphien eine fortdauernde Repräsentanz der verstorbenen Glaubenden und der mit ihnen verbundenen Nachfahren ermöglichen, fällt die semiotisch formulierte Rückwirkung auf den Glaubenden außerhalb des Kirchenraumes weg: Die Familien der mit dem Epitaph Gewürdigten sind durch dieses Epitaph nicht in ein ihnen zugeeignetes Geschehen eingebunden, sondern die Funktion des Epitaphs erschöpft sich in der Darstellung vor der sich zum offiziellen Anlaß versammelnden Gemeinde.

Kirche und Kirchenraum werden in viel stärkerem Maße zu einem Sonderobjekt der Lebenswirklichkeit, als dies in der spätmittelalterlichen Frömmigkeitskultur der Fall gewesen war. Dies ist kein Phänomen, das mit dem Begriff der Sakralisierung beschrieben werden kann, aber insofern Sakralität auch als Unterscheidung von Profanität definierbar ist, wird hier doch in sozialer Hinsicht etwas in Gang gesetzt, das der Bewegung der Desakralisierung zwar nicht schlechterdings entgegengesetzt ist, ihr aber doch einen eigenen Akzent entgegenstellt. Der besondere Kirchenraum, von dem Luther spricht, bleibt dem reformatorischen Christentum erhalten – er wird zum Teil sakralisiert, aber auch ent-alltäglicht. Zu einer neuen Präsenz von Heiligkeit kommt es nicht, wohl aber zu einer Absenz der alltäglichen Lebenswelt.

Maria Deiters

Individuum – Gemeinde – Raum

Zur nachreformatorischen Ausstattung von St. Marien und St. Nikolai in Berlin

St. Nikolai und St. Marien sind die beiden Pfarrkirchen des mittelalterlichen Berlin, wobei die hinter dem Rathaus gelegene etwas ältere Nikolaikirche als die Hauptpfarrkirche gelten kann. Aus beiden Kirchen hat sich ein bedeutender Bestand an Epitaphien aus den Jahrzehnten vor und nach der Reformation erhalten. Diese Epitaphien sind ein wichtiges Zeugnis für die Stadt- und Bürgergeschichte, vor allem aber auch für die konfessionelle, theologisch-geistige Entwicklung Berlins und der Mark Brandenburg im 16. Jahrhundert.[1] Für den vorliegenden Beitrag wurden aus diesem Bestand der Stiftungskomplex des kurfürstlichen Sekretärs Joachim Steinbrecher in St. Marien sowie die Epitaphien der Familien Distelmeier und von Kötteritzsch in St. Nikolai ausgewählt. Die Auftraggeber gehörten zu einem in gegenseitigem Austausch stehenden Kreis von kurfürstlichen Hofbeamten, und ihre Stiftungen sind in engem Bezug zueinander zu sehen. Mit Blick auf die Frage nach der Formierung eines konfessionellen Raumes werden sie als Fallbeispiele behandelt für den wenig untersuchten Beitrag, den individuell gestiftete Ausstattungsstücke zur Strukturierung und inhaltlichen Deutung lutherischer Kirchenräume leisten. Alle waren sie sowohl in ihrer Plazierung als auch in ihren inhaltlichen Programmen in besonderem Maße prägend für den Kirchenraum, und ihre Interpretation kann damit wesentlich zu einem Verständnis von dessen zeitgenössischer Deutung beitragen.

1587 stiftete der kurfürstliche Sekretär Joachim Steinbrecher (* 1523, † 1598) in St. Marien einen prächtigen Epitaphaltar für sich und seine Familie am Übergang zwischen Chor und Langhaus, d. h. an der Stelle des vermutlich früher dort befindlichen mittelalterlichen Kreuzaltares, unterhalb des mittelalterlichen Triumphkruzifixes (Abb. 1).[2] Nach einer Beschreibung des frühen 18. Jahrhunderts wurde der

[1] Im Auftrag des Landesamtes für Denkmalpflege Berlin und der Ev. Kirchengemeinde St. Petri-St. Marien, finanziert vom Landesdenkmalamt und vom Konsistorium der Ev. Landeskirche Berlin-Brandenburg und schlesische Oberlausitz, hat die Verfasserin in den Jahren 2002–2005 das bewegliche Kunstgut von St. Marien und St. Nikolai sowie der Franziskanerklosterkirche inventarisiert. Die Ergebnisse liegen in einer Datenbank vor und sollen 2008/2009 veröffentlicht werden. Der ca. 200 Werke – darunter Reste mittelalterlicher Altarretabel, zahlreiche Gemäldeepitaphien, barocke Schriftepitaphien und Porträts – umfassende Bestand verteilt sich heute auf die Marienkirche, die als einzige unzerstört gebliebene Kirche 1946 einen Teil der Ausstattung der beiden anderen übernahm, die Nikolaikirche und das Märkische Museum. Im Zuge von Kriegsauslagerungen und anschließender Teilung der Stadt wurde jedoch ein wesentlicher Teil verstreut und befindet sich in verschiedenen Kirchen der Westhälfte Berlins sowie in Depots.

[2] Der Epitaphaltar und das darüberhängende Triumphkruzifix finden in den Denkmälerbeschreibungen des frühen 18. Jahrhunderts ausführliche Erwähnung: Schmidt, Jacob: Berlinische und Cöllnische Merk- und Denkwürdigkeiten. Berlin 1727–1734, Decas III, 14f.; Küster, Georg Gottfried: Altes und Neues Berlin. Berlin 1752, 462.

Epitaphaltar 1595 durch Steinbrecher ergänzt mit einer darüber angebrachten, quer von Chorwand zu Chorwand verlaufenden Sängerempore für die Schüler des städtischen Gymnasiums zum Grauen Kloster.[3] Von dem Epitaphaltar haben sich noch die Gemälde erhalten: eine Darstellung der Verkündigung an Maria und eine Tafel mit den Porträts des Stifters und seiner Familie (Abb. 5–6).[4] Sie waren von aufwendigem Schnitzwerk umgeben, dessen Bildprogramm in den Quellen ebenfalls beschrieben ist und von dem sich Fragmente im Märkischen Museum erhalten haben.[5]

Soweit aus den Quellen zu fassen ist, war dies die erste große nachreformatorische Stiftung liturgisch relevanter Ausstattung in der Marienkirche. Zwar waren 1540 der Kirchenschatz der Berliner Pfarrkirchen verkauft[6] und während der Reformation die Altaristenstellen aufgegeben worden, doch blieb die mittelalterliche Ausstattung einschließlich Hochaltar und Nebenaltären offenbar zunächst weitgehend unverändert bestehen.[7] Joachim II. hatte sich erst 1539/1540 nach einem längeren Versuch des Ausgleichs zwischen katholischer und protestantischer Kirche entschieden, den lutherischen Glauben anzunehmen, und danach vor allem auch in der Beibehaltung liturgischer Zeremonien weiterhin einen Weg des Ausgleichs gesucht.[8] Sein Nachfolger Kurfürst Johann Georg verfolgte einen strengeren gnesio-lutheranischen Kurs. Er begann seine Amtszeit 1572 mit einer landesweiten Kirchenvisitation und der

---

3 Schmidt (wie Anm. 2), 21–24 gibt die ausführliche Stiftungsinschrift der Empore wieder und erwähnt das Datum 1595, das darunter angebracht war (24).

4 Die beiden noch heute in St. Marien aufbewahrten Gemälde lassen sich anhand der Beschreibungen von Schmidt und Küster (wie Anm. 2) eindeutig dem Epitaphaltar zuordnen. Ihre Zugehörigkeit zu diesem wurde zuletzt von Borrmann, Richard: Die Bau- und Kunstdenkmäler von Berlin. Berlin 1893, 212 erkannt. – Der „Schüler-Chor" wurde 1760 wegen Baufälligkeit abgetragen, gleichzeitig entfernte man auch den „Cruzifix und darunter befindliche Decorationen", womit wohl der Epitaphaltar gemeint ist, Landeskirchliches Archiv Berlin-Brandenburg, Bestand St. Marien, Rep. I, Nr. 2, fol. 97f. Grund für den Abbruch des Steinbrecherschen Ensembles war vermutlich auch die Tatsache, daß dieses den Blick auf den seit 1757 im Bau befindlichen großen barocken und 1762 vollendeten Hochaltar verstellte.

5 Borrmann (wie Anm. 4), 212, Anm. 1: „Das Bild ist 1868 restauriert [worden,] leider ohne den damals noch vorhandenen, mit Ornamenten, Figuren und einer Bundeslade verzierten Rahmen". Er beschreibt außerdem „Reste von Holzschnitzereien, welche in der Mitte eine Bundeslade, rechts und links zwei kleine Reliefs, Simson mit dem Löwen und die Erhöhung der Schlange, sodann bemalte und vergoldete Gestalten von Königen und Hohepriestern enthalten" und im Märkischen Museum aufbewahrt werden. Im dortigen Depot befinden sich noch heute unter derselben Inventarnummer (VI, 2364) zwei durch Kriegseinwirkungen beschädigte Figuren eines Hohepriesters und eines Königs, die zeitlich gut zu den erhaltenen Gemälden passen (ich danke Frau Gundula Ancke für die Öffnung des Depots).

6 Geheimes Staatsarchiv Preußischer Kulturbesitz Berlin, Akte I HA Rep 47 Tit. B4 Berlin – Geistliche Angelegenheiten Fasz. 2 1540.

7 Nach einer 1657 bei der Reparatur des Marienkirchturms in dessen Knauf gefundenen Urkunde, deren Text sich bei Küster (wie Anm. 2), 465f. findet, geschah 1613 auf Initiative von Vertretern des Rats, gleichzeitig Vorsteher der Pfarrkirchen, eine grundlegende bauliche Erneuerung beider Pfarrkirchen. Dabei wurde in St. Marien die „Taufe gerücket, und die Stühle nebst und vor der Taufe, mitten in die Kirche gebauet, die Capellen hinter dem Altar alle erneuret, und die alten Päbstler Altar daraus gerissen worden". Die Aussage ist – möglicherweise durch die mehrfachen Abschriften – etwas unklar. Man kann aber wohl daraus ablesen, daß 1613 vermutlich in beiden Pfarrkirchen eine grundlegende Umgestaltung des Raumes unter Aufgabe der mittelalterlichen Seitenaltäre erfolgte.

8 Zu Joachim II. siehe ausführlich den Beitrag von Agnieszka Gąsior im vorliegenden Band.

Ausarbeitung einer neuen Kirchenordnung, die sich allerdings in wesentlichen Punkten auf die Kirchenordnung seines Vaters bezog.[9]

Einer der von Johann Georg beauftragten Visitatoren war Joachim Steinbrecher. Gemeinsam mit dem Kanzler Lampert Distelmeier ergriff er im Zuge der Kirchenvisitation die Initiative zur Gründung des Gymnasiums zum Grauen Kloster als erster bedeutender städtischer Bildungseinrichtung am ehemaligen Franziskanerkonvent in Berlin.[10] Steinbrecher war nicht nur finanziell und administrativ bei der Einrichtung des Gymnasiums engagiert, er formulierte auch dessen erste Schulordnung, und zwar mit der Absicht, eine Generalschulordnung für das Kurfürstentum zu schaffen.[11] Dies beschreibt den Entstehungskontext der im folgenden zu analysierenden Stiftung und läßt einen hohen theologischen Reflektionsgrad voraussetzen. Ein mit der Errichtung der Werke intendierter exemplarischer Charakter wird auch in der sehr ausführlichen Stiftungsinschrift an der Empore deutlich, in der sich Steinbrecher auf seine Rolle als Kirchenvisitator und Schulförderer beruft sowie die Bilder auf der Emporenbrüstung (lt. Inschrift Szenen aus der Apostelgeschichte) und auf dem Epitaph legitimiert: Diese seien „nicht darum, daß man sollte/die anbeten oder wollte/abgöttisch papistisch Art/wieder herbringen auf die Fahrt", sondern „zur Lehr".[12]

Ein ähnlicher Impetus ist auch bei den anderen hier zu behandelnden Denkmalaufträgen vorauszusetzen: Lampert Distelmeier (* 1522, † 1588) war Kanzler sowohl Joachims II. als auch Johann Georgs, mithin einer der mächtigsten Männer in der Mark und von beiden Kurfürsten als Jurist auch mit zahlreichen Kirchen- und Glaubensfragen betraut.[13] Sein Sohn Christian (* 1552, † 1612) folgte ihm in der Kanzlerschaft nach, seine zeitgenössische Berühmtheit erlangte er vor allem durch seine hohe Bildung.[14] Johann von Kötteritzsch schließlich war der Schwiegersohn Lampert Distelmeiers und als kurfürstlicher Rat ebenfalls mit Glaubensfragen beschäftigt.[15]

---

9 Sehling, Emil: Die Evangelischen Kirchenordnungen des XVI. Jahrhunderts. Bd. 3: Die Mark Brandenburg. – Die Markgrafenthümer Oberlausitz und Nieder-Lausitz. – Schlesien. Leipzig 1909, 6 und 39–90 (Kirchenordnung Joachims II. von 1540), 17–20 und 95–142 (Kirchenordnung Johann Georgs von 1572 und Visitation von 1573). – Den besten Überblick über den Konfessionalisierungsverlauf in der Mark Brandenburg bietet Nischan, Bodo: Prince, People and Confession. The Second Reformation in Brandenburg. Philadelphia 1994, mit Angaben der älteren Literatur und zeitgenössischer Quellen.

10 Diterich, Martin: Berlinische Kloster- und Schulhistorie. Berlin 1732 [Neuausgabe Berlin 1997] (Berlinische Historiographie im 18. Jahrhundert 2), eingeleitet von Peter P. Rohrlach, 34–55; Heidemann, Julius: Geschichte des Grauen Klosters zu Berlin. Berlin 1874, bes. 61–73.

11 Zur Würdigung der Tätigkeit Steinbrechers in der Verwaltung des Gymnasiums und der von ihm entworfenen Schulordnung siehe besonders Heidemann (wie Anm. 10), 77–103.

12 Die Inschrift ist überliefert bei Schmidt (wie Anm. 2), 21–24; Küster (wie Anm. 2), 478f.

13 Siehe zu den Distelmeiers Becken, Jörg: Die Epitaphien Distelmeyer-Kötteritzsch in der Nikolaikirche Berlin-Mitte. In: Jahrbuch der Stiftung Stadtmuseum (2004/2005), 73–95, mit Angaben der älteren Literatur und Quellen.

14 Siehe ebd. sowie zur Bibliothek Distelmeiers Schulz, Knut: Eine große Berliner Bibliothek um 1600 aus dem Besitz der Familie Distelmeier-Lynar in der Marienbibliothek zu Halle. In: Schlaglichter. Preußen – Westeuropa. Festschrift für Ilja Mieck. Hg. v. Ursula Fuhrich-Grubert und Angelus H. Johansen. Berlin 1997 (Berliner historische Studien 25), 141–214.

15 Becken, Epitaphien Distelmeyer-Kötteritzsch (wie Anm. 13) in Auswertung der Leichenpredigt für Johann von Kötteritzsch.

Position der Denkmäler und Hierarchie des Raumes

Der Epitaphaltar Joachim Steinbrechers wird in den Quellen des 18. Jahrhunderts als „Kleiner Altar“ bezeichnet.[16] Mit dem prächtigen Aufbau des Epitaphs, der ebenfalls mit Bildern geschmückten Sängerempore und dem Triumphkreuz wurde ein ästhetischer und liturgischer Höhepunkt im Osten des Schiffes geschaffen, der den Chor mit dem mittelalterlichen Hochaltar abzuwerten scheint. Eine vergleichbare Situation sehen wir auf der Innenraumdarstellung der Nikolaikirche auf dem 1616 entstandenen Epitaph Kötteritzsch (Abb. 2, 11). Auch hier scheiden ein Mitte des 16. Jahrhunderts entstandener Kleiner Altar mit seinem aufwendigen Aufbau, darüber Sängerempore und Triumphkreuzgruppe, den Hochaltar vom Schiff mit der Kanzel.[17] Dies entspricht auf den ersten Blick einer stärker auf den Predigtgottesdienst bezogenen Organisation des lutherischen Kirchenraumes und rückt Altar und Kanzel näher aneinander. Jedoch ist die Situation komplizierter: Den Quellen zufolge behielt der Hochaltar seine Bedeutung bei, noch Ende des 17. Jahrhunderts wurde das mittelalterliche Retabel im Auftrag von Gemeindemitgliedern renoviert.[18] Mangels schriftlicher Quellen besitzen wir für die Berliner Pfarrkirchen nur die Bildinformation des Kötteritzsch-Epitaphes, auf dem vor dem Kleinen Altar ein Hochzeitspaar getraut wird, während dahinter vor dem Hochaltar kniende Kommunikanten zu erkennen sind. Für die Nikolaikirche in Magdeburg hingegen, die 1585 auf gotisierendem Grundriß neu errichtet wurde, mit Hochaltar und Kleinem Altar am Übergang zwischen Chor und Langhaus, bezeugt die Einweihungspredigt eine Benutzung des Kleinen Altars beim Abendmahl an normalen Sonntagen, während die Abendmahlsfeier am Hochaltar den Festtagen vorbehalten blieb.[19] Ähnliches ist auch für die Nikolaikirche in Stralsund überliefert.[20] Die Brandenburgischen Kirchenordnungen von 1540 und 1572 fordern für die großen

---

16 Schmidt und Küster (wie Anm. 2). – Erst im Zuge der umfassenden Restaurierung der Kirche von 1818 wurde der „Kleine Altar“ am Aufgang des Chors abgetragen, Landesarchiv Berlin, A Rep. 004, Nr. 722, Stellungnahme König Friedrich Wilhelms III. zu den von Baurat Langerhans eingereichten Plänen vom 2. Mai 1818. Nach einem Grundriß von 1893 (kurz vor der nächsten grundlegenden Restaurierung) existierte jedoch weiterhin ein zweiter Altartisch, nun jedoch zu Füßen der Kanzel, Borrmann (wie Anm. 4), 208, Fig. 14.

17 In den bisherigen Interpretationen des Epitaphs, zuletzt bei Becken, Epitaphien Distelmeyer-Kötteritzsch (wie Anm. 13), 88, wurde die Empore als noch vorhandener mittelalterlicher Lettner gedeutet. Die genaue formale Betrachtung des auf hohen Holzpfeilern stehenden Bauwerks spricht jedoch eher für eine neu errichtete Sängerempore. Eine entsprechende Nutzung wird durch das Bild eindeutig belegt, denn es sind schemenhaft singende Gestalten mit aufgeschlagenen Büchern zu erkennen. – Der darunter stehende Epitaphaltar wurde von Joachim und Hieronymus Reiche 1559 gestiftet, Küster (wie Anm. 2), 235.

18 Schmidt (wie Anm. 2), 16.

19 Mai, Hartmut: Tradition und Innovation im protestantischen Kirchenbau bis zum Ende des Barock. In: Geschichte des protestantischen Kirchenbaues. Festschrift für Peter Poscharsky. Hg. v. Klaus Raschzok und Reiner Sörries. Erlangen 1994, 13.

20 Thulin, Oskar: Der Altar in reformatorischer Sicht. In: Reich Gottes und Wirklichkeit. Festgabe für Alfred Dedo Müller. Hg. v. Friedrich Haufe, Gottfried Kretzschmar und Adelheid Rensch. Berlin 1962, 197. Man habe nicht nur in Stralsund, sondern auch in anderen lutherischen Kirchen „Chöre oder anschließende Hauptschiffsteile großer mittelalterlicher Kirchen durch Schranken“ abgetrennt, „um einen geschlosseneren Teil für den sonntäglichen Gottesdienst zu haben“, und einen „Zwischenaltar“ zum Schiff hin davorgestellt. „Die Benutzung des Hauptaltars blieb dann meist den Festtagen vorbehalten.“

Stadtpfarrkirchen eine möglichst tägliche Feier des Abendmahles.[21] Es ist sehr wahrscheinlich, daß dieses unter anderem während der alltäglichen Gottesdienste mit ihrer geringen Kommunikantenzahl am vorderen Altar gereicht wurde. Eine solche zeremonielle Aufgliederung zwischen zwei Altären, die gleichzeitig den Hochaltar besonders auszeichnet, ist ein für die protestantische Kirche bisher wenig beachtetes Phänomen. Interessant ist darüber hinaus der an der Steinbrecherschen Stiftung ablesbare enge Bezug zwischen Altar und Grabdenkmal.

Auch das Grabdenkmal Christian Distelmeiers in St. Nikolai befindet sich in unmittelbarer Nähe zum Altar, in diesem Fall zum Hochaltar. Für die Grablege der Familie Distelmeier ist außerdem eine Quelle erhalten, die wichtige Rückschlüsse auf das zeitgenössische Verständnis der räumlichen Hierarchie zuläßt. Danach wurde Lampert Distelmeier, dem Vater Christians, und seiner Familie für dessen Verdienste beim Aufbau des Gymnasiums zum Grauen Kloster durch den Magistrat ein „Ort in der S. Nicolai-Kirche beym hohen Altar zur rechten oder lincken Hand, wo es sich am besten schicken würde“ zum Begräbnis zuerkannt.[22] Lampert Distelmeier selbst nahm dieses Vorrecht nicht in Anspruch, sondern erwarb 1584 eine Erbbegräbniskapelle hinter der Kanzel, die er unter anderem mit einem großen Epitaphgemälde ausstattete (Abb. 3, 10).[23] Sein Sohn Christian aber brachte 1612 neben dem Hochaltar sein Epitaph an und ließ sich und seine Familie auch dort bestatten (Abb. 3–4, 9).[24] Das äußerst repräsentative Grabdenkmal bestand aus zwei Tafeln, eine mit dem Epitaphgemälde, die andere mit einer ausführlichen Inschrift, die mit aufwendigen skulpturalen Rahmen versehen und rechts und links des Hochaltares jeweils zwischen den dritten Pfeiler des Chores und die Außenwand in den Chorumgang gehängt wurden. Die hier abgebildete historische Aufnahme gibt den bereits veränderten Zustand des 19. Jahrhunderts wieder, vermittelt aber noch einen Teil der ursprünglichen Wirkung. Die Epitaphien erweiterten schauwandartig den noch bestehenden mittelalterlichen Altar, und man mußte unter ihnen hindurchgehen, um in das Chorhaupt zu gelangen.[25]

---

21 Sehling (wie Anm. 9), 67, im 1572 übernommenen Wortlaut von 1540: „sonderlich sollen die pfarherrn und prediger in unsern stedten das volk zu der communion fleissig ermanen [...] das [...] teglich cena domini gehalten würde“.

22 Diterich (wie Anm. 10), 44 unter Bezugnahme auf die eine im Zweiten Weltkrieg verbrannte Akte des Gymnasiums (Acta Gymnasii Cap. LXX § 4). Das Privileg existiert in ähnlicher Formulierung auch in der handschriftlichen Sammlung von Quellen zur Geschichte des Grauen Klosters von Sebastian Gottfried Starcke (vor 1705): Sammlungen des Berlinischen Gymnasiums zum Grauen Kloster (Streitsche Stiftung), Skl Archiv I/2/1, fol. 85v. – Der Zeitpunkt der Verleihung dieses Privilegs ist nicht überliefert. Das Gymnasium wurde 1574 gegründet.

23 Zu der Kapelle und ihrer Erwerbung siehe Brehm, Knut u. a.: Grabmalskunst aus vier Jahrhunderten. Epitaphien und Grabdenkmäler in der Nikolaikirche zu Berlin. Berlin 1994, 41f.

24 Becken, Epitaphien Distelmeyer-Kötteritzsch (wie Anm. 13), 78, zitiert eine Akte im Familienarchiv der Distelmeier-Lynar, nach der die Bürgermeister und Rathmannen der Stadt Berlin 1607 „einen Ort zu zwey Begrebnüs im Chor eingereumet, und das er zwey Epitaphia an den nehesten beyden Pfeiler nachm Altar bey der Communicanten Gestüle kegen einander machen möge, auf sein Ansuchen vergönnet“. Außerdem durfte er „einen stuhl unter der Orgel vor sich und die Seinigen bawen.“ Distelmeier zahlte im Gegenzug 100 Taler in die Kirchenkasse „zu Bezeigung seiner christlichen Affection zu der Kirchen“. – Das Datum 1612 geht aus der Signatur des Epitaphgemäldes hervor, das sich heute in der Sühne-Christi-Kirche in Berlin Charlottenburg befindet. Signiert hat der kurfürstliche Hofmaler Nathan Mau.

25 Beschreibung der Situation vor dem Umbau unter Hermann Blankenstein 1878 bei Borrmann (wie Anm. 4), 232. Diese ist außerdem bildlich wiedergegeben in einem 1862 entstandenen Aquarell von Carl Graeb, das den südlichen Teil des Chorumgangs von St. Nikolai mit der zwischen hohen

Da der mittelalterliche Altar nicht mehr existiert, ist die ursprüngliche räumliche Situation nur mehr schwer vorstellbar. Doch ist es wahrscheinlich, daß man bei der damals sehr üblichen „wandelnden Kommunion“, während derer der Altar umschritten wurde, die Distelmeierschen Epitaphien passierte und diese folglich als Erweiterung der Altaraufbauten aufgefaßt werden konnten.[26]

Die Grabdenkmäler der beiden Distelmeier markieren damit zwei hierarchisch herausgehobene Orte im Kirchenraum: den Platz neben der Kanzel und jenen neben dem Hochaltar. Beides, so ist zu behaupten, sind Orte mit einer besonderen Sakralität, die sich aus dem hier in Predigt und Abendmahl gesprochenen Wort Gottes ableitet.[27] Die Familie Distelmeier nimmt über den Tod hinaus, bildlich vertreten durch nahezu lebensgroße Epitaphporträts, weiterhin an den gottesdienstlichen Handlungen der Gemeinde teil. Hier ist, wie bereits Otto Gerhard Oexle angedeutet hat, ein Fortbestehen auch liturgischer Komponenten der Memoria nach der Reformation zu fassen.[28] Es stellt sich die Frage, ob mit der Positionierung der Gräber und Denkmäler auch eine Form von Heilshoffnung verbunden wurde. Chor und Altar scheint dabei eine besondere Bedeutung zugekommen zu sein.[29] Für das Begräbnis hier wird den Distelmeiers ein gesondertes Privileg ausgestellt. In der Marienkirche konzentrieren sich im Chor und in dem Teil des Schiffes, der dem Kleinen Altar unmittelbar benachbart ist, bis ins späte 18. Jahrhundert die besonders repräsentativen Erbbegräbnisse und Epitaphien (siehe die Markierungen im Grundriß Abb. 1).

Diese hierarchische Privilegierung des Chores ist nicht etwa vornehmlich repräsentativ zu deuten. Das belegen nicht zuletzt die ikonographischen Programme der

---

hölzernen Pfeilern hängenden Schrifttafel zeigt, Gottschalk, Wolfgang: Altberliner Kirchen in historischen Ansichten. Leipzig 1986, Abb. 7.

26 Zur wandelnden Kommunion, bei der die Kommunikanten an der vom Schiff aus gesehen linken Schmalseite des Altars das Brot erhielten und auf der rechten nach Umschreiten des Altares den Kelch siehe Poscharsky, Peter: Das lutherische Bildprogramm. In: Die Bilder in den lutherischen Kirchen. Hg. v. Dems. München 1998, 21–40, hier 22. Der genaue Ablauf der Kommunion in den Berliner Pfarrkirchen ist jedoch nicht überliefert. – Eine Situation mit zwei Portalen links und rechts des Altares, die in dessen 1594–1602 errichteten prächtigen Aufbau miteinbezogen sind, hat sich noch in der Stadtkirche von Lauenstein/Sachsen erhalten. Abgebildet bei Harasimowicz, Jan: „Contra calvinianorum idolomachiam“. Die Bilderstürme der Zweiten Reformation und die lutherische Kunst um 1600. In: Ders.: Kunst als Glaubensbekenntnis. Beiträge zur Kunst- und Kulturgeschichte der Reformationszeit. Baden-Baden 1996, 25–40, hier 29, Abb. 22. – Eine ähnliche Situation zeigt auch das von Graf Rochus zu Lynar 1582 als Aufsatz des Hochaltars der Spandauer Nikolaikirche gestiftete monumentale Steinepitaph, dessen Architektur sich rechts und links des Altares in zwei repräsentativen Portalen fortsetzt.

27 Siehe dazu grundlegend Dürr, Renate: Prophetie und Wunderglauben – zu den kulturellen Folgen der Reformation. In: Historische Zeitschrift 281 (2005), 3–32, bes. 23–27.

28 Oexle, Gerhard: Memoria als Kultur. In: Memoria als Kultur. Hg. v. Dems. Göttingen 1995 (Veröffentlichungen des Max-Planck-Instituts für Geschichte 121), 9–78, hier bes. 53–57, mit Literaturverweisen; von den älteren Veröffentlichungen desselben Autors in diesem Zusammenhang vgl. besonders: Memoria und Memorialbild. In: Memoria. Der geschichtliche Zeugniswert des liturgischen Gedenkens im Mittelalter. Hg. v. Karl Schmid und Joachim Wollasch. München 1984, 384–440.

29 Der Glaube an eine heilsvermittelnde Kraft des Abendmahls zeigt sich in den von Renate Dürr angeführten Praktiken wie dem Anzünden von Kerzen auf dem Altar während des Abendmahls für die Genesung kranker Kinder oder der Überzeugung, beim Abendmahl getragene Dinge hätten eine heilende Wirkung. Vgl. Dürr, Prophetie und Wunderglauben (wie Anm. 27), 23. – Daß auch dem auf der Kanzel gesprochenen Wort eine solche Kraft beigemessen wurde, belegt die Autorin ausführlich anhand der wunderbaren Heilung der Katharina Hummel in Leonberg 1644 und deren Rezeption.

Epitaphien. Sie thematisieren und demonstrieren, so wird zu zeigen sein, eine Sakralität des Chores und des Kirchenraumes überhaupt.

Ausdeutung des Kirchenraumes

Sowohl der Steinbrechersche Epitaphaltar in St. Marien als auch die Epitaphien Christian Distelmeiers in der Nikolaikirche weisen deutliche Anspielungen auf den Salomonischen Tempel auf. Auf dem Epitaph Joachim Steinbrechers kniet die Familie zu seiten der Bundeslade mit dem Kruzifix darauf, dahinter öffnet sich der Blick in einen Kirchenraum, der in seinem Aufbau einerseits an einen gotischen Bau erinnert, dessen Säulen aber gleichzeitig auf antike Architekturen anspielen (Abb. 6). Eine Darstellung der Bundeslade befand sich außerdem noch auf dem Rahmen.[30] Auch das ursprünglich darüber angebrachte Bild der Verkündigung an Maria enthielt eine auffällige Haussymbolik (Abb. 5).

Vorlage für das Verkündigungsbild war das Apsisfresko von Santa Annunziata in Rom. Die kleine Kirche Santa Annunziata war die erste Kirche des noch jungen Jesuitenordens und am Tag Mariae Verkündigung 1567, noch während der Planungsphase für Il Gesù, geweiht worden. Das von Federico Zuccari ausgeführte große Apsisfresko war eines der zentralen Ausstattungselemente.[31] Es ist uns, da der Kirchenbau 1640 abgerissen wurde, nur noch durch mehrere Nachstiche überliefert geblieben, darunter auch der 1571 durch Cornelis Cort ausgeführte Kupferstich (Abb. 7). Das Fresko stellte in einer sehr verdichteten Ikonographie die Verkündigung an Maria und die Menschwerdung Christi in den großen Heilsplan Gottes. Maria und der Engel werden umgeben von den Propheten, die die Ankunft des Messias und seine Geburt von einer Jungfrau ankündigen. Die Landschaft, in der die Kammer Marias steht, ist angefüllt mit Jungfräulichkeitssymbolen und Mariensinnbildern. In den Zwickeln verweisen die Gestalten von Adam und Eva auf Christus als neuen Adam und Maria als neue Eva. Man kann das Zuccari-Fresko als ein geistiges Gründungswerk des Jesuitenordens interpretieren, in dem sich die Mariendogmatik mit der Christologie verband. Die Übernahme dieses jesuitischen Schlüsselwerks gibt dem Steinbrecherschen Epitaph einen legitimatorischen, konfessionspolitischen Zug. Ein interessantes Detail ist dabei, daß Santa Annunziata die Kirche des Collegium Romanum, der jesuitischen Ordensschule, war. Es wurde bereits oben erwähnt, wie stark sich Joachim Steinbrecher für Schul- und Ausbildungsfragen in Berlin und in der Mark engagierte. Zwischen Jesuiten und Protestanten ist ein gegenseitiges Aufnehmen von Bildfindungen, rhetorischen Mitteln etc. im Zuge der konfessionellen und theologischen Auseinandersetzung nicht ungewöhnlich. Im Falle des Steinbrecherschen Epitaphprogramms könnte ein Motiv in der Konkurrenz um die wahre Nachfolge Christi, zwischen der protestantischen *theologia crucis* und dem jesuitischen Anspruch auf die Jüngerschaft Christi, zu suchen sein, zumal das Epitaphprogramm,

---

30 Siehe Anm. 5.

31 Zu dem Fresko, seinem Programm und den überlieferten Nachstichen siehe: Rom in Bayern. Kunst und Spiritualität der ersten Jesuiten. Hg. v. Reinhold BAUMSTARK. Ausst.-Kat. München 1997, 474–479, Kat.-Nr. 148f. (Reinhold BAUMSTARK).

ebenso wie auch das Apsisbild, eine deutlich christologische Ausrichtung hat. Die marianische Symbolik des Verkündigungsbildes war dabei auch im lutherischen Sinne akzeptabel. Ohne näher auf das komplexe Problem der lutherischen Marientheologie eingehen zu können, sei hier daran erinnert, daß auch Luther und die ihm nachfolgenden Theologen die Verkündigung als zentrales heilsgeschichtliches Ereignis betrachteten und z. B. auch das Fest Mariä Verkündigung bestehen ließen.[32] Ebenso hielten sie an der Doktrin der unbefleckten Empfängnis fest. Das Bildprogramm des Freskos war also ohne größere Probleme zu übernehmen, die sehr lehrhafte Bildkomposition muß dabei auch den didaktischen Zielen des protestantischen Auftraggebers entgegengekommen sein. Sie ist jedoch besonders an einer Stelle signifikant verändert:[33] In dem römischen Bild kniet Maria in traditioneller Weise in einem Raum am Betpult. Auf dem Berliner Verkündigungsbild wird sie prononciert vor dem Raum dargestellt, dessen Öffnung zudem von einer Säule verstellt wird. Die in zwillingsbogigen Fenstern im Hintergrund der altniederländischen Verkündigungsbilder dargestellten Säulen hat Erwin Panofsky als Verbildlichungen Christi interpretiert.[34] In der Marienkirche wird diese Gleichsetzung augenfällig durch die Parallelisierung der Säule im Verkündigungsbild und dem Gekreuzigten in der darunter angebrachten Tafel.

Durch die genaue Schilderung eines profanen Interieurs in dem Raum hinter der Verkündigungsgruppe assoziiert man sehr deutlich den Begriff „Haus“. Auch hier besteht eine optische Verbindung zwischen dem „Haus“ oben und dem „Tempel“ unten. Gleichzeitig macht die Tatsache, daß Maria so ausgeschlossen vor dem häuslichen Raum sitzt, diesen im Zusammenhang der Bildkomposition zu einem weiteren Marientitel. „Haus“ bzw. „Tempel Gottes“ gehörte im Mittelalter zu den wichtigsten Gebäudemetaphern für Maria.[35] Eine in der mittelalterlichen Denktradition stehende ekklesiologische Komponente ist hier nicht unwahrscheinlich, denn die Vorstellung von Maria als Stellvertreterin der Kirche bzw. der christlichen Gemeinde begegnet gleichermaßen in den Schriften Luthers und Melanchthons. So schreibt Melanchthon „Maria semper repraesentat Ecclesiam“.[36] Ähnliches formuliert auch Luther, z. B.:

---

32 Nach den Brandenburgischen Kirchenordnungen von 1540 und 1572 wurden in der Mark als Marienfeste gefeiert: Purificationis Mariae, Annunciationis Mariae, Visitationis Mariae und auch Assumptionis Mariae, SEHLING (wie Anm. 9), 87. – Als Überblick zu den reformatorischen Marienlehren immer noch grundlegend SCHIMMELPFENNIG, Reintraud: Die Geschichte der Marienverehrung im deutschen Protestantismus. Paderborn 1952; siehe auch GROTE, Walter: Maria/Marienfrömmigkeit II, 6. Reformation und Reformationskirchen. In: Theologische Realenzyklopädie. Bd. 22. Berlin 1992, 134–137, mit weiterführender Literatur; sowie aktuell: KREITZER, Beth: Reforming Mary. Changing Images of the Virgin Mary in Lutheran Sermons of the Sixteenth Century. Oxford 2004.

33 Im übrigen entsprechen alle Details dem römischen Vorbild, auch dessen Inschriften wurden vollständig übernommen. Etwas irreführend ist das Fehlen der Taube auf der Berliner Tafel. An deren Stelle befindet sich jedoch eine große, grob retuschierte Fehlstelle in der Malschicht. – Ich danke an dieser Stelle dem Restaurator Andreas Mieth für die gemeinsame Begutachtung der Gemälde des Steinbrecher-Altares sowie die Hilfe beim Fotografieren.

34 PANOFSKY, Erwin: Early Netherlandish Painting, its Origins and Character. Cambridge/Mass. 1953, 277, Anm. 3.

35 ANGENENDT, Arnold: Geschichte der Religiosität im Mittelalter. Darmstadt [3]2005 [[1]1997], 241; SCHREINER, Klaus: Maria – Mutter, Jungfrau, Herrscherin. München-Wien 1994, 54–57.

36 MELANCHTHON, Philipp: Lateinische Postille zum Tag Mariae Verkündigung. In: DERS.: Corpus Reformatorum. Bd. 25. Hg. v. Carolus Gottlieb BRETSCHNEIDER. Braunschweig 1856, 152.

„Also ist die Christenheit auch Maria, elend verlassen und demütig."[37] Hier klingt ein weiterer Gedanke an, der eine lutherisch-protestantische Zuspitzung des Berliner Verkündigungsbildes erkennen läßt. Indem Maria von dem Raum ausgeschlossen bleibt und alles auf Christus hinweist, ist sie vorrangig demütiges Gefäß des Wunders der Menschwerdung und nicht mehr aktive Teilhaberin am Erlösungswerk.

Ich komme an dieser Stelle wieder zurück auf den Ausgangspunkt der *Templum-Salomonis*-Allegorese. Die Tempelmetaphorik und konkret der Rückbezug auf den Salomonischen Tempel als Typos der christlichen Kirche waren bereits im Mittelalter ein zentrales theologisches Thema und erlebten in der Frühen Neuzeit eine besondere Blüte.[38] So beriefen sich sowohl die katholische als auch die lutherische Konfession in legitimierender Weise auf die biblische Tradition des Salomonischen Tempels. Nicht zuletzt in Kirchweihpredigten ist dies ein stetes Motiv.[39]

Jenseits der dort oft sehr topischen Verwendung ist der Tempelgedanke außerordentlich vielschichtig. Leider fehlen für die hier behandelten Werke konkrete Quellen, wie etwa eine Weihepredigt, doch lassen sich anhand der Bildanalyse im Zusammenhang mit dem räumlichen Kontext wesentliche Aspekte formulieren. Bereits in der Interpretation der Marienikonographie klang die Auslegung des Tempels auf Christus an. Wie Arnold Angenendt beschrieben hat, galt die „Tempelmetapher" im Mittelalter „am stärksten für den Leib Christi, der in der Inkarnation ein Tempel geworden war und sich im Erlösungswerk zum Tempel aller Christen ausgeweitet hatte: die Kirche als Leib Christi".[40] Dieser Gedanke scheint auch auf dem Steinbrecherschen Epitaphaltar sehr deutlich ins Bild gesetzt, sowohl in der Darstellung des Gekreuzigten auf der Bundeslade und vor dem tempelartigen Kirchenraum als auch in dem Säulenmotiv im Verkündigungsbild. Gleichzeitig wird hier eine andere Gebäudemetapher für Christus augenfällig, die auf dem Kapitel vom Guten Hirten im Johannesevangelium aufbaut und der lutherischen Rechtfertigungslehre sehr plastischen Ausdruck verleiht: „Ich bin die Tür, wenn jemand durch mich hineingeht, wird er selig werden" (Joh. 10,9).[41] Hier ist noch genauer nach der Bedeutung des

---

37 Luther, Martin: Das Magnifikat verdeutschet und ausgelegt (1521). In: Luther WA, Bd. 1/7, 538–543, hier 541.

38 Zur Bezugnahme auf den Tempel Salomonis allgemein siehe Naredi-Rainer, Paul von/Limpricht, Cornelia: Salomons Tempel und das Abendland. Monumentale Folgen historischer Irrtümer. Köln 1994; verschiedene Aufsätze in: The real and ideal Jerusalem in Jewish, Christian and Islamic Art. Studies in honour of Bezalel Narkiss. Hg. v. Bianca Kühnel. Jerusalem 1998; zur mittelalterlichen Rezeption siehe Tripps, Johannes: Das handelnde Bildwerk in der Gotik. Forschungen zu den Bedeutungsschichten und der Funktion des Kirchengebäudes und seiner Ausstattung in der Hoch- und Spätgotik. Berlin 1998, 57–66; auch Binding, Günther: Der früh- und hochmittelalterliche Bauherr als sapiens architectus. Köln 1996; für die Frühe Neuzeit und konfessionelle Fragestellungen grundlegend: Schlegelmilch, Ulrich: Descriptio templi. Architektur und Fest in der lateinischen Dichtung des konfessionellen Zeitalters. Regensburg 2003.

39 Zahlreiche Belegstellen bei Schlegelmilch (wie Anm. 38), einleitende Bemerkungen dazu 139, sowie Mai (wie Anm. 19), 12–15; Michalski, Sergiusz: Einfache Häuser – Prunkvolle Kirchen. Zur Topik der frühen protestantischen Debatten um den Kirchenbau. In: Geschichte des protestantischen Kirchenbaues (wie Anm. 19), 44–46; für das Luthertum des späten 17. Jahrhunderts Raschzok, Klaus: Lutherischer Kirchenbau und Kirchenraum im Zeitalter des Absolutismus. Dargestellt am Beispiel des Markgraftums Brandenburg-Ansbach 1672–1791. Frankfurt/Main u. a. 1988, Teil 1, 450–455.

40 Angenendt, Geschichte der Religiösität (wie Anm. 35), 241; siehe auch Ohly, Friedrich: Haus III (Metapher). In: Reallexikon für Antike und Christentum. Bd. 13. Bonn 1986, Sp. 905–1063, 966.

41 Der Hinweis auf die zentrale Bedeutung dieser Metapher bei Ohly (wie Anm. 40), Sp. 912.

idealisierten Kirchenraumes im Zentrum des Steinbrecherschen Familienbildes zu fragen. Die mittelalterliche Vorstellung vom irdischen Kirchenbau als Abbild des Himmels wurde auch im Luthertum weiter tradiert.[42] In dem Epitaphbild läßt zudem der Kontrast zwischen der dunklen Sphäre, in der die Steinbrechersche Familie verharrt, und dem im hellen Licht liegenden Kirchenraum hinter dem Kruzifix diesen als himmlischen Ort der Erlösung erscheinen, die das Kreuzesopfer verspricht. In den in der brandenburgischen Kirchenordnung von 1572 enthaltenen Gebeten um ein „Gott wohlgefälliges Leben" spielen die Metaphern Tempel, Haus Gottes, Altar Gottes usw. eine zentrale Rolle. In Formulierungen wie „herr, lass uns herzlich verlangen und sehnen nach deinem tempel [...] lass uns ja lieber der thür hüten in unsers gottes hause, denn lange wohnen in gottlosen hütten [...] in deinem heiligen tempel, lass uns herr, leben und grünen" oder „lass uns immer in dein haus gehen, auf deine grosse güte und anbeten gegen deinem heiligen tempel" stehen diese Metaphern offenbar gleichzeitig für endzeitliche Erlösung wie für den Glauben und ein frommes Leben in Gott.[43] Diesen Glauben führt die betend kniende Familie Steinbrecher exemplarisch vor. Und – um hier die Allegorese noch weiterzuführen – auch auf die Gläubigen selbst bezog sich die Tempelmetapher in Nachfolge des Paulusworts (1 Kor 3,16): „daß Ihr Gottes Tempel seid und der Geist Gottes in Euch wohnt".[44] Die Bildkombination im Steinbrecherschen Epitaph läßt assoziativ die Argumentationskette Maria als Haus Christi, Maria als Modell der christlichen Gemeinde und damit auch der dargestellten Stifterfamilie entstehen.

Die Interpretation der Gemeinde als Tempel entspricht der von der architektonischen Kirche losgelösten Ekklesiologie Martin Luthers, wie sie in der Torgauer Einweihungspredigt und anderen Schriften zum Ausdruck kommt.[45] Doch werden die eben beschriebenen symbolisch-metaphorischen und geistigen Sinnebenen in den hier behandelten Kunstwerken und durch die Werke auf den konkreten Kirchenbau übertragen.

Wenn man die Raumdarstellung auf dem Steinbrecherschen Bild mit der konkreten baulichen Situation in St. Marien vergleicht, fällt eine wichtige Analogie ins Auge: Das Erbbegräbnis Steinbrecher lag nicht in der Nähe des Epitaphaltares, sondern in der Halle unter dem Westturm der Kirche (Abb. 1, 8). Dieser kapellenartige Raum war damals nicht vom übrigen Schiff abgetrennt, doch schieden ihn die mächtigen Turmpfeiler von diesem. Meiner Meinung nach liegt eine optisch-symbolische Gleichsetzung zwischen der Turmhalle als Begräbnisort der Familie

---

42 Siehe zum Beispiel den Schmuck des Gewölbes der 1627 neu errichteten Dreieinigkeitskirche in Regensburg mit Sternen, Engeln und Sonne. Zu dieser ausführlich: MÖSENEDER, Karl: Die Dreieinigkeitskirche in Regensburg. Ein protestantischer Kirchenbau. In: Martin Luther. Eine Spiritualität und ihre Folgen. Regensburg 1983 (Schriftenreihe der Universität Regensburg 9), 171–255. – Der Dichter der Ekphrasis auf den Kirchenbau deutet diesen entsprechend als „coelum", SCHLEGELMILCH (wie Anm. 38), 530.

43 SEHLING (wie Anm. 9), 96–98, zitiert sind die Gebete VII und I.

44 Zur Deutung des Leibes als Tempel, die u. a. von dieser Bibelstelle ausging siehe ANGENENDT, Geschichte der Religiosität (wie Anm. 35), 240–242, sowie ausführlich OHLY (wie Anm. 40).

45 Predigt Martin Luthers zur „Einweihung eines Newen Hauses zum Predigtampt Göttlichs Worts erbawet Im Churfürstlichen Schloss zu Torgau, 5. Oktober 1544. In: Luther WA, Bd. 49, 355–615; siehe zur Ekklesiologie Luthers darüber hinaus den Beitrag von Volker LEPPIN im vorliegenden Band sowie unten Anm. 64–68.

Steinbrecher und der dunklen vorraumartigen Sphäre, in der sie auf dem Epitaph verharren, nahe. Das Grab galt im Luthertum als Schlafstätte, in der die Toten die Auferweckung und Erlösung im Jüngsten Gericht erwarten.[46] Im Anschluß an die oben gegebene Interpretation verbinden sich hier die Verheißung der himmlischen Kirche mit dem irdischen Kirchenraum und die in ihrem Grab ruhenden Toten mit deren Porträts am Altar.

Dabei kann man in der Wahl der Turmhalle als Begräbnisort ein Fortdauern mittelalterlicher Vorstellungen vermuten. Danach warteten die *non valde boni*, die gerechten, aber mit Sünden beladenen Menschen, an den Toren zum Himmlischen Jerusalem, was sich nicht zuletzt in der Bedeutung von Vorhallen als Grablegen niederschlug.[47]

Wie beschrieben haben die Epitaphien Christian Distelmeiers den Chor- und Chorumgang von St. Nikolai in beträchtlichem Maße ästhetisch dominiert (Abb. 4). Mit ihrer prächtigen Architektur, geschmückt von Bundeslade, Blütenornamenten und Engelsköpfen, vor allem aber mit den auffallend großen Cherubimfiguren mit ihren ausladenden Flügeln gemahnen sie an biblische Beschreibungen des Allerheiligsten im Salomonischen Tempel. So heißt es im Buch der Könige (5,15–22) „und er [Salomo] machte im Raum des Allerheiligsten zwei Cherubim, kunstreiche Werke und überzog sie mit Gold und die Länge der Flügel der Cherubim war zwanzig Ellen, so daß ein Flügel die Wand des Hauses berührte und der andere Flügel die Flügel des andern Cherub […] und sie standen auf ihren Füßen und ihr Antlitz war zur Halle hingewandt“ (hier ist an die ursprüngliche Position der Epitaphien quer zur Längsachse der Kirche zu erinnern). Auf diese Weise stellen die Distelmeierschen Epitaphien den Chorraum der Nikolaikirche sehr eindrucksvoll in die Tradition des *templum Salomonis* und dessen Allerheiligsten sowie den Hochaltar in die Nachfolge der Bundeslade.

Die symbolische Auslegung der Dreistufigkeit des christlichen Kirchengebäudes mit Vorhalle, Schiff und Chor hin auf Atrium, *sanctum* und *sanctum sanctorum* des Salomonischen Tempels ist eine in lutherischen Texten und vor allem in Kirchweihpredigten vielgeübte Praxis. In seinem „Sermon von dreierlei gutem Leben“ bezog Luther das Gliederungsmodell symbolisch auf das Kirchengebäude und gleichzeitig die Gemeinde. Dabei ist das „Sanctum, die Kirch“, der Raum der Lehre und Derjenigen, die sich mühen, nach Gottes Geboten zu leben. Wer aber fest an Christus glaubt, der empfängt den Heiligen Geist und geht in das „Sanctum Sanctorum, in den chor […] das ist das letzt, das man auff erden thun kan. Das ist die straß zum

46 Kammeier-Nebel, Andrea: Der Wandel des Totengedächtnisses in privaten Aufzeichnungen unter dem Einfluß der Reformation. In: Das dargestellte Ich. Studien zu Selbstzeugnissen des späteren Mittelalters und der frühen Neuzeit. Hg. v. Klaus Arnold, Sabine Schmolinsky und Urs Martin Zahnd. Bochum 1999, 93–116, bes. 107f.

47 Angenendt, Arnold: *In porticu ecclesiae sepultus*. Ein Beispiel von himmlisch-irdischer Spiegelung. In: Iconologia sacra. Mythos, Bildkunst und Dichtung in der Religions- und Sozialgeschichte Alteuropas. Festschrift für Karl Hauck. Hg. v. Hagen Keller. Berlin 1994, 68–80.

Himmel".[48] In anderen Texten wird das Allerheiligste als Himmelreich interpretiert oder auch als Ort der Anwesenheit Christi in der Kirche beschrieben.[49]

In der bildlichen Tempelmetaphorik der hier behandelten Werke, ihrer christologischen Ikonographie sowie ihrer Plazierung im Chor vollzieht sich eine visuell erlebbare Übertragung dieser Gedanken auf das Kirchengebäude. Mit Epitaphporträt und Grabmal schreiben sich die Stifter darüber hinaus körperlich in den symbolisch als Himmel, Sphäre der wahrhaft Glaubenden und Ort der Anwesenheit Christi ausgelegten Kirchenraum ein.

In diesem Zusammenhang ist das oben bereits kurz erwähnte Epitaph für Johann von Kötteritzsch (* 1534, † 1609), kurfürstlicher Rat und Schwager Christian Distelmeiers, und seine Frau Caritas, geb. Distelmeier († 1615) interessant (Abb. 2–3, 11). Es wurde 1616 für die von Johann von Kötteritzsch erworbene Erbbegräbniskapelle der Familie in St. Nikolai geschaffen und ist in der stadtgeschichtlichen Forschung wegen seiner minutiösen Darstellung des Innenraumes von St. Nikolai berühmt geworden.[50] Wer der Auftraggeber des lange nach dem Tod Johanns von Kötteritzsch, wohl anläßlich des Todes von dessen Frau geschaffenen Epitaphgemäldes war, ist nicht klar. Jörg Becken vermutet, gestützt auf die Auswertung von Quellen über leider nicht näher bezeichnete Epitaphbestellungen Christian Distelmeiers, des Bruders der Caritas Kötteritzsch, daß dieser der Auftraggeber war.[51] Möglich wären jedoch auch die Kinder des Ehepaares Kötteritzsch, die das gegenüberliegende Epitaph für ihre Eltern in Auftrag gaben,[52] doch soll dies hier nicht diskutiert werden.[53]

Es existieren verschiedene Interpretationen der Darstellung des Kirchenraumes im Hintergrund des Epitaphs, in dem verschiedene Amtshandlungen der lutherischen Kirche dargestellt sind: Predigt, Taufe, Hochzeit und im Hintergrund am Hochaltar, kaum erkennbar, das Abendmahl. Jan Harasimowicz hat angesichts des kurz zuvor erfolgten Übertritts des Kurfürstenhauses zum Calvinismus eine anticalvinistische Stellungnahme darin gesehen, Jörg Becken meint eher procalvinistische Tendenzen zu erkennen.[54] Ich möchte an dieser Stelle vorschlagen, das Bild im Anschluß an

[48] LUTHER, Martin: Sermon von dreierlei gutem Leben, das Gewissen zu unterrichten (1521). In: Luther WA, Bd. 1/7, 795–802, Zitate 799 und 801.

[49] ARNOLDI, Philipp: Ceremoniae Lutheranae. Königsberg 1616, Auszüge bei MAI (wie Anm. 19), 13, 15; Festgedicht des Magdeburger Dompredigers Johannes Pomarius zur Wiedereinweihung von Kloster Berge 1563, SCHLEGELMILCH (wie Anm. 38), 475.

[50] Siehe zu der mit mehreren Epitaphien und figürlichem Stuckdekor prächtig ausgestatteten Erbbegräbniskapelle der Familie Kötteritzsch BREHM (wie Anm. 23), 46–48. – Das Epitaphgemälde ist auf der Umhegung der Taufe im Hintergrund datiert.

[51] Es handelt sich um Aufträge an den Maler Nathan Mau und den Bildschnitzer Andreas Krummer, vgl. BECKEN, Epitaphien Distelmeyer-Kötteritzsch (wie Anm. 13), 90f.

[52] Laut der bei KÜSTER (wie Anm. 2), 242 wiedergegebenen Inschrift. Von diesem Epitaph sind nur noch das obere Gemälde mit dem Thema der Verkündigung des Todes an Maria im Jagdschloß Grunewald und ein Fragment des Rahmens in St. Nikolai erhalten. – Zur Diskussion über Christian Distelmeier als Auftraggeber vgl. BECKEN, Epitaphien Distelmeyer-Kötteritzsch (wie Anm. 13), 89–91.

[53] Siehe zur Künstlerfrage ebd., mit Angaben von Literatur.

[54] HARASIMOWICZ (wie Anm. 26), 35f.; BECKEN, Jörg: Zur Signatur einer Kulturlandschaft. In: Labyrinthe, Landschaften. Hg. v. Annette DORGERLOH. Marburg 2005, 26–43, hier 36. Letzterer argumentiert hier besonders mit der im Kirchenschiff sitzenden Gruppe von Menschen, von der er glaubt, sie würden um einen Abendmahlstisch versammelt sein. Bei genauer Betrachtung sitzen diese jedoch eindeutig auf dem Boden, sämtlich mit dem Gesicht der Kanzel zugewandt, und lauschen der Predigt. In Jörg

meine obigen Ausführungen neu zu betrachten, ohne dabei jedoch alle Ebenen des sehr komplexen Programms erfassen zu können: Bereits ein Vergleich der Bildkomposition des Kötteritzsch-Epitaphs mit der des Steinbrecherschen legt nahe, daß die Zeitgenossen den „realen" Kirchenraum hier wohl gleichermaßen als den „idealen" und „ideellen" Tempel gesehen haben. Es sei an dieser Stelle noch einmal an das in den Gebeten der Brandenburgischen Kirchenordnung zu lesende Verhältnis von Tempel, Glauben und Erlösungshoffnung erinnert. Wenn der Tempel ein Bild für das Leben im Glauben ist, wird dieses hier mit seinen einzelnen Stationen von der Taufe über die Hochzeit und bis zum Begräbnis in der Teilnahme am Hören der Predigt und am Abendmahl als ein Leben in der Kirche – der ideellen sowie der konkreten – dargestellt.[55] Der in eine andere Sphäre entrückte Kirchenraum ist möglicherweise gleichzeitig auch eine Himmelsallegorie und verknüpft sich so mit dem im Vordergrund vom Lamm mit dem Symbol der Distel offerierten Heilsversprechen. Nicht nur in der prononcierten Darstellung von Erbbegräbnis und Familiengestühl im Bild wird zugleich eine Aneignung des Kirchenraumes deutlich, worauf unten noch zurückzukommen sein wird.

Es kann hier nur kurz angedeutet werden, daß die in den obenstehenden Ausführungen so homogen behandelte Werkgruppe vor dem Hintergrund stark wechselnder konfessionspolitischer Zustände in der Mark Brandenburg zu sehen ist. Die Werke nehmen inhaltlich Stellung zu den theologischen und konfessionellen Debatten der Zeit. Dies bezieht sich zum Beispiel auf die Abendmahlsfrage. Sowohl das Steinbrechersche Epitaph (Abb. 6) mit der Darstellung des Gekreuzigten, dessen Blut in dicken Trauben auf die Bundeslade (d. h. den Altar) strömt, als auch das Epitaphgemälde für Lampert Distelmeier (Abb. 10), wo ein Engel das aus der Seitenwunde Christi herabströmende Blut im Kelch auffängt, haben eine betont eucharistische Ikonographie. Während der Regierungszeit Kurfürst Johann Georgs (1571–1598), der eine streng lutherische Politik verfolgte, gehörte die Abendmahlsfrage zu den Hauptstreitpunkten in der Auseinandersetzung mit den Calvinisten und mit kryptocalvinistischen Strömungen in der Mark.[56] Führende märkische Theologen wie Andreas Musculus, kurmärkischer Generalsuperintendent, Theologieprofessor an der Viadrina in Frankfurt/Oder und Publizist, nahmen in zahlreichen Schriften Stellung gegen die calvinistische Leugnung der Realpräsenz Christi im Abendmahl.[57] Musculus war ebenso wie Lampert Distelmeier

---

Beckens neuerem Aufsatz wurde diese Interpretation jedoch nicht wieder aufgenommen. Der Schwerpunkt liegt vielmehr ebenfalls auf der Auffassung, die Darstellung der gottesdienstlichen Handlungen symbolisiere christliches Leben und „mustergültige" Teilnahme am Gottesdienst, Becken, Epitaphien Distelmeyer-Kötteritzsch (wie Anm. 13), 87f.; siehe zum Kötteritzsch-Epitaph und seinem Programm außerdem Badstübner, Ernst: Protestantische Allegorien in Frankfurt an der Oder und in Berlin. In: Die Bilder in den lutherischen Kirche (wie Anm. 26), 87–100.

[55] Siehe zum Verhältnis von „äußerem" und „innerem Tempel" als zentralem Thema in lutherischen Kirchweihpredigten des späten 17. und 18. Jahrhunderts Raschzok (wie Anm. 39), 453–458.

[56] Zur Politik Johann Georgs gegen kryptocalvinistische Tendenzen siehe zusammenfassend Nischan (wie Anm. 9), 49–55.

[57] Weichert, Friedrich: Die Entstehung der Konkordienformel sowie der Epitome im Einflußbereich des Professors Andreas Musculus und seiner Richtung. Zur Genese lutherischer Bekenntnisschriften des 16. Jahrhunderts. In: Jahrbuch für Berlin-Brandenburgische Kirchengeschichte 55 (1988), 237–257.

an der Formulierung der „Konkordienformel" beteiligt, die 1577 die gnesio-lutheranischen Glaubenslehren festschrieb.

Das Epitaph Christian Distelmeiers hingegen ist unmittelbar vor dem 1613 erfolgten Übertritt des Kurfürsten Johann Sigismunds (1608–1619) zum Calvinismus entstanden. Auf dem Gemälde fehlt im Vergleich zum Epitaph des Vaters die betont eucharistische Akzentuierung (Abb. 9). Der Gekreuzigte ist hier umgeben von Engeln, die die Arma Christi zum Zeichen der Erlösung durch die Passion und gleichzeitig als Hinweis auf das Jüngste Gericht präsentieren.[58] Jörg Becken hat in dem Bildprogramm, vor allem in dem Fehlen des Blutstroms, wenn nicht kryptocalvinistische, so doch zumindest „irenisch-ausgleichende" Tendenzen gesehen und zur Begründung auf das humanistische, von den Ideen Melanchthons geprägte Umfeld Christian Distelmeiers verwiesen.[59] Angesichts der oben beschriebenen Bezugnahme der Epitaphien auf den Altar sollte dies allerdings wohl eher als inhaltliche Nuance denn als kryptocalvinistische Stellungnahme beschrieben werden. Es ist nicht unwahrscheinlich, daß Christian Distelmeier als Kanzler des bereits vor seinem öffentlichen Konfessionswechsel calvinistisch gesinnten Kurfürsten auf eine ausgeprägt eucharistische Ikonographie verzichtete.[60] Eine Abkehr von der lutherischen Abendmahlslehre kann hier indessen nicht konstatiert werden.[61] Das ergibt sich schon aus der oben beschriebenen örtlichen und inhaltlichen Bezugnahme der Epitaphien auf Chor und Hochaltar. Nimmt man zudem die Wirkung des Bildes ernst, so suggerierte die monumentale Darstellung des Körpers Christi – bei einer Höhe der Bildtafel von drei Metern knapp unter lebensgroß – auch ohne betonte Blutströme eine Präsenz, vor allem, wenn man bedenkt, daß in der Mark Brandenburg auch zu Beginn des 17. Jahrhunderts noch die Hostie während des Abendmahls erhoben wurde.[62]

Die in den Bildern faßbaren zahlreichen Implikationen und symbolisch-theologischen Ausdeutungen und Aufladungen des Kirchenraumes widerlegen – so meine zusammenfassende These – das Interpretationsmodell vom entsakralisierten und entsinnlichten lutherischen Kirchenraum.[63] Die Analogie zum *templum Salomonis*

---

[58] In mittelalterlicher exegetischer Tradition werden die Arma Christi als die *signa* interpretiert, die laut Mt 24,30 die Ankunft des Menschensohnes im Gericht am Himmel verkünden sollen. Vgl. Berliner, Rudolf: Arma Christi. In: Münchner Jahrbuch der bildenden Kunst 3. F. 6 (1955), 35–152.

[59] Becken, Epitaphien Distelmeyer-Kötteritzsch (wie Anm. 13), 84f.; Ders., Signatur einer Kulturlandschaft (wie Anm. 54), 33.

[60] Zu Johann Sigismund, dessen Versuch, eine „Zweite Reformation" einzuführen, am Widerstand der lutherisch gesinnten Untertanen scheiterte, siehe grundlegend Nischan (wie Anm. 9), 81–259; vgl. auch die erweiterte Rezension dieses Buchs von Schilling, Heinz: Berichte und Kritik. Nochmals „Zweite Reformation" in Deutschland. Der Fall Brandenburg in mehrperspektivischer Sicht von Konfessionalisierungsforschung, historischer Anthropologie und Kunstgeschichte. In: Zeitschrift für historische Forschung 23 (1996), 501–524.

[61] Becken selbst beschreibt die Schwierigkeiten, die Aussage des Epitaphs „eindeutig in lutherischer oder calvinistischer Richtung" zu interpretieren, Becken, Epitaphien Distelmeyer-Kötteritzsch (wie Anm. 13), 85.

[62] Ein Visitationsrezeß für die Kirchen in Frankfurt/Oder aus dem Jahr 1600 verlangt zwar die Abschaffung der *ostensio*, mit der Elevation aber soll nur „decenter umgegangen" werden, Sehling (wie Anm. 9), 212.

[63] Siehe zu dieser These z. B. den vielzitierten Aufsatz von Koch, Traugott: Der lutherische Kirchenbau in der Zeit des Barock und seine theologischen Voraussetzungen. In: Kerygma und Dogma 27 (1987), 111–129; die Entsinnlichungsthese bildet auch den Leitfaden für Karant-Nunn, Susan C.:

ist, wie zahlreiche Kirchweihpredigten zeigen, zumeist verbunden mit der Idee vom „Haus Gottes“.[64] Das widerspricht der Vorstellung Martin Luthers, der in der gebauten Kirche keinen durch eine besondere Anwesenheit Gottes privilegierten Raum sieht.[65] Diese Auffassung Luthers hat einen langen Nachhall auch in der Forschung zum protestantischen Kirchenraum gefunden.[66] Weniger beachtet jedoch ist, daß diese Position in der Praxis des 16. Jahrhunderts – auch bei Theologen, die Luther folgten – häufig schnell wieder verlassen wurde. Und das war nicht nur in der sehr gemäßigten, traditionalistischen Mark Brandenburg der Fall.

Renate Dürr hat jüngst anhand der Analyse von Hildesheimer Beispielen des 16. und 17. Jahrhunderts das Vorhandensein eines „lutherischen Sakralitätskonzeptes“ betont, das den Kirchenraum zu einem heiligen Raum, nicht allein zum Versammlungsort der Gemeinde, werden läßt.[67] Im Unterschied zum katholischen Verständnis ist jedoch die Anwesenheit der Gemeinde, die beispielsweise die Predigt hört oder am Abendmahl teilnimmt, dabei konstitutiv. Dies ist ein wichtiger Aspekt, unter dem z. B. auch die Darstellungen des Epitaphs Kötteritzsch zu betrachten sind.

Diese Teilhabe der Gläubigen an der Sakralität oder sogar Sakralisierung des Kirchenraumes geschieht auch durch die Stiftung von Ausstattung. Dabei ist ein individueller Aneignungsprozeß des Kirchenraumes durch Erbbegräbnisse, Epitaphien, Totenschilder, aber auch Gestühlseinbauten zu beobachten. Die hier behandelten Werke aus St. Nikolai und St. Marien zeigen diesen Aneignungsprozeß beispielhaft: Die Familie Steinbrecher spannt den Kirchenraum regelrecht ein zwischen Erbbegräbnis und Epitaphaltar. Lampert und Christian Distelmeier besetzen wichtige Orte an Hochaltar und Kanzel, außerdem wissen wir, daß sie eine Familienloge in der Nähe des Eingangs innehatten.[68] Im Epitaph der Familie Kötteritzsch wird diese räumliche Aneignung zum Bildthema (Abb. 11). Dort ist im Hintergrund rechts der prächtig gerahmte Eingang zur Erbbegräbniskapelle zu erkennen, in der das Gemälde hängt; links sieht man Johann von Kötteritzsch im Familiengestühl sitzen. Die Stifter, die sämtlich hohe weltliche Ämter bekleideten und gleichzeitig

---

„Gedanken, Herz und Sinn“. Die Unterdrückung der religiösen Emotionen. In: Kulturelle Reformation. Sinnformationen im Umbruch 1400–1600. Hg. v. Bernhard JUSSEN und Craig KOSLOFSKY. Göttingen 1999, 69–96.

64 Belegstellen bei SCHLEGELMILCH (wie Anm. 38), 469 und MAI (wie Anm. 19), 12f.; siehe außerdem DÜRR, Renate: Zur politischen Kultur im lutherischen Kirchenraum. Dimensionen eines ambivalenten Sakralitätskonzeptes. In: Kirchen, Märkte und Tavernen. Erfahrungs- und Handlungsräume in der Frühen Neuzeit. Hg. v. DERS. und Gerd SCHWERHOFF. Frankfurt/Main 2005, 497–526.

65 Siehe die Einweihungspredigt der Torgauer Schloßkapelle (wie Anm. 45); auch LUTHER, Martin: Der Große Katechismus (1529). In: Luther WA, Bd. 30/1, 125–238, 189.

66 KOCH (wie Anm. 63); NAGORNI, Klaus: Heiliges Zelt oder heiliges Haus? Zur Theologie des Kirchenraumes. In: Sakrale Räume. Kirchenräume im Spannungsfeld zwischen Tradition, Funktion und Vision. Hg. v. DER EVANGELISCHEN AKADEMIE BADEN. Karlsruhe 2003, 9–18.

67 DÜRR, Dimensionen eines ambivalenten Sakralitätskonzeptes (wie Anm. 64); DIES: Politische Kultur in der Frühen Neuzeit. Kirchenräume in Hildesheimer Stadt- und Landgemeinden 1550–1750. Gütersloh 2006 (Quellen und Forschungen zur Reformationsgeschichte 77), bes. 87–117, hier im Vergleich mit der katholischen Konfession. – Das Thema „Sakralität des Raumes“ wird besonders in der englischsprachigen Forschung in den letzten Jahren sehr differenziert und fruchtbar diskutiert. Siehe grundlegend die Sammelbände: Defining the Holy: Sacred Space in Medieval and Early Modern Europe. Hg. v. Andrew SPICER und Sarah HAMILTON. Aldershot 2006 und Sacred Space in Early Modern Europe. Hg. v. Will COSTER und Andrew SPICER. Cambridge 2005, mit den jeweiligen Einleitungen der Herausgeber.

68 Siehe Anm. 24.

maßgeblich über Kirchenfragen bestimmten, konnten sich dabei als berechtigte Vertreter der Gemeinde fühlen.

In der Verteilung von Denkmälern und Gestühl bildet sich im Kirchenraum selbstverständlich, wie von der Forschung immer wieder betont, auch eine gesellschaftliche Ordnung ab.[69] Vor allem aber werden dadurch Orte von besonderer Sakralität markiert und – wie wir gesehen haben – auch interpretiert. Es ergibt sich also ein Wechselverhältnis zwischen Ausstattung und Kirchenraum, und dieses Wechselverhältnis bestimmt dessen besondere Würde. Am Beispiel der Marien- und Nikolaikirche läßt sich zugespitzt formulieren, daß die Bildpraxis uns erst das geistige Konzept des Raumes offenbart und die Adiaphora diesen definieren.

---

69 Zur Abbildung der gesellschaftlichen Ordnung besonders im Kirchengestühl siehe grundlegend: Wex, Reinhold: Ordnung und Unfriede. Raumprobleme des protestantischen Kirchenbaus im 17. und 18. Jahrhundert in Deutschland. Marburg 1984; Ders: Der frühneuzeitliche protestantische Kirchenraum in Deutschland. Spannungsfeld zwischen Policey und Zeremoniell. In: Geschichte des protestantischen Kirchenbaues (wie Anm. 19), 47–61, hier 60, Anm. 4, Zusammenstellung der älteren Forschungsliteratur zum Thema.

Edit Szegedi

Was bedeutete Adiaphoron/Adiaphora im siebenbürgischen Protestantismus des 16. und 17. Jahrhunderts?

Der vorliegende Aufsatz versucht, die Bedeutung der Adiaphora im siebenbürgischen Protestantismus des 16. und 17. Jahrhunderts auf zwei Ebenen zu untersuchen: der Gestaltung des Kirchenraumes und der Schaffung und Absicherung konfessionell geprägter symbolischer Räume. Angesichts der Vielfalt des siebenbürgischen Protestantismus kann auf die Haltung der einzelnen Reformatoren zu dieser Frage nur am Rande eingegangen und lediglich auf die normativen Schriften Bezug genommen werden, die auch in Siebenbürgen galten. Die theoretische Auseinandersetzung des siebenbürgischen Protestantismus wird hingegen ausführlicher behandelt. Zudem steht weniger die soziale als vielmehr die politische Dimension der Adiaphora-Frage im Zentrum.

1. Begriffsklärung

Der Begriff Adiaphoron, oder im Plural Adiaphora, stammt aus der stoischen Ethik und bezeichnet eine ethisch indifferente Sache oder Handlung: Mitteldinge, die erst durch den Gebrauch sittliche Relevanz erhalten.[1] Theologisch ausgedrückt bedeuteten Adiaphora alles, was die Heilige Schrift weder ge- noch verbietet. Die Frage der Adiaphora wurde in der Reformationszeit im Zusammenhang mit der Annahme oder Ablehnung des vorreformatorischen Erbes in Liturgie und Alltag auf der Grundlage der christlichen Freiheit gestellt.[2]

Im Augsburgischen Bekenntnis gibt es keinen gesonderten Artikel über die Mitteldinge. Auf die Frage wird jedoch an mehreren Stellen eingegangen: in den Bestimmungen über die Beichte,[3] die Buße,[4] die Kirchenordnungen,[5] das Heiligengedenken[6] und das Fasten.[7] Im Artikel über das Fasten wird die Haltung der Reformation zur Tradition und ihrer Rolle im Leben der Gemeinden zusammengefaßt:

> Auch werden dieses Teils viel Ceremonien und Tradition gehalten, als Ordnung der Messe und andere Gesäng, Feste etc., welche darzu dienen, daß in der Kirche Ordnung

---

1 Religion in Geschichte und Gegenwart. Bd. 1. Hg. v. Kurt GALLING. Tübingen [3]1957 [[1]1909], 402f. [fortan: RGG[3]].

2 Ebd., 404–407.

3 Die Augsburgische Konfession. Confessio oder Bekanntnuß des Glaubens etlicher Fürsten und Städte uberantwort Kaiserlicher Majestat zu Augsburg Anno 1530. Confessio fidei exhibita invictissimo Imperatori Carolo V. Caesari Augusto in comitiis Augustae Anno MDXXX. In: Bekenntnisschriften der evangelisch-lutherischen Kirche. Göttingen [10]1986 [[1]1930], Art. XI, XXV: Von der Beichte/De confessione, 66, 97–100.

4 Ebd., Art. XII: Von der Buße/De poenitentia, 66f.

5 Ebd., Art. XV: Von Kirchenordnungen/De ritibus ecclesiasticis, 69.

6 Ebd., Art. XXI: Vom Dienst der Heiligen/De cultu Sanctorum, 83.

7 Ebd., Art. XXVI: Von Unterscheid der Speis/De discrimine ciborum, 100–110.

> gehalten werde. Daneben aber wird das Volk unterricht, daß solcher äußerlicher Gottesdienst nicht fromb mache vor Gott, und daß man ohn Beschwerung des Gewissens halten soll, also daß, so man es nachläßt ohne Ärgernus, nicht daran gesundigt wird. Diese Freiheit in äußerlichen Ceremonien haben auch die alten Väter gehalten.[8]

Adiaphora sind also nützliche, doch nicht heilsnotwendige Einrichtungen, auf die notfalls verzichtet werden kann.

Die Mitteldinge – Adiaphora – waren demnach eine theologische und ethische Frage, die durch ihre Konkretisierung eine soziale Dimension erhielt und zum politischen Problem werden konnte, wenn die praktischen Auswirkungen das Verhältnis der Gemeinde zur Macht berührten. Daß die Adiaphora frühzeitig zu einer politischen Frage werden konnten, bewies der adiaphoristische Streit und die in diesem Kontext formulierte radikale Aussage von Matthias Flacius: „in casu confessionis et scandali nihil est adiaphoron".[9]

Die Mitteldinge müssen demnach frei gehandhabt werden, um nicht zu einem menschlichen Gesetz zu verkommen, das aber als göttliches Gebot betrachtet wird. Ein anderes Element, das die Adiaphora legitimiert, ist die Rücksichtnahme auf die Schwächeren. In mehreren Schriften und Predigten Luthers wird gerade auf die Notwendigkeit der Rücksichtnahme hingewiesen, wobei die gemeindepädagogische Rolle der Adiaphora in den Vordergrund tritt. Die selektive Bewahrung der Tradition ist somit eine Übergangsmaßnahme, um die Schwächeren im Glauben zu schonen und die Gemeindeglieder im Umgang mit dem vorreformatorischen Erbe zu unterrichten.[10]

Die Schweizer Reformation ging zwar radikaler mit dem vorreformatorischen Erbe um, doch war ihr die Begrifflichkeit Adiaphoron/Adiaphora nicht unbekannt. Calvin behandelt das Thema im Kapitel über die christliche Freiheit der „Institutio christianae religionis".[11] Anders aber als bei Luther sind bei Calvin die Adiaphora eine Frage der Lebensführung,[12] nicht der eigentlichen kirchlichen Tradition, die er radikal ablehnt. Auch bei Calvin spielt die Rücksichtnahme auf die Schwachen eine große Rolle, gerade in den Äußerungen der Enthaltsamkeit und der Lebensfreude – ein Christ übt Mäßigung und zeigt dadurch, daß er sich von dem Materiellen distanzieren kann, weil er frei ist.[13]

---

[8] Ebd., Art. XXVI, 106f.

[9] RGG[3] (wie Anm. 1), 410, 9576.

[10] Luther, Martin: Formula missae et communionis (1523). In: Luther WA, Bd. 12, 205–220, hier 205, 208, 214; Ders.: Deutsche Messe und Ordnung des Gottesdiensts (1526). In: Luther WA, Bd. 19, 70–113, hier 72–75, 85, 112f.; Ders.: Acht Sermone D. M. Luthers von ihm gepredigt zu Wittenberg in der Fasten. In: Ders.: Studienausgabe. Bd. 1–6. Hg. v. Hans-Ulrich Delius. Berlin-Leipzig 1979–1999, hier Bd. 2, 520–559, hier 541f. (Bilderfrage), 546 (Fasten), 556f. (Privatbeichte).

[11] Kálvin, János: Institutioja. Budapest 1936 [Reprint: Budapest 1995], 257 [siehe als deutsche Übersetzung auch: Calvin. Unterricht in der christlichen Religion (Institutio Religionis Christianae). Bd. 1. Übers. und bearb. durch Otto Weber. Neukirchen 1936, Ergänzung durch die Herausgeberin].

[12] Kálvin (wie Anm. 11), 257–265.

[13] Ebd., 260–264.

2. Die Definition von Adiaphoron/Adiaphora im siebenbürgischen Protestantismus

Die Reformation begann in Siebenbürgen unter dem Zeichen des theologischen Synkretismus, und in ihrer Frühzeit gab es auch keine Anzeichen dafür, sie in eine theologisch klare Richtung zu lenken. Am sichtbarsten war dies in Kronstadt (rum. Braşov, ung. Brassó), wo die Reformation von Johannes Honterus sowohl Elemente der wittenbergischen als auch der Schweizer Reformation aufwies.[14] Dies gilt auch für den Umgang mit dem vorreformatorischen Erbe, das im Sinne der Kontinuität mit der Tradition sowie ihrer Wiederherstellung selektiv übernommen wurde.

Die Reformationsschriften (Reformationsbüchlein, Kirchenordnung, Agende)[15] stellten die Norm für die Haltung gegenüber der Tradition auf, indem sie bestimmten, was bleiben darf und was abgeschafft werden muß. Das Reformationsbüchlein (1543) bezieht sich auf Taufe, Messe, Beichte und kirchliche Zeremonien im allgemeinen: die Beibehaltung der Nottaufe und des Rechtes der Hebammen, diese durchzuführen, das

---

14 Die theologische Ausrichtung der Kronstädter Reformation war eines der umstrittensten Themen der siebenbürgischen Kirchengeschichtsschreibung des 20. Jahrhunderts. Elemente der Biographie von Johannes Honterus wie das Studium in Basel und seine Korrespondenz mit Reformatoren verschiedener Ausrichtungen – Luther, Melanchthon, Bullinger –, die reformatorischen Maßnahmen wie die Entfernung der Bilder aus der Stadtpfarrkirche und Aussagen der reformatorischen Schriften wie jene über die Beichte erschweren deren genaue theologische Zuordnung. Somit gehen die Meinungen stark auseinander: Die Kronstädter Reformation wird als Synthese der Wittenberger und Schweizer Elemente verstanden bei: Schullerus, Adolf: Geschichte des Gottesdienstes in der evangelischen Kirche Siebenbürgens. In: Archiv des Vereins für Siebenbürgische Landeskunde 41 (1928), 429–432; Netoliczka, Oskar: Beiträge zur Geschichte des Johannes Honterus und seiner Schriften. Kronstadt 1930, 18; Binder, Ludwig: Die Reformation. In: Geschichte der Deutschen auf dem Gebiete Rumäniens. Bd. 1: 12. Jahrhundert bis 1848. Red. Carl Göllner. Bukarest 1979, 123; Juhász, István: A reformáció kora a romániai protestáns egyházak kialakulásában [Das Zeitalter der Reformation in der Herausbildung der protestantischen Kirchen in Rumänien]. In: Református Szemle 61/1–2 (1968), 25; Müller, Andreas: Reformation zwischen Ost und West. Valentin Wagners Griechischer Katechismus (Kronstadt 1550). Köln-Weimar-Wien 2000 (Schriften zur Landeskunde Siebenbürgens 23), XVI, XXX; Csepregi, Zoltán: Die Auffassung der Reformation bei Honterus und seinen Zeitgenossen. In: Humanismus in Ungarn und Siebenbürgen. Politik, Religion und Kunst im 16. Jahrhundert. Hg. v. Ulrich A. Wien und Krista Zach. Köln-Weimar-Wien 2004 (Siebenbürgisches Archiv 37/Veröffentlichungen des Instituts für Deutsche Kultur und Geschichte Südosteuropas 93), 1–17, hier 13; Wien, Ulrich A.: Die Humanisten Johannes Honterus und Valentin Wagner als Vertreter einer konservativen Stadtreformation in Kronstadt. In: Konfessionsbildung und Konfessionskultur in Siebenbürgen in der Frühen Neuzeit. Hg. v. Dems. und Volker Leppin. Stuttgart 2005, 89–104, hier 99. Als Schweizer Ableger wird die Reformation in Kronstadt gesehen bei: Roth, Erich: Die Reformation in Siebenbürgen. Ihr Verhältnis zu Wittenberg und zur Schweiz. Bd. 1. Köln-Graz-Wien 1962, 31–35, 109, 112, 142, 151–154, 194–196; Reinert, Karl: Die Reformation bei den Siebenbürger Sachsen. Gütersloh 1956, 13, 205; Ders.: Humanismus und Reformation bei den Siebenbürger Sachsen. In: Südostdeutsches Archiv 13 (1970), 56–76, hier 44. Und als eher lutherischer Reformator wird Honterus betrachtet bei: Klein, Christoph: Die Beichte in der evangelisch-sächsischen Kirche Siebenbürgens. Göttingen 1980, 40f., 46, 51; Ders.: Die Versöhnung in der siebenbürgisch-sächsischen Kirche. Köln-Weimar-Wien 1993, 77.

15 Honterus, Johannes: Reformatio ecclesiae Coronensis ac totius Barcensis provinciae. Coronae MDXLIII. In: Johannes Honterus' ausgewählte Schriften. Im Auftrage des Ausschusses zur Errichtung des Honterusdenkmals in Kronstadt. Hg. v. Oskar Netoliczka. Wien-Hermannstadt 1898, 11–29; in deutscher Übersetzung: Ders.: Die Reformation der Kronstädter Kirche und des ganzen Burzenlandes. In: Binder, Ludwig: Johannes Honterus. Schriften, Briefe, Zeugnisse. Bukarest 1996, 95–102; Kirchenordnung aller Deutschen in Sybembürgen: In: Ebd., 106–111; Agende für die Seelsorger und Kirchendiener in Sybembürgen. [o. O.] MDXLVII (1547), unpaginiert.

Verbot der Wiedertaufe, die Beibehaltung der überlieferten Gebete, die Abschaffung des Exorzismus, die Beibehaltung der Messe und die Abschaffung des „unfrommen Kanons und gewisser abergläubischer Gesten“ in der Messe sowie die Beibehaltung der Fürbitten, doch ohne „Anrufung von Kreaturen“.[16] Die Kirchenordnung erneuerte und erweiterte diese Bestimmungen (Einführung der Katechisierung und der Zensur)[17] und fügte die Abschaffung des „unchristlichen ergernis“ hinzu: „wüste und unnütze Capellen, ubrig altar in den Pfarrkirchen, geschnitzt und gemalte fabeln, Ciborien mit den monstrantzen, und dergleichen andern getichten dingen.“[18] Das liturgische Erbe wurde jedoch fast unverändert übernommen.[19]

Diese Bestimmungen galten nicht ausschließlich für die siebenbürgisch-sächsischen Gemeinden. Tatsächlich belegen die ersten Sammlungen der Synodalbeschlüsse, in die auch die Beschlüsse der ungarischen Synoden bis 1555 aufgenommen wurden,[20] daß es bis zur Mitte des 16. Jahrhunderts, genauer gesagt bis zur Synode von 1557, in Siebenbürgen kaum Anzeichen einer theologischen Differenzierung gegeben hatte.

Auf der Synode von 1557 wurden die Adiaphora, hier als *res mediae* bezeichnet, überhaupt als solche benannt und umschrieben: Sie wurden definiert als alles, was ohne Ärgernis beibehalten werden kann und, obwohl nicht heilsnotwendig, für den Ablauf der Amtshandlungen nützlich ist. Allerdings werden sie nur als Übergangslösung betrachtet.[21] Die Synode von 1565 stellte die Norm für die Haltung zur Tradition aufgrund der augustinischen Sentenz auf, daß dort, wo es keine schriftmäßige Begründung gibt, der überlieferte Brauch der Gemeinde (Des Volkes Gottes) als Gesetz zu gelten habe.[22] Gleichzeitig wurden die liturgische Kleidung, die

---

16 Binder, Johannes Honterus (wie Anm. 15), 172–176, bes. 175.

17 Ebd., 211–213, 227.

18 Ebd., 229.

19 Ebd., 229–232.

20 Vgl. Acta synodorum tam generalium, tam specialium ab inuente aetate Reformationis in Transylvania sive ab anno 1545 usque ad annum 1726 ab Ecclesiasticis instituarum congesta a A. D. Luca Kolbio, Decano Coronensi, et Descripta a Georgio Michaele Gottlieb Hermanno ao 1752. Hs., Archiv der Schwarzen Kirche, Sign. Tf.74, fol. 2–10; Compendium Actorum Synodalium inde a Reformationis tempore a Pastoribus Saxonicis Augustanae Confessioni non variatae addictis in Transilvania consignatum, adornatum a Summo Venerabili Clarissimo Doctissimo Dno. Dno Andrea Scharsio Pastore Ecclesiae Birthalbensis et reliquorum Evangelicorum per Transilvaniam Superintendente gravissimo. Hs., Biblioteca Centrală Universitară „Lucian Blaga“ („Lucian Blaga“ Universitätsbibliothek), Sign. Mss 908, 4, 6, 11, 20.

21 „Incensio candelabrum, infulae, et ornatus res mediae sint, et per se neque prosint neque obsint, tamen cum plurimae ecclesiae eas, ut faeces papisticas abjecerint, et nunc sine scandalo retineri non possint, ac in numero rerum mediarum propter hoc accidens esse desierint, successu temporis, ubi populus edoctus fuerit, verum usum sacramenti non in ista specie externa et fulgente consistere, sed in consideratione causarum, videlicet efficientis, materialis, formalis et finalis, abjici debent. Cum autem sine aliquot decore speciali haec actio sacra et gravissima peragi non possit, lintea veste, alba, decente, carente idolis id fieri potest, ut ex primitivae ecclesiae testimonio manifestum est, et sancti dei, stantes ante thronum agni, et angeli hac forma vestiti praescribuntur, ut precatio non Judaismi aut papatus exstet, sed verae innocentiae et sanctitatis in Christo, agno immaculate nobis praefigurato.“ Teutsch, Georg Daniel: Urkundenbuch der Evangelischen Landeskirche A. B. in Siebenbürgen. Bd. 1–2. Hermannstadt 1862 und 1883, hier Bd. 2, 5.

22 „De caeremoniis seu rebus adiaphoris memorabilis est sententia Augustini: In his rebus, de quibus nihil certi statuit divina scriptura, mos populi dei et instituta majorum pro lege tenenda sunt“, ebd., 107.

„nicht erdichteten" Bilder, die Orgeln u. a. behalten, was von der Reformation gutgeheißen wurde.[23]

Die „Formula pii consensus" von 1572, die Bekenntnischarakter hatte, unterschied die Adiaphora von den „unnützen und gefährlichen Zeremonien". Adiaphora werden von Gott weder ge- noch verboten, und die Gemeinden können sie nach ihrer christlichen Freiheit zu ihrer Erbauung und für die Erhaltung der Ordnung gebrauchen, doch darf die Einheit der Kirche ihretwegen nicht auseinanderfallen. Zu den schädlichen Zeremonien gehört alles „Magische" und „Heidnische", das abgeschafft werden muß. Einmal abgeschaffte Bräuche dürfen auch nicht wieder eingeführt werden.[24]

Die reformierten Synoden von 1562 und 1567 beschlossen, daß ein Teil des vorreformatorischen Erbes der Schwachen wegen beibehalten werden solle, wobei die Kriterien strenger waren als bei der wittenbergisch geprägten Kirche.[25] Beibehalten wurden die Kirchenbauten an sich, die Glocken, die Kirchengesänge und die Unterscheidung zwischen profaner und geistlicher Kleidung.[26] Diese Entscheidung von 1567 ging weiter als der konziliantere Artikel von 1562, in dem der Schwachen wegen die Oblaten, die Altäre und die geistlichen Trachten als Übergangsmaßnahmen geduldet wurden.[27] Die Synode von 1570 hob erneut hervor, daß die vorreformatorischen Mißbräuche verdammenswürdig seien, nicht aber die Kirchenbauten an sich als Versammlungsort der Gemeinde, weshalb die gute Schöpfung Gottes trotz ihres einstigen Mißbrauchs und nach ihrer Reinigung vom Götzendienst von der reformatorischen Gemeinde weiter gebraucht werden dürfe.[28]

Die Antitrinitarier/Unitarier hatten sich mit dieser Frage weniger auseinandergesetzt, da zum einen deren Hauptanliegen die Reformation der Lehre war[29] und sie

---

23 Ebd., 108.

24 „Adiaphora proprie nominamus caerimonias, seu opera, quae deus nec praecepit, nec prohibuit, sed libera ecclesiae reliquit pro locorum temporum et personarum conditione usurpanda, ad aedificationem ecclesiae et propter disciplinam ac bonum ordinem, ut sunt: certae in templis lectiones, certa cantionum et precum tempora, feriae catechesis rudiorum, pia cantica, caerimoniae funerum, copulationes conjugum, vestitus decens etc. Nequaquam autem sub adiaphororum titulo complectimur per se impia et divinitus prohibita, ut magicas consecrationes oleorum, aquae, herbarum, extremam unctionem, papisticam confirmationem, missas sine communicantibus, vota monastica, cultus et invocationem sanctorum. [...] Neque etiam inter vera et utilia adiaphora recensemus ridiculos gestus et caerimonias, quae ethnicam vanitatem prae se ferunt et religionem nostram ludibrio exponunt, doctrinam obscurant, superstitionum nervi sunt, nec ad disciplinam et bonum ordinem quicquam conducunt, ut sunt ridiculae gesticulationes in missa, circulus coemeterii, circumgestationes statuarum et reliquorum sanctorum et similes traditiones hominum. [...] Imo etiam in veris et utilibus adiaphoris non est statuenda necessitas seu coactio, sed ex Christiana libertate conserventur, nec propter ea concordia ecclesiarum scindenda est. Debent autem ritus esse decentes in ecclesia, non pugnantes cum verbo dei, nec tamen nimia luxuria earundem accedat [...]", ebd., 166f.

25 Dieser Ausdruck von Ludwig Binder ist meines Erachtens treffender als die Bezeichnung „lutherisch" für das 16. Jahrhundert, vgl. Binder, Ludwig: Die Geistliche Universität. In: Gruppenautonomie in Siebenbürgen. 500 Jahre siebenbürgisch-sächsische Universität. Hg. v. Wolfgang Kessler. Köln-Wien 1990 (Siebenbürgisches Archiv 24), 45–63, hier 50.

26 Kiss, Áron: A XVI. században tartott magyar református zsinatok végzései [Die Beschlüsse der im 16. Jahrhundert gehaltenen ungarischen Synoden]. Budapest 1882, 475, 547.

27 Ebd., 146.

28 Ebd., 671.

29 Dávid, Ferenc: Rövid magyarázat miképpen az Antichristus, az igaz Istenröl valo tudomant meg homaliositotta. Es a Christus az ö hiveinec altala tanituan minket, mikeppen epitette meg az ö menniei ßent Attiarol, es ö magarol, es a ßent Lelekröl bizonios értelmet aduan elönkbe [Kurzgefaßte

zum anderen als Nachfolgebewegung schon die größtenteils von der Wittenberger und/oder Schweizer Reformation gereinigten Kirchengebäude übernahmen.[30] Ihre Auffassung über Adiaphora ging dennoch viel weiter als die der anderen Protestanten Siebenbürgens, weil für sie die Sakramente selbst bis 1638 Adiaphora waren.

Die Frage der Mitteldinge betraf aber nicht nur die kirchliche Tradition im engeren Sinn, sondern den Alltag schlechthin. Die Visitationsartikel und Synodalbeschlüsse zeigen, wie die Adiaphora zur Entstehung eines symbolischen Raumes beitrugen, der das Individuum an seine religiöse Zugehörigkeit erinnerte: Hierzu gehörten alle Rituale, Bräuche, Feste, Elemente der Volkskultur, die als heilsgefährdend oder für das Heil gleichgültig betrachtet wurden, aber das Leben der Individuen und Gemeinschaften prägten.[31] Diese Beschlüsse, deren Gewicht in der Sozialdisziplin entscheidend war, hatten aber auch eine gründliche theologische Legitimation. Was konnte von den Elementen des Alltags für das Seelenheil zwar nicht notwendig, aber diesem dennoch förderlich sein? Was konnte ihm schaden oder, genauer gefragt: Was konnte als Adiaphora gelten und was nicht?

3. Die Rolle der Adiaphora bei der Festlegung konfessioneller Räume

Die Adiaphora spielten bei der konfessionellen Grenzziehung eine grundlegende Rolle, denn erst sie machten die dogmatische Abgrenzung wahrnehmbar. Sie schufen symbolische Räume, sicherten diese ab und machten die Grenze zwischen Orthodoxie und Heterodoxie sichtbar. Dort, wo der harte Kern einer Konfessionsgemeinschaft für den einfachen Laien nicht immer nachvollziehbar war, halfen ihm die Adiaphora als erfahrbare Zeichen bei der Orientierung.

Der Stellenwert der Mitteldinge in der jeweiligen Konfessionsgemeinschaft ist aber nicht immer unmittelbar nachvollziehbar, weil sich oft nur die Sicht des Gegners erhalten hat.[32] Die polemisch ausgerichteten Schriften sind jedoch sehr hilfreich bei

---

Erklärung, wie der Antichrist die Wissenschaft über den wahren Gott verfälscht hat. Und wie Jesus Christus, uns durch seine Anhänger lehrend, den sicheren Sinn über den heiligen himmlischen Vater, sich selbst und den Heiligen Geist gibt]. Albae Iuliae 1567, 9, 44f. [nachträglich paginiert].

30 Das hieß selbstverständlich nicht, daß sie die Entfernung des vorreformatorischen Erbes in Kirchengestaltung, Liturgie und Alltag nicht auch praktiziert hätten, weil sie zwar schon reformatorisch umgestaltete Gemeinden und Kirchenbauten übernahmen, diese Reformmaßnahmen aber häufig eher formeller Natur gewesen waren, Kénosi, Tőzsér János/Uzoni, Fosztó István: Az Erdélyi Unitárius Egyház Története [Die Geschichte der Unitarischen Kirche Siebenbürgens]. Bd. 1. Kolozsvár 2005 (Az Unitárius Egyház Gyűjtőlevéltárának és Nagykönyvtárának kiadványai 4/1), 786.

31 Vgl. Artikel christlicher Visitation der Kirchen und Gemeinden der Erden Bartza, anfänglich von Anno 1556 Am Montag post Dominica Sexagesimae durch einen ehrbaren Rath der Ehrwürdige Capit. und Geschworne der Landschafft Bartza, beschloßen und in folgenden Jahren biß auffs neun und siebenzigste augmentiert und zusammengebracht. Hs., Archiv der Schwarzen Kirche, Sign. IV F 147 V; Articuli Visitationis Ecclesiar Saxonicaliu in Trannia propositi hoc seculi secundta vice puta die 9 May Anno Christo 1650 in Templi Cathedrali Urbis Cibiniensis ... Auditorў Congregationi Praesentibus utriusque Status & Sexus Viris Clarissimis & Amplissimis etc. Hs., Arhivele Naţionale, Direcţia Judeţeană Braşov, Colecţia de documente a liceului Honterus [Nationalarchive, Kreiszweigstelle Kronstadt, Dokumentensammlung des Honterus-Lyzeums], Nr. 216; Visitations Articuli vom Geistligen undt Weltlichen Orden sachßischer Nation gebilliget in der Hermanstadt Im Jahr 1616 in der Versammlung Catharinae. Hs., ebd.

32 Eine eben ihrer polemischen Ausrichtung wegen wertvolle Quelle ist die reformierte Agende von Melotai Nyilas, István: Agenda, az az: Anyaszentegyhazbeli szolgalat szerint valo tselekedet,

der Untersuchung der konfessionellen Auseinandersetzungen: Theologische Konflikte bestanden auch bei der Frage der Adiaphora, so daß wir im 16. und 17. Jahrhundert zwei große Konfliktfelder haben, ein lutherisch-reformiertes[33] und ein trinitarisch-antitrinitarisches oder genauer ein reformiert-unitarisches.

Wenn wir auf die Beziehung zwischen den Adiaphora und den Sakramenten eingehen, dann ist es von Nutzen aufzuzählen, was genau in diesem Zusammenhang als Adiaphoron galt und was nicht. Zu den Adiaphora zählte bei den Reformierten die Form des Brotes, bei den Lutheranern die Sprache der Abendmahlsliturgie, der Exorzismus bei der Taufe sowie die Nottaufe durch die Hebammen und bei den Unitariern schließlich die Kindstaufe und das Hl. Abendmahl. Nicht zu den Adiaphora zählten bei allen protestantischen Kirchen die Austeilung des Hl. Abendmahles unter beiderlei Gestalt, bei den Reformierten die Beschaffenheit des Brotes, das Brotbrechen, das Verbot der Nottaufe und der Taufe durch Laien sowie bei den Lutheranern das Verbot der Wiedertaufe (außer im Falle der Unitarier).

a) Die Auseinandersetzung zwischen Lutheranern und Reformierten

Die Auseinandersetzungen zwischen Lutheranern und Reformierten betrafen sowohl den konkreten Kirchenraum als auch die Abgrenzung und Absicherung der symbolischen Räume. Diese Auseinandersetzungen waren die am ehesten wahrnehmbaren, weil sie im wahrsten Sinne des Wortes sichtbar waren.

Bei der Gestaltung des Kirchenraumes ging es um die Bilderfrage, wobei nicht zwei völlig entgegengesetzte und konsequente Haltungen zu untersuchen sind, sondern – im Gegenteil – zwei veränderliche Haltungen, die sich zeitweilig sogar sehr nahekamen.

Für die lutherische Kirche in Siebenbürgen[34] ist das 16. Jahrhundert eher eine Zeit der Identitätssuche gewesen. Die Entscheidung für das Augsburgische Bekenntnis bedeutete keineswegs die Entscheidung für das orthodoxe Luthertum, sondern für die Vermittlungstheologie Melanchthons,[35] die von ihren Gegnern „Kryptocalvinismus" genannt wurde. Aber während in der Abendmahlsfrage die Synoden zwischen

Mellyben az Uj Testamentomnak két Sacramenomának, a' szent Keresztségnek és az Ur Vatsorájának ki-szolgáltatásanak, és a Házasulandoknek egyben adatásoknak modgya megirattatik, azokhoz illendő hasznos tanuságokkal egyetemben; Es most ezen Anyaszentegyházbéli Ceremóniáknak ki-szolgáltatásának más rövidebb Modgyával meg-bövittetvén és az elébbit is sok helyeken megjobbitvan ki-botsátott [Agende oder die Handlungen gemäß dem Dienst in der Kirche, welche die Art der Spendung der beiden Sakramente des Neuen Testamentes, der heiligen Taufe und des Herrenmahles, wie auch der Trauung beschreiben, zusammen mit den dazugehörigen nützlichen Lehren; Und nun mit der kürzeren Weise der Spendung der kirchlichen Zeremonien bereichert und auch an vielen Stellen verbessert, herausgegeben]. Váradon 1653.

33 Der Begriff „lutherisch" wird weiterhin der Einfachheit halber gebraucht, während „reformiert" meines Erachtens für den siebenbürgischen Protestantismus eher zutrifft als „calvinistisch".

34 Wegen der ethnischen Zusammensetzung des siebenbürgischen Luthertums verwende ich den Begriff „sächsisch" eher sparsam, denn die Kirche hatte sowohl ungarische als auch bulgarische Gemeindeglieder gehabt. Andererseits ist „sächsisch" als Ständebegriff (natio Saxonica) deshalb nicht anwendbar, weil die sächsischen Lutheraner außerhalb des Königsbodens zwar ethnisch zu den Sachsen gehörten, nicht aber politisch.

35 Die Synoden von 1578, 1580, 1585, 1601 und 1605 waren kryptocalvinistisch ausgerichtet, während die Synode von 1607 eher calvinistisch war.

Kryptocalvinismus und lutherischer Orthodoxie hin und her pendelten, waren sie in der Bilderfrage eher einheitlich, und zwar in dem Sinne, daß die Bilder nicht eindeutig abgelehnt wurden. Die Synode von 1565 verbot die Zerstörung der Altäre und beschloß deren Wiederaufstellung, weil der Altar und nicht der einfache Tisch in der Tradition der Kirche stehe.[36] Dieser Synodalbeschluß scheint die Norm gesetzt zu haben, denn in der „Formula pii consensus" wurden die Bilder nicht genannt, und auch die späteren Synoden erwähnten die Bilder in einem eher bilderfreundlichen Kontext. So entschieden zwei Synoden mit zwei grundverschiedenen theologischen Ausrichtungen wie jene von 1578 und von 1615 über die liturgische Rolle der Bilder: Es ging dabei um eine Randgruppe, die Taubstummen, deren Zugang zum Abendmahl durch den Anblick des Kruzifixes und die Berührung der Hostie ermöglicht wurde, weil sie ihr Sündenbekenntnis nicht verbal äußern konnten.[37] Somit wurden die Bilder liturgisch eingebunden und als nützlich und sogar notwendig betrachtet.[38]

Wie bereits erwähnt, beschloß die reformierte Synode von 1562 die zeitweilige Beibehaltung der Bilder. Die Norm in der reformierten Kirche wurde aber der bilderlose Kirchenraum, während sich bei den Lutheranern ein differenzierter Bildgebrauch abzeichnete: Als Regel galt die selektive Entfernung der Bilder,[39] wobei die Bilder des Hochaltars beibehalten wurden. Hierdurch wird der Unterschied zu den Reformierten und Unitariern auch sinnlich wahrnehmbar.

Die Mitteldinge wurden aber nicht als Adiaphora gehandhabt, solange sie für die konfessionelle Identitätsbildung und -abgrenzung von Bedeutung waren. Die lutherische Identität bildete sich im Laufe des 16. und am Anfang des 17. Jahrhunderts

36 „Altaria nullo modo diruantur, sed si ubi in nostris ecclesiis per homines turbulentos diruta sunt, dent operam pii pastores, ut sine tumultibus restituantur. Et testimonia exstant primitivae et purioris ecclesiae, non in mensis ligneis, sed in altaribus administratam esse coenam domini. [...]", Teutsch, Urkundenbuch (wie Anm. 21), hier Bd. 2, 105.

37 „[...] imprimis digiti in hostias coenae intentio, picturae Christi crucifixi aspectus creber et devotus et similes mutorum gestus [...]", Synode 1578, ebd., 228–230, hier 229; „[...] ita si aliqua extrema signa internae devotionis et verae fidei ediderint. Uti sunt: Diligens frequentatio templi, aspectus creber picturae Christi crucifixi, attactus digiti ad panem azymum, et si quae devotionis signa in illis apparent.", Synode 1615, Acta synodorum (wie Anm. 20), 150.

38 Eine völlig andere Haltung vertrat der reformierte Theologe Méliusz Juhász Péter, der den Ausschluß der Taubstummen wie auch der Abstinenzler, zusammen mit den Kindern, Geistesgestörten, „ungläubigen Papisten" und offenbaren Sündern vom Abendmahl forderte, weil sie von Gott so gestaltet wurden, daß sie mit den Zeichen des Sakraments nicht leben können: Válogatott Praedikatioc a Prophetac es Apostoloc Irasabol, mind egesz esztendö altal valo fö innepekre, es minden fele szükséges dolgokrol es artikulusokrol a regi es mostani Doctoroknac magyarazasoc szerint. Vgian ezen Praedikatioc vegebe, a keresztelesnec, Ur vaczoraia osztogatasanac, eskütesnec es egyeb egy hazi rend tartasnac igaz moggya praedikatioc szerint [Ausgewählte Predigten aus den Schriften der Propheten und Apostel, für die Hauptfeste über das Jahr wie auch über die allerhand notwendigen Dinge und Artikel gemäß den Erklärungen der alten und heutigen Doktoren. Am Ende dieser Predigten [steht] die wahre Art der Taufe, der Austeilung des Abendmahls, der Trauung und anderer kirchlicher Ordnungen in Predigten]. Döbrötzönbe nyomtatott Török Mihál által [Gedruckt zu Debrezin durch Mihály Török]. Debrecen 1563, 392.

39 Die als Beweis für die Schweizer Ausrichtung von Johannes Honterus angeführte Entfernung der Bilder aus der Stadtpfarrkirche ist nur aus erzählenden Quellen bekannt; darin wird sie aber unterschiedlich beschrieben, als Entfernung aller Bilder, einschließlich des Hauptaltars, oder als Entfernung aller Bilder außer des Hauptaltars, Ostermayer, Hieronymus: Chronik. In: Deutsche Fundgruben der Geschichte Siebenbürgens. Bd. 1–3, hier Bd. 1. Hg. v. Joseph Kemény. Klausenburg 1838, 9–67, hier 29; Chronicon Fuchsio – Lupino – Oltardinum sive Annales Hungarici et Transsilvanici, Pars I. Complectens annales ann. 990–1630. Coronae MDCCCXLVII (1847); Pars II. Complectens annales ann. 1630–1699. Coronae 1848, hier Pars I., 54.

heraus, größtenteils in der Auseinandersetzung mit der reformierten Theologie und Kirche. Die endgültige Lutheranisierung der Kirche nach 1615 bedeutete zugleich die wahrnehmbare Abgrenzung von den Reformierten und die Lockerung der Grenzen zum vorreformatorischen Katholizismus. Somit wurden manche ehemals abgeschaffte oder veränderte Elemente des vorreformatorischen Erbes wieder eingeführt wie der Heiligenkalender,[40] das Latein als liturgische Sprache in Kronstadt,[41] auch die Altarbilder, während andere paradoxerweise abgeschafft wurden wie die Privatbeichte im Burzenland.[42]

In der reformierten Kirche wurden im Laufe des 17. Jahrhunderts die vorreformatorischen Elemente der Liturgie beseitigt, allerdings erst nach langem Zögern, denn noch in der ersten Hälfte des 17. Jahrhunderts wurden Elemente der vorreformatorischen Frömmigkeit und Liturgie, die sie der lutherischen annäherten, in die Identität des siebenbürgischen Calvinismus integriert: 1636 wurde das sogenannte „Große Gradual"[43] neu herausgegeben, in dem Elemente der vorreformatorischen Liturgie in

40 BOD, Petrus: Historia Hungarorum ecclesiastica, inde ab exordio Novi Testamenti ad nostra tempora ex monumentis partim editis, partim vero ineditis, fide dignis, collecta studio et labore Petri BOD de Felső Csernáton. Bd. 1–2. Lugduni Batavorum 1888 und 1890, hier Bd. 2, 370; TEUTSCH, Friedrich: Geschichte der ev. Kirche in Siebenbürgen. Bd. 1–2. Hermannstadt 1921 und 1923, hier Bd. 1, 331.

41 1592 hatte der Stadtpfarrer Simon Massa die lateinischen liturgischen Gesänge eingedeutscht, Kalender-Aufzeichnungen von Michael Forgatsch, Christoph Greissing, Valentin Greissing, Asarela Mederus, Marcus Draudt (1203–1694). In: Quellen zur Geschichte der Stadt Kronstadt. Bd. 1–9. Kronstadt 1886–2002, hier Bd. 4, 43; zu Beginn des 18. Jahrhunderts war die lateinische Sprache wieder im liturgischen Gebrauch, vgl. SCHMEIZEL, Martin: De statu Ecclesiae Lutheranorum in Transilvania. Jenae 1722, 72f.; SCHULLERUS (wie Anm. 14), 490, 499f.

42 KLEIN, Die Beichte in der evanglisch-sächsichen Kirche (wie Anm. 14), 51; s. v. Albelius, Simon. In: TRAUSCH, Joseph: Schriftsteller-Lexicon oder biographisch-literärische Denk-Blätter der Siebenbürger Deutschen. Bd. 1–3. Kronstadt 1868–1871, hier Bd. 1, 16.

43 Az keresztényi üdvözitö hitnek egy nyomban jaro igazsagahoz inteztetett ekes rhytmusu hymnusokkal, prophetai lelektől szereztetett szent sóltarokkal, prophetai lelektől és több nemü, született nyelvünkre fordittatott lelki Ditséretekkel és esztendöszakai templumbeli kegyes Caeremoniakkal tökelletesen meg töltetett öreg Gradual melly mind az elsö forditasban nagy ujonnan való szeresztetésben, s-mind penig az egy exemplarból másban való irattatasban esett fogyatkosokbol szorgalmatosan meg tisztogatott, és sok hozzá kévántatott szükséges részekkel meg öregbittetett. KESERŰI DAJKA Jánosnak és GELEJI KATONA Istvánnak Erdely Orszagban levö Magyar Keresztyén Reformata Ecclesiának Püspökinek, és az Gyulafeirvarinak lelki Pásztorinak, fáradtságos munkájok által. Es elöseben az boldog emlekezetü Felseges Bethlen Gábor fejedelem Urunknak gondviseléséböl, ez itt való Feirvari Ecclesiabeli szólgálatra, kézzel nagy öreg bötükkel irotott. S-mostan immár Isten kegyelméböl, annak székiben ülö kegyelmes Urunknak, Rakoci Györgynek Fejedelmünknek, keresztyéni szorgalmatoskodásából, az Istennek ditsöségére, és az Christusnak az Magyar nemzetségben lévö Ecclesiának, közönséges javokra, még az irottnál is sokkal teljeseben es tisztábban ki nyomtattatott, Gyula Feir-Varatt az Igének Meg Testesülése után MDCXXXVI. Esztendöben [Das der auf den Spuren des seligmachenden christlichen Glaubens wandelnden Wahrheit gewidmete Große Gradual vollkommen gefüllt mit Hymnen mit edlem Rhythmus, von prophetischen Seelen verfaßten heiligen Psalmen, von prophetischer Seele verfaßten und auf unsere Sprache übersetzten geistlichen Lobgesängen mehrerer Art, und mit frommen Zeremonien für das ganze Jahr; welches fleißig von den Mängeln gereinigt wurde, die sowohl in der ersten Übersetzung oder Neufassung als auch in der Übertragung aus einem Exemplar in das andere entstanden sind, und nun mit den dazu nötigen Teilen bereichert wurde. Durch die mühevolle Arbeit von János KESERŰI DAJKA und Istvánn GELEJI KATONA, der Bischöfe der in Siebenbürgen befindlichen christlichen reformierten Kirche und Pfarrer von Weißenburg. Und zuerst wurde es aus der Fürsorge des gnädigen Herrn, Fürst Gabriel Bethlen seligen Andenkens, mit der Hand mit großen dicken Buchstaben geschrieben. Und nun aus Gottes Gnade dank der christlichen Bemühungen unseres in dessen (Gabriel Bethlens) Stuhl sitzenden Fürsten Georg Rákoci zur Herrlichkeit Gottes und zum gemeinen Wohl der Kirche

ungarischer Übersetzung in den reformierten Gottesdienst aufgenommen wurden,[44] und mehr noch: Der reformierte Gottesdienst hatte als Grundlage die Gregorianik.

Auf der Synode von 1638 wurde beschlossen, daß der Pfarrer und die Studenten die Gebete außerhalb der Kanzel kniend sprechen sollen.[45] Diese katholisierende Bestimmung zeigt, daß die Loslösung von der vorreformatorischen Tradition langsamer vor sich ging, als die Synodalbeschlüsse des 16. Jahrhunderts vermuten lassen. Eine weitere Bestimmung jedoch weist in eine andere Richtung. Auf der Synode von 1640 wurde festgelegt, daß die übriggebliebenen Abendmahlsreste ausschließlich vom Geistlichen verzehrt werden sollten, damit das Brot nicht von Katzen gefressen werde und so Ärgernis entstehen könne.[46] Zum einen verweist diese Bestimmung auf die „Entzauberung der Welt" – die Abendmahlsreste haben keinen sakramentalen Wert mehr; fehlender Respekt gegenüber den Resten (Verzehr durch Katzen) würde aber den Frieden in der Gemeinde stören. Zum anderen zeigt dieser Artikel, daß die vorreformatorischen Haltungen noch sehr lebendig waren und die Unterscheidung von „heilig" und „profan" immer noch nach dem alten Muster erfolgte, wobei der Unterschied zwischen Respekt und abergläubischer Verehrung aus der Sicht der Kirchenleitung auf der Ebene der Gemeinden nicht wahrgenommen wurde.

Die reformierte Polemik um Abendmahlselemente und Nottaufe betraf die Substanz des Glaubens selbst; beides konnte weder von den Lutheranern noch von den Reformierten als Adiaphora betrachtet werden.

Die Nottaufe wurde von der Kirche Augsburgischen Bekenntnisses im 16. Jahrhundert als Adiaphoron betrachtet[47] und von manchen Theologen eher als unnötiges Übel bezeichnet, das abgeschafft werden solle.[48] Tatsächlich zählt der Synodalbeschluß

Christi ungarischer Nation, noch viel vollständiger und sauberer als das handgeschriebene gedruckt, Weißenburg im Jahr 1636 nach der Fleischwerdung des Wortes]. Gyulafehérvár 1636.

44 Zur liturgiewissenschaftlichen Bedeutung und Aufteilung des „Großen Graduals" siehe KURTA, József: Az Öreg Graduál századai Erdélyben [Die Jahrhunderte des „Großen Graduals" in Siebenbürgen]. Kolozsvár 2002 (Erdélyi Református Egyháztörténeti Füzetek 8), 30–95.

45 „Es wird überall befohlen, daß die Pastoren in der Kirche während des Abendmahls (coenakor), auch auf dem Friedhof, während des Aufsagens des Vaterunsers, der Trauung, der Taufe und bei jeder Fürbitte außerhalb der Kanzel niederknien. Gleichermaßen die Studenten, die großen wie die kleinen." [in der Übersetzung der Verfasserin zit. nach:] Constitutiones Synodi Enyediensis, Art. 3. In: BOD, Péter: Erdélyi református zsinatok végzései. Kolozsvár 1999 (Erdélyi Református Egyháztörténeti Füzetek 3), 47.

46 „Wir haben über das übriggebliebene heilige Brot und den heiligen Wein vom Herrenmahl beschlossen, daß sie die Pastoren von nun an weder den Studenten noch den Schulmeistern oder Kuratoren überlassen, sondern sie nach Hause tragen und auch dort diese nicht den Kindern oder Frauen geben, sondern sie essen; lange sollen sie sie nicht halten, damit Katzen oder andere sie bei ihnen zu Hause nicht fressen. Nicht als ob sie noch Sakramentsbrot und -wein wären, weil nihil habet rationem sacramenti extra usum divinitus institutum, sondern um das Ärgernis (scandalum) fernzuhalten." [in der Übersetzung der Verfasserin zit. nach:] Constitutiones Synodi Albae Iuliae 1640. In: BOD, Erdélyi református (wie Anm. 45), 48.

47 Die Gültigkeit der Nottaufe durch die Hebamme wurde im Reformationsbüchlein anerkannt, die Synoden von 1565 und 1578 genehmigten den Vollzug durch die Hebammen im äußersten Notfall, HONTERUS, Reformatio ecclesiae Coronensis (wie Anm. 15), 172; TEUTSCH, Urkundenbuch (wie Anm. 21), hier Bd. 2, 103, 227.

48 „Daher wers besser, das kein man noch weib kinder tauffen sollt, allein die, die dazu beruffen sein, pharhern, kirchendiener. Sein die kinder schwach und unmechtig, so sollt ir niderknien und beten, und dieselbigen dem allmechtigen got bevehlen. Kann man unterdes den Kirchendiener erlangen, es ist gutt, wo nicht, und stirbet das neugeborn Kind onen die tauff, es soll deswegen niemand an seiner selikeit zweiffelln. Denn es ermane sich iederman des bundts, welchen der himlisch vater

von 1607 die Nottaufe durch Hebammen nun zu den abzuschaffenden Bräuchen,[49] was als eindeutiges Zeichen der Abgrenzung vom orthodoxen Luthertum und der Annäherung an den Calvinismus zu werten ist, da doch der abzuschaffende Brauch bereits kein Adiaphoron mehr war, sondern ein Merkmal der lutherisch geprägten konfessionellen Identität. Die rituellen Bestimmungen der Synoden ergänzen somit die dogmatischen und beenden das kryptocalvinistische Zeitalter mit seiner dogmatischen Offenheit und rituellen Duldsamkeit. Diese Tendenz wurde aber nicht weitergeführt, denn die nächste Synode (1615) war theologisch schon ganz anders orientiert.

Die reformierte Kirche erkennt die Gültigkeit der Taufe nur dann an, wenn sie öffentlich von ordinierten Personen vollzogen wurde. Der ungültig getaufte Täufling wurde wiedergetauft, der nichtordinierte und berufene Täufer bestraft.[50] Die bereits erwähnte Agende von Melotai Nyilas weist auf die Bedeutung hin, die der Ablehnung der Nottaufe in der reformierten Kirche zukam. Diese hat nicht nur mit der verschiedenartigen Auffassung von der Wirksamkeit der Taufe zu tun, sondern mit dem Kern der calvinistischen Theologie, der Gnadenwahl: Nottaufe und Gnadenwahl schließen sich aus, nicht nur weil auch Ungetaufte erlöst werden, sondern weil Gottes Gnade und das Heil nicht an die Taufe gebunden sind, „so daß jeder Getaufte auch erlöst werde".[51] Der Synodalbeschluß von 1578 der Kirche Augsburgischen Bekenntnisses erhält in diesem Kontext ein besonderes Gewicht, weil die Nottaufe, selbst als notwendiges Übel, doch zu den Abgrenzungsmerkmalen gehörte, so daß der Kryptocalvinismus in mancher Hinsicht lutherischer war, als er von seinen innerlutherischen Gegnern verstanden wurde.

Das Brot im Hl. Abendmahl war ein sichtbares Zeichen der konfessionellen Zugehörigkeit. Aus reformierter Sicht galt die Verwendung der Oblaten als papistisch-judaisierendes Überbleibsel,[52] die Oblate selbst als Schöpfung des Antichrists.[53] Der

---

mit den Christen und mit iren erben gemacht hat, das er sich will erbarmen umb seines Sons willen. In den bund sein alle frommen geschlossen, sampt iren armen kindern, welch nicht können zur tauff kommen; sie sein in der Zaal deren, die da wollen selig werden." Vgl. AMLACHER, Albert: Damasus Dürr, ein evangelischer Pfarrer und Dechant des Unterwälder Kapitels aus dem Jahrhundert der Reformation. Hermannstadt 1883, 63.

49 „[...] multa circa utriusque administrationem esse abroganda. Baptismi quidem, oleum, Sal, aquam lustralem, cereos ardentes, consecrationem aquae, carachterem crucis, quo infans in fronte et pectore signatur, exorcismum (interrogatoria et abrenuntiatione et fide ad infantes) et sputum cum γυναίκοβαμγμοη mulierculam et obstetricum baptismo", Articuli de Ceremoniis Doctrinae appendicibus propositi et examiniti ac approbari in Synodo Mediensi Anno 1607 die 13[a] Novembri celebrata, Superintendente Matthias Schiffbaumer, in: SOTERIUS, Georgius: Collectanea ad historiam patriae pertinentia cum indice, Arhivele Naționale, Direcția Județeană Sibiu, Colecția Brukenthal [Nationalarchiv, Kreiszweigstelle Hermannstadt, Brukenthalische Sammlung], Sign. A_{1-5}/130, fol. 469v–476r, hier fol. 469v.

50 Canones seu Articuli Ministrorum incorruptam doctrinam de uno vero Patre, Filio et Spiritu Sancto profitentium boni ordinis et disciplinae ecclesiasticae causa collecti, propositi et approbati in synodo Generali Maros Vasarhelyini ad diem 2 Julii Anno 1606 celebrata (Canones Ruberiana). In: BOD, Erdélyi református (wie Anm. 45), 32f.; Canones ecclesiastici (1646). In: Canones ecclesiastici ex veteribus qua hungariensibus qua transilvaniensibus in unum collecti, plerisque tamen aliis etiam, pro temporis ratione, aucti, ac in paulo meliorem ordinem redacti. Cum benigno Constitutione Josephina de causis matrimonialibus et articulo 26-ta Diaetae Anni 1791 de negotio religionis in Hungaria. Marosvásárhellyini 1842, 32f.

51 MELOTAI NYILAS (wie Anm. 32), 20f.

52 Ebd., 111.

53 Ebd., 114; vgl. die Synodalverhandlungen der reformierten Kirche von 1567 und die anschließenden Glaubensbekenntnisse, KISS (wie Anm. 26), 475, 544.

Gebrauch der Oblaten wird mit der Anbetung der Bilder gleichgesetzt, so daß es äußerlich keinen Unterschied mehr gebe zwischen Lutheranern und Katholiken.[54] Das Brotbrechen in der reformierten Abendmahlsliturgie galt als verpflichtend, weil es auf Befehl Christi eingesetzt wurde.[55] In diesem Zusammenhang ist die Elevation der Hostie im lutherischen Raum ein Zeichen der konfessionellen Abgrenzung, auch wenn dieser vorreformatorische Brauch von den Reformatoren ursprünglich angegriffen wurde.[56]

Die sichtbare konfessionelle Abgrenzung war jedoch problematisch. So konnte man zwar Riten und Formen einer Konfession verwenden, dabei aber doch andere Inhalte vertreten. Etwa waren die Kapitel Kisd und Kosd bis zur Mitte des 17. Jahrhunderts nur formell lutherisch: Sie verwendeten zwar lutherische Formen, benutzten aber die calvinistische Abendmahlsformel.[57] Der Pfarrer der lutherisch-ungarischen Gemeinde von Kronstadt wurde 1667 abgesetzt, weil er zwar Oblaten austeilte, aber gleichzeitig die reformierte Abendmahlsformel sprach.[58] Auch rituelle Mischformen wie die gleichzeitige Austeilung von Oblaten und Brot wurden bestraft.[59]

b) Die Auseinandersetzungen zwischen Reformierten und Unitariern

Die sichtbaren Unterschiede konnten über die reellen Unterschiede in bezug auf die kirchliche Lehre hinwegtäuschen. Die Gleichförmigkeit in der Kirchenausstattung der Reformierten und der Unitarier verdeckte die Tatsache, daß in der Tat zwischen Reformierten und Unitariern und nicht zwischen Reformierten und Lutheranern ein radikaler Unterschied bestand. Während der wahrnehmbare eindeutige Unterschied zwischen Reformierten und Lutheranern eigentlich Nuancen und Differenzierungen verbarg, verlief zwischen Reformierten und Unitariern ein harter Bruch. Der sinnlich schwerer wahrnehmbare Unterschied traf die Substanz des Glaubens: Kindertaufe und Abendmahl galten als Sakramente bei den Reformierten und als Adiaphora bei den Unitariern.

In der Kirchenordnung von Valentin Radecius (1626)[60] wird versucht, bei gleichzeitiger Bewahrung der unitarischen Identität den reformierten Ansprüchen entgegenzukommen, indem Elemente hinzugefügt werden, die den Unitarismus vom Verdacht

---

[54] Melotai Nyilas (wie Anm. 32), 118.

[55] Ebd., 138.

[56] Nischan, Bodo: The Elevation of the Host in the Age of Confessionalism: Adiaphoron or Ritual Demarcation? In: Ders.: Lutherans and Calvinists in the Age of Confessionalism. Aldershot 1999, 7, 10, 11, 13, 1826, 27.

[57] Simonius naplója [Das Tagebuch von Simonius]. In: Szilágyi, Sándor: Erdélyi Országgyülési Emlékek = Monumenta Comitialia Regni Transilvaniae. Bd. 1–21. Budapest 1875–1889, 1892–1898, hier Bd. 13, 443 [fortan: EOE]; Bod, Historia Hungarorum ecclesiastica (wie Anm. 40), 300; Teutsch, Geschichte der ev. Kirche (wie Anm. 40), 458.

[58] Acta Capituli Barcensis. In: Quellen zur Geschichte der Stadt Kronstadt (wie Anm. 41), Bd. 8, 359.

[59] Molnár, János: A brassói magyarság és ev.ref. egyáz története [Die Geschichte des Ungarntums und der reformierten Gemeinde in Kronstadt]. Brassó 1887, 62.

[60] Radecius, Valentin: Disciplina Ecclesiastica in usum Ecclesiarum Unitariarum dispersatum conscripta. Claudiopoli 1694; vgl. Tóth, György: Az unitárius egyház rendszabályai 1626–1850 [Die Kirchenordnungen der unitarischen Kirche]. Cluj-Kolozsvár 1922 (Az Unitárius Egyház Törvényeinek Gyüjteménye 2).

des Sabbatianismus fernhalten sollen. Diese schwierige Aufgabe stellte sich um so dringlicher, als die reformierten Fürsten versucht hatten, die unitarische Kirche, die sie als rezipierte Konfession nicht direkt angreifen konnten,[61] unter dem Vorwand des Sabbatianismus zu schwächen. Die Kindertaufe war bei den siebenbürgischen Antitrinitariern, im Unterschied zu ihren polnischen Glaubensgenossen, kein zentrales Thema der Theologie.[62] In der Kirchenordnung von Radecius wird die Taufe als kirchlicher Brauch geduldet, jedoch werden die Eltern unterrichtet, daß sie keinen Mißbrauch treiben sollen. Da die Kindertaufe weder von Christus noch von den Aposteln eingesetzt wurde, kann sie zwar durchgeführt, doch sollte ihre Bedeutung nicht überschätzt werden.[63] Das Hl. Abendmahl wird hingegen aufgewertet: Der Empfang wird empfohlen.[64] Die Hochschätzung des Abendmahls, das weiterhin ein Mittelding bleibt, konnte auch die judaisierenden Tendenzen fernhalten, die sich u. a. durch die Verachtung des Abendmahls äußerten.[65]

Die Lage änderte sich radikal nach 1638, als auf dem Partiallandtag von Desch (rum. Dej, ung. Dés) die Sabbatarier verurteilt und der unitarischen Kirche die sogenannte „Complanatio“ (Übereinkunft) aufgezwungen wurde.[66] Ein weiterer Punkt betrifft Kindertaufe und Hl. Abendmahl:

> Die Verwaltung der Sakramente soll gemäß der Kirchenordnung und rezipierten unitarischen Religion geschehen, die Säuglinge, Kinder sollen im Namen des Vaters, des Sohnes und des Heiligen Geistes getauft werden, beim Hl. Abendmahl soll der Kelch den Kommunikanten in die Hand gegeben werden, damit sie selbst daraus trinken, so wie in den ungarischen unitarischen Gemeinden. [vgl. Anhang]

---

61 „Was die Religionsangelegenheiten betrifft, haben wir von Reichs wegen beschlossen, die rezipierten Religionen, nämlich die Katholische oder Römische, die Lutherische, die Calvinistische und die Arianische überall frei erhalten werden sollte“, Landtag Weißenburg 1595. In: Teutsch, Urkundenbuch (wie Anm. 21), hier Bd. 1. Hermannstadt 1862, 101f.; EOE (wie Anm. 57), Bd. 3, 472; bestätigt in den Approbaten 1653: „Die vier rezipierten Religionen sollen auch weiterhin nach den Beschlüssen des Landes in perpetuum pro receptis beibehalten werden [...] (Den) Evangelica reformata (vulgo Calviniana), Lutherana sive Augustana, Romano-Catholica, Unitaria vel Antitrinitaria Religionen (wird) die freie Ausübung (Exercitium) in locis juxta Constitutiones Regni auch weiterhin gestattet werden. [...] Außer den vier rezipierten Religionen dürfen in Articulis fidei vel religionis weder einzelne jedwelchen Standes noch Gemeinden Innovationen oder Schismen einführen oder durchführen, sub poena notae infidelitatis.“, Erdély Országának Három könyvekre oszlatott Törvényes Könyve Melly Approbata, Compilata Constitutiokból és Novellaris Articulusokból áll [Das in drei Teile geteilte Rechtsbuch Siebenbürgens, welches aus den Approbaten, Compillaten und Articuli Novellares besteht]. Pars prima. Titulus primus: Réligiókra nézendő dolgokról [Über die Angelegenheiten der Religionen]. Kolozsvár 1815, Art. II, III, 1–3.

62 Balázs, Mihály: Early Transylvanian Antitrinitarianism (1566–1571). From Servet to Palaelogus. Baden-Baden-Bouxwiller 1996 (Bibliotheca Dissidentium 7), 217; „Quisquis vere credit, Papam esse Antichristum, vere quoque credit, Papisticam Trinitatem, Paedobaptismum & alia Papatus Sacramenta“, Davidis, Franciscus: De regno Christi liber primus. De regno Antichristi liber secundus. Albae Iuliae 1569, unpaginiert.

63 Tóth (wie Anm. 60), 34.

64 Ebd., 34.

65 Gál, Kelemen: A kolozsvári unitárius kollégium története (1568–1900) [Die Geschichte des unitarischen Kollegs von Klausenburg (1568–1900)]. Bd. 1. Cluj-Kolozsvár 1935, 59f.

66 Text der „Complanatio“ siehe Anhang; über die Verfolgung der Sabbatarier und den Partiallandtag von Desch bei: Ebd., 54, 61–64; Murdock, Graeme: Beyond the Pale: International Attacks against Unitarianism in Transylvania. In: György Enyedi and Central European Unitarianism in the 16–17th Centuries. Hg. v. Mihaly Balász und Gizella Keserű. Budapest 2000 (Studia Humanitatis, Publications of the Centre for Renaissance Research 11), 247–252.

Kindertaufe und Abendmahl werden demnach verbindlich, mehr noch, die Kindertaufe wird im Namen der Hl. Dreieinigkeit durchgeführt, so daß die unitarische Identität einen schweren Schlag erhalten hatte. Im Grunde genommen hatte sie durch die Taufe im Namen der Dreieinigkeit ihre Daseinsberechtigung verloren.

4. Adiaphora als Politikum

Warum war es so schwer, die Mitteldinge als Adiaphora und somit als unverbindlich zu betrachten und dennoch diesen Unterschied zu wahren? Ursprünglich wurden die Adiaphora als notwendiges Übel angesehen, nur für die Übergangszeit geduldet, um dann, sobald sich der Glaube gefestigt hatte, abgeschafft zu werden. Warum entzündeten sich an ihnen heftige Auseinandersetzungen, auch wenn sie nicht einmal, wie im Falle der Unitarier, die Sakramente betrafen?

Die Mitteldinge besaßen neben der theologischen und ethischen auch eine politische Dimension, hing doch die konfessionelle Grenzziehung mit politischen und rechtlichen Faktoren zusammen. Die Lage der sächsischen Nation sowie die Geschichte von Klausenburg (rum. Cluj, ung. Kolozsvár) veranschaulichen den Zusammenhang von Theologie, Politik und Recht eindrücklich.

1572 wurde auf der Mediaschen Synode die „Formula pii consensus" als Bekenntnisschrift aufgrund der „Augustana" angenommen. Im gleichen Jahr bestätigte Stefan Báthory die ausschließliche Gültigkeit des Augsburgischen Bekenntnisses auf dem Königsboden[67] und erließ das Innovationsgesetz, das die bestehenden Glaubensgemeinschaften auf den Bekenntnisstand von 1571 verpflichtete und jede Abweichung als Innovation bestrafte.[68] Somit wurde die strenge Einhaltung des Bekenntnisses auf dem Königsboden (und nicht nur) zu einer rechtlich-politischen Angelegenheit, denn der Rechtsstand der sächsischen Nation hing von nun an sowohl mit dem *Andreanum* [sogenannter „Goldener Freibrief" der Siebenbürger Sachsen, Anm. d. Herausgeberin] als auch mit dem Augsburgischen Bekenntnis zusammen. Der radikalste Ausdruck dieser Verbindung war die sogenannte Union von 1613, deren Kernaussage die auflösliche Bindung von Rechtsstand und Konfession war:

> [W]ir heut dato zur Erhaltung der güldenen Freyheiten, Privilegien, gewöhnlichen Rechten, gutten nützlichen Ordnungen, Besätzung der Oerther, mit welcher unser Vorelter die Saxischen Nation wegen der Tapferkeit, Ritterlichen Tatten doniret, verehret, und begabet

---

67 TEUTSCH, Urkundenbuch (wie Anm. 21), hier Bd. 1, 207–209.

68 „Zuerst was die Religionsangelegenheiten betrifft, den Beschluß, welcher zu den Zeiten des verstorbenen Fürsten, Seiner Hoheit bestand [...] haben wir von Reichswegen beschlossen, er solle in demselben Stand und in Kraft bleiben; wo aber jemand außer jenem Beschlusse in der Religion Neuerungen machte, wie denn Ew. Gnaden uns vorgetragen haben, daß es solche gäbe, so wollen Ew. Gnaden den Franz Davidis und den Superintendenten zu sich rufen lassen, von denselben erfahren, ob solche Männer andere Religion sind, als die Religion, in der sie zu unsers verstorbenen Herrn Zeiten waren; wenn sie in absonderlicher und neuer Religion betroffen werden, lasse sie Ew. Gnaden exkommunizieren, wenn sie auf diese Exkommunikation nicht achten, soll Ew. Gnaden zur Bestrafung solcher nach ihrem Verdienst Macht haben", Landtag Thorenburg 1572. In: TEUTSCH, Urkundenbuch (wie Anm. 21), hier Bd. 1, 96f.; Erneuerung des Innovationsgesetzes: Landtag Klausenburg (Jan.) 1573, (Mai) 1573; Bistritz 1576. In: EOE (wie Anm. 57), Bd. 2, 534, 540, 577; Thorenburg (Okt.) 1577. In: EOE (wie Anm. 57), Bd. 3, 122.

> seyn von Gottseeligen Königen, Keysern, Fürsten deß heyl. Rhömischen Reychs, Weib, undt Kindt, Gutt undt Bluth daran zu wagen in omnibus necessitatibus, omni tempore, ja wir geloben, undt versprächen: bey unserer rechten Augspurgischer Confession zu verbleiben, welche in heyliger apostolischer, und prophetischer Schrifft gegründet ist, rechten, undt christlichen glauben: bey dem ehrlichen Saxischen Namen zur defension, Erhaltung des saxischen Geblüths, undt obengedachten Privilegien, Freyheiten, [...].[69]

Das Zeitalter der Báthorys, die am Überleben der katholischen Kirche interessiert waren und nicht an deren Durchsetzung als alleinige Konfession, war auch eine Zeit der Konsolidierung der reformatorischen Kirchen. Selbst wenn es theologische Streitigkeiten gab, bedeutete es für die Kirche Augsburgischen Bekenntnisses, anders als bei den Unitariern, die von ihrer Theologie her als suspekt galten, keine Gefahr, das Augsburgische Bekenntnis minimalistisch zu deuten, solange die Grundlagen, zumindest formell nicht verlassen wurden.

Die Lage änderte sich unter den reformierten Fürsten Gabriel Bethlen, Georg Rákóczi I. und Georg Rákóczi II., die den Calvinismus zwar nicht als alleinige Konfession durchsetzten, sich aber bemühten, die dominierende Position wie auch die Verbreitung des Calvinismus auf Kosten anderer Konfessionen zu sichern.[70] Gabriel Bethlen hatte die Synodalbeschlüsse von 1615 angegriffen und deren Veröffentlichung mit der Begründung untersagt, sie seien eine Innovation.[71] In der zweiten Hälfte des 17. Jahrhunderts versuchte Georg Rákóczi II., allerdings ohne Erfolg, die Privilegien der sächsischen Nation anzugreifen.[72]

Die Orthodoxie kann somit auch als eine Antwort auf die politischen Herausforderungen gedeutet werden. Die Zentralgewalt versuchte, die konfessionellen Grenzen, u. a. auch durch die Förderung der Anhänger der Vermittlungstheologie, zu lockern. Die Vertretung des politisch-rechtlich-konfessionellen Landstandes war hingegen bemüht, die Grenze abzuschotten und sich gleichzeitig zu versichern, daß die „richtige" Form keinen „falschen" Inhalt verberge. Die Adiaphora spielten dabei eine grundlegende Rolle, wobei sie sich von Mitteldingen in verbindliche Bräuche verwandelten, die eine Gruppenzugehörigkeit oder aber eine Abgrenzung von anderen Gruppen deutlich markierten. Nottaufe, Elevation und Bilderschmuck mochten rein theoretisch Adiaphora sein, in der Praxis waren sie es nicht.

Die Geschichte von Klausenburg im 16. und 17. Jahrhundert war eng mit dem Antitrinitarismus verbunden, nicht nur als Entstehungsort des siebenbürgischen Antitrinitarismus, sondern auch als Bastion dieser Religionsgemeinschaft, vor allem

---

69 Album Oltardianum. In: Deutsche Fundgruben der Geschichte Siebenbürgens. Bd. 1–3, hier Bd. 3. Hg. v. Eugen von Trauschenfels. Kronstadt 1860, 41f.

70 „Die maßgebende Konfession in Siebenbürgen wurde je mehr die reformierte, die sich mit Vorliebe ‚die orthodoxe' nannte. In diesem Übergewicht, das sie allmählich gewann, das sich in der fast zur Beherrschung ausgewachsenen Einflußnahme auf die griechische Kirche und der Einengung der unitarischen Kirche zeigte, war doch auch eine Gefahr für die evangelische Kirche enthalten und so ist es auch vom kirchenpolitischen Standpunkt aus verständlich, wenn die evangelische Kirche den Kryptocalvinismus bekämpfte." Teutsch, Geschichte der ev. Kirche (wie Anm. 40), 422.

71 Teutsch, Urkundenbuch (wie Anm. 21), hier Bd. 1, 283f.

72 EOE (wie Anm. 57), 421–492; Péter, Katalin: A fejedelemség virágkora (1606–1660) [Die Blütezeit des Fürstentums (1606–1660)]. In: Erdély rövid története. Hg. v. Gábor Bartha u. a. Budapest 1989, 226–315, hier 299; Zach, Krista: Politische Ursachen und Motive der Konfessionalisierung in Siebenbürgen. In: Konfessionsbildung und Konfessionskultur (wie Anm. 14), 57–71, hier 60.

nachdem der unitarische Adel infolge der politischen Wirren durch Konversionen zahlenmäßig und an Bedeutung zurückgegangen war.[73] Jeder Versuch, die konfessionelle Geschlossenheit der Stadt zu lockern, die seit 1598, nach der Ansiedlung von reformierten Flüchtlingen aus Großwardein (rum. Oradea, ung. Nagyvárad), de facto ohnehin nicht mehr bestand, war somit auch ein Angriff auf die Freiheit der Stadt. Tatsächlich hatte der Eingriff in die städtische Verwaltung den Antitrinitarismus geschwächt. Die „Complanatio" von Desch wurde von der Aufnahme der Reformierten in den Stadtrat begleitet, vier Jahre später wählte man den ersten reformierten Stadtrichter, und 1655 gelang es, die konfessionelle Parität und Alternanz einzuführen.[74]

Die Aufhebung der Adiaphora-Qualität der Sakramente und ihre Verwaltung unter trinitarischen Vorzeichen war somit ein schwerer Schlag gegen die unitarische Kirche, aber auch gegen Klausenburg als Stadt. Der Ausgang der Auseinandersetzung zwischen Reformierten und Unitariern bzw. zwischen Zentralgewalt und Klausenburg war im Grunde paradox, war doch im Unterschied zum Luthertum, das sich entschieden vom Calvinismus abgrenzte, der Unitarismus sogar bereit, den reformierten Ansprüchen entgegenzukommen. Der Partiallandtag fand gerade in einer Zeit statt, in der die radikale Strömung des Antitrinitarismus zwar stark war, sich dank Radecius allerdings der gemäßigte Antitrinitarismus durchsetzte, der den Sabbatianismus ablehnte.

Während aber im Falle des Luthertums und der sächsischen Nation die Auseinandersetzungen um die Mitteldinge zwar ihr Gewicht hatten, doch den Kern des lutherischen Glaubens nicht trafen, gefährdeten die Bestimmungen, die der reformierte Fürst und der reformiert geprägte Landtag den Unitariern durch die „Complanatio" auferlegten, den Bestand des siebenbürgischen Antitrinitarismus existentiell.

Die Adiaphora stellten somit die Frage nach den Glaubensgrundlagen: Was war notwendig und unverzichtbar, was konnte ohne Gefahr wegfallen? Aus der Position einer Nebenfrage rückten die Mitteldinge in Krisenzeiten ins Zentrum der Glaubensfragen.

Anhang

Complanatio ejusdem controversiae de divinitate et adoratione, invocationeque domini nostri Jesu Christi, superioribus annis, circam praemissam confessionem et consensum inter dictum Danielem Beke, et caeteros eidem adhaerentes ab una, parte vero ab altera, honorabilem Matthiam Ravium ministrum receptae Unitariae religionis in civitate Colosvar ac alios sibi adhaerentes exortatae et agitatae, per dictum dominum Principem nostrum clementissimum, ejusdemque dominos

[73] Horn, Ildikó: Le cercle de Farkas Kornis. Les stratégies des élites unitariennes (1575–1603). In: György Enyedi (wie Anm. 66), 89–97, hier 89, 91, 96f.

[74] Jakab, Elek: Oklevéltár Kolozsvár története második és harmadik kötetéhez [Urkundenbuch zum zweiten und dritten Band der Geschichte von Klausenburg]. Budapest 1888, 303, 330–337; zusammenfassend über die politische Lage von Klausenburg um 1638: Szegedi, Edit: Identitatea Clujului premodern între confesional, etnic şi politic [Die Identität des frühneuzeitlichen Klausenburg zwischen konfessionell, ethnisch und politisch]. In: Dies.: Identităţi premoderne în Transilvania [Vormoderne Identitäten in Siebenbürgen]. Cluj-Napoca 2002, 63–131, hier 107–111.

consiliarios delegatosque ad id praecipuas personas, vigore publicae constitutionis, in generali conventu Albano sancitae, in oppido Dees et conventu ibidem celebrato facta, quae sequitur in haec verba:

Als nach der Verurteilung von Franz Davidis, in der Zeit des Bischofs Demetrius Hunyadi, die Geistlichen unitarischer Religion übereinkamen, bekannten sie folgendes: daß sie die von Gottvater gegebene Gottheit des Herrn Jesus Christus bekennen, als wahren Gott verkünden und anbeten und zu Hilfe rufen werden und daß dagegen niemand weder heimlich noch öffentlich lehren, reden darf, sondern darüber unterrichte, predige und singe, daß Jesus Christus mit göttlichem Dienst angebetet und *directe* um Hilfe angerufen werden müsse, als solcher, der die Macht hat, die Menschen zu erlösen und zu verdammen. Dieses soll zur verständlicheren Erklärung des dritten Artikels der *ecclesiastica disciplina* in die Kirchenordnung *verbotenus* eingetragen werden, dessen Eintragung nicht erschwert werden darf, weil er öffentlich sowohl von dem Bischof und seinen Geistlichen als auch von den zur rezipierten unitarischen Religion gehörenden Hauptpersonen freiwillig bekannt wurde. Was aber derart *publice* bekannt wurde und wird, ist würdig, in den Artikel der Kirchenordnung eingetragen zu werden.

Die Verwaltung der Sakramente soll gemäß der Kirchenordnung und rezipierten unitarischen Religion geschehen, die Säuglinge, Kinder sollen im Namen des Vaters, des Sohnes und des Heiligen Geistes getauft werden, beim Hl. Abendmahl soll der Kelch den Kommunikanten in die Hand gegeben werden, damit sie selbst daraus trinken, so wie in den ungarischen unitarischen Gemeinden.

Die Kirchenordnung, so wie sie jetzt an die rezipierte unitarische Religion angepaßt wurde, wird von Matthias Raw angenommen, wofür der Bischof ausreichend Sorge tragen wird, damit er in sein vorheriges Amt und vorherige Würde zurückgestellt werde und darin verbleibe.

Welche Injurien und Kränkungen es auch *ultro citroque* Matthias Raw und seinen Anhängern einerseits und dem Bischof Daniel Beke und den ihm folgenden Geistlichen, Klausenburger Richtern, Bürgern und den Hundertmännern und den anderen zur rezipierten unitarischen Religion gehörenden Ständen andererseits auch gegeben haben mochte, werden diese ganz vergessen und vergeben, und es soll unter keinerlei Vorwand von der einen oder der anderen Partei, weder öffentlich noch heimlich, irgendeine Rache geben; sollte es in den Kapiteln oder anderswo Schriften über Protestationen oder andere zukünftige Rachetaten geben, sollen sie *utrinque* für null und nichtig erklärt werden.

Dessenungeachtet werden die Judaisierer und die Verleumder der wahren Gottheit und Herrlichkeit Jesu Christi jetzt und von nun an *in perpetuum* ausgeschlossen und auch so bleiben.

Der unitarische Superintendent soll so schnell wie möglich eine Synode einberufen und das unitarische Bekenntnis und die Übereinkunft und die Kirchenordnung, so wie sie jetzt zurechtgerückt wurden, allen unitarischen Geistlichen und Lehrern mitteilen und sehr ernsthaft einprägen, damit alle Geistlichen, Lehrer und Kantoren danach predigen, unterrichten und singen, *sub poena notae infidelitatis.*

Auf der Synode sollen sie einen Katechismus zusammenstellen und schreiben, der in allem mit dem Bekenntnis der rezipierten unitarischen Konfession, dem Consens und der Kirchenordnung, so wie sie jetzt zurechtgerückt wurden, übereinstimmt; welcher Katechismus bei der nächsten Übereinkunft [des Landtags] der hochehrwürdigen Person unseres gnädigen Herren, den anwesenden Ratsherren und den Richtern vorgestellt wird und wenn er mit der zurechtgerückten rezipierten unitarischen Religion als übereinstimmend gefunden wird, soll er in allen unitarischen Gemeinden und Schulen unterrichtet werden.

Das Recht zur Bestrafung jener, die gegen die zurechtgerückte unitarische Konfession verstoßen haben, kann die höchste Obrigkeit im Land dem unitarischen Bischof und dem Konsistorium nicht überlassen, da auch früher diese Autorität dem Fürsten vorbehalten wurde, wie es aus den Gesetzesartikeln des Landes hervorgeht.

Wenn aber Anhänger der unitarischen Religion, seien sie *ecclesiastica* oder *secularis* Personen, gegen die jetzt zurechtgerückte unitarische Religion lehren, schreiben, bekennen und neue Innovationen einführen wollen, so werden sie *ad instantiam directoris* vor den Landtag zitiert und als Innovatoren und Störer des öffentlichen Friedens *comperta rei veritate, in nota perpetuae infidelitatis* verurteilt.

Wenn aber die unitarischen Geistlichen, Lehrer in der äußeren Ordnung, den Sitten, dem Benehmen nach gegen die Kirchenordnung verstoßen, sollen sie von Bischof und Konsistorium gemäß der Kirchenordnung bestraft werden.

Wenn bei *ecclesiastica* oder *secularis* Personen lästernde Bücher, Schriften und Bilder gefunden werden, die gegen die jetzt zurechtgerückte unitarische Religion verstoßen, sollen diese Bücher, Schriften und Bilder von allen Menschen gesucht und in das Weißenburger Kapitel getragen werden; danach darf niemand mehr solche Bücher, Schriften und Bilder schreiben, drucken oder von anderswoher ins Land bringen, *sub poena notae infidelitatis*.

Wenn ein Anhänger der unitarischen Religion gemäß der jetzt zurechtgerückten unitarischen Konfession ein Buch schreibt, darf er es keinesfalls drucken und verbreiten, wenn er es vorher dem Fürsten nicht gemeldet hat, *sub eadem poena notae infidelitatis*.

Da es aber Erntezeit ist, kann der unitarische Bischof nicht sofort eine Synode einberufen, so daß sich daraus die Notwendigkeit ergibt, daß die jetzt zurechtgerückte rezipierte unitarische Konfession und Übereinkunft vervielfältigt und verbreitet und von hier aus in alle Gemeinden getragen, von den unitarischen Geistlichen in ihren Gemeinden während der ersten Predigt öffentlich gemacht werden und die Gemeindeglieder zwingen, diese zu bekennen und zu befolgen.

[In der Übersetzung der Verfasserin zit. nach: EOE (wie Anm. 57), Bd. 10. Budapest 1884, 177–179]

Ulrich A. Wien

Raumbezüge reformatorischer Predigt am Beispiel des Kleinpolder Pfarrers Damasus Dürr*

> Wir behaltenn die messgewandt, die liechter, das gemäld, die feirtag, nicht deswegen, das mir die heylikeit die seelenselikeit dabey süchenn: Sondern der ehrlichenn Ordnung wegenn, das doch mög sein ein vnterscheid zwischen dem haus gottes, da mir gotts wort hörenn, da mir betenn vnd der hochwirdigen Sacrament brauchenn, vnd zwischenn vnsern heüsern, da mir schlemmen, fluchenn, schweeren, aber vnser hantierung treybenn. Jeyne aber missbrauchenn der Christlichenn freyheit darinnen [...] Wie mir wissenn das die schwermer gethan habenn, welch der Teüffell fur wenigenn iarn ynn vnserm vaterland ausgeprüdigt hat. Die fingenn erstlich die bilder an aus der kirchenn zuwerffen, sie thetenn die liechter weg, brachen die altar ab, verbotenn die lateinisch geseng, sie verderbtenn die messgewandt, die Caseln vnd machtenn deckeltücher [Bettdecken, U. W.] drauss. Da solch kirchenngepreng war, bald fingenn die widersacher an zu predigenn wider das Abendmal des hern.[1]

Damasus Dürr – Notizen zur Biographie

Der Pfarrer und Dechant von Kleinpold (rum. Apoldu de Jos, ung. Kisapold) in Siebenbürgen, Damasus Dürr, wurde um 1535 wohl in Brenndorf (rum. Bod, ung. Botfalu) geboren.[2] Erstmalig nachweisbar ist er durch den Matrikeleintrag 1553 des Kronstädter Gymnasiums (Abb. 1).[3] Nach eigenen Angaben studierte er in Wittenberg, wo er circa 1556 angekommen sein dürfte. Die Hälfte seiner Bibliotheksneuerwerbungen bezeugt Wittenberg als Druckort,[4] was seine Angaben stützt, er habe „selbs aus dem mund des ehrwirdigenn hernn Philippi Melanthonis Witebergae gehört"[5] und an der Leucorea seine Bildung geschöpft. Doch über die Theologie hinaus erstreckte sich sein akademisches Studium auch auf die Naturwissenschaften

* Paul Niedermaier zum 25.7.2007, Lore Poelchau und Gerhard Schullerus zum 25.9.2007 und Michael Markel zum 7.10.2007 zugeeignet.

1 Dürr, Damasus: Predigten 1554–1578. Hg. v. Unterwälder Kapitel. Mühlbach 1939, 13.

2 Vgl. dazu meinen Beitrag: Wien, Ulrich A.: Sozialdisziplinierung in der Predigt. In: Spiegelungen 1 (2006), 57–69. Brenndorf im Burzenland liegt in Sichtweite des „zaydesberg[es]", des Zeidener Berges, den Dürr, Predigten 1554–1578 (wie Anm. 1), 38, erwähnt. Sein „Exlibris"-Vermerk „DDB" (Damasus Dürr Brenndorfensis) sowie die Todesnotiz im Kapitelsbuch deuten auf diese Gemeinde als Geburtsort. Apoldia inferioris/Niederpold (rum. Apoldu de Jos) war bereits Anfang des 13. Jahrhunderts sicher sächsisch besiedelt, im 17. Jahrhundert ist der sächsische Bevölkerungsteil durch Kriegseinwirkungen fast völlig untergegangen. Heute ist Apoldu de Jos ein lebendiges, vorwiegend rumänisch bewohntes Dorf mit weithin sichtbarer orthodoxer Kirche und einer griechisch-katholischen Kirchenruine.

3 Kronstadt, Archiv der Honterusgemeinde, I. E. 145, fol. 41r.

4 Gündisch, Gustav: Die Bibliothek des Damasus Dürr. In: Ders.: Aus Geschichte und Kultur der Siebenbürger Sachsen. Ausgewählte Aufsätze und Berichte. Köln-Wien 1987 (Schriften zur Landeskunde Siebenbürgens 14), 340–350, hier 344.

5 Dürr, Predigten 1554–1578 (wie Anm. 1), 15.

sowie die Medizin. In dieser Disziplin lehrte Vitus Winshemius, dessen Vorlesung er im Jahr 1559 besucht hat.[6]

Die Ordination zum Dienst „gen Newenstadt in transilvania“[7] wird am 3. September 1559 vollzogen. Doch tritt er dort nicht an, sondern beginnt 1560 seinen geistlichen Beruf als Stadtprediger (Diaconus) in Hermannstadt (rum. Sibiu, ung. Nagyszeben) – an der Seite des dortigen Stadtpfarrers und Superintendenten Matthias Hebler (1556–1571).[8] Schließlich wird er zum Dorfpfarrer in Kleinpold, einer Gemeinde des Kirchenbezirks/Kapitels Unterwald gewählt und am 19. Januar 1568 dorthin berufen.[9] Warum den gebildeten und sprachmächtigen Pfarrer keine größere und anspruchsvollere Gemeinde mit bedeutenderer Pfründe berief, muß offen bleiben. Vielleicht hatte er nicht die nötigen familiären Beziehungen zum städtischen Patriziat, das häufig auf die Pfarrwahlen Einfluß nahm. Dürr hat sich, zweimal verwitwet, dreimal verheiratet. Die Tochter Anna verstarb 1569, die Gattin Elisabeth 1570. Auch die zweite Gemahlin Sophia starb früh – während der Pestepidemie 1573. Bereits 1574 heiratete Dürr erneut, die „Margaris, Filia Pauli Klein, honesti civis Cibiniensis“.[10] Zweimal in Folge wird Dürr in das Amt des Dechanten des Unterwälder Kapitels gewählt und erweist sich in den Konfliktregelungen als tüchtiger und energischer Sachwalter der Kapitelsinteressen. Mitten im Amt stehend verstirbt er in Kleinpold 1585.[11]

Beginn der reformatorischen Bewegung in Siebenbürgen

Unmittelbar im Zusammenhang mit den Anfängen der reformatorischen Bewegung und wohl beeindruckt von der Leipziger Disputation haben bereits 1519 Hermannstädter Kaufleute „Luthersche Schriften von der Leipziger Messe“[12] nach Siebenbürgen eingeführt. „Ihre Botschaft ergriff namentlich das Hermannstädter Bürgertum, doch diese erste Stoßkraft schwelte in Ermangelung beharrlicher Träger wieder ab.“[13] Erst mit der humanistisch geprägten Stadtreformation Kronstadts (rum. Braşov, ung. Brassó) mehr als zwei Jahrzehnte später begann der Umschwung: Binnen weniger Jahre setzte sich die lutherische Reformation – angeführt von den siebenbürgisch-sächsi-

---

[6] Dürr, Damasus: Predigten [Manuskript], 311. – Gegenwärtig befindet sich der ledergebundene, großformatige Band im Zentralarchiv der Evangelischen Landeskirche in Rumänien unter der Signatur: Hermannstadt, Zentralarchiv der Ev. Kirche A. B. in Rumänien [im folgenden: ZAEKR], 209–DA 175.

[7] Duldner, Johann: Sächsische Geistliche unter den Wittenberger Ordinierten. In: Korrespondenzblatt des Vereins für siebenbürgische Landeskunde 28 (1905), 7–11.

[8] Jekeli, Hermann: Die Bischöfe der evangelischen Kirche A. B. in Siebenbürgen I; die Bischöfe der Jahre 1553–1867. Köln-Wien 1978 (Schriften zur Landeskunde Siebenbürgens 2), 11–22.

[9] Teutsch, Friedrich: Zur Lebensgeschichte des Dam. Dürr. In: Korrespondenzblatt für Siebenbürgische Landeskunde 41 (1918), 33–35, hier 34.

[10] Amlacher, Albert: Damasus Dürr. Ein evangelischer Pfarrer und Dechant des Unterwälder Kapitels aus dem Jahrhundert der Reformation. Aus seinen Predigten und handschriftlichen Aufzeichnungen geschildert. Hermannstadt 1883, 8–14. Zitat aus Dürr, Predigten [Manuskript] (wie Anm. 6), 647.

[11] Ebd., 8. Vgl. auch Dogaru, Dana J.: Rezipientenbezug und -wirksamkeit in der Syntax der Predigten des siebenbürgisch-sächsischen Pfarrers Damasus Dürr (ca. 1535–1585). Hildesheim-Zürich-NewYork 2006 (Documenta Linguistica 7), 24–26.

[12] Roth, Erich: Die Geschichte des Gottesdienstes der Siebenbürger Sachsen. Göttingen 1954 (Forschungen zur Kirchen- und Dogmengeschichte 3), 69.

[13] Ebd.

schen Städten – auf dem Gebiet der *universitas saxonum*, der Sächsischen Nationsuniversität, 1550 politisch durch.

Erste Abwehrreaktionen durch König und Landtage sind aus den frühen 1520er Jahren bekannt. „Die früheste Nachricht von einer Veränderung im gottesdienstlichen Leben Siebenbürgens datiert aus dem Jahre 1526.“[14] Das Hermannstädter Kapitel führte bewegt Klage über den öffentlich geäußerten Antiklerikalismus und die Verspottung des Klerus durch das Volk. Angesichts der Fronleichnamsprozession, die angeführt vom Stadtpfarrer und den vierundzwanzig Geistlichen, gefolgt von Zunftmeister und Bruderschaften sich mit Fahnen und brennenden Kerzen über den Huetplatz und den Kleinen Ring in Hermannstadt bewegte, mußten die Teilnehmer sich ironische Bemerkungen anhören: „Unsere Priester glauben, daß Gott an Blindheit leide; deswegen entzünden sie die ganze Beleuchtung.“[15] Gipfelpunkt der Klageschrift war aber der Bericht darüber, daß unter dem Dach des Hermannstädter Ratsherrn Johann Hecht ein junger Geistlicher (scholasticus) eine Schule eingerichtet habe und hier mit der gesamten Hausgemeinschaft reformatorische Andachten gefeiert hätte, in denen über die deutschen Gesänge hinaus die Verdeutschung des Gottesdienstes durchgeführt worden sei.[16] Doch diese radikalen Anfänge fanden in der zögerlich sich durchsetzenden und aufs Ganze gesehen konservativen sächsischen Stadtreformation zwei Jahrzehnte später kaum Nachhall.

Schon vorreformatorisch ergaben sich in den Städten und auch in den ihrem Patronat unterstellten Ortschaften häufig Rechtsstreitigkeiten[17] zwischen den Magistraten einerseits und den Kapiteln oder den Klöstern andererseits. Neben die Absicht, den Reichtum der Kirche zu beschneiden, traten Ansätze eines landesherrlichen Kirchenregiments. In aller Regel suchte die Stadtobrigkeit – allerdings gestützt auf einen restriktiven Beschluß der Nationsuniversität vom 25. November 1525 – die letztwilligen Verfügungen vor allem zugunsten der Klöster zu verhindern.[18]

Nachweislich sanken die Schenkungen an das der Maria geweihte Franziskanerkloster in Bistritz (rum. Bistrița, ung. Beszterce) im Zeitraum von 1532 bis 1540 auf ein Achtel der Ausgangssumme.[19] Aus Hermannstadt flüchtete sich der Dominikaner-Konvent nach Schäßburg (rum. Sighişoara, ung. Segesvár). Aber auch dort, so klagte der Schäßburger Dominikanerprior Petrus, nähmen Luthers Irrtümer überhand.[20]

Etwa Ende Februar oder Anfang März 1538 fand dann in Schäßburg auf Veranlassung des Königs Johann I. Szapolyai ein erstes Religionsgespräch statt. Wie wenig sich die reform-orientierten Humanisten bislang in Siebenbürgen profiliert exponiert hatten, geht – trotz aller Polemik – aus dem einzigen Bericht über das Ereignis hervor: Denn die Bemerkung, „Aber weil unter den übrigen der Meister

[14] Ebd.

[15] Ebd.: „Sacerdotes nostri credunt Deum factum esse coecum, ex quo tot luminaria incendunt.“ Vgl. Schullerus, Adolf: Klageschrift des Hermannstädter Kapitels vom Jahre 1526. In: Kirchliche Blätter 10 (1918), 63–65.

[16] Roth (wie Anm. 12), 69: „Nituntur Missam facere germanicam“.

[17] Wittstock, Heinrich: Beiträge zur Reformations-Geschichte des Nösnergaues. Wien 1858, 13.

[18] Teutsch, Friedrich: Geschichte der evangelischen Kirche in Siebenbürgen. Bd. 1: 1150–1699. Hermannstadt 1921, 205.

[19] Wittstock (wie Anm. 17), 13.

[20] Teutsch (wie Anm. 18), 206. Vgl. dazu Fabritius, Karl: Zwei Funde in der ehemaligen Dominikanerkirche zu Schäßburg. In: Siebenbürgisches Archiv N. F. 5, 1–40, hier 28.

Stefan Szantai es offenbar zu predigen begonnen hatte",[21] signalisiert eindeutig den Mangel an lokalreformatorischen Persönlichkeiten. Der aus Kaschau (slwk. Košice, ung. Kassa) herbeizitierte Szantai, dem der promovierte Arzt Johann Rezeccei zur Seite stand, disputierte mit einer Gruppe altgläubiger Theologen um Georg Martinuzzi aus Großwardein (rum. Oradea, ung. Nagyvárad). Die beiden vom König bestellten Schiedsrichter, sein humanistischer Berater Anton Verantius und der damalige Weißenburger Rektor der Kathedralschule Márton Sánta Kálmáncsehi ließen mehrere Tage diskutieren, gaben aber den Forderungen der Partei um den Weißenburger Bischof Johann Statilius nicht nach, Szantai zum Tode zu verurteilen. Denn – so deren Vorwürfe – letzterer kritisiere die heilige Messe und befürworte den Laienkelch beim Abendmahl. Davon unbeeindruckt hätten nicht nur die Schiedsrichter der Bischofsmeinung keinerlei Gehör geschenkt, sondern ebenso auch König Johann nicht – unter Hinweis auf die göttliche Liturgie des orthodoxen Ritus und die Spendung der Eucharistie in beiderlei Gestalt, so der Bericht. Im Gegenteil, der König habe sogar Szantai zur nächtlichen Flucht verholfen.[22]

Anmerkungen zur zeitgenössischen, vorreformatorischen Predigt in Siebenbürgen

Auch wenn die reformatorische Bewegung in Siebenbürgen noch nicht an die Öffentlichkeit drang, muß sie doch in breiten Kreisen vornehmlich des Stadtbürgertums bereits Wirkung gezeigt haben. Dies läßt sich besonders gut an einem zeitgenössischen Werk erkennen, das als Mediascher Predigtbuch bezeichnet worden ist.[23] Seine Herkunft ist unbestimmt, aber nach dem plausiblen Vorschlag Karl Reinerths wohl in das Franziskanerkloster Weißkirch bei Schäßburg zu verweisen.[24] Neben einer ganzen Reihe von handschriftlich erhaltenen Predigtbänden aus dem 15. und beginnenden 16. Jahrhundert[25] hat der genannte Band wegen der in ihm geführten kontroverstheologischen Auseinandersetzung in den späten 1530er Jahren großes Interesse geweckt.

Die um 1537 entstandene Sammlung enthält in zwei ungleichen Hälften Perikopen, Predigtentwürfe und Predigten. Die „sonn- und festtäglichen evangelischen, vereinzelt auch epistolischen Perikopen in deutscher oder gemischt-deutscher und

---

[21] Ein 1570 gedruckter, antitrinitarisch gefärbter Bericht in einem Duodezband im ungarischen Nationalmuseum. Diese Schrift hat in deutscher Übersetzung vorgestellt: FABRITIUS, Karl: Das Religionsgespräch zu Schäßburg im Jahre 1538 und des Weißenburger Propstes, nachherigen Graner Erzbischofs Anton Verantius Briefe an Siebenbürger Sachsen. In: Archiv des Vereins für siebenbürgische Landeskunde N.F. 10 (1872), 233–263, hier 244–250, Zitat 245.

[22] Ebd., 14–17.

[23] SCHULLERUS, Adolf: Luthers Sprache in Siebenbürgen. Forschungen zur siebenbürgischen Geistes- und Sprachgeschichte im Zeitalter der Reformation. Hermannstadt 1923, 97, Fußnote 2.

[24] REINERTH, Karl: Beiträge zur Geschichte des siebenbürgisch-sächsischen Gottesdienstes und Glaubenslebens. Bemerkungen und Ergänzungen zu Adolf Schullerus: Luthers Sprache in Siebenbürgen. In: Korrespondenzblatt für Siebenbürgische Landeskunde 53 (1930), 211–250, hier 224.

[25] SCHULLERUS, Luthers Sprache in Siebenbürgen (wie Anm. 23), 145, Fußnote 4 und 146, Fußnote 1 sowie der dortige Verweis auf die Predigtsammlungen im Inkunabelbestand des Brukenthal-Museums, dargestellt von MÜLLER, Friedrich: Die Incunabeln der Hermannstädter „Capellenbibliothek" I und II. In: Siebenbürgisches Archiv 14 (1878), 293–358 und 489–543.

lateinischer Sprache“ werden ergänzt durch die lateinischsprachigen Predigtentwürfe und Predigten.[26] Die größere Hälfte (fol. 1–127) orientiert sich am sonntäglichen Kirchenjahr, die zweite Hälfte an Heiligenfesttagen und kirchlichen Feiern.[27] Schullerus bezeichnet die Sammlung als „collectura“, um damit zum Ausdruck zu bringen, daß „die Eintragungen örtlich und zeitlich verschiedener Herkunft sind“.[28] Unabhängig davon ergibt sich auch für die damaligen Benutzer dieser geschlossenen Sammlung „ein anschauliches Bild der Predigtweise und Predigtvorbereitung“[29] an der Scharnierstelle der reformatorischen „Inkubation“ in Siebenbürgen. Thematische Schwerpunkte sind: Marienfrömmigkeit, Christologie und Kirche. Mit deutlichem Mißvergnügen wird die durch die Reformation angestoßene Ablehnung der Marienverehrung aufgenommen. Scharfe Angriffe gegen die Reformatoren, vor allem gegen Luther, fallen auf, insbesondere gegen Luthers Positionen bei der Leipziger Disputation (Transsubstantiation, Stellung des Papsttums, Purgatorium und Heiligenverehrung werden vehement verteidigt). Reinerths zutreffende Korrektur der Einsichten von Schullerus läßt sich kurz zusammenfassen: „Der Verfasser des ‚Mediascher Predigtbuches‘ steht durchaus und in jeder Beziehung auf dem Boden der katholischen Kirche.“[30] Darunter ist auch die altgläubige Auffassung des Verdienstbegriffs zu subsumieren.[31] Reinerth kann nämlich umfangreicher und präziser als Schullerus die ganze Passagen umfassenden wörtlichen Zitate mindestens zweier Vorlagen angeben. Als Hauptquellen hatte der Kompilator des Mediascher Predigtbuches einerseits eine 1525 in Köln gedruckte Predigtsammlung[32] sowie andererseits die Predigten des Ingolstädter Luthergegners Johann Eck (1486–1543) benutzt. Das Mediascher Predigtbuch steht in klarer „Abhängigkeit“ von den Predigten Ecks. Reinerth konstatiert zuweilen eine „weitgehende Übereinstimmung“ auch mit dessen drittem Predigtband. Gerade die antilutherische Polemik ist „meist nahezu wörtlich Eckschen Predigten entlehnt“.[33]

Schon im 15. Jahrhundert war in Ungarn und Siebenbürgen in einer Reihe von Synodalbeschlüssen[34] die Anordnung der Predigt festgehalten und bekräftigt worden, vor allem aber wurde die Verpflichtung zur Verlesung und Erklärung der Evangelien und Episteln in der Muttersprache eingeschärft. Die wiederholten Beschlüsse weisen sowohl auf noch vorhandene Defizite als auch auf den kirchenleitenden Nachdruck in dieser Angelegenheit hin. Konkret läßt sich eben auch im Mediascher Predigtbuch die Realisierung dieser Forderungen erkennen. „Ein Nachklang davon ist die Forderung der allerdings geschichtlich noch nicht genau erfaßten sächsischen Synode

---

26 Schullerus, Luthers Sprache in Siebenbürgen (wie Anm. 23), 5. – Die deutsch geschriebenen Teile sind veröffentlicht von Müller, Friedrich: Deutsche Sprachdenkmäler aus Siebenbürgen. Hermannstadt 1864.

27 Schullerus, Luthers Sprache in Siebenbürgen (wie Anm. 23), 6.

28 Ebd., 97.

29 Ebd.; Reinerth (wie Anm. 24), 222, nimmt als Gattungsbestimmung die „Mitte zwischen Lektionar und Postille“ vor.

30 Reinerth (wie Anm. 24), 220.

31 Ebd., 222.

32 „Homiliae seu mavis sermones [...]“, zit. nach ebd., 217.

33 Alle Zitate bei ebd., 219.

34 Gran (ung. Esztergom) in den Jahren 1450, 1484 und 1493, Neutra (slwk. Nitra, ung. Nyitra) im Jahre 1494 sowie Veszprém im Jahr 1555; Angaben nach Schullerus, Luthers Sprache in Siebenbürgen (wie Anm. 23), 144.

von 1552: ‚Die Kandidaten des Predigtamtes haben im Ordinationsexamen, u. a. in ihrer eigenen Mundart, zu erläutern, was sie lateinisch gesagt haben, damit erkannt werden könne, ob sie es selbst richtig verstanden haben und ob sie das, was sie vorlesen, dem Volke klar zu machen imstande‘[35] sind.“[36]

Über die im Mediascher Predigtbuch vorliegende Polemik ging die Zeit allerdings rasch hinweg. Die neue religiöse Bewegung hatte – wie bereits erwähnt – das städtische Bürgertum ergriffen, und in Bistritz stellten nicht nur die klosterfeindlichen Maßnahmen einen Reflex auf die Reformgedanken dar, sondern auch der bürgerliche Drang, eine besonders konsequente Purifikation von Sitte und Bräuchen zu dekretieren, signalisiert einen generellen Umschwung der Denkungsart. Übertriebener Luxus bei Hochzeiten und Taufen wurde ebenso wie angeblich in den Spinnstuben eingerissene Sittenlosigkeit von den Ratsherren verurteilt, was auf einen religiös motivierten, aktuell intensivierten moralischen Eifer hindeutet. Der für die Reformation aufgeschlossene, in Krakau humanistisch gebildete Stadtschreiber Christian Baumgartner/Pomarius (ca. 1500–1565),[37] nachmaliger Lechnitzer Pfarrer und Dechant des vereinigten Bistritzer Kapitels, hat wohl in seiner Amtszeit als Stadtschreiber 1531–1541 maßgeblichen Einfluß auf die Vertiefung reformatorisch geprägten Gedankenguts in Rat und Stadt Bistritz genommen. Der als Stadtpfarrer 1541 berufene Michael Fleischer erreichte in kurzer Frist die offene Hinwendung zur Reformation. Hatte Bistritz sich im November 1542 nur durch eine Lösegeldsumme von 4 000 Gulden vor der Vernichtung durch die belagernden Truppen des Moldauer Fürsten Petru Rareş freikaufen können – die Summe war durch die „Flüssigmachung“ kirchlicher Gerätschaften aus Edelmetall zumindest teilweise aufgebracht worden[38] –, so ist der darauf bezogene Brief des jetzt in Klausenburg (rum. Cluj, ung. Kolozsvár) wohnhaften Christian Pomarius eine eindeutige Stellungnahme zugunsten der Reformation. Am 16. Januar 1543 schrieb er an den Rat und in gleichem Sinne an verschiedene Geistliche separat, die Verantwortlichen sollten auf keinen Fall den Ersatz der zerstörten „Götzenbilder“ erlauben. Dieser Rat des früheren Stadtschreibers dürfte „befolgt, somit eine kirchliche Neuordnung auch im Nösnerland in die Wege geleitet worden sein“.[39] Binnen fünf Jahren ging das gesamte, personell stabile Bistritzer Kapitel bis 1546 ins Lager der Reformation über.[40] Das Kapitel ließ am 5. Februar 1547 freimütig erklären, daß die Nösner Geistlichkeit einige

> Ceremonien und kirchliche Gebräuche zum Lob und Ruhm des allerhöchsten Gottes und seines Sohnes Jesu Christi, nach Art und Gepflogenheit der ursprünglichen Kirche

---

[35] Teutsch, Georg Daniel: Urkundenbuch der Evangelischen Landeskirche A. B. in Siebenbürgen. Zweiter Theil: Die Synodalverhandlungen der Evangelischen Landeskirche A. B. in Siebenbürgen im Reformationsjahrhundert. Hermannstadt 1883, 3.

[36] Schullerus, Luthers Sprache in Siebenbürgen (wie Anm. 23), 151.

[37] Gündisch, Konrad: Christian Pomarius und die Reformation im Nösnerland. In: Luther und Siebenbürgen. Ausstrahlungen von Reformation und Humanismus nach Südosteuropa. Hg. v. Georg und Renate Weber. Köln-Wien 1985 (Siebenbürgisches Archiv 19), 114–134.

[38] Ebd., 121; mehrere vergoldete Silberkelche im Gewicht von 27 Mark und 31 Unzen sowie ein Kruzifix mit einem Gewicht von 4 ½ Mark. Außerdem zerstörte ein Brand das sogenannte Obere Kloster.

[39] Ebd.

[40] Wittstock (wie Anm. 17), 31. Einzig der 1546 nach Treppen (rum. Tărpiu, ung. Szásztörpény) berufene Pfarrer Petrus Colosvari war neu im Kapitel.

aus Gottes Wort wieder hergestellt und verbessert hätte [...] damit ihrem priesterlichen Amte Genüge geleistet werde und sie einst mit der ihnen anvertrauten Herde ohne Zagen vor Christi Richterstuhl erscheinen könnte.[41]

Reformatorische Bewegung in Siebenbürgen – eine Bewegung unterschiedlicher Geschwindigkeiten

Mit der Änderung der „Ceremonien" im nordsiebenbürgischen Bistritzer Kapitel war an den institutionalisierten Beginn der Reformation 1542 im siebenbürgischen Kronstadt angeknüpft worden. Darüber notierte der Organist und Chronist Hieronymus Ostermayer: „Hat man im Monat Octobris angefangen evangelische Mess zu halten in Croner Kirche und die papistische weggeschafft, Gott und seinem heiligen Namen zu Ehren."[42] Verbunden damit war 1543 als nachträgliche Rechtfertigungsschrift der Druck der Burzenländer Kirchenordnung des Johannes Honterus, des Reformationsbüchleins,[43] die Einführung einer neuen Gottesdienstordnung, außerdem einer Schulordnung[44] sowie die Durchführung von Visitationen im gesamten Burzenland und schließlich zu Jahresbeginn 1544 ein obrigkeitlich gelenkter „Bildersturm". Der seit 1542 verheiratete Stadtpfarrer Jeremias Jekel – ehemaliger Zaungast des Schäßburger Religionsgespräches – resignierte zusammen mit drei Stadtpredigern, und nach übermäßig langer Vakanz wurde der Kronstädter humanistische Universalgelehrte, Drucker, Verleger, Pädagoge, Ratsherr und Theologe Johannes Honterus zum Stadtpfarrer erhoben.[45]

Kronstadts Geistliche und Senatoren nutzten den Rom-konformen Sprachgebrauch des Begriffs „reformatio", um sowohl das eigenmächtige Verfahren zu bemänteln als auch zugleich die Fiktion christlicher Einheit und kirchlicher Integration aufrechtzuerhalten.[46] Nach der zutreffenden Beurteilung Erich Roths läßt sich aber

41 Ebd., 30f.

42 Quellen zur Geschichte der Stadt Brassó 4: Chroniken und Tagebücher. Bd. 1 (1143–1867). Brassó [Kronstadt] 1903, 504.

43 Reformatio ecclesiae Coronensis ac totius Barcensis provinciae, gedruckt in Kronstadt 1543. In: Régi magyarországi nyomtatványok [Alte Drucke in Ungarn] 1473–1655. Bd. 1–3. Hg. v. Gedeon Borsa u. a. Budapest 1971–2000, hier Bd. 1, Nr. 52, 114f. Das Werk wurde noch 1543 in Wittenberg bei Klug mit Melanchthons Vorrede (Melanchthon Briefwechsel Nr. 3 310; Corpus Reformatorum 5, 172–174, Nr. 2 752) nachgedruckt: [Verzeichnis der im deutschen Sprachbereich erschienenen Drukke des XVI. Jahrhunderts] VD 16. H 4 776. Edition: Netoliczka, Oskar: Johannes Honterus' ausgewählte Schriften. Wien 1896, 11–28; Übersetzung bei Binder, Ludwig: Johannes Honterus. Schriften, Briefe, Zeugnisse. Bukarest 1996, 169–186.

44 Constitutio scholae Coronensis. In: Régi magyarországi nyomtatvávogok (wie Anm. 43), Anhang Nr. 10, 727–728; abgedruckt bei Netoliczka (wie Anm. 43), 47–54; übersetzt bei Binder (wie Anm. 43), 161–169. Vgl. dazu auch König, Walter: Schola seminarium rei publicae. Aufsätze zu Geschichte und Gegenwart des Schulwesens in Siebenbürgen und Rumänien. Köln-Weimar-Wien 2005 (Siebenbürgisches Archiv 38), 30–33.

45 Wien, Ulrich A.: „Sis bonus atque humilis, sic te virtusque Deusque/Tollet in excelsum, constituetque locum." Humanistische Reformation in Kronstadt/Siebenbürgen. In: Deutschland und Ungarn in ihren Bildungs- und Wissenschaftsbeziehungen während der Renaissance. Hg. v. Wilhelm Kühlmann und Anton Schindling. Stuttgart 2004 (Contubernium 62), 135–150.

46 Csepregi, Zoltán: Die Auffassung der Reformation bei Honterus und seinen Zeitgenossen. In: Humanismus in Ungarn und Siebenbürgen. Politik, Religion und Kunst im 16. Jahrhundert. Hg. v. Ulrich A. Wien und Krista Zach. Köln-Weimar-Wien 2004 (Siebenbürgisches Archiv 37), 1–17, hier 13.

gerade für die Gottesdienstordnung die Kontinuitätsorientierung des Johannes Honterus ablesen. Die vorreformatorisch üblichen zwei Werktagsgottesdienste (Messe und Vesper) auf den Dörfern des Burzenlandes wurden trotz des Mangels an gebildeten Hilfsgeistlichen „nach altem Brauch [...] täglich gehalten".[47] Diese Regelung wurde auch 1547 in die „Kirchenordnung" der Deutschen in Siebenbürgen übernommen.

Honterus konnte in der Apologie behaupten, die Änderungen seien so unauffällig, daß niemand die Veränderungen akustisch bemerke, es sei denn, er habe das Reformationsbüchlein gelesen.[48] Außer den Jugendunterweisungen an Sonn- und Werktagen hat Honterus nach Auffassung Roths „kaum Neues" eingeführt und verfuhr „mit den gottesdienstlichen Einrichtungen in überaus konservativer Weise".[49] Erich Roth hat hervorgehoben, daß im Gottesdienst auf den Dörfern – laut Kirchenordnung 1547 – die Predigt nach dem Credo im Hochamt ihre Stellung hat, wohingegen in den Städten feiertags ein zweites Offizium als Predigtgottesdienst noch vor dem dritten Gottesdienst (dem Hochamt) eingeführt wurde.[50]

Die insgesamt konservativer eingestellten Gemeinden in Hermannstadt und Umgebung, die sogenannte Altländer Gruppe, behielten z. B. in der Quadragesima tagesspezifische Perikopenlesungen bei,[51] ebenso die Komplet als Eigentümlichkeit in der Fastenzeit bis ins 18. Jahrhundert,[52] und die Predigt bildete an den kommunionslosen Tagen den Höhepunkt des Hochamtes.[53] Selbst 1764 – ohne die Sondereinrichtungen – fanden allein in der Hermannstädter Stadtpfarrkirche noch eintausend Gottesdienste statt. Die lateinischen Hymnen sang jetzt die gesamte Gemeinde, wie Schmeizel bezeugt.[54] Und die Meßgewänder waren dort bis zur Mitte des 19. Jahrhunderts in Gebrauch,[55] während sie in Schäßburg und Kronstadt[56] schon etwas früher eingemottet worden sind.

Getauft wurde im Gemeindegottesdienst, werktags in der Frühkirche, feiertags in der Vesper. Der Exorzismus hat sich sehr lange gehalten, erst nach der Mitte des 19. Jahrhunderts wurde er aus dem Raum vor der Kirchentüre (denn „unter dem Turm" vollzog sich der erste Teil der Taufe) ins Wohnhaus – unter Leitung von kundigen Männern und Frauen – transferiert. In Draas (rum. Drăuşeni, ung. Homoróddaróc) wurden – als Relikt vorreformatorischer Riten – bei der Taufe noch Salz (exorcisatio salis) und Speichel (Hephata) angewendet. Als siebenbürgisches Alleinstellungsmerkmal

---

47 Nach der Übersetzung von Julius Groß im Beiheft zu Bd. 8 der „Quellen Kronstadts", zit. nach Roth (wie Anm. 12), 81.
48 Netoliczka (wie Anm. 43), 41.
49 Roth (wie Anm. 12), 86.
50 Ebd., 97.
51 Ebd., 98.
52 Ebd., 103.
53 Ebd., 99.
54 Ebd., 214.
55 Ebd., 211.
56 Wetter, Evelin: Das vorreformatorische Erbe in der Ausstattung siebenbürgisch-sächsischer Pfarrkirchen A. B. Altarbildwerke – Vasa sacra/Abendmahlsgerät – Paramente. In: Humanismus in Ungarn und Siebenbürgen (wie Anm. 46), 45–53; Dies.: Der Kronstädter Paramentenschatz. Altkirchliche Messgewänder in nachreformatorischer Nutzung (mit einer Bestandserfassung in Zusammenarbeit mit Jana Knejfl-Fajt). In: Acta Historiae Artium 45 (2004), 257–315.

kann wohl die Einführung des 1565 auf der Synode beschlossenen Treuegelöbnisses als regelrechter Schwur im Anschluß an das Jawort in der Trauung gelten.[57]

Während die Pfarreien des Mediascher Kapitels erst um die Mitte der 1550er Jahre nach und nach zur Reformation geführt werden konnten und eine erste Visitation erst 1557 im Bezirk durchgeführt wurde,[58] waren die Gemeinden und Geistlichen des gesamten Bistritzer Kapitels bis 1546 schon zur Reformation übergegangen. Diese rasche Umsetzung reformatorischer Maßnahmen setzte sich auch in den kommenden beiden Jahrzehnten fort. Eventuell haben dazu auch äußere Anstöße aus den zunehmend von Heinrich Bullinger beeinflußten ungarischen Gemeinden beigetragen. Genau dieser „Kryptocalvinismus"-Verdacht führte zu massiver Kritik am Bistritzer Kapitel, weshalb die bereits eingeleitete Purifizierung 1563 von Fürst Johann II. streng untersagt wurde. Waren bereits sämtliche Bilder entfernt, gab es sogar Bestrebungen, sowohl Kerzen als auch Meßgewänder (Kaseln und Röcke) abzuschaffen. Die sächsische Synode, die am 25. November 1565 tagte, gestattete denjenigen, die bereits auf die Meßgewänder verzichtet hatten, ihr Verhalten, alle übrigen sollten aber weiterhin die Gebräuche bewahren. Der linnene Chorrock, die bildliche Darstellung biblischer Geschichten sowie die Orgeln wurden beibehalten.[59] Ganz im Gegensatz dazu hatte Franz Davidis (Hertel) bereits 1564 in Klausenburg Altäre, Taufbecken und Orgeln weggeräumt und die Vasa sacra in kommunale Verwahrung überführt.[60]

Die Amtsführung des lutherischen Superintendenten Matthias Hebler (1556–1571) ist gekennzeichnet vom „Kampf gegen die revolutionären Strömungen in der Kirche, die Säkularisation des Kirchenregiments und die Rationalisierung des Kirchendogmas".[61] Dabei war er ein typischer „Vertreter der sächsischen Geistlichkeit, die ohne revolutionären Bruch mit der Vergangenheit den neuen Glaubensinhalt mit möglichster Bewahrung der überkommenen Formen des Kirchentums zu vereinigen sich für gebunden fühlte".[62]

1557 verfaßte er die Glaubensschrift „Consensus doctrinae de sacramentis Christi pastorum et ministrorum ecclesiarum in inferiori Pannonia et nationis utriusque in tota Transsylvania", in der sich die Generalsynode in Klausenburg auf die Wittenbergische Abendmahlslehre festlegte. Die weitere Zusammenarbeit der organisatorisch in eine ungarische und eine deutsche Superintendenz ausdifferenzierten Kirchen zerbrach aber schon 1559. Franz Davidis orientierte sich zwischenzeitlich mit dem Großteil seiner Gemeinden an der zeitgenössischen Schweizer Reformationsbewegung.[63]

---

57 Roth (wie Anm. 12), 225f.

58 Fabritius, Karl: Zur Reformationsgeschichte des Mediascher Kapitels. In: Archiv des Vereins für Siebenbürgische Landeskunde N. F. 11 (1873), 442–453, hier 445.

59 Wittstock (wie Anm. 17), 44f. Matthias Hebler ließ sogar einen fürstlichen Befehl erwirken, um die Einheitlichkeit in der alten priesterlichen Amtstracht wiederherzustellen; vgl. dazu Teutsch (wie Anm. 35), 78. Die Restitution der vereinzelt bei turbulenten Bilderstürmen entfernten Altäre wurde auf derselben Synode behandelt, ebd., 105: „Altaria nullo modo diruantur, sed si ubi in nostris ecclesiis per homines turbulentos diruta sunt, dent operam pii pastores, ut sine tumultibus restituantur."

60 Schullerus, Luthers Sprache in Siebenbürgen (wie Anm. 23), 256.

61 Ebd., 227f.

62 Ebd., 227.

63 Wien, Ulrich A.: Grenzgänger: Die siebenbürgischen Theologen Kaspar Helth und Franz Dávid unterwegs von Luther zu Calvin und Sozzini. In: Reformierte Retrospektiven. Hg. v. Harm Klueting und Jan Rohls. Wuppertal 2001, 115–127.

Daraufhin integrierte die sächsische Kirche die ungarische Minderheit der Davidis-Gegner, und Hebler faßte 1561 diese Theologie in einer Brevis confessio zusammen, die von den Universitäten Wittenberg, Leipzig, Rostock und Frankfurt/Oder positiv begutachtet wurde.[64] Die theologische Entwicklung führte zur weiteren Diversifizierung der reformatorischen Bewegung; insbesondere das Zentrum Klausenburg[65] sah die Transformation der geistlichen Multiplikatoren über den Antitrinitarismus bis hin zum Sabbatianismus.

Politisch wurde diese Entwicklung von Fürst Johann II. gestützt, so daß auf dem Landtag 1571 Altgläubige, Lutheraner, Calvinisten und auch Antitrinitarier Religionsfreiheit erhielten.[66] Diese Koordinaten prägten die Predigtsituation auch der Unterwälder Gemeinde Kleinpold und ihres Pfarrers Damasus Dürr, der dort 1568 eingeführt worden war.

Der „Raum der Kirche" bei Damasus Dürr

Theologische Vorbemerkungen

Der architektonische Kirchenraum ist in der Reformationszeit einerseits durch Konzentration auf das Gebet und den Vollzug der Sakramente sowie der Predigt als des Hörens auf Gottes Wort in der gottesdienstliche Feier „ent-alltäglicht", anderseits aber außerhalb dieser Vollzüge entsakralisiert worden.[67] Diese Konzeption wird schon in dem oben vorangestellten Zitat aus Dürrs Predigt deutlich und vom Prediger vertreten.

Darüber hinaus muß aber der Raum der Kirche, und das wird bei Damasus Dürr ebenso wie bei den zentraleuropäischen Theologen des Konfessionellen Zeitalters gesehen, auch als Mittelpunkt der in konzentrischen Kreisen auf die Verkündigung bezogenen und darin verwobenen Gesellschaftsvorstellungen – also im Blick auf Ethik und Sozialdisziplinierung – Beachtung finden.

Im 20. Jahrhundert hat Dietrich Bonhoeffer auf diese Dimension aufmerksam gemacht:

> Die Kirche ist wesentlich Versammlung um Wort und Sakrament, sie ist darüber hinaus die ganze Fülle der Gaben, Ämter und Kräfte, die in der Gemeinde wirksam werden. Sie bedeutet schließlich das Leben der Gemeinde nach den Geboten Gottes. Die Kirche

---

[64] FATA, Márta: Ungarn, das Reich der Stephanskrone im Zeitalter der Reformation und Konfessionalisierung. Multiethnizität, Land und Konfession 1500 bis 1700. Münster 2000 (Katholisches Leben und Kirchenreform im Zeitalter der Glaubensspaltung 60), 104f.

[65] SZEGEDI, Edit: Die Reformation in Klausenburg. In. Konfessionsbildung und Konfessionskultur in Siebenbürgen in der frühen Neuzeit. Hg. v. Volker LEPPIN und Ulrich A. WIEN. Stuttgart 2005 (Quellen zur Geschichte des östlichen Europa 66), 77–88.

[66] WIEN, Ulrich A.: „Rex sum populorum, non conscientiarum" – Religionsfreiheit in der Pionierregion Siebenbürgen. Grundlagen und Grenzen religiöser Toleranz im 16. Jahrhundert. In: Wahrheit suchen – Wirklichkeit wahrnehmen. Hg. v. Elisabeth REIL und Rolf SCHIEDER. Landau 2000, 273–280.

[67] Siehe dazu den Aufsatz von Volker LEPPIN in vorliegendem Band.

> ist also Raum der Verkündigung, Raum der Ordnung, Raum des christlichen Lebens. Dies alles ist sie als Leib Christi.[68]

Neutestamentliche Metaphern wie „Tempel Gottes“ oder „Leib Christi“ für die christliche Gemeinde signalisieren, daß die Raumkonzeption in der sichtbaren Gemeinde, also in der Ekklesiologie, seit den Anfängen im Urchristentum bestimmend ist.

> Der Raum zwischen der Verkündigung des ganzen menschgewordenen Christus und den Geboten ist der Lebensraum der Christen. Es ist also der Lebensraum imgrunde [sic!] identisch mit dem Kultusraum. Sie sind nicht getrennt.[69]

Das führt Bonhoeffer in seiner Ethik weiter und verzichtet auf einen statischen Raumbegriff.[70] Schließlich überschreitet der „Raum“ der – geglaubten – Kirche die Immanenz und wird – als mystischer Leib Christi – umfaßt von der Transzendenz, der „sälikeit“.[71]

Im folgenden wird sowohl aus demjenigen Teil der Predigten Damasus Dürrs zitiert, der gedruckt vorliegt, als auch darüber hinaus exemplarisch aus den Predigten zum Gründonnerstag, die sich vorwiegend mit der Abendmahlsthematik beschäftigen und das eigene theologische Profil sowie auch das kontroverstheologische Gegensatzprofil erkennen lassen.

Kirchenausstattung und Paramente

Der Kleinpolder Pfarrer war offensichtlich in eine verwahrloste Gemeinde gekommen, deren Disziplin seiner Auffassung nach deutlich zu wünschen übrig ließ. Seiner Meinung nach vernachlässigte die Dorfgemeinde sträflich die Aufsicht über den Kirchengrund sowie die Sorge für den Bauunterhalt der kirchlichen Immobilien:

> Es ist bei eurem gedechtnüs ein grosser hauffen von kirchengutt davon kommen, der Niemand weiss es, wohin es kompt. Das Hausse gottes vermag noch wenig weingarten und ackerland, das solt ir der kirchen zur steur geben, dahin es auch verordnet ist, das man solt die dächer erhalten, die alt mauren flicken und andere noth damit verkommen. Aber ir thuts nicht, ir brauchts zum gemeinen nutz, ir gebts in den Zinss, unterdes muss gottes haus betteln gehen, es muss verderben und zufallen.[72]

Vor vierzig Jahren sei die Spendenbereitschaft noch groß gewesen. Zurückblickend äußert er:

---

68 Bonhoeffer, Dietrich: Unser Weg nach dem Zeugnis der Schrift. In: Ders.: Werke. Hg. v. Eberhard Bethge. Bd. 15 (Illegale Theologen-Ausbildung: Sammelvikariate 1937–1940. Hg. v. Dirk Schulz). München1998, 407–431, hier 414.

69 Ebd., 461.

70 Ders., Werke (wie Anm. 68), Bd. 6 (Ethik. Hg. v. Ilse Tödt). Gütersloh [2]1998 [[1]1992], 47–54 und 60f.

71 Dürr, Predigten [Manuskript] (wie Anm. 6), 647.

72 Dürr zit. nach Amlacher (wie Anm. 10), 15.

> Wie reichlich zu jener zeitt die gottesheüser versorgt warn mit zugang, mit güttern, mit aller nothdurfft, solch gross mangel und abbruch ist yzunder darinnen. Die dächer sein durlöchert [!], die mauren baufellig, die glocken zerbrochen, der pharhoff zurissen, die stuben vom Regenwasser verderbt; da will niemand dran, das man sollt flicken und bessern [...] es dünkt ein ieder, kein phening wird unklüglicher angelegt, als den man anlegt zum Bau des hauses gotts. Ir bauet vil lieber Müllen, neu scheuren, hirten heüslin, Ros und schweinsstell, als das ir sollt eur betthauss erhalten.[73]

Drastisch hält er der Gemeinde ihr Versagen beim Bauunterhalt vor: „Euer veter haben so gewaltig heüser gebauet; ir könnet die dächer nicht erhalten!“[74]

Gemäß der kirchlich konservativen Hermannstädter Tradition wird die Ausstattung des Kirchengebäudes weitgehend bewahrt, wie der oben vorangestellte Predigtausschnitt aufweist; d.h. es wird gegen die Purifizierung vehement gestritten, indem Kerzen(-leuchter) auf dem Altar, der Gebrauch von Meßgewändern und Kaseln gegen die Verarbeitung zu (Bett)-Decken verteidigt werden, Altar(-retabeln), (plastische) Bilder und Gemälde als Ausstattungsgegenstände erhalten und lateinische Gesänge sowie „Ceremonien“, wie z.B. der Exorzismus in der Taufliturgie, beibehalten werden.[75] Diese Einlassungen hatten konkrete regionalspezifische Ereignisse im Blick, die zur Begründung der konfessionellen Polemik (vgl. unten) herangezogen wurden.

Darüber hinaus existierte – für ein Dorf in Siebenbürgen in jener Zeit sehr ungewöhnlich – eine Empore im Kirchenschiff.[76] Da das Gebäude nicht erhalten geblieben ist, muß diese Feststellung genügen.

Allgemein beklagt der Prediger die Bereicherung durch die Säkularisation:

> Wenn gotlose Regenten, Burgermeister, Richter, die kirchengütter wegreisen, Monstrantzen, kelch, messgewand, wisen, weiher, gärten etc., und theilen solchs unter sich, machen ein eigenthumb draus und lassen unterdes die kirch desselbigen darben. Solcher namhaftiger weiser hern sein etliche gewesen, nicht fur villen iarn, da man die Münch auss den Clöstern iagt, als die Altar abgebrochen, die Bepstlerei abgelegt ward, welch das beste aus den Clöstern, aus den Capelln haben genommen und mit den andern güttern zu einen kinden gemacht.[77]

Außerdem kritisiert er radikalere Entwicklungen in der reformatorischen Bewegung:

> Da will eyner die heilige teg nicht feyrenn, und ynn der kirchenn nicht lassen lateynisch singen. Der ander ergert sich ann der beschwerung des teufels ym der kindertauf. Mancheynenn stürmess die bilder, das gemäl ynn der kirchenn. Etliche verwerfenn die

[73] Ebd., 16.
[74] Ebd., 16f.
[75] Dürr, Predigten 1554–1578 (wie Anm. 1), 13.
[76] Ders.: Predigt zu Gründonnerstag 1578. In: Ders.: Predigten [Manuskript] (wie Anm. 6), 592–624, hier 618: „Drumb, ir Junckhernn auff dem geletter, mit denn hochbeschornen helsen, seid gewarnet, stellet euch ehrlich, lasset das haar wachsenn wie es christenenn zusteht. Das haar ist nicht schweer, vnd ist ein faules schaf, welchs sein wullenn nicht kann tragenn. Werdet ir nicht volgenn, vnd so vnertig, so vnfletig zum Abendmal tretenn, so werdenn ich euch allenn leüttenn zum anschein vom altar veriagenn.“ – Zur Einführung der Emporen in die dem evangelischen Gottesdienst zugeführten Kirchengebäude vgl. Machat, Christoph: Auswirkungen der Reformation auf die Ausstattung siebenbürgischer Kirchen. In: Luther und Siebenbürgen (wie Anm. 37), 309–326, hier 319f.
[77] Dürr zit. nach Amlacher (wie Anm. 10), 56f.

> liechter vom altar, die missgewand und die Caseln, wie es ein ieder ynn seynem sinn findet, also dünkts ynn ym bestenn seynn.[78]

Den Geistlichen bekümmerte bewußtes Desinteresse während des Gottesdienstes, Geschwätz und Kirchenschlaf:

> Kommen sie dann ereynn, so ist ein ander vnordnung, das sich etliche weyt vom Cantzell, hinter die thür ynn eynenn winkell verkrichenn, daselbst zu schlaffenn aber [oder] vnnutz geschwetz zu treybenn.[79]

Außerdem registriert er vorzeitigen, geräuschvollen Aufbruch, sofern die übliche Predigt- und Gottesdienstdauer überzogen werde:

> Mancheynenn werden des götlichen worts leüchtlich vberdrüssig, wens der prediger etwas verzeücht, lauffenn deswegenn mit grossem gerümpell [Poltern, U. W.] darvonn, verirrenn beyde denn prediger ynn seyner sachenn, und die vleyssige zuhörer ynn gotseligenn gedanken.[80]

Doch auch das sorglose, ungebührliche Verhalten sowie die äußerliche Erscheinung der dörflichen „Punks" des 16. Jahrhunderts findet die Kritik des Dorfgeistlichen:

> Wie sich nü frommenn christenn geistlich schickenn mussenn zum heÿligenn Sacrament: Also sollenn mir vns darnebenn nicht weniger mit eüsserlicher zucht, erbarkeit vnd guten sitten beweÿsenn, gott vnd seinem hochwirdigenn Abendmal zu ehren. Denn man spürt trefflich böse vnertige gewonheit am volck, fürnemlich ann der Jugend, die zum meÿstenn teil, so grob, so tölpisch sein, das sie vmb keine Mores wissen. Es sihet freÿlicher eÿner seÿnenn vnwillenn, ann der kleidung, ann denn werkenn vnd geberdenn.
> Zur beicht kompt bisweÿlenn eÿner, der hat zum wenigstenn ein Rawenn kotzenn [Überrock aus Fell oder grobem Wollstoff, U. W.] vber sich gehangen, als ÿmmer got, solt mann irgents wolf schlagenn aber Beerenn veriagenn. Ir vil sind dermassen vngehobelt vnd vnbehawenn, die ÿnn die kirch fur denn altar zu des hern tisch kommenn getrollt, wenig ehrlicher, als meÿn hern von der Poÿan[81], mitt vngewaschenem angesicht, die augennn hangenn vol Roem [Ruß oder Schmutz], das haar zuworrenn, es hangt vol strö, der rock sticht vol kabe [Kuhfladen], voll mist, vornn ist die brust auffbleckt etc.
> Wie hesslich, wie vnfletig, verstellenn sich die junge beschorene Esell, denenn mann ebenn, wie denn Türckenn, kaum eÿnen lepen haar [Haarbüschel] auff dem haupt findet, das eÿner nicht weiß, soll man das angesicht vorn, aber ÿm nackenn suchenn. Das gewandtsröcklein hangt auff der seÿtenn, ein ermel auff dem rückenn, der ander auff dem bauch, so nerrisch, als soltenn sie zum tantz gehenn. Im niderkniennn, ein knie beügenn sie, vnd stehenn mit dem andern. Die stellen sich ebenn wie die Judenn zu Jerusalem,[82] die sein auch also fur vnsern liebenn hernn christum niderkniet, habenn ÿnn verspawenn vnd verspotet.
> Solches dienet nichts tzur christlichenn zucht, mann schmehet damit vil mehr denn allmechtigenn got ÿm himmell vnd sein heÿliges Sacrament, das er vns dermal eins all vber eÿnen hauffenn möcht straffenn.[83]

---

78 DÜRR, Predigten 1554–1578 (wie Anm. 1), 13.
79 Ebd., 134.
80 Ebd.
81 Herren aus dem Dorf Poiana Sibiului, südlich von Kleinpold gelegen.
82 Im Original: „Jrlm".
83 DÜRR, Predigten [Manuskript] (wie Anm. 6), 617f.

Besonders appelliert er an „die hausväter und hausmutter“,[84] die in ihrer Erziehung auf Sorgfalt und Ehrfurcht achten sollen.

Sozialdisziplinierung

Dürr, als „ein beruffener seelensorger dieser gemein“,[85] nimmt klar und unmißverständlich zu sozialen und moralischen Mißständen Stellung. Die zeitgenössische Standesethik und Obrigkeitslehre wird ergänzt durch Elemente, die auf Sozialdisziplinierung zielen.[86] Dabei sind seine Schilderungen der örtlichen und regionalen Begebenheiten und Zustände anschaulich und vermitteln einen kulturgeschichtlich reizvollen Blick auf die damalige dörfliche Gesellschaft.

Der Ortsgeistliche
a) kritisiert den Kleiderluxus: „dunken[,] sie seyenn all edelleut, halten sich prechtig mit der narung und mit der kleydung“, und mancher verhielte sich so, „als wenns ein geborner ritter“[87] wäre.
b) schärft der Gemeinde ein, die Obrigkeit zu achten: Gott habe „ernstlich bevolenn, das man fürstenn, hern vnd oberkeyt mit allerley Reverentz verehrenn soll [...] welch er selbst durch mittl sezt, zu aufschawernn, dadurch der gemeynenn friedenn, zucht, erbarkayt in generi humano mög erhalten werden“.[88]
c) vermittelt eine Standesethik: Die aus der Heiligen Schrift bekannte, dem Schöpferwillen entstammende Ordnung sehe vor, daß diese „nirchenn Creatur weder ym himmell noch auff erdenn kann endernn noch verkürzenn“.[89] Soziale Mobilität wird in dem Bild einer festgefügten Gesellschaftsordnung ausgeblendet, im Gegenteil, die ständische Gesellschaftskonzeption scheint zementiert:

> Also sollenn mir wissenn, das es mit aller menschenn beruff dermassen beschlossenn ist. Denn ein ieder frommer gotsfürchtiger mensch, hat sein amt, welchs ym vom allmechtigenn gott ist auffgelegt ynn dem leben: Ein yeder hat seynes tages werck [...].[90]

Doch erweist gerade die – zeitgleich auch in Mitteleuropa geübte – Polemik gegen die standesvergessene Mode, daß zur Absicherung der Kleiderordnung intensivere Anstrengungen unternommen wurden:

> Da will ein itzlicher betler Samat, füchsenn schawbenn [Überrock mit Fuchspelzverbrämung, U. W.], krumm Madernn hütt [Marderhüte][91] vnd Granat tragenn. Mann kent die

[84] Ebd., 618.
[85] Dürr, Predigten 1554–1578 (wie Anm. 1), 97.
[86] Wien, Sozialdisziplinierung in der Predigt (wie Anm. 2).
[87] Dürr, Predigten 1554–1578 (wie Anm. 1), 14.
[88] Dürr zit. nach Amlacher (wie Anm. 10), 21: „generi humano“ (im menschlichen Geschlecht, d. h. unter den Menschen).
[89] Dürr, Predigten 1554–1578 (wie Anm. 1), 108.
[90] Ebd.
[91] Mütze mit steil aufsteigendem Pelzrand aus Marderfell.

> leut schier nicht mehr eynenn für denn andernn fur der prechtiger kleydung, ist der Mann ein handwercker aber ein kaufherr, ist die fraw ein bürgerin aber ein schusterin.[92]

d) kritisiert außerdem Wucher und Geiz, Stolz und Maßlosigkeit.[93]
e) polemisiert schließlich gegen Ehebruch und mangelnde Keuschheit bei Witwen und Frauen.[94] Besonders unter den Frauen findet man „Bundgenossenn vnd werkgezeüg" des Teufels, die neben den Zauberern als Zauberinnen „des namens Jhesus schentlich" mißbrauchen, um „krotennknochenn, menschenbeynn, haarleppen, Zwibelschalenn, fischgrätenn" etc. „ynn eynenn knotenn [zu] bindenn, vnd irgents vnter den dürpll legenn".[95] Ihre Kräuterkenntnis befähige sie zum Schadzauber, „das sie des nachts umbfarnn, verderbenn ynn eynem land die weingarten, ym andernn land die saat auf dem hattert [...] menschen und vieh".[96]

Insofern war es eine folgerichtige theologische Auffassung des von Melanchthon und Wittenberg geprägten konservativen Ortspfarrers, sich – wie bereits erwähnt – scharf gegen die Abschaffung des Exorzismus bei der Taufe auszusprechen.[97]

Er widerspricht der öffentlichen Meinung, daß Kinderreichtum ein Armutsrisiko sei,[98] und beklagt bitter die Herzlosigkeit der Bevölkerung, vornehmlich die Feigheit der Männer während der Pest 1573.[99] Aus gegebenem Anlaß verurteilt er die nach seiner Auffassung maßlosen Exzesse der dörflichen Fastnacht.[100]

Ganz im Gegensatz zur Kleinpolder Gemeinde stehen Joseph und Maria als Vorbilder für eine christliche Erziehung, deren erfolgreiches Ziel es gewesen sei, „lust und liebd [zu] gewinnen zum wort gottes, zum gebet, zur kirchenn".[101] So sollten die Eltern ihre eigene Vorbildwirkung berücksichtigen und mit gutem Beispiel vorangehen,[102] die Kinder nicht verziehen, denn das könne böse enden:[103]

> Unsere kinder nehmen zu, inn torheit, inn unverstand, im ungehorsam, sie bleibenn grob, holtzig starrig, das schir niemand mitt inn kann umgehenn. Daran hat niemand mehr schuld, allein die eltr. Denselbigenn sein die kinder vonn got vertrawt, das sie sie freündlich, sidsam, inn der furcht des hernn aufferzihenn sollenn. Aber manch vater und mutter vergessenn der zucht, verzertelnn die kinder, und gebenn mit ihrem lebenn böse Exempell. Daher kompts: Wie die altenn sungenn, also lernetenn auch die jungenn. Wenn der vater daheim immerdar schellt, und die mutter flucht, so mussenn die kinder ebenn solch Walachisch vater unser lernenn. [...] Solches solltenn die elter und die oberkeit straffenn, sie solltenn denn kindernn denn zaum kürtzer auffbindenn, und dennselbigen denn mutwillenn brechenn. Aber es geschicht nicht, elter und oberkeit ubersehenn ir ampt, und gebenn damit ursach zu vilenn lasternn.[104]

---

92 Dürr, Predigten 1554–1578 (wie Anm. 1), 14.
93 Ebd., 38.
94 Ebd., 84; vgl. auch 85f.
95 Ebd., 97.
96 Ebd., 120.
97 Ebd., 13.
98 Ebd., 110.
99 Amlacher (wie Anm. 10), 11. Siehe dazu die Passage in Dürr, Predigten [Manuskript] (wie Anm. 6), 634.
100 Amlacher (wie Anm. 10), 19f.
101 Dürr, Predigten 1554–1578 (wie Anm. 1), 134.
102 Ebd., 132.
103 Ebd., 129–131.
104 Ebd., 87.

An anderer Stelle empfiehlt er eine abgestufte Sanktionierung der kindlichen „Untaten“: Ermahnung und, falls diese nicht fruchtet, eine Tracht Prügel.[105]

Doch ebenso stellt er die Verantwortung für die altgewordenen Eltern vor Augen, die Pflicht, für diese zu sorgen, insbesondere wenn Altersarmut droht, „das mir ynn behülfflich werenn ynn yrem armutt, und sie nicht verlissen, wenn mir ynenn gleich das brodt solltenn fürbeteln“.[106] Denn diese hätten sich selbst in Notzeiten zugunsten der Kinder die Nahrung vom Mund abgespart. Auch Senilität und Demenz gehören zu den Herausforderungen; ihnen mit Geduld zu begegnen, entspräche der von den Eltern bei der Kindererziehung geübten Geduld.[107]

Die ausgewählten Beispiele lassen deutlich erkennen, daß der Kleinpolder Pfarrer seiner Gemeinde, die er verwahrlost angetroffen hatte, mit Humor und Strenge die kirchlichen, wittenbergisch geprägten Normen ins Gedächtnis zu rufen verstand sowie für sittliche und am ständischen Denken ausgerichtete Ordnung eintrat. Dazu versuchte er, generationenübergreifend die gesamte Gemeinde zu mobilisieren und durch familiäre religiöse Sozialisation, durch schulische und kirchliche Erziehung sowie die von ihm in der Predigt geleisteten Paränesen eine uniforme Ausrichtung der Erwachsenen und vornehmlich der Jugend zu erreichen. Eltern, Kirche und Obrigkeit sollten dabei zusammenwirken, um mit gleichgerichteten, sich ergänzenden Maßnahmen dieses Ziel zu erreichen.

Paraliturgie

Nachbarschaften bildeten in den siebenbürgisch-sächsischen Gemeinden der Neuzeit die Grundstruktur für das ländliche gesellschaftliche Leben im Ort. Zur Nachbarschaft gehörten gleichberechtigt alle Hausstände. Ökonomische und soziokulturelle Normierung, Erwartbarkeit sozialen Verhaltens und dessen Kontrolle prägten das Zusammenleben in den siebenbürgisch-sächsischen Gemeinden. Die Nachbarschaften bildeten die unterste Rechts- und Schlichtungsinstanz: Zur Beichte und zum Abendmahl wurden nur untereinander versöhnte Nachbarn zugelassen.[108]

Ein wichtiges, geradezu unentbehrliches Element sozialer Kommunikation in der nachbarschaftlich strukturierten Gemeinschaft waren bis ins 20. Jahrhundert hinein die Paraliturgien. Durch traditionelles, kirchlich geprägtes Formelgut ermöglichten sie den einzelnen wie der Gemeinschaft, in sozialen und biographischen Grenzsituationen sprachfähig – und damit auch mündig – zu sein.

Anhand der Gründonnerstags-Predigt von Damasus Dürr aus dem Jahre 1578 kann jetzt auch klar der kirchlich-pastorale Ursprung dieser Formeln aufgezeigt und nachgewiesen werden. Die originär geistliche Dimension der Beicht- und Abendmahlsvorbereitung wird verwoben mit der sozialen Konfliktlösungspraxis. Damit erstreckt sich der „Raum der Kirche“ auf die gesamte Sozialstruktur der örtlichen

---

105 Ebd., 134.

106 Ebd.

107 Ebd., 136.

108 Vgl. dazu auch Schenk, Annemie: Deutsche in Siebenbürgen. Ihre Geschichte und Kultur. München 1992, 155–157.

Gemeinschaft und überwölbt bzw. durchdringt – weit über den hier vorgestellten Aspekt hinaus – alle Facetten sozialer Kommunikation.

> Wann du also dem himlischenn vater gebeichtet hast, soltu du dich darnach auch mit dem beleidigtenn nehestenn verstehenn: Du solt ÿm zu hause gehenn, du sollt dich fur ÿm demütigenn, denn Zornn abbiten vnd sprechenn: lieber bruder, aber liebe schwester. Mir sind ein Zeit vber zu zornn gegeneinander gewesenn, da vnd da hab ich dich beschwert, ich hab dir schadenn thann, geschmeht vnd etwas zugeredt: Ich erkennen mein schwacheit, vnd dieweil ich des sinnes binn, das ich des hernn Abendmal empfahen wollt: So bitt ich vmb gottes willenn, du wollest mir meine sund verzeÿhenn, was ich wider dich gehandelt hab, es ist mir alls leid, vnd will beÿstand gottes deiner hinnfurt ÿmmerdar zu ehren gedenckenn.
> Wenn sich aber nu[n] der arm nehest also erkennet, kompt ÿm vertrawen zu dir vnd bitet vmb vergebung: So soltu nicht stoppelgrädicht seÿnn, wie mancher hornochs, der auß anderleüt demut stoltzer, mütiger vnd trutziger wirdt, spricht bald: Noch hat er mirs mussenn abbitenn, noch ist er mir mussenn zu hause gehenn, ich mein, ich habs ÿm saur gemacht, er wird einandermal drann gedenckenn. Nein, lieber freund, nicht also, Sondernn, du solt dich auch demütigenn, du sollt ein gutes wort ein gutt stat lassenn findenn, vnd ÿm auff seine bitt also antwortenn:
> Lieber bruder, aber liebe schwester: Es ist war, mir sein zusamen gewachsenn vnd miteÿnander gezürnet, du hast mich geschmeht, ieÿns vnd dieses zugeredet: Aber weil mir allzumal sünder sein, ich, gleich so woll, wie du, vnd niemand volkommenn ist, so mög ich villeucht auch gevbriget [ein Übriges dazu getan] habenn. Drumb bitt ich, du wollest mir desgleichen auch meine missethat vergebenn, meinethalbenn soll alles vergessen vnd vergebenn sein.[109]

Kontroverstheologische Abgrenzung des konfessionellen Raumes[110]

> Wie gings ynn vnserm landt? Der ewige got hatt auss grossenn gnadenn vnd barmherzikeyt seyn heilsames wort ann den tag geben, er hatt gebenn fromme hirtenn, die es verkündigtenn vnd ausbreyteten: da warn fur 12 iarn, alle gelertenn, alle pharhernn eins ynn der leer, vnd auch ynn denn Ceremonien. Mann brennte vberall liechter ynn denn kirchenn, mann braucht der Caselnn, der messgewandt, man behilt die bilder vnd dergleychenn. Nach dem nu der vorigt fürst yns land kam, so wuchsenn vunter seynem Regiment, Sacramentschender, Arianer, widertaufer. Denselbenn war er geneygt, er war ynen günstig, wolthetig, mehr als denn vnserichtenn. [...] Bey dem handell, wurdenn viler herzenn gedanckenn offenbar, das vil gelertenn vnd vngelertenn vonn der vorigtenn eynikeyt abfielenn, Pfarrhernn vnd Leyenn, [...]. Dort stürmt eyner ynn seyner kirchenn die bilder, der ander verwurff die messgewandt, der dritt thet die liechter weg, brach denn altar ab.[111]

Dürr spielt auf die letzte gemeinsame Synode unter Hebler und Hertel/Davidis an; das gesamte Ensemble einer an altgläubige Gottesdienste erinnernden Kirchenausstattung wird von ihm als allgemeiner Normalzustand geschildert. Umso schärfer muß auf die Hörer in Kleinpold der Kontrast der purifizierenden Maßnahmen der „Abgefallenen“ wirken, die als falsche Gelehrte, Sakramentsschänder oder Arianer, d. h. als Franz Davidis folgende Antitrinitarier,[112] praktisch unter das Anathem fallen.

109 DÜRR, Predigten [Manuskript] (wie Anm. 6), 616.
110 Vgl. diesbezüglich auch den Beitrag von Edit SZEGEDI in vorliegendem Band.
111 DÜRR, Predigten 1554–1578 (wie Anm. 1), 83f.
112 Ebd., 82, vgl. auch 24, 34, 65 und öfter; DERS., Predigten [Manuskript] (wie Anm. 6), 600f.

Doch nicht nur die Weiterentwicklung innerhalb der reformatorischen Bewegung und darüber hinaus wird in den immer wiederkehrenden konfessionsunterscheidenden Polemiken durch detaillierte Argumente zurückgewiesen. Auch die „Altgläubigen“ geraten immer wieder ins Visier des Predigers. Das Phänomen der Wallfahrt wird als Geschäftemacherei bezeichnet,[113] die Transsubstantiationslehre der „Bepstler“ als Schmähung des Gottessohns oder als „schentlichste abgötterey“ und „narrntandt“[114] diffamiert. Indirekt wird auch erkennbar, daß der Prediger aus eigener Erfahrung spricht, wenn er feststellt: „[E]s ist marter schweer, alte leüt auff newenn glauben zu bringenn.“[115] Der wahrgenommenen Indifferenz sucht er paränetisch zu begegnen:

> Drumb, wo irgents der öffentlicher verächter zwischenn ever mitten vorhandenn werenn, die alt denn weg zur kirchenn verlirenn, die keÿne lust habenn zum hochwirdigenn Abendmal: die lieber die kandl vnd kartenn hören plotzenn, als denn Mann ÿm weÿssenn Corrock auff dem predigstuel vom willenn gottes redenn: Dieselbenn mögenn Exempel nemenn, wie gefahrlich die sach mit ÿnen steht, das sie vom sündlichenn lebenn ablahn vnd bedenkenn: weil ir menschenn seidt, das ir auch wie menschenn lebet, damit ir auff denn Jüngstenn tag mit gutem gewissenn möcht erscheinen fur dem angesicht gottes.[116]

Allerdings unternimmt er – unter Hinweis auf das Jüngste Gericht – auch diesbezügliche – katechetische – Schritte:

> Wer aber denn glaubenn nicht kann, die habenn kein teil mit got ann seynem reich, er verflucht vnd vermaledeyet sie ewiglich. Drumb ir alte erwachsene leütt, die ir denn glaubenn nicht gelernet hat, denckt, was got ernachmals mit euch machenn wirdt, fürchtet euch fur seynem zornn, vnd lernet der Christenenn heerzeychenn nennen, damit ir mögt rechnung gebenn auff denn jüngsten tag, was ir geglaubet vnd wem ir gedienet hat auff erdenn.[117]

In bezug auf die gefährdete Standhaftigkeit der Predigthörerschaft verweist Dürr auf das Ausharren in eventuell bevorstehender Christenverfolgung. Aus einer erbaulichen altchristlichen Erzählung zitiert er wie folgt: „Wenn mann mich des Evangelij wegenn richtenn wird, da werdenn ich nicht leydenn, sondern Christus ynn mir.“[118] Vorsorglich unternimmt es der Kleinpolder „Seelenwarter“, die Gemeinde auf eine Verfolgungssituation vorzubereiten:

> So sollenn mir wissenn, das mir dem teufel nicht weniger ein dorn ynn denn augenn seynn, das er heütt aber morgen mögt ein blutbadt zwischenn vns anrichtenn. [..., und wenn wir dann] mit der haut zalenn mustenn, so sollenn mirs gedültiglich leydenn.[119]

---

113 DERS., Predigten 1554–1578 (wie Anm. 1), 121.
114 DERS., Predigten [Manuskript] (wie Anm. 6), 598f.
115 DERS., Predigten 1554–1578 (wie Anm. 1), 32.
116 DERS., Predigten [Manuskript] (wie Anm. 6), 611f.
117 DERS., Predigten 1554–1578 (wie Anm. 1), 90.
118 Ebd., 66.
119 Ebd., 105, vgl. auch 125f.

Das eigene, konfessionsunterscheidende Profil wird insbesondere in der Abendmahlstheologie klar erkennbar. Dürr predigt im Geiste der Wittenberger Theologie, die während seiner Studienzeit von Melanchthon dominiert war. Durch und durch von der Theologie und Sprache der „Heubtartikel" Melanchthons[120] aus dem Jahre 1553 geprägt, verwendet er deutlich nachvollziehbar deren Sprache und Inhalt. Gegenüber den „Sacramentarij", den an der Schweizer Richtung orientierten Theologen, beharrt er auf der Omnipräsenz Christi im Abendmahl, auf der *manducatio impiorum*[121] sowie auf der Gegenwart des Leibes und Blutes Christi „mit" und „unter" den Elementen. Damit folgt er weitgehend der Confessio Augustana variata und der Theologie Melanchthons.

> Aber, was uns der eÿnige Sonn gottes ÿm hochwirdigenn Abendmahl darreichet, damit hats gar einenn anderenn gestalt. Mir essenn zwar auch brodt vnd trinkenn weÿnn beÿ dem altar, mit welchen Elementen mir geniessenn des leibs vnd blutes jhū chrī [Jhesu Christi], das ist warhaftig war. Doch mir zureÿssenn denn leib Christi nicht mit denn zeenenn, wie ein dröscher ein stuck bachfleisch [sieb.-sächs. für Speck] zureist, mir verschlingenn vnd verdeÿenn ÿnn nicht ÿm magenn. Der leib Christi wird auch nicht beÿ dem menschen verzert, weder zu blut verwandelt, noch ÿnnerhalb vns verendert. Wie sich die Judenn ann dem Wort des herrn ergern, die da sprechenn: Wie kann vns der sein fleisch zu essen vnd sein blut zu trinkenn gebenn?[122] Sondern, es ist ein geistlichs essenn vnd trinkenn, welchs wider die ordnung der natur auff ein wunderlich weÿse geschicht. Mir verstehens nicht, die vernunft kans nicht ausgründen, es ist dem lieben got allein bekant. [...] Denn mit derselbigenn speise kompt Christus zu denn frommenn christenn, das er sie heiliget vnd wirkt, denn rechtenn glaubenn, furcht, liebd, gehorsam, gedult. Er wohnet ÿnn vns, mir herbergenn ÿnn, er ernewert vns vnd erhelt vns zum ewigenn lebenn. [...] Wie ist doch das möglich? [...] Weil mir natürlich grewlenn [Ekel oder Furcht empfinden] fur menschenn fleisch vnd blut, so hats got leidlicher gemacht, das er freündlich Creaturenn vnter die augen setzt, gibt vns seÿnenn leib vnd blut zu genießenn vnter der gestalt des brots vnd weins, damit mir desto grössernn lust zu solcher seeliger speise der seelenn gewinnen. [... Es besteht kein Zweifel an der Gegenwart Christi] „Nicht allein mit seÿner kraft, macht, gewalt vnd wirkung, sondernn auch persönlich mit seÿner substantz vnd wesen, da er mit dem brod vnd weÿnn darreicht, seÿnenn warenn leib vnd blut zu geniessen.[123]

Er polemisiert gegen die „schentliche lesterer, die Sacramentarij", nennt Oecolampad, Zwingli, Calvin, Beza und sogar den dezidiert als Sozzinianer bezeichneten Franz Davidis, dessen Auffassung er folgendermaßen referiert:

> Christi leib vnd blut, werde nicht mit den sichtlichen Elementenn, mit dem brodt vnd wein dargereicht, vberall, ann allenn endenn, denn es seÿ vnmüglich, das Christi leib zu eÿnem mal könne sein zu Witeberg, zu Augspurg, zu Nürnberg, ÿnn teutschland, ÿnn Vngernn, ann vilenn endenn [Orten]. Sintemal ein Christus, warer, natürlicher mensch ist, so gebenn sie ÿm auch solch eigenschaftenn, welch eÿnem menschen gebürn.[124]

---

120 MELANCHTHON, Philipp: Heubtartikel Christlicher Lere. Melanchthons deutsche Fassung seiner LOCI THEOLOGICI, nach dem Autograph und dem Originaldruck von 1552. Hg. v. Ralf JENETT und Johannes SCHILLING. Leipzig 2002.
121 DÜRR, Predigten [Manuskript] (wie Anm. 6), 595 und 615.
122 Joh 6,52.
123 DÜRR, Predigten [Manuskript] (wie Anm. 6), 602–604.
124 Ebd., 601.

Dagegen hält er am Geheimnischarakter der Eucharistie fest:

> Dawider bekennen mir, das mirs empfahenn, beide mit dem glaubenn vnd mit dem mund, auff ein weÿse, welch mir arme menschenn ÿnn dem lebenn mit unserer vernunfft nicht könnenn verstehenn, begreÿffenn, ergründenn noch aussmessen, es ist auch solchs niemandenn mehr, nur got allein weisslich.[125]

Denjenigen, die sich öffentlich als unwürdig zum Empfang des „heilthumb[s]" erweisen, droht Dürr, selbst wenn er die *manducatio impiorum* vorträgt, mit der Kirchenzucht, um den „Raum der Kirche", insbesondere der eigenen Konfession zu schützen:

> Drumb hat got denn Seelennsorgernn, leerernn vnd predigernn die sorgenn bevolenn, das sie auff die leüt sollenn merckenn, die zum Abendmal gehenn: Were irgents ein grindiges schaff darzwischenn, das ist, ein mensch, der villeicht eÿnes öffentlichenn lasters bekrischen ist, der ein ehebrecher, ein mörder, ein dieb, ein voller sumpff were, ein öffentlicher verächter des worts vnd gebots, der vonn seÿnem glaubenn vonn der christlichenn leer nicht kündt rechnung gebenn. Aber, der zum wenigstenn mit langwirigem zornn, hass vnd neid mit dem nehestenn zu felde lege, vnd woll dennoch zu des hernn tisch tretenn, des leibs vnd blutes christi geniessenn: Vber solcheÿnenn hat der pfarherr, der kirchendiener, gewalt, sie öffentlich mit schanden zu verweisenn, das mann solcheÿnenn das Abendmal nicht reÿchenn sol, Sonst, machenn mir vns ebenn derselbigenn sündenn teilhaftig.[126]

Damit schließt sich selbstverständlich mit Blick auf die Paraliturgien sowie die Sozialdisziplinierung der Kreis.

Transzendenz umgreifender Raum der Kirche

> Was aber die sterbendenn belangt, die ÿm todtbett liegenn: Die kretzenn [stöhnend krächzen], wimernn vnd weÿnenn, sie werfenn sich von eÿner seÿtenn auf die ander, alle glider sein schwach vnd habenn ire krefften verlornn. Dennselbigenn wirdt nicht weniger geholffenn mit dem hochwirdigenn Sacrament, doch nicht vom zeitlichen todt. Denn, sterbenn mussenn mir all, ein mal, der Aldamasch[127] ist getrunkenn, keÿser vnd könig mussen ann denn reÿhen, da der todt sackpfeÿffer ist. Aber mit dem schatz erlangt der sterbend/mensch denn seligenn trost: Wie christus durch sein sterbenn, denn todt vnd sünde zu nichts gemacht, vnd durch sein aufferstehenn, vnschuld vnd ewiges lebenn widerbracht hat, Das er ÿnn vonn der gewalt des teüffels hab erlöset, ernachmals ÿnn seÿnem reich ewiglich zu leben.[128]

Das Memento mori stellt der Ortsgeistliche mittels einer drastischen Kontrastfolie der Ars moriendi gegenüber:

---

125 Ebd., 602.

126 Ebd., 614.

127 Das Wort leitet sich von dem magyarischen Ausdruck „Áldomás", sächsisch „Kauftrunk", her, der im Eigenlandrecht als Bewirtung auch der Vertrags- und Kaufzeugen gesetzlich vorgesehen war. – Michael Markel sei an dieser Stelle für die kritische Durchsicht des Manuskripts und die hilfreichen Hinweise auf die siebenbürgisch-sächsischen Wortbedeutungen gedankt.

128 DÜRR, Predigten [Manuskript] (wie Anm. 6), 623f.

> Etliche sein so gar heidnisch, öffentliche verächter, die da lebenn wie die hunde, wie die vnvernünftige schwein, die fur der kirchen grewlen, wie der Lucifernn fur der helnn, die sich beÿ gesundem leib schemen, mitt erbarnn leütenn ÿnn der kirchenn zum Abendmal zu tretenn: Sondern wenn sie got dermal eins mit krankheit angegriffenn vnd irgents ÿnn ein winkell geworfen hat, da wollenn sie es damit verkommenn, das sie flux nach dem priester schickenn, wollenn dann mit dem Abendmal die verworne sach mit got richtenn, wann ÿnenn die seel zwischenn denn zeenen ausfarenn soll, wann sie schon nicht mehr sehenn, nicht mehr hörenn, weder sprechenn noch redenn könnenn.
> Du lieber got: So das ein andacht soll heÿssenn, so will ich wol sagen, das der teüffell ein heÿliger seÿ: Meinestu du, das du got damit wirst betriegenn? Meinestu, das du ÿm wirst ein gemaltes glas fur die augenn halten, vnd die augenn blendenn? Nein warlich: Got sihet dein schalkhaftiges hertz, er sihet wie du lebest auff erdenn, drumb gedenk, du wirst nicht durchlaufenn, got wird deÿner gewahr werden vnd dich erfurzihenn, einsweder am Jüngstenn tag, aber ÿnn der letztenn stund[e]; vnd wird dich fragenn:
> Amice, quomodo huc intrasti? Wie sitzestu hie, Saul inter prophetas? Ein guckguck [kuckkuck] vnter denn nacht[i]galn? Ein heüchler zwischen denn kindernn gotts?
> Du bist gewesenn ein abgötter, ein heimlicher dieb, ein ehebrecher, ein neÿder vnd hasser des nehestens. Du bist gewesenn ein verächter des Evangelij vnd der heÿligen Sacrament, Hinnweg mit dir, du bist ein vnehrlicher gast, vnd gehörest nicht zwischen die frommenn, die mit gotts furcht, mit christlicher liebdenn bekleidett sein. Hierauff wirstu got dem hernn auff tausent wort nicht eins antworten könnenn.[129]

Der Raum der Kirche als mystischer Leib Christi greift in das soziologische Gebilde des *corpus permixtum* hinein, ist mit diesem aber nicht deckungsgleich. Der Prediger verweist auf die Gefahr des Selbstausschlusses, wenn die sakramentale Unio mystica verspielt werden sollte. Ethik und Eschaton stehen in einem reziproken Verhältnis:

> Denn glaubenn lassenn ich seÿnenn werd, das er selig mach, aber die werk sein frucht des warhaftigenn glaubens. Wer nicht gutt werk thutt, der kann nicht habenn denn rechtenn glaubenn. [...] Der ewige got verleÿhe vns seÿne gnadt, das mir vns mögenn demütigenn, das mir mögenn ÿnn christlicher eintracht vnd liebden beÿnander lebenn, eins dem andernn sein gebrechenn zu gutt haltenn. So wirdts geschehenn, das mir hie zeitlich vonn vnserm himlischenn vater werden gesegnet werden, vnd ernachmals die sälikeÿt erlangen.[130]

Fazit

Der von der Wittenbergischen Theologie der 1550er Jahre, also vorwiegend von Philipp Melanchthon geprägte siebenbürgisch-sächsische Theologe Damasus Dürr bietet schon bei einer ersten Annäherung für eine Untersuchung der Raumkonzeption ein breites Spektrum von Themen. Vor dem Hintergrund der kirchlich konservativen Hermannstädter Tradition beharrt der Prediger auf den meisten herkömmlichen Ausstattungsgegenständen der Kirchen inklusive der Meßgewänder,[131] daneben auch auf den liturgischen Traditionsstücken – z. B. auf dem Exorzismus bei der Taufe.

---

129 Ebd., 611.

130 Ebd., 646f.

131 WETTER, Evelin: Überlegungen zum Bekenntniswert vorreformatorischer Retabelausstattungen siebenbürgisch-sächsischer Pfarrkirchen. In: Konfessionelle Pluralität als Herausforderung. Koexistenz und Konflikt im Spätmittelalter und Früher Neuzeit. Festschrift für Winfried Eberhard. Hg. v. Joachim BAHLCKE, Karen LAMBRECHT und Hans-Christian MANER. Leipzig 2006, 109–126.

Konfessionelle Polemik im Spektrum zwischen „Altgläubigen“ und Antitrinitariern sowie Muslimen dient der Abgrenzung und Selbstvergewisserung. Der sozialen Stabilität dienen die paraliturgischen Formeln, deren dezidierte Herkunft aus der katechetisch-paränetischen Verkündigung aufgewiesen werden konnte. Diese dauerhaft verankerte, religiös fundierte Alltags- und Konfliktbewältigung im Rahmen der die ländlichen Gemeinden strukturierenden Nachbarschaften ergänzt der Geistliche durch Vorstöße zur Sozialdisziplinierung der Gemeinde. Schließlich öffnet die vom Prediger benannte Reziprozität von Ethik und Eschaton den Blick auf den Raum der Kirche, der die Immanenz in der Transzendenz aufhebt.

Maria Crăciun

The Construction of Sacred Space and the Confessional Identity of the Transylvanian Lutheran Community*

In the eighteenth century, István Wesselényi observed in his book "Sanyarú világ" (Miserable World) that the interiors of churches of the Saxon Lutheran confession were covered by wall paintings (including an entire Passion cycle) "like the papists used to have them in the olden days".[1] On the other hand, Johann Tröster refers to Transylvanian Calvinist churches in his seventeenth-century history of the territory by highlighting the fact that they do not "suffer organs, paintings or altars".[2] Both texts raise interesting issues concerning the connection between the furnishings and appearance of the church and the confessional identity of the congregation who worshipped in it. In both cases we are faced with external observers who identify the church of a different group on the basis of the artefacts and images present inside. The Hungarian Wesselényi associated the Saxon church with the amount of surviving religious art, while a Saxon like Tröster comments on the lack of decoration in a Reformed temple. Does this mean that, by the eighteenth century, the Saxons had come to define their confessional identity also in terms of the survival of religious art? In order to answer this question one has to look at the development of of the (Lutheran) Reformation in Transylvania and its attitude to religious art.

Some 160 years before Wesselényi's comments on "papist" imagery were written, the story of the Transylvanian Reformation had begun in the parish church of one of the commercial cities located in the south-east of the province. The events are recounted in the "Chronik" written by the organist of the parish church of Braşov (Germ. Kronstadt, Hung. Brassó), Hieronymus Ostermayer. In October 1542, a Lutheran liturgy was celebrated in the parish church and the Catholic mass was abolished.[3] This took place two years before the religious art was removed from this church with the approval of the magistrates, including even the dismantling of the main altarpiece.[4]

---

* A version of this paper was first presented at a workshop dedicated to images and material culture hosted by the New Europe College, Bucharest, on 3–26 June 2006. I would like to thank all the participants for their questions and comments. I would also like to express my gratitude to Andrew Spicer for his very helpful suggestions. Thanks are also due to the Consistory of the Lutheran Church of Sibiu for allowing me to photograph the altarpieces.

1 Wesselényi, István: Sanyarú világ Napló 1703–1708 [Miserable World. A Diary 1703–1708]. Vol. II. Ed. by Lajos Demény and András Magyari. Bukarest 1985, 502.

2 Tröster, Johann: Das Alt und Neu Teutsche Dacia. Nürenberg 1666 [Reprint: Köln-Wien 1981 (Schriften zur Landeskunde Siebenbürgens 5)], 89 [Transl. by M. C.].

3 Ostermayer, Hieronymus: Chronik. In: Kemény, Joseph G.: Deutsche Fundgruben zur Geschichte Siebenbürgens. Klausenburg 1839, 9–68, here 27; Chronicon Fuchsio Lupino Oltardinum sive Annales Hungarici et Transilvanici. Coronae 1847, 13: "1542 Eodem anno. Hat man in Monath October angefangen Ewangeleschen Mess zu halten in der Croner Kirch, und die papistische Weggeschaft, Gott, und seinen heiligen Nahmen zu Ehren. Amen."

4 "Anno 1544 Item sind mit Willen der Obrigkeit die Bilder aus den Kirchen, auch der grosse Altar in der Pfarrkirche abgebrochen worden", Ostermayer (cf. n. 3), 29.

While this succession of events suggests that the Reformation starts at the moment when Catholic mass stops being celebrated, it also raises questions with regard to the use of space in relation with the new (Lutheran) services. Were there significant changes in the general appearance of the church once the Saxon community adopted Lutheran ideas? In other words, did the new services need a suitable space to be celebrated in? And if so, was this space easily recognisable in visual terms as a "reformed" space that had become protestant? Could the congregation identify this space as a specifically "evangelical" and eventually "Lutheran" one? Did this new construction of sacred space play any role in the construction of their confessional identity? Did Lutherans eventually define who they were by attending a specific church service in surroundings which had become familiar and where the available visual props acted as constant reminders of confessional affiliation?

Consequently, this essay aims to set out the changes in the construction of sacred space during the reformation of the Saxon community and to explore the possible connections between these transformations and the shaping of the confessional identity of this particular community. One of the main contentions of this paper is that, in order to change the religious experience, the physical surroundings had to change and thus a different sacred space to be constituted.

This study operates within the framework of a number of assumptions concerning the spatial layout of the church and the relevant furnishings during the late medieval and early modern period. The investigation starts from the premise that on the one hand, these spatial subdivisions and objects reflect the theological and ritual structure of a particular confession whilst, on the other hand, they are able both to shape and reflect the religious experience of the respective congregations.

In order to answer the questions raised with regard to the spatial arrangements and furnishings, one has to recognise that these objects and their images had a constitutive rather than just representational role in the making of religion itself.[5] This has to be viewed within the framework of the understanding of the sense of sight in the later Middle Ages which had attained epistemological importance as the need to see (that is, to experience the sacred visually) had become paramount.[6]

Once this fundamental insight is accepted, images begin to be explored for what they can tell us. And although images continue to remain peripheral for the study of past cultures as pursued by historians, they are increasingly recognised as an alternative path to historical understanding, offering different interpretative opportunities. They also give access to a different cultural vocabulary, namely that of visual signs. Whilst the initial exploration of this new line of research has resulted in historians beginning to realise that questions of intentionality, cultural canons and discourse pertain to images as well as texts, these scholars eventually came to distance themselves from a semiotic conception of images and move towards an understanding

[5] Binski, Paul: The English Parish Church and Its Art in the Later Middle Ages: A Review of the Problem. In: Studies in Iconography 20 (1999), 1–25, here 3.

[6] Ibid., 13; Freedberg, David: The Power of Images. Studies in the History and Theory of Response. Chicago 1989; Scribner, Bob: Popular Piety and Modes of Visual Perception in Late Medieval and Reformation Germany. In: The Journal of Religious History 15/4 (1989), 448–469.

of their potential to interpret the context in which they were created.[7] This insight has led historians to explore the role images could play in the religious experience of the faithful in the late medieval and early modern period.

Naturally, one of the contexts these images are experienced in is spatial. They are viewed within a spatial and material framework. Spatial dynamics have often been discussed in terms of architectural layout. But it is one of the assumptions of this article that the very use of space, its fragmentation or unification, had the ability both to shape and reflect the relationship with the community of the faithful. The latter could read a "cognitive map of the church" which, by the fifteenth century, had become fairly stable and legible.[8] The church interior presented certain obvious landmarks, such as the font, the screen, the subsidiary altars and the main altar, the pews and the pulpits, which reflected the order of the various services. These landmarks were the permanent, material settings for the rituals and ceremonies that took place in the church. Because the images themselves decorated these furnishings they tended to form a natural symbiosis with the spatial framework of the church interior.[9] What remains elusive is their interaction with ritual and ceremony. It is generally accepted that in the late medieval period there was an intimate relationship between images and liturgical practice. Within this overtly ceremonial context, images were the most tangible (visible) aspect of a ritual system.[10] It is consequently easy to conclude that the networks of images which reflect theological tenets form a "cognitive map" of religious experience, together with the screening systems. Within this aesthetically determined environment, the images and furnishings shaped the emotional and cognitive life of the faithful.[11]

Accordingly, this analysis will take place at three levels. Firstly, it will explore the material culture as formed by the artefacts present inside the church; secondly, it will examine the network of images and attempt to read the meanings embedded into them and finally, it will consider the connection between visual perception and the construction of confessional identity.

The Late Medieval Mass and Its Ecclesiastical Setting

In order to answer the questions raised by this study, one has to begin by examining the relevant aspects within the late medieval church. First of all, one needs to explore the spatial framework of the Catholic mass during the late Middle Ages. The documentary evidence suggests that late medieval churches, especially parish churches in towns, were lavishly furnished with several altars (a high altar in the chancel and a number of side altars),[12] frequently decorated with altarpieces, founded by confraternities, such

---

7 PALMER WANDEL, Lee: Envisioning God: Image and Liturgy in Reformation Zurich. In: Sixteenth Century Journal 24 (1993), 21–40, here 22.

8 BINSKI, The English Parish Church (cf. n. 5), 15.

9 Ibid.

10 CHRISTENSEN, Carl C: Art and the Reformation in Germany. Athens (Ohio) 1979, 104.

11 BINSKI, The English Parish Church (cf. n. 5), 18.

12 HENRICH, K.: Altäre in der Hermannstädter Pfarrkirche vor der Reformation. In: Kirchliche Blätter 33 (1910), 63f., mentions 24 altars in the parish church of Sibiu; FIREA, Ciprian: Art and Its

as those dedicated to Corpus Christi,[13] or members of the civic elite.[14] Moreover these richly furnished church interiors were not particularly unified either. Recent work undertaken by Ciprian Firea has shown that several Transylvanian churches had a *lectorium*, a *lettner* or rood screen, which often acted as a barrier separating the choir from the nave.[15] Firea's conclusions are supported by documentary evidence which refers to altars attached to the *lectorium* and to services being celebrated there.[16] This spatial arrangement seems to conform to the general rule concerning the hierarchical separation between the chancel – the domain of the clergy and the patron – and the nave which had increasingly become the concern of the parish laity.[17] This screening which obstructed the view of the main altar for the laity had become "a metaphor, both expressing and articulating religious privacy and interiorization".[18]

The evidence – including criticism voiced by reformers, for instance in the "Reformatio ecclesie Coronensis ac totius Barcensis provinciae" (1543) – further suggests that these furnishings were framed by elaborate rituals and complex

---

Context. Late Medieval Transylvanian Altarpieces in Their Original Setting. In: New Europe College Yearbook GE-NEC II [Bucureşti forthcoming 2008], discusses the existence of subsidiary altars in the Dominican church at Sighişoara (Germ. Schäßburg, Hung. Segesvár) and the parish church of Sibiu (Germ. Hermannstadt, Hung. Nagyszeben) and attempts to locate them within the space of the church. He tends to reduce the number of altars in the parish church of Sibiu to those ten for which actual documentary evidence has survived.

13 Gross, Lidia: Confreriile medievale din Transilvania (secolele XIV–XV) [Medieval confraternities in Transylvania, 14th–15th centuries]. Cluj-Napoca 2004, 209, 228–230, mentions that Corpus Christi confraternities both in Sibiu and Braşov endowed altars in the parish church.

14 For examples of individuals who gave money for the making of altarpieces or for the founding of altars, see Lupescu Makó, Mária: "Item lego ..." Gifts for the Soul in Late Medieval Transylvania. In: Annual of Medieval Studies at CEU 7 (2001), 161–186; Eadem: Death and Remembrance in Late Medieval Sighişoara (Segesvár, Schäßburg). In: Caiete de Antropologie Istorică. Oamenii şi Moartea în Societatea Românească 3/1–2 [5–6] (2004), 93–106.

15 Firea, Ciprian: Pietà cibiniensis. In: Artă românească, artă europeană. Centenar Vătăşianu. Ed. by Marius Porumb and Aurel Chiriak. Oradea 2000, 69–78, here 73; Idem: Polipticele medievale din Transilvania şi comanditarii lor. Studiu de caz: retablul din Sibiu [The Medieval Polyptychs of Transylvania and their Commissioners. Case study: the retable of Sibiu]. In: Anuarul Şcolii Doctorale. "Istorie. Civilizaţie. Cultură". Cluj-Napoca 2005, 145–162, here 151, especially note 19.

16 Firea, Pietà cibiniensis (cf. n. 15), 69–74 argues that the Pietà statue had been commissioned by the Corpus Christi confraternity. He places this statue within the context of the altar of the confraternity, which was inside the choir, possibly in direct relation with the *lettner*. Firea, Art and Its Context (cf. n. 12), suggests that in the parish church of Sibiu the Corpus Christi altar was placed on the rostrum (supra *lectorium*). He also mentions in a footnote that the Corpus Christi altar in the parish church at Braşov had a similar location "super lectorio". However, at Sibiu, a document mentions that the liturgy of the Holy Sacrament was held at the Corpus Christi altar "infra ad chorum parochialis ecclesie". In: Urkundenbuch zur Geschichte der Deutschen in Siebenbürgen. Vol. 6. Ed. by Gustav Gündisch. Bukarest 1981, 87–89. At Braşov the religious activities of the same confraternity took place in the parish church, "in lectorio eiusdem ecclesiae". In: Urkundenbuch zur Geschichte der Deutschen in Siebenbürgen. Vol. 3. Ed. by Franz Zimmermann. Hermannstadt 1902, 444f.

17 Binski, The English Parish Church (cf. n. 5), 7; Duffy, Eamon: The Stripping of the Altars. Traditional Religion in England c. 1400–c. 1580. New Haven-London 1992, 132.

18 Binski, The English Parish Church (cf. n. 5), 11f. also points out that screens were not a matter of formal prescription by the church. – For the development of choir screens and their functions see: Cooper, Donal: Franciscan Choir Enclosures and the Function of Double-Sided Altarpieces in Pre-Tridentine Umbria. In: Journal of the Warburg and Courtauld Institutes 64 (2001), 1–54; Hall, Marcia B.: The Ponte in S Maria Novella. The Problem of the Rood Screen in Italy. In: Journal of the Warburg and Courtauld Institutes 37 (1974), 157–173; Eadem: The Tramezzo in Santa Croce, Florence Reconstructed. In: The Art Bulletin 56 (1974), 325–341.

ceremonies.[19] Therefore they were in all likelihood shaping a specific religious experience for the laity. This involved distinct devotional patterns and gestures (especially of prayer), particular sights (such as the unveiling of the altar, the opening and closing of the altarpiece, the entries of the priest, the elevation of the host) and sounds (the ringing of the bell, the liturgical music, the barely audible Latin words), even smells like that of burning incense. One of the key characteristics of the Catholic liturgical experience was its intense appeal to the senses.[20] Consequently, this distinct construction of the religious experience determined specific modes of participation on the part of the congregation, a particular set of responses, a certain degree of integration. For instance it has been argued that the spatial structure of the mass, its very movement from the nave to the altar, led the eyes of the faithful from the entrance of the church to the site of the consecration.[21] This subtle hierarchy established within the sacred space of the church (from west to east, from nave to chancel) implies a degree of negotiation between clergy and laity with regard to the use of space, involving the delimitation between public and private spheres, between the high altar which was accessible to the community and the side altars which were often placed in private chapels which were only accessible to individuals or small groups such as families and confraternities.[22]

It has been suggested that the fluidity of space within a late medieval church was significantly disrupted by the development, throughout the fifteenth century, of private chapels, the endowment of chantries, and the commissioning of altars and pews.[23] Together with the choir enclosure these contributed, it has been argued, to the fragmentation of space within the church, chiefly into separate domains for the clergy and laity. However, some authors have argued that the choir screen could also have a unifying role, not just a socially and aesthetically divisive one.[24] Starting from this assumption, one is tempted to consider similar roles for the altarpiece, especially in structuring the spatial hierarchy within the church and in focusing the attention of the congregation on the most sacred area of the church where the mystery

---

19 Reformatio ecclesiae Coronensis ac totius Barcensis provinciae. Coronnae MDXLIII. In: Johannes Honterus' ausgewählte Schriften. Im Auftrage des Ausschusses zur Errichtung des Honterusdenkmals in Kronstadt. Ed. by Oskar NETOLICZKA. Wien-Hermannstadt 1898, 10–28, here 12.

20 SCRIBNER (cf. n. 6), 449–456, 458f.; DUFFY (cf. n. 17), 91–130.

21 PALMER WANDEL (cf. n. 7), 29.

22 For the situation of confraternities and their framing of religious life as well as for their interest in commissioning chapels, see SWANSON, Robert Norman: Religion and Devotion in Europe c. 1215–c. 1515. Cambridge 1995, 116–126. – For more work on confraternities and their use of church space, see Crossing the Boundaries. Christian Piety and the Arts in Italian Medieval and Renaissance Confraternities. Ed. by Konrad EISENBICHLER. Kalamazoo 1999; Confraternities and the Visual Arts in Renaissance Italy. Ritual, Spectacle, Image. Ed. by Barbara WISCH and Diane COLE AHL. Cambridge 2000.

23 GRAVES, Pamela: Social Space in the English Medieval Parish Church. In: Economy and Society 18 (1989), 317–322; DUFFY (cf. n. 17), 131 mentions the tendency to privatization manifest at the level of the gentry and suggests that the private chaplain and the private mass functioned as status symbols. Although Duffy agrees that "the foundation of a chantry at a side altar in a parish church was the ultimate act of religious individualism because it linked the celebration of the Eucharist to the interests of a single individual and his family", he also suggests that commemorating the dead "was inextricably bound with the late medieval sense of community" (ibid., 139).

24 JUNG, Jacqueline E.: Beyond the Barrier: The Unifying Role of the Choir Screen in Gothic Churches. In: The Art Bulletin 82 (2000), 623–657, here 623–630.

of transubstantiation and the elevation of the host took place. The presence of the sacrament and, implicitly, of the sacred is highlighted by the specific furnishings: the tabernacle, the monstrance, and other liturgical objects, such as the chalice, the *pyxis*, the *discus* and the altarpiece. While most of these furnishings were necessary for the celebration of the Eucharist, the presence of the altarpiece was not prescribed by the church through legislation.[25] This suggests that it was requested by the laity, but also accepted by the clergy as an important component of church decoration. This leads one to explore its role even further and speculate that the altarpiece may have focused the attention of the faithful, or more precisely their gaze on the most sacred part of the church.[26] In its architectural context, the phenomenological situation of the altarpiece is carefully defined in relation to the spectator. Its visual articulation usually focuses on a vertical axis at the centre of the composition. This optical dynamic determined the relationship between the spectator and the image. The existence of a focal point underlines the privileged position of the viewer as this perspective contributes to the accessibility of the sacred.[27]

Thus the setting for the medieval Catholic mass was a richly furnished and highly fragmented space, determined by both sacred and social hierarchies, visually articulated by the focus on the Eucharist celebrated on the high altar, and by the lavish rituals and ceremonies performed within the church interior. This space framed a specific and highly sensual religious experience of the laity, where all the artefacts and images contributed towards making the sacred accessible.

Lutheran Services – Lutheran Space

But what happened when the Saxon community adopted Lutheran ideas? Did the organisation of sacred space and its layout remain the same? Or did it change dramatically? Did the new "Lutheran" service need a suitable space in which to be celebrated?

The Lutheran communities did not build new churches. Because the Saxons had adopted the Reformation as a community, the new Lutheran Church simply took over the medieval ecclesiastical buildings. This means first of all that the architectural framework stayed the same, but changes had to be made within in order to render the space suitable for Lutheran services.

Awareness with regard to this need is suggested by the decision taken at the synod of Mediaş (Germ. Mediasch, Hung. Medgyes) of 1545 to remove religious art from the churches.[28] Moreover, changes were, to some extent, also stimulated by

25 GARDNER, Julian: Altars, Altarpieces and Art History: Legislation and Usage. In: Italian Altarpieces 1250–1550. Function and Design. Ed. by Eve BORSOOK and Fiorella SUPERBI GIOFFREDI. Oxford 1994, 5–40.

26 CRĂCIUN, Maria: Polipticul şi Devoţiunea Euharistică în Transilvania Evului Mediu Târziu [The Polyptych and Eucharistic Devotion in Late Medieval Transylvania]. In: Caiete de Antropologie Istorică. Sărbătoare, Comemorare, Celebrare 4/1 [7] (2005), 45–110, here 54f.

27 ROSAND, David: "Divinita di cosa dipinta": pictorial structure and the legibility of the altarpiece. In: The Altarpiece in the Renaissance. Ed. by Peter HUMFREY and Martin KEMP. Cambridge 1990, 143–164, here 143–150.

28 Synodus pastorum Saxonicorum 1545, 17 Maji in civitate mediensi congregata. In: TEUTSCH, Georg Daniel: Urkundenbuch der Evangelischen Landeskirche A. B. in Siebenbürgen. Vol. 1–2.

pressure from below. Criticism of excessive devotion and exaggerated attachment to ceremonies and ritual had long been present in Transylvanian communities. In 1524, there was an incident in the church of Veseud (Germ. Zied, Hung. Vessződ) concerning a crucifix which, on having fallen to the floor, was ordered by one parishioner to stand up and prove itself its sanctity.[29] At Sibiu, the Corpus Christi procession was disrupted in 1526 by members of the community who criticised priests for condoning superstitious belief.[30] Pressure from below is also suggested by the decrees of the 1565 church synod which explicitly refer to iconoclasm at the beginning of the Reformation.[31]

Such incidents however were not very numerous and tended to occur in towns rather than in villages. Most accounts appear to suggest that the Reformation was a gradual process and that reformers were trying to highlight continuities with the Christian tradition and to assert the credibility of a Catholic church which had embraced Lutheran truth. The accounts also suggest that removal of religious art was the result of negotiations, with magistrates often acting under pressure from the people for further reform, and concerned with the containment of socially disruptive behaviour.[32]

This is somewhat confirmed by the decisions made about the presence of religious art in churches. Initially attitudes towards religious imagery were rather strict but this stance was moderated as the role of religious art became better defined within mainstream Lutheran theology.[33]

The "Reformatio Ecclesiarum Saxonicarum in Transylvania" of 1547 recommended the "peaceful removal of the altars together with the painted and sculpted fables".[34] Although it still required the dismantling of altarpieces, the synod of 1557 accepted that biblical representations and those to do with the history of the church should be kept.[35] Moreover, the church synod of 1565 recommended that, whenever possible, altars should be reinstated noiselessly.[36]

Hermannstadt 1862 and 1883, here vol. 2., 1f.

29 REINERTH, Karl: Die Gründung der Evangelischen Kirchen in Siebenbürgen. Köln 1979, 24.

30 Monumenta ecclesiastici tempora innovatae in Hungaria religionis illustranti. Vol. 1. Ed. by Vincze BUNYITAI. Budapest 1902, 261: "Tunc pridem nonnulli Cibinienses blasphemiam magnam perpetraverunt, et cives aliqui dixerunt: sacerdotes nostri credunt Deum factum esse coecum, ex eo tot luminaria incedunt. Alii dixerunt: sacerdotes nostri arbitrantur Deum esse puerum, qui velit instar puerorum duci et portari in brachiis vetularum circumcirca per civitatem."

31 Acta publica synodi Cibinii celebratae die 25 Novembris anni 1565. In: TEUTSCH (cf. n. 28), here vol. 2, 101–109, here 105: "[...] sed si ubi in nostris ecclesiis per homines turbulentos diruta sunt [...]."

32 I have discussed this in more detail in CRĂCIUN, Maria: Rural Altarpieces and Religious Experiences in Transylvania's Saxon Communities. In: Religion and Cultural Exchange in Europe. Ed. by Heinz SCHILLING and István György TÓTH. Cambridge 2006, 191–217.

33 This is part of the main argument in ibid.

34 Reformatio Ecclesiarum Saxonicarum in Transylvania, Coronae, 1547. In: TEUTSCH (cf. n. 28), here vol. 1, 6–71, here 31.

35 Articuli in synodo pastorum Saxonicorum Cibinii, anno 1557 [...]. In: TEUTSCH (cf. n. 28), here vol. 2, 3–7, here 6: "Historiae vero sacrae et similes, quae docent et communefaciunt de re gravi et seria, retineantur."

36 Acta publica synodi Cibinii celebratae die 25. Novembris anni 1565. In: TEUTSCH (cf. n. 28), here vol. 2, 101–109, here 105: "Altaria nullo modo diruantur [...] dent operam pii pastores, ut sine tumultibus restituantur."

Finally, this situation is confirmed by other writings. The frequently quoted travel account of Pierre Lescalopier, who had visited Transylvania in 1574, and a paragraph in Wesselényi's "Sanyarú Világ" written almost two hundred years later, indicate that Lutheran services often took place among material vestiges of the Catholic past – such as wall paintings, stained glass windows, vestments and burning candles – and thus associated with the Mass. Moreover, surviving plans of the parish church of Sibiu show that the *lettner* was dismantled only in the nineteenth century.[37] Also at Sibiu, an altarpiece survived in the choir of the parish church until 1720 when it was moved to the church of the Dominican convent at the instigation of the city's magistrates.[38] In fact, the continuing presence of the altarpiece on the high altar is documented in several cases; the example of Sebeş (Germ. Mühlbach, Hung. Szászsebes) is particularly notable because of the resistance against the removal of the statue of the Virgin from the shrine by Zsigmond Kornis in the eighteenth century.[39] The 1557 church synod mentions that altars were still in use during the service, suggesting that ritual practices focusing on religious images had also survived.[40]

These accounts indicate that viewers, whether Catholics like Lescalopier or Protestants like Wesselényi, were slightly confused by this situation. Lescalopier had enthusiastically mistaken the church in Cristian (Germ. Neustadt, Hung. Keresztényfalva) for a Catholic one,[41] while Wesselényi had mentioned the church at Mălâncrav

---

37 Firea, Art and Its Context (cf. n. 12), discusses briefly the dismantling of the choir screen in Sibiu. The plan drawn by Anton Staudacher in 1853 still shows the *lettner*. This was mentioned by Sanda Salantai and Ciprian Firea in a paper "Biserica Sf Maria din Sibiu. Arhitectura şi spaţiul liturgic în secolele XIV–XVI" presented at the conference "Arhitectura religioasă medievală din Transilvania" [Medieval Religious Architecture in Transylvania], Satu Mare, 9–11 February 2007. The retention of the *lettner* is unusual as it has been suggested that Lutheran churches emphasised the unity of church space eliminating the functional division between nave and choir, which had primarily served to delineate a hierarchy of sacredness. See Heal, Bridget: Sacred image and sacred space in Lutheran Germany. In: Sacred Space in Early Modern Europe. Ed. by Will Coster and Andrew Spicer. Cambridge 2005, 39–59, here 45.

38 Firea, Polipticele medievale (cf. n. 15), 149.

39 Zsigmond Kornis, the Catholic and Habsburg-appointed governor of Transylvania (1713–1731), removed the statue of the Virgin and Child from the shrine of the polyptych altarpiece of Sebeş despite the opposition of the Protestant community and placed it in one of the churches on his estates. Because the citizens of Sebeş protested, claiming that the Madonna was a protector of their community against fire and other calamities, a copy of the statue was commissioned and placed in the shrine. See: Erdélyi római katolikusegyházlátogatasi jegyzokönnyvek és okmányok [Minutes and Documents of the Transylvanian Roman Catholic Church Visitation]. Vol. I: 1727–1737. Kolozsvár 2002, 114.

40 Articuli in synodo pastorum Saxonicorum Cibinii, anno 1557 [...]. In: Teutsch (cf. n. 28), here vol. 2, 3–7, here 6: "cum in templis passim et ubique fabulosae imagines et similes picturae habeantur, quae ad cultum sunt prostitutae contra manifestum verbum dei, in veteri et novo testamento praescriptum, omnino ut tollantur necessum est."

41 Călători Străini despre Ţările Române. Vol. 2. Ed. by Maria Holban. Bucureşti 1970, 430. Travelling from Bran (Germ. Törzburg, Hung. Törcsvár) to Braşov, Pierre Lescalopier passed through the village of Cristian, which the Hungarians and the Romanians called "Christian falva", inhabited by "Allemans Saxons d'origine". For a discussion of vestments and liturgical vessels in Transylvanian Lutheran churches see Wetter, Evelin: Das vorreformatorische Erbe in der Ausstattung siebenbürgisch-sächsischer Pfarrkirchen A. B. Altarbildwerke – Vasa sacra/Abendmahlsgerät – Paramente. In: Humanismus in Ungarn und Siebenbürgen. Politik, Religion und Kunst im 16. Jahrhundert. Ed. by Ulrich A. Wien and Krista Zach. Köln-Weimar-Wien 2004 (Siebenbürgisches Archiv 27), 19–54, here 31–53; Eadem: Der Kronstädter Paramentenschatz: altkirchliche Messgewänder in nachreformatorischer Nutzung; mit einer Bestanderfassung in Zusammenarbeit mit Jana Knejfl-Fajt. In: Acta Historiae Artium 45 (2004) 257–315.

(Germ. Malmkrog, Hung. Almakerék) as an example where the walls were still covered by paintings "like the papists used to have them".[42] In his view, the sacred space of this church was still tainted by Catholic images. This also means that both Lescalopier and Wesselényi were reading the "cognitive map" of the church and assigning that particular aspect of the church to a particular confessional identity. They automatically associated the presence of altarpieces and wall paintings, of vestments and stained glass windows, with Catholicism.

The evidence thus tends to focus the discussion on survival rather than the destruction of religious imagery and furnishings which had framed late medieval religious practices. One needs to assess how much was preserved of the religious art which used to decorate late medieval Transylvanian churches.

Material evidence suggests the survival of altarpieces, especially on the high altar of parish churches, as well as strong continuities in the organisation of sacred space, the occasional presence of wall paintings, the late dismantling of rood screens, the presence of sacrament houses and baptismal fonts.

The focal point of this discussion should be the altar itself, due to its liturgical importance. Consecrated at the same time as the church itself, the altar made the very existence of the church possible because it was essential to the celebration of the liturgy.[43] Many medieval synods insisted that the liturgy should only be celebrated on a perfect, whole and unbroken altar mensa.[44] The material evidence suggests that generally the altar mensa (the altar stone) was not removed from Lutheran churches. For example, the church of Tălmaciu (Germ. Talmesch, Hung. Nagytalmács) witnessed the placement of a new altarpiece on the existing stone mensa in the seventeenth century.[45] This was in agreement with the decrees of the new church. For instance, the church established by 1565 that the Lord's Supper would be celebrated on an altar rather than a wooden table and invoked the practices of the early church in support of this decision.[46]

This decision is consistent with Lutheran practice in general, despite Martin Luther's early preference (1526) for a table-like altar from which he distanced himself at a later stage by recommending the Last Supper as suitable iconography for the decoration of altars.[47] In fact it has been suggested that Luther's preference for a

---

42 Wesselényi (cf. n. 1), 502.

43 Gardner (cf. n. 25), 10f.; Pockner, Cyril E.: The Christian Altar in History and Today. London 1963.

44 Turcuș, Șerban: Sinodul general de la Buda (1279). Cluj-Napoca 2001, 264, chapter 109 forbids the administration of the Eucharist on a broken altar. This had to be repaired and re-consecrated before the liturgy could be celebrated again.

45 Fabini, Hermann: Atlas der siebenbürgisch-sächsischen Kirchenburgen und Dorfkirchen. Hermannstadt 1999, 724. – Similar situations are encountered in Veseud (Germ. Wassid, Hung. Szászvesszöd) (ibid., 785) and Herina (Germ. Mönschsdorf, Hung. Harina) (ibid., 498f.). Sometimes, as in Lechința (ibid., 425), the medieval altar mensa had even preserved a reliquary. Only in the nineteenth century a new Gothic altarpiece was actually attached to its own wooden mensa which was placed next to the old stone mensa.

46 Acta publica synodi Cibinii celebratae die 25 Novembris anni 1565. In: Teutsch (cf. n. 28), here vol. 2, 101–109, here 105: "Et testimonia exstant primitivae et purioris ecclesiae, non in mensis ligneis, sed in altaribus administratam esse coenam domini."

47 Christensen (cf. n. 10), 137.

free-standing altar, allowing the minister to officiate standing behind it and facing the congregation, was put into practice only in Württemberg and parts of Thuringia.[48]

By contrast, the evidence from the Jesuit missionaries to Transylvania in the second half of the sixteenth century suggests that altars had been removed from most churches in Cluj (Germ. Klausenburg, Hung. Kolozsvár) and the surrounding area by the (presumably Reformed) Protestants; these altars had to be replaced in the 1580s in order to be able to celebrate Catholic mass.[49] Removal of the altar usually meant that it had been replaced with a communion table.[50]

This evidence suggests that Lutheran churches had preserved their high altars – thus blurring the line which separated them from Catholic ones –, whereas Reformed churches (Calvinist churches had removed altar mensae and replaced them with communion tables. To a certain extent, this may have reflected developments in the German lands themselves, where altars and communion tables had become the subject of polemical debate between Lutherans and Calvinists. This polemic foreshadowed pedagogical issues which reflected the concern to create new Protestant churches with a clear sense of distinct identities. Altars had become more than a divisive topic between Lutherans and Calvinists; they had turned into powerful markers of confessional identity.[51]

In medieval times the altar mensa, especially that of the high altar, was decorated with an altarpiece. Probably because so many of the existing altarpieces (produced in the late medieval period) continued to be used, very few new altarpieces were commissioned or produced during the sixteenth century after the Reformation of the Saxon community (1545). One such case is the altarpiece of Buia (Germ. Bell, Hung. Bólya), made in 1561.[52] In the church of St Catherine's at Şeica Mică (Germ. Kleinschelken, Hung. Kisszelyk) an altarpiece dated to 1565 is still to be found at the northern wall of the choir.[53] This seems to go against the grain of mainstream Lutheran practice in Germany where the first examples of Lutheran art – especially altarpieces – were produced between 1539 and 1565.[54] The chronology of these altarpieces is more significant than their number. They began to be produced in 1539, and the earliest examples

---

48 Nischan, Bodo: Becoming Protestants. Lutheran Altars or Reformed Communion Tables? In: Worship in Medieval and Early Modern Europe. Change and Continuity in Religious Practice. Ed. by Karin Maag and John D. Witvliet. Notre Dame (Indiana) 2004, 84–114, here 96.

49 "Ubi etiam post discessum ministri haeretici, altare et imagines debito instauravimus, calices et casulas antiquas adhuc illi habent" – Jacobus Wuyek to Joannes Andreas Caligari, Cluj Mănăştur (Kolozsmonostor), 11 April 1580. In: Fontes Rerum Transylvanicarum. Epistolae et Acta Jesuitarum Trasylvaniae 1571–1613. 2 vols. Ed. by Endre Veress. Budapest 1911–1913, here vol. 1, 103.

50 "[...] et subito, che per il tempo si potrà edificare, vogliono reparare il cemiterio, acconciare la chiesa, acciò che vi si possà celebrare, essendo stata in parte rovinata dagli eretici, quali la pietra dell'altare havevano convertito in tavola, dove il ministro insieme con la moglie et figli spesso s'inbriavano, et nel vaso dell'aqua benedetta, davano da bere o mangiare agli animali, con reverenza" – Ludovicus/Aloysius Odesclachi to Joannes Andreas Caligari, Cluj Mănăştur, 27 March 1580. In: Ibid., 99f.

51 Nischan (cf. n. 48), 92–98.

52 See Fabini (cf. n. 45), 51: "Hoc altare errectum est anno 1561 renovatum prima wice a 1692 secunda w. A 1821 SPD Ioan Binder."

53 Ibid., 381f.

54 Christensen (cf. n. 10), 137 argues that a sizable number of altarpieces were commissioned in Lutheran areas of Germany during the sixteenth century by princes, municipalities or private donors, both clerical and lay.

– whilst being rather conservative in terms of format – all mark important moments in the development of mainstream Lutheranism and can be read as professions of faith.[55] The scarcity of commissions in sixteenth-century Transylvania is compensated for by developments in the following two hundred years. While only twenty new altarpieces were commissioned in Transylvania during the seventeenth century, there were 88 new ones during the eighteenth century and the practice continued well into the nineteenth century (when 39 altarpieces were made).

One interesting feature is the tendency during the seventeenth century to build altarpieces which preserved the old winged format, like those in Agnita (Germ. Agnetheln, Hung. Szentágota) in 1650, Cincşor (Germ. Kleinschenk, Hung. Kissink) in 1655, Meşendorf (Germ. Meschendorf, Hung. Mese) in 1653 and Veseud (Germ. Wassid, Hung. Szász-Vessződ) in 1703, despite the fact that retables with a unified panel in Renaissance style – Moşna (Germ. Meschen, Hung. Muzsna), Şaeş (Germ. Schaas, Hung. Segesd), Nemşa (Germ. Nimesch, Hung. Nemes) – had already become popular in Transylvania.[56] It is only rarely that one encounters a truly Lutheran innovation which links the altarpiece with the pulpit. One such example can be found at Netuş (Germ. Neithausen, Hung. Netus) in the church of St Nicholas, where the altarpiece – identified by inscription as a commission of the parish priest Georg Kraus and dated to 1770 – is integrated with the pulpit on the eastern wall of the chancel. This is the work of Master Johann Folbarth from Sighişoara (Germ. Schäßburg, Hung. Segesvár).[57]

This leaves open the difficult question of side or subsidiary altars. Experiencing the spatial layout of a Lutheran church today, we know that they were eventually removed, though in most cases we do not know when. Ostermayer's "Chronik" for instance, in saying that even the great altarpiece at Braşov had been dismantled, suggests that the other altars there had already been disposed of by 1544. Evidence at Sibiu suggests a swift removal of side altars: what had probably once been the altarpiece adorning a Holy Cross altar[58] was preserved in a dismantled state; and a documented altarpiece which had been commissioned for the Corpus Christi altar[59]

55 The Wittenberg altarpiece was made in 1547, after Luther's death; the Weimar altarpiece was made in 1555; the Regensburg altarpiece is dated to 1553–1555, immediately after the Interim controversy; and the Dessau altarpiece was produced in 1565 to express the allegiance to Lutheranism of the House of Anhalt. For details concerning these altarpieces see ibid., 138–147. On the significance of the commissioning of the Wittenberg altarpiece, see Koerner, Joseph Leo: The Reformation of the Image. London 2004, 74–77.

56 Fabini (cf. n. 45), 8f., 386, 478, 481, 535, 650, 785.

57 Ibid., 510.

58 Firea, Ciprian: Artă şi patronaj artistic în Transilvania medievală, polipticul din Sibiu [Art and Artistic Patronage in Medieval Transylvania, the Polyptych of Sibiu]. In: Ars Transsilvaniae XII–XIII (2002–2003), 123–138, here 135. Firea suggests that this altarpiece may have been commissioned by Johannes Lulay for the Corpus Christi altar. Firea, Art and Its Context (cf. n. 12), suggests that a dedication to the Holy Cross is more probable. An altar dedicated to the Holy Cross is documented since 1432 and the author believes that it was located at the junction of the transept and the central vessel of the nave.

59 The central panel representing a Eucharistic Vir Dolorum from the collection of the Brukenthal Museum of Sibiu could be part of this altarpiece. This is suggested by two documents calling the confraternity of Sibiu "fraternitas excelsi et mirifici sacramenti corporis et sanguinis Christi" (Gross [cf. n. 13], 213) and by the usual association with the "Blood of the Redeemer" of the type of the full-length Vir Dolorum with the chalice represented at Sibiu. The register of the confraternity for the years 1525–1527 published by Seiwert, Gustav: Die Bruderschaft des heiligen Leichnams in Hermannstadt. In: Archiv des Vereins für Siebenbürgische Landeskunde 10 (1872), 320–360 mentions

disappeared completely. In general, the removal of side altars from churches in Lutheran territories had resulted from a practical desire to make more efficient use of the interior space. The focal point of the new service had become the sermon, thus generating the necessity to enable the congregation to see clearly and hear well. In this situation the numerous subsidiary altars tended to obstruct the view of the parishioners and were consequently removed.[60]

By elevating the office of preaching to the status of a quasi-sacrament, Martin Luther had also privileged the spoken over the written word. In his view, this played an important role both in establishing a personal relationship between God and man, but also in creating a community.[61] The priority of hearing over viewing encouraged the construction of pulpits. Within the physical fabric surrounding the new worship the imposing new pulpits were to reflect appropriately the new centrality of the sermon within the services.[62] It has been argued that donors were stimulated to commission pulpits due to the new emphasis on the word.[63] This seems to be true of Transylvania where, from the second half of the sixteenth century onwards, a number of pulpits were installed in churches, such as at Cincu (Germ. Großschenk, Hung. Nagysink) in 1649.[64] During the seventeenth century pulpits were produced in rather modest numbers (we only know of five); however, in the eighteenth century there seems to have been a constant drive to commission new ones (we know of 58 examples from various churches throughout southern Transylvania). However this conclusion is based on survival and more pulpits may have been commissioned for which no evidence survives. The information available to us does not allow for any conclusions concerning the presence of pulpits in medieval parish churches and it is therefore not possible to determine whether the situation after the Reformation represents a sharp increase. The precise location of pulpits in these medieval churches is also unknown. The rather scarce evidence seems to indicate that pulpits were made of stone and were sometimes decorated with Gothic motifs and even with imagery. In the church of St Peter and Paul at Tărpiu (Germ. Treppen, Hung. Szásztörpény), for example, a late Gothic stone pulpit is located on the north side of the nave. It rests on a pyramid-shaped support and shows four panels decorated with leaves, rosettes and a Crucifixion scene witnessed by three women.[65] From the fact that coats of arms were displayed occasionally one may conclude that pulpits were sometimes given by individual donors. At Vermeş (Germ. Wermesch, Hung. Vermes), for instance,

---

that it had two triptychs in its possession, one of them donated by Margaret the widow of Franciscus Italicus. This is compatible with the fact that the panel from Sibiu is dated by inscription to 1515 and would allow for the speculation that this may be one of the panels the register refers to.

60 Christensen (cf. n. 10), 77; Heal (cf. n. 37), 45–50 argues that, although Lutheran churches tended to retain altars for the celebration of the Eucharist, reformers did privilege the pulpit. Consequently, where Lutherans took over medieval churches, altars were removed in order to improve the congregation's visual and aural access to the pulpit. This is documented with examples from churches in Nuremberg.

61 Christensen (cf. n. 10), 62–64.

62 Pettegree, Andrew: Reformation and the Culture of Persuasion. Cambridge 2005, 10–39.

63 Christensen (cf. n. 10), 156.

64 Fabini (cf. n. 45), 248.

65 Ibid., 761.

there is a pulpit erected in 1497 which is decorated in relief with a heart, a coat of arms and a rosette.[66]

Even after the Reformation, pulpits were still thought of in terms of donations and were the result of individual commissions. The following examples may serve to illustrate this point: the seventeenth-century pulpit from Cisnădie (Germ. Heltau, Hung. Nagydisznód) commissioned by Hermann Binder; the pulpit made in 1781 for the church of Bazna (Germ. Baaßen, Hung. Bázna) with money provided by Georgius Schuller; the pulpit donated to the church of Slimnic (Germ. Stolzenburg, Hung. Szelindek) by Michael Soterius (1746–1762); finally, the pulpit in Ghinda (Germ. Windau, Hung. Vinda) which bears the arms of the parish priest, Jakob Schankebank (1773–1806).[67] They often bear inscriptions, some briefly stating the donations (such as the one in Bazna), others including biblical texts, such as the pulpit in StAndrew's in Brădeni (Germ. Henndorf, Hung. Hégen) made by Martin Glatz.[68]

Baptismal fonts were an important feature of all medieval churches. There is a surprisingly high number of fonts preserved from the later Middle Ages.[69] They are generally chalice-shaped, made of stone or bronze, and often bear inscriptions which attempted to explain the meaning of baptism. This happens at Daia (Germ. Denndorf, Hung. Szászdalya), where the inscription states "A Johanne Christus baptisari voluit ut salvaret nos"[70], and at Şaeş, where the chalice-shaped bronze font made in 1400 bears the inscription "Benedicta tu IN M tecum ave Maria gratia mulieribus".[71] This not only suggests a general Marian emphasis in devotion but also the intention to engage the faithful actively, as the words constitute the beginning of the best known prayer to the Virgin. Even in the Middle Ages, Transylvanian fonts were rarely decorated with figurative imagery. The most interesting example is that of Şeica Mică, dating to 1477 and decorated with medallions displaying images such as the Veronica, the Agony in the Garden, the Crucifixion, Ecce Homo, and the Crowning of the Virgin.[72] Fonts in medieval churches were placed at the west end of the nave, near to the entrance.

This arrangement was altered at the time of the Reformation in the Saxon communities when some fonts were removed from their original location and relocated. For instance, the Romanesque font at Cârţa (Germ. Kerz, Hung. Kerc) is now in the courtyard of the vicarage,[73] whilst at Daia (Germ. Thalheim, Hung. Dolmány) the remains of an old stone font were found in the south entrance of the church.[74] Whereas the first example suggests that the font had been replaced by some other baptismal

---

66 Ibid., 805.

67 Ibid., 34, 288, 716, 809.

68 Ibid., 291.

69 Benkő, Elek: Erdély középkori harangjai és bronz keresztelő-medencéi [Transylvanian Medieval Bells and Bronze Baptismal Fonts]. Budapest-Kolozsvár 2002.

70 Fabini (cf. n. 45), 128.

71 Ibid., 650.

72 Ibid., 382.

73 Ibid., 350. At Dorolea (Germ. Kleinbistritz, Hung. Aszúbeszterce) (ibid., 366), the medieval stone font is also stored in the vicarage; at Richiş (Germ. Reichesdorf, Hung. Riomfalva) (ibid., 586), the remains of an old font were found in the choir. At Velţ (Germ. Wölz, Hung. Völc) (ibid., 821), the old font is now in the sacristy whilst at Senereuş (Germ. Zendersch, Hung. Szénaverős) (ibid., 833), the old font is beneath the organ.

74 Ibid., 744.

basin within the church and was reused for another purpose, the second one appears to indicate that the south entrance of the church may have served as the setting for baptism. After the Reformation fonts tended to be placed in the vicinity of the chancel, close to the high altar and the pulpit. Fonts were commissioned throughout the early modern period (43 in total) and were sometimes dated by inscription.[75] The evidence also suggests that members of the clergy were involved in commissioning them, such as the Lutheran parish priest Johann Bintzius at Drăuşeni (Germ. Draas, Hung. Homoróddaróc) in 1695 or Johan Dick at Ghimbav (Germ. Weidenbach, Hung. Vidombák) in 1744.[76] They are generally devoid of figurative imagery. An exception is the font at Cloaşterf (Germ. Klosdorf, Hung. Miklóstelke) which includes reused fragments of the old font, preserving an image of the cross.[77]

Although pews were a familiar feature of late medieval churches, they were generally installed as choir stalls in the choir for the use of the clergy.[78] Even when placed elsewhere in the church, pews were probably meant for the elite because they are rather different from the rough benches that were intended for the rest of the congregation. Beginning with the second half of the sixteenth century, and continually until the eighteenth century, pews continued to be installed in Transylvanian churches. For instance, at Drăuşeni a pew was installed for the parish priest in 1638,[79] while at Făgăraş (Germ. Fogarasch, Hung. Fogaras) the pews bear the coat of arms of the powerful aristocrat Brukenthal.[80] Pews continue to bear inscriptions in both Latin and German and are often donated by prominent members of the community. Thus, Anna Dorothea Wolffin donated pews at Lechinţa (Germ. Lechnitz, Hung. Szászlekence) in 1741 and 1745,[81] and at Cepari (Germ. Tschippendorf, Hung. Csépán) they were installed for Matthias Weber in 1731.[82] At Rupea (Germ. Reps, Hung. Kőhalom), parish priest pews were installed in 1712, and more pews exist with inscriptions, dating to 1609, 1621, 1732, 1773, 1774 and 1777.[83] The most touching donation occurs at Jelna (Germ. Senndorf, Hung. Kiszsolna) where pews were installed on 11 December 1714 by the schoolmaster Johannes Henning in honour of God and in memory of his son who are buried underneath.[84] This inscription highlights the resilience of mental habits of piety underlying the act of donation. The dedication to God as well

[75] Examples are: Movile (Germ. Hundertbücheln, Hung. Szászhalom), 1584; Viişoara (Germ. Maldorf, Hung. Domald), 1721; Ghimbav (Germ. Weidenbach, Hung. Vidombák), 1744; Vulcan (Germ. Wolkendorf, Hung. Szászvolkány), 1741; Buneşti (Germ. Bodendorf, Hung. Szászbuda), 1658; and Archita (Germ. Arkeden, Hung. Erked), 1749. – Ibid., 28, 78, 313, 438, 789, 817.

[76] Ibid., 157, 789.

[77] Ibid., 397.

[78] There is evidence concerning the presence of choir pews at Şmig (Germ. Schmiegen, Hung. Somogyom) in 1523, at Prejmer (Germ. Tartlau, Hung. Prázsmár) in 1525–1526, at Dupuş (Germ. Tobsdorf, Hung. Táblás) in 1537 (made by Jahannes Reychmut); of pews for the plebanus at Vingard (Germ. Weingartskirche, Hung. Vingárd) in 1461and at Senereuş in 1540, among other examples. – Ibid., 672, 734, 750, 794, 833.

[79] Ibid., 157.

[80] Ibid., 191.

[81] Ibid., 425.

[82] Ibid., 765.

[83] Ibid., 592.

[84] Ibid., 700f.: "Im Jahre 1714 den 11. Dezember hat Johannes Henning damaliger Schulmeister dieses Ortes diesen Stuhl zur Ehre Gottes und Andenken seines darunter begrabenen Söhnleins machen lassen."

as the invocation of the memory of his deceased children resembles medieval devotional patterns, the ultimate goal of which was the attainment of salvation. The inscription also draws attention to burial in the church.

In medieval times, burial in the church was a permanent feature of lay religious experience. People wished to be buried in sacred ground, in proximity to altars they had donated to their patron saints or to the main altar where the sacrament of the Eucharist was celebrated.[85] After the Reformation, burial in the church was no longer condoned although it was still demanded by the population in several places, and the evidence suggests that it was still practised.[86] In Transylvanian Saxon Lutheran churches, burial in the interior was still granted to parish priests or other members of the elite, including the minister's wife.[87] Sometimes, the location of these tombstones continues to reflect pre-Reformation practices. At Slimnic, for example, the tombstones of the parish priests Thomas Bomelius (1592) and Thomas Bordan (1633) are in the choir,[88] whereas the tombstones of Katharina Keserű (1567) and Barbara Kendeffy (née Vargyasi) (1697) at Vingard (Germ. Weingartskirche, Hung. Vingárd) are located in front of the altar.[89]

Death however can also be commemorated by an increasingly popular art form, the wall-mounted sculpted or painted memorial known throughout central Europe as epitaph. At Alţina (Germ. Alzen, Hung. Alcina) there is a commemorative plaque for the daughter of Jacobus Palaeologus (1575).[90] Elsewhere, the epitaph seems to have been more popular during the eighteenth century (17 examples) and their beneficiaries seem to have been mostly parish priests.[91] Their location within the church

---

85 Ariès, Philippe: L'Homme devant la mort. Paris 1977.

86 Spicer, Andrew: "Defyle not Christ's Kirk with your carrion": burial and the development of burial aisles in post-Reformation Scotland. In: The Place of the Dead. Death and Remembrance in Late Medieval and Early Modern Europe. Ed. by Bruce Gordon and Peter Marshall. Cambridge 2000, 149–169; Johnston Gordon, Rona: Patronage and parish: the nobility and the recatholicization of Lower Austria. In: The Reformation in Eastern and Central Europe. Ed. by Karin Maag. Aldershot 1997, 211–227, here 216.

87 For example, in the sacristy of Aţel (Germ. Hetzeldorf, Hung. Ecel) there is a tombstone of Sophia Thorozakaii, the widow of Johann Thobiassy; at Saschiz (Keisd, Szászkezd), one can find the tombstone of Michael Konradus (1572); at Reciu (Germ. Rätsch, Hung. Szebenrécse), the tombstone of the parish priest Magnus Bonesius (1580) is located north of the sacristy; the tombstone of the parish priest of Richiş, Franziscus Elisius (1593), is in the sacristy; at Şaeş, we find the tombstone of the parish priest, Andreas Coriarii (1586); Fabini (cf. n. 45), 299, 341, 579, 586, 650.

88 Ibid., 716.

89 Ibid., 794. This also occurs at Păuca (Germ. Törnen, Hung. Pókafalva) where a tombstone with a coat of arms and the remains of a Latin inscription 1578 is in front of the altar. At Ghinda, there is a tombstone behind the altar from the second half of the sixteenth century. At Râşnov (Germ. Rosenau, Hung. Barcarozsnyó), there are tombstones in front of the altar dated to 1652, 1694 and 1734. At Şmig, the tombstone of Johann Tordai (1680) is next to the altar. Ibid., 620, 672, 753, 809.

90 Ibid., 20.

91 This is the case at Apoldu de Sus (Germ. Großpold, Hung. Nagyapold): the parish priest, Johann Andreas Friederich (1786); at Cincu, the plebani Johann Kisch (1708), Petrus Hermann (1739), Martin Sutoris (1736) and Georg Salmen (1745); at Saschiz, the parish priest Martin Binder (1748–1807); at Viişoara, the parish priest Georg Lani (1771); at Miercurea Sibiului (Germ. Reußmarkt, Hung. Szerdahely), a stone epitaph from 1736 commemorates the parish priest, Georg Hutter; at Şoarş (Germ. Scharosch, Hung. Sáros), there is an epitaph behind the altar for the parish priest, Georg Orendi (1719); at Şelimbăr (Germ. Schellenberg, Hung. Sellenberk) there is an epitaph in the choir for the parish priest, Jakob Gotthard Kleinrath; at Codlea (Germ. Zeiden, Hung. Feketehalom) there is an epitaph on the northern wall of the choir for the priest Georg Drauth (1798). Ibid., 238, 248, 277, 340f., 603, 656, 666, 830.

is also prominent in the choir area, sometimes behind the altar, reflecting the status of the minister.[92]

One of the interesting features of all medieval churches was their bells. They evoked a sacred space outside the church as the sound of the bell reverberated across a fair distance. In a sense, they address both God and the community. Most Transylvanian churches preserve at least one of their medieval bells. Able to carry messages, these were often decorated with supplicatory inscriptions dedicated to saints and especially the Virgin. The bell of 1411 at Movile (Germ. Hundertbücheln, Hung. Szászhalom) thus bears the inscription "Sancte Michael ora pro nobis ad Dominum".[93] In a similar manner, the big bell at Bazna is dedicated to St Nicholas and meant to carry forth the prayers of the community: "In honore sancti Nicolai benedictus sit huius campanae sonus in nomine patris, filii et spiritus sancti amen. Campanae quae destruat auram nocivam sanctae trinitatis virtus."[94] Prayers addressed to the Virgin include "O Gott peroth Maria hilf uns aus Not, das ich heit peginn ist ein guet" at Alma Vii (Germ. Almen, Hung. Szászalmád) on a fifteenth-century bell,[95] "Maria bit dein Kind for uns" on the fifteenth-century bell in St James's Church at Pianul de Jos (Germ. Deutsch-Pien, Hung. Alsópián),[96] or "Helf Got Maria beroth" on the bell dated to 1470 at Nadeş (Germ. Nadesch, Hung. Szásznádas),[97] "Ave maria gracia plena" on the small bell at Dacia (Germ. Stein, Hung. Garat),[98] and "O Maria tuere plebem busdanum 1510" at Buzd (Germ. Busd, Hung. Szászbuzd)[99]. Sometimes bells include less common messages such as "Benedicimus Deum in Saecula 1536" on the middle bell at Curciu (Germ. Kirtsch, Hung. Küküllőkőrös)[100] and "sancti spiritus dicit nobis gracia" on the bell of 1488 in Rupea.[101] However, most medieval bells are inscribed with a variation on "O rex gloriae veni cum pace".[102] Occasionally, an appeal to Christ also appears, for example at Velţ where the big bell carries the inscription "Ihesus Christus hilf uns" (1441).[103]

Although bells continued to be commissioned throughout the early modern period, often by the minister of the church, the inscriptions tended to convey different messages. On the one hand, "O rex gloriae veni cum pace" remained fairly popular.[104] On the other hand, more Christo-centric and logocentric messages were increasingly

92 Koerner (cf. n. 55), 67 argues that retables in the German lands were often turned into acceptable epitaphs while new epitaphs laid out like retables occupied the former site of side altars. Moreover, Lutheran epitaphs commemorated deceased persons as models of faith in Christ.

93 Fabini (cf. n. 45), 313.

94 Ibid., 34.

95 Ibid., 14.

96 Ibid., 138.

97 Ibid., 508.

98 Ibid., 711.

99 Ibid., 124.

100 Ibid., 361.

101 Ibid., 592.

102 "O Rex glorie Ihesu Christe veni cum pace" or "O Rex gloriae Ihesu Christe veni nobis cum pace". They appear on 40 late medieval bells.

103 Ibid., 821.

104 For example, at Criţ (Germ. Deutsch-Kreuz, Hung. Szászkeresztúr) in 1549; Ighişul Nou (Germ. Eibesdorf, Hung. Szászivánfalva) in 1556; at Şeica Mică in 1556; Apold (Germ. Trappold, Hung. Apold) 1554; Boz 1678; Lovnic (Germ. Leblang, Hung. Lemnek) 1622; Rupea (17th century); Vingard (1664). Ibid., 121, 136, 169, 382, 757, 422, 592, 794.

used; examples are "Verbum domini manet in aeternum",[105] "Gloria in excelsis deo et in terra pax hominibus",[106] "Da pacem domine in diebus nostris"[107] or "Soli Deo gratia"[108]. At Boz (Germ. Bußd, Hung. Buzd), a new bell was placed in the church in 1583, bearing the inscription "Jesus Nazarenus rex iudeorum. Pastor ecclesiae fecit";[109] at Bruiu (Germ. Braller, Hung. Brulya), a bell was commissioned by a parishioner "Nicolaus Celnauer me fundat anno 1637"[110], demonstrating that endowment of the church still brought prestige if not spiritual benefits. One commissioner introduces himself as "Fidelibus via Christus Johanne Neidel" on a bell at Nemşa in 1647.[111] At one point, on the bell at Dacia, additional theological knowledge is imparted by the inscription "Jesus Nasarenus rex Iudeorum venit in mundum et homo factus est"; this explanation precedes the proud announcement of the endowment "in anno Christi 1638. Fieri me fecit Magister Paulus Neidel".[112] At Ruşi one of the bells bears the inscription "pater noster qui es in coelis".[113] This suggests that the bell was still meant to carry forth the prayers of the community, but this time they were the words of the prayer which, reformers insisted, the parishioners should learn. The importance of the community is further underlined by the inscription on the bell at Şoarş, which was finished in 1777 for the honour of God and the use of the Lutheran community.[114] At Rodbav (Germ. Rohrbach, Hung. Szászveresmart), the bell itself speaks to the community: "[T]he living I call to unity and harmony, the dead I mourn, comrades 1711."[115]

Sacrament houses also caused some particular problems. Their presence in the church had profound theological implications, connected as it was to the practice of reserving the host. Consequently it was felt by reformers that they should be eliminated.[116] However, in many Lutheran churches this failed to happen, for example in the Lorenzkirche in Nuremberg where the huge sacrament house built by Adam Kraft still decorates the church today.[117] This was also true of Transylvania, where sacrament niches and sacrament houses were preserved, though most of them displayed Eucharistic iconography. This was employed within an architectural setting

---

105 Brădeni (1574) and Boian (Germ. Bonnesdorf, Hung. Alsóbajom) in 1644; Valea Lungă (Germ. Langenthal, Hung. Hosszúaszó) 1592; at Zagăr (Germ. Rode, Hung. Zágor) in 1592; at Cund (Germ. Reußdorf, Hung. Kund) in 1642. Ibid., 85, 292, 420, 606, 596.

106 At Domneşti (Germ. Billak, Hung. Bilak) in 1686; Axente Sever (Germ. Frauendorf, Hung. Asszonyfalva) 1699; Jidvei (Germ. Seiden, Hung. Zsidve) 1681; Măgheruş (Germ. Maniersch, Hung. Küküllőmagyarós) 1713. Ibid., 59, 194, 696, 443.

107 Criț (1551); Moşna (Germ. Meschen, Hung. Muzsna) 1548; Veseuş (Germ. Michelsdorf, Hung. Szászvesszős) 1557. Ibid., 136, 478, 490.

108 Veseud (1573); Jidvei (1559); Noiştat (Germ. Neustadt, Hung. Újváros) 1574; Ruşi (Germ. Reußen, Hung. Rüsz) 1766. Ibid., 526, 835, 600, 696.

109 Ibid., 121.

110 Ibid., 91.

111 Ibid., 535.

112 Ibid., 711.

113 Ibid., 600.

114 Ibid., 658.

115 Ibid., 612.

116 Christensen (cf. n. 10), 76.

117 Heal (cf. n. 37), 51 comments on the remarkable survival of Adam Kraft's spectacular stone sacrament house in the Lorenzkirche at Nuremberg. As the Eucharist was no longer contained inside, the structure had lost its chief function.

suggesting a mural altarpiece.[118] Sacrament houses tended to be decorated with a relief of the Vir Dolorum (Man of Sorrows), or a Crucifixion,[119] or the pelican feeding its young, as can be seen on the sacrament house at Richiş (Germ. Reichesdorf, Hung. Riomfalva). Perhaps the most interesting example is in the fourteenth-century church of St Peter's at Valea Viilor (Germ. Wurmloch, Hung. Nagybaromlaka) which depicts Jesus as the Vir Dolorum and explains the meaning of the image through the inscription "Christus Salvator Mundi", making an explicit connection between the redemptive sacrifice of Christ and the actual Eucharist kept inside this particular sacrament house. Perhaps the survival of these artefacts can be explained by their loss of liturgical function and the educational nature of their iconography.

The evidence provided by an inventory of the artefacts present in the Saxon churches suggests that a new material setting had been created to frame the new Lutheran services, though the question remains as to what extent this was done intentionally. These new furnishings were to an almost equal extent the result of processes of appropriation as well as of elimination. The interior of the church was cleansed (for instance by the elimination of subsidiary altars or iconoclastic action) but also adapted to Lutheran worship. The altar mensae were preserved and reused as bases for new altarpieces, the old winged format of altarpieces was appropriated by reformers and used again and again with new iconography, and fonts were moved closer to the pulpit and altar.[120] More importantly, new furnishings (pulpits, pews and epitaphs) were introduced in order to accommodate the requirements of the new services and the needs of the congregation.

The question remains as to whether these alterations helped the congregation to perceive these churches as specifically Lutheran spaces of worship. Starting from the premise that material culture is symbiotically interwoven with the network of images decorating the artefacts, the ability of these objects to act as markers of confessional identity should not be underestimated. And this naturally leads to another question: what happened to the imagery of the altar, especially the altarpiece?

Religious Art and the Lutheran Church

The evidence suggests that – with few exceptions – the medieval altarpieces were retained and that, in fact, retables for the high altars of Lutheran churches continued to be commissioned by communities throughout the seventeenth and especially the eighteenth centuries. Focused as it is on survival, this paper will not explore these new altarpieces which may appropriately be designated as examples of Protestant art, but

118 Examples at Mălâncrav (Germ. Malmkrog, Hung. Almakerék), Sibiu, Sighişoara, Homorod (Germ. Hamruden, Hung. Homoród) and Sânpetru (Germ. Petersberg, Hung. Barcaszentpéter). For a detailed discussion see Crăciun, Polipticul şi Devoţiunea Euharistică (cf. n. 26), 58–67.

119 As in Sighişoara, Moşna, Băgaciu (Germ. Bogeschdorf, Hung. Szászbogács), Mălâncrav, Bazna and Ighişul Nou.

120 Koerner (cf. n. 55), 68 interprets the process of appropriation especially of old forms as "a syncretistic tactic for easing Catholics into the Lutheran fold". He alternatively suggests it could be seen as a "'dissimulation' strategy by which consensus is ostentatiously affirmed in order to allow difference safe expression at the margin".

will be mainly concerned with those produced in the late medieval period and retained after the Reformation. The essay will consequently investigate whether, and to what extent, this type of object survived untouched in Lutheran Transylvanian churches.

In order to answer this question, above all one has to examine the artefacts themselves. Restoration work has shown that these have been re-fashioned, sometimes re-assembled (Cincu and Şaeş), often re-framed and re-painted (fig. 1).[121] We know, for instance, that the altarpiece in Copşa Mare (Germ. Großkopisch, Hung. Nagykapus) was repaired in 1558.[122] Mostly, altarpieces lost statues from their shrines, the predellae and the side niches.[123] At Hălchiu (Germ. Heldsdorf, Hung. Höltövény), the statues from the shrine and the niches of the altarpiece (most probably representing saints) were thus removed in 1559 and replaced with statues of Christ holding the Orb and the Cross, and of the four evangelists (fig. 2).[124] In 1715, the painter Michael Hartmann from Biertan (Germ. Birthälm, Hung. Berethalom) painted a Crucifixion which replaced the statues of saints in the shrine of the altarpiece of Jidvei (Germ. Seiden, Hung. Zsidve) which had been bought by the community in Tătârlaua (Germ. Taterloch, Hung. Felsőtatárlaka) (fig. 3).[125] The fact that the shrines had initially contained statues of saints is suggested by the surviving examples at Băgaciu (Germ. Bogeschdorf, Hung. Szászbogács), where the shrine houses a central statue of the Virgin, flanked by St Catherine and Mary Magdalene, or at Roadeş (Germ. Radeln, Hung. Rádos), which has statues of St John the Baptist and St John the Evangelist in the corpus (fig. 4). One may conclude that, although religious art was retained to a certain degree in Lutheran churches, it did undergo significant changes.

When attempting to explore the reasons behind these changes, historians are faced with rather difficult issues. One obvious hypothesis would be that it was iconic images that were primarily removed, as they were potential focal points for devotional practices, whereas narrative scenes remained untouched because they were considered less offensive. This would fit rather well with broader patterns of Lutheran practice which suggest that rejection was not aimed at religious images as such but rather at their function.[126]

However, the evidence suggests that, first of all, there was a sustained effort to adapt religious imagery to new devotional needs. One of the most significant changes

---

121 Richter, Gisela/Richter, Otmar: Siebenbürgische Flügelaltäre. Innsbruck 1992, 240, 248, 255.

122 Fabini (cf. n. 45), 230. The altarpiece of Buia, made in 1561, was repaired in 1692. The altarpiece of Guşteriţa (Germ. Hammersdorf, Hung. Szenterzsébet) was repaired in 1774. The altarpiece of Ruşi of 1641 was repaired in 1750. The Veseud altarpiece, although only dating to 1703, was renovated and repainted in 1778. Ibid., 51, 269, 600, 785.

123 This also happened at Biertan, Dupuş, Beia (Germ. Meerburg, Hung. Homoródbene), Cund, Bruiu (Germ. Braller, Hung. Brulya), Fişer (Germ. Schweischer, Hung. Sövénység), Jidvei, Mediaş, and Şoroştin (Germ. Schorsten, Hung. Sorostély). Ibid., 248, 282, 471, 596, 686, 688, 736; Richter (cf. n. 121), 60f., 91, 105, 130, 154, 164, 170, 200, 204.

124 Fabini (cf. n. 45), 281. – Wetter, Evelin: Überlegungen zum Bekenntniswert vorreformatorischer Retabelausstattungen siebenbürgisch-sächsischer Pfarrkirchen. In: Konfessionelle Pluralität als Herausforderung. Koexistenz und Konflikt in Spätmittelalter und Früher Neuzeit. Winfried Eberhard zum 65. Geburtstag. Ed. by Joachim Bahlcke, Karen Lambrecht and Hans-Christian Maner. Leipzig 2006, 109–126, here 121–125.

125 Fabini (cf. n. 45), 736: "Michael Hartmann Birtalbensis fecit anno 1715".

126 Christensen (cf. n. 10), the chapter "Luther's Theology and Religious Art", 42–65; Eire, Carlos: War Against the Idols. The Reformation of Worship from Erasmus to Calvin. Cambridge 1986, 54–104.

that can be observed in altarpieces is the replacement of the statue of the patron saint – acting as a 'label' for the dedication of the altar as well as frequently the entire church – by a Christocentric composition. This is obvious in the altarpiece at Cund (Germ. Reußdorf, Hung. Kund) which probably belonged to an altar dedicated to St Nicholas and which would therefore have had a statue of this saint in its shrine (fig. 5).[127] A similar example is provided by the altarpiece on the high altar of St Martin's Church at Fişer (Germ. Schweischer, Hung. Sövénység); this must originally have incorporated a statue of St Martin which was replaced in the eighteenth century by a painted panel representing the Crucifixion.[128] This change (the removal of the statues) served to make the altarpiece more Protestant and to re-direct the devotion of the faithful. The congregation was discouraged from making a three-dimensional image the focus of their piety.

Secondly, there was a concern to render the altarpieces capable of transmitting new doctrinal messages. The operational criteria for the rejection of religious imagery were not limited to the iconic/devotional or narrative/educational quality of the images, but comprised their theological contents as well. The example of Biertan, which I have analysed in detail, suggests that images conveying tenets of the late medieval church which were considered to challenge Lutheran orthodoxy – such as the Immaculate Conception or Mary's Bodily Assumption – were removed or painted over.[129]

But rejection represents only half of the story. Equally important is the concern to express new Lutheran theology in visual terms. This is more easily accomplished by adapting Lutheran ideas to existing theological dogmas and practices. It was therefore obvious to emphasise the sacrifice of Christ as means by which salvation could be attained.[130]

This continuity is primarily expressed by the imagery still present on pulpits after the Reformation. For example, the pulpit in the church of Cincu, dated to 1649, is decorated with a lamb, a cross and the pelican feeding its young.[131] Sometimes, eighteenth-century pulpits are also decorated with imagery. Examples are those at

---

127 Fabini (cf. n. 45), 596. Unfortunately, the dedication of the church at Cund is not documented. Richter (cf. n. 121), 204 takes up Viktor Roth's view that the shrine and the niches at Cund must have been emptied immediately after the synod of Mediaş in 1545.

128 Fabini (cf. n. 45), 688 suggests that there was a statue of Mary and the Christ child in the shrine in the sixteenth century; at the same time, the panels with the evangelists would have been donated by members of the German elite.

129 Crăciun, Maria: Iconoclasm and Theology in Reformation Transylvania: The Iconography of the Polyptych of the Church at Biertan. In: Archiv für Reformationsgeschichte/Archive for Reformation History 95 (2004), 61–97; Wetter, Überlegungen zum Bekenntniswert (cf. n. 124), 112–117.

130 Peters, Christine: Mural Paintings, ethnicity and religious identity in Transylvania: the context for Reformation. In: The Reformation in Eastern and Central Europe. Ed. by Karin Maag. Aldershot 1997, 92–117, here 107–11 notes the emphasis on the Passion of Christ in several Saxon churches in Hărman (Germ. Honigberg, Hung. Homorod) and Mălâncrav and its strong Eucharistic connotations and uses it to explain why the Saxon community readily embraced the Reformation. For a discussion of the relevant religious imagery see Crăciun, Maria: Eucharistic Devotion in the Iconography of Transylvanian Polyptych Altarpieces. In: Religious Ceremonials and Images: Power and social meaning (1400–1750). Ed. by José Pedro Paiva. Coimbra 2002, 191–230. For a discussion of devotion to the sacrament in late medieval Transylvania, see Eadem, Polipticul şi Devoţiunea Euharistică (cf. n. 26), 45–110.

131 Fabini (cf. n. 45), 248.

Valea Lungă (Germ. Langenthal, Hung. Hosszúaszó), decorated with the Lamb of God, and in St James's church at Șoarș (1745) which is adorned with paintings of the four evangelists. Consequently, the iconography chosen for pulpits has a Christocentric focus.

The evidence provided by sacrament houses and the altarpieces themselves suggests that Eucharistic imagery, such as the image of the Vir Dolorum, remained in place. This is the case in the predella of the altarpieces at Mălâncrav, Băgaciu, Cincu (fig. 6), and Tătârlaua. Sometimes such images are the only ones to survive from a dismantled altarpiece, as in the case of the panel showing a full-length Vir Dolorum with a chalice at his foot and the host in his hand which is now in the collection of the Brukenthal Museum in Sibiu.[132] Moreover images of the Crucifixion itself – another potent Eucharistic image – are also employed on the central panels of a number of altarpieces, for example in Sibiu and Prejmer (Germ. Tartlau, Hung. Prázsmár) (fig. 7). This was to become one of the most important Protestant images, constantly used in altarpieces produced during the seventeenth and eighteenth centuries. In fact the Crucifixion, sometimes with Mary and John, seems to have been the most stable iconography of the central panel or shrine, whether sculpted or painted.[133]

The rationale behind the use this type of imagery is persuasively expressed by the decrees of the synod of 1565 which point out that an image of the Crucifixion itself ought to be enough to help the faithful envisaging the events of the Passion.[134] On the one hand, this suggests a minimalist approach to imagery, as graphic details of the suffering of Christ were no longer deemed necessary. Whereas the emphasis on Passion iconography in the late medieval period highlighted sacrifice and hinted at its reiteration in the mass, the image of the Crucifixion had become a mere reminder of the gift of grace in Lutheran terms. On the other hand, the synod's position concerning the image of the Crucifixion also suggests that the image was still to play a significant role in the imagination of the congregation. The viewing of an image was meant to invoke a specific narrative sequence, that of the actual events of the Passion. The devout had to read these images which were part of the fabric of sacred space, part of the "cognitive map" of the church. While this position reinforces the impression that the visual medium continued to play an important role in cultural-religious

---

132 The survival of Eucharistic imagery is discussed in more detail in CRĂCIUN, Maria: Eucharistic Iconography and the Confessional Identity of the Saxon Community in Early Modern Transylvania. In: The Missionary of Knowledge. Ed. by László KONTLER and Jaroslav MILLER [Budapest, forthcoming].

133 Apoș (Germ. Abstdorf, Hung. Szászapátfalva) 1712; Agnita 1650; Archita 1752; Bartolomeu (Germ. Bartholomä, Hung. Bartholomii) 1791; Buia; Berghin (Germ. Blutroth, Hung. Berve) 1684; Boian 1772; Boz 1778; Pianul de Jos (Germ. Deutsch-Pien, Hung. Alsópián) 1755; Ticușul Vechi (Germ. Deutsch Tekes, Hung. Szásztyukos); Drăușeni 1787; Dipșa (Germ. Dürrbach, Hung. Dipse); Ighișul Nou; Axente Sever 1777; Avrig (Germ. Freck, Hung. Felek); Ungurei (Germ. Gergeschdorf, Hung. Gergelyfája) 1661; Seleuș (Germ. Großalisch, Hung. Nagyszőllős) 1713; Cristian (Germ. Grossau, Hung. Keresztényszіget) 1719; Apoldu de Sus, 1751; Gherdeal (Germ. Gürteln, Hung. Gerdály) 1736; Homorod, 1794; Viișoara (Germ. Heidendorf, Hung. Besenyő); Cisnădie (Germ. Heltau, Hung. Nagydisznó) 1681; Ațel 1792; Hărman (Germ. Honigberg, Hung. Szaszhermány) 1787; Ormeniș (Germ. Irmesch, Hung. Szászörményes) 1720. – FABINI (cf. n. 45), 8f., 24, 45, 51, 74, 85, 121, 123f., 138, 150, 161, 169, 194, 196, 206, 214, 218, 238, 257, 273, 277f., 288f., 299, 303, 315.

134 Acta publica synodi Cibinii celebratae die 25 Novembris anni 1565. In: TEUTSCH (cf. n. 28), here vol. 2, 101–109, here 105: "Sufficiat tibi in altari tuo salvatoris in cruce pendentis imago, quae passionem suam tibi repraesentat."

communication, it also raises the issue of the nature of the messages transmitted. The images had to express Lutheran theology, such as the Lutheran understanding of the eucharist, the doctrine of consubstantiation, which entailed the true presence of Christ in the sacrament, the focus on Christ as the single saviour of mankind, the primacy of the word (*sola scriptura*), the attainment of salvation exclusively through divine grace (*sola gratia*), and the reward of eternal life for faith (*sola fide*). Moreover, reformers had to ensure that these images were correctly decoded by the audience.

Consequently, one needs to assess how these new meanings could be embedded in the old images. Although the associative power evoked by the sequence of narrative is sometimes used deliberately in re-assembled altarpieces, the safest way of ensuring the desired reading of images is by adding inscriptions which set out their theological contents, thus enhancing the didactic function of the altarpieces.[135] The most relevant examples of this practice are to be found in Sibiu, Dupuş (fig. 8), Sebeş and Hălchiu. Although it is not possible here to analyse these inscriptions in detail, it is important to highlight their eucharistic emphasis. They were all meant to transmit messages related to the Lutheran understanding of the sacrament of the eucharist.[136]

Furthermore, there was an effort on the part of the reformers to adapt art to new ceremonial demands. Did these processes involve changes in attitudes towards religious images? Was there a certain degree of alienation, or at least of detachment, from such images?

The iconography of the exterior of the moveable wings of altarpieces, visible when they were closed, can provide an interesting answer to these questions. In Transylvania, the everyday side of altarpieces was generally decorated with eight-episode Passion cycles, comprising episodes between the Agony in the Garden and the Crucifixion – for instance on the altarpiece at Hălchiu –, mostly because they were suitable for the penitential period of Lent and the dramatic events contemplated during Holy Week (fig. 9).[137]

The images corresponded to the liturgy which was celebrated on the main altar during the Easter *Triduum* from Maundy Thursday to Good Friday.[138] During the late medieval period these images were framed by intense liturgical re-enactments which were meant to draw the audience into a meaningful participation in the events

135 MICHALSKI, Sergiusz: Inscriptions in Protestant Paintings and in Protestant Churches. In: Ars Ecclesiastica. The Church as a Context for Visual Arts. Ed. by Arja-Leena PAAVOLA. Helsinki 1996, 39–45.

136 I have attempted a brief analysis of these inscriptions and their intended meanings in CRĂCIUN, Rural Altarpieces (cf. n. 32), 212–214 and a more detailed one in EADEM, Eucharistic Iconography (cf. n. 132).

137 This eight-episode Passion cycle is present at Cund, Roadeş, Fişer, and Beia. The sequence of episodes most frequently repeated is (1) the "Agony in the Garden", (2) the "Betrayal of Christ", (3) "Christ before the Judges", (4) the "Flagellation", (5) The "Crowning with Thorns", (6) "Ecce Homo", (7) the "Carrying of the Cross", (8) the "Crucifixion".

138 On the connection between the altarpiece and the liturgy more generally, see LANE, Barbara: The Altar and the Altarpiece. Sacramental Themes in Early Netherlandish Painting. New York 1984; EHRESMANN, Donald L.: Some Observations on the Role of the Liturgy in the Early Winged Altarpiece. In: The Art Bulletin 64/3 (1982), 359–369, here 368. – For the use of these Passion cycles in the churches of the Saxon community in the late medieval period, see CRĂCIUN, Maria: Attitudes to Religious Art and the Confessional Identity of the Saxon Community. In: New Europe College Yearbook GE-NEC II 2004–2007 [Bucureşti forthcoming 2008].

themselves.[139] Their viewing was carefully staged within an elaborate ceremonial context as they were concealed from view by the Lenten veil and then suddenly made visible to the congregation once it was lifted during Holy Week itself.[140] Although these images continued to be seen on the high altars of parish churches after the Reformation, they were no longer viewed in the context of elaborate ritual and complex ceremonial. Rather, their didactic potential was emphasised by the reading of the catechism and new ways of involving the congregation into the service, for instance the singing of hymns. The emphasis was on instruction in the correct understanding of the events of the Passion.[141] Images and music were to be the key instruments in this effort.[142] Images were no longer placed in the context of prayer, of individual or communal acts of worship. Moreover, they were not used any more in order to unify church space by drawing the congregation's attention to the choir area during the celebration of the liturgy. Instead the attention of the audience was focused on the word spoken from the pulpit, and unity within the community of the faithful was achieved by praying and singing together.[143]

However, the evidence suggests that all artefacts, altarpieces, pulpits, fonts, pews and bells were still thought of as donations, demonstrating a degree of continuity with medieval attitudes to the furnishing of the church. During the later Middle Ages the faithful made gifts "for the remedy of their souls", hoping to gain salvation. The inscriptions accompanying the gifts made by Lutheran ministers as well as other members of the reformed community suggest that the donation of church fittings was still considered to bring prestige within the community, even though the notion of direct spiritual benefits of such acts had officially ceased. The occasional presence of prayers on bells highlights continuities with their medieval functions. The fact that pews were made for parish priests and prominent members of the community emphasises the special status of the clergy and a degree of social division. The clergy were also given preferential treatment as far as burial in the church was concerned, for most tombstones in Lutheran churches commemorate ministers. The very existence of the genre of the epitaph again reflects the special status of the minister whilst its placement in the chancel underlines persistent notions of a sacred hierarchy within the church. This is also apparent in the desire of some members of the lay and clerical elite to be buried near the altar. The fact that the motives for these donations occasionally still appear to be rooted in the concern for the souls of the deceased indicates the resilience of medieval devotional patterns. This is most obvious in the

139 DUFFY (cf. n. 17), 24–30.

140 For the use of veils, see NOVA, Alessandro: Hangings, Curtains and Shutters in Sixteenth-Century Lombard Altarpieces. In: Italian Altarpieces 1250–1550. Function and Design. Ed. by Eve BORSOOK and Fiorella SUPERBI GIOFFREDI. Oxford 1994, 177–200, here 186. Such a Lenten veil was in use at Sibiu. SEIWERT, Gustav: Das älteste Hermannstädter Kirchenbuch. In: Archiv des Vereins für Siebenbürgische Landeskunde N. F. 11 (1873), 323–410, here 356.

141 Catalogus decretorum seu articulorum quorundam, qui de communi consensu et voluntate Saxonum utriusque ordinis cum politici tum ecclesiastici congesti atque conscripti sunt Cibinii, anno salutis 1560. In: TEUTSCH (cf. n. 28), here vol. 2, 33f.; Synodus pastorum Saxonicorum et quorundam Hungarorum, Medgjesini anno 1561, 6. Febr. coacta. In: TEUTSCH (cf. n. 28), here vol. 2, 35–68, here 67–69.

142 Reformatio [...]. In: TEUTSCH (cf. n. 34), here vol. 1, 69.

143 For the use of Passion cycles in the new Lutheran context, see CRĂCIUN, Maria: Reforming Church Space. Altarpieces and their Functions in Early Modern Transylvania. In: Church History and Religious Culture 87 (2007), 1–28.

case of Johannes Henning who explicitly invokes the memory of his dead son who had been buried in the church. Although no longer officially sacred, the ground inside churches must still have been perceived as somewhat special, and the father's mind was therefore placated with regarding to the spiritual afterlife of his son.

Confessional Identity

How aware, then, were the members of the Lutheran community that they belonged to a new and different church? The evidence examined in this study suggests that both the furnishings of the church and their imagery contributed to the shaping of confessional identity. Both the arrangement of artefacts and the network of images within the church interior suggest a process of adaptation and appropriation. A different reading/decoding of the messages conveyed in both objects/furnishings and images is encouraged less by the transformation of the artefacts (which is most evident in altarpieces) than by the changes in their location (as is most obvious in the case of fonts, pews and (presumably) pulpits, and in the restriction of retables to main altars) and the guidelines for their interpretation as provided by inscriptions. These encourage the correct decoding of the messages conveyed in the images themselves, or simply communicate Protestant tenets of faith to the congregations. Even inscriptions on bells become increasingly Christocentric or carry forth logocentric messages. The presence of prayers favoured by Protestants, such as the *Pater Noster*, and growing awareness of the belonging to the Lutheran community suggest that, by the eighteenth century, the confessional identity of the Lutheran Saxons had been successfully constructed.

The Lutheran Church had to build its specific confessional identity, especially after 1559 when some clerics espoused Sacramentarian views at the synod of Târgu Mureş (Germ. Neumarkt, Hung. Marosvasárhely) in opposition to both the Catholic and the Reformed Church. Because the Saxons had chosen Lutheran ideas as a community in 1544–1545, the group was, at least in theory, free of Catholic members in its midst. Between 1559 and 1572, when the Lutheran Church adopted the "Confessio Augustana Invariata" and issued the "Formula pii consensus inter pastores", the most significant competitors in vying for the allegiance of the community were preachers active in the Saxon cities of Transylvania – especially at Braşov –, espousing south German and Swiss views on the sacrament of the eucharist. [144] In these circumstances the Lutheran Church was forced to show some concern for Lutheran orthodoxy. Therefore the principal parish priest at Braşov, Titus Amicinus, was forced to abandon his Calvinist leanings in 1561.[145]

---

144 Szegedi, Edit: Constituirea şi evoluţia principatului Transilvaniei (1541–1690) [The Emergence and Development of the Transylvanian Principality]. In: Istoria Transilvaniei. Vol. 2: 1541–1711. Ed. by Ioan-Aurel Pop, Thomas Nägler and András Magyari. Cluj 2005, 107–120, here 118 mentions the theology of Melanchtonian inspiration known as crypto-Calvinism.

145 Eadem: Reforma în Transilvania. Constituirea Identităţilor Confesionale [The Reformation in Transylvania. The Shaping of Confessional Identity]. In: Istoria Transilvaniei (cf. n. 144), 231–248, here 241.

While Catholicism continued to be the lesser threat (though still favoured by the Báthory family who ruled Transylvania between 1571 and 1599, and by other contemporary aristocrats),[146] Calvinism became an increasing challenge for the Saxons during the seventeenth century when it had been adopted by the princes (1606–1690) who, in turn, implemented confessional policies.[147] Calvinist clergy believed that the Protestant battle against Catholicism would be more successful if Lutherans could be persuaded to relinquish remnants of Catholic liturgy and abandon the doctrine of the real presence in communion services. The superintendent of the Reformed Church, István Katana Geleji, attacked Lutheran opinions in his homiletic works, arguing that ubiquitarianism denied the humanity of Christ and remarking that Lutherans did not worship God in a manner which he approved of. Geleji concluded that the Lutherans were half-Papists.[148] The princes at the time offered their support to the Reformed Church and to the pro-Calvinist currents within the Lutheran and Unitarian Churches. They attempted to control their own church through social-disciplinatory measures on confessional basis whilst also intervening in the religious life of other confessions.[149] They supported ministers like Simon Paulinus at Sighişoara, and all clergy working in rural communities such as in Ţara Bîrsei or the deaneries of Cincu and Rupea who could be considered Calvinists because of their use of the Heidelberg Catechism and the Calvinist Psalter (Lobwasser).[150]

Thus, confessional delineation had gradually become a political issue. The adoption of the "Confessio Augustana Invariata" in 1572 seems to be a response to the laws against innovation approved by the diet in the same year. They aimed to preserve the religious make-up of Transylvania by 1571 and forced the prince to punish offenders. This decision enhanced the authority of the ruler and determined his interventions in religious matters.[151] The Saxons were able to protect their church according to the legal system of Transylvania and by appeal to their traditional privileges. The evolvement of Lutheranism can only be understood in the context of attempted Calvinist domination.[152] The option in favour of Lutheran orthodoxy is linked primarily to the policies of Gábor Báthory whose occupation of Sibiu restricted Lutheran worship in the city for four years. This was a traumatic experience for the Saxons in both political and religious terms. Orthodox Lutheranism had become the doctrine of resistance for the estate of the Saxons trying to protect itself from the demands of the central political authority. Thus, Lutheran orthodoxy was imposed at the synod of Mediaş (1615) in the articles on the Eucharist.[153]

---

146 Szegedi, Constituirea şi evoluţia (cf. n. 144), 114. The Báthory implemented a policy of Catholic restoration but imposed restrictions only on Unitarianism.

147 This is particularly true of Gábor Bethlen (1613–1629), György Rákóczi I (1630–1648), and György Rákóczi II (1648–1657).

148 Murdock, Graeme: Calvinism on the Frontier 1600–1660. International Calvinism and the Reformed Church in Hungary and Transylvania. Oxford 2000, 128–134.

149 Szegedi, Constituirea şi evoluţia (cf. n. 144), 115–118. György Rákóczi II attempted to intervene in the theological orthodoxy of the Lutheran Church.

150 Eadem, Reforma în Transilvania (cf. n. 145), 241; Eadem: Confesionalizarea [The Confessionalization]. In: Istoria Transilvaniei (cf. n. 144), 249–262, here 250.

151 Eadem, Constituirea şi evoluţia (cf. n. 144), 115.

152 Eadem, Confesionalizarea (cf. n. 150), 252.

153 Ibid., 257f.

In these circumstances distinction from Catholics may have become less important for the Saxons than disassociating themselves from the Reformed. In this sense, survival of religious art and the interior of churches could make significant visual statements.

To start with the furnishings, the retention of the altar mensa itself was a powerful marker of Lutheran identity. While essentially blurring the line that separated Lutherans from Catholics, the preservation of a high altar for the celebration of liturgy clearly divided them from the Reformed. Moreover, the retention of the altarpiece and the tendency to commission new retables for high altars which continued throughout the early modern period can be construed as another powerful marker of confessional identity. Again this feature contributed to distinguishing the Lutherans from the Reformed rather than from the Catholics. A degree of conservatism is suggested by the fact that the old winged format of the altarpiece was preserved during the seventeenth century, while retables with a single panel of imagery only became popular in the eighteenth century. Finally, the retention of the sacrament house again serves to confuse further the viewers who are trying to distinguish between the Lutheran and Catholic churches, while it helps to differentiate the Lutheran from the Reformed churches where no such artefacts were preserved.

On the other hand, the removal of side altars, the introduction of pulpits and pews served to distinguish the Lutherans from the Catholics rather than the Reformed. While fonts are a constant feature of parish churches in both medieval and early modern times, their change of location from the entrance to the choir fits into prescribed Lutheran arrangements regarding the symmetrical position of altar, pulpit and font and can also serve as a marker of Lutheran confessional identity. The situation of pews is somewhat similar. While they had been the prerequisite of the clergy and occasionally of the social elite in medieval churches, early modern Lutheran congregations claimed them for themselves, although they continued to be donated predominantly by the elite. Rather than their instalment it is their new location in the nave as well as in the choir that may be perceived as a marker of confessional identity.

Burial inside the church is another problematic area. The absence of tombs within the building could help to identify it as a Protestant place of worship and would clearly distinguish it from a Catholic space. However, the continued presence of tombs of the clergy and other members of the elite tends to blur that distinction, while the growing presence of epitaphs helps to highlight it more forcefully.

While bells cannot be used as a marker of confessional identity in any obvious way – appearing as they do in both Catholic and Lutheran churches –, the messages expressed by inscriptions can help to distinguish between them. Throughout the early modern period, supplicatory inscriptions tend to disappear and give way to explicitly Christo-centric messages, or messages underlining the prominence of God's word and highlighting the importance of the Lutheran community.

Taking into account the visual stimuli provided by the images attached to the furnishings, one comes to the conclusion that they are also a powerful marker of confessional identity. Most of the images that have survived are Christo-centric, scriptural and have a strong Eucharistic focus. Although they were stripped of their devotional function and of their status as loci of the sacred, they retained strong educational potential within the reorganised setting and were thus fully integrated into the spatial fabric of the church building itself. The Eucharistic focus of the iconography highlights its centrality to the definition of Lutheran doctrine. The specific doctrine of consubstantiation, which advocated the real, not symbolic or allegorical presence of Christ in the bread and wine, [154] enabled the Lutheran Church to distance itself from both the Catholic position (transubstantiation) and the "errors" of the "Sacramentarians" and eventually Anabaptists and anti-Trinitarians.[155] Thus, the sacrament and its meaning were central to the defining of the confessional identity of the Saxon Lutheran community.

The visual medium was vital to this construct as new uses were forged for images and old functions redefined. The iconographic survivals analysed above on altarpieces, fonts and tabernacles emphasise the interest in the Eucharist and express the shift from late medieval to Lutheran views of the sacrament. The emphasis was no longer on transubstantiation or concomitance but rather on consubstantiality between the host and Christ's body, the offer of grace, the importance of faith and the historical origin of the sacrament. The new look of the church, the reorganisation of sacred space around the refashioned altarpiece, the repositioning of the font and the prominence of pulpits helped Lutherans in their definition as to who they were in a multi-confessional environment. The visual props perpetually reconfirmed their confessional identity.

Conclusion

This discussion has been guided from the start by a major question. Does the survival of religious art constitute an element in the construction of Saxon Lutheran confessional identity in a multi-confessional Transylvania? The study has raised questions concerning the use of space in relation to Lutheran church services and the role of the visual in defining confessional affiliation. It has, firstly, been attempted to set out the changes in the physical setting for Lutheran services. This has entailed careful examination of the furnishings of Lutheran churches, the artefacts which had become the new markers within the sacred space. By comparing the late medieval mass and its ecclesiastical setting to the furnishings of a Lutheran church, one arrives at the conclusion that a distinctive space has been constituted for worship in spite of the considerable extent of survival of medieval furnishings (such as altars, sacrament houses, and fonts), religious imagery displayed on them, and even fundamental elements of the hierarchical layout of sacred space as epitomised by the retention of the *lettner*. Not only were the artefacts themselves slightly different, but their location was changed while the sacred space itself was articulated in a different

154 Synodus pastorum Saxonicorum anno 1560 Mejesini, die 10. Januarii celebrata. In: Teutsch (cf. n. 28), here vol. 2, 25–32, here 25.

155 "Ac fatemur, nos ex animo detestari perniciosum dogma eorum". In: Brevis confessio de coena domini ecclesiarum Saxonicarum et conjunctarum in Transsilvania, exhibita in academiis anno domini 1561. In: Teutsch (cf. n. 28), here vol. 2, 39–52, here 43f. For more information on their views, see ibid., 45f.

way. Moreover new and specifically Lutheran furnishings, such as epitaph paintings, pulpits, and nave pews were added.

Secondly, the essay has explored the images which decorated these artefacts, providing an additional layer of cognitive stimuli. By analysing the imagery in Lutheran churches as surviving on various furnishings, especially on altarpieces, one comes to the conclusion that Eucharistic imagery was retained particularly, but also re-framed to convey new Lutheran theological messages. Moreover the didactic and mnemonic function of imagery within churches was given priority over the devotional one by removing statues from the shrines of altarpieces and introducing explanatory inscriptions. Finally, the congregation was encouraged to focus on instruction and to use images only complementary to the words heard from the pulpit or uttered in communal prayer and song.

Finally, this study has considered the connection between visual perception and the constitution of confessional identity. In their attempt to shape new devotional patterns for the congregations reformers have also striven to create appropriate physical surroundings for a new religious experience. Ecclesiastical authorities had created a "cognitive map" of the church which congregations were able to read; whether they did do consciously or not remains to be questioned. It was not the architectural setting as such that had changed because – as discussed above – Lutherans took over and used medieval churches. Thus, an existing architectural layout was articulated in a different way, provided with different signposts and was transformed into a new "cognitive map" to be read by the congregation which contributed to the constitution of their new confessional identity.

Kinga German

Sakramentshäuser und Sakramentsnischen in evangelischen Kirchen Augsburgischen Bekenntnisses in Siebenbürgen

„An einem Ort können verschiedene Räume entstehen, die nebeneinander sowie in Konkurrenz zueinander existieren bzw. in klassen- bzw. geschlechtsspezifischen Kämpfen ausgehandelt werden."[1] Diese Überlegung verläßt die traditionelle cartesianische Raumvorstellung, nach der „Raum" als Volumen meßbar, physisch bestimmbar ist. Sie basiert auf der Annahme „konstituierter Räume", also Orte, die nicht allein physikalisch bestimmt, sondern vielmehr soziologisch bespielt werden. Durch deren Nutzung befinden sie sich in ständiger Formierung. Der Ort wird hier zudem nicht als Teil des Raumes, den ein bestimmter Körper für sich einnimmt, verstanden, sondern als Bezugsraum, in dem subjektive, kleinkollektive Bewegungen erfolgen und auf diese Weise durch soziale Bezüge modellierte „Mikroorte" entstehen können.[2] „So gesehen fragt jede relationale Raumanalyse danach, erstens was angeordnet wird, zweitens wer anordnet und drittens eventuell wodurch sich die Räume wieder verflüchtigen."[3]

Betrachtet man auf der Folie dieses Raumkonzepts die Ausstattung siebenbürgischer Pfarrkirchen im heutigen Rumänien, so ist zudem die Frage nach dem „Wann" zu stellen. Dortige Kirchenräume haben sich nach dem Ende des Zweiten Weltkrieges mit der Flucht der Siebenbürger Sachsen aus dem Nösnerland um Bistritz (rum. Bistrița, ung. Beszterce) oder auch seit den 1980er Jahren mit der massiven Auswanderung aus Südsiebenbürgen regelrecht aufgelöst. Vor diesem Hintergrund lassen sich die Siebenbürger Sachsen sozusagen ex negativo als „raumkonstituierende Akteure" beschreiben: Verlassene Siedlungen und Wohnhäuser, ungenutzte Kirchen, Gemeinde- und Rathäuser, Friedhöfe, brachliegende Äcker und Weinberge werden sozial nicht mehr oder eben anders als früher konstituiert. Da aber Räume nie bewegungslos und leer verharren, ereignet sich in Siebenbürgen dreierlei: Erstens können Räume als physikalisch meßbare Werte tatsächlich zerfallen und

---

1 Rau, Susanne/Schwerhoff, Gerd: Öffentliche Räume in der frühen Neuzeit. Überlegungen zu Leitbegriffen und Themen eines Forschungsfeldes. In: Zwischen Gotteshaus und Taverne. Öffentliche Räume in spätmittelalterlicher und früher Neuzeit. Hg. v. Dens. Köln-Weimar-Wien 2004 (Studien zum sozialen Wandel in Mittelalter und Früher Neuzeit 21), 11–52, hier 23. – Basierend auf Löw, Martina: Raumsoziologie. Frankfurt/Main 2001.

2 An dieser Stelle sei an das philosophische Raumkonzept Immanuel Kants, formuliert in der „Kritik der reinen Vernunft", erinnert, da sämtliche die Räumlichkeit betreffenden Debatten hier ihren Ursprung haben. Vgl. Kant, Immanuel: Werkausgabe. Bd. 3 (Kritik der reinen Vernunft). Hg. v. Wilhelm Weischedel. Frankfurt/Main 1986, hier 71–78. Als Einführung zu philosophischen Raumtheorien vgl. Günzel, Stephan: Physik und Metaphysik des Raums. Einleitung. In: Raumtheorie. Grundlagentexte aus Philosophie und Kulturwissenschaften. Hg. v. Jörg Dünne und Dems. Frankfurt/Main 2006, 19–43.

3 Rau/Schwerhoff (wie Anm. 1), 23.

verschwinden.[4] Zweitens können sie von neuen Akteuren, d. h. in diesem Fall von Zugezogenen, die sich nun als Gemeinde formieren, mit Handlungen „gefüllt“ und damit neu konstituiert werden.[5] Und drittens schließlich könnten solche Räume von den Hinterbliebenen und deren weltlichen sowie kirchlichen Organisationen in gewisser Weise restauriert, ja sogar rekonstruiert werden.[6]

Bei der folgenden Analyse des Umgangs mit fest montierten Ausstattungen in den siebenbürgisch-sächsischen Kirchen ist die Wann-Frage für die Frühe Neuzeit nicht immer leicht zu beantworten, ebensowenig die Frage nach den wesentlichen Akteuren. Am aussagekräftigsten ist noch immer der Denkmälerbestand selbst. Als Beispiel dienen im folgenden die zwar vielerorts, jedoch in ganz unterschiedlichen Erhaltungszuständen anzutreffenden Sakramentsnischen und Sakramentshäuser. In eher westlichen Regionen zuletzt verstärkt im Fokus stehend,[7] sind sie in Siebenbürgen, abgesehen von einem frühen Aufsatz des siebenbürgisch-sächsischen Pfarrers Victor Roth,[8] bisher kaum zusammenhängend betrachtet worden und schon gar nicht im Hinblick auf ihre nachreformatorische „Nutzung“ und ihre „raumkonstituierende Funktion“.[9]

Zusammenfassend ist zu den vorreformatorischen Entwicklungen folgendes festzuhalten: Auf dem Laterankonzil von 1215 wurde die vollständige und dauerhafte Realpräsenz Christi in der geweihten Hostie verkündet.[10] Das Dogma konnte sich

---

4 Aber sogar der vollständige, sehr zu bedauernde Verfall einer mittelalterlichen Kirche wie der von Senndorf (rum. Jelna, ung. Kiszsolna), wo in desolatem Zustand nur noch Teile des Chores stehen, kann Objekte zutage „fördern“, die bis dato unbekannt waren. Regenwasser und Nässe haben den Putz der nördlichen Chormauer abbröckeln lassen. Zum Vorschein kamen dabei zuletzt zwei Schichten von Wandmalereiresten sowie eine vermauerte Sakramentsnische, die jahrhundertelang verdeckt waren. Im Jahre 2003 ist Peter-Franz German auf diese Objekte gestoßen.

5 In Heidendorf (rum. Viişoara, ung. Besenyő) wurde das Sakramentshaus mit blauer Wandfarbe dick überzogen und von rumänischen Volksstickereien umgeben. Eine Ikonostase, die von der griechisch-orthodoxen Gemeinde in einem spätgotischen Chor aufgestellt wird, neutralisiert und umstellt den ursprünglichen Raumcharakter, oft anzutreffen etwa im sogenannten Nösnerland.

6 Zunächst als Schutzmaßnahme gegen Raub definiert, kam es in den sächsischen Ortschaften Siebenbürgens seitens des Landeskonsistoriums der evangelischen Kirchen A. B. zur systematischen Sammlung der alten Gemeindearchive und zum zentralisierten Aufbau von Archiven in Hermannstadt (rum. Sibiu, ung. Szeben) und Mediasch (rum. Mediaş, ung. Medgyes) sowie zur Ansammlung wertvollerer Kunstgegenstände und liturgischer Geräte in den Gotteshäusern zentralerer Ortschaften. Retabeln wurden und werden wie ehemalige Nebenaltäre und Kreuzaltäre in den heute noch evangelischen Kirchen in die Kirchenschiffe plaziert, wodurch der Raumeindruck des Spätmittelalters angedeutet wird, so etwa in Schäßburg (rum. Sighişoara, ung. Segesvár) und in Mediasch. Neue – museale Räume – entstehen, die seit Jahrhunderten in dieser Form nicht existierten.

7 Vgl. zuletzt vor allem Timmermann, Achim: Staging the Eucharist: late gothic sacrament houses in Swabia and the Upper Rhine. Architecture and iconography. Phil. Diss., Typoscript. University of London 1996; Ders.: Designing a House for the Body of Christ: The Beginnings of Eucharistic Architecture in Western and Northern Europe, ca. 1300. In: Arte medievale 4 (2005), 119–129.

8 Roth, Viktor: Csúcsíves szentségtartó fülkék és házacskák Erdélyben [Spitzbogige Sakramentsnischen und -häuschen in Siebenbürgen]. In: Archeológiai Értesítő 30 (1910), 220–230.

9 Dies geschieht derzeit in der Dissertation der Verfasserin mit dem Arbeitstitel „Sakramentsnischen und Sakramentshäuser in Siebenbürgen. Gotische Mikroarchitektur der Spätgotik“.

10 Die Konsekration (im Verbund mit der Elevation) erwirke die Gegenwart Christi mit Leib und Blut in der Messe. Vgl. Schulz, Hans-Joachim: „Wandlung“ im ostkirchlich-liturgischen Verständnis. Eine Orientierung im Disput um Transsubstantiation und Transsignifikation. In: Catholica 40 (1986), 270–286; siehe auch Rubin, Miri: Corpus Christi. The Eucharist in Late Medieval Culture. Cambridge/Mass. 1991 sowie Nowiński, Janusz: Ars Eucharistica. Idee, miejsca i formy towarzyszące

auf den Korintherbrief (1 Kor 10,16) berufen, wo die Übereinstimmung des „Brotes“ mit dem Leib Christi beschrieben wird. Das Wunder von Bolsena (1263),[11] der Dombau von Orvieto und 1264 die Einführung des Fronleichnamsfestes durch Papst Urban IV.[12] sind weitere liturgiegeschichtliche Etappen auf dem Weg zu einer Materialisierung von Sakramentsnischen und Sakramentshäusern. Für die Ausstellung der Hostie außerhalb der Messe existieren schriftliche Quellen schon für die Mitte des 14. Jahrhunderts; vermehrt entstanden seit 1370 im Reichsgebiet und in Schweden die ersten Mauernischen oder Häuschen als gebaute Aufbewahrungsorte. Zeitlich parallel etablierte sich auch in Siebenbürgen und in weiten Teilen Ungarns das Fronleichnamsfest: 1271 wird in den Klausenburger Kapitelsurkunden und 1298 in einigen Nachlässen das Fest als Datierungsformel benutzt („ante festum Corporis Christi“[13]), in Hermannstadt ist 1372 die Gründung der Fronleichnamsbruderschaft schriftlich überliefert.[14] Dank päpstlicher Privilegien verbreitete sich im Verlauf des 15. Jahrhunderts zudem die Stiftung von Donnerstagsmessen, in deren Rahmen die feierliche Aussetzung der konsekrierten Hostie erfolgte. Seit 1460 fanden in Hermannstadt an besonderen Festtagen und an Donnerstagen Prozessionen statt, an denen die Bruderschaften des Heiligen Leichnams und die Mitglieder der Zünfte teilzunehmen hatten.[15]

Die auf Prozessionen in der Monstranz herumgetragene oder zur Andacht ausgestellte geweihte Hostie ist in der Realpräsenz Christi auch ein „handelndes Bildwerk“.[16] Zu ihrer Aufbewahrung errichtete man in vielen Kirchen ein steinernes „Haus“ in Form einer Nische oder einer Turmanlage, zumeist an der Nordseite des Chorraumes, wie die Beispiele in Meschen (rum. Moşna, ung. Muzsna) und Schäßburg zeigen (Abb. 1–2). Auf diese Weise entstanden auch darüber hinaus inszenierbare „Mikroorte“, die dem Schaubedürfnis der Gläubigen Rechnung trugen. Diese Gehäuse, ob nun in die Wand eingelassen oder freistehend, wiesen eiserne Gittertüren auf,

---

przechowywaniu eucharistii w sztuce wczesnochrześcijańskiej i średniowiecznej [Ars Eucharistica. Ideen, Orte und Formen der Aufbewahrung der Eucharistie in der frühchristlichen und mittelalterlichen Kunst]. Warszawa 2000.

11 Nach dem Wunder von Bolsena ereignete es sich, daß ein an dem Dogma zweifelnder Priester während der Messe, bei der Brechung der Hostie, bemerkte, daß diese zu bluten begann. Die Blutstropfen ließen auf dem Korporale und den fünf Marmorplatten des Fußbodens eindeutige Spuren zurück. Siehe ferner Browe, Peter: Die eucharistischen Wunder des Mittelalters. Breslau 1938 (Breslauer Studien zur historischen Theologie N. F. 4/11).

12 Vgl. den Artikel von Dürig, W.: Fronleichnam. In: Lexikon für Theologie und Kirche. Bd. 4. Hg. v. Josef Höfer und Karl Rahner. Freiburg ²1960 [¹1932], 405–407.

13 Urkundenbuch zur Geschichte der Deutschen in Siebenbürgen. Bd. 1. Hg. v. Franz Zimmermann, Carl Werner und Georg Müller. Hermannstadt 1892, 185.

14 Pásztor, Lajos: A magyarság vallásos élete a Jagellók korában [Das religiöse Leben der Ungarn im Zeitalter der Jagiellonen]. Budapest 1940 [Reprint: 2000], 25. – Existenz und Gründonnerstagsprozessionen der Bruderschaften des Heiligen Leichnams sind wohl in allen größeren Ortschaften des Königreiches anzunehmen, allein zwanzig sind archivalisch nachweisbar, in Siebenbürgen in Hermannstadt, Kronstadt (rum. Braşov, ung. Brassó), Schäßburg, Klausenburg (rum. Cluj, ung. Kolozsvár) und Keisd (rum. Sachiz, ung. Szászkézd). Vgl. ebd., 23, 38f. und 45; siehe auch Gross, Lidia: Confreriile medievale in Transilvania [Mittelalterliche Bruderschaften in Siebenbürgen]. Cluj-Napoca 2004, 213 und Crăciun, Maria: Polipticul si Devoţiunea Eucharistică în Transilvania Evului Mediu Târziu [Altarretabel und eucharistische Devotion im Siebenbürgen des Spätmittelalters]. Cluj 2006 [Typoskript], 32–34 und 39.

15 Gross (wie Anm. 14), 213.

16 Tripps, Johannes: Das handelnde Bildwerk der Gotik. Berlin 2000.

die einerseits schützende Funktion hatten, anderseits dank ihrer halbdurchsichtigen Körperlichkeit zur „transitiv" verstandenen Verhüllung des Mysteriums beitrugen, indem sie die Anbetung sowie die direkte Betrachtung der Hostie im gleichen Maße verhinderten, wie sie diese ermöglichten.[17] Auch die Sakramentsnische in Baaßen (rum. Bazna, ung. Bázna) belegt dies eindeutig (Abb. 3). Diese Tatsache generierte einen spezifischen Bezugsraum der Anbetung, der sich zwischen dem Objekt und der jeweiligen Person individuell entfalten konnte.

Der gesamte eucharistische Kult formte auf diese Weise an einem „Ort", an dem die Realpräsenz Christi in der Gestalt der konsekrierten Hostie faßbar war, einen „Raum", der weit über sich hinausweisend große Anziehungskraft besaß: Im Glauben an die Heilswirkung der Hostie wurde die Augenkommunion möglichst oft angestrebt, während die Kommunion in der Messe mindestens einmal im Jahr empfohlen wurde. Gleichermaßen strahlte der durch den Kult und seine Pflege geschaffene „eucharistische Raum" durch Feste und Prozessionen auch weit in den Stadtraum hinein aus.

Auf diese hochkomplexe Situation stieß die Reformation. Luther konnte eine Verehrung der konsekrierten Hostie nur im Gottesdienst akzeptieren und verwarf ebenso wie Calvin die Anbetung außerhalb der Messe. 1523 empfahl Luther allen Gläubigen, sich vor Prozessionen am Fronleichnamsfest und der Verehrung der Sakramentshäuser zu hüten, denn dem „rein eusserlich anbetten" mangele es an innerer Qualifizierung durch den Glauben.[18] Die Realpräsenz Christi in der Hostie hat er aber hiermit nicht verneint. Die für die Reformation in Siebenbürgen maßgebliche Schrift, das 1543 erschienene Reformationsbüchlein des Kronstädter Stadtpfarrers Johannes Honterus, anerkannte ebenfalls die Realpräsenz Christi „nur in der actio, als höchstes Gut zur Vergebung der Sünden durch den Glauben".[19] Die Verehrung der Hostie mit anderen Weihehandlungen wurde jedoch auch in diesem Werk eindeutig verurteilt. In der überarbeiteten Version des Reformationsbüchleins, der 1547 erschienenen „Reformatio ecclesiarum Saxonicum in Transylvania",[20] die 1550 als Kirchordnung auch von der Nationsuniversität ratifiziert wurde,[21] beschreibt Honterus

[17] Synodalbeschlüssen des 13. Jahrhunderts zufolge mußten die Hostien in einem Tabernakel auf dem Altar oder in einem Wandschrank sicher eingeschlossen werden. Vgl. Noppenberger, F. X.: Sakramentshäuschen. In: Lexikon für Theologie und Kirche. Bd. 9. Hg. v. Josef Höfer und Karl Rahner. Freiburg ²1964 [¹1937], 244.

[18] „Zuvor sollt man abthun die Sacrament heusser und die procession auff des heiligen Leichnams tag [...]", Luther WA, Bd. 11, 417–451, hier 445; vgl. weiterführend Imorde, Joseph: Eucharistieverehrung – Glaube und Kritik. In: Panis Angelorum – das Brot der Engel. Kulturgeschichte der Hostie. Hg. v. Oliver Seifert. Ostfildern 2004, 77–99.

[19] Müller, Andreas: Humanistisch geprägte Reformation an der Grenze von östlichem und westlichem Christentum. Valentin Wagners griechischer Katechismus von 1550. Mandelbachtal-Cambridge 2000 (Texts and Studies in the History of Theology 6), 94. – Zur Weiterführung der Diskussion siehe auch Wien, Ulrich A.: Die Humanisten Johannes Honterus und Valentin Wagner. In: Konfessionsbildung und Konfessionskultur in Siebenbürgen in der Frühen Neuzeit. Hg. v. Volker Leppin und Dems. Stuttgart 2005 (Quellen und Studien zur Geschichte des östlichen Mitteleuropa 66), 89–104.

[20] Netoliczka, Oskar: Johannes Honterus' ausgewählte Schriften. Wien-Hermannstadt 1898, 55–125.

[21] Vgl. in diesem Zusammenhang auch Gündisch, Konrad: Die „Geistliche Universität" der siebenbürgisch-sächsischen Kirchengemeinden im 15. und 16. Jahrhundert. In: Konfessionsbildung und Konfessionskultur in Siebenbürgen (wie Anm. 19), 105–113.

die Tätigkeit der Corpus-Christi-Bruderschaften als nutzlos, weshalb ihr Vermögen auch entsprechend zwischen Stadtrat und Kirche aufgeteilt wurde.[22]

Dieser Paradigmenwechsel muß Folgen für oben benannte räumliche Strukturen, ja auch für die konkreten Mikroarchitekturen gehabt haben. In ihrer zeitlichen Abfolge lassen sie sich jedoch nur schwer fassen. Es entstanden ja keine sakralen Neubauten, vielmehr wurde die alte Bausubstanz direkt weiterbenutzt. Die spätgotische Kleinarchitektur war also nach wie vor präsent. Angesichts einer zunächst in den Städten und in den Kreisen des städtischen Patriziats[23] Fuß fassenden Reformation stellt sich die Frage, ob nicht zumindest in ländlichen Pfarrkirchen der Brauch der Hostienverehrung noch eine Zeitlang weiter gepflegt wurde. Immer wieder finden sich in zeitgenössischen Berichten Feststellungen zur Ähnlichkeit von evangelischer und katholischer Liturgie.[24] Auf der Mediascher Synode von 1572 wurde schließlich festgehalten: „Caerimoniae hactenus in ecclesiis Saxonicis observatae in eodem statu reliquantur."[25] Zwar gab es Bestrebungen nach einer „Einigung in den äußeren Bräuchen, da [...] diese in den sächsischen Kirchen verschieden seien".[26] In der Konsequenz lehnte man Forderungen nach einer Vereinheitlichung des Ritus allerdings ab. Tatsächlich waren in Hermannstadt und Kronstadt einzelne katholische Bräuche wie das Tragen von Meßgewändern, die Lichter auf dem Altar etc. teilweise bis ins 19. Jahrhundert beibehalten worden, ja die Elevation war in Kronstadt noch im 18. Jahrhundert üblich.[27] In solchen Dingen sahen auf der Mediascher Synode von 1572 einzig die Vertreter aus Bistritz und Mediasch papistischen Götzendienst.[28] Der Kleinpolder Pfarrer Damasus Dürr erörtert in einer seiner Predigten dazu: „Wir behalten die Meßgewand, die Lichter, das Gemähl, die Feiertag nicht deswegen, daß wir die Heiligkeit, die Seelenheiligkeit dabei suchen, sondern der ehrlichen Ordnung wegen."[29] Abgesehen davon ist hier auch ein gewisser Bekenntniswert im

---

22 Ein anderer, in diesem Zusammenhang wichtiger Hinweis ist in der Handschrift des sogenannten Mediascher Predigtbuches (datiert auf ca. 1536) zu finden, wo die Umwandlung während der Messe, trotz der sich verbreitenden neuen Lehre betont wird: „da durch die Worte der Weihe Christus in das Sakrament kommt gleichsam von Neuem von Gott dem Vater in die geweihte Hostie gesandt". REINERTH, Karl: Beiträge zur Geschichte des siebenbürgisch-sächsischen Gottesdienstes und Glaubenslebens. Bemerkungen und Ergänzungen zu Adolf Schullerus: Luthers Sprache in Siebenbürgen. In: Korrespondenzblatt für Siebenbürgische Landeskunde 53 (1930), 211–250, hier 212.

23 GÜNDISCH (wie Anm. 21), 109–113.

24 Călători străini despre Țările Române [Fremde Reisende in den rumänischen Ländern]. Hg. v. Maria HOLBAN. București 1970, 430. Bezüglich Treppen (rum. Tărpiu, ung. Szásztörpény) vgl. BRANSCH, Georg: Katholische Überreste in unserer Liturgie. In: Kirchliche Blätter 15 (1910), 172f.: „Ich erwähne hier die manchenorts noch übliche Elevatio (Aufhebung des Sakraments) mit dem vom Chor gesungenen Sanctus (‚heilig, heilig, heilig ist unser Gott') und das Benedicamus (‚Laßt uns preisen') am Schluß der Vesper, um auf einen eigentümlichen Brauch im hiesigen Hauptgottesdienst aufmerksam zu machen."

25 TEUTSCH, Georg Daniel: Urkundenbuch der Evangelischen Landeskirche A. B. in Siebenbürgen. Zweiter Theil: Die Synodalverhandlungen der Evangelischen Landeskirche A. B. in Siebenbürgen im Reformationsjahrhundert. Hermannstadt 1883, 129–175, hier 167.

26 TEUTSCH, Friedrich: Kirche und Schule der Siebenbürger Sachsen in Vergangenheit und Gegenwart. Hermannstadt 1923, 62f.

27 ROTH, Erich: Die Geschichte des Gottesdienstes der Siebenbürger Sachsen. Göttingen 1954, 165f.

28 TEUTSCH (wie Anm. 26), 62.

29 Zit. nach ebd., 86. Vgl. zu den Predigten des Kleinpolder Pfarrers Damasus Dürr auch den Beitrag von Ulrich A. WIEN in diesem Band.

Gebrauch solcher Dinge, d. h. in den Adiaphora, vorauszusetzen.[30] Zwar wird in Dürrs Aufzählung kein Sakramentshaus erwähnt, aber die Äußerung des Pfarrers bezeugt eine besondere Einstellung gegenüber den vorreformatorischen Erzeugnissen. Der Hinweis auf „eine ehrliche Ordnung" ist eigentlich ein Rückbezug auf die Tradition, es ist eine Stellungnahme, die eine hohe Achtung vor den kunstvollen Produkten der Vorfahren bezeugt, mit der man sich von anderen Konfessionen auch abgrenzte. Noch 1923 hält etwa Friedrich Teutsch fest, daß „es [...] so recht symbolisch [sei], wenn heute noch die Kirchenväter von Stolzenburg das alte schöne silbervergoldete Kreuz aus dem 15. Jahrhundert an hohen Festtagen auf den Altar stellen und in anderen Gemeinden wieder die Kirchenväter die Abendmahlgeräte an den Kommuniontagen in die Kirche tragen".[31]

Obgleich zu den diversen Bilderstürmen in siebenbürgischen Städten und zum Umgang mit vorreformatorischen Ausstattungsstücken – Retabel, Vasa sacra/Abendmahlsgerät, Paramente – bereits einige Untersuchungen vorliegen,[32] sind die Vorgänge um die Sakramentsbehausungen noch nicht untersucht worden. Sicher ist, daß die Verehrung der Hostie theologisch nicht mehr erwünscht war, unklar hingegen, ob dieser rituelle Vorgang sofort mit der Übernahme der Reformation in Siebenbürgen abgeschafft wurde.[33] Auf der einen Seite weiß man von Kritik gegenüber der Sakramentsfrömmigkeit schon aus Zeiten vor der Einführung der Reformation. In der eindrücklichen Klageschrift des Hermannstädter Kapitels, 1526 erstellt und dem Graner Erzbischof Ladislaus von Szalka überreicht, werden diverse Spottrufe auf den Sakramentskult kolportiert.[34] Die Klausenburger Stadtführung beauftragte 1556

---

30 Vgl. dazu auch den Aufsatz von Edit Szegedi in vorliegendem Band. Hinsichtlich des Paramentengebrauchs siehe Wetter, Evelin: Der Kronstädter Paramentenschatz. Altkirchliche Meßgewänder in nachreformatorischer Nutzung (mit einer Bestandserfassung in Zusammenarbeit mit Jana Knejfl-Fajt). In: Acta Historiae Artium 45 (2004), 257–315; hinsichtlich der Retabelausstattung vgl. Dies.: Überlegungen zum Bekenntniswert vorreformatorischer Retabelausstattungen siebenbürgisch-sächsischer Pfarrkirchen. In: Konfessionelle Pluralität als Herausforderung. Koexistenz und Konflikt in Spätmittelalter und Früher Neuzeit. Winfried Eberhard zum 65. Geburtstag. Hg. v. Joachim Bahlcke, Karen Lambrecht und Christian Maner. Leipzig 2006, 108–126.

31 Teutsch (wie Anm. 26), 270.

32 Crăciun, Maria: Iconoclasm and Theology in Reformation Transsylvania. The Iconography of the Polyptych of the Church in Biertan. In: Archiv für Reformationsgeschichte 95 (2004), 60–97; Wetter, Evelin: Das vorreformatorische Erbe in der Ausstattung siebenbürgisch-sächsischer Pfarrkirchen A. B. Altarbildwerke – Vasa sacra/Abendmahlsgerät – Paramente. In: Humanismus und Renaissance in Siebenbürgen. Hg. v. Ulrich A. Wien und Krista Zach. Köln-Weimar-Wien 2004 (Siebenbürgisches Archiv 37), 19–57.

33 Noch in den 1590er Jahren wurde in einigen sächsischen Dörfern in Siebenbürgen eine sogenannte paraliturgische Handlung bei der Dorfjugend beobachtet: „Beim Sonnenaufgang, zu Ostern, wandert die siebenbürgisch-sächsische Jugend – wahrscheinlich einem noch gepflegten mittelalterlichen Brauch folgend – auf eine Anhöhe, um in der aufgehenden Sonne das Osterlamm zu erblicken", [übersetzt v. der Verfasserin], in Bálint, Sándor: Ünnepi kalendárium. Nagy ünnepeink a hazai és középeurópai hagyományvilágból [Unsere großen Feste aus der heimischen und mitteleuropäischen Brauchtumswelt]. Bd. 1–2. Szeged 1998, hier Bd. 1, 369. Ebenso wurde der österliche Flurumgang mit einem Kreuz nicht nur als katholische, sondern auch als protestantische Gewohnheit bewahrt und erst 1615 beanstandet: Ebd., 372. In der Gemeinde Sakul (rum. Sacu, ung. Szák) im Banat nahmen noch 1551 alle an einer Fronleichnamsprozession teil, allerdings ohne die Mitführung einer geweihten Hostie: Ebd., 457.

34 Reinerth, Karl: Die Gründung der Evangelischen Kirchen in Siebenbürgen. Köln 1979, 13–18, hier 18.

ausgewiesene Maurer (Benedikt und Georg) „pro labore in destructione altarium Claustrorum ad majorem reformationis gloriam".[35] Dieser angeordneten Entfernung der vorreformatorischen Ausstattungsstücke stehen Möglichkeiten eines emotional aufgeladenen Sturms auf die Ausstattung gegenüber.[36] In Valcău (ung. Magyarvalkó) im Kreis Klausenburg hielt sich über Generationen die Vermutung, daß nach der Reformation die katholischen Bildwerke und Paramente bei der gotischen Kirche vergraben worden seien. 1871 wird in einem Zeitungsbericht erwähnt, daß man beim Ausheben eines Grabes in diesem Dorf zerfetzte Reste des alten Schatzes gefunden habe, möglicherweise also Resultate eines Bildersturmes.[37] Auf ein solches Ereignis weisen nicht zuletzt auch starke Angriffsspuren in der Umrahmung der dortigen Sakramentsnische hin, die damit offenbar den gleichen Zorn auf sich gezogen hatte.

Mag darin auch ein Resultat der Klausenburger Reformation zu sehen sein,[38] so steht diesen Befunden mit 120 Exemplaren eine überaus große Anzahl weitgehend unversehrt erhaltener Sakramentsbehausungen in den evangelischen Kirchen Siebenbürgens gegenüber. Dies läßt zumindest eine Duldung der Sakramentsnischen und -häuser vermuten. Seit dem Mittelalter gut erhaltene eiserne Gittertüren vieler Objekte, auch Ergänzungen von Schreintüren aus Holz in nachreformatorischer Zeit bis hin zur vollständigen Neustiftung von Gittertüren verraten eine gewisse Sorgfalt, mit der man den Ensembles begegnete, ob man sie nun leer stehen ließ oder als praktische Deposita für anderes benutzte, etwa für Abendmahlsgerät und Bücher der neuen Liturgie.

In einigen Ortschaften scheint es, als ob die Nischen über ihre materielle Wertschätzung hinaus immer wieder zu „Orten der symbolischen Kommunikation" aufgewertet worden sind, so etwa in Michelsdorf (rum. Veseuş, ung. Szásznagyvessződ) (Abb. 4). Die 1504 errichtete Sakramentsnische mit dem Brustbild des Schmerzensmannes stand zwar bereits lange nicht mehr in Nutzung, ihr äußerst guter Erhaltungszustand und nicht zuletzt die 1931 neu gestiftete und bis heute erhaltene Holztür sowie das selbstbewußte Anbringen des Stifternamens an dem Türblatt („gewidmet von Kirchenvater Andreas Krautz 1931") sprechen jedoch für eine kontinuierliche Wertschätzung, die wohl im Sinne einer Denkmalpflege als Traditionsverweis zu verstehen ist. Das Amt des *vitricus*, des Kirchenvaters, ist seit dem 14. Jahrhundert in Siebenbürgen belegt. Ihm unterlag die Pflege der diversen sakralen Ausstattungsstücke. Obgleich sich daher die originäre Funktion der Michelsdorfer Nische als Sakramentsbehausung mit den neuen liturgischen Vorgaben verflüchtigte, so generierte ihre kunsthaltige, greifbare Präsenz später doch neue Orte bzw. Räume, die der Repräsentation, der persönlichen sowie auch kollektiven Memoria dienten.

---

35 Beke, Antal: Az erdélyi egyházmegye képe a XVI. század elején [Das Bild der siebenbürgischen Diözese am Anfang des XVI. Jahrhunderts]. In: Magyar Sion 31 (1894), 683–697, hier 687.

36 Bilder und Bildersturm im Spätmittelalter und in der frühen Neuzeit. Hg. v. Bob Scribner. Wiesbaden 1990 (Wolfenbütteler Forschungen 46); Schnitzler, Norbert: Ikonoklasmus und Bildersturm. Theologischer Bilderstreit und ikonoklastisches Handeln während des 15. und 16. Jahrhunderts. München 1996; Bildersturm. Wahnsinn oder Gottes Wille? Ausst.-Kat. Bern 2000–2001. Hg. v. Cécile Dupeux u. a. München 2000.

37 Beke (wie Anm. 35), 693.

38 Szegedi, Edit: Die Reformation in Klausenburg. In: Konfessionsbildung und Konfessionskultur in Siebenbürgen (wie Anm. 19), 77–88.

Die Frage nach dem Zeitpunkt sukzessiver Veränderungen einer bestehenden Situation wurde einleitend im Hinblick auf die Situation des letzten Jahrhunderts und unserer Tage gestellt. Das Beispiel einer neu „restaurierten“ reformierten Kirche in Bozieş (ung. Magyarborzás), wo das Sakramentshaus als störendes Überbleibsel aus der „katholischen Zeit“ nur als Stütze, als bautechnisches Hilfsmittel beim Einbau der Orgelemporen fungiert, zeigt die immer noch vorhandenen Mißverständnisse zwischen den Angehörigen verschiedener Konfessionen. In Erldorf (rum. Aghireşu, ung. Egeres) und auch anderswo vermauerte man – vielleicht noch im 16. Jahrhundert und seitdem immer wieder – die Nischen und Sedilien, übertünchte die Wandmalereien, die sehr oft in engem Zusammenhang mit den Sakramentsnischen standen (Abb. 5). Diese Art der „Nichtnutzung“ ist in der Regel jedoch zumindest reversibel, auch im Sinne einer Zurschaustellung früherer Konkurrenzhandlungen. Die hier exemplarisch vorgestellten Formen der selektiven Nutzung oder Nichtnutzung dieser festmontierten Gerätschaften spiegeln daher immer noch und sicher auch weiterhin ganz unterschiedliche Handlungsmuster wider. Nach wie vor sind es multifunktionale Räume, in denen auch die Sakramentsnischen präsent sind: Die Bergkirche zu Schäßburg etwa ist ebenso ein musealer Ort, konkret für die Ausstellung wertvoller „Kunstgegenstände“ wie der verschiedenen hier zusammengezogenen Altarretabel. Zugleich ist sie ein liturgisch genutzter Raum, insofern hier hin und wieder auch Gottesdienste gehalten werden. In vielerlei Hinsicht ist sie ein Identifikationsraum, in dem sich Mitglieder einer historischen Minderheit „zu Hause“ fühlen können, und nicht zuletzt ist dieser Kirchenraum auch ein interkultureller Raum, wo z. B. deutsche, ungarische und rumänische Fachleute zahlreiche Restaurierungsmaßnahmen gemeinsam durchführen.

Marcin Wisłocki

Zwischen Memoria und konfessionellem Testament

Die Stiftungen Ernst Bogislaws von Croy für die Schloßkirche zu Stolp und den Dom zu Kammin*

Als mit dem Tod Herzog Bogislaws XIV. 1637 das seit fünf Jahrhunderten regierende Geschlecht der Greifen endgültig erlosch, endete auch die Geschichte Pommerns als eigenständiges Land. Schon seit einigen Jahren war es infolge des Dreißigjährigen Krieges von fremden Mächten besetzt gewesen. Das Land war anfänglich durch kaiserliche, danach durch schwedische Truppen okkupiert worden. Was in den Wirren des Krieges noch als Provisorium gelten konnte, fand seine Besiegelung im Westfälischen Frieden. Gemäß dem Friedensvertrag blieb der westliche Teil des Herzogtums, also Vorpommern, schwedisch. Der östliche Teil, also Hinterpommern, gelangte aufgrund der vom brandenburgischen Kurfürsten erhobenen Ansprüche, gerechtfertigt mit dem „Traktat vom Überleben" von 1529, unter die Herrschaft der Hohenzollern.[1]

Mit diesen Ereignissen änderte sich grundsätzlich nicht nur die politische Realität, sondern auch die konfessionelle Situation in beiden Teilen des Landes, in dem bis dahin der evangelisch-augsburgische Glaube – gemäß der pommerschen Kirchenordnung von 1569 das „rechtschapene Licht der Warheit" genannt – die einzige zulässige Konfession gewesen war. Da nun nach dem Grenzrezeß von 1653 Hinterpommern von einem calvinischen Kurfürsten übernommen wurde und seitdem hauptsächlich calvinische Beamte die Verwaltung innehatten, war es nicht weiter erstaunlich, daß im Laufe der Zeit das reformierte Bekenntnis an Bedeutung gewinnen konnte. Die Versuche, den reformierten Kult in den hinterpommerschen Städten einzusetzen, sowie die wachsenden Einflüsse des Synkretismus auf die Lehre mancher Geistlicher bedeuteten eine Gefahr nicht nur für die bevorzugte Stellung der Lutheraner, sondern auch für die lutherische Orthodoxie als solche. Hinzu kam noch die partiell durchgeführte Rekatholisierung des Lauenburg-Bütower Landes während der zwischenzeitlichen polnischen Regierung (1637–1657). Nach dem Anschluß dieses Territoriums an Brandenburg wurde die privilegierte Lage der

---

* Dieser Beitrag ist entstanden im Rahmen des von der VolkswagenStiftung am GWZO Leipzig geförderten Projekts „Bild und Konfession. Funktionen und Konzepte von Bildern in den gesellschaftlichen und kulturellen Formierungsprozessen des konfessionellen Zeitalters in Mitteleuropa".

[1] Dazu u. a.: WACHOWIAK, Bogdan: Pomorze Zachodnie w schyłkowej epoce feudalizmu (1464–1815) [Pommern in der ausgehenden Feudalepoche (1464–1815)]. In: Historia Pomorza. Bd. 2, Teil. 1. Hg. v. Gerard LABUDA. Poznań 1976, 651–1058, hier 983–1012; BRANIG, Hans: Geschichte Pommerns, Teil 1: Vom Werden des neuzeitlichen Staates bis zum Verlust der staatlichen Selbständigkeit 1300–1648, Teil 2: Von 1648 bis zum Ende des 18. Jahrhunderts. Köln-Weimar-Wien 1997–2000 (Veröffentlichungen der Historischen Kommission für Pommern. Reihe 5: Forschungen zur pommerschen Geschichte 22/I–II), hier Teil 1, 193–201 und Teil 2, 1–10; Unter der schwedischen Krone. Pommern nach dem Westfälischen Frieden. Hg. Ivo ASMUS. Greifswald 1998 (Publikationen der Stiftung Pommersches Landesmuseum).

Lutheraner, die vormals viele ihrer Kirchen und Schulen verloren hatten, in keiner Weise wiederhergestellt.[2]

Schwierig war die Zeit, in der es dem Protagonisten der vorliegenden Betrachtungen, Ernst Bogislaw von Croy, zu leben bestimmt war. Dieser einzige Sohn des katholischen Herrschers Ernst von Croy und Arschott und der Lutheranerin Anna von Pommern, Schwester Bogislaws XIV., wurde an der Schwelle des Dreißigjährigen Krieges im Jahre 1620 geboren. Nur wenige Monate blieb er auf den Gütern seines Vaters, der im selben Jahr im Heerlager bei Oppenheim frühzeitig verstarb. Infolge des Streits um das Erbe des verstorbenen Herzogs, in dem konfessionelle Kontroversen nicht ohne Bedeutung waren, zog die Witwe mit ihrem zweijährigen Sohn nach Pommern, wo sie den lutherischen Glauben ohne Schwierigkeiten öffentlich praktizieren konnte. Nachdem man den jungen Herzog, dank der Bemühungen Annas, 1632 zum evangelischen Bischof in Kammin (pol. Kamień Pomorski) gewählt hatte, wurde er – und zwar insbesondere nach dem Tod seines Onkels, Bogislaw XIV. – auf diese Weise zum Garanten seiner Dynastie wie auch zu einem wichtigen Förderer der lokalen lutherischen Landeskirche. Diese Rolle scheint um so wesentlicher gewesen zu sein, als gemäß dem Westfälischen Friedensvertrag das Bistum Kammin nur im kirchlichen Sinne weiter existieren konnte. Nach dem Tod Ernst Bogislaws im Jahre 1684 war seine Existenz endgültig Geschichte.[3]

Im folgenden werden die Stiftungen Ernst Bogislaws von Croy für zwei mittelalterliche Kirchen in Hinterpommern, d. h. für den Dom zu Kammin und für die Schloßkirche zu Stolp (pol. Słupsk), vorgestellt. Im Zentrum der Betrachtungen stehen Inhalt, Form und Funktion fester Ausstattungsstücke sowie ihre jeweilige Beziehung im Kontext einer Inszenierung des Kirchenraumes. In diesen Stiftungen

---

2 Zur konfessionellen Situation in Pommern nach dem Westfälischen Frieden siehe u. a.: Heyden, Hellmuth: Kirchengeschichte Pommerns. Bd. 1–2. Köln-Braunsfeld 1957, Bd. 2, 109–111; Ders.: Die Kirchenpolitik in Pommern von der Teilung des Landes 1648 bis zur Mitte des 19. Jahrhunderts. In: Baltische Studien N. F. 57 (1971), 51–65; Szultka, Zygmunt: Język polski w Kościele ewangelicko-augsburskim na Pomorzu Zachodnim od XVI do XIX wieku [Die polnische Sprache in der evangelischen Kirche Pommerns vom Ausgang des 16. bis zum 19. Jahrhundert]. Wrocław-Warszawa-Kraków 1991 (Polska Akademia Nauk. Prace Habilitacyjne), 115–146. Zur Rekatholisierungsaktion im Lauenburg-Bütower Land: Dzięcieski, Marek: Reformacja i kontrreformacja w dekanacie lęborskim [Reformation und Gegenreformation im Lauenburger Dekanat]. In: Studia Pelplińskie 26 (1997), 221–247; Ders.: Reformacja i kontrreformacja w dekanacie lęborskim w XVI–XVIII w [Reformation und Gegenreformation im Lauenburger Dekanat vom 16. bis zum 19. Jahrhundert]. In: Biuletyn Historyczny Lęborskiego Bractwa Historycznego i Muzeum w Lęborku 11 (1999), 7–32; Kizik, Edmund: Życie religijne Lęborka w XVI–XVII wieku [Religiöses Leben in Lauenburg vom 16. bis zum 17. Jahrhundert]. In: Ebd., 33–48, hier 43–47.

3 Weil der Herzog im Jahre 1650 auf seine Rechte im Bistum verzichtet hatte, konnte das Territorium des Hochstifts Kammin Brandenburg angeschlossen werden; zwar behielt der Herzog den Bischofstitel, jedoch war seine Würde nur titularen Charakters. Die Stadt Kammin selbst blieb nach dem Westfälischen Frieden schwedisch. Dies änderte sich nach dem Frieden zu Saint-Germain-en-Laye (1679), mit dem die Stadt Brandenburg voll eingegliedert wurde. Zu Ernst Bogislaw von Croy siehe u. a.: Müller, Julius: Neue Beiträge zur Geschichte der Kunst und ihrer Denkmäler in Pommern. In: Baltische Studien A. F. 28 (1878), 156–182; Bernheim, Ernst: Das Testament des Herzogs Ernst Bogislav von Croy vom 3. Juni 1681. In: Pommersche Jahrbücher 11 (1910), 195–218; Szczeponik, Benedikt: Herzog Ernst Bogislav v. Croy, der letzte Bischof von Cammin, im Streite Schwedens und Brandenburgs um den Besitz des Bistums. In: Baltische Studien N. F. 17 (1913), 1–58; Szlutka, Zygmunt: Książę Ernest Bogusław von Croy (1620–1684) [Der Herzog Ernst Bogislaw von Croy (1620–1684)]. Słupsk 1996; Rymar, Edward: Rodowód książąt pomorskich [Genealogie der Herzöge von Pommern]. Szczecin 2005, 480–485.

kreuzen sich verschiedene Intentionen, die die vielfache Verschränkung konfessioneller, politischer und dynastischer Aspekte widerspiegeln. Zweifelsohne dürfen sie als spätester, expressis verbis geäußerter Ausdruck eines pommerschen Staatsbewußtseins in der Kirchenkunst gelten.[4]

Zuvor ist aber die bedeutende Rolle zu betonen, die den herzoglichen Witwen im Bereich der kirchlichen Kunst in Pommern seit den 1630er Jahren zukam. Im Licht der ikonographischen Programme dieser Stiftungen, die im wesentlichen schon nach dem Erlöschen der Dynastie realisiert wurden, spiegelt sich nicht nur die konfessionelle, sondern auch – auf eine besondere Weise – die fürstliche Standesidentität ihrer Auftraggeber wider. Darauf verweisen etwa Ausstattungen wie die aus der

---

[4] Zu den Stiftungen Ernst Bogislaws von Croy in der Schloßkirche zu Stolp vgl.: Böttger, Ludwig: Die Bau- und Kunstdenkmäler des Regierungsbezirks Köslin. Bd. 1–2. Stettin 1889–1911, hier Bd. 2, Heft 1, 83–89; Hardow, Rudolf: Alte und neue Grabdenkmäler in Stadt und Landkreis Stolp. Stolp 1930, 180–189, 42, 44; Mamuszka, Franciszek/Stankiewicz, Jerzy: Zabytki powiatu słupskiego [Kunstdenkmäler des Kreises Stolp]. Poznań 1962 (Biblioteka Słupska 8); Pałubicki, Janusz: Nagrobek Ernesta Bogusława księcia Croy w kościele św. Jacka w Słupsku i jego twórca Hans Caspar Gockheller z Gdańska [Das Grabdenkmal Ernst Bogislaws von Croy und sein Schöpfer Hans Caspar Gockheller aus Danzig]. In: Ars una. Prace z historii sztuki. Hg. v. Eugeniusz Iwanoyko. Poznań 1976 (Uniwersytet im. Adama Mickiewicza w Poznaniu. Seria Historia Sztuki 5), 127–134; Ders.: Gdański rzeźbiarz Hans Caspar Gockheller [Der Danziger Bildhauer Hans Caspar Gockheller]. In: Gdańskie Studia Muzealne 2 (1978), 121–140; Glińska, Maria: Książęce fundacje w zakresie rzeźby kamiennej [Die herzoglichen Stiftungen im Bereich der Steinskulptur]. In: Mecenat artystyczny książąt Pomorza Zachodniego. Materiały z Sesji Oddziału Szczecińskiego Stowarzyszenia Historyków Sztuki w Zamku Królewskim w Warszawie, 21–22 listopada 1986 r. Hg. v. Władysław Filipowiak und Barbara Jarnuszkiewicz. Warszawa 1990, 75–102, hier 90–92; Szpilewski, Stanisław: Sarkofagi cynowe księżnej Anny Croy i jej syna Ernesta Bogusława w Słupsku [Die zinnernen Särge der Herzogin Anna Croy und ihres Sohnes Ernst Bogislaw in Stolp]. In: Koszalińskie Zeszyty Muzealne 10 (1980), 83–102; Ders.: Słupskie sarkofagi książęce – zagadnienia badawcze i konserwatorskie [Die herzoglichen Särge aus Stolp – wissenschaftliche und konservatorische Probleme]. In: Mecenat artystyczny książąt Pomorza Zachodniego (wie Anm. 4), 177–183; Ders.: Książę Ernest Bogusław von Croy kontynuatorem Gryfitów [Herzog Ernst Bogislaw von Croy als Fortsetzer der Greifenfürsten]. In: In artium hortis. Studia i szkice z dziejów sztuki, konserwacji i muzealnictwa. Wojciechowi Fijałkowskiemu w siedemdziesiątą rocznicę urodzin. Hg. v. Bożena Wierzbicka. Warszawa 1997, 145–151; Kriegseisen, Jacek: Epitafium Anny księżnej Croy und Arschott w dawnym kościele zamkowym w Słupsku. Datowanie i program treściowo-artystyczny [Das Epitaph Annas von Croy und Arschott in der ehemaligen Schloßkirche zu Stolp. Datierung und ikonographisch-künstlerisches Programm]. In: Barok. Historia – Literatura – Sztuka 13/2 (2000), 165–180; zuletzt siehe auch die den Epitaphien aus dem Kreis Stolp gewidmete Webseite, bearbeitet von Warcisław Machura: http://www.epigrafikaslupska.webpark.pl/page2.html (Epitaph Annas von Croy, 24.09.2007), http://www.epigrafikaslupska.webpark.pl/page4.html (Ernst Bogislaw von Croy, 24.09.2007). – Zu den Werken im Kamminer Dom vgl.: Spuhrmann, Rudolf: Der Camminer Dom. Cammin 1915, 25–29; Ders.: Ernst Bogislaw von Croy. In: Heimatkalender des Kreises Kammin für das Jahr 1928, 29–33; Kostynowicz, Roman/Chmarzyński, Gwido: Katedra św. Jana Chrzciciela w Kamieniu Pomorskim [Der Dom St. Johannes des Täufers in Kammin]. [o. O. o. J.], 7, 12, 30–34; Żurowska-Gangi, Maria: Organy w Kamieniu Pomorskim [Die Orgel in Kammin]. In: Zeszyty Naukowe Akademii Muzycznej im. Stanisława Moniuszki w Gdańsku 24 (1985), 149–182; Kochanowska, Janina/Szczęsny, Mikołaj/Wejman, Grzegorz: Organy w katedrze w Kamieniu Pomorskim [Die Orgel im Dom zu Kammin]. Szczecin 1996, passim; Zgliński, Marcin: Organ Cases in the Baltic Sea Region as Religious and Political Propaganda, 1500–1800. In: Power and Persuasion: Sculpture in its Rhetorical Context. Hg. v. Urszula Szulakowska, in Zusammenarbeit mit Peter Martyn. Warsaw 2004 (Proceedings of the Sixth Joint Conference of Art Historians from Britain and Poland, Leeds, April 2002), 49–59, hier 57f.; Kochanowska, Janina: Skarby Katedry w Kamieniu Pomorskim [Schätze des Doms zu Kammin]. Szczecin 2004, 15–17; Wisłocki, Marcin: Sztuka protestancka na Pomorzu 1535–1684 [Protestantische Kunst in Pommern 1535–1684]. Szczecin 2005 (Biblioteka Naukowa Muzeum Narodowego w Szczecinie. Historia Sztuki), 67, 68, 72, 82, 87, 103, 108, 110–112, 114, 120, 121, 129, 130, 179, 181, 182, 184, 185, 234, 239, 241, 259.

Schloßkapelle zu Rügenwalde (pol. Darłowo) (seit 1637) durch Stiftungen der Elisabeth von Schleswig-Holstein-Sonderburg, Witwe Bogislaws XIV.,[5] oder der Kirche zu Robe (pol. Roby) (1654), finanziert durch Sophia von Schleswig-Holstein-Sonderburg, Witwe Philipps II.[6] Nicht anders war es im Fall der Anna von Croy selbst, die die Kirche zu Schmolsin (pol. Smołdzino) 1632 in ihrem Witwengut erweitern und auf eine komplexe Weise ausstatten ließ.[7] Dies blieb nicht ohne Einfluß auf die spätere Aktivität des Herzogs, dessen geistige Ausrichtung stark durch die Mutter geprägt war.

Für die Schloßkirche zu Stolp, die zum Begräbnisort Ernst Bogislaws und seiner Mutter Anna von Croy gewählt wurde, stiftete der Herzog zwei prachtvolle Epitaphien samt weiterer Kunstwerke, die an Familienehre und -geschichte anknüpften, darunter z. B. die Begräbnisfahnen mit Wappen und Stammbäumen der Ahnen Annas und der Greifen.[8] Das gesamte Konzept und die Inszenierung der sukzessiv gestifteten Monumente waren bereits eine Ergänzung des im Jahre 1602 von Erdmuth

5 Die Umgestaltung der Kapelle, 1625 von Bogislaw XIV. begonnen, wurde mit Mitteln seiner Witwe Elisabeth beendet und ausgestattet. Am 1. Januar 1639 wurde die Kapelle eingeweiht und der Heiligen Elisabeth gewidmet. Bethe, Hellmuth: Die Kunst am Hofe der pommerschen Herzöge. Berlin 1937, 122; Heyden, Kirchengeschichte Pommerns (wie Anm. 2), Bd. 2, 92.

6 Lemcke, Hugo: Die Bau- und Kunstdenkmäler des Regierungsbezirks Stettin. Bd. 1–4. Stettin 1900–1914; hier Bd. 4, Heft 11, 159f.; Harasimowicz, Jan: Sztuka reformacji na Pomorzu i Środkowym Nadodrzu. Stan i perspektywy badań [Die Kunst der Reformation in Pommern und in der Neumark. Stand und Perspektiven der Forschung]. In: Biuletyn Historii Sztuki 54/3 (1992), 1–12, hier 3.

7 Böttger (wie Anm. 4), Bd. 2, Heft 1, 24–30; Szultka, Zygmunt: Malarstwo, rzeźba i rzemiosło artystyczne Słupska XVII–XVIII wieku [Malerei, Skulptur und Kunsthandwerk im Stolp des 16.–18. Jahrhunderts]. In: Materiały Zachodniopomorskie 20 (1974), 349–364, hier 351–354; Szpilewski, Stanisław: „Spod zasłony przemalowań". Siedemnastowieczne obrazy z kościoła parafialnego p. w. Trójcy Świętej w Smołdzinie. Wystawa zorganizowana z okazji konferencji naukowej „Dzieje chrześcijaństwa na Pomorzu" z inicjatywy Mieczysława Jaroszewicza – dyrektora Muzeum Pomorza Środkowego [Hinter dem Schleier von Übermalungen. Die Bilder aus dem 17. Jahrhundert aus der Pfarrkirche St. Trinitatis zu Schmolsin. Ausstellung organisiert anläßlich der wissenschaftlichen Konferenz „Die Geschichte des Christentums in Pommern" auf Initiative von Mieczysław Jaroszewicz – Direktor des Mittelpommerschen Museums]. Słupsk 2000. Mit großer Wahrscheinlich wurden die Umstände der Stiftung Annas von Croy für die Schmolsiner Kirche in der Weihepredigt des dortigen Pfarrers Michael Pontanus angegeben; das einzige bekannte Exemplar, das sich in der Berliner Staatsbibliothek befand, ging jedoch leider im Krieg verloren. Pontanus, Michael: Templum Salomonicum Sive Encoenia sacra Smolsiniana. Christliche Predigt Gennommen von der Tempelbawt Salomonis Act. 7 vnd bey Inauguration der Newen Kirchen zu Smolsin: Welche zu Ehre [...] Gottes [...] die Fürstin vnd Fraw [...] Anna geborne zu Stettin Pommern der Cassuben vnd Wenden Bogislai des XIII. Tochter vnd Bogislai des XIV. einzige Schwester Hertzogin zu Croy [...] Witwe von Grund auff New an den zu Wasser vnd Land weitberümbten Reevekoll Berg setzen vnd auff eigene Kosten (wozu der Anfang mit Gott im Jahr Christi 1632, den 24. Maji gemacht) bawen verfertigen auch selbigen Jahrs am 22. Sontag nach Trinitatis (war der 28. Octobris) [...] in volkreicher Versamlung zum reinen Gottesdienst einweihen lassen. Gehalten durch [...] im F. Ampt daselbsten Hoff und Amptspredigtern. Danzigk 1633.

8 Böttger (wie Anm. 4), Bd. 2, Heft 1, 88f. Die Fahnen befinden sich im Muzeum Pomorza Środkowego (Mittelpommersches Museum) in Słupsk. Inv.-Nr. MPS/S/1014–1018; Szpilewski, Sarkofagi cynowe księżnej Anny Croy (wie Anm. 4), 148, 151. – Um 1660 entstand in der Stolper Schloßkirche als Stiftung Ernst Bogislaws auch der Orgelprospekt; zu diesem Werk und und seinem Bildprogramm siehe zuletzt Wisłocki, Sztuka protestancka na Pomorzu 1535–1684 (wie Anm. 4), 179, 181, 184f. – Zur Orgel in dieser Kirche vgl. u. a. Janca, Jan: Sztuka organmistrzowska na Pomorzu Zachodnim w dobie baroku – najwybitniejsze dzieła i ich twórcy między Słupskiem a Stargardem Szczecińskim [Zur Orgelbaukunst in Hinterpommern im Barockzeitalter – die wichtigsten Werke und ihre Erbauer im Gebiet zwischen Stolp und Stargard]. In: Organy i Muzyka Organowa 11 (2000), 168–179, hier 171–173.

von Hohenzollern, Witwe Johann Friedrichs († 1600), konzipierten kommemorativen Programms, bestehend aus Epitaphaltar (Abb. 1), Kanzel und Patronatsloge, die den Kirchenraum nun in ein Mausoleum für das Fürstengeschlecht der Greifen verwandelten.[9] Als erstes Kunstwerk entstand das Epitaph für Anna von Croy († 1660) (Abb. 2), das vermutlich in einer Danziger Werkstatt ausgeführt wurde und erst zu den im Jahre 1663 stattgefundenen Begräbnisfeierlichkeiten fertiggestellt sein mußte.[10] Auf besondere Weise verbindet das Werk den Typus eines Inschriftepitaphs mit dem Grabmal einer liegenden Figur. Die Wahl des Inschriftentypus, der sich in Pommern zu jener Zeit eher geringer Popularität erfreute, gründet sich auf die fürstliche Tradition, nämlich auf das für die Petrikirche zu Wolgast gestiftete Monument Philipps I. († 1560).[11] Dagegen könnte die steife Haltung der liegenden Figur der Herzogin (Abb. 3), abgesehen von möglichen Einflüssen durch Beispiele der Grabmalplastik, etwa das Monument für Anna Vasa († 1625) in der Marienkirche zu Thorn (pol. Toruń) (um 1636),[12] durch die pommerschen Darstellungen der Herrscher auf dem *bed of state* inspiriert worden sein. Zu denken wäre an die Porträts Kasimirs IX. († 1605), Georgs III. († 1617), Philipps II. († 1618) oder auch Anna Marias von Hohenzollern († 1618), Witwe Barnims X.[13] Zu betonen ist, daß

9 Die Stiftung Erdmuths von Hohenzollern wurde als „ohne Zweiffel ein sehr gut christlich Werck" bezeichnet, so CRAMER, Daniel: Das Grosse Pomrische Kirchen Chronicon. [...] Das ist Beschreibung Vnd Außführlicher Bericht/was sich fürnemblich in Religions Sachen/von Enderung der Heydenschafft her im Land zu Pomren/vnd zugehörigen Fürstenthumb Rügen/auch Graff vnd Herrschafften/bey noch wehrendem Christenthumb/vnd dabey verlauffener Evangelischer Reformation/biß auff kegenwertige Zeit/begeben vnd zugetragen hat. Auß vielen Glaubwürdigen Akten vnd Newen Scribenten/Vhrkunden Archiven vnd andern Denckwürdigen Nachrichtungen fleissig zusammen getragen/vnd in richtige Jahrzeit verfasset. Auch in Vier vnterschiedliche Bücher derer Titell vnd Einhalt der Capitel bey einem jeden verhanden/abgetheilet. Zuvor niemahln also in Truck gegeben. Alt. Stettin 1628, Buch IV, 121; siehe auch: BÖTTGER (wie Anm. 4), Bd. 2, Heft 1, 84, 88.

10 Zu dieser Datierung und auch zu Analogien des Werkes in der Danziger Kunst vgl. KRIEGSEISEN (wie Anm. 4), 165–175.

11 Gefertigt wohl kurz nach 1560 bzw. um 1569 und in der Freiberger Werkstatt Wolf Hilgers gegossen: BUSKE, Norbert/BOCK, Sabine: Wolgast. Herzogliche Residenz und Schloß. Kirchen und Kapellen. Hafen und Stadt. Schwerin 1995, 47–54.

12 KRIEGSEISEN (wie Anm. 4), 171; SAAR-KOZŁOWSKA, Alicja: Infantka Szwecji i Polski, Anna Wazówna 1568–1625. Legenda i rzeczywistość [Anna Vasa 1568–1625. Infantin von Schweden und Polen. Legende und Wirklichkeit]. Toruń 1995 (Towarzystwo Naukowe w Toruniu – Prace Popularnonaukowe 64); DIES.: Pomniki grobowe rodziny króla Jana III Wazy w Szwecji i w Polsce [Grabdenkmäler für die Mitglieder der Familie Johanns III. Vasa in Schweden und Polen]. In: Po obu stronach Bałtyku. Wzajemne relacje między Skandynawią a Europą Środkową. Bd. 2. Hg. v. Jan HARASIMOWICZ, Piotr OSZCZANOWSKI und Marcin WISŁOCKI. Wrocław 2006, 569–585.

13 KRIEGSEISEN (wie Anm. 4), 171f. Siehe auch LEMCKE (wie Anm. 6), Heft 14, 81; JARNUSZKIEWICZ, Barbara: Klejnoty i stroje książąt Pomorza Zachodniego XVI–XVII wieku w zbiorach Muzeum Narodowego w Szczecinie [Schmuck und Trachten der hinterpommerschen Herzöge des 16. und 17. Jahrhunderts in den Sammlungen des Nationalmuseums in Stettin]. Warszawa 1995, 77, 86; DIES.: Nieznany portret Franciszka księcia szczecińskiego [Ein unbekanntes Bildnis Franz' von Pommern-Stettin]. In: Materiały Zachodniopomorskie 44 (1998), 343–352. Die Autorin neigt aufgrund der falsch gelesenen Buchstaben am Blumenstrauß in den Händen des Verstorbenen zu der Annahme, daß das Bild vom Wolgaster Maler Michael Marwitz ausgeführt wurde. Jedoch handelt es sich um den Wahlspruch des Herzogs: GF-EV-HV-AR-VS-H-D-H-D (Gottes Furcht, Ein Verständig Herz, Übertrifft Allen Reichtum Und Schätz), der dort samt dem Symbolum seiner Ehefrau, Sophia von Sachsen, (Hilf Du Heilige Dreifaltigkeit) angebracht wurde. HOFFMANN, Tassilo: Die Gnadenpfennige und Schaugroschen des pommerschen Herzogshauses. Stettin 1933, 77; Die Personalien und Leichen-Processionen der Herzoge von Pommern und ihrer Angehörigen aus den Jahren 1560–1663. Hg. v. Ulrich von BEHR-NEGENDANK und Julius von BOHLEN-BOHLENDORF. Halle 1869, 325.

die Herzogin in derselben Kleidung dargestellt wurde, wie der Herzog sie speziell für ihr Begräbnis bestellt hatte. Bemerkenswert ist zudem, daß die Verstorbene noch zwei weitere Male zur Darstellung kommt: in einem Seitenstück, als Pendant zum Brustbild ihres Mannes, Ernst von Croy,[14] sowie – in allegorischer Darstellung – in der Bekrönung (Abb. 4), die die Herzogin als Almosen Spendende zeigt. Im Licht der genannten herzoglichen Stiftungen in Pommern zeichnet sich das monumentale Werk durch eine besondere Art und Weise der Glorifizierung aus.[15] Darüber hinaus kommt ein bestimmtes Ethos der Verstorbenen zum Ausdruck, das sich auch in der Inschrift des Epitaphs manifestiert. Darin werden u. a. die Tugenden Annas und insbesondere ihre Barmherzigkeit erwähnt.[16] Daher spiegelt das unter ihrer Darstellung angebrachte Medaillon mit der Inschrift „DEO OPT. MAX." nicht nur die Intention des Auftraggebers wider, sondern auch eine Abgrenzung von der katholischen Lehre von den guten Werken in der Rechtfertigung des Menschen.[17]

---

14 Die Bildnisse in den Seitenstücken kommen in pommerschen Epitaphien schon seit ca. 1630 vor, und zwar in den Altarretabeln. Ein frühes Beispiel bildet das Altarretabel in Schmolsin (um 1632), das die Herzogin Anna selbst gestiftet hatte und das die Konterfeie Annas und ihres zwölfjärigen Sohnes Ernst Bogislaw zeigt. Böttger (wie Anm. 4), Bd. 2, Heft 1, 28; Kochanowska, Janina: Wizerunki książąt pomorskich w ołtarzach 2 połowy XVI i początku XVII wieku z terenu Pomorza Zachodniego [Bildnisse pommerscher Herzöge auf Altarretabeln der 2. Hälfte des 16. und zu Beginn des 17. Jahrhunderts aus dem Gebiet Hinterpommerns]. In: Portret. Funkcja – Forma – Symbol. Materiały Sesji Stowarzyszenia Historyków Sztuki, Toruń, grudzień 1986 [Das Porträt. Funktion – Form – Symbol. Beiträge der Tagung des Verbands polnischer Kunsthistoriker, Thorn, Dezember 1986]. Warszawa 1990, 365–375, hier 375.

15 Kriegseisen (wie Anm. 4), 172f. bezeichnet die Darstellung in der Bekrönung als eine Verbindung der Personifikationen der Barmherzigkeit (Caritas) sowie der Unsterblichkeit (Immortalitas) und interpretiert sie als ein „imaginäres Porträt der Herzogin". Zwar sind die Attribute der Figur nicht mehr vorhanden, doch wurden sie in einem Kupferstich aus dem 18. Jahrhundert (signiert „Ch. W. Haken") dokumentiert: Hier stellte man die Herzogin als Almosen und ein Buch gebend dar. Diese Art und Weise der Glorifizierung eines Mitglieds der Herzogsfamilie unter Einbezug einer bestimmten ethischen Haltung ist auch in anderen Stiftungen aus dem Umkreis des pommerschen Hofes bekannt. Zu nennen sind Darstellungen an den Rückseiten des sogenannten Rügenwalder Altars (1606–1616), der um 1637 als eine Stiftung Elisabeths, Witwe Bogislaws XIV., mit einer Ebenholzumrahmung und gemalten Flügeln versehen wurde. Die eine Flügelrückseite zeigt die heilige Elisabeth von Thüringen als Patronin der Auftraggeber. Die als „Identifikationsporträt" zu wertende Darstellung zeigt die Heilige, wie sie Almosen verteilt, dazu Wisłocki, Marcin: Saints in Protestant Theology. Devotion and Art in Pomerania. In: Colloquia 12/1–2 (2005), 41–65, hier 44, 55. Zur Kategorie von „religiösen Identifikationsporträts": Polleross, Friedrich B.: Das sakrale Identifikationsporträt. Ein höfischer Bildtypus vom 13. bis zum 20. Jahrhundert. Worms 1988 (Manuskripte zur Kunstwissenschaft 18).

16 Die Epitaphinschrift lautet: „AETERNAE ac FOELICI MEMORIAE/CELSISS^{mae} & OPTIMAE PRINCIPIS/ANNAE DUCISS: SEDINI POMERANIAE, & c, & c,/NATA EST ANNO MDXC DIE III: MENS: VIII^{bris}/NUPTA VERO A.^{O} MDCIXX. MENS. VI^{tili}/PRINCIPI ERNESTO DE CROY, EIUSQUE/SINGULARI IN EUM & UNICUM CONIUGII SUI/FAUSTISSIMI ALIAS, SED ANNUI TANTUM PIGNUS/FIDE & CHARITATE/IN XXXX USQUE ANNUM RARO EXEMPLO VIDUA/PRINCEPS MATRONA SI UNQVAM ALIA/PIA, PRUDENS, PLACIDA, MAGNANIMA, MUNIFICA/QVAE OMNIUM MAIORUM SUORUM/GRYPHICAE GENTIS/QVI POMERANIAM QVAQVA PATET AD ANNOS FERE DCC/REGIA MANU, VEL DUCALI IMPERIO/SEMPER UT PATRIAE PATRES MODERATI SUNT/DOTES, VIRTUTES, GLORIAM,/VT EXPRESSIT, AEQVAVIT, SIC ET FINIIT,/DOMUS HUIUS OMNINO INCLYTAE/EHEV! ULTIMA./CHRISTIANE ac PIE HAC IN ARCE OBIIT/SUMMUM INGENTIS VIRTUTIS SUAE DESIDERIU[M] RELINQVENS/ANNO D[OMI]NI. MDCLX. DIE VII. MENS. IULII./IPSA SEPTUAGENARIAE PROXIMA/ET HIC IN SPEM UNIVERSALIS RESURRECTIONIS/ET VITAE AETERNAE/MAXIMO CUM LUCTU, NEC MINORI CULTU/MATERNAE ac INCOMPARABILIS IN SE PIETATIS/DEPOSITA a FILIO UNICO/ERNESTO BOGISLAO DUCE CROYO &/S.$^{ac:}$ R.$^{om:}$ IMPER: PRINC: & c."

17 Wisłocki, Sztuka protestancka na Pomorzu 1535–1684 (wie Anm. 4), 266.

Gegenüber dem Epitaph für Anna stand das Monument des Auftraggebers selbst. Es wurde in der Werkstatt des Danziger Meisters Hans Caspar Gockheller in den Jahren 1681 bis 1682 gefertigt (Abb. 5). In einer tiefen Arkade, „getragen" durch „wilde Männer" als pommersche Wappenhalter, erscheint die kniende Figur des Herzogs betend vor einem Lesepult (Abb. 6). Die Kleidung Ernst Bogislaws, die ihn als Reichsherzog bezeichnende Epitaphinschrift,[18] die genannten wilden Männer und schließlich auch das Gitter, welches das Monument rundum ein-, den „gemeine[n] Pöbel" (nach Jer 26,23)[19] aber ausschließt, akzentuierten die ständische Würde des Stifters.[20] Diese ständische Repräsentation des letzten Vetreters der Greifenfürsten im brandenburgischen Hinterpommern tritt umso deutlicher hervor, als abgesehen von vanitativen und pflanzlichen Motiven in der Frieszone das gesamte Programm des Monuments keine religiösen Bildmotive aufweist.

Dies bedeutet jedoch noch keinen Mangel an konfessionell geprägter Aussage. Das Glaubensbekenntnis des verewigten Herzogs manifestiert sich sowohl in der Haltung der „ewigen Anbetung" seiner knienden Figur als auch in ihrer sichtbaren Verbindung zu dem auf dem Altarretabel dargestellten Gekreuzigten. Darin äußert sich, ungeachtet eines konventionellen Bekenntnisses an die erlösende Kraft des Opfers Christi, eine durchaus spezifische „Abendmahlsfrömmigkeit",[21] die sich mit der im brandenburgischen Hinterpommern sichtbaren Sorge um das rechte Verständnis der Einsetzungsworte Christi erklären läßt. Bildlich positioniert sich der Herzog hier zur „reinen Lehre Luthers". In Schriftform geschieht dies auch in seinem in Königsberg verfaßten Testament: „Und hat sich Niemand Gedancken zu machen", schrieb er, „daß bey meiner Anwesenhiet alhier in Preußen ich mich etwan der darin leider sehr starck eingerißenen Syncretisterey solte theilhafftig gemachet haben".[22] Die inhaltlich bedingte räumliche Beziehung zwischen dem Altar, wo die Bildnisse

---

18 Die Epitaphinschriften lauten wie folgt: Im mittleren Medaillon: „D. G./ERNESTUS BOGISLAUS DUX CROY & c./MISERRIMUS PECCATOR ET PROINDE MINOR/CUNCTIS MISERATIONIBUS QVAS À DIVINA CLEMENTIA/QVA ORIGINEM ET NATIVITATEM QVA REGENERATIONEM ET FIDEM/ANIMI QVOQVE CORPORIS ET FORTUNAE DOTES/VARIAS DEMUM ADVERSITATES, ET DIVINAS IN EISDEM CONSOLATIONES/LARGA MANU ACCEPIT/POENITENS INDE, HINC GRATUS QVANTUM IN HAC FRAGILITATE POTEST/MORTISQUE MEMOR SUAE/QVAM VOTIS OCCUPAT POTIUS QVAM DIFFERT/HOC SIBI VIVENS MONUMENTUM POSUIT/A.° D[OMI]NI M.DC.LXXXII. AETATIS LXII./DEUM. OPT. MAX./OMNIBUS RELIQVAE VITAE HORIS ANIMITUS OBSECRANS/UT HANC SIBI PLACIDAM ET IN CHRISTO UNICO MUNDI SALVATORE BEATAM/POSTEA ANIMAE PRAETIOSO EIUS SANGUINE REDEMPTAE/IN VASTISSIMAE MISERICORDIAE SUAE SINU LOCUM/CORPORI HIC LOCULUM ET REQVIEM INTURBATAM/AD GLORIOSAM UTRIUSQUE REUNIONEM CONCEDAT./AMEN." – Im Medaillon an der rechten Seite: „NATUS/A.° M.DC.XX./DIE XXVI. AUGUSTI/OBIIT/A.° MDCLXXXIV/DIE XXVIII. IANUAR/A.° AETATIS LXIV/TUMULATUS HIC/A.° MDCLXXXIV." – Im Medaillon an der linken Seite: „TU AUTEM/VIATOR/IDEM ILLI COMPRECATUS/FAMAE ET MEMORIAE/ET VIVENTIS ET DEFUNCTI/SIC PARCE CONSULE FAVE/UT TUAE/ET IN VITA ET POST MORTEM/ACTUM CUPIS/VALE." – Im unteren Teil des Arkadenbogens sieht man das Wort „TANDEM".

19 Diese Bezeichnung erscheint in den Lutherbibelausgaben des 16. Jahrhunderts. Alle anderen Bibelzitate nach: Die Bibel. Nach der Übersetzung Martin Luthers. Mit Apokryphen. Stuttgart 1985.

20 Keisch, Claude: Zum sozialen Gehalt und zur Stilbestimmung deutscher Plastik 1550–1650: Sachsen, Brandenburg, Anhalt, Stifter Magdeburg und Halberstadt. Bd. 1–3. Phil. Diss., Berlin 1970, hier Bd. 1, 61–69.

21 Vgl. zum Aspekt der „Anwesenheit während des Abendmahles über den Tod hinaus" den Beitrag von Maria Deiters in vorliegendem Band.

22 Zit. nach Bernheim (wie Anm. 3), hier 204.

des Stettiner Herzogs Johann Friedrich und seiner Frau Erdmuth von Hohenzollern den Gekreuzigten flankieren, und dem beschriebenen Epitaph wird mit der Epitaphinschrift, die die erlösende Kraft des Blutes Christi explizit zum Ausdruck bringt, noch unterstrichen.

Ein ähnliches Bezugsfeld entwickelt auch die Ausstattung des Doms zu Kammin, die jedoch einen etwas anderen Charakter trägt. Bis in die 1660er Jahre hinein blieb das Innere der Kathedrale, obgleich sie seit 1556 unter dem Patronat der Herzöge als Kamminer Bischöfe stand, durch die vorreformatorischen Kunstwerke geprägt. Erst infolge der Stiftungen Ernst Bogislaws wandelte sich dieser Raum vollständig. Die Stiftung umfasst das Altarretabel (entstanden um 1669), das im Jahre 1684 um den Altarumgang am Ort des alten Lettners ergänzt wurde, die Kanzel (um 1682), das Taufgitter (1685), die Kreuzigungsgruppe (um 1684) und die großartige Orgel (1669–1672) mit dem reich verzierten Prospekt (1673 und 1682–1683).[23]

Das Retabel (Abb. 7) realisierte um das Jahr 1669 ein unbekannter Meister unter dem Einfluß des Altaraufsatzes in der Marienkirche zu Stargard (Abb. 8). Auf der Mitteltafel des Kamminer Altaraufsatzes figuriert eine Ecce-Homo-Darstellung nach einem Rembrandt-Stich (Abb. 9),[24] ergänzt um die Abendmahlsszene in der Predella und die Darstellung Christi als Guter Hirte in der Bekrönung. Das „Ecce Homo“ nimmt die Rolle eines Andachtsbildes ein. Als theologische Achse von Altarprogrammen ist es im südlichen Ostseeraum schon seit Anfang des 17. Jahrhunderts zu beobachten, denkt man nur an das Retabel im Mecklenburgischen Moltzow-Rambow, datiert um 1620–1630.[25] Es sollte zur persönlichen Passionsbetrachtung anregen, wie dies auch in den Schriften der lokalen Theologen, etwa in den Passionspredigten von Daniel Cramer, 1611, immer wieder thematisiert wird.[26] Die Betonung der menschlichen Natur Christi auf der Mitteltafel korrespondiert mit dem Predellenprogramm, das deutlich eucharistische Züge trägt. Die konfessionelle Aussage der Szene von der Einsetzung des Abendmahls wird noch akzentuiert durch weitere Darstellungen, die

23 Die Arbeit an dem Instrument, von Friedrich Breyer begonnen, hat der Stralsunder Orgelmeister Michael Berigiel im Jahre 1672 zu Ende gebracht. Den geschnitzten und bemalten Prospekt hat der Kolberger Meister Martin Edleber 1673 gefertigt. Im Jahre 1683 wurde es durch Figuren an den Bekrönungen der Türmchen ergänzt, warscheinlich von Johann Grundmann, Schnitzer aus Frankfurt/Oder. 1682–1683 wurde der Prospekt von Johann Schmidt aus Stargard (pol. Stargard Szczeciński) bemalt und vergoldet. Kochanowska/Szczęsny/Wejman (wie Anm. 4), 18–21, 32–35.

24 Nach Janina Kochanowska wurden die Altarbilder vom Maler Heinrich Redtel gefertigt. Kochanowska, Skarby Katedry w Kamieniu Pomorskim (wie Anm. 4), 15. – Zur Rezeption dieser Komposition in der Kunst im südlichen Ostseeraum siehe u. a. Brusewicz, Lech: Zagadka tzw. Ecce Homo z kościoła św. Piotra na Helu: studium recepcji sztuki Rembrandta w siedemnastowiecznej Rzeczypospolitej [Das Rätsel des sogenannten Ecce Homo in der St. Petrikirche zu Hel: Studium der Rembrandt-Rezeption im Polen des 17. Jahrhunderts]. In: Zabytkoznawstwo i Konserwatorstwo 25 (1994), 59–88.

25 Handbuch der Deutschen Kunstdenkmäler. Mecklenburg-Vorpommern. Bearb. v. Hans-Christian Feldmann. München-Berlin 2000, 433.

26 Cramer, Daniel: Neun Fasten: vnd Passions Predigten: Auß welchen fünffe vber das LIII. Cap. Esaiae Von dem Weysen/Gerechten Knecht/vnd Vnschüldigen Lämblein Gottes Jesu Christo: Vier aber auß dem XXXVII. Capittel deß ersten Buchß Mosis. Vber der Historien Josephs deß Ertzvaters vnd Bildträgers Jesu Christi. In der Stiffts-Kirchen zu S. Marien in Alten Stetin/zu vnterschiedlichen Jahren der Gemeinen Gottes vorgetragen worden/Durch [...] der Heiligen Schrifft Doctorem/Pastorn und Professorn daselbsten. Hamburg 1611, 44f.

als „eucharistische Embleme" zu interpretieren sind: Moses auf dem Berg Horeb (mit dem Sigel „Exod. III.", das sich auf Ex 3,1–22 bezieht), der Tisch für die Schaubrote (Ex 25,23–30), die Bundeslade (Ex 25,7–22) und Josue und Kaleb (Num 13,1–27). Zudem wurde das Programm des Retabels mit Malereien an den Füllungen des Altarumgangs ergänzt, darunter die Mannalese mit der Inschrift „Populus Israelis pascitur Manna. Exod. XV.", das Opfer Abrahams („Delicias suas Abraham Deo offert. Genes. XXII."), die Erhöhung der ehernen Schlange („Sicut Moses in deserto Serpentem exaltavit. Num. XX.") und die Szene „Moses schlägt Wasser aus dem Felsen" („Petra autem de qua bibebant, erat Christus. Exod. XVIII."). Auf diese Weise entstand das wohl ausführlichste eucharistisch ausgerichtete Altarprogramm der Region. Seine Erklärung findet es vor allem im Kontext der Schriften von pommerschen Theologen wider den Synkretismus, etwa jenen Johannes Colbergs.[27]

Das Programm und die Funktion der für den Kamminer Dom gestifteten Werke lassen sich jedoch nicht auf ihre polemische Aussage reduzieren, vielmehr sind sie im Zusammenhang mit der verinnerlichten Frömmigkeitsrichtung zu sehen. Deutlich wird dies am Beispiel der um 1682 entstandenen Kanzel (Abb. 10).[28] Abgesehen von einem durchaus konventionellen Darstellungsrepertoire – bestehend aus den Evangelisten mit den Heiligen Petrus und Paulus am Kanzelkorb, Christus am Kreuz auf der Rückseite, dem Tetragramm zwischen Engelschören im Unterteil des Schalldeckels und Christus, der über den Teufel triumphiert, als Bekrönung des gesamten Werkes – ließ der Stifter auf neue Bildstrategien zurückgreifen: Dies sind emblematische Kompositionen, mittels derer die *via salutis* visualisiert werden sollte.[29] Dabei schöpften die Künstler im wesentlichen aus den Darstellungen der zweiten Ausgabe des „Geistliche[n] Danck-Altar[s]" (1673), einer Erbauungsschrift des Rostocker „Präpietisten" Heinrich Müller (Abb. 11, 12). Das Wachstum des

27 Zu Johannes Colberg und seinen Schriften wider die Synkretisten siehe u. a.: WOLLGAST, Siegfried: Zum reformatorischen Denken und Leben in Kolberg und in seinem pommerschen Umfeld im 16. und 17. Jahrhundert. In: Zeszyty Kulickie 2 (2000), 203–262, hier 225–227; HEYDEN, Hellmuth: Der Kampf zwischen Luthertum und Reformiertentum während des 17. Jahrhunderts und seine Rückwirkung auf die Politik. In: Blätter für Kirchengeschichte Pommerns 13 (1936), 8–34.

28 Die Kanzel wurde dem Bildschnitzer Johann Grundmann zugeschrieben, der den auch nicht mehr vorhandenen Predigtstuhl im Dom zu Kolberg (pol. Kołobrzeg) fertigte: KOCHANOWSKA, Skarby Katedry w Kamieniu Pomorskim (wie Anm. 4), 16. – Zur Kolberger Kanzel: HINZ, Paul: Der Kolberger Dom und seine Bildwerke. Eine Wanderung durch sechs Jahrhunderte christlicher Kunst in einer pommerschen Kirche. Stettin 1936, 124–130.

29 HARASIMOWICZ, Jan: Architektur und Kunst. In: Geschichte des Pietismus. Bd. 4: Glaubenswelt und Lebenswelten. Hg. v. Hartmut LEHMANN. Göttingen 2004, 456–485; CIEŚLAK, Katarzyna: Między Rzymem, Wittenbergą a Genewą. Sztuka Gdańska jako miasta podzielonego wyznaniowo [Zwischen Rom, Wittenberg und Genf. Die Kunst Danzigs als einer konfessionell gespalteten Stadt]. Wrocław 2000 (Monografie Fundacji na Rzecz Nauki Polskiej), 371–427; WISŁOCKI, Marcin: Der Einfluß Johannes Arndts und der verinnerlichten Frömmigkeitsrichtung des 17. Jahrhunderts auf die kirchliche Kunst im Ostseeraum. In: Interdisziplinäre Pietismusforschungen. Beiträge zum ersten Internationalen Kongress für Pietismusforschung 2001. Hg. v. Udo STRÄTER u. a. Halle-Tübingen 2005 (Hallesche Forschungen 17/1), 375–389; LIESKE, Reinhard: Motive aus Wahrem Christentum in Kirchenausmalungen. In: Johann Arndt (1555–1621). Hg. v. Hans SCHNEIDER und Hans OTTE. Göttingen 2007 (Studien zur Kirchengeschichte Niedersachsens 40) [im Druck]. Für die freundliche Übergabe des noch unpublizierten Vortrags möchte ich Herrn Dr. Reinhard Lieske herzlich danken. – WISŁOCKI, Marcin: From Emblem Books to Ecclesiastical Space: Emblems and Quasi-Emblems in Protestant Churches on the Southern Coast of the Baltic Sea and their Devotional Background. In: Emblems in Scandinavia and the Baltic. Hg. v. Simon MCKEOWN und Mara R. WADE. Glasgow 2006 (Glasgow Emblem Studies 11), 263–294.

Glaubens durch die Gnade Gottes und durch das Wort wurde in einer Füllung der Treppenbrüstung durch Figuren dargestellt, die einen Baum pflanzen und wässern, und mit dem Lemma „DEUS DAT INCREMENTUM“ versehen. In weiteren Füllungen sind verschiedene Aspekte der mystischen Verlobung der christlichen Anima mit Jesus als ihrem himmlischen Erlöser veranschaulicht: Christus empfängt die von zwei Engeln zum himmlischen Jerusalem begleitete Seele („HAEC REGNA CAPESSE“); Hände erscheinen vom Himmel her, einen Kasten mit der darin liegenden Krone haltend („SERVATUR IN ASTRIS“); zwei Engelsköpfe sprechen die Worte „Erbarm dich mich“ („DULCE ASSONAT ECHO“). Hinzu kommen noch Anspielungen auf die himmlische Heimat in der Darstellung über der Kanzeltür: Dort sieht man den Adler, der zum Himmel emporfliegt („PORTAMUR AB ILLO“), und den Engel in den Wolken, der das Buch mit der Inschrift „VENITE“ hält, ursprünglich wohl mit dem Motto „SUNT VERBA SALUTIS“. Die frommen Betrachtungen, zu denen die Bilder anleiten sollten, begleitete auch eine deutliche Anregung zur *imitatio* Christi. Dies bezeugt das Gemälde, das sich unter der Treppenbrüstung befindet und durch die Komposition aus Heinrich Müllers „Himmlische[m] Liebes-Kuß“[30] inspiriert wurde (Abb. 13). Dort sieht man Gestalten, die ihre Kreuze tragen und zu Christus kommen („CRUCEM PORTANDO SEQUIMINI“). Das Leiden Christi, das sowohl durch den ausführlichen Passionszyklus am Schalldeckel (Geißelung, Verurteilung Christi oder Christus vor dem Hohepriester, Kreuztragung, Kreuzigung und Grablegung) als auch durch die den Zyklus begleitenden Engelsfiguren mit *arma-Christi*-Verbildlichung zum Ausdruck kommt, steht in engem Zusammenhang mit der persönlichen Frömmigkeit Ernst Bogislaws von Croy selbst. Auch in seinem Testament beschwört er „Blut und Tod [...] Jesu Christi“, nicht zuletzt die dadurch empfangene „Sehligkeit [...] Wunden Heil, Ruhe und Erquickung“.[31] Er stellt sich damit in die Tradition der Passionsbetrachtungen des oben erwähnten Heinrich Müller und nicht zuletzt auch in die des in Königsberg tätigen Dichters Michael Kongehl, der einige seiner Schriften Ernst Bogislaw gewidmet hat.[32]

---

30 MÜLLER, Heinrich: Himmlischer Liebes-Kuß/Oder Ubung des wahren Christenthums/fliessend aus der Erfahrung Göttlicher Liebe/mit einem weit reichern völligern Register/und von vielfältigen Druck-Fehlern corrigiret/Vorgestellet von D. [...]/Gewesenen Past. der Gemeine zu St. Marien in Rostock, Franckfurt und Leipzig 1704; Abb. nach S. 614. Das Werk ist erstmals 1659 in Frankfurt/Main erschienen.

31 BERNHEIM (wie Anm. 3), 202.

32 Siehe u. a. MÜLLER, Heinrich: Der leidende Jesus/Oder Hundert fürtreffliche Anmerckungen/Uber die Historie von dem Leiden und Tode unsers Seeligmachers/Erstlich in Lateinischer Sprache verfasset von Hrn. D. [...]/Prof. Publ. auff der Universität Rostock/und Predigern zu S. Marien in selbiger Stadt/Jetzo auff Begehren in unsere Teutsche Muttersprache übersetzet Und mit einem nöthigen Register vermehret. Franckfurt/Mayn und Leipzig 1675. – Michael Kongehl, der als Mitglieder des Blumenordens an der Pegnitz seine Schriften mehrmals unter dem Namen Prutenio publiziert hat, verfaßte auch Gedichte, die dem Herzog und dessen Tugenden gewidmet wurden. In einer seiner Gedichtsammlungen befand sich ein „Kling-Gedicht auf das Hochseelige Absterben Des Durchlauchtigsten Fürsten und Herrn/Hn. Ernst Bogislaw/Herzogen zu Croy und Arschott/Markgraffen zu Hawre etc. etc.“, KONGEHL, Michael: Immergrünender Cypressen-Hayn/Zum Unsterblichen und Preißwürdigsten Nach-Ruhms-Andenken/Vieler/Theils Durchlauchtigsten/Hoch-Fürtrefflichsten/Theils andern Hohen und Niedern Standes-Persohnen/Aus allerhand Traur-Gedicht-Arten neugepflanzet/Mit Conterfeyen außgezieret/Und mit mancherley Lust-Gewächsen untermischet/Heraußgegeben von [...]/beygenahmt Prutenio. Danzig 1694, 73f. Dagegen bestätigt die Bedeutung der Passionsbetrachtung in Kongehls poetischem Schaffen die im Jahre 1683 in Stettin erschienene Schrift „Belustigung

Als sakramentale Ergänzung zur Aussage der oben beschriebenen Werke dient der spätromanische Taufstein, der im nördlichen Querschiff auf einer Stufe aufgestellt und mit einem eisernen Gitter (1685, Monogrammist B. K.) umgeben wurde. Dazu versah man das Werk mit einem ausführlichen katechetischen Programm (Abb. 14). Schon die Weiterbenutzung des mittelalterlichen *fons baptismi*, die in Pommern in herzoglichen Patronatskirchen wie in Pfarrkirchen der Hansezentren gleichermaßen zu beobachten ist, ist als ein bewußter Akt zu betrachten.[33] Durch die Adaptation, Weiterbenutzung und Ergänzung dieses ältesten Ausstattungsstücks, dessen Entstehungszeit in die ersten Dekaden des Christentums in Pommern zurückzuverfolgen ist, wurde sowohl die historische Kontinuität der Domkirche als auch ihre konfessionelle Identität bestätigt. In der Bekrönung des Gitters figurieren sowohl biblische Ereignisse (Sündenfall, Opfer Abrahams, Geburt Christi, Taufe Christi, Kreuzigung, Auferstehung, Christus als Kinderfreund und das Abendmahl) als auch Tugendpersonifikationen als Gaben des Heiligen Geistes (Barmherzigkeit, Hoffnung, Glaube, Gerechtigkeit, Klugheit, Mäßigkeit und Tapferkeit); im mittleren Teil zeigen sich Engelsköpfe.[34] Damit wird aber nicht allein die durch die Erbsünde abgefallene Menschheit und deren Erlösung durch Jesus Christus visualisiert. Vielmehr thematisiert der spezifische Bildträger im Kirchenraum auch die Lehre von den Sakramenten als Brunnen der Tugenden und Quell der Sündenvergebung.

Das Bildprogramm der liturgischen Trias, bestehend aus Altar, Kanzel und Taufe, spiegelt gleichermaßen konfessionell-dogmatische, didaktische und „seelsorgerische" Motivationen wider. Ebenso dient es einer Abgrenzung von der reformierten Abendmahlslehre wie auch einer Veranschaulichung von Frömmigkeitstendenzen innerhalb des damaligen Luthertums. Dagegen wirkt das Programm des Orgelprospekts wie ein konfessionelles Manifest: Anknüpfend an die aktuelle politische Situation parallelisiert es die Vergangenheit des Bistums mit biblischen Geschichten (Abb. 15).

Ähnlich anderen Orgelprospekten der Zeit veranschaulicht das Kamminer Werk die in den Psalmen geäußerte Anregung, die ewige Ehre Gottes als des Schöpfers des Himmels und der Erde mit Hilfe der Musik zu preisen. Grundlegend ist die Idee der himmlischen Herkunft der Musik, dank der göttliche Wahrheiten vermittelt werden können. Der Aufruf zur Verehrung des Schöpfers wird durch Inschriften an den Friesen zusammengefaßt. Im unteren Fries liest man: „CANTATE DEO, CANTATE REGI NOSTRO, CANTATE QUONIAM REX OMNIS TERRAE DEUS CANTATE INTELLIGE(N)S" (Lobsinget Gott, lobsinget unserm Könige! Lobsinget, denn

bey der Unlust", u. a. durch die Schriften von Heinrich Müller inspiriert. DERS.: Belustigung bey der Unlust aus allerhand Geist- und Weltlichen Gedicht-Arten. Stettin 1683.

33 WISŁOCKI, Sztuka protestancka na Pomorzu 1535–1684 (wie Anm. 4), 240f.; zur Problematik der Weiterbenutzung mittelalterlicher Kunstgegenstände in protestantischen Kirchen: Die bewahrende Kraft des Luthertums. Mittelalterliche Kunstwerke in evangelischen Kirchen. Hg. v. Johann Michael FRITZ. Regensburg 1997; WETTER, Evelin, Das vorreformatorische Erbe in der Ausstattung siebenbürgisch-sächsischer Pfarrkirchen A. B. Altarbildwerke – Vasa sacra/Abendmahlsgerät – Paramente. In: Humanismus in Ungarn und Siebenbürgen. Politik, Religion und Kunst im 16. Jahrhundert. Hg. v. Ulrich A. WIEN und Krista ZACH. Köln-Weimar-Wien 2004 (Siebenbürgisches Archiv 37), 19–54; DIES.: Überlegungen zum Bekenntniswert vorreformatorischer Retabelausstattungen siebenbürgisch-sächsischer Pfarrkirchen. In Konfessionelle Pluralität als Herausforderung. Koexistenz und Konflikt in Spätmittelalter und Früher Neuzeit. Winfried Eberhard zum 65. Geburstag. Hg. v. Joachim BAHLCKE, Karen LAMBRECHT und Hans-Christian MANER. Leipzig 2006, 109–126.

34 Über das nicht vollständig vorhandene Programm: SPUHRMANN (wie Anm. 4), 27.

Gott ist König, der ganzen Erde; lobsinget ihm mit Psalmen! Ps 47,7f.), dagegen im oberen: „REGES TERRAE ET OMNES POPULI, PRINCIPES ET OMNES JUDICES TERRAE, JUVENES ET VIRGINES, SENES CUM JUNIORIBUS LAUDENT NOMEN JEHOVAE: QUIA EXALTATUM EST NOMEN EIUS SOLIUS, GLORIA EIUS SUPER COELUM ET TERRAM" (Die Könige auf Erden und alle Völker, Fürsten und alle Richter der Erde, Jünglinge und Jungfrauen, Alte mit den Jungen sollen loben den Namen Jahwes, denn sein Name allein ist erhaben, seine Herrlichkeit über Himmel und Erde. Ps 148,11–13). Verbildlicht wird dies in Darstellungen musizierender Engel an den Türmchen des Positivs im oberen Teil des Hauptwerkes, im unteren Teil des Positivs sowie an den Seitenstücken. An diese Inhalte knüpft auch die gemalte Dekoration an der Emporenbrüstung der Orgel an (Abb. 16). Sie zeigt Darstellungen einer singenden weiblichen Gestalt samt weiteren Frauen, die auf unterschiedlichen Instrumenten musizieren, darunter Block- und Querflöte, Harfe, Laute, Violine, Geige, Pomort und Virginal. Im Licht der Schriften pommerscher Theologen gibt es keinen Zweifel, daß dieses besonders ausführliche Programm als Distanzierung von jenen zu betrachten ist, die „keine Orgel leiden".[35] Bemerkenswert ist, daß säkulare Konzepte aus dem höfischen Umkreis der Greifenherzöge als Vorbild gedient haben könnten (Abb. 17). Die Zusammenstellung von neun musizierenden Frauen, ergänzt um die Gestalt des singenden Weibes, begegnet auch in einem Holzschnitt zu einer panegyrischen Schrift, die 1617 unter dem Titel „EMBLEM-ANAGRAMMA Philippus secundus dux Pomeraniae" erschien: Gezeigt wird ein Schiff, auf dem ein Orchester von neun Musen und Pallas Athena musiziert, angezogen durch den Stettiner Herzog, der auf dem Greifen reitet, einen Palmzweig in seiner Hand hält und durch die Sonne erleuchtet wird.[36]

---

[35] „Etliche wollen kein Crucifix/keine Orgel leiden" – so schrieb im polemischen Sinne der durch seine Schriften in Pommern sehr bekannte Nordhausener Pastor Johann Gigas, dessen Werke man auch aus den Stettiner Ausgaben kennt. GIGAS, Johannes: Vonn den lebendigen Heiligen auff erden/eine Predigt [...] Northusani. Franckfurt/Oder 1569, E IV^r. Viele polemische Äusserungen gegen die Reformierten und ihre Stellung zur Orgelmusik in den Kirchen bringen die späteren Einweihungspredigen aus Pommern. Zu nennen sei die Predigt aus Anlass der Einweihung der Orgel in der Stettiner Jakobikirche, im Jahre 1628 gedruckt. SCHULTETUS, Christophorus: Musica Ecclesiastica Oder Orgelpredigt/Von der Music vnd Gesang/so in der Kirchen zu Lob Gottes gebrauchet wird/Auß des 57. Psal. 8., 9. und 10. Versickel. Bey Lieferung der renoverten Orgel in S. Jacobs Kirchen zu Alten Stettin den 2. Octobris dieses 1628 Jahrs Gehalten/vnd auff begehren in Druck gegeben Durch [...] der H. Schrifft D. vnd Pastorem daselbst. Nebenst angehengter kurtzer erzehlung des Orgelbaws. Alten Stettin [ca. 1628], D III^v-E II^r. Diese Polemik ist auch in den Weihepredigten der Glocken zu beobachten: RAMELOVIUS, Christian: Eine Christliche und Einfältige jedoch Schrifftmässige Glocken-Predigt/Welche bey der hiebevor Bruchfälligen/durch Gottes Gnade aber reparirten grossen Poltzinschen Glocken/so den 18. Novembr. Anno 1648. hora 6. vespertina umbgegossen/und den 24. ejusdem auff den Kirchenthurm gebracht worden/auß den Worten Esaiae cap. 55. v. 6. et 7. der Christlichen Gemeinde zu Poltzin/den 30. Novembr. Anno 1648. vorgetragen/vnd dem lieben Gotte zu Ehren und schuldiger Danckbarkeit in Druck gegeben Von [...], SS. Theologiae Studioso & p. t. Scholae Polcinensis Rectore. Alten Stettin 1651. B IV^v. Zu dieser Problematik auch: IRWIN, Joyce L.: Neither Voice nor Heart Alone. German Lutheran Theology of Music in the Age of the Baroque. New York 1993 (American University Studies, Reihe VII: Theology and Religion 132), 12; CIEŚLAK (wie Anm. 28), 277–279; WISŁOCKI, Sztuka protestancka na Pomorzu 1535–1684 (wie Anm. 4), 176–178.

[36] Die Schrift wurde in eine Gelegenheitsschrift aus Anlaß des Reformationsjubiläums unter dem Titel „ANNUS Christi M.DC.XVII. strenis votivis pro [...] Philippo II. duce Pomeranorum, etc. celebratis [...]. Stetini 1617" eingegliedert. ZDUNIAK, Maria u. a.: Musica sacra. Motywy muzyczne w sztuce śląskiej XIII–XVIII w. Katalog wystawy. Muzeum Narodowe we Wrocławiu, 23 V–31 VIII 1997 [Musica sacra. Musikalische Motive in der schlesischen Kunst vom 13. bis zum 18. Jahrhundert.

Das Postulat, den Schöpfer mit Hilfe von Musik zu rühmen, wird ferner durch die Figuren des David mit der Harfe und des Jeremias mit der Lyra betont. Der musikalische Aspekt des Kultes und der Aufruf zum Lob Gottes durch das Wort gehen in der bildlichen Darstellung damit geradezu eine Synthese ein.

Theologischer „Schlußstein" des Programms scheint jedoch die Figur des hl. Johannes des Täufers zu sein, Patron des Kamminer Doms und gleichzeitig – wie der Stettiner Theologe David Reutz in seiner „Conceptus Epistolici" schrieb – „Herold vnd Vorbote Christi".[37] Dies versinnbildlicht die Geste der rechten Hand des Heiligen, der sich den Christusdarstellungen am Altar zuwendet und auf diese Weise die Worte aus dem Johannes-Evangelium (Joh 1,29) über die erlösende Botschaft des Heilands als Gotteslamm bestätigt.[38] Eine christologische Zuspitzung des Programms ist damit offensichtlich. Mit Hilfe dieser quasi theatralen räumlichen Inszenierung samt der inhaltlichen Korrespondenz zwischen den einzelnen Ausstattungsstücken findet auch die propagierte Form der Abendmahlsliturgie ihr visuelles Äquivalent.

Die im ikonographischen Programm des Werkes dargestellte umfassende Vision der Ehre Gottes, die sich durch das Wort und die Musik offenbart sowie gleichermaßen in der Heilsgeschichte zu betrachten ist, enthält zudem deutliche Anspielungen auf die Geschichte des Kamminer Bistums selbst. Seinen Anfang und sein Ende symbolisieren die Figuren des heiligen Ottos von Bamberg als „Apostel von Pommern" und Ernst Bogislaws von Croy als letzter Verwalter in der Diözese.[39] Daran knüpft auch die Gestalt des Propheten Jeremias an. Zwar wird er in den Konsekrationspredigten von Orgeln in den pommerschen Kirchen explizit erwähnt, in den Dekorationen von Orgelprospekten aber eher selten dargestellt.[40] Die Wahl gerade dieses Propheten, der in der Zeit der babylonischen Gefangenschaft Israels als Verwalter amtierte, scheint vor dem Hintergrund der Biographie des Auftraggebers signifikant. Im Jahre 1670 erhielt Ernst Bogislaw den Titel des Statthalters im Herzoglichen Preußen,

---

Austellungskatalog. Nationalmuseum in Breslau, 23. Mai–31. August 1997]. Wrocław 1997, 81f. Die singende Frau im Kamminer Prospekt wurde fälschlicherweise als „Orchesterdirigentin" bezeichnet: Kochanowska/Szczęsny/Wejman (wie Anm. 4), 15, 35.

37 Reutz, David: Conceptus Epistolici Das ist/Einfeltige vnd Richtige Außlegung aller Episteln so durchs gantze Jahr/an Sontagen vnd vornemen Festen/in der Kirchen der löblichen Lande Pommern/zu erkleren vblich vnd gebreuchlich sind. Nach dem heilsamen Fürbild Prophetischer vnd Apostolischer Schrifft/Gleichstimmenden Consens der Alten Väter/vnd Mannes Gottes D. Martini Lutheri/geprediget vnd verfasset/Durch M. [...] Fürstlichen Alten Stettinschen bestalten Hoffpredigern. Teil 1–2. Alten Stetin 1616–1617, hier Teil 1, 755.

38 Kochanowska/Szczęsny/Wejman (wie Anm. 4), 35.

39 Spuhrmann (wie Anm. 4), 28. Ohne Zweifel sollte eine derartige Zusammenstellung der Glorifizierung des herzoglichen Stifters dienen. Zu betonen ist, daß das Gedächtnis dieses Heiligen stark mit dem pommerschen Staatsbewußtsein verbunden wurde, dazu u. a.: Wisłocki, Saints in Protestant Theology (wie Anm. 15), 46f. Es ist auch kennzeichnend, daß zur Anfertigungszeit des Kamminer Orgelprospekts die dem Leben dieses Heiligen gewidmeten historischen Schriften entstanden. Zu nennen ist etwa „De vita S. Ottonis Babenbergensis" des Kolberger Predigers Valerius Jasch, geschrieben 1676 und 1681 in Kolberg gedruckt. Jasch, Valerius: Andreae Abbatis Bambergensis de Vita S. Ottonis Babenbergensis [sic!] Ecclesiae Episcopi ac Pomeranorum gentis Apostoli Libri quatuor nunc primum ex Membranis Benedicto sanctae Camminensis Ecclesiae Pontifici inscriptis editi, Cum Libris quatuor Andreae Gretseriani alijsque Comitis cujusdam S. Ottonis, quem Sifriedum esse putant, qui in Compendium etiam redacti exhibentur, collati à corruptelis vindicati, et appendice Trium Diplomatum MSCCC ac quarundam observationum, ut et indice rerum vocumque obscurarum, barbararum et barbare scriptarum illustrati à [...] Pomerano, SS. Theol. Licentiato. Colbergae 1681.

40 Schultetus (wie Anm. 35), fol. B^r recto, D^v.

was Ausdruck in der Stiftungsinschrift im unteren Teil der Orgelempore fand. Betont wird darin die Rolle des Herzogs bei der Anfertigung des großartigen Werkes durch Anbringung seines Bildnisses im unteren Teil der Empore, durch seine persönliche Devise („ET SPIRITU PRINCIPALI CONFIRMA ME DEUS“) sowie durch Wappen und Monogramm. Dieses gleichsam politische wie konfessionelle Testament des Herzogs und Bischofs ergänzte außerdem der Bibelvers im Fries des obersten Teils des Prospekts: „AUDITE REGES PERCIPITE AURIBUS PRINCIPES EGO SUM QUAE DOMINO CANAM PSALLAM DOMINO DEO ISRAHEL“ (Höret, ihr Könige, merket auf, ihr Fürsten! Ich bin des Herrn! Singen und auf Saiten spielen will ich dem Herrn, dem Gott Israels. Ri 5,3). In diesen Worten äußert sich ein expliziter Appell an die künftigen Verwalter des Territoriums des aufgehobenen Bistums, „den reinen und rechten Glauben“ zu respektieren.

Zusammenfassend läßt sich aus den Programmen der Stiftungen des Herzogs folgendes ableiten: In erster Linie zielten diese offensichtlich darauf, eine Memoria des Geschlechts zu konstruieren und sein Andenken in dem an Brandenburg angeschlossenen Landesteil zu sichern. Zweitens handelte es sich aber auch um eine visuelle Ermahnung an die zukünftigen Verwalter des brandenburgischen Hinterpommern, „die reine Lehre Luthers“ vor reformierten Einflüssen zu schützen. Für die Bildaussage griff der Stifter zu diesem Zweck auf Inspirationen aus unterschiedlichen Medien zurück. Neben einem durchaus traditionellen Repertoire der Darstellungen sind als Quelle vor allem die Emblematik sowie auch gewisse säkulare Konzepte zu nennen. Den unterschiedlichen Intentionen des Stifters versuchten die Künstler nicht allein mit Hilfe der Ikonographie, des Typus und der Form der Ausstattungsstücke gerecht zu werden, sondern diese wurden auch in eine ganz bestimmte inhaltlich wie liturgisch bedingte räumliche Relation zueinander gebracht. Dabei gibt es keinen Zweifel daran, daß alle genannten Intentionen begründet waren. Schon im Jahre 1684, also im Todesjahr des Herzogs, fand in Anwesenheit des großen Kurfürsten in der Stolper Schloßkirche der erste reformierte Gottesdienst statt.[41] Zu dieser Zeit lebte Ernst von Croyengreiff, der einzige Sohn des Stifters, als Ordensmitglied der Jesuiten in Rom.[42]

---

41 Branig (wie Anm. 1), Teil 2, 45.

42 Warscheinlich ist er in Ingolstadt gestorben. Das genaue Datum ist nicht bekannt. – Szultka (wie Anm. 3), 141–145; Rymar (wie Anm. 3), 485.

Konfessionelle Aushandlungen über den Stadtraum

Peter Johanek

Konfessionen im Stadtraum*

Am 3. Juli 1573 trat in der Großen Kirche zu Emden die Versammlung der Presbyter und Ältesten zusammen, die sich damals bereits nach Genfer Vorbild als Konsistorium verstand und die *gemeente*, die Gemeinde, repräsentierte. Sie beschloß, die Stadt Emden in „seker parten tho vordelen" (in festumrissene Bezirke aufzuteilen), „in denen je zwei Älteste besondere Aufsicht führen sollten, und zwar mit Hilfe anderer Frommer und eifriger Brüder, die dazu geeignet sind". Sie sollten dafür sorgen, „dat, sovoele moegelick, de kercken-tuicht wedderen upgenomen muchte werden unde bether gepleget werde, de nhu bynha allheell vorvallet" (daß die Kirchenzucht soviel als möglich wieder aufgenommen und besser gepflegt werde, da sie gegenwärtig beinahe ganz verfällt).[1] Sieben solcher als „Kluften" bezeichneten Bezirke werden genannt. Faldern, die Stadterweiterung östlich jenseits des Delft, blieb noch ausgeklammert, wurde aber nicht ganz drei Jahre später miteinbezogen unter gleichzeitiger Neueinteilung der gesamten Stadt in fünf Kluften. Die *upseenders* (Aufseher) aus den *oldesten* (Ältesten) wurden noch vermehrt, die Prädikanten an der Aufsicht fortan beteiligt.

Das ganze Verfahren zeigt, daß es sich bei diesen Bezirken nicht etwa um Nachbarschaften, um gewachsene Personenverbände handelt, auch wohl nicht um einzelnen Prädikanten zugewiesene Bezirke der Seelsorge, sondern um ein den gesamten Stadtraum erfassendes Kontrollsystem, das vom Konsistorium gesteuert wird. Das Konsistorium durchdringt den Stadtraum auf diese Weise mit den von ihm gesetzten Normen.

Es geht um die Kirchenzucht, um die Verwirklichung und Durchsetzung der aus dem Evangelium abgeleiteten und von der christlichen Gemeinde definierten Normen des christlichen Lebens. Man braucht sich bei den letzten Worten des Beschlusses, die den Verfall der Kirchenzucht behaupten, nicht lange aufzuhalten. Das ist Reformergeschwätz, das zur Legitimierung des eigenen Tuns und eigener Maßnahmen die eigene Gegenwart und die unmittelbare Vergangenheit schlechtreden muß. So sehr die frühen 1570er Jahre eine Neuorientierung in der Reformationsgeschichte Emdens bedeuten und sich damals ohne Zweifel eine Weichenstellung vollzog, die die Entwicklung in die calvinistische Stadtrepublik von 1595 münden ließ, so stark war

---

* Der hier abgedruckte Text entspricht bis auf minimale Änderungen dem öffentlichen Abendvortrag bei der Tagung in Emden. Er war dazu gedacht, eine Art Rahmen für die Vorträge der Tagung zu schaffen und gleichzeitig den Genius loci zu beschwören. Es wurde daher darauf verzichtet, einen ausführlichen Anmerkungsapparat beizugeben. Lediglich wörtliche Zitate wurden nachgewiesen sowie bei weniger bekannten Sachverhalten sparsame Literaturhinweise gegeben.

[1] Die Kirchenratsprotokolle der reformierten Gemeinde Emden 1557–1620. Teil I: 1557–1574. Bearbeitet v. Heinz SCHILLING und Klaus-Dieter SCHREIBER. Hg. v. Heinz SCHILLING. Köln-Wien 1989 (Städteforschung C 3/1), XXVf. und 479f.; SMID, Menno: Ostfriesische Kirchengeschichte. Pewsum 1974 (Ostfriesland im Schutze des Deiches VI), 114–268; KAPPELHOFF, Bernd: Geschichte der Stadt Emden von 1611 bis 1749. Emden als quasiautonome Stadtrepublik. Leer 1994 (Ostfriesland im Schutze des Deiches XI).

doch die Kirchenzucht bereits zu Beginn des reformatorischen Geschehens verankert. Jan Łaski oder Johannes a Lasco, der Edelmann aus Großpolen, der vom Dompropst in Gnesen (pol. Gniezno) und Archidiakon von Warschau (pol. Warszawa) zum Reformator Ostfrieslands wurde, hat bereits entscheidende Grundlagen dafür geschaffen, als er als Generalsuperintendent durch seine verschiedenen Ordnungen für die junge reformatorische Bewegung Ostfrieslands dieser einen festen organisatorischen Rahmen zu geben suchte.[2]

Vollends aber waren Presbyterium und Kirchenzucht in Emden fest etabliert worden, als Jan Łaski 1554 nach der Überwindung der Interimskrise aus dem Londoner Exil zurückkehrte, und zwar an der Spitze der dortigen, insbesondere von Niederländern dominierten Exulantengemeinde, die sich nun wiederum – beim Regierungsantritt Marias der Katholischen – aufs neue ins Exil begeben mußte, in Ostfriesland bei Gräfin Anna Zuflucht fand, sich in Emden niederließ, wo sie keine Sondergemeinde bildete, sondern sich mit der dort bereits bestehenden, durch Łaskis frühere Verordnungen geformten reformatorischen Gemeinde vereinigte. Jan Łaski war auch der Superintendent der Londoner Exulantengemeinde gewesen, er führte sie nach Ostfriesland, und er ist es im wesentlichen gewesen, der in London eine Kirchenordnung ausgearbeitet hatte, in der Kirchenrat und Kirchenzucht theologisch und organisatorisch fest verankert waren.[3] Sie wurde bald gedruckt, lateinisch 1555 in Frankfurt/Main, niederländisch bereits 1554, und zwar in Emden. Sie fand große Verbreitung im Reich, und ihre Bedeutung reichte über Emden weit hinaus. Wenn man von der Organisation der Kirchenzucht in Emden redet, dann geht es nicht nur um ein bloßes Ereignis der Lokalgeschichte, und die relativ ausführliche Darlegung zu den Emdener Verhältnissen, mit der hier begonnen wurde, ist mehr als eine Huldigung an den Genius loci der Großen Kirche in Emden, in der die Tagung stattgefunden hat, der die Beiträge dieses Bandes entstammen. Die Kirchenordnung Jan Łaskis hat grundsätzliche Bedeutung für die Geschichte des städtischen Raumes im konfessionellen Zeitalter.

Es ging dabei um das Verhältnis von Gemeinde und Kirchenzucht, wobei man die letztere – der jüngeren Frühneuzeitforschung folgend – als ein „Basisphänomen" der Sozialgeschichte[4] ansprechen darf, das die Gesellschaft in allen ihren Bereichen zu erfassen suchte, auf jeden Fall nicht auf einzelne Gruppen beschränkt erscheint. Die umfassende Kontrolle, die sie darstellt – das legen die Emdener Zeugnisse deutlich dar –, wurde ausgeübt durch die Gemeinde, die durch das Konsistorium der Prediger und Presbyter, d. h. der Ältesten, repräsentiert wird. Der Personenkreis des Konsistoriums ist durch die Gemeinde zumindest bestätigt worden, und die Protokolle des Kirchenrats zeigen deutlich, daß in wichtigen Fällen die Rückbindung an die Gemeinde gesucht wurde. In Emden erfaßte die Gemeinde zumindest nach 1595

---

[2] Siehe zu dessen Biographie den Eintrag in: Neue Deutsche Biographie. Bd. 13. Hg. v. der Historischen Kommission bei der Bayrischen Akademie der Wissenschaften. Berlin 1982, 657f.; im übrigen vgl. zu diesem Abschnitt: Die Kirchenratsprotokolle (wie Anm. 1), IX–XXVIII.

[3] Ebd., XX.

[4] Schilling, Heinz: Die Kirchenzucht im frühneuzeitlichen Europa in interkonfessionell vergleichender und interdisziplinärer Perspektive – eine Zwischenbilanz. In: Kirchenzucht und Sozialdisziplinierung im frühneuzeitlichen Europa. Hg. v. Dems. Berlin 1994 (Zeitschrift für Historische Forschung, Beiheft 16), 11–40, hier 12.

die Gesamtheit der Stadt und ihrer Einwohner, und diese übte die Kirchenzucht aus. Man wird auch darüber hinaus sagen dürfen, daß sich kirchliche und politische Gemeinde weitgehend gegenseitig durchdringen. Das ist ein wichtiger Punkt, auf den zurückzukommen sein wird. Vorerst sei lediglich festgehalten, daß Emden so etwas wie den Idealtypus reformatorischer, insonderheit reformierter Glaubens- und Kirchenpraxis verkörpert oder doch ein in Realität umgesetztes Grundmodell. In diesem Grundmodell spielt die Gemeinde eine herausragende Rolle. Und weiter: Emden galt nicht zufällig als die *moederkerk* der reformierten Kirche im Reich, ja als „Genf des Nordens". Diese exponierte Stellung wird auch in Zeugnissen des Selbstverständnisses der Stadt deutlich, wie in den Inschriften auf dem 1646 erbauten Neuen Boltentor, das den Zugang zur Stadt von Westen her sicherte. Auf der Stadtseite hieß es da: „Velut lilium inter spinas" (Hld 2,2), wodurch die Stadt Emden klar als die Braut Christi bezeichnet wird. Die Feldseite des Tores zeigte den Satz: „Heere, bewahre die Harbarge diner Gemeene".[5] Diese Herberge war die durch die Befestigungswälle umschlossene Stadt Emden, der Stadtraum. Er wurde ausgefüllt durch die christlich, konfessionell einheitlich strukturierte Gemeinde, durch die städtische Bürgerschaft als Sakralgemeinschaft, die durch Normen und Sanktionen, eben die Kirchenzucht, zusammengehalten wurde.

Es wäre hier nun der Ort, sich mit dem Begriff des Raumes auseinanderzusetzen, doch soll eine ausführliche theoretische Annäherung hier unterbleiben.[6] Es geht hier um den Stadtraum, und ich begnüge mich mit vergleichsweise schlichten Formulierungen zu dessen Definition. Sie gehen von den mittelalterlichen Vorstellungen über „Stadt" aus, die bis in die Zeit der Konfessionalisierung hinein Gültigkeit besaßen. Eine solche Formulierung könnte lauten: Der Stadtraum wird konstituiert durch soziales Handeln, das in Topographie eingebunden ist, und zwar in Topographie, die durch den handelnden Personenverband entweder geschaffen wird oder der er sich, weil er sie vorfindet, anpassen oder sie zu verändern suchen muß. So sieht es etwa Johannes von Soest, der Wormser Stadtarzt und Heidelberger Universitätsgelehrte gegen Ende des 15. Jahrhunderts in seinem Traktat „Wie man eine Stadt gut regieren soll".[7] Er definiert „Stadt" zuallererst – und das mag zunächst überraschend wirken – als Personenverband: „Eyn statt ist ein communitett" (eine Stadt ist eine Gemeinschaft). Er erläutert das folgendermaßen: „Dan das wort statt heyst civitas/quasi civium unitas." Dann übersetzt er diese lateinischen Worte für seine Leser: „Das ist zu teutsch so vil gerett als burgerlich vereynung stett" (das heißt auf deutsch soviel wie eine bürgerliche Vereinigung mit Stetigkeit). Ohne eine solche Grundlage – so meint er – kann eine Stadt nicht bestehen. Erst an die zweite Stelle setzt er die bauliche Gestaltung der Stadt, die topographischen Verhältnisse, wobei der Befestigung ein besonderer Rang zukommt. Sie schützt die Stadt und hält sie zusammen, ganz so, wie auch der Personenverband durch *concordia* und *unitas* einen Zusammenhalt haben muß.

---

[5] Zit. nach Kappelhoff, Geschichte der Stadt Emden (wie Anm. 1), 8.

[6] Hingewiesen sei lediglich auf eine der neueren Arbeiten zum Stadtraum, die in das Problem einzuführen vermag: Schmidt, Christian: Stadt, Raum und Gesellschaft. Henri Lefebvre und die Theorie der Produktion des Raumes. Stuttgart 2005.

[7] Wie man wol eyn statt regyrn sol. Didaktische Literatur und berufliche Schreiben des Johann von Soest, gen. Steinwert. Hg. v. Heinz Dieter Heimann. Soest 1986, 23f.

In diesen Formulierungen des Johannes von Soest, die als repräsentativ für das ausgehende Mittelalter angesehen werden dürfen, mischen sich die Rezeption der aristotelischen Politeia mit dem symbolischen Stadtraumverständnis, wie es das mittelalterliche Bürgertum seit dem Aufstieg des Städtewesens im Hohen Mittelalter auf seinen Siegeln zum Ausdruck gebracht hat. Sie zeigen in den allermeisten Fällen einen Mauerkranz mit Zinnen, Toren und Türmen, häufig mit einem Kirchengebäude im Zentrum. Durch die Mauer, die Befestigung – daran kann kein Zweifel bestehen – war für die Bürger der Stadtraum markiert. Die Mauern, insbesondere aber ihre Tore, waren der Ort für vielfältige Symbolik, die die Freiheiten und die Privilegien der Stadt sinnfällig zum Ausdruck brachten oder aber die Herrschaft eines Stadtherrn verdeutlichen sollten. In dieses Ensemble der Symbole gehören, und zwar zunehmend im ausgehenden Mittelalter und erst recht in der Frühen Neuzeit, auch die Inschriften, die zumeist das Selbstverständnis der Stadt auf kurze Formeln zu bringen suchten. Als beispielhaft kann etwa die bekannte Inschrift des Holstentores zu Lübeck gelten: „Concordia domi, foris pax“ (Einigkeit zu Hause, d.h. im Stadtinneren, Friede im Umland).[8] Diese Inschrift beschreibt damit den Stadtraum als Raum der bürgerlichen Einigkeit und des städtischen Friedens, ganz wie die Regierungslehre des Johannes von Soest es formuliert, und das Tor markiert samt den anschließenden Mauern diesen Raum der Einigkeit. Das entspricht exakt dem Verfahren der Emdener am Neuen Boltentor um die Mitte des 17. Jahrhunderts.[9] Die Inschrift deklarierte den Stadtraum als die Herberge Gottes, der durch die Gemeinde die Ordnung Christi verwirklicht und in dem kein Fremdkörper geduldet werden sollte.

Die Frühneuzeitforschung der vergangenen Jahrzehnte hat die Konfessionalisierung als historischen Fundamentalvorgang der europäischen Geschichte, ganz besonders der Geschichte des Reichs, begriffen und beschrieben. Sie hat die Bedeutung der Konfessionalisierung für die Ausbildung des modernen Staates betont, vor allem aber auch den ihr innewohnenden Zwang zur möglichst vollständigen Durchdringung des Herrschaftsraumes mit den Normen der jeweiligen Konfession. In der calvinistischen Stadtrepublik Emden mit ihren Autonomierechten innerhalb der Grafschaft Ostfriesland schien dieser Zustand in idealer Weise erreicht. Die Gemeinde und ihr Konsistorium kontrollierten mit dem Instrument der Kirchenzucht umfassend das religiöse Leben in der Stadt, von einer Ausnahme abgesehen, von der gleich noch zu sprechen sein wird. Dennoch setzten die Emdener nur etwa dreißig Jahre nach der Anbringung des selbstbewußten Spruches von der Herberge Gottes beim Neubau des Nordertores 1679 den nicht weniger stolzen Spruch auf die Feldseite des Tores: „Premimur sed non supprimimur“ (wir werden bedrängt, aber nicht erdrückt). Wer bedrängte die Stadt? Die sehr viel längere Inschrift an der Stadtseite scheint das eindeutig zu erläutern. Sie spricht von „jenem Feind mit der Mitra“, der „plünderte und verwüstete, der solange er lebte, ein Hasser und Schädiger der Emder war“.[10]

---

[8] Vgl. etwa die Abbildung bei Boockmann, Hartmut: Die Stadt im späten Mittelalter. München 1987, 45, Abb. 62; dazu Schadendorf, Wulf: Das Holstentor. Symbol der Stadt. Geschichte und Herkunft des Lübecker Tores. Hamburg [o. J.] [1978].

[9] Kappelhoff, Geschichte der Stadt Emden (wie Anm. 1), 8.

[10] Zit. nach ebd.

Gemeint ist damit selbstverständlich der Bischof von Münster, Christoph Bernhard von Galen (1650–1678), der „Kanonenbernd", mit dem die Stadt über Jahre hin, ebenso wie ihre niederländischen Verbündeten, in schwere Auseinandersetzungen verwickelt war. Das aber war nur die Oberfläche, denn ins Land geholt hatte den kriegerischen Bischof die eigene Landesherrin Gräfin Christine Charlotte, die mit ihren Ständen in Konflikt geraten war, insbesondere mit den Emdenern, und zwar in Religionssachen.

Es war die Rede von der vollständigen religiösen Homogenität des calvinistischen Emdens und von der vollständigen Durchsetzung calvinistischer Lebensweise im Stadtraum. Auch auf eine Ausnahme war jedoch bereits hinzuweisen.[11] Zwar verbot der Delfzijler Vertrag von 1595 jeden anderen als den reformierten Gottesdienst in der Stadt, aber die landesherrliche Burg fiel nicht unter die Jurisdiktion des Rates. Hier wurde lutherischer Gottesdienst gehalten, aber nur für den Landesherrn selbst und seine Beamten und Diener. Das wurde hingenommen. Trotz des ungemein starken Druckes auf alle Nichtreformierten in der Stadt gab es dort eine doch recht ansehnliche Zahl von Lutheranern, zum Teil Personen von beträchtlicher wirtschaftlicher Bedeutung. Sie verfügten jedoch über keinen eigenen Geistlichen, selbstverständlich auch nicht über einen eigenen Kirchenraum. Auch wurde ihnen nicht gestattet, an den Gottesdiensten in der landesherrlichen Burg teilzunehmen. Eine städtische Schildwache vor dem Burgtor verhinderte das. Der einzige Ausweg war der Besuch der lutherischen Kirche im Dorf Petkum, etwa sechs bis sieben Kilometer emsaufwärts, ein besonders bei schlechtem Wetter sehr beschwerlicher Weg. Graf Georg Christian hat daher 1664 die Kapelle in Harsweg, sehr viel näher, am heutigen nordwestlichen Stadtrand von Emden gelegen, den Lutheranern zur Verfügung gestellt. Trotz der Tatsache, daß Harsweg ganz eindeutig im gräflichen Jurisdiktionsbereich lag, außerhalb der durch die städtische Autonomie gedeckten Einflußsphäre des Emdener Rats, hat der Rat diese Maßnahme als ungeheuerlichen Eingriff in seine Religionshoheit angesehen und dargestellt. Um die „ohnruhigen Lutheraner" an ihrem verwerflichen Tun zu hindern, setzte er sogar Soldaten ein, und aus diesem Vorfall entspann sich der Zwist zwischen Landesherrin und Ständen, bei dem die erstere dann den Münsterischen Bischof und seine Truppe ins Land rief. In diesen Vorgängen wird überaus deutlich, daß der Kampf um die Religion, um die rechte Religion und ihre reine ungestörte Ausübung im städtischen Raum (dies nun vom Standpunkt der Emdener aus gesehen), sich untrennbar verflochten zeigt mit Verfassungsproblemen, vor allem mit dem Verhältnis von Landesherrn und Ständen. In diesem Falle der Lutheraner von Emden, die die Landesherrin zu schützen suchte, setzte sich der Emdener Rigorismus durch. Erst das politische und militärische Eingreifen des großen Kurfürsten, der 1682 eine brandenburgische Garnison nach Emden legte (die bis 1744 dort blieb), hat einen allmählichen Wandel der starren Haltung des Emdener Rats in der Gottesdienstfrage der Lutheraner bewirkt. Aber gerade der Verlauf dieser Sache zeigt sehr deutlich, worum es dem Rat und dem Konsistorium von Emden ging. Die Lutheraner reichten 1684 eine Petition ein, „ettliche mahlen" im Jahre durch einen lutherischen Prediger an einem vom Magistrat zu bestimmenden Orte innerhalb der

[11] Vgl. für das folgende: Smid (wie Anm. 1), 345–347; Kappelhoff, Geschichte der Stadt Emden (wie Anm. 1), 448–453.

Stadt das Abendmahl nehmen und jeweils am Tag davor einen Bußgottesdienst halten zu dürfen; die Kollekte sollte dabei an die reformierten Diakone gehen. Wohlgemerkt: Die Lutheraner baten nicht um das freie *exercitium religionis*, das ihnen bereits wiederholt abgeschlagen worden war, sondern um eine sehr eingeschränkte Erlaubnis, den eigenen Glauben zu leben. Bezeichnend ist, daß sie in der Petition versicherten, die Autorität von Bürgermeistern und Rat anzuerkennen, sich als „getrewe Bürger und Einwohner ohne einige neuwerung in der Kirchen und Policey" zu verhalten, und vor allem wollten sie sich nicht als „absonderliche gemeine" neben die Reformierten setzen und sich auch nicht eines „absonderlichen Consistorii" bedienen.[12] Das heißt auch, daß sie sich in allen anderen administrativen Bereichen – in Kirchenbucheintrag, Kirchenzucht, Zensur etc. – der reformierten Kirchengemeinde unterstellten, die mit der Bürgergemeinde als identisch betrachtet wurde. Damit versprachen sie die Einheit der Gemeinde zu wahren, und das Indult, das der Rat ihnen schließlich 1685 erteilte, zeigt wiederum in seinen Bedingungen, worauf es ankam. Die vier Abendmahlgottesdienste und die vier Bußgottesdienste wurden genehmigt, und zwar durften die Lutheraner sich den Ort selbst aussuchen, nur mußten die Gottesdienste außerhalb der alten Stadt Emden, in einer der Vorstädte, stattfinden. Der Prediger mußte vom Rat approbiert sein, und ein reformierter Prediger sowie ein Repräsentant des Magistrats mußten am Gottesdienst teilnehmen. Damit wurde der Anspruch auf Einheit der Gemeinde gewahrt, und die Kluft, die sich zur lutherischen Minderheit auftat, wurde „juristisch ignoriert".[13] Die abweichende Glaubensübung sollte auf diese Weise im Stadtraum möglichst wenig sichtbar werden. Es braucht kaum hervorgehoben zu werden, daß sich zu den Emdener Verfahren viele und mannigfaltige Parallelen im Reich und auch anderwärts, etwa in Ostmitteleuropa, finden lassen. Es sei lediglich an die geduldeten protestantischen Gotteshäuser in den habsburgischen Ländern, etwa in Oberungarn und Schlesien erinnert, die aus Holz zu errichten waren und ebenfalls außerhalb der Städte liegen mußten.

Emden, so werden wir nun als Zwischenfazit resümieren dürfen, ist ein exzellenter Platz, um über Probleme der Formierung des konfessionellen Raumes ins Gespräch zu kommen, selbst wenn es um vergleichsweise so entlegene Gegenden wie Siebenbürgen oder andere Regionen Ostmitteleuropas gehen soll. Die Stadt Emden bietet in ihrer Konfessionalisierungsgeschichte ein sehr eindrucksvolles Beispiel für das Gelingen der Formierung eines solchen konfessionellen Raumes, und zwar des Stadtraumes, des Gelingens ohne wesentliche Abstriche durch verwirklichte Ansprüche anderer Konfessionen. Zugleich bietet es ein herausragendes Beispiel städtischer Reformation, die in der Erforschung der Reformationsgeschichte der letzten Jahrzehnte eine so prominente Rolle gespielt hat. Das hat dazu geführt, daß die Reformation häufig fast ausschließlich als ein *urban event* verstanden wird, und zwar in dem Sinne, daß sie hauptsächlich von der Stadt und ihrer Bürgergemeinde betrieben worden sei. Daran ist selbstverständlich viel Richtiges, aber man wird darüber, bei aller Hervorhebung der städtischen Gemeinde, doch auch den entscheidenden Part der Fürsten, der Landesherren, des Adels nicht vergessen dürfen, die Fürstenreformation, die zwar ebenfalls mit dem städtischen Milieu und dem Stadtraum zu

[12] Ebd., 452.
[13] Ebd., 453.

tun hat, aber dann eben aus der Perspektive des Stadtherrn, nicht der städtischen Gemeinde. Dieser Anteil der Fürsten wird im folgenden nur punktuell zur Sprache kommen, daher sei darauf insistiert, daß er bedeutend ist. Dazu sei nur verwiesen auf die bildliche Memoria der Reformation, wie sie etwa durch die verschiedenen Reformationsbilder Lukas Cranachs oder die Konfessionsbilder zur Erinnerung an die Confessio Augustana begründet worden ist[14] und wie sie besonders auch in den Städten gepflegt wurde.

Emden, es sei wiederholt, bietet eine Erfolgsgeschichte der Formierung des konfessionell geprägten Stadtraumes. Aber nicht immer und überall ist es so „glatt abgegangen" bei den vertrackten Verfassungs- und Rechtsverhältnissen des Alten Reichs. Immer wieder kam es zur Durchlöcherung der konfessionellen Einigkeit und Geschlossenheit durch die nicht zu beseitigenden Privilegien kirchlicher Immunitäten in evangelisch gewordenen Territorien. Vor allem war dies aber in den Reichsstädten der Fall, von denen die evangelisch gewordenen häufig solche katholischen Enklaven in sich schlossen. Die Reichsstädte geben ohnehin die interessantesten Beispiele für die Konkurrenz der Konfessionen und den Kampf um Positionen im Stadtraum ab. Die gemischt konfessionellen unter ihnen sind es denn auch, die am frühesten zu einem Modus vivendi zu finden hatten, unter Umständen zur Parität der Konfessionen und schließlich zur Toleranz.

Davon wird in knappgehaltenen Beispielen noch die Rede sein müssen. Zuvor aber ist noch von jenem anderen Raum zu sprechen, der ebenfalls im Brennpunkt der Auseinandersetzungen steht und der – obwohl er innerhalb jenes durch das symbolische Stadtverständnis markierten Stadtraumes gelegen ist – doch eine gesonderte und herausgehobene Rolle spielte. Es geht um das Kirchengebäude und den ihn unmittelbar umgebenden Bezirk, den Kirchhof. Die zentrale Rolle, die das Kirchengebäude im Stadtraum einnimmt, wird bereits durch die Häufigkeit deutlich, in der das städtische Symbolmedium par excellence, das städtische Siegel, ein solches Kirchengebäude im Zentrum des Mauerrings zeigt, sei es nun als Kathedrale oder Pfarrkirche gedacht. Diese zentrale Rolle des Kirchengebäudes für die Bürgerschaft läßt sich von vorreformatorischer Zeit her in vielfältiger Weise belegen. Hier mag ein einziges Beispiel, die Ausgestaltung des Zeremoniells der Grundsteinlegung beim Neubau einer Pfarrkirche, zur Verdeutlichung genügen; sie erweist diesen Bau als Angelegenheit der Gemeinde. So steht beispielsweise eine ausführliche Beschreibung der Grundsteinlegung des Ulmer Münsters im Jahre 1377 durch den Dominikanermönch Felix Fabri zur Verfügung, und sie läßt sich ergänzen durch die bildliche Darstellung in einer Familienchronik des Patriziergeschlechtes Krafft aus dem 17. Jahrhundert, jener Familie, die zur Zeit dieser Grundsteinlegung den Bürgermeister stellte. Schon die Zeitgenossen der Grundsteinlegung hatten dessen Rolle im Münster selbst durch ein Relief festgehalten. Beschreibung und Bild verdeutlichen die Beteiligung der Gemeinde, und zwar auch der politischen Gemeinde. Der Bürgermeister legt selbst Hand an bei der Steinsetzung, die Gemeinde selbst ist in Prozessionsordnung an die Baugrube herangetreten, die Spenden, die vor der Grube

14 Marsch, Angelika: Bilder zur Augsburger Konfession und ihren Jubiläen. Weißenhorn 1980.

niedergelegt werden, verdeutlichen die finanzielle Beteiligung der Bürgerschaft und der Gemeinde.[15] Zu fragen ist nun: Wie verhielten sich die Konfessionen zu diesem Raum, dem vom Kirchenbau umschlossenen Raum, der den Ort für den Gottesdienst bot, und zu dem ihn unmittelbar umgebenden Bezirk, der in der Regel die Bestattung der Gemeinde aufnahm, also vom Mittelalter her gesehen der Memoria der Toten der Gemeinde diente.

Die Probleme, die damit zusammenhängen, werden in den Beiträgen dieses Bandes ausführlich und in vielfältiger Weise diskutiert. Daher kann ich mich hier darauf beschränken, einige Schlaglichter auf diese Fragen zu werfen, etwa auf die Frage nach Sakralität und Profanität des Kirchenraumes oder die verschiedenen Antworten, die das Zeitalter des Konfessionalismus darauf in der Veränderung der Frömmigkeitspraxis und deren Folgen für die Ausstattung der Kirchen in den einzelnen Konfessionen gegeben hat. Dabei sind dem hier bereits Gesagten nur einige weitere Beispiel hinzuzufügen und vielleicht der Versuch zu unternehmen, einige Grundelemente deutlicher herauszustellen und an Beispielen sichtbar zu machen.

Wie steht es um die Frage der Sakralität des Kirchenraumes? Zu Beginn der Emdener Tagung wurde hervorgehoben,[16] daß das Neue Testament keine sakralen Räume und Orte kennt, daß das Mittelalter dies jedoch völlig geändert habe und durch die Weihe des Kirchengebäudes und seine Ausstattung mit Reliquien, mit den Leibern der Heiligen, sakralisierte, aus der Alltagswelt ausgegrenzte Räume geschaffen habe. Von dem Diskurs, der um diese Sakralität geführt wurde und der von der Gottesvorstellung ausging, von der Allgegenwart Gottes, die nicht an einen bestimmten Raum zu binden ist, hat die Reformation selbstverständlich profitiert; die Vorstellung von der Idolatrie, der Götzenverehrung, die eine solche Sakralisierung bedeutete oder doch begünstigte, hat hier ihre Wurzeln.

In der Tat hat die Kirche des Mittelalters die Sakralität von Kirche und Kirchhof außerordentlich prägnant markiert, und zwar nicht nur durch die liturgische Praxis und die Ausgestaltung der Frömmigkeit im Reliquienkult. Sie hat diesen sakralen Raum auch durch kirchenrechtliche Definitionen und Sanktionen zu umschreiben und vor dem Eindringen des Profanen zu schützen gesucht. Als im Laufe des 13. Jahrhunderts die Bestimmungen des neuformulierten kanonischen Dekretalenrechts, die die geistlichen Personen und das Kirchengut vor weltlichen Übergriffen schützen sollten, in partikularrechtliche Statutentexte, in Provinzial- und Synodalstatuten umgesetzt wurden, da stellte man neben die Bestimmungen über die Gewalttaten gegen kirchliche Personen und Räume auch anderes, z. B. das Verbot der Getreidelagerung auf dem Bodenraum der Kirche, das Verbot weltlicher Versammlungen in der Kirche, das Verbot von Märkten oder Lustbarkeiten auf dem Kirchhof und vieles andere

15 Fratris Felicis Fabri Tractatus de Civitate Ulmensi, de eius origine, ordines, regimine, de civibus eius et statu. Hg. v. Gustav Veesenmeyer. Tübingen 1889 (Bibliothek des litterarischen Vereins in Stuttgart 186), 37f.; dazu die Abb. bei Specker, Hans Eugen: Ulm. Stadtgeschichte. Ulm 1977, 18.

16 Die folgenden Ausführungen beziehen sich auf den Vortrag von Thomas Lentes auf der Emdener Tagung [Anm. der Red.]. Vgl. nur Angenendt, Arnold: Geschichte der Religiosität im Mittelalter. Darmstadt 1997, 432–436; Neuheuser, Hanns Peter: Mundum consecrare. Die Kirchweihliturgie im Spiegel der mittelalterlichen Raumwahrnehmung und Weltaneignung. In: Virtuelle Räume. Raumwahrnehmung und Raumvorstellung im Mittelalter. Hg. v. Elisabeth Vavra. Berlin 2005, 259–279.

mehr.[17] Das zeigt auf der anderen Seite auch, daß das Profane immer wieder in den Kirchenraum eindrang, und die Gesetzgeber und jene, die über die Einhaltung solcher Bestimmungen zu wachen hatten, mochten sich vorkommen wie Christus bei der Reinigung des Tempels von den Händlern und Wechslern (Mt 21,12–13), im übrigen eine Stelle des Neuen Testaments, die durchaus die Sakralität des Tempelraumes hervorhebt, wie die Bezugsstellen bei Jesaja und Jeremias deutlich machen. Diese Ambivalenz zwischen Sakralität und Profanem, die nicht nur durch den theologischen Diskurs, sondern auch durch die gemeindliche Lebenspraxis begründet ist, tragen das Kirchengebäude und der Kirchhof als herausgehobener Bezirk aus vorreformatorischer Zeit ins Reformationszeitalter hinein, und die entstehenden Konfessionen werden mit dieser Ambivalenz konfrontiert. Der Katholizismus hat im wesentlichen an der Sakralität der Kirchenräume und der Kirchhöfe festgehalten, der entstehende Protestantismus dagegen hat offenbar sehr verschiedenartig darauf reagiert. Es ist nicht zu verkennen, daß die Kritik an der Sakralisierung des Kirchenraumes hier stark an Boden gewonnen hat, bis hin zu drastischen Fällen des Ikonoklasmus. Es darf daran erinnert werden, daß die Münsterische Täufergemeinde offenbar die großen Kirchen der Stadt zum Abbruch bestimmt hatte, wenn sie den Dom als „die große Steinkuhle" bezeichnete.[18] Auch das Verfahren des Berner Rates gehört hierher, der die radikale Abkehr vom vorreformatorischen Totengedenken dadurch demonstrierte, daß er den Kirchhof um das Berner Münster planierte und am steilen Abfall gegen die Aare zu einer Promenade für die Bürger umbauen ließ, ihn also zu völlig profaner Zwecksetzung umwidmete: „das münster zur predig und sinen hof zum lust".[19] Auch die Profanierung von Kirchenbauten und ihre Adaptation für rein weltliche Zwecke der Gemeinde waren zwar nicht die Regel, stießen aber nicht auf theologische Bedenken. Ein prominentes Beispiel ist hier die Torgauer Nikolaikirche, eine der beiden Hauptkirchen der Stadt, auf dem Marktplatz hinter dem Rathaus gelegen. Bereits in vorreformatorischer Zeit hatte der Rat begonnen, Baulichkeiten für seine Zwecke auf dem Kirchhof zu errichten. Es ist dies ein sehr typischer Zug für das Bestreben der städtischen Räte, das Kirchenregiment in ihrer Stadt, d. h. die Verfügungsgewalt über kirchliche Einrichtungen, vor allem etwa auch der christlichen Caritas, Spitäler und dergleichen, in ihre Hand zu bekommen. Die Reformation hat diese Entwicklung, die selbstverständlich im landesfürstlichen Kirchenregiment und seiner Ausgestaltung während des Spätmittelalters ihr Gegenstück auf der territorialen Ebene hat, dann zu einem logischen Abschluß gebracht. In Torgau ist man weitergegangen als gewöhnlich. Die Kirche erschien nach der Erneuerung des Gottesdienstes im Geiste

17 Vgl etwa c. [canon] 19 des IV. Lateranums: Conciliorum oecumenicorum decreta. Hg. v. Joseph Alberigo u. a. Bologna 1973, 244; die Statuten von Paris, kurz nach 1200: Les statuts synodaux français du XIIIe siècle. Bd. 1: Les statuts de Paris et le synodal de l'ouest. Hg. v. Odette Pontal. Paris 1971, 72, § 54; 86, § 88; 158, § 30; weitere Beispiele ließen sich anfügen; vgl. dazu, insbesondere zur Bedeutung der Statuten von Paris: Johanek, Peter: Synodaltätigkeit im spätmittelalterlichen Reich. In: Partikularsynoden im späten Mittelalter. Hg. v. Nathalie Kruppa und Leszek Ziegler. Göttingen 2006, 29–53, hier 51.

18 Berichte der Augenzeugen über das Münstersche Wiedertäuferreich. Hg. v. C. A. Cornelius. Münster 1853, 158, der Bericht des Heinrich Gresbeck: „So hiette der doem die grote steinkule, der alte doem die alde steinkule [...]."

19 Die Berner Chronik des Valerius Anshelm. Bd. VI. Bern 1901, 137; Die Kunstdenkmäler des Kantons Bern. Bd. 1: Die Stadt Bern. Bearb. v. Paul Hofer. Basel 1952, 181f.

des Evangeliums überflüssig, und sie wurde gänzlich profaniert und in das Rathaus einbezogen.[20] Das ist ein symptomatischer, ja geradezu symbolischer Vorgang, der die Einheit von Kirchengemeinde und politischer Gemeinde unterstreicht.

Hier schlägt das Pendel zugunsten des Profanen aus. Aber auch der Protestantismus hat ein besonderes Verhältnis zur Heiligung des Kirchenraumes entwickelt, und zwar auf dem Gebiet der Memoria, die etwa in Bern gerade der Ausgangspunkt für eine vollständige Profanierung gewesen ist. Ja, der Protestantismus prägte ein eigenes Verständnis der Memoria. Das läßt sich zeigen von einem Phänomen her, das im Grunde zunächst wie ein Eindringen des Profanen anmutet. Eine der Schwierigkeiten, zum Verständnis protestantischer Auffassung vom Kirchenraum vorzudringen, liegt darin, daß im städtischen Raum in den allermeisten Fällen der vorhandene Baubestand zu übernehmen und für die eigenen Bedürfnisse zu adaptieren war. Der oft zitierte Fall der Schloßkirche oder besser Schloßkapelle in Torgau, die als Inkunabel protestantischen Kirchenbaus gilt und von Martin Luther selbst mit einer Predigt eingeweiht wurde, die grundlegende Gedanken zum Kirchenraumverständnis des Protestantismus enthält, ist jedoch eben eine Schloßkirche und keine Kirche für eine städtische Gemeinde. Blickt man auf den Gesamtbestand, so gibt es Neubauten protestantischer Kirchen im wesentlichen in Österreich, vor allem in Niederösterreich, auf Initiative des protestantischen Adels. Wiederum handelt es sich vor allem um Schloßkapellen, die aber auch der protestantischen Bevölkerung als Gemeindekirche dienen sollten. In Horn aber, im östlichen Waldviertel, setzte 1599 der Herr von Puchheim auch einen städtebaulichen Akzent, indem er auf dem bis dahin unbebauten Marktplatz eine neue Pfarrkirche für die evangelische Gemeinde errichtete. Es war eine Kirche, die nun innerhalb der Stadt lag, während die ursprüngliche Pfarrkirche, St. Stephan, sich westlich außerhalb der Stadt befand.[21] Im übrigen Reich sind es im 16. Jahrhundert lediglich die Kirchenbauten, die Herzog Friedrich von Württemberg in den neu erworbenen Gebieten seines Hauses im Westen seines Territoriums, von Mömpelgard im Sundgau über das Elsaß bis in den Schwarzwald hinein, errichten ließ. Das Paradestück ist die Stadtkirche seiner Stadtneugründung Freudenstadt.

Dieser interessante Bau zeigt an seiner Decke in den Schlußsteinen eines in gotischen Formen gestalteten Gewölbes ein ausführliches Wappenprogramm, das die Genealogie und die Landesherrschaft der württembergischen Herzöge verdeutlicht.[22] Man kennt solche Wappendarstellungen bereits aus dem Mittelalter, vereinzelt auch in Kirchen, aber als Programm gestaltet im wesentlichen in repräsentativen Sälen

---

20 Findeisen, Peter/Magirius, Heinrich: Die Denkmale der Stadt Torgau. Leipzig 1976, 315–318; Blaschke, Karlheinz: Torgau. In: Deutscher Städteatlas. Hg. v. Heinz Stoob. Lfg. II. Nr. 14. Dortmund 1979, unpaginiert.

21 Holzschuh-Hofer, Renate: Kirchenbau und Grabdenkmäler. In: Adel im Wandel. Politik – Kultur – Konfession 1500–1700. Ausst.-Kat. Rosenburg 1990. Hg. v. Herbert Knittler u. a. Wien 1990 (Katalog des Niederösterreichischen Landesmuseums N. F. 251), 91–101, hier 93f.; Reingrabner, Gustav: Die Reformation in Horn. In: Jahrbuch der Gesellschaft für Geschichte des Protestantismus in Österreich 85 (1969), 20–73.

22 Decker-Hauff, Hansmartin: Von der ehemaligen Wappendecke der Stadtkirche Freudenstadt. In: Herzog Friedrichs Freudenstadt im ersten Jahrhundert seiner Geschichte. Aus Freudenstädter Heimatblätter 1949–1986. Freudenstadt 1987 (Freudenstädter Beiträge zur geschichtlichen Landeskunde zwischen Neckar, Murg und Kinzig), 35–42.

von Burgen und Schlössern oder etwa auch an der Außenwand der Wiener Neustädter Schloßkirche aus der Zeit Maximilians I. Hier in Freudenstadt aber füllt die heraldische Genealogie den Kirchenraum an prominenter Stelle. Ähnliches ist aus den österreichischen protestantischen Schloßkapellen und aus der Stadtkirche von Horn bekannt. Hier dringt demnach ein Element profaner Memoria, nämlich landesherrlicher und adeliger Memoria, in den Kirchenraum ein. Diese Wappenprogramme gehören ganz offenbar in einen weiteren Kontext protestantischer Memoria, denn auch die evangelischen Landesherrn und der evangelische Adel wie auch das evangelische Bürgertum haben nicht auf das Begräbnis in der Kirche oder doch die bildliche Memoria in der Kirche verzichten wollen. Das gilt gerade auch für die Stadtkirchen. Zwar haben etwa die fränkischen Zollern oder die Herzöge von Mecklenburg ältere Grablegen in ländlichen Klosterkirchen, also in relativer Abgeschiedenheit, weiter genutzt, in Heilsbronn und Doberan. Doch die Landesherrn sind auch in die Stadtkirchen ihrer Residenzen eingezogen und haben dort an prominenter Stelle Grabmonumente errichten lassen, die sie gerade in den Anfängen des konfessionellen Zeitalters, im 16. Jahrhundert, als Beter, oft vor dem Kruzifixus zeigen.

Mit der liturgischen Memoria, mit dem mittelalterlichen Gebetsgedächtnis, das die Linderung des Fegefeuers versprach, kann dies nichts mehr zu schaffen haben. Warum drängt auch protestantische Totenmemoria in die Kirche, war diese ein sakraler oder doch geheiligter Raum? Die Kirche war das „Bethaus" der Gemeinde, und „Bethaus" lautete auch die Bezeichnung des Tempels im Matthäus-Evangelium in der Erzählung von der Austreibung der Händler und Wechsler (Mt21,12–13) im griechischen Neuen Testament wie in der Vulgata und in Luthers Übersetzung. Das Verständnis des Kirchenraumes im Protestantismus mag sich aus dem Text eines protestantischen Kirchenliedes Ludwig Helmbolds (1532–1598)[23] erschließen, das jener Zeit entstammt und dem Pfingstfest gewidmet ist, das auch in der lutherischen Ikonographie einen besonderen Rang besitzt: „Der Heilig Geist vom Himmel kam, mit Brausen das ganz Haus einnahm, darin die Jünger saßen" (vgl. Apg2,1–2). Der Heilige Geist erfüllt das Haus, aber nur weil die Jünger, d. h. die Gemeinde Christi, sich dort befinden. Sie – die Gemeinde Christi – ist es, die den Raum heiligt. Die vom Heiligen Geist erfüllte Gemeinde verleiht dem Bethaus seine besondere Dignität durch ihre Anwesenheit. Die Gemeinde ist dort – im Kirchenraum, im Bethaus – umgeben von Erinnerungsbildern an vorbildliche Christen und Landesherrn, insbesondere jener, die die Sache des Evangeliums zu der ihren gemacht haben. Die Grabdenkmäler und Epitaphien sind aus derselben Perspektive zu betrachten wie die Reformationsbilder und Gedenkbilder der Reformatoren, nämlich als Erinnerungsbilder. Die Darstellung der Landesherrschaft in den Wappenensembles verdeutlicht darüber hinaus auch die stetige Vergegenwärtigung des Schutzes, den der Landesherr der Gemeinde Christi gewährt.

Ein solches Verständnis des Kirchenraumes im Protestantismus, wie es hier knapp zu skizzieren versucht wurde, vermag die Kontinuität der Grabdenkmäler im Kirchenraum für die nachreformatorische Zeit zu erklären, und es erklärt vor allem die häufig zunehmende Dominanz solcher Ausstattung. Zugespitzt wird man es vielleicht

---

23 Zu seiner Biographie siehe den Eintrag in: Allgemeine Deutsche Biographie. Bd. 11. Hg. v. der Historischen Kommission bei der Königlichen Akademie der Wissenschaften. Leipzig 1880, 701f.

so formulieren dürfen: Die jeweils gegenwärtige Gemeinde der Lebenden und die erinnerte Gemeinde der vorbildlichen Verstorbenen verleihen dem Kirchenraum seine besondere sakrale Dignität.

Die Reformation hat – und das wird in vielen Beiträgen dieses Bandes deutlich – auch die Gestaltung des Kirchenraumes stark verändert, vielleicht präziser, aber weniger respektvoll ausgedrückt: seine Möblierung. Das resultiert aus Veränderungen der Frömmigkeitspraxis. Es ist hilfreich, sich die Ausgangslage der Zeit unmittelbar vor der Reformation in Erinnerung zu rufen. Sie ist gekennzeichnet durch die außerordentliche Vielfalt, ja Ausübung von Individualfrömmigkeit und der Frömmigkeit einzelner Gruppen, etwa der zahlreichen Bruderschaften. Sie schlug sich im Kirchenraum sichtbar durch die zahlreichen Altar- und Meßstiftungen nieder, die zugleich auch an den Heiligen- und Reliquienkult gebunden waren. Um nur ein quantitatives Beispiel willkürlich herauszugreifen, aber aus einer jener Reichsstädte stammend, die später den kurz angedeuteten Weg der Bikonfessionalität gingen: Biberach in Oberschwaben besaß am Vorabend der Reformation geschätzte 3 500 Einwohner. Es gab drei Kirchen, die Stadtpfarrkirche St. Martin, die Spitalkirche und die Klosterkirche der Klarissen. In diesen Kirchen existierten 37 Altäre, davon 18 in der Pfarrkirche. Es gab 30 Pfründen und 36 Priester, d. h. auf je etwa 100 Einwohner einen.[24] Verhältnisse wie diese dürfen für die deutschen Städte als repräsentativ gelten. Der Gottesdienst war auf diese Weise stark zersplittert und individualisiert, um die einzelnen Altäre bildeten sich jeweils verschiedenartige Räume der Frömmigkeit. D. h. auch, daß die Konturen der Gemeinde, der Pfarrei St. Martin in Biberach etwa, zu verschwimmen begannen. Jedoch abgesehen von den großen Gottesdiensten der hohen Feiertage brachte sich die christliche Gemeinde der Stadt in ihren sozialen Ordnungen in den großen Prozessionen zur Darstellung und vergewisserte sich in diesen liturgischen Ereignissen ihrer Identität als städtische Sakralgemeinschaft. Das ist selbstverständlich zuallererst die Fronleichnamsprozession, das sind aber auch die Prozessionen mit historischer Konnotation, die wichtige Ereignisse der städtischen Geschichte kommemorieren. Dabei geht es zumeist um Schlachtengedenken, um die Erinnerung an die Errettung der Stadt aus Gefahr durch die Hilfe Gottes und seiner Heiligen. Diese Prozessionen repräsentieren die Gemeinde und mit ihr die Stadt als Ganzes. Im Vollzug, im Umschreiten der Stadt – innerhalb oder außerhalb des Mauerrings – markieren sie den Stadtraum.[25]

Im Grunde ergab sich aus diesem Zusammenspiel der vielfältig aufgefächerten Individualfrömmigkeit, insbesondere im Heiligenkult und in dem oft verächtlich als Winkelmessen bezeichneten Vollzug der Meßstiftungen, und der Repräsentation der Gemeinde in den Prozessionen ein sehr flexibles, differenziertes und leistungsfähiges Modell der Frömmigkeitspraxis. Die Reformation hat dieses Modell für ihre Anhänger grundlegend verändert, indem sie es radikal reduzierte und zentrierte. Die Predigt,

---

24 Geschichte der Stadt Biberach. Hg. v. Dieter STIEVERMANN u. a. Stuttgart 1991, 245f.

25 Zu den Prozessionen grundsätzlich LÖTHER, Andrea: Prozessionen in spätmittelalterlichen Städten. Politische Partizipation, obrigkeitliche Inszenierung, städtische Einheit. Köln u. a. 1999 (Norm und Struktur 12); zum Schlachtengedenken: GRAF, Klaus: Schlachtengedenken in der Stadt. In: Stadt und Krieg. Hg. v. Bernhard KIRCHGÄSSSNER und Günter SCHOLZ. Sigmaringen 1989 (Stadt in der Geschichte 13), 83–109, die dort genannten Beispiele sind seither durch viele Einzelstudien beträchtlich vermehrt worden.

die Verkündigung des Wortes Gottes, rückte nun in den Mittelpunkt, und die Veränderungen, die das für den Kirchenraum mit sich brachte, werden in anderen Beiträgen dieses Bandes thematisiert. Die Kanzel, bei deren künstlerischer Ausstattung bereits das ausgehende Mittelalter deutliche Akzente gesetzt hatte, rückte nun noch stärker ins Zentrum des Interesses, bis hin zu Kirchenraumgestaltungen, die die Kanzel mit dem Altar vereinigten und damit den Kanzelaltar schufen. Der Gottesdienst, dessen Mittelpunkt die Predigt war, sollte auch ein Gottesdienst für die ganze Gemeinde sein, sie vollzählig vereinen. Das erforderte die Möglichkeit, der gesamten Gemeinde Sitzgelegenheiten zu schaffen, erforderte den Einbau von Emporen in Kirchen, die man aus vorreformatorischer Zeit übernahm, und dies führte weiter zur Entwicklung des Bautyps der Emporenkirchen bei völligen Neubauten, die allerdings zumeist erst der späteren Zeit, dem fortgeschrittenen 17. und 18. Jahrhundert, entstammen. So erscheint als das Ideal des protestantischen Kirchenraumes die auf die Kanzel ausgerichtete, der gesamten Gemeinde Raum bietende und sie so vereinende Emporenkirche.

Der Katholizismus hat bekanntlich die Vielfalt der Altäre beibehalten und im Barock die Integration der Kapellen in den Kirchenraum zur Perfektion entwickelt.

Dabei blieb es jedoch nicht. Hinzu trat ein weiterer Zug katholischer Kirchenraumgestaltung, der zumeist weniger beachtet wird, sich aber aus eben jenen Grundprinzipien heraus entwickeln läßt, von denen hier die Rede war. Ich bin ausgegangen von der Ausübung der Kirchenzucht in Emden, von den Disziplinierungsmaßnahmen, die von der christlichen Gemeinde organisiert und vollzogen wurden. Kirchenzucht wird zuweilen als wesentlicher Zug des Protestantismus empfunden. Die reformatorischen Konfessionen stehen damit jedoch keineswegs allein. Die katholische Kirche strebte das gleiche an, doch beschritt sie dabei wesentlich andere Wege. Heinz Schilling – der Geschichtsschreiber der Emdener Kirchenzucht – hat in einer grundsätzlichen Abhandlung in eindrucksvoller Weise dargelegt, wie die Gegenreformation oder katholische Reform die Kirchenzucht durch das Instrument des Bußsakraments, der Beichte, zu handhaben suchte.[26] Er hat auch hervorgehoben, welche Bedeutung dabei der Seelsorgepraxis des Jesuitenordens zukam, und man wird hinzufügen dürfen, daß auch andere Orden, insbesondere die Mendikanten, dabei eine große Rolle spielten. Das ist hier nicht im einzelnen auszubreiten, sondern nur zu unterstreichen. Festzuhalten ist jedoch, daß die Beichte ein sehr wirksames Zuchtinstrument der Kirche gewesen ist, seit das IV. Lateranum von 1215 die Bestimmung erlassen hatte, jeder Gläubige habe wenigstens einmal im Jahr seinem Pfarrer (*proprio sacerdoti*) zu beichten (c. 21).[27] Im Zeitalter des Konfessionalismus wurde demnach eine bereits sehr lange bestehende Tradition aufgegriffen, aber ganz wesentlich intensiviert.

Das Ergebnis läßt sich wiederum durch knappe Formeln beschreiben. Das Charakteristikum der evangelischen Kirchenzucht ist ihre Ausübung durch die Gemeinde und damit auch ihre Öffentlichkeit. Das zeigt allein schon die obligatorische Aufeinanderfolge von Bußgottesdienst mit öffentlichem Sündenbekenntnis und Abendmahlsgottesdienst, wie sie die Lutheraner in Emden bewilligt erhielten. Im Gegensatz dazu steht bei der Intensivierung der Bußpraxis im katholischen Bereich die „Heimlichkeit", verstanden in der politischen Sprache der Vormoderne als Aussonderung

26 SCHILLING, Kirchenzucht (wie Anm. 4), 37f.
27 Conciliorum oecumenicorum decreta (wie Anm. 17), 245.

aus der Öffentlichkeit, im Vordergrund. Zwar hat das *Confiteor* auch in der Messe seinen Platz, an symbolischer Aussagekraft reicht dies jedoch nicht an das öffentliche Sündenbekenntnis der evangelischen Bußgottesdienste heran. Nicht die Gemeinde nimmt bei der Beichte, die als Individualbeichte konzipiert ist, das Sündenbekenntnis entgegen, sondern der geweihte, im Grunde außerhalb der Gemeinde stehende Priester, und von seiner Verpflichtung zum Schweigen über das Bekenntnis des Beichtenden, vom Beichtgeheimnis, geht eine starke Werbekraft aus. Dieses Beichtgeheimnis wurde geradezu zum Kernstück der katholischen Bußpraxis, propagiert im Kult des hl. Johannes von Nepomuk, den die Gegenreformation zum Märtyrer des Beichtgeheimnisses stilisierte. Die Aussonderung des Sündenbekenntnisses aus dem öffentlichen Raum zeigte sich auch in der Gestaltung der Beichtpraxis, bei der Ohrenbeichte, dem Bekenntnis der individuellen Sünden gegenüber dem Priester. Die mittelalterlichen Vorschriften, festgehalten in den Synodalstatuten seit dem 13. Jahrhundert, besagten klipp und klar: Der Priester habe deutlich einsehbar auf einem Stuhl zu sitzen, während er die Beichte entgegennimmt, außer Hörweite der übrigen Menschen, aber doch so, daß zu sehen ist, was er mit seinen Händen tut. Die Beichte vollzog sich in der Öffentlichkeit des Kirchenraumes.[28] Nun aber, im Zeitalter der Konfessionalisierung, wird der Beichtstuhl durch die Bestimmungen des Konzils von Trient und die Anweisungen im Rituale Romanum von 1614 zwar nicht geschaffen, aber doch vervollkommnet. Der Beichtstuhl entzieht den Priester wie den Beichtenden den Blicken des übrigen Kirchenvolkes, trennt sie aber durch eine eingezogene Wand, die nur das Sprechgitter freiläßt, körperlich voneinander. In der Öffentlichkeit des Kirchenraumes wird demnach mit jedem Beichtstuhl ein abgesonderter Raum der Nichtöffentlichkeit geschaffen, der das Beichtgeheimnis nachdrücklich demonstriert. Es ist anzumerken, daß auch in der protestantischen Bußpraxis Beichtstühle nicht gänzlich unbekannt waren, aber trotz zahlreich erhaltener Beispiele wird man sagen dürfen, daß sie niemals die Bedeutung erlangten, die ihnen im Katholizismus zukam.[29] Dagegen wurde hier die künstlerische Ausstattung der Beichtstühle und ihre Integration in die innenarchitektonische Ausgestaltung der Kirchen zu einem ganz wesentlichen Gestaltungsmerkmal katholischer Kirchenräume. Fast ist man versucht zu sagen, daß hier eine Beichtstuhlarchitektur geschaffen wurde.

Hier sind diese Betrachtungen abzubrechen. Dennoch muß nun zum Schluß noch einmal vom Stadtraum insgesamt die Rede sein, davon, wie ihn die verschiedenen Konfessionen verstanden oder zu gestalten versuchten. Im Prinzip sind wir in Deutschland gewohnt, von dem Grundsatz *cuius regio illius et religio* auszugehen und damit von der Durchsetzung einer Konfession in einem Territorium und damit auch in seinen Städten. Sobald man jedoch einen genaueren Blick auf die Verhältnisse in den einzelnen Untersuchungsobjekten wirft, wird deutlich, daß eine solche Ausschließlichkeit der religiösen Verhältnisse sehr häufig nicht durchzuhalten war. Selbst eine solch radikal reformierte Stadt wie Emden hatte ihre Lutheraner und

---

[28] Z. B. Les statuts synodaux (wie Anm. 17), 62: „Ad audiendam confessionem, communiorem locum in ecclesia sibi eligant sacerdotes, ut communiter ab omnibus videri possint."

[29] Wiesenhütter, Alfred: Beichtstuhl (confessionale). In: Reallexikon zur deutschen Kunstgeschichte. Bd. 2. Hg. v. Otto Schmitt. Stuttgart-Waldsee 1948, Sp. 183–199.

mußte mit ihnen zurechtkommen. Auf der anderen Seite war die Stadt Emden selbst ein Beispiel dafür, wie sich eine einzelne Stadt innerhalb eines Territoriums gegen eine andersartige Religionspolitik des Landesherrn durchsetzen konnte. Emden stand damit nicht allein, erinnert sei nur an den berühmten Fall Lemgo, wo sich eine lutherische Stadt gegen die Versuche ihres Landesherrn, in der zweiten Reformation das reformierte Bekenntnis einzuführen, erfolgreich durchsetzte.[30] Die Reichsstädte, und zwar jene, die sich bikonfessionell entwickelten, bieten selbstverständlich die besten Beispiele für diese Auseinandersetzung der Konfessionen, und im Grunde müßte nun eine ausführliche Darstellung dieser Vorgänge und der Kräfte, der internen wie externen Folgen, der Auseinandersetzungen um die Behauptung der Konfession im Stadtraum folgen, was auch gelegentlich recht vergnüglich zu erzählen wäre. Das muß hier unterbleiben, nur zwei Aspekte sollen noch hervorgehoben werden.

Selbstverständlich bildete der Besitz der Pfarrkirche und ihres Kirchenraumes das Hauptziel der Auseinandersetzungen in den bikonfessionellen Reichsstädten, auch dann, wenn dieser Zustand selbst – Bikonfessionalität oder gar Parität der Konfessionen – verfassungsrechtlich auf Dauer gesichert war. Nicht selten mündete diese Auseinandersetzung in ein Simultaneum, und dann ergaben sich wiederum vielfältige Möglichkeiten, wie die verschiedenen Konzeptionen der Konfessionen über Charakter und Ausstattung des Kirchenraumes zum Ausgleich zu bringen waren. Mit diesem Hinweis mag es sein Bewenden haben.

Vergleichbares gilt auch für den Stadtraum bikonfessioneller Städte und solcher Städte, in denen beispielsweise katholische Immunitäten verblieben waren. Nirgendwo im Reich ist es – über solche Immunitäten hinaus, die bereits in vorreformatorischer Zeit eigene Rechtsbezirke gewesen waren – zur Aussonderung spezieller konfessioneller Viertel gekommen, wenn man davon absieht, daß konfessionelle Minderheiten sich häufig in Vorstädten ansiedelten, wohin auch ihre Gottesdienste abgedrängt wurden. Vielmehr blieben die Konfessionen in Gemengelagen über den Stadtraum verteilt. Das scheint in der Regel wenig Konflikte erzeugt zu haben. Die Katholiken verfügten jedoch über ein potentes Mittel der symbolischen Kommunikation, um den gesamten Stadtraum für ihre Konfession wenigstens in Anspruch zu nehmen, zumindest zu demonstrieren, wie es ihrer Sicht nach sich eigentlich zu verhalten habe. Sie verfügten über ein Instrument, das den Protestanten versagt war, über die Prozession, die den Stadtraum zu markieren vermochte.

Daher ist der Streit um die Prozession und ihre Zulassung und vor allem auch um ihren Weg, der die Markierung setzt, ein zentrales Feld der Auseinandersetzung der Konfessionen. In der Reichsstadt Dinkelsbühl, einer bikonfessionellen Reichsstadt, war beispielsweise die katholische Minderheit, die aber bis in die Zeit des Westfälischen Friedens auch den Rat stellte, im Besitz der Pfarrkirche, während sich die Protestanten mit einem Teil der Klosterkirche behelfen mußten.[31] Die Fronleichnamsprozession,

---

30 Schilling, Heinz: Konfessionskonflikt und Staatsbildung. Eine Fallstudie über das Verhältnis von religiösem und sozialem Wandel in der Frühneuzeit am Beispiel der Grafschaft Lippe. Gütersloh 1981 (Quellen und Forschungen zur Reformationsgeschichte 68), bes. 225–291.

31 Zu den Verhältnissen in Dinkelsbühl vgl. Warmbrunn, Paul: Zwei Konfessionen in einer Stadt. Das Zusammenleben von Katholiken und Protestanten in den paritätischen Reichsstädten Augsburg, Biberach, Ravensburg und Dinkelsbühl von 1548 bis 1648. Wiesbaden 1983; Wagner, Günter: Dinkelsbühl contra Dinkelsbühl. Innere reichsstädtische Konflikte zwischen dem Westfälischen Frieden

die große Manifestation der katholischen Gemeinde, wurde gestattet, jedoch durfte sie nur unmittelbar um die Kirche herum durchgeführt werden. Selbstverständlich, so ist man versucht zu sagen, haben die Katholiken versucht, diesen Kreis auszuweiten, weiter in den Kirchhof hinein oder gar darüber hinaus. Jedes Mal hat ein solcher Versuch zu harschen Auseinandersetzungen geführt, gelegentlich auch zu gewaltsamen Störungen und Tätlichkeiten, die jedoch im Rahmen blieben. Wie man weiß, endete Vergleichbares andernorts sehr viel drastischer. Gemeint sind die Störungen und Ausschreitungen bei den Prozessionen des Heilig-Kreuz-Klosters in Donauwörth, die der bayerische Herzog als Schutzmacht der Katholiken im Vorfeld des Dreißigjährigen Krieges mit einer militärischen Besetzung Donauwörths beantwortete, die das Ende der Reichsstadt bedeutete.

Hier ist nun der Schlußpunkt zu setzen und nur noch ein schneller Blick auf das grundsätzliche Verständnis von der Stadt und ihrem Raum in den Konfessionen zu werfen. Die Dinkelsbühler Katholiken führten bei ihren umstrittenen Prozessionen eine Prozessionsfahne mit, die die Stadt als ummauerte Einheit mit ihrer Pfarrkirche in der Mitte zeigte.[32] Auf sie, auf dieses Bild der Stadt, fällt Licht vom Himmel, von wo Christus und die Heiligen schützend auf die Stadt herabblicken. Diese Darstellungsform steht nicht vereinzelt da, und selbstverständlich war die Mitführung gerade dieser Fahne ein zusätzliches Ärgernis, denn sie beanspruchte durch ihre Integration in die katholische Prozession die ganze Stadt für eben diese Konfession.

Wichtig dabei aber ist, daß diese Vorstellung von Stadt als „heiliger“ oder doch „geheiligter“ Stadt auch im konfessionellen Zeitalter erhaltengeblieben ist bis in die Zeit des Dreißigjährigen Kriegs hinein. Über Zeugnisse von der Stadt als *communitas* und *concordia*, die hier schon zu zitieren waren, hinaus, ist an Thomas von Aquin zu erinnern, der die Stadt als perfekte Gemeinde bezeichnet hat, und ebenso an die Vorstellung, jede Stadt sei ein Abbild des Himmlischen Jerusalem. Der Geschichtsschreiber der Stadt Frankenberg in Hessen, Wigand Gerstenberg, hat das im Ausgang des 15. Jahrhunderts deutlich zum Ausdruck gebracht, wenn er am Anfang seiner Stadtchronik zunächst nach den Zeugnissen der Bibel das Himmlische Jerusalem beschrieb und dann fortfuhr mit der Gründung der Stadt Frankenberg, die nach diesem Vorbild gebaut sei.[33] Der Protestantismus und die Reformation haben diese Vorstellung übernommen, es sei nur daran erinnert, daß für die Täufergemeinde, die in Münster für kurze Zeit ihr Reich errichtete, diese Stadt das Neue Jerusalem darstellte.

Diese Vorstellungen sind nun in ihrer Tradition und Interpretation im Protestantismus im einzelnen nicht zu verfolgen, so interessant dies wäre. Jedoch: Eine der Grundtatsachen der Geschichte der Konfessionen im Stadtraum ist, daß sich der neue Glaube zumeist in dem Gehäuse einzurichten hatte, das der alte Glaube geschaffen hatte. Nur ein einziges Mal ist es zu einem Versuch gekommen, eine neue Stadt in

---

und dem Reichsdeputationshauptschluß. In: Reichsstädte in Franken. Aufsätze 1: Verfassung und Verwaltung. Hg. v. Rainer A. Müller. München 1987 (Veröffentlichungen zur Bayerischen Geschichte und Kultur 15/1), 328–337.

32 Reichsstädte in Franken. Ausst.-Kat. Hg. v. Rainer A. Müller und Brigitte Buberl. München 1987 (Veröffentlichungen zur Bayerischen Geschichte und Kultur 14), 166, Abb. 186.

33 Die Chroniken des Wigand Gerstenberg von Frankenberg. Hg. v. Hermann Diemar. Marburg 1909 (Veröffentlichungen der Historischen Kommission für Hessen und Waldeck 7/1), 386.

ihrer Gesamtheit aus dem Geist des Protestantismus und für den Protestantismus zu schaffen. Von dieser Stadt war bereits die Rede, es ist Freudenstadt im Schwarzwald, das Herzog Friedrich von Württemberg 1599 auf bis dahin unbebautem Gelände ausmessen und durch seinen Baumeister Heinrich Schickhardt erbauen ließ, und zwar für protestantische Glaubensflüchtlinge aus den habsburgischen Ländern.[34] Schickhardt hat mehrere Pläne entworfen, die in Einzelheiten differieren, aber von den Idealstadtplänen der antiken Autoren, von Albrecht Dürer und vielleicht auch von der Utopia des Thomas Morus beeinflußt waren und auch die Idealvorstellung von Jerusalem als Quadratstadt zu verwirklichen suchten. Diese Schöpfung eines Stadtraumes, die Herzog Friedrich zur Residenz seiner Landesherrschaft zu machen gedachte, wurde vom württembergischen Hoftheologen Johannes Andrae als Vorbild seiner Utopieschrift aufgegriffen, in der er die Stadt Christianopolis konzipierte. Sie, diese Utopieschrift, hat die Vorstellung der Stadt als heilige Stadt auch im Protestantismus lebendig erhalten, und so haben alter und neuer Glaube ein ganz wesentliches Stück vom Erbe des Mittelalters in ihren Vorstellungen über den Stadtraum bewahrt.

---

34 Vgl. dazu nur LORENZ, Sönke: Freudenstadt. In: Das Bild der Stadt in der Neuzeit 1400–1800. Hg. v. Wolfgang BEHRINGER und Bernd ROECK. München 1999, 214–218, 457f.

Kai Wenzel

Die Bautzener Taucherkirche und das Görlitzer Heilige Grab

Räumliche Reorganisationen zweier Orte spätmittelalterlicher Frömmigkeit im konfessionellen Zeitalter

Die Rezeption der Reformideen Martin Luthers führte im Verlauf des 16. Jahrhunderts in vielen Regionen Mitteleuropas zu tiefgreifenden Veränderungen der Sakraltopographien. Städte waren jene Orte, an denen die Gedanken des Wittenberger Reformators am frühesten aufgegriffen wurden. Das hatte seine Ursachen, wie Berndt Hamm schreibt, vor allem in der dort bestehenden Frömmigkeitspraxis, in rechtlichen Strukturen, dem Sozialgefüge sowie in der geistigen Mobilität und offenen Kommunikationssituation, die in Städten herrschte.[1] In der Folge wurden in zahlreichen Städten die Kirchenräume und ihre urbanen Funktionszusammenhänge den veränderten Liturgie- und Sakralitätsvorstellungen gemäß umgestaltet bzw. umgedeutet. Diese Neukodierungen setzten regional zu verschiedenen Zeitpunkten, meist jedoch noch in der ersten Hälfte des 16. Jahrhunderts ein. Forschungen der vergangenen Jahre haben gezeigt, daß es sich dabei nicht um einen kurzfristigen Vorgang handelte, sondern um einen langanhaltenden Prozeß, der in seiner Zeitlichkeit regional divergieren konnte und an dem mehrere Generationen von Stadträten, Pfarrern und Predigern, Schulmeistern und Stadtschreibern beteiligt sein konnten, die Anregungen von außen aufnahmen und als Multiplikatoren in die Städte hineintrugen.[2] Diese lokalen Reformvorgänge lassen sich vielerorts nicht erst mit der Rezeption der Schriften Martin Luthers beobachten. Bereits seit dem ausgehenden 15. Jahrhundert hatten verschiedene Landesherren und Städte im Reich damit begonnen, das Kirchwesen in ihren Hoheitsgebieten zu reformieren.[3]

---

1 HAMM, Berndt: Bürgertum und Glaube. Konturen der städtischen Reformation. Göttingen 1996, 20–140.

2 Siehe dazu BRECHT, Martin: Luthertum als politische und soziale Kraft in den Städten. In: Kirche und gesellschaftlicher Wandel in den deutschen und niederländischen Städten der werdenden Neuzeit. Hg. v. Franz PETRI. Köln-Wien 1980 (Städteforschung A 10), 1–21, hier 2; HAMM, Berndt: Einheit und Vielfalt der Reformation – oder: was die Reformation zur Reformation machte. In: Reformationstheorien. Ein kirchenhistorischer Disput über Einheit und Vielfalt der Reformation. Hg. v. DEMS., Bernd MOELLER und Dorothea WENDEBOURG. Göttingen 1995, 57–127; SCHILLING, Heinz: Reformation – Umbruch oder Gipfelpunkt eines Temps des Réformes? In: Die frühe Reformation in Deutschland als Umbruch. Wissenschaftliches Symposium des Vereins für Reformationsgeschichte 1996. Hg. v. Bernd MOELLER. Gütersloh 1998 (Schriften des Vereins für Reformationsgeschichte 199), 13–34; HAMM, Berndt: Die Reformation als Medienereignis. In: Jahrbuch für Biblische Theologie 11 (1996), 137–166.

3 SCHULZE, Manfred: Fürsten und Reformation. Geistliche Reformpolitik weltlicher Fürsten vor der Reformation. Tübingen 1991 (Spätmittelalter und Reformation N. R. 2); MOELLER, Bernd: Die Rezeption Luthers in der frühen Reformation. In: Reformationstheorien (wie Anm. 2), 9–29. – Eine Perspektive, die die lutherische Reformation innerhalb der spätmittelalterlichen Reformbemühungen integriert, hat Berndt Hamm unter der Bezeichnung „normative Zentrierung" vorgeschlagen: HAMM, Berndt: Normative Zentrierung im 15. und 16. Jahrhundert. Beobachtungen zu Religiosität, Theologie und Ikonologie. In: Zeitschrift für Historische Forschung 26 (1999), 163–202. – Zur Rezeption

Die lange Dauer dieses Prozesses – nicht selten bis in die zweite Hälfte des 17. Jahrhunderts – dürfte damit zusammenhängen, daß überregional verbindliche Vorstellungen von der Gestalt eines protestantischen Sakralraumes bzw. einer protestantischen *praxis pietatis* sich innerhalb der lutherischen Konfessionskultur erst im Verlauf des 17. Jahrhunderts zu verfestigen begannen.[4] Zuvor hatten städtische Gemeinden, die sich zu den Ideen des Wittenberger Reformators und seines geistigen Umfeldes bekannten, diese oft in bestehende lokale Traditionen integriert, wie sie sich z. B. aus familiären Stiftungszusammenhängen ergeben konnten.

Der Komplexität konfessionell motivierter Umgestaltungen von Sakralräumen in der Frühen Neuzeit wendet sich die Forschung seit einiger Zeit mit der Perspektive eines relationalen Raumbegriffs zu. Vor allem die Soziologin Martina Löw hat in den vergangenen Jahren die Debatten in den geschichtswissenschaftlichen Disziplinen nachhaltig geprägt durch ihre Sichtweise auf „Raum“ als einer „relationale[n] (An)Ordnung von Körpern, welche unaufhörlich in Bewegung sind, wodurch sich die (An)Ordnung selbst ständig verändert“.[5] Dieses Denkmodell, bei dem Raum nicht per se existiert, sondern erst aus den Beziehungen bzw. Interaktionen zwischen einzelnen Körpern entsteht, ist – wie Renate Dürr jüngst betont hat – für die Analyse des frühneuzeitlichen Kirchenraumes äußerst vielversprechend.[6] Die Vorgänge der lutherischen *reformatio* erscheinen vor dem Hintergrund eines relationalen Raumbegriffs dezidiert als Auseinandersetzungen um die Neuausrichtung räumlicher Zusammenhänge im gesellschaftlichen Feld „Kirche“. Dadurch kommen divergierende Positionen zu Sakralitätskonzepten, gemeinschaftlichen religiösen und sozialen Handlungsräumen in Gotteshäusern, aber auch Motive für individuelle Aneignungen und Machtdemonstrationen im Kirchenraum ins Blickfeld, wobei die Grenzen zwischen diesen Sphären im Zeitalter der Reformation und Konfessionalisierung fließend sind.[7]

Anhand von zwei Beispielen aus den oberlausitzischen Städten Bautzen und Görlitz möchte ich im folgenden einige Aspekte zu den Fragen von Konfession im Stadtraum – zu dem ich neben dem gebauten Raum auch Handlungsräume, Erinnerungsräume und räumliche Repräsentationen zählen möchte – zur Diskussion stellen. Zum einen soll die räumliche Neuordnung einer in der Nähe von Bautzen situierten spätmittelalterlichen Marienwallfahrt einschließlich der sich um das Ereignis herausbildenden Erinnerung von Interesse sein. Im zweiten Teil möchte ich den nachreformatorischen Umordnungen räumlicher Bezüge des Heiligen Grabs zu Görlitz nachgehen.

---

dieses Ansatzes: Normative Zentrierung – Normative centering. Hg. v. Rudolf Suntrup und Jan. R. Veenstra. Frankfurt/Main u. a. 2002.

4 Dazu jüngst: Hölscher, Lucian: Geschichte der protestantischen Frömmigkeit in Deutschland. München 2005.

5 Löw, Martina: Raumsoziologie. Frankfurt/Main 2001, 131. – Vgl. auch Schroer, Markus: Räume, Orte, Grenzen. Auf dem Weg zu einer Soziologie des Raums. Frankfurt/Main 2006.

6 Dürr, Renate: Politische Kultur in der Frühen Neuzeit. Kirchenräume in Hildesheimer Stadt- und Landgemeinden 1550–1750. Gütersloh 2006 (Quellen und Forschungen zur Reformationsgeschichte 77), 18.

7 Zur Übertragbarkeit des relationalen Raumbegriffs auf den frühneuzeitlichen Kirchenraum siehe ebd., 15–53.

Translocatio ecclesiae – Zur Disziplinierung einer Marienwallfahrt

Im Markgraftum Oberlausitz verbreiteten sich die lutherischen Reformideen innerhalb eines Zeitraumes von etwa zwanzig Jahren.[8] In mehrfacher Hinsicht wirkte sich dabei die besondere politische Konstellation der Region auf die Dynamik dieses Prozesses aus. Kirchenadministrativ gehörte der überwiegende Teil der Oberlausitz als Archidiakonat zum Bistum Meißen, während die Stadt Zittau und umgebende Ortschaften dem Erzbistum Prag unterstanden. Da in dem Nebenland der böhmischen Krone die Landesherren nicht ständig präsent waren, sondern die königliche Macht durch einen Landvogt vertreten wurde, gingen die kirchlichen Reformen von den lokalen Ständen aus. An erster Stelle sind dabei die sechs im Bündnis vereinten Städte Bautzen, Görlitz, Zittau, Kamenz, Löbau und Lauban (pol. Lubań) zu nennen.[9] Sie waren in die überregionalen intellektuellen Netzwerke integriert, über die Pfarrer, Prediger und Stadtschreiber das reformatorische Gedankengut in Mitteleuropa verbreiteten. Vor allem die drei größeren Städte Bautzen, Görlitz und Zittau unterhielten einen regen kulturellen Austausch mit den angrenzenden Regionen Böhmen, Brandenburg, Meißen (Sachsen) und Schlesien. Für eine Untersuchung zur Verbreitung der lutherischen Reformation im östlichen Mitteleuropa stellen die oberlausitzischen Kommunen mit ihren reichen Beständen an schriftlichen Quellen und Sachzeugnissen ein lohnendes Forschungsfeld dar.[10] Denn durch ihre herausgehobene rechtliche Stellung innerhalb der Region waren die Städte, nicht aber die Landesherrschaft, die treibenden Kräfte der lutherischen Konfessionsbildung.

Eine besondere Konstellation für die Reformation ergab sich in Bautzen, dem politischen Zentrum der Oberlausitz.[11] Hier hatten die landesherrliche Macht mit dem Landvogt auf der Ortenburg sowie die Administration des Archidiakonats Oberlausitz mit dem Kollegiatsstift St. Petri ihren Sitz. Die Hauptkirche St. Petri fungierte gleichzeitig sowohl als Kollegiatsstiftskirche wie auch als Pfarrkirche für die Bautzener

---

8 Eine vergleichende und zeitgemäßen Sichtweisen genügende Geschichte der Reformation in der Oberlausitz ist ein Forschungsdesiderat. Einen Überblick geben Bönhoff, Leo: Die Einführung der Reformation in den Parochien der sächsischen Oberlausitz. In: Beiträge zur sächsischen Kirchengeschichte 27 (1913), 132–178; Blaschke, Karlheinz: Reformation in den Lausitzen. In: Die Territorien des Reichs im Zeitalter der Reformation und Konfessionalisierung. Land und Konfession 1500–1650. Bd. 6: Nachträge. Hg. v. Anton Schindling und Walter Ziegler. Münster 1996, 92–113; Kersken, Norbert: Die Oberlausitz von der Gründung des Sechsstädtebundes bis zum Übergang an das Kurfürstentum Sachsen (1346–1635). In: Geschichte der Oberlausitz. Herrschaft, Gesellschaft und Kultur vom Mittelalter bis zum Ende des 20. Jahrhunderts. Hg. v. Joachim Bahlcke. Leipzig 2001, 99–141, hier 124–131.

9 Zur Geschichte des oberlausitzischen Sechsstädtebundes siehe: 650 Jahre Oberlausitzer Sechsstädtebund 1346–1996. 4. Symposium der Geschichtskommission der Euroregion Neiße. Hg. v. Gunter Oettel und Volker Dudeck. Bad Muskau 1997 (mit weiterführenden Literaturangaben).

10 Exemplarisch zur Reformation in der Stadt Zittau jüngst: Stempel, Cornelius: Reformation und Konfessionalisierung im oberlausitzischen Zittau. Vergleichende Aspekte. Magisterarbeit mschr. Leipzig 2006.

11 Auch für Bautzen fehlt eine grundlegende neuere Untersuchung zur konfessionellen Entwicklung im 16. Jahrhundert. Am ausführlichsten daher noch immer: Baumgärtel, Friedrich: Die kirchlichen Zustände Bautzens im 16. und 17. Jahrhundert. Bautzen 1899. – Einen umfassenden Überblick zur Geschichte der Stadt Bautzen im 16. und frühen 17. Jahrhundert gibt Schulz, Hagen: Bautzen zwischen Reformation, Pönfall und Dreißigjährigem Krieg. Zur Geschichte der Stadt im 16. und 17. Jahrhundert. In: Caspar Peucer (1525–1602). Wissenschaft, Glaube und Politik im konfessionellen Zeitalter. Hg. v. Hans-Peter Hasse und Günther Wartenberg. Leipzig 2004, 189–236.

Stadtgemeinde. Seitdem sich in der zweiten Hälfte der 1520er Jahre die lutherische Reformation in der Stadt zu verbreiten begann, nahmen die Spannungen zwischen der Bürgerschaft, die den Neuerungen offen gegenüberstand, und den Stiftsherren, die überwiegend am althergebrachten Glauben festhielten, stetig zu. Bis heute läßt sich diese Situation im Innenraum der St. Petrikirche ablesen: Seit Mitte des 16. Jahrhunderts wird er simultan von beiden Konfessionen genutzt, wobei die katholischen Stiftsherren die Hoheit über den Chorraum behaupteten, während die Bürgerschaft das Langhaus zur evangelisch-lutherischen Stadtpfarrkirche umgestaltete.[12] Für die Frage nach Neukodierungen von Sakralräumen stellen derartige Simultankirchen, bei denen konfessionell divergierende Raumkonzepte innerhalb ein und desselben Kirchengebäudes umgesetzt wurden, einen besonderen Gradmesser dar, was an anderer Stelle einer eingehenderen Untersuchung wert ist.

In die frühe Phase der Rezeption lutherischen Gedankengutes in Bautzen fällt ein Vorgang, der traditionell als ein Schlüsselereignis am Beginn der Reformation in dieser Stadt gesehen wird: die Disziplinierung einer lokalen Marienwallfahrt. Ein genauer Blick auf dieses Ereignis legt jedoch das Problem der Abgrenzung zwischen jenen Reformbestrebungen, die bereits in spätmittelalterlicher Zeit bestanden, und den Veränderungen der lutherischen *reformatio* offen. Außerdem läßt sich zu diesem Beispiel die Herausbildung einer interessengelenkten Überlieferungstradition in der nachreformatorischen Stadtgeschichtsschreibung ausmachen. Denn bereits im ausgehenden 16. Jahrhundert hatte sich um das Ereignis der Neuordnung dieser Nahwallfahrt eine Erinnerungspolitik herausgebildet, die den Vorgang in konfessionspolitischem Sinn umdeutete.

Im östlichen Bautzener Stadtgebiet, vor dem spätmittelalterlichen äußeren Mauerring, steht eine Friedhofskirche, die den ungewöhnlichen Namen „Taucherkirche" trägt (Abb. 1).[13] Es handelt sich um einen unscheinbaren Kirchenneubau aus dem späten 16. Jahrhundert, der angesichts seiner formalen Anspruchslosigkeit für eine wissenschaftliche Auseinandersetzung wohl eher von untergeordnetem Interesse wäre, wenn mit ihm und seinem Vorgängerbau nicht einige bemerkenswerte Aspekte der Emanzipation und Traditionsbildung der lutherischen Stadtgemeinde in Bautzen verknüpft werden könnten. Diese Vorgänge wie auch der ungewöhnliche Name des Gotteshauses stehen in engem Zusammenhang mit einer lokalen Marienwallfahrt, die sich im späten 15. und frühen 16. Jahrhundert in der Bautzener Umgebung großer Beliebtheit erfreute. Sie führte zu einem Gnadenbild, das unweit

---

[12] Die simultane Nutzung der Petrikirche war im Verlauf des 16. Jahrhunderts durch mehrere Verträge zwischen dem Kollegiatsstift und dem Stadtrat festgeschrieben worden. Seit 1848 bzw. 1850 ist das Kirchengebäude auch formaljuristisch in zwei Grundstücke getrennt. VÖTIG, Richard: Die simultankirchlichen Beziehungen zwischen Katholiken und Protestanten zu St. Peter in Bautzen. Borna-Leipzig 1911, 36–42.

[13] HESSLER, Karl Albert: Die milden Stiftungen der Stadt Budissin. Heft 1. Budissin 1847, 105–112. – REYMANN, Richard: Geschichte der Stadt Bautzen. Bautzen 1902, 363–366; GURLITT, Cornelius: Beschreibende Darstellung der älteren Bau- und Kunstdenkmäler des Königreiches Sachsen. Bd. 33: Bautzen (Stadt). Dresden 1909, 94–96. – REICHEL, Friedrich: Bautzen. Leipzig 1961, 92f.; SEELE, Christine/SEIFERT, Siegfried: Bautzen und seine Kirchen. Leipzig 1996, 45f. – WENZEL, Kai/WINZELER, Marius: Kunst und Architektur in der Oberlausitz 1526 bis 1635. In: Welt – Macht – Geist. Das Haus Habsburg und die Oberlausitz 1526–1635. Hg. v. Joachim BAHLCKE und Volker DUDECK. Görlitz-Zittau 2002, 129–152, hier 136.

des Dorfes Uhyst in einer hölzernen Kapelle im sogenannten Taucherwald, einem Waldgebiet ca. zwanzig Kilometer westlich von Bautzen, aufgestellt war. Die Ursprünge dieser *peregrinatio minor* liegen im dunkeln; genauere Nachrichten finden sich zu ihrem Ende.[14]

1484 hatte die Stadt Bautzen das Dorf Uhyst mit dem dazugehörigen Taucherwald erworben. Der Stadtrat erlangte damit nicht nur die Patronatsrechte der Uhyster Pfarrkirche, sondern auch die Aufsicht über die Marienwallfahrt im Taucherwald. Im Jahr 1523 erlaubte der Meißner Bischof, Johann VII. von Schleinitz, die Neuordnung dieser Wallfahrt, da ihm vom Bautzener Stadtrat wie auch vom Kollegiatsstift zugetragen worden war, daß an dem abgeschiedenen Ort „Unzucht" und „Kriminalität" („adulteria, stupra et latrocinia") überhandgenommen hätten.[15] Man kann sicher davon ausgehen, daß diesem bischöflichen Konsens mehrjährige Bemühungen von seiten des Bautzener Rates wie auch des Kollegiatsstifts als höchster kirchlicher Instanz im Archidiakonat Oberlausitz vorausgegangen waren.

Die Figur bzw. das Bild der „gloriosissimae virginis" wurde aus der Kapelle im Taucherwald in die Pfarrkirche von Uhyst versetzt, der nun die lukrativen Pilgereinkünfte zufielen. Hier konnte das Wallfahrtsgeschehen auch von dem mit der Verwaltung der Bautzener Ratsdörfer eingesetzten städtischen Inspektor effektiver überwacht werden. In der Uhyster Pfarrkirche blieb die Marienwallfahrt unter der Aufsicht des Bautzener Rates noch fast dreißig Jahre bestehen.[16] Als der Uhyster Pfarrer 1551 öffentlich zum Luthertum übertrat, wurde das Gnadenbild nochmals transloziert, und erst in den 1570er Jahren verlieren sich seine Spuren.[17]

Während das Marienbild in räumlicher Nähe zum früheren Ort seiner *adoratio* verblieb, enthielt die Konzession des Meißner Bischofs eine bemerkenswerte Regelung für die nunmehr weitgehend funktionslose Kapelle im Taucherwald und ihre übrige Ausstattung. Sie sollte nicht einfach abgerissen werden, sondern Johann VII. von Schleinitz erlaubte dem Bautzener Rat, das Gotteshaus zerlegen und abtransportieren zu lassen. Am östlichen Bautzener Stadtrand wurde die Kapelle auf dem städtischen Gottesacker, der wenige Jahre zuvor neu angelegt worden war, wieder

---

14 Zur Geschichte der Uhyster Wallfahrt siehe: WETZKE, Hermann: Die Parochie Uhyst a. T. In: Neue sächsische Kirchengalerie. Die Diöcese Bautzen. Hg. v. Georg BUCHWALD. Leipzig 1905, Sp. 549–562, hier 552–554.

15 Die entsprechenden Quellen sind abgedruckt bei HESSLER (wie Anm. 13), 133–136.

16 Im Bautzener Stadtmuseum befinden sich mehrere spätgotische Skulpturen, die aus der ehemaligen Wallfahrtskapelle stammen sollen. Sie gelangten vor 1900 aus der Uhyster Pfarrkirche in die städtische Sammlung. GURLITT, Cornelius: Beschreibende Darstellung der älteren Bau- und Kunstdenkmäler des Königreiches Sachsen. Bd. 31/32: Amtshauptmannschaft Bautzen (Land). Dresden 1908, 298. Für die freundliche Auskunft danke ich Herrn Dipl.-Museologe Hagen Schulz, Stadtmuseum Bautzen.

17 Die Wallfahrt wurde 1551 ins benachbarte Dorf Göda verlegt, worüber sich bis in die 1570er Jahre Zeugnisse finden. WETZKE (wie Anm. 14), Sp. 553f. – Bereits seit KNAUTHE, Christian: Derer oberlausitzer Sorberwenden umständliche Kirchengeschichte [...]. Görlitz 1767, 174 gibt es immer wieder Spekulationen darüber, ob das Uhyster Gnadenbild von Göda nach Rosenthal bei St. Marienstern gelangt ist, wo eine seit 1628 nachweisbare Marienfigur bis heute verehrt wird. Dazu KILANK, Robert: Sorbische Volksfrömmigkeit im Umfeld des Klosters St. Marienstern. In: 750 Jahre Kloster St. Marienstern. Festschrift. Hg. v. Karlheinz BLASCHKE u. a. Halle/S. 1998, 439–446, hier 440. Der spannenden Frage einer möglichen Existenz des Uhyster Gnadenbildes bis in die Gegenwart kann hier leider nicht näher nachgegangen werden.

aufgestellt.[18] Man wird sich die Uhyster Wallfahrtskapelle als eine Holzbalkenkonstruktion vorstellen können, die eine potentielle Mobilität besaß.[19] Mitsamt dem Kirchengebäude wurden auch alle darin befindlichen Altäre versetzt, einschließlich ihrer Ausstattungen und Einkünfte. Der Meißner Bischof legte besonderes Augenmerk darauf, daß die Translozierung der Altäre „sine laesione mensarum et sigillorum altarium“ zu erfolgen habe.[20] Tradiert hat sich auch der Name des ursprünglichen Standortes der Wallfahrtskapelle, des Uhyster Taucherwaldes, der ebenfalls mit nach Bautzen übertragen wurde. So heißen der städtische Gottesacker und die darauf befindliche Friedhofskirche bis heute Taucherfriedhof und Taucherkirche.

Zur Wiederherstellung der Unversehrtheit eines Wallfahrtsortes, dessen Sakralität durch sündhaftes Handeln ernsthaft beschädigt worden war, verlangte das Kirchenrecht vor allem eine räumliche Neuordnung und Rekonsekration. Im Fall der obrigkeitlichen Disziplinierung der Uhyster Marienwallfahrt lassen sich diese Vorgänge in zwei Phasen unterteilen. Zum einen wurde das verehrte Marienbild aus dem ihn umgebenden Sakralraum sowie aus dem abgelegenen und schwer kontrollierbaren Waldgebiet entnommen, da beide mit dem Vorwurf der Verunreinigung belegt waren. In nicht allzu großer Entfernung machte man das Gnadenbild im sakralräumlichen Zusammenhang der nächstgelegenen Pfarrkirche, die dadurch deutlich aufgewertet wurde, den Wallfahrern wieder zugänglich, so daß eine gewisse topographische Kontinuität der *peregrinatio minor* gewahrt blieb. Tiefgreifender waren die Veränderungen am Sakralraum der ursprünglichen Wallfahrtskapelle. Durch die Entnahme des Gnadenbildes erfuhr er einen partiellen Funktionsverlust. Dem noch nicht genug, wurde das Kirchengebäude mitsamt den Altären von seinem Standort abgelöst und an den Bautzener Stadtrand versetzt, wo es auf dem Stadtgottesacker einer neuen Funktion als Ort des Totengedenkens zugeführt wurde. Der Umstand, daß die räumliche Neuordnung einer Nahwallfahrt bis in den Standort und die Funktionalität eines Gotteshauses hineinreicht, ist sicher außergewöhnlich. Doch zeigt dieses Beispiel, daß die Durchsetzung obrigkeitlicher Interessen am sakralen Raum und der Bewahrung seiner Unversehrtheit mit großem Aufwand betrieben werden konnte.

Die durch den Meißner Bischof sanktionierte Reorganisation der Uhyster Marienwallfahrt ist ein Beispiel für die politisch-soziale Disziplinierung einer Nahwallfahrt,

---

[18] Die Neuanlage eines Friedhofes vor den Toren der Stadt war nötig geworden, nachdem der Kirchhof, der die St. Petrikirche umgab, aus verkehrstechnischen und hygienischen Gründen verkleinert worden war.

[19] In Sprey bei Weißwasser hat sich eine um 1522 errichtete und 1780 erneuerte Schrotholzkapelle erhalten, die der Uhyster Wallfahrtskapelle vergleichbar sein dürfte. LUTSCH, Hans: Verzeichnis der Kunstdenkmäler der Provinz Schlesien. Bd. 3: Die Kunstdenkmäler des Regierungsbezirks Liegnitz. Breslau 1891, 777; BAHR, Marčin: Cyrkej w Srjowjach, jenička drjewjana cyrkej w Serbach [Die Kirche in Sprey, einzige Holzkirche im sorbischen Siedlungsgebiet]. In: Łužica. Měsačnik za zabawu a powučenje 41 (1926), 49f.; Dehio-Handbuch der deutschen Kunstdenkmäler. Sachsen I: Regierungsbezirk Dresden. Bearb. v. Barbara BECHTER u. a. München-Berlin 1996, 809. – Derartige Holzbalkenarchitekturen sind durchaus charakteristisch für die Region und vor allem im Wohnhausbau heute noch vielerorts zu finden. Siehe dazu: Lausitzer Holzbaukunst. Die traditionelle Holzbauweise in der Nieder- und Oberlausitz. Hg. v. Hans MIRTSCHIN, Rudolf HARTMETZ und Herbert SCHIRMER. Dresden 2003 (Zeitmaschine Lausitz).

[20] Gleichzeitig bestimmte Bischof Johann VII. von Schleinitz aber auch, daß die Altäre, falls sie auf dem Transport doch beschädigt werden sollten, mit allen vorgeschriebenen liturgischen Handlungen neu zu weihen seien. HESSLER (wie Anm. 13), 133f.

wie sie von kirchlichen, landesherrlichen und städtischen Ordnungsmächten angesichts einer zunehmenden Dichte von Wallfahrtsorten seit dem ausgehenden 15. Jahrhundert vielerorts vorgenommen wurde.[21] Der Vorwurf der Unreinheit des geweihten Ortes wurde dabei von Seiten der Obrigkeit immer wieder erhoben und erscheint fast schon als ein Topos. Auch diskutierte man theologisch kontrovers seit dem ausgehenden 15. Jahrhundert über die angemessene Form und den Sinn von Fern- und Nahwallfahrten für die individuelle Frömmigkeit.[22] Der Bautzener Rat und das Kollegiatsstift, die in die Wallfahrt zum wundertätigen Uhyster Marienbild ordnend eingriffen, beabsichtigten keineswegs, die *peregrinatio minor* in ihrem Hoheitsbereich völlig zu unterbinden. Vielmehr sollte die Integrität des Lern- und Erfahrungsraumes „Marienwallfahrt" – nicht zuletzt angesichts der Konkurrenz vergleichbarer Orte – wiederhergestellt und in Zukunft auch gewahrt bleiben.[23]

Mit Martin Luthers Kritik am Wallfahrtswesen, wie er sie vor allem im Sendschreiben „An den christlichen Adel deutscher Nation" aus dem Jahr 1520 geäußert hat, ist dieser ungewöhnliche Vorgang der Verlegung einer Nahwallfahrt und des Abtransports der Wallfahrtskapelle kaum in Verbindung zu bringen. Luther hatte die Aufhebung der Wallfahrtsorte gefordert und nicht ihre Re-Inszenierung, und er hatte den Bischöfen vorgeworfen, daß sie das Teufelswerk des Wallens zu „wilden Capellen und feltkirchen" unterstützen würden, durch das Tavernen und Hurerei vermehrt würden und das unnützes Geldausgeben und Verschwendung von Arbeitskraft sei.[24] Auch die Mittlerrolle Mariens, die mit der Versetzung des Gnadenbildes in der Uhyster Pfarrkirche gewahrt blieb, hatte Luther grundsätzlich abgelehnt und den Gläubigen empfohlen, die Gottesmutter lediglich als historisches Exempel in Ehren zu halten.[25] Darüber hinaus deuten auch zeitgleiche Geschehnisse in der Stadt Bautzen darauf hin, daß von einem Handeln des Stadtrates unter Einfluß der lutherischen Reformideen noch nicht ausgegangen werden kann.[26] Im Jahr 1523, in dem die Uhyster Wallfahrtskapelle nach Bautzen überführt wurde, kam es beim alljährlichen Fest des Sommeranfangs auf dem Bautzener Markt zur öffentlichen Verbrennung einer Papstpuppe. Der Rat ging gegen diese „Büberei", wie es in einer Stadtchronik aus dem späten 17. Jahrhunderts heißt, streng vor und ließ die Täter sofort inhaftieren.[27] Eine Gefährdung der städtischen Gemeinschaft bzw. eine

21 SCHREINER, Klaus: ‚peregrinatio laudabilis' und ‚peregrinatio vituperabilis'. Zur religiösen Ambivalenz des Wallens und Laufens in der Frömmigkeit des späten Mittelalters. In: Wallfahrt und Alltag im Mittelalter und Früher Neuzeit. Hg. v. Gerhard JARITZ und Barbara SCHUH. Wien 1992, 133–163.

22 Ebd., 150–160.

23 Zu Konkurrenzsituationen zwischen Marienwallfahrtsorten: HOFMANN-RENDTEL, Constanze: Wallfahrt und Konkurrenz im Spiegel hochmittelalterlicher Mirakelberichte. In: Wallfahrt und Alltag im Mittelalter und Früher Neuzeit (wie Anm. 21), 115–131, hier 126–129.

24 LUTHER, Martin: An den christlichen Adel deutscher Nation von des christlichen Standes Besserung 1520. In: Martin Luthers Werke. Kritische Gesamt-Ausgabe. Abt. 1: Werke. Bd. 6. Weimar 1888, 381–469.

25 Zu Luthers Marienverständnis: STIRM, Margarethe: Die Bilderfrage in der Reformation. Gütersloh 1977 (Quellen und Forschungen zur Reformationsgeschichte 45); KREITZER, Beth: Reforming Mary. Changing Images of the Virgin Mary in Lutheran Sermons of the Sixteenth Century. Oxford 2004.

26 Gleichwohl dürfte eine Rezeption der Forderungen des Wittenberger Reformators durch einzelne Ratsmitglieder bereits erfolgt sein.

27 Stadtarchiv Bautzen (StA BZ), U III 200. Platzsche Chronik. Bd. 6. Anno 1523, fol. 1r. – Siehe auch BAUMGÄRTEL (wie Anm. 11), 9f. – Erst auf Intervention der Landesherrschaft kamen die Täter wieder frei.

Beschädigung kirchlicher Autoritäten durch reformerische Kritik duldete die Stadtobrigkeit offensichtlich nicht.

Über die Interessen, die hinter der aufwendigen Translozierung der Wallfahrtskapelle nach Bautzen zu suchen sind, kann an dieser Stelle angesichts des Fehlens aussagekräftiger Quellen nur spekuliert werden. Das in der Stadtchronistik mehrfach aufscheinende Argument des Pragmatismus, man habe die Kapelle auf dem neu angelegten Gottesacker gut wiederverwenden können, erklärt den merkwürdigen Vorgang nur unzureichend. Denn der behutsame, von Fachleuten vorzunehmende Abbau des Gotteshauses, der Transport der einzelnen Bauteile und Ausstattungsstücke sowie die ebenso sorgsam durchzuführende Wiederaufstellung dürften die Kosten für einen vergleichbaren Neubau nur wenig unterschritten haben. Waren mit der Kapelle und ihren Altären eventuell Stiftungen Bautzener Bürgerfamilien verknüpft, die bewahrt werden sollten? Verband der Stadtrat mit dem durch die frühere Wallfahrt atmosphärisch aufgeladenen Gotteshaus weitergehende Interessen? Immerhin war im benachbarten Görlitz gerade zu dieser Zeit auf einem vor den Toren der Stadt gelegenen Friedhof eine Kopie des Grabes Christi mit einem dazugehörigen Kapellenbau fertiggestellt worden und zog Pilger aus nah und fern an. Daß sich die Interessenlagen, die die Versetzung der Kapelle motiviert haben, nicht mehr im einzelnen rekonstruieren lassen, hängt aber auch damit zusammen, daß die Überlieferung zur Reorganisation der Uhyster Marienwallfahrt seit dem ausgehenden 16. Jahrhundert von einem konfessionspolitisch motivierten Diskurs völlig überlagert wird. Bis zum Jahr 1550, als die frühere Wallfahrtskapelle durch ein Unwetter zerstört wurde, stand sie auf dem Bautzener Stadtgottesacker. Gegen Ende des 16. Jahrhunderts wurde an ihrer Stelle der bis heute existierende Nachfolgebau errichtet, dessen Weihe den Ausgangspunkt für eine Umdeutung des Ereignisses der Translozierung bilden sollte.

In der Anfang Januar 1599 gehaltenen Predigt zur Weihe der neuen Taucherkirche behauptete der vom Rat eingesetzte *Pastor primarius* Friedrich Fischer gegenüber den versammelten Ratsherren und Angehörigen der Bürgerschaft, daß ihre „lieben Vorfahren" die städtische Obrigkeit darum ersucht hätten, das Marienbild in Uhyst zu beseitigen, um Abgötterei und Irrglauben zu beenden und die Kapelle auf dem Bautzener Gottesacker „ad legitinum usum" zuzuführen –

> [...] denn das ist [der Obrigkeit] fürnembstes Ambt/das sie für allen dingen für Gottes Wort vnd Kirche sorge/vnd mit höchsten ernst dahin arbeite/das Abgötterey/falscher Lehr vnd Irthumen gestewert/vnd dagegen Gottes Wort rein vnd vnverfelscht geprediget [werde].[28]

In Fischers herrschaftstreuer Auslegung erschien der Rat als eine in religiösen Fragen seiner Bürgerschaft gegenüber fürsorglich gesinnte Instanz, die die Gemeinschaft vom schädlichen Bildkult befreit habe. Gleichzeitig wurden die Bautzener

[28] Fischer, Friedrich: Eine Christliche vnd zwar die Erste Predigt So da ist gehalten worden in dem auffm Gottesacker Newerbaweten Kirchlein zum Taucher genennt [...]. Budissin 1600, fol. 17v. Der Neubau der Taucherkirche wurde der Heiligen Dreifaltigkeit geweiht. – Zur Biographie Friedrich Fischers: Dietmann, Karl Gottlob: Die gesamte der ungeänderten Augsb. Confeßion zugethane Priesterschaft in dem Marggrafthum Oberlausitz. Lauban-Leipzig 1777, 33–35.

Bürgerschaft und der Stadtrat zu den alleinigen Initiatoren der Translozierung der Uhyster Wallfahrtskapelle und der vermeintlichen Beseitigung des Marienbildes erhoben, durch die man „im Lichte des wiederaufgefundenen Evangelii“ die „papistische“ Bildverehrung habe beenden wollen. Der Vorwurf des durch „Unzucht“ und kriminelle Auswüchse verunreinigten heiligen Ortes wurde von Fischer zum Idolatrievorwurf transformiert, wobei der Pfarrer geflissentlich verschwieg, daß die Wallfahrt gar nicht beendet, sondern vielmehr neu geordnet und ihr Fortbestand dadurch für weitere drei Jahrzehnte gesichert worden war. Fast achtzig Jahre nach dieser Reorganisation ist von den tatsächlichen Ereignissen des Jahres 1523 keine Rede mehr. Weder den Umstand, daß die Verlegung der Wallfahrt mit der Fürsprache des Kollegiatsstiftes vom Meißner Bischof legitimiert worden war, noch die Neuinszenierung des Gnadenbildes in der Uhyster Pfarrkirche und der Erhalt der gesamten Ausstattung der nach Bautzen abtransportierten Wallfahrtskapelle erwähnte Fischer in seiner Predigt.

Seine Erzählung bettete er in einen dreiteiligen Diskurs zum Kirchenbau ein:

> 1. Nominis definitionem, was Kirchen sein vnd woher sie den Namen bekommen; 2. Templorum fundationem & inaugurationem, Der Kirchen stifftung vnd einweyhung; 3. Causam finalium enarrationem, zu was ende oder gebrauch dieselben erbawet sind.[29]

In einer Traditionslinie mit alttestamentarischen Sakralbauten wie dem transportablen Zelttempel der Israeliten und dem Tempel Salomo interpretierte er die Translozierung der Taucherkirche als einen auratischen Null-Punkt der städtischen Reformationsgeschichte. Dabei grenzte er die neu zu weihende Taucherkirche von altgläubigen Kirchenraumkonzepten und Frömmigkeitspraktiken, wie sie im hölzernen Vorgängerbau präsent waren, strikt ab:

> [...] im Babsthumb hat mans schendlich verkehret/vnd darinn nicht den waren lebendigen Gott im Namen Jesu Christi sondern die Jungfraw Mariam/vnd andere verstorbene Heiligen geehret vnd angeruffen/auch allerley Superstitiones vnd Aberglauben/Vigilien vnd Seelmessen/für die Lebendigen vnd Todten gehalten/Kirchen vnd Capellen an weit abgelegene örter auffgeschlagen/Walfarten dahin gestifftet/vnd ihnen dabey von sonderer offenbarung vnd erscheinungen bald dieses bald jenes Heiligen traumen lassen/Ich will itzo geschweigen des gottlosen Bubenlebens der Hurerey/Vnzucht vnd anderer Vppigkeit so dabey ist getrieben vnd an die Hand genommen worden/Denn wie offt ein Ort zu allerley Gottseligkeiten vnd devotion kann vrsach geben: Also auch hinwider zu aller Vppigkeit/wie wir dessen ein exempel haben an der Capell an derer stadt diese Kirch erbawet worden.[30]

Die Ursachen für die umdeutende Erzählung des Bautzener *Pastor primarius* sind vor allem in den konfessionellen Spannungen zu suchen, die zwischen dem lutherischen Stadtrat und dem katholisch gebliebenen Kollegiatsstift während der zweiten Hälfte des 16. Jahrhunderts entstanden waren und in den 1590er Jahren schließlich in einen offenen Konflikt mündeten. Nachdem das Kollegiatsstift im Verlauf des 16. Jahrhunderts einen zunehmenden Autoritätsverlust hatte hinnehmen müssen und durch Konversionen zahlreicher Mitglieder vom Zerfall bedroht gewesen war,

29 Ebd., fol. 9v.
30 Ebd., fol. 6v–7r.

setzte seine Konsolidierung unter dem Dekanat Johann Leisentrits in den späten 1550er Jahren ein. Der aus Mähren stammende und in Krakau und Prag ausgebildete katholische Geistliche war 1560 vom Meißner Bischof Johann IX. von Haugwitz zum kirchlichen Generalkommissar für die Ober- und Niederlausitz eingesetzt worden. Leisentrit erhielt damit die Verwaltung über die letzten katholischen Gebiete des zerfallenden Bistums Meißen und war in der Funktion eines Apostolischen Administrators unmittelbar der römischen Kurie unterstellt.[31] Diese Lösung, die in der besonderen politischen Situation der Oberlausitz im Spannungsverhältnis verschiedener Machtinteressen geschaffen wurde – dem Bistum Meißen und den sächsischen Kurfürsten auf der einen Seite sowie den habsburgischen Landesherren des böhmischen Kronlandes auf der anderen – stattete den Bautzener Dekan mit umfangreichen bischöflichen Rechten aus. Leisentrit wollte diese nicht nur innerhalb der katholischen Restgebiete, sondern im gesamten Territorium des Archidiakonats Oberlausitz wahrnehmen, was ihn zwangsläufig in Konflikt mit den auf ihre Eigenständigkeit bedachten lutherischen Gemeinden bringen mußte.

Im gleichen Zeitraum, in dem die Konsolidierung des verbliebenen Katholizismus in der Oberlausitz vor sich ging, begann sich in Bautzen die lutherische Bürgerschaft gegenüber dem Kollegiatsstift, das nach wie vor Hausherr der St. Petrikirche war, als souveräne Gemeinde zu emanzipieren. Der innerhalb von wenigen Monaten ausgeführte Neubau der Taucherkirche stellte dabei einen wichtigen legitimatorischen Schritt dar, denn er war der erste in Eigenverantwortung ausgeführte Kirchenneubau einer lutherischen Gemeinde in der Region.[32] Seine Errichtung und Weihe erfolgten völlig unabhängig von den Interessen des Kollegiatsstifts bzw. des Apostolischen Administrators. Darüber hinaus hatte der Rat in den 1590er Jahren die Nebenaltäre im Langhaus der Petrikirche abbrechen, neue Gestühle und Emporen errichten und einen eigenen Taufstein aufstellen lassen, da man das Sakrament der Taufe, das noch immer nur von einem katholischen Geistlichen gespendet wurde, nun von einem eigenen Pfarrer auszuführen gedachte. Dafür hatte der Rat beim Pirnaer Bildhauer Michael Schwenke eigens einen aufwendig gearbeiteten Taufstein herstellen lassen.[33] Gegen diese emanzipatorischen Vorgänge protestierte das Kollegiatsstift vehement beim böhmischen Landesherrn Rudolf II., der mit einem „Taufsteinrezeß" den konfessionellen Status quo im Kompromiß zu sichern versuchte.[34] Die lutherische Bürgerschaft mußte ihren neuen Taufstein aus der Stadtpfarrkirche wieder entfernen.

---

[31] Gerblich, Walter: Johann Leisentrit und die Administratur des Bistums Meißen in den Lausitzen. Leipzig 1959 (Erfurter theologische Schriften 4), 60–112; Seifert, Siegfried: Niedergang und Wiederaufstieg der katholischen Kirche in Sachsen 1517–1773. Leipzig 1964 (Studien zur katholischen Bistums- und Klostergeschichte 6), 31–43; Ders.: Johann Leisentrit 1527–1586 zum vierhundertsten Todestag. Leipzig 1987, 21–34; Blaschke (wie Anm. 8), 107–109; Seifert, Siegfried: Domdekan Johann Leisentrit als Apostolischer Administrator und kaiserlicher Generalkommissar in Religionssachen. In: Die Oberlausitz im frühneuzeitlichen Mitteleuropa. Beziehungen – Strukturen – Prozesse. Hg. v. Joachim Bahlcke. Leipzig 2007 (Quellen und Forschungen zur sächsischen Geschichte 30), 174–190.

[32] Die Grundsteinlegung erfolgte am 19. Mai 1598, die Weihe bereits am 4. Januar 1599. Reymann (wie Anm. 13), 363.

[33] Wenzel/Winzeler (wie Anm. 13), 147.

[34] Baumgärtel (wie Anm. 11), 36–39; Vötig (wie Anm. 12), 16–26; Schulz (wie Anm. 11), 197f.

Er wurde in die neue Taucherkirche versetzt, die nun nicht nur als Begräbniskirche, sondern auch als Taufkirche diente.[35]

Ein Jahr nach der Weihe der Taucherkirche erschien die Predigt Friedrich Fischers in Bautzen auch in gedruckter Form. Das konfessionspolitische Narrativ vom vermeintlichen Ende der Uhyster Marienwallfahrt fand so den Weg in die Bautzener Stadtchronistik.[36] Wie Susanne Rau gezeigt hat, kommt der Geschichtsschreibung in protestantischen Kommunen im Zeitalter der Reformation und Konfessionalisierung in besonderem Maße die Funktion der Traditionsbildung zu.[37] Die lokalen Reformationsereignisse wurden retrospektiv erstmals beschreibend in Worte gefaßt und in der städtischen Erinnerung in einer bestimmten Überlieferungsvariante verankert. Dabei bedienten sich die Chronisten oder wie in diesem Fall der Pfarrer Friedrich Fischer bestimmter Muster der Traditionsbildung. In der angespannten konfessionellen Situation, in der sich der Bautzener Rat und die Bürgerschaft um 1600 befanden, fungierte die Narratio vom vermeintlichen Ende der Uhyster Marienwallfahrt und der Beseitigung des verehrten Gnadenbildes als ein Akt der konfessionellen Selbstvergewisserung und Identitätsstärkung. Friedrich Fischer stellte seinen Zuhörern die Rechtgläubigkeit ihrer Vorfahren als Exempel vor Augen. Durch die forcierte Aufladung des hölzernen Vorgängerbaus als eines Sakralraumes, der vom altgläubigen Bildgebrauch gereinigt worden war, übertrug Fischer gleichzeitig die Atmosphäre des reformierten Ortes auf die neu zu weihende Kirche.[38] Bereits um 1600 entstand damit ein Traditionskonstrukt, das die Ereignisse um die Verlegung der Uhyster Marienwallfahrt als einen Ausgangspunkt für die Reformation in Bautzen schilderte und dabei einen deutlichen Bruch mit spätmittelalterlichen Frömmigkeitspraktiken behauptete, der in dieser Form nicht stattgefunden hatte.

Die reformatorische Neukonzeption des Passionsgedenkens am Heiligen Grab zu Görlitz

In Görlitz entstand zwischen 1481 und ca. 1520 auf einem vor der Stadt gelegenen Friedhof für Delinquenten, Selbstmörder und Ungetaufte ein Gebäudeensemble, das als Heiliges Grab bekannt ist. Die Anlage besteht aus einer Kopie des mittelalterlichen Jerusalemer Grabmonuments, wie es aus Illustrationen zeitgenössischer Pilgerberichte

[35] In der Petrikirche durfte nur eine mobile Taufschale aufgestellt werden, die nach jeder Taufe wieder zu entfernen war. Der Taufstein stand nur für kurze Zeit in der Taucherkirche und wurde dann in die St. Michaeliskirche versetzt, die der Aufsicht des Rates unterstand. Dort ist er bis heute erhalten.

[36] Die erste Übernahme ist in dem um 1600 entstandenen Stiftungsbuch der Taucherkirche zu finden, das ebenfalls die erwähnte Umdeutung der Ereignisse des Jahres 1523 enthält, obwohl gleichzeitig auch Abschriften der Urkunden des Meißner Bischofs, die die Verlegung der Uhyster Marienwallfahrt legitimiert hatten, darin wiedergegeben werden. StA BZ, Altes Archiv, Rep. IV.I.2. Stiffts-Buch über das Begrebniskirchlin für dem eusseristen Reichen- oder Heugen Thore am Taucher Kirchhoffe [...].

[37] Rau, Susanne: Geschichte und Konfession. Städtische Geschichtsschreibung und Erinnerungskultur im Zeitalter von Reformation und Konfessionalisierung in Bremen, Breslau, Köln und Hamburg. Hamburg-München 2002; Dies.: Städtische Geschichtsschreibung in der Frühen Neuzeit als protestantische Traditionsbildung? In: Protestantische Identität und Erinnerung. Von der Reformation bis zur Bürgerrechtsbewegung in der DDR. Hg. v. Joachim Eibach und Marcus Sandl. Göttingen 2003, 91–112.

[38] Zu atmosphärischen Qualitäten von Räumen: Löw (wie Anm. 5), 204–210.

bekannt war, sowie aus dem sogenannten Salbungshäuschen, das eine Figurengruppe der Marienklage beherbergt, und der zweistöckigen Heilig-Kreuz-Kapelle (Abb. 2–4).[39] Für die einzelnen Bauten sind verschiedene Stiftungszusammenhänge auszumachen: Während die Heilig-Kreuz-Kapelle als städtisches Projekt errichtet wurde und an gleicher Stelle bereits einen Vorgängerbau besaß, handelte es sich beim Grabmonument und vermutlich auch beim Salbungshäuschen um Stiftungen des Görlitzer Patriziers Georg Emmerich, der von einer eigenen Pilgerreise nach Jerusalem dazu angeregt worden sein dürfte.[40] Alle drei Gebäude waren bis zur Reformation Orte der alljährlichen Osterprozessionen, die mit Elementen des spätmittelalterlichen Passionsspiels angereichert waren. Am Karfreitag wurde eine hölzerne Christusfigur in der Heilig-Kreuz-Kapelle vom Kreuz abgenommen und zum Grabmonument getragen. Am Ostersonntag trug eine Prozession die Figur als Zeichen der Auferstehung vom Heiligen Grab durch die Stadt und wieder zurück in die Heilig-Kreuz-Kapelle.[41]

Neben dem Gedenken an die Passion Christi war das Gebäudeensemble auch ein Ort der Marienfrömmigkeit. So stand der Altar im Untergeschoß der Heilig-Kreuz-Kapelle „sub titulo et honore ipsius sacratissime Marie annunciationis atque Sancte Crucis".[42] Im Salbungshäuschen wurde um 1500 eine vermutlich vom Bildhauer Hans Olmützer geschaffene Figurengruppe der Marienklage aufgestellt, auf deren Sockel das Gebet „O mater Dei, miserere mei, o Ihc [Jesu] Xpe [Christe] propiciu[s] m[ihi] [e]sto" angebracht wurde, das die Gläubigen zur Kommunikation mit der

---

39 Jüngst umfassend zur Baugeschichte der einzelnen Gebäude: MEINERT, Till: Die Heilig-Grab-Anlage in Görlitz. Architektur und Geschichte eines spätmittelalterlichen Bauensembles. Essen 2004; DERS.: Das Heilige Grab in Görlitz. Abwandlungen der Jerusalemer Grabeskirche in der Oberlausitz. In: Die Kunst im Markgraftum Oberlausitz während der Jagiellonenherrschaft. Hg. v. Tomasz TORBUS unter Mitarbeit v. Markus HÖRSCH. Ostfildern 2006 (Studia Jagellonica Lipsiensia 3), 129–138. – Außerdem: DALMAN, Gustaf: Das Heilige Grab in Görlitz und sein Verhältnis zum Original in Jerusalem. In: Neues Lausitzisches Magazin 91 (1915), 197–252; DERS.: Die Kapelle zum Heiligen Kreuz und das Heilige Grab in Görlitz und Jerusalem. Görlitz 1916; LEMPER, Ernst-Heinz: Kaplica Świętego Krzyża i Święty Grób w Görlitz. Przyczynek do symboliki architektury i ikonologii późnego średniowiecza [Die Heilig-Kreuz-Kapelle und das Heilige Grab in Görlitz. Zur Architektursymbolik und Ikonologie des Spätmittelalters]. In: Roczniki Sztuki Śląskiej 3 (1965), 103–128; DERS.: Die Kapelle Zum Heiligen Kreuz beim Heiligen Grab in Görlitz. In: Kunst des Mittelalters in Sachsen. Festschrift für Wolf Schubert. Hg. v. Elisabeth HÜTTER, Fritz LÖFFLER und Heinrich MAGIRIUS. Weimar 1967, 142–157; DERS.: Ein politisch-ideologisches Bauprogramm. Zur Ikonologie des Heiligen Grabes in Görlitz. In: Stadtbaukunst im Mittelalter. Hg. v. Dieter DOLGNER. Berlin 1990, 231–237; Dehio-Handbuch der deutschen Kunstdenkmäler. Sachsen I (wie Anm. 19), 381–383; LEMPER, Ernst-Heinz: Heiliges Grab mit Kreuzkapelle Görlitz. München-Zürich [2]2004 [[1]1992] (Schnell Kunstführer 2017).

40 Zu den genauen Stiftungszusammenhängen existieren divergierende Forschungsmeinungen. Traditionell gelten Heilig-Kreuz-Kapelle, Salbungshäuschen und Heiliges Grab als Stiftungen des Görlitzer Patriziers und Bürgermeisters Georg Emmerich. In jüngster Zeit ist dies jedoch von MEINERT, Die Heilig-Grab-Ablage (wie Anm. 39), 211–229 grundsätzlich in Frage gestellt worden. Er sieht den Görlitzer Rat als Initiator für die Errichtung aller drei Gebäude. Doch auch sein Ansatz ist kritikbedürftig, da er – wie bereits die früheren Autoren – von der einheitlichen Konzeption einer „Heilig-Grab-Anlage" ausgeht und die Möglichkeit verschiedener Stifterzusammenhänge in der Entstehungsphase zu wenig berücksichtigt. Aus Platzgründen ist diese Frage jedoch an anderer Stelle zu diskutieren.

41 Diese Schilderung von Johann Christian Pufe stellt die einzige genauere Beschreibung der Osterprozessionen am Heiligen Grab dar, die in der Literatur zu finden ist. Allerdings bleibt Pufe die Quellenangaben für seine Ausführungen schuldig. PUFE, Johann Christian: Sechster Beitrag zur Reformations-Geschichte der Stadt Görlitz. Görlitz 1822, 4.

42 Zit. nach DALMAN, Das Heilige Grab in Görlitz (wie Anm. 39), 211.

Gottesmutter aufforderte.[43] In dieser christologisch-mariologischen Dualität kann die Görlitzer Heilig-Grab-Anlage als ein typischer Ort spätmittelalterlicher Frömmigkeit angesehen werden, der geprägt war von der Omnipräsenz des Passions-Christus „als normative Zentralgestalt" gemeinsam mit Maria, als „der anderen Zentralgestalt der göttlichen Barmherzigkeit".[44]

Mit dem Einzug der reformatorischen Ideen Martin Luthers in die Neißestadt veränderte sich die Bedeutung des Heiligen Grabes. 1525 ließ der Görlitzer Stadtrat die Prozessionen einstellen; drei Jahre später wurde das Lesen von Seelmessen am Altar der Heilig-Kreuz-Kapelle untersagt und die Altarausstattung – eine samtene Kasel, ein silbernes Kreuz, ein Pazifikale, zwei Kelche und zwei Missalien – eingezogen.[45] Auch die hölzerne Figur des Grablegungs-Christus ist wenig später zerstört worden. Wie der in diesem Punkt glaubwürdige, weil altgläubige Stadtschreiber Johannes Haß berichtet, wurde die Figur im Jahr 1537 durch einen Blitzeinschlag in die Heilig-Kreuz-Kapelle zerschmettert.[46] Nach der Beendigung der liturgischen Handlungen wurde die Heilig-Kreuz-Kapelle „zu keinem weiteren Gebrauch angewendet, und nur als ein Theil des heil. Grabes gerechnet und gezeiget".[47] Das Grabmonument blieb unter der Verwaltung der Familie Emmerich, die auch die Schlüssel verwahrte. Diese individuellen Stifterinteressen sind ein wesentlicher Grund, warum das Gebäudeensemble in den darauffolgenden vier Jahrzehnten, in denen sich eine rituelle Nutzung nicht mit Sicherheit nachweisen läßt, instand gehalten wurde.

Nachdem sich die lutherische Konfession in Görlitz stabilisiert hatte, begann im letzten Drittel des 16. Jahrhunderts eine Reorganisation des Heilig-Grab-Kultes und seine ausschließliche Zentrierung auf die Passion Christi. Die peripher gelegenen Gebäude wurden über einen Kreuzweg mit der Stadtkirche St. Peter und Paul unmittelbar verknüpft. Die Forschung geht davon aus, daß dieser Kreuzweg bereits in vorreformatorischer Zeit existierte, wozu allerdings keine stichhaltigen Quellen vorliegen. Vielmehr deutet vieles darauf hin, daß sich die heute bekannten rituellen Nutzungen der Heilig-Grab-Anlage und des mit ihr verbundenen Stadtraumes überwiegend in nachreformatorischer Zeit herausgebildet haben. Zwar handelt es sich bei der Anlage um ein spätgotisches Bauwerk, dessen Entstehung durch vorreformatorische Frömmigkeitspraxis motiviert wurde. Gleichzeitig steht außer Zweifel, daß das Görlitzer Heilige Grab bereits in spätmittelalterlicher Zeit ein von rituellen Handlungen durchzogener Raum war. In ihrer überlieferten Nutzung ist die Anlage aber auch ein exemplarischer Ort lutherischer *praxis pietatis*.

Eine entscheidende Rolle bei der Neuausrichtung des Heilig-Grab-Kultes in Görlitz und der Kommunikation seiner einzelnen Bestandteile spielten Beschreibungen und bildliche Repräsentationen, die seit den 1560er Jahren entstanden und in zunehmendem Maße konkrete, konfessionell kodierte Handlungsanweisungen für

---

43 Zit. nach ebd., 213.

44 Hamm, Normative Zentrierung im 15. und 16. Jahrhundert (wie Anm. 3), 172.

45 Pufe, Sechster Beitrag zur Reformations-Geschichte (wie Anm. 41), 4; Dalman, Das Heilige Grab in Görlitz (wie Anm. 39), 239.

46 Struve, Ernst Emil: Magister Johannes Hass Görlitzer Rathsannalen. Bd. 3. Görlitz 1870 (Scriptores rerum lusaticarum N. F. 4), 331f.

47 Pufe, Johann Christian: Erster Beytrag zur Geschichte der Kirche zum heil. Creuz und des heil. Grabes in Görlitz. Görlitz 1815, fol. 3r.

die Besucher enthielten. Der Forschung dienten sie bisher überwiegend dazu, die geschilderten Rituale des Passionsgedenkens wie auch den Verlauf des Kreuzweges von der Peterskirche zum Heiligen Grab auf vorreformatorische Zeiten zurückzuprojizieren.[48] So ist der um die Görlitzer Stadt- und Kunstgeschichtsforschung verdiente Ernst-Heinz Lemper davon ausgegangen, daß diese Beschreibungen und Flugschriften vor allem die Funktion hatten, die infolge der Reformation in Vergessenheit geratenen rituellen Nutzungen des Heiligen Grabes wieder in Erinnerung zu rufen.[49] Das ist nicht von der Hand zu weisen, doch soll hier die These formuliert werden, daß die seit der zweiten Hälfte des 16. Jahrhunderts entstandenen bildlichen und sprachlichen Repräsentationen nicht den Zweck der Wiederbelebung einer spätmittelalterlichen Frömmigkeitspraxis verfolgten, sondern eine völlig neue Interpretation dieses Ortes lieferten, ausgehend von den theologischen Vorstellungen der lutherischen Orthodoxie.

Während die Baugeschichte sowie die bildlichen Zeugnisse und Pilger-Memorabilia, die zum Görlitzer Heiligen Grab im Lauf der Jahrhunderte entstanden sind, jüngst umfassend aufgearbeitet wurden,[50] steht eine systematische Untersuchung der nachreformatorischen Konzeption der Anlage und der Formen des Passionsgedenkens an diesem Ort vor dem Hintergrund lutherischen Passionsverständnisses noch aus.[51] Angesichts des Fehlens grundlegender frömmigkeits- wie literaturgeschichtlicher Vorarbeiten zum Görlitzer Heiligen Grab und seinen räumlichen Zusammenhängen können hier nur einige Überlegungen zu diesem Fragenkomplex zusammengetragen werden, die eher einen allgemeinen Rahmen abstecken wollen, als daß sie abschließende Antworten zu geben vermögen und an anderer Stelle zu vertiefen sind.

Der Stadtrat und die Familie Emmerich trugen in der zweiten Hälfte des 16. Jahrhunderts gleichermaßen dazu bei, daß das Görlitzer Heilige Grab trotz der eingestellten liturgischen Handlungen nichts von seiner früheren Anziehungskraft verlor. Mit Flugschriften wie jener des Bartholomäus Andreades aus dem Jahr 1569, der eine Holzschnittansicht der Anlage beigegeben war, wurde für ihre anhaltende Bekanntheit gesorgt.[52] Andreades' Beschreibung der Stiftungsgeschichte des Heiligen Grabes, seiner Bauten und des mit ihm verbundenen Stadtraumes steht in der Gattungstradition der humanistischen *descriptio templi*.[53] In Form einer imaginären

48 So jüngst auch Meinert, Die Heilig-Grab-Anlage (wie Anm. 39), 352–357, der zwar auf das völlige Fehlen von Quellen zur Existenz eines Kreuzweges zwischen Peterskirche und Heiligem Grab in vorreformatorischer Zeit hinweist, trotzdem aber annimmt, daß ein solcher bestanden habe.

49 Lemper, Ein politisch-ideologisches Bauprogramm (wie Anm. 39), 231.

50 Lausitzer Jerusalem. 500 Jahre Heiliges Grab zu Görlitz. Ausstellungskatalog Kulturhistorisches Museum Görlitz. Hg. v. Ines Anders und Marius Winzeler. Görlitz-Zittau 2005 (Schriftenreihe der Städtischen Sammlungen für Geschichte und Kultur N. F. 38); Meinert, Die Heilig-Grab-Anlage (wie Anm. 39), 121–166.

51 Dies verwundert angesichts des reichen Quellenmaterials, angefangen von den zahlreichen, seit der zweiten Hälfte des 16. Jahrhunderts erschienenen Druckschriften über Besucherbücher und die von der Görlitzer Denkmalpflege katalogisierten, an den Gebäuden sichtbaren Sgraffiti. Auch die jüngste monographische Bearbeitung widmet sich dieser Frage eher knapp: Meinert, Die Heilig-Grab-Anlage (wie Anm. 39), 373–384.

52 Andreades, Bartholomäus: Cenotaphium Salvatoris [...]. In: Hoffmann, Christian Gottfried: Scriptores rerum Lusaticarum antiqui et recentiores. Bd. 1/2. Lipsiae-Budissae 1719, 115–126; Lausitzer Jerusalem (wie Anm. 50), 59, Nr. III.8.

53 Zu dieser Textgattung ausführlich: Schlegelmilch, Ulrich: Descriptio templi. Architektur und Fest in der lateinischen Dichtung des konfessionellen Zeitalters. Regensburg 2003 (Jesuitica 5).

Führung setzte der Autor erstmals bestimmte Orte im Görlitzer Stadtraum mit den heiligen Stätten in Jerusalem gleich, wie z. B. den Lunitzbach, den er als Bach Kidron bezeichnete.

Caspar Emmerich sorgte 1578 dafür, daß die Erinnerung an seinen Großvater Georg dauerhaft mit dem Ort verbunden blieb. Durch zwei in der Heilig-Kreuz-Kapelle angebrachte Inschriftentafeln wurde seiner fortan als des alleinigen Stifters der gesamten Anlage gedacht – eine von tagespolitischen Interessen motivierte *invention of tradition*, die von der Forschung in jüngster Zeit kritisch hinterfragt wurde.[54] Erst 1595 übertrug die Familie Emmerich das Grabmonument der Kommune, die sich verpflichtete, die Anlage als *locus publicus et sacer* zu erhalten, und sie der Verwaltung der Stadtpfarrkirche unterstellte. Zuvor hatte der Görlitzer Rat ab 1581 weitere Bestattungen auf dem umgebenden Friedhof untersagt, die vorhandenen Gräber einebnen und die Anlage gartenartig umgestalten lassen.[55] Von nun an setzte eine noch intensivere Neubelebung des Heilig-Grab-Kultes in Görlitz ein. Das war auch dringend notwendig, denn durch eine genaue Kopie des Grabmonuments, die zwischen 1598 und 1600 im nahen Sagan (pol. Żagań) durch den Abt des dortigen Augustinerklosters, Jacob II., errichtet worden war, mußte die Stadt fürchten, daß ihrem Heiligen Grab – zumindest in Hinblick auf überregionale Pilger – eine unwillkommene, altgläubige Konkurrenz entstehen könnte.[56]

Auf die Initiative der Familie Emmerich geht auch eine umfangreiche Schrift über die Wallfahrt zum Grab Christi zurück, die der lutherische Pfarrer Sigismund Suevus (Schwabe) aus dem benachbarten Lauban 1573 veröffentlichte.[57] Es handelt sich dabei um eine Art Handbuch zum Wallfahren im lutherischen Sinn und in Abgrenzung von altgläubigen Wallfahrtspraktiken. Im Vorwort schrieb Suevus von der Bedeutung und positiven Wirkung, die „Gedenkzeichen" für die Verinnerlichung des Glaubens haben können. Er rekurrierte dabei deutlich auf Luthers Konzept der Merkzeichen, die dem Gläubigen die Heilsgeschichte in Erinnerung rufen sollen. Dem Görlitzer Heiligen Grab sprach Suevus die Aufgabe eines solchen „Gedenkzeichens" zur Erinnerung an den Kreuzestod und an die Auferstehung Christi zu. Seinen Lesern erklärte er,

> [...] was [von den] im Newen Testament und zu unsern zeiten in Kirchen und Capellen von Stifften und Clöstern von Cruzifixen Bildern und anderen Dingen so anfenglich zu Gottes lob und ehren gestifftet oder auffgerichtet worden, zu halten sey: Nemlich das:

---

54 Meinert, Die Heilig-Grab-Anlage (wie Anm. 39), 211–229. – In seiner Ablehnung einer Beteiligung Emmerichs am Bau des Heiligen Grabes geht Meinert jedoch zu weit, siehe dazu die Rezension von Speer, Christian. In: Neues Lausitzisches Magazin N. F. 9 (2006), 209f.

55 Dalman, Das heilige Grab in Görlitz (wie Anm. 39), 240; Meinert, Die Heilig-Grab-Anlage (wie Anm. 39), 227.

56 1597 hatte der Abt des Saganer Augustinerklosters zusammen mit einem Baumeister das Görlitzer Heilige Grab besichtigt und vermessen lassen, um nach diesen Angaben den Saganer Nachbau ausführen zu lassen. Pufe, Johann Christian: Zweyter Beytrag zur Geschichte der Kirche zum heil. Creuz und des heil. Grabes in Görlitz. Görlitz 1818, fol. 3v. – Lutsch (wie Anm. 19), 159f.; Dalman, Gustaf: Das Grab Christi in Deutschland. Leipzig 1922 (Studien über christliche Denkmäler), 104–106; Dehio-Handbuch der Kunstdenkmäler: Schlesien. Hg. v. Ernst Badstübner u. a. München-Berlin 2005, 1199f. – Neue Erkenntnisse zum Heiligen Grab in Sagan verspricht eine momentan am Kunsthistorischen Institut der Universität Wrocław in Entstehung befindliche Magisterarbeit. Freundlicher Hinweis von Prof. Dr. Jan Harasimowicz.

57 Suevus, Sigismund: Geistliche Wallfarth oder Pilgerschafft zum Heiligen Grabe. Görlitz 1573.

> Ob wol solche dinge im Babsttumb auff große Abgötterey und andere grewliche Missbräuche gewendet worden, dennoch im rechten Brauch nicht zu verachten noch zu verwerffen.[58]

Ganz dem lutherischen Adiaphora-Verständnis folgend, verlangte Suevus nicht die Zerstörung von Kirchenausstattungen und Sakralbauten, sondern ihre bekenntnisgerechte Reorganisation. Entsprechend diesem Anliegen forderte er dazu auf, das Heilige Grab

> [...] mit lust und liebe [zu] besuchen, [damit es] nützlich und wol gebraucht werde. Also/das [man] dabey als bey einem schönen Bilde der rechten Begrebnuß Christi/und derselben grossen Frucht/tröstlich gedencke.[59]

Nur so könne die Betrachtung und Lektüre des „Gedenkzeichens" des Görlitzer Heiligen Grabes die Gläubigen zu einer intensiveren Reflexion und Verinnerlichung des Kreuzestodes und der Auferstehung Christi führen. Suevus schrieb weiter, daß zum Grab Christi nach den drei Marien und den Jüngern

> [...] aus allen Nationen viel fromer Christen dahin komen [sind]/sonder zweifel aus guter andacht/zu sehen den Ort/wo Christus unser lieber Herr und Heylandt gelegen ist/biß das solche Wallfarten/wie sonsten viel andere dinge/in abergleubige mißbreuche geraten sein/also: das viel Leute durch ire mühe und unkosten/noth und gefahr/mit solcher fernen reyse irer Seelen heil und seligkeit gesucht/und Christum iren Heylandt im Grabe grewlich verdeckt und verunehret haben. Aber in Betrachtung der schönen Regel: Tollatur abusus & maneat substantia. Das man den missbrauch abschaffe/und dagegen das gute in seinem werd und wesen bleiben lasse. So können noch heut/die es an zehrung und krefften vermügen/und in irem Beruff nichts zu verseumen haben/mit Gott und ehren zum heiligen Grabe reisen/den Ort da Christus gelegen/und andere örter/da Christus gewohnet/gelehret und Wunder gethan/mit lust und liebe besuchen und beschawen.[60]

In seinen Ausführungen, die er mit zahlreichen Zitaten aus dem Alten und Neuen Testament unterlegte, erkannte Suevus dem Wallfahren ins Heilige Land auch im Rahmen des lutherischen Bekenntnisses eine positive Wirkung für die individuelle *praxis pietatis* des Passionsgedenkens zu. Die Görlitzer Anlage diente ihm dabei nicht nur als Ausgangspunkt seiner Betrachtungen, sondern figuriert als der Ort, an den sich seine Ausführungen stets zurückbinden lassen. Der Besuch der Anlage unter Beachtung der Regeln, die Suevus aufstellte, sei ein erfolgversprechender Weg zur inneren Wallfahrt, die zu einem rechtgläubigen Lebenswandel im Rahmen des lutherischen Bekenntnisses führen sollte.

Die nachhaltige Bedeutung des Sehens für den Glauben thematisierte er auch anhand der „fleissigen besichtigung des Orts da Christus gelegen hat":

> Solche besichtigung aber/[be]stehet nicht schlecht in dem eusserlichen anschawen des Steinern Grabes/darin Christus gelegen/sondern im Wort und Glauben/Denn mit gleubigen Augen und Hertzen siehet man in die Schrifft/die uns des Herrn Christi Grab/ja seinen Todt und Aufferstehung/mit allen seinen wolthaten/zu reichem Troste zeiget

58 Ebd., fol. 11r–v.
59 Ebd., fol. 8r.
60 Ebd., fol. 13r–v.

> und offenbaret/Vnd wer solchen bericht wolfasset und annimpt/der ist wol zum heiligen Grabe gewesen.[61]

Durch das Singen geistiger Lieder sollte das Erlebnis des Ortes und seine Wirkung auf das Gedächtnis noch zusätzlich verstärkt werden. Das Ziel einer Pilgerfahrt sah Suevus nicht nur in der individuellen Glaubenserkenntnis, sondern die Reisenden sollten „ein gut Zeugnuß des Glaubens/und gutten Gewissens mit heim bringe[n]" und so positiv auf die Gemeinschaft wirken.[62] In diesem Sinn ließ sich die Görlitzer Heilig-Grab-Anlage, befreit von den altgläubigen liturgischen Handlungen, als „Gedenkzeichen" der Vergegenwärtigung und Verbreitung der Passion Christi legitimieren und propagieren.

Wie die Görlitzer Stadtregierung sich einen bekenntnisgerechten Gebrauch des Heiligen Grabes durch entsprechend disziplinierte Besucher vorgestellt haben dürfte, zeigt eine um 1600 entstandene bildliche Darstellung des Salbungshäuschens, die im Görlitzer Kulturhistorischen Museum aufbewahrt wird (Abb. 5).[63] Vor dem darin aufgestellten Marienbild knien zwei Männer, um zu beten. Der unter die Szene gesetzte Text stellt jedoch klar, daß die beiden nicht in die Anbetung des Bildwerkes oder der Gottesmutter versunken sind, sondern sich allein der Passion Christi erinnern:

> Es nimmt dies fromme Weib dich Jesu auf den Schoss und salbet dich. Ich will dies dabey bedencken: Dein bittrer Creutzes Tod/macht mich von den Sünden loß./Und du willst mir dadurch Heyl, Gnad und Leben schencken/ich kann auf dieser Welt kein größres Reichtum haben. Zur Danckbarkeit will ich Dich in mein Hertz begraben.[64]

Der Heilig-Grab-Gedanke ist in diesem seltenen Zeugnis individueller nachreformatorischer Passionsfrömmigkeit soweit verinnerlicht, daß die Körper der andächtig Betenden als Grab Christi erscheinen. Einen solchen Verlauf, der vom Sehen der baulichen Anlagen zur völligen Verinnerlichung der Heilsbotschaft führen sollte, gaben die Beschreibungen des Görlitzer Heiligen Grabes in zunehmendem Maße den Gläubigen vor.

Genau einhundert Jahre nachdem der Görlitzer Stadtrat die Osterprozessionen am Heiligen Grab hatte beenden lassen, trat die funktionale Reorganisation der Anlage in eine neue Phase. Im Jahr 1625 wurde ein Bildstock, der zuvor auf dem Kirchhof von St. Nikolai gestanden hatte, in die Lunitzvorstadt versetzt.[65] Er bildete eine zentrale

---

61 Ebd., fol. 129r.

62 Ebd., fol. 138r. Vor dem Hintergrund dieser Interpretation der Funktion einer Pilgerfahrt zum Heiligen Grab sollte die Frage nach den Motiven der Alleinstellung, die Georg Emmerich durch die Intervention seines Enkels in den 1570er Jahren erhielt, nochmals neu gestellt werden. Seine Präsentation als alleiniger Stifter des Görlitzer Heiligen Grabes entspricht genau Suevus' Verständnis von einer didaktischen Funktion der Pilgerreise für eine größere Gemeinschaft, wie sie die Görlitzer Bürgerschaft darstellte.

63 Kulturhistorisches Museum Görlitz, Inv.-Nr. 20–49. – Lausitzer Jerusalem (wie Anm. 50), 62, Nr. III. 15.

64 Zit. nach ebd.

65 Funcke, Christian Gabriel: Sacrum D. Salvatoris Nostri Cenotaphium. Das ist: Eigentliche und sehr accurate Beschreibung Des Heil. Grabes zu Görlitz [...]. Görlitz-Leipzig [o. J.], fol. 4r. – Zur ursprünglichen Funktion des Bildstockes auf dem Nikolaikirchhof gibt es keine Überlieferung. Möglicherweise diente er auf dem Gottesacker auch zur Aufstellung von Lichtern als Zeichen des Totengedenkens (Totenlampe).

Wegmarke für den neuen Kreuzweg, der nun im Stadtraum zwischen der Peterskirche und dem Heiligen Grab angelegt wurde – ein Prozeß, der wiederum etwa einhundert Jahre dauern sollte.

Der ikonologische Gehalt dieses neuen Kreuzweges wurde erstmals 1666 vom Görlitzer Schulmeister Gottfried Tschirche in seiner Schrift „Eigendlicher Abrieß der Stadt Görlitz/des H. Grabes/und desselben summarischer Bericht“ festgehalten.[66] Tschirche beschrieb, wie der Weg, den die Pilger durch die Stadt zurückzulegen hatten, mit bestimmten Szenen aus der Passion Christi verknüpft war. Von der Südseite der Peterskirche kommend, sollten die Gläubigen 286 Schritte bis zum Bildstock an der Lunitz laufen und sich daran erinnern, wie der verurteilte Christus von den Soldaten gezwungen wurde, das Kreuz zu tragen. Auf dem zweiten, deutlich längeren Wegstück, das entlang des als Kidron identifizierten Lunitzbaches bis zu einem weiteren Bildstock unterhalb der Heilig-Kreuz-Kapelle führte, sollten sie 647 Schritte lang daran denken, daß Simon von Cyrene auf dieser Wegstrecke Jesus beim Tragen des Kreuzes geholfen hat. Mit der Angabe exakter Weglängen und Schrittmaße folgte Tschirche der Tradition einer möglichst genauen Nachbildung der topographischen Gegebenheiten der heiligen Stätten in Jerusalem, wie sie bereits für die spätmittelalterliche Heilig-Grab-Frömmigkeit charakteristisch ist. Doch reflektierten die Inhalte, die mit der von den Pilgern zurückzulegenden Wegstrecke verknüpft wurden, ganz klar eine lutherisch geprägte Form des Passionsgedenkens, das vorrangig auf eine Vertiefung der *compassio* des Leidens Christi abzielte. So blieben weitere, durch die Heilige Schrift nicht legitimierte, Unterbrechungen der Wegstrecke, wie sie im vierzehnteiligen Aufbau spätmittelalterlicher Kreuzweganlagen üblich waren – etwa das Auftreten der hl. Veronika – aus dem nachreformatorischen Görlitzer Kreuzwegkonzept ausgeschlossen.

Was waren die theologischen bzw. frömmigkeitsgeschichtlichen Grundlagen für die Neubelebung der rituellen Nutzung des Görlitzer Heiligen Grabes im Verlauf des 17. Jahrhunderts? An erster Stelle sind dafür die Predigten und Sendschriften Martin Luthers anzuführen, in denen die Passion Christi einen hervorragenden Platz einnimmt. Der Wittenberger Reformator interpretierte sie in Abgrenzung von altgläubigen Vorstellungen und gewichtete ihre Funktion für die *compassio* der Gläubigen neu. Die Passion Christi sollte im lutherischen Verständnis kein Schauspiel sein, dem man passiv beiwohnen könne, sondern ein den Glauben aktivierender Spiegel der Selbsterkenntnis.[67] Luther verwies wiederholt auf die Vorbildlichkeit der Passion für das Leiden des Menschen in der Nachfolge Christi, betonte aber auch die Exklusivität des Sühneleidens Jesu, das für die Gläubigen letztlich individuell nicht nacherlebbar sein könne.

Den „unterschid zwischen den Herrn Christi und unserm leyden“ erörterte Luther in der neunten Predigt der Hauspostille von 1545 anhand des Verhältnisses Simons von Cyrene zu Jesus Christus:

---

[66] TSCHIRCHE, Gottfried: Eigendlicher Abrieß der Stadt Görlitz/des H. Grabes/und desselben summarischer Bericht. Görlitz 1666.

[67] AXMACHER, Elke: „Aus Liebe will mein Heyland sterben“. Untersuchungen zum Wandel des Passionsverständnisses im frühen 18. Jahrhundert. Neuhausen-Stuttgart 1984 (Beiträge zur theologischen Forschung 2), 13.

> Simon tregt des Herren Christi creutz biß an die walstat, da geht er davon, Christus aber lest sich an das creutz hengen und stirbet dran, Das ist die rechte unterschid zwischen des Herrn Christi und unserm leyden. Wir verdienen mit unserm leyden vergebung der sünden nit, zu solchen gehöret allein das leiden unsers Herrn Christi, er ist allein das rechte opffer unnd Gottes Lemblein, das für aller welt sünde zalet und gnug thut, Darumb hanget er am creutz.[68]

Simon aber, der das Kreuz Christi habe tragen müssen, sei darin ein Vorbild für alle Christen, die das Kreuz des Herrn gleichermaßen zu tragen hätten. „Aber umb solches tragens willen werden jnen jre sünden nit vergeben."[69] Denn die Vergebung der Sünden

> [...] ist allein unsers Herren Christi werck und verdienst. [...] Wenn aber das creutz zu vergebung der sünden helffen soll, muß es nicht Simeon tragen, sonder Christus muß dran hangen und dran sterben. Unnd solches ist die ursach, das Simeon ledig auß geht, Denn durch Christus todt werden wir vom tod ledig und kommen zum ewigen leben.[70]

Luther interpretierte die Figur des Simon und sein Verhältnis zu Jesus Christus als ein Gleichnis für den rechtgläubigen Christen, der wie jener Mann aus Cyrene unverschuldet und unfreiwillig in die Situation geraten sei, das Kreuz Christi tragen zu müssen:

> Der gute fromme Man weiß gar nichts vom handel, den die Juden in der Stat haben, sonder geht seiner notturfft und gelegenheit nach hinein in die Stat, da außzurichten, was er bedorfft. [...] Solches merck. Mit den Christen wirt es hie in dieser welt nymmer mehr anders, sie müssen mit dem Simeon herhalten und Christo das Creutz nachtragen.[71]

Das Verhältnis zwischen Simon und Jesus erscheint in der lutherischen Interpretation aber auch als eines der gegenseitigen Abhängigkeit. Während Jesus allein das Kreuz nicht weiter zu tragen vermag und auf die Hilfe des von den Kriegsknechten gezwungenen Simon angewiesen ist, eröffnet Christi Kreuzestod Simon wiederum die Perspektive der Erlösung und des ewigen Lebens. Luther machte einen deutlichen Unterschied zwischen dem Leiden, das die durch sündhaftes Leben verursachte göttliche Strafe bedeute, und dem Leiden, das das Tragen des Kreuzes verursache. So wie Simon das Kreuz Christi zu tragen hatte, müßten die Christen unter dem Kreuz leiden „umb des Herrn Christi, seines worts und des bekentnuß willen".[72]

Zwischen der Auslegung der Geschichte Simons von Cyrene in Luthers Hauspostille und der Konzeption des nachreformatorischen Görlitzer Kreuzweges, für dessen inhaltliche Deutung die Kreuztragung Simons ein entscheidendes Motiv bildete, lassen sich unmittelbare Bezüge herstellen. In einer Art *imitatio Simonis* konnten die Gläubigen auf der Wegstrecke die Passion Christi als ihr individuelles Sühneleiden erfahren und im Stadtraum zwischen Peterskirche und Heiligem Grab über ihr eigenes, zu tragendes Kreuz reflektieren. Die biblische Person des Simon sollte ihnen

---

68 Luther WA, Bd. 52, 796.
69 Ebd., 796.
70 Ebd., 797.
71 Ebd., 792f.
72 Ebd., 794.

dabei als Identifikationsfigur den Zugang zu den theologischen Ansprüchen dieses Kreuzweges ermöglichen.

Am Ziel des Weges konnten sie – ebenfalls einer Empfehlung Luthers entsprechend – ihre *compassio* nicht nur auf den Passionstod Christi richten, sondern angesichts der leeren Grabkammer auch auf seine Auferstehung sowie auf deren die Sünde überwindende Wirkung vertrauen. Gottfried Tschirche suchte in seiner Beschreibung dieses Erlebnis noch zu verstärken durch den eingängigen Vers:

> Hertzliche Dancksagung/Für das schmerztliche Leyden/Sterben und Aufferstehen/unsers Herrn und Heylandes Jesu Christi/von den Todten./Wir wollen heute loben/und Preisen unsern Gott/im Himmel hoch dort oben/der uns auß aller Noth/und überheufften Sünden/hat wollen frey entbinden/durch Jesu Christi Tod./Er hat für uns erduldet/des Todes Bitterkeit/ist worden unverschuldet/gemartert und verspeit/gegeisselt und gekrönet/verspot/verlacht/verhönet/auß Haß und grossen Neid./Sein Creutze must Er tragen/biß zu der Schädelstätt/daran ward Er geschlagen/doch seinen Vater badt/du wolst nicht auff sie schieben/was sie unwissend üben/an mir vor übelthat. [...]/Es hat nunmehr erlitten/mein Jesus alle Noth/und als ein Held bestritten/den Teuffel/Höll undt Todt/ist frölich aufferstanden/drumb lobt in allen Landen/ihr Christen unsern Gott.[73]

Im Anschluß an das Passionsverständnis Martin Luthers entstanden seit dem ausgehenden 16. und während des gesamten 17. Jahrhunderts verschiedene Erbauungsschriften zur Passion Christi. Sie waren wichtige Vermittlermedien zur Popularisierung lutherischer Glaubensinhalte. An erster Stelle sind die Texte von Martin Moller und Johann Arndt zu nennen, die für die Interpretation der Görlitzer Heilig-Grab-Anlage eine ebenso wichtige Rolle gespielt haben dürften wie die Schriften des Wittenberger Reformators selbst. Moller, der am Görlitzer Gymnasium in jenen Jahren ausgebildet worden war, in denen die Neubelebung des Heilig-Grab-Kultes nach den reformatorischen Eingriffen der 1520er Jahre wieder begann, hatte mit seinen Texten, die während seiner Wirkungszeit als Pfarrer im niederschlesischen Sprottau (pol. Szprotawa) und später als *Pastor primarius* in Görlitz entstanden, einen nachhaltigen Einfluß auf die Frömmigkeitskultur der lutherischen Konfession. In einem seiner bekanntesten Werke, den erstmals 1584 in Görlitz und danach in zahlreichen Nachauflagen erschienenen „Meditationes sanctorum Patrum“, stellte Moller Gebete und meditative Betrachtungen aus den Schriften der Kirchenväter sowie verschiedener mittelalterlicher Mystiker zusammen. Diese bearbeiteten Exzerpte sind auf eine emotionale Christusmystik ausgerichtet, aus der die Gläubigen individuell Trost empfangen sollten.[74] Einer ähnlichen Tendenz folgten die 1587 in Görlitz erstmals erschienenen „Soliloquia de passione Jesu Christi“. Auch mit dieser Schrift knüpfte Moller an Traditionen mittelalterlicher Mystik an und entwickelte sie weiter zu einer Form evangelischer Passionsauslegung, die zur Meditation über die Leiden Christi aufforderte.[75]

---

[73] Tschirche (wie Anm. 66), Bl. 5v.

[74] Axmacher, Elke: Praxis Evangeliorum. Theologie und Frömmigkeit bei Martin Moller (1547–1606). Göttingen 1989 (Forschungen zur Kirchen- und Dogmengeschichte 43), 131–138. – Dies.: Die Rezeption mittelalterlicher Mystik durch Martin Moller. In: Jahrbuch für schlesische Kirchengeschichte 68 (1989), 7–26.

[75] Ein wichtiger Referenzpunkt für diese meditative Christuszentrierung ist auch in den Schriften des Erasmus von Rotterdam auszumachen, der Christus als Tugendlehrer ins Zentrum humaner

Neben Moller zählte Johann Arndt zu den einflußreichsten Dichtern lutherischer Erbauungsliteratur. Sein populärstes Werk, das 1612 erstmals erschienene „Paradiesgärtlein voller christlicher Tugenden, wie solche zur Übung des wahren Christentums durch andächtige, lehrhafte und trostreiche Gebete in die Seele zu pflanzen", enthält mehrere Gebete zur Betrachtung der Passion Christi. Arndt verarbeitete darin die wichtigsten Gedanken der lutherischen Passionsauslegung und griff wie Moller mehrfach auf Texte der mittelalterlichen Meditationsliteratur zurück, vor allem auf die „Meditationes" des Pseudo-Augustinus.[76] Durch bewußte Auswahl und Bearbeitung prägte er diesen älteren Referenztexten jedoch seine eigenen theologischen Absichten in Hinblick auf das lutherische Passionsverständnis auf.

Die Intentionen der Erbauungstexte Mollers und Arndts, die die Werke zahlreicher Lyriker und Lieddichter wie Paul Gerhardt oder Andreas Gryphius angeregt haben, lagen in Hinblick auf die Leiden Christi vor allem in einer Auslegung jedes einzelnen, in der Heiligen Schrift geschilderten Umstandes der Passionsgeschichte. Den Gläubigen sollten, wie Elke Axmacher schreibt, die Etappen des Leidensweges unter einem dreifachen Aspekt gedeutet werden: 1. daß seine Ursache in der Sündhaftigkeit der Menschen zu suchen sei, die zur Buße veranlasse, 2. daß der Zweck des Passionsleidens die trostspendende Aussicht auf die Erlösung sei und 3. daß daraus ethische Folgen erwachsen würden, nämlich Dankbarkeit und Nachfolge, Leben nach dem Exempel Christi.[77] Die Leser der erbaulichen Werke sollten darüber belehrt werden, daß es bei der Passion Christi vor allem um sie selbst als Sünder gehe, um ihr ewiges Heil bzw. ihre Verdammnis.

Vor dem Hintergrund dieses zum aktiven Nacherleben und der Selbsterkenntnis auffordernden Passionsverständnisses, wie es in den Werken der protestantischen Erbauungsliteratur formuliert wurde, stellte das Görlitzer Heilige Grab ein besonderes, innerhalb der lutherischen Konfessionskultur wohl einmaliges Angebot an die Gläubigen dar. Über Gebete und religiöse Betrachtungen im häuslichen oder gemeinschaftlichen Rahmen hinaus konnten sie sich an einem konkreten Ort, der in Anlehnung an die heiligen Stätten in Jerusalem gestaltet war, der Passion Christi erinnern und dadurch ihrer eigenen Sündhaftigkeit bewußt werden. Daß der Kreuzweg zum Görlitzer Heiligen Grab einhundert Jahre nach den ersten reformatorischen Eingriffen in diesen Ort spätmittelalterlicher Frömmigkeit entstanden ist, stellt dabei keineswegs eine Verspätung dar. Es ist vielmehr eine folgerichtige Entwicklung parallel zur Herausbildung und Verfestigung einer eigenständigen lutherischen Konfessionskultur. Die Produktion von Räumen bedarf Regeln, die durch Wissensressourcen abgesichert sind, „welche unabhängig von Ort und Zeitpunkt rekursiv in

---

Versittlichung stellt: „Dein Auge schaue nur auf Christus als dein einziges und höchstes Gut, so daß du nichts liebst, nichts bewunderst, nichts begehrst außer Christus oder um Christi willen." Zit. nach HAMM, Normative Zentrierung im 15. und 16. Jahrhundert (wie Anm. 3), 173. – Zum lutherischen Konzept der Meditation: HÄGGLUND, Bengt: „Meditatio" in der lutherischen Orthodoxie. In: Pietas in der lutherischen Orthodoxie. Tagungsband zum zweiten Wittenberger Symposium zur Erforschung der lutherischen Orthodoxie. Hg. v. Udo STRÄTER. Wittenberg 1998, 19–31.

76 AXMACHER, Elke: Johann Arndt und Paul Gerhardt. Studien zur Theologie, Frömmigkeit und geistlichen Dichtung des 17. Jahrhunderts. Tübingen-Basel 2001 (Mainzer hymnologische Studien 3), 43–71.

77 Vgl. ebd., 45.

Institutionen eingelagert sind".[78] Entsprechend basierte der Erinnerungsraum des Kreuzweges zwischen Peterskirche und Heiligem Grab auf zeitgenössischen Erbauungstexten der lutherischen Orthodoxie als institutionalisierenden und popularisierenden Wissensressourcen.

Voraussetzung für eine nachhaltige Wirkung dieses Erinnerungsraumes war eine Syntheseleistung der Besucher, durch die sie die einzelnen raumkonstituierenden Elemente miteinander zu verknüpfen verstanden. Die architektonischen Objekte waren dabei in Verbindung zu bringen mit den diskursiven Elementen der lutherischen Passionsauslegung, wie sie in der zeitgenössischen Erbauungsliteratur vermittelt wurden. Im performativen Akt des Abschreitens des Kreuzweges fügten die Gläubigen ihre Körper in eine vorgegebene Bedeutungsstruktur ein – ein Akt, den sie als religiöse Selbsterkenntnis erleben sollten. Eine Raffinesse bestand dabei darin, daß der vorstädtische Raum durch seine Gleichsetzung mit den heiligen Stätten Jerusalems eine neue Bedeutungsebene erhielt, die eine religiöse Gestimmtheit der Gläubigen vorwegnahm und ihnen den Eintritt in eine symbolische Ordnung über die Figur des Simon von Cyrene erleichterte. Aus der Trias von Architektur, Körper und Ideologie entstand so am Görlitzer Heiligen Grab auch ein emotionalisierender Erlebnisraum, der als Machttechnik begriffen werden kann, durch die die affektiven Bindungen an lutherische Glaubensinhalte hergestellt und verstärkt werden sollten.

Sehr wahrscheinlich vermochte den Text dieses Raumes nur zu lesen, wer seine schriftlichen und bildlichen Repräsentationen und die darin enthaltenen Handlungsanweisungen kannte bzw. zur Hand hatte.[79] Stellte die Gleichsetzung eines bestimmten Teils des Görlitzer Stadtraumes mit Orten der Passion Christi bereits gewisse Anforderungen an die Imaginationsleistung der Gläubigen, so sollte dieser Erinnerungs- und Erlebnisraum sie zusätzlich zur Erzeugung innerer Bilder vom Leiden Christi und der Reflexion der eigenen Sündhaftigkeit anregen. Um den Pilgerweg, der zwischen Peterskirche und Heiligem Grab in die Görlitzer Lunitzvorstadt verlief, in seinen komplexen passionsgeschichtlichen Bezügen auf die von den Autoren der Beschreibungen sowie der aufsichtführenden städtischen Obrigkeit intendierten Weise nachvollziehen zu können, enthielten die Texte daher von Anfang an auch erläuternde Illustrationen. Vor allem jene in der ersten Hälfte des 18. Jahrhunderts entstandenen bildlichen Darstellungen prägen bis heute ganz wesentlich die Vorstellungen vom performativen Gebrauch der Heilig-Grab-Anlage.[80]

1718 erschien erstmals die „Eigentliche Beschreibung des Görlitzischen Heiligen Grabes", ein Büchlein, das im Laufe des 18. Jahrhunderts 17 Neuauflagen erleben

78 Löw (wie Anm. 5), 167.

79 An dieser Stelle kann lediglich der Versuch unternommen werden, die Konstituierung eines Raumes, der von konkreten Handlungsanweisungen und konfessionellen Interessen durchzogen ist, zu rekonstruieren. Die Frage nach der Rezeption und dem tatsächlichen Gebrauch des Görlitzer Kreuzweges durch Gläubige erfordert eine gesonderte, auf breitere Quellenbasis fundierte Untersuchung.

80 Gleichzeitig ließ der Stadtrat zu Beginn des 18. Jahrhunderts die Anlage erneut renovieren und durch eine Einfriedung des Geländes den Zugang neu organisieren. Ab 1705 wurde das Grabmonument am Ostersonntag für jeden zur freien Besichtigung geöffnet, „jedoch ohne Crämerey zu treiben, oder Eßwaaren zu verkaufen". Pufe, Zweyter Beytrag zur Geschichte der Kirche zum heil. Creuz und des heil. Grabes in Görlitz (wie Anm. 56), fol. 4r.

sollte.[81] Wie bereits die Beschreibung von Gottfried Tschirche enthielt es normative Handlungsanweisungen zum rituellen Gebrauch des Heiligen Grabes und des mit ihm verbundenen Stadtraumes. Durch das Sehen bestimmter Orte im Stadtraum, die als Orte des Leidensweges Christi markiert waren, sollten die Pilger vor ihrem „Glaubens-Auge“ das Passionsgeschehen individuell nacherleben und verinnerlichen. Die Einleitung führt dazu aus:

> Christen sollen ihres Heylandes Todt und Auferstehung allezeit vor Augen und im Hertzen haben. [...] Ob nun wohl zu diesem Andencken die Glaubens-Augen unsers mit unserm Heylande verknüpfften Gemüths das meiste beytragen müssen: so ist doch der Dienst der Leibes-Augen etwas äusserliches zur Erinnerung des Todes und der Auferstehung Christi veranlassendes ansichtig zu werden; sie sind gleichsam Wecker, welche die Gemüths-Augen zur Beobachtung ihrer Schuldigkeit ermuntern.[82]

Die Unterscheidung zwischen einem äußeren und einem inneren Sehen, die bereits für Sigismund Suevus' Konzept der „Gedenkzeichen“ von Bedeutung war und ihre Wurzeln in der antiken Mnemotechnik hat, schließt wiederum an Formen spätmittelalterlicher Frömmigkeit an. Zur Verstärkung der inneren Bilder enthielt die „Eigentliche Beschreibung“ zahlreiche detaillierte Ansichten, die die einzelnen Bauten des Heilig-Grab-Ensembles in Außenansichten, Grundrissen, Längs- und Querschnitten mit archäologischer Genauigkeit repräsentierten (Abb. 6). Darüber hinaus wurde dem Büchlein eine Falttafel mit einem Plan des Kreuzweges beigefügt, der vom Görlitzer Mathematiker und Zeichner Daniel Pezold erarbeitet und vermutlich vom sächsischen Hofkupferstecher Moritz Bodenehr reproduziert worden war (Abb. 7).[83] Einem modernen Stadtplan nicht unähnlich, ist darauf der Passionsweg von der Peterskirche zum Heiligen Grab eingezeichnet. Die Verwendung dieses Mediums ist so naheliegend wie bemerkenswert. Wie Karl Schlögel unlängst gezeigt hat, zählten Karten seit dem Beginn der Frühen Neuzeit zu den wichtigsten Instrumenten der Raumorganisation und -repräsentation.[84] Gerade im 18. Jahrhundert erlangten Landkarten und Stadtpläne große Popularität durch landesherrliche Vermessungskampagnen, die auch im Kurfürstentum Sachsen, zu dem die Oberlausitz seit 1635 gehörte, in jener Zeit durchgeführt wurden.

---

81 Hier verwendet: [o. V.]: Eigentliche Beschreibung des Görlitzischen Heiligen Grabes. Görlitz 1718. – Die einzelnen Ausgaben verzeichnen Böhmer, Tilo: Das Heilige Grab in Görlitz. Seine Beschreibungen und Abbildungen in der Literatur des 16. bis 18. Jahrhunderts. In: Bibliotheksjournal der Christian-Weise-Bibliothek Zittau 1 (1998), 27–40, hier 34–39; Rubel, Anke: Nachtrag zum Artikel „Das Hl. Grab in Görlitz: Seine Beschreibungen ...“. In: Bibliotheksjournal der Christian-Weise-Bibliothek Zittau 4 (1998), 22–32, hier 24f.

82 Eigentliche Beschreibung (wie Anm. 81), fol. 2r.

83 Im Kulturhistorischen Museum Görlitz haben sich die Originalzeichnungen Daniel Pezolds erhalten (Inv.-Nr. GB II 68). – Lausitzer Jerusalem (wie Anm. 50), 58, Nr. III.4.

84 Schlögel, Karl: Im Raume lesen wir die Zeit. Über Zivilisationsgeschichte und Geopolitik. Frankfurt/Main ^{2}2006, 81–265. – Vgl. auch Schäffner, Wolfgang: Operationale Topographie. Repräsentationsräume in den Niederlanden um 1600. In: Räume des Wissens. Repräsentation, Codierung, Spur. Hg. v. Hans-Jörg Rheinberger, Michael Hager und Bettina Wahrig-Schmidt. Berlin 1997, 63–90; Michalsky, Tanja: Raum visualisieren. Zur Genese des modernen Raumverständnisses in Medien der Frühen Neuzeit. In: Ortsgespräche. Raum und Kommunikation im 19. und 20. Jahrhundert. Hg. v. Alexander C. T. Geppert, Uffa Jensen und Jörn Weinhold. Bielefeld 2005, 287–310, hier 296–301.

Die Karte des Görlitzer Kreuzweges repräsentierte die Anordnung der relevanten, von den Pilgern aufzusuchenden Orte im Stadtraum. Sie verzeichnete die einzelnen Wegstationen, an denen sich die Gläubigen vorbeibewegen sollten. Eine Strichlinie gab dafür eine feste Route vor und verknüpfte symbolisch den Raum zwischen Peterskirche und Heiligem Grab. Neben einer ausführlichen Legende, die die markanten Punkte des Pilgerweges, die einzelnen Gebäude der Heilig-Grab-Anlage und für Ortsunkundige auch die wichtigsten Bauten und Straßen der nördlichen Innenstadt bezeichnete, enthielt die Karte zudem zwei Maßstäbe in rheinischen Ruten und in Schritten, mit denen die vom Text vorgegebenen Entfernungsangaben im Stadtraum überprüfbar wurden.

Zwei weitere, als Einzelblätter erschienene Kupferstiche verbildlichten den meditativen Anspruch des Görlitzer Kreuzweges. Auf einer dieser Graphiken, die 1733 von dem in Zittau ansässigen Johann Daniel de Montalegre gestochen wurde, ist in der linken Bildhälfte in schematischer Vereinfachung die Lunitzvorstadt zu erkennen, durch die Christus sein Kreuz zunächst allein trägt (Abb. 8).[85] Wie aus den Beschreibungen bekannt, zeigt die Darstellung in der Bildmitte Simon von Cyrene, der Christus auf dem zweiten Wegabschnitt beim Tragen hilft. Den Endpunkt des gewundenen Kreuzweges bildet das Ensemble des Heiligen Grabes, dessen Bauten im Vordergrund zu sehen sind. Auch der zweite, 1719 entstandene, großformatige Kupferstich visualisiert die Syntheseleistung der Verortung des Passionsgeschehens im Görlitzer Stadtraum – verdeutlicht durch den in eine Kartusche eingesetzten Bildtitel „Abbildung der Ausführung Christi zu seinem schmertzl[ichen] Leyden nebst Vorstellung des so genannten heiligen Grabes und der Creutz-Kirche in Görlitz“ (Abb. 9).[86] In Simultandarstellung werden die einzelnen Szenen des Kreuzweges ins Bild gesetzt. Rechts im Vordergrund sieht man, wie Christus vor der Peterskirche von Soldaten gezwungen wird, das Kreuz auf die Schulter zu nehmen. Anschließend läuft er, angetrieben von den Soldaten, zum Bildstock in der Lunitzvorstadt, von wo ab Simon von Cyrene ihn beim Tragen des Kreuzes unterstützen muß. Der Akt der Kreuzigung selbst wird im Bild nicht gezeigt. Dafür kann man zwischen der Heilig-Kreuz-Kapelle und dem Grabmonument eine Gruppe von fünf Personen erkennen, die Christus ins Grab legen. Die einzelnen Szenen, die jeweils mit knappen Legenden versehen sind, visualisieren genau jene Abschnitte des Passionsgeschehens, derer sich die Gläubigen auf ihrem Weg durch den Stadtraum erinnern sollten.

Zusätzlich zu den Graphiken, die den Beschreibungen des Heiligen Grabes beigegeben waren, ließ der Görlitzer Stadtrat um 1700 auch in der Anlage selbst erläuternde Bilder anbringen, die das Erlebnis des Ortes intensivieren sollten. So wurde in der Heilig-Kreuz-Kapelle ein Gemälde aufgehängt, das „Christus in der Rast“ zeigt in Adaption des bekannten Titelholzschnittes der 1511 erschienenen Großen Passion von Albrecht Dürer (Abb. 10).[87] Im Vorraum des Grabmonuments wurde die Darstellung der Drei Marien am Grabe angebracht[88] und zur Verstärkung der

---

85 Lausitzer Jerusalem (wie Anm. 50), 64, Nr. III.22.

86 Ebd., 62f., Nr. III.19.

87 Öl/Leinwand, 102 x 85 cm, Evangelische Kulturstiftung Görlitz. – Lausitzer Jerusalem (wie Anm. 50), 90, Nr. IV.23.

88 Öl/Leinwand, 90 x 130 cm, Evangelische Kulturstiftung Görlitz. – Lausitzer Jerusalem (wie Anm. 50), 90f., Nr. IV.24.

Erzählung eine hölzerne Engelsfigur vor dem Eingang zur Grabkammer aufgestellt, die den Besuchern den Weg ins Innere weist, wo sie sich angesichts des leeren Grabes von der Auferstehung selbst überzeugen sollten. Ob diese Form der zunehmenden Verbildlichung als Ausdruck einer wachsenden Skepsis gegenüber der Wirkung des Ortes verstanden werden kann, ob sie die Imaginationskraft der Besucher förderte oder eher behinderte, ist an anderer Stelle vertiefend zu diskutieren.

Fazit

Anhand zweier Beispiele aus der Oberlausitz galt es zu zeigen, in welchem Maße die lutherische Reformation eine Reorganisation bestehender Räume des Glaubens und der Frömmigkeit war. Im Fall der Uhyster Marienwallfahrt kann die Verlegung der mit dem Verdikt der Unreinheit belegten *peregrinatio* sowie der Abtransport und die Umnutzung der ursprünglichen Wallfahrtskapelle zunächst jedoch nicht mit den Ideen des Wittenberger Reformators in Verbindung gebracht werden. Erst im ausgehenden 16. Jahrhundert erfuhren diese Ereignisse im Rahmen des Emanzipationsprozesses der lutherischen Gemeinde in Bautzen eine programmatische Umdeutung. Fast achtzig Jahre nach der Neuordnung der Uhyster Marienwallfahrt war in der Predigt zur Weihe der neuen Taucherkirche nicht mehr von der erfolgten Verlegung, sondern von einer vermeintlichen Beseitigung der Wallfahrt und Zerstörung des Gnadenbildes die Rede. Dadurch wurde die Aura des vom altgläubigen Bildgebrauch befreiten Sakralraumes auf den Neubau der Taucherkirche übertragen.

Für die Neuausrichtung der Heilig-Grab-Verehrung in Görlitz bildeten die im ausgehenden 16. und in der ersten Hälfte des 17. Jahrhunderts entstandenen lutherischen Erbauungsschriften eine wichtige geistesgeschichtliche Grundlage. Betrachtet man die Veränderungen der Anlage ausschließlich in den 1520er und 1530er Jahren, in denen der Rat die Karfreitagsprozession beendete und die liturgischen Geräte einzog, dann erhält man ein mit der Entwicklung in anderen Städten vergleichbares Bild von der Reformation an diesem Ort spätmittelalterlicher Frömmigkeit. Dieses Bild würde jedoch einseitig bleiben, denn einhundert Jahre später setzte eine Neubelebung des rituellen Gebrauchs der Anlage ein, die vor dem Hintergrund einer sich herausbildenden eigenständigen *praxis pietatis* im Luthertum zu sehen ist.

Ausgehend von der Passions- und Marienfrömmigkeit am Görlitzer Heiligen Grab erfolgte seit der zweiten Hälfte des 16. Jahrhunderts ein Wandel der rituellen Nutzung dieser Anlage. War bereits der spätmittelalterliche Kult an diesem Ort auf die beiden Zentralgestalten Jesus Christus und Maria fokussiert gewesen, so erfolgte in den kommenden zwei Jahrhunderten eine weitere Reduzierung und zentrierende Ausrichtung allein auf die Passion und Auferstehung Christi. Luthers Passionsauslegung entsprechend fungierte die Figur des Simon von Cyrene dabei als Mittler für den Zugang zu den Inhalten des ab 1625 neuangelegten Kreuzweges. Bei dieser Reorganisation handelte es sich letztlich um einen räumlichen Verdichtungsprozeß, durch den Handlungsoptionen eingeschränkt wurden, um Formen und Inhalte der individuellen Frömmigkeit auf eine bestimmte Idee hin zu lenken. Berndt Hamm hat diesen Prozeß der normativen Zentrierung, wie er auch für das Görlitzer Heilige Grab zu beobachten ist, als einen Vorgang beschrieben, dessen Bestreben stets damit verbunden ist,

> [...] Theologie auf das Heilsnotwendige und Frömmigkeitsdienliche zu reduzieren; alles, was nicht der heilvollen Lebensformung dient, wird als überflüssig und unnütz beiseite geschoben. Erbauung, nicht Spekulation ist das Ziel.[89]

Diese Verdichtung theologischen Wissens und spiritueller Erfahrung muß innerhalb der lutherischen Konfessionskultur als ein längerfristiger Vorgang angesehen werden. Das Görlitzer Heilige Grab verdankt dieser *longue durée* sicherlich im wesentlichen seinen Fortbestand bis in die Gegenwart, während andernorts – z. B. in Berlin oder in Torgau – Heilige Gräber um 1600 verschwanden, nachdem ihre rituelle Nutzung um 1530 beendet worden war.[90]

---

89 Hamm, Normative Zentrierung im 15. und 16. Jahrhundert (wie Anm. 3), 178.
90 Dalman, Das Grab Christi in Deutschland (wie Anm. 56), 80f., 90f.

Agnieszka Madej-Anderson

Umstrittene Räume

Stadtraum und Bildpraxis in den konfessionellen Auseinandersetzungen im Krakau der zweiten Hälfte des 16. Jahrhunderts*

Der Chronist Konrad Memmius berichtet wie folgt über die Ereignisse in Krakau im Jahre 1591:

> Es haben die Baepstischen zu Cracaw, wie auch an andern orten, im brauch, daß sie jaerlich am tag der Himmelfahrt Christi ein Bildt, oder lebendigen Menschen mit sonderliche Ceremonien in ihren Kirchen hinauff uber das Gewoelb oder Buene ziehen, und hergegen ein Bildt, welches den Teuffel representiren soll, herab lassen, damit die Himmelfahrt und den Sieg Christi wider den Teuffel fuerzubilden. Also haben auch in diesem Jahr auff nechst vergangenem Himmelfahrts tag, welcher war der 13 [eigentlich der 23., A. M.-A.] tag Meyens, die Baepstischen zu Cracaw ihren Herr Gott in der grossen Kirchen auff dem Marckt, ihrem brauch nach, gehn Himmel geschickt und hergegen ein hoeltzern Monstrum, den Teuffel bedeutendt, herab gelassen. Dasselbige teufflische Bildt haben die Baepstischen vor der Euangelischen Predigthauß geschleiffet, es hin und wider gezogen und auch allgemach angefangen auff der Euangelischen Predighauß zuwerffen und die Thuer mit gewalt auffstossen, und das Hauß pluendern woellen.[1]

Letztlich gelingt nachts der Ansturm, und das Predigthaus wird anschließend in Brand gesteckt. Dasselbe widerfährt dem unweit gelegenen Haus, das der antitrinitarischen Gemeinde als Versammlungsort dient. Memmius schreibt weiter:

> Endlich sind auch die Todten Coerper in der Erden nit sicher gewesen, sondern der Baepstische Hauff ist den folgenden Sontag vor die Stadt hinaus auff den Euangelischen Kirchhoff oder Begraebnis gelauffen, die Grabstein zerschlagen, auch grosser herren Monumenta und Epitaphia abgerissen, der verstorbenen Leibe, so noch unverwesen, aus den Graebern geworffen und sie verbrennen und ins Wasser werffen wollen.[2]

Dieser Hergang der Ereignisse wird durch die katholischen Berichte im wesentlichen bestätigt.[3] Erstaunlicherweise findet der „Unfug", der im Anschluß an die liturgische

* Dieser Beitrag ist entstanden im Rahmen des von der Volkswagenstiftung am GWZO Leipzig geförderten Projekts „Bild und Konfession. Funktionen und Konzepte von Bildern in den gesellschaftlichen und kulturellen Formierungsprozessen des konfessionellen Zeitalters in Mitteleuropa".

1 [Memmibsus, Conrad]: Jacobi Franci Relatio Historica Quinquennalis. Warhaftige Beschreibung aller fürnemmen, denckwüdigen Geschichten, so sich innerhalb fünff Jahren, nemlich von anno 90 bis auff 95 [...] verlaufen und zugetragen haben. [Franckfurt/Mayn] 1599, 48f. Zit. nach: Materiały do dziejów Reformacji w Krakowie. Zaburzenia wyznaniowe w latach 1551–1598 [Materialien zur Geschichte der Reformation in Krakau. Konfessionelle Unruhen in den Jahren 1551–1598]. Hg. v. Roman Żelewski. Wrocław-Warszawa-Kraków 1962 (Polska Akademia Nauk – Oddział w Krakowie. Materiały Komisji Nauk Historycznych 6), 182.

2 Materiały do dziejów Reformacji (wie Anm. 1), 183.

3 Siehe z. B. den Brief des Luzker Bischofs Bernard Maciejowski. In: Vetera Monumenta Poloniae et Lithuaniae gentiumque finitimarum historiam illustrantia. Bd. 3: A Sixto PP. V. usque ad Inocentium PP. XII: 1585–1696. Hg. v. Augustin Theiner. Rom 1863 [Reprint: Osnabrück 1969], 200. Weitere Berichte in: Materiały do dziejów Reformacji (wie Anm. 1), 170–187.

Feier des Himmelfahrtsfestes getrieben wird, darin keine Verurteilung. Daß ein Ritual derart der kirchlichen Kontrolle entgleitet, verbunden mit dem Mißbrauch eines der Utensilien (hier der Teufelspuppe), müßte eigentlich – so erwartet man – die Kritiker des unbefugten Bildgebrauchs auf den Plan rufen.[4] Der spöttische Charakter der Teufelsprozession gerät doch in gefährliche Nähe zu parodistischen Inszenierungen der Ikonoklasten, so wie sie auch in Krakau bekannt sein mußten.[5] Auch das Zertrümmern der Bildtafeln und Statuen auf dem evangelischen Friedhof könnte leicht die katholischen Angreifer den protestantischen oder allgemein den ketzerischen Bilderstürmern ähnlich werden lassen.[6] Die offizielle Kritik seitens der katholischen Geistlichen bleibt jedoch aus. Im Gegenteil, der jesuitische Prediger Piotr Skarga veröffentlicht 1592 in Krakau eine Predigtschrift mit dem vielsagenden Titel „Eine Mahnung an die Evangelischen und alle Nicht-Katholiken, daß sie wegen der Zerstörung der Predigthäuser nicht zornig werden und keine Gewalttätigkeiten anstreben sollten".[7] Er spielt darin die Bedeutung der symbolischen Gewalt als ein „Kinder- oder Knabenspiel" herunter, um desto mehr den bewaffneten Widerstand der Protestanten – und das Blut, das wegen „Holz und Mauerwerk" vergossen wurde – als das eigentliche Skandalon herausstreichen zu können.[8] Diese Sichtweise ist jedoch kaum für bare Münze zu nehmen. Der rhetorische Griff erscheint eher als

---

4 Zu „Abusus imaginum" als gotteslästerliche Straftat siehe Schnitzler, Norbert: Ikonoklasmus – Bildersturm. Theologischer Bilderstreit und ikonoklastisches Handeln während des 15. und 16. Jahrhunderts. München 1996, 77–131; Ders: Der Vorwurf des „Judaisierens" in den Bilderkontroversen des späten Mittelalters und der frühen Neuzeit. In: Macht und Ohnmacht der Bilder. Reformatorischer Bildersturm im Kontext der europäischen Geschichte. Hg. v. Peter Blickle u. a. München 2002 (Historische Zeitschrift, Beihefte N. F. 33), 333–358. Speziell im Zusammenhang mit der vor- und nachreformatorischen Kritik des (para-)liturgischen Gebrauchs von handelnden Bildwerken und der nachtridentinischen Disziplinierung entsprechender Praktiken siehe Jezler, Peter: Bildwerke im Dienste der dramatischen Ausgestaltung der Osterliturgie – Befürworter und Gegner. In: Von der Macht der Bilder. Beiträge des C. I. H. A.-Kolloquiums „Kunst und Reformation". Hg. v. Ernst Ullmann. Leipzig 1983, 236–249.

5 Zahlreiche Beispiele bei Schnitzler, Ikonoklasmus – Bildersturm (wie Anm. 4), bes. 211–235 und in: Bildersturm: Wahnsinn oder Gottes Wille? Ausst.-Kat. Bern/Straßburg 2000/2001. Hg. v. Cécile Dupeux, Peter Jezler und Jean Wirth. Zürich 2000. Siehe auch Burg, Christian von: „Das bildt vnsers Herren ab dem esel geschlagen". Der Palmesel in den Riten der Zerstörung. In: Macht und Ohnmacht der Bilder (wie Anm. 4), 117–141. – Koerner, Joseph: The Icon as Iconoclash. In: Iconoclash: Beyond the Image Wars in Science, Religion and Art. Ausst.-Kat. Karlsruhe 2002. Hg. v. Bruno Latour und Peter Weibel. Cambridge/Mass.-London 2002, 164–213, hier 167–170. – Schnitzler, Norbert: Geschmähte Symbole. In: Verletzte Ehre. Ehrkonflikte in Gesellschaften des Mittelalters und der Frühen Neuzeit. Hg. v. Klaus Schreiner und Gerd Schwerhoff. Köln-Weimar-Wien 1995, 279–302.

6 Zu Epitaphien- und Grabmalzerstörungen bzw. -deformationen während der Bilderstürme in Münster siehe Warnke, Martin: Durchbrochene Geschichte? Die Bilderstürme der Wiedertäufer in Münster 1534/1535. In: Bildersturm. Die Zerstörung des Kunstwerks. Hg. v. Dems. Frankfurt/Main [2]1988 [München [1]1973], 65–98.

7 [Skarga, Piotr]: Upominanie do ewanjelików i do wszystkich społem niekatolików, iż o skażenie zborów krakowskich gniewać i nic nowego i burzliwego zaczynać nie mają [Eine Mahnung an die Evangelischen und alle Nicht-Katholiken, daß sie wegen der Zerstörung der Predigthäuser nicht zornig werden und keine Gewalttätigkeiten anstreben sollten]. Kraków 1592. Auszüge in: Materiały do dziejów Reformacji (wie Anm. 1), 177f. – Metropolia Sarmatów. Dawni poeci i pisarze o Krakowie [Die Metropole der Sarmaten. Dichter und Schriftsteller des Mittelalters und der Frühen Neuzeit über Krakau]. Hg. v. Elwira Buszewicz. Kraków 2004, 128–131.

8 Auch hier kann man eine eigentümliche Umkehrung der bekannten Topoi konfessionellen Streites konstatieren: So z. B. behaupten um 1560 hugenottische Polemiker in einer an den französischen König gerichteten Schrift: „Wir haben Steine umgestürzt, aber sie haben Menschen getötet", zit. nach Michalski, Sergiusz: Das Phänomen Bildersturm. Versuch einer Übersicht. In: Bilder und Bildersturm

gezielter Affront gegen die reformierte Gemeinde, die sich ihrerseits immer wieder darum bemüht hatte, die Attacken seitens der katholischen Bevölkerung nicht als „discrimen religionis", sondern als Bruch des städtischen Friedens, als Mißachtung der königlichen Privilegien und als Anschlag auf das Privateigentum anzuklagen.

Im folgenden sollen die Ereignisse in Krakau in den Jahren von 1570 bis 1591 nachgezeichnet und auf die dabei zur Sprache kommenden Raumauffassungen und Raumkonzepte hin befragt werden: Handelt es sich dabei um konfessionell motivierte Konzepte des Stadtraumes und der sakralen Orte oder um unterschiedliche Ebenen, auf denen die Aushandlungsprozesse über den Stadtraum im Zuge konfessioneller Konflikte ausgetragen werden und die – im Laufe lokaler Entwicklungen – zunehmender konfessioneller Kodierung unterliegen? Das besondere Augenmerk gilt dabei der Frage, welche Rolle der Bildpraxis in der Konstitution des Raumes und in der Vermittlung der Raumkonzepte zukommt; gerade angesichts der Tatsache, daß in Krakau die Parteien des Konfliktes – im Verhältnis zur gewohnten Rollenverteilung zwischen katholischen Ikonodulen und protestantischen Ikonoklasten – zunächst überraschende Handlungsmuster auszuwählen scheinen.[9]

Die Quellen zu religiösen Auseinandersetzungen im Krakau des 16. Jahrhunderts sind größtenteils in modernen Editionen gut zugänglich. Eine ganze Sammlung entsprechender Akten hat Roman Żelewski bereits 1962 veröffentlicht.[10] Der von ihm herausgegebene Band fügt in chronologischer Ordnung Gerichtsprotokolle, Auszüge zeitgenössischer Chroniken wie die Chronik der Krakauer reformierten Gemeinde von Wojciech Węgierski[11] oder die anonyme Chronik eines Krakauer Bürgers[12], ferner Notizen, Korrespondenz und ähnliches aneinander, die jedes der vorgestellten Ereignisse sowohl von der katholischen als auch von der protestantischen Seite her beleuchten. Trotzdem sind die konfessionellen Auseinandersetzungen in Krakau kaum Gegenstand einer kulturhistorischen Analyse geworden und finden zumeist nur als anekdotisches Beiwerk Eingang in die Historiographie.[13] Sie verdienen deshalb an dieser Stelle erinnert und charakterisiert zu werden.

---

im Spätmittelalter und in der frühen Neuzeit. Hg. v. Bob SCRIBNER. Wiesbaden 1990 (Wolfenbütteler Forschungen 46), 69–124, hier 96f.

9 Eine gute Übersicht über die umfangreiche Literatur zum Thema „Bildersturm" bietet SCHNITZLER, Ikonoklasmus – Bildersturm (wie Anm. 4), 9–19. Hier sei vor allem auf die Tatsache hingewiesen, daß in einigen Publikationen jüngeren Datums das etwas einseitige Interesse an der Bildzerstörung durch die Protestanten überwiegt, siehe etwa: Bildersturm: Wahnsinn oder Gottes Wille? (wie Anm. 5). – Macht und Ohnmacht der Bilder (wie Anm. 4).

10 Materiały do dziejów Reformacji (wie Anm. 1).

11 WĘGIERSKI, Wojciech: Kronika zboru ewangelickiego krakowskiego 1651 [Chronik der evangelischen Gemeinde zu Krakau 1651]. Kraków 1817; dt. Ausgabe: WENGIERSKI, Adalbert: Chronik der evangelischen Gemeinde zu Krakau in ihren Anfängen bis 1657. Deutsch bearb. v. C. F. Wilhelm ALTMANN. Breslau 1880.

12 Kronika mieszczanina krakowskiego z lat 1575–1595 [Chronik eines Krakauer Bürgers 1575–1595]. Hg. v. Henryk BARYCZ. Kraków 1930 (Biblioteka Krakowska 70).

13 Die letzte Studie, die den konfessionellen Unruhen in Krakau gewidmet ist, datiert noch auf den Beginn der 60er Jahre des letzten Jahrhunderts, berücksichtigt nur Ereignisse bis 1573: ŻELEWSKI, Roman: Zaburzenia wyznaniowe w Krakowie. Okres przewagi różnowierców 1551–1573 [Konfessionelle Unruhen in Krakau. Die Zeit des Übergewichts der Dissidenten 1551–1573]. In: Odrodzenie i Reformacja w Polsce 6 (1961), 91–110. Vgl. auch SOBIESKI, Władysław: Nienawiść wyznaniowa tłumów za Zygmunta III [Konfessionelle Feindseligkeit der Volksmengen zur Zeit Sigismunds III.]. Warszawa 1902.

Seit den späten 1560er Jahren gewinnen die protestantischen Gemeinden in Krakau feste Orte, an denen sie ihre Religion ausüben können.[14] Den Antitrinitariern stellt der Unterkämmerer Stanisław Cikowski noch vor 1568 sein Haus in der Spitalstraße zur Verfügung.[15] Am 8. August 1569 gewährt der König von Polen-Litauen, Sigismund II. August (pol. Zygmunt II August, lit. Žygimantas Augustas), den Reformierten Rechtschutz für die Anlage eines Friedhofs und stellt ein Privileg für Schule und Spital aus.[16] Am 26. August 1571 wird in der Johannisstraße das Predigthaus der calvinistischen Gemeinde feierlich eröffnet, das allgemein „Schober" genannt wird.[17] Ein Jahr darauf stellt Sigismund II. August ein Privileg aus, das die freie Religionsausübung und den Unterricht in diesem Haus garantiert.[18] Die Zugeständnisse an die Krakauer Protestanten überschneiden sich damit wohl nicht zufällig mit den Daten der Beschlüsse des Consensus Sendomirensis (14. April 1570) und der Warschauer Konföderation (1573), welche die rechtlichen Grundlagen für die Existenzberechtigung verschiedener Bekenntnisse und die Entpolitisierung der Glaubensgegensätze in Polen-Litauen lieferten.[19] Allerdings nehmen die religiösen Auseinandersetzungen in der Stadt bald darauf, als für die Krakauer Protestanten die Ära der Zusammenkünfte in wechselnden Privathäusern endet – unter den so günstig

---

14 Zur Reformation in Krakau siehe SCHRAMM, Gottfried: Reformation und Gegenreformation in Krakau. Die Zuspitzung des konfessionellen Kampfes in der polnischen Hauptstadt. In: Zeitschrift für Ostforschung. Länder und Völker im östlichen Mitteleuropa 19 (1970), 1–41; DERS.: Der polnische Adel und die Reformation 1548–1607. Wiesbaden 1965. – BIENIARZÓWNA, Janina: Kraków pod wpływami reformacji [Krakau unter dem Einfluß der Reformation]. In: DIES./MAŁECKI, Jan: Dzieje Krakowa. Bd. 2: Kraków w wiekach XVI–XVIII. Kraków 1984, 124–144.

15 ŻELEWSKI, Zaburzenia wyznaniowe w Krakowie (wie Anm. 13), 99.

16 WENGIERSKI (wie Anm. 11), 15f. – SCHRAMM, Reformation und Gegenreformation in Krakau (wie Anm. 14), 26.

17 Zu lutherischen Gottesdiensten im „Schober" siehe ebd., 20f. Der Name „Schober" soll dem Gebäude wegen seines hohen Daches gegeben worden sein. Vgl. ebd., 27. – BIENIARZÓWNA (wie Anm. 14), 137. Sicherlich sind hier aber auch die Topoi der konfessionellen Polemik zu bedenken, welche die katholischen „prunkvollen Kirchen" den protestantischen „Scheunenkirchen" gegenüberstellen, hierzu: MICHALSKI, Sergiusz: Einfache Häuser – Prunkvolle Kirchen. Zur Topik der frühen protestantischen Debatten um den Kirchenbau. In: Geschichte des protestantischen Kirchenbaues. Festschrift für Peter Poscharsky zum 60. Geburtstag. Hg. v. Klaus RASCHZOK und Reiner SÖRRIES. Erlangen 1994, 44–46. Die Wortspiele des Kardinals Hosius weisen ebenfalls auf eine symbolische Kodierung des Namens „Schober" (lat. acervus) hin: „[...] domum illam quae sathanae synagoga facta est, quam vocant Acervum, et est revera malorum acervus [...]", zit. nach: Materiały do dziejów Reformacji (wie Anm. 1), 89 (Nr. 119) und 107 (Nr. 142).

18 WENGIERSKI (wie Anm. 11), 18–21. – SCHRAMM, Reformation und Gegenreformation in Krakau (wie Anm. 14), 26f.

19 Zuletzt MÜLLER, Michael G.: Der „Consensus Sendomirensis" – Geschichte eines Scheiterns? Zur Diskussion über Protestantismus und protestantische Konfessionalisierung in Polen-Litauen im 16. Jahrhundert. In: Konfessionelle Pluralität als Herausforderung. Koexistenz und Konflikt in Spätmittelalter und Früher Neuzeit. Winfried Eberhard zum 65. Geburtstag. Hg. v. Joachim BAHLCKE, Karen LAMBRECHT und Hans-Christian MANER. Leipzig 2006, 397–408. Dort finden sich Verweise auf umfangreiche frühere Literatur und Quelleneditionen. Hier seien erwähnt SCHRAMM, Gottfried: Ein Meilenstein der Glaubensfreiheit. Der Stand der Forschung über Ursprung und Schicksal der Warschauer Konföderation von 1573. In: Zeitschrift für Ostforschung 24 (1975), 711–736; KOROLKO, Mirosław/TAZBIR, Janusz: Konfederacja Warszawska 1573r. Wielka karta polskiej tolerancji [Die Warschauer Konföderation von 1573. Die Magna Charta der polnischen Toleranz]. Warszawa 1980; SALMONOWICZ, Stanisław: Konfederacja Warszawska 1573r. [Die Warschauer Konföderation von 1573]. Warszawa 1985; MÜLLER, Michael G.: Calvinism in Royal Prussia and the Practice of Religious Toleration in Poland-Lithuania, 1570–1607. In: Tolerance and Intolerance in the European Reformation. Hg. v. Bob SCRIBNER und Ole Peter GRELL. Cambridge 1997, 262–282.

erscheinenden religionspolitischen Voraussetzungen – eine neue Qualität an. Sind es bis zu diesem Zeitpunkt vor allem „Einzeltäter“ gewesen, die innerhalb des Spektrums von Gottesdienststörung bis Körperverletzung den jeweils Andersgläubigen zu Leibe rückten,[20] kommt es jetzt regelmäßig zu Unruhen, die ohne obrigkeitlichen Befehl größere Menschenmassen erfassen. Die Attacken dieser Art, an denen maßgeblich Studenten der Krakauer Akademie und Pfarrschüler neben „losen Leuten“ und Tagelöhnern beteiligt sind, gelten vor allem dem „Schober“ und dem evangelischen Friedhof. Auch die Leichenzüge und Begräbnisse der religiösen Dissidenten gehören zu den Angriffszielen, womit deutlich wird, daß es um Orte geht, an denen die Protestanten als Gemeinde im Stadtraum in Erscheinung treten.

Zum ersten Mal wird das calvinistische Predigthaus vom 10. bis 12. Oktober 1574, während des Interregnums nach dem Tod Sigismunds II. August († 1572), gestürmt, geplündert und zerstört.[21] Als Andenken an dieses Ereignis wird ein Flugblatt herausgegeben, das die graphische Darstellung des Ansturmes auf den „Schober“ mit einem Spottgedicht aus katholischer Perspektive kombiniert (Abb. 1).[22] Ein gutes halbes Jahr nach der ersten Zerstörung, am 12. Mai 1575, wird erneut ein – diesmal erfolgloser – Versuch unternommen, das nun wiedererrichtete Haus anzugreifen.[23] Einen Monat später wird der evangelische Friedhof geschändet, anschließend begibt sich die gewalttätige Menge zum „Schober“, ohne jedoch etwas ausrichten zu können.[24] Es folgen, etwa im Rhythmus eines Jahres, Anschläge auf die Begräbniszüge, den Friedhof und das calvinistische, seltener auf das antitrinitarische Haus. Besonders spektakulär erscheint anhand der Quellen die Attacke der Studenten der Krakauer Universität auf den protestantischen Friedhof am 20. Mai 1585.[25] Vom 7. bis 8. Mai 1587, zum Himmelfahrtsfest, während des Interregnums nach dem Tod König Stephan Báthorys (ung. István Báthory, pol. Stefan Batory), wird das calvinistische Predigthaus zum zweiten Mal zerstört.[26] Ein Jahr darauf folgt die Zerstörung des antitrinitarischen Hauses.[27] Während der Regierungszeit von Sigismund III. Wasa (pol. Zygmunt III Waza) werden zwischen dem 23. und 26. Mai 1591, ebenfalls zu Christi Himmelfahrt, die beiden protestantischen Stätten endgültig zerstört.[28] Wenige Tage darauf folgt die bereits erwähnte Schändung des calvinistischen Friedhofs. Nach diesen Ereignissen werden die evangelischen Gemeindehäuser nicht wieder aufgebaut, und es wird auch kein neuer Platz eingeräumt, an dem die Protestanten innerhalb der Stadtmauer ihre Gottesdienste ungestört hätten abhalten können. Die protestantischen Gemeinden ziehen daraufhin aus der Stadt aus und verlegen ihren Sitz auf die umliegenden Adelsgüter.[29] Das Grundstück, auf dem sich der „Schober“ befand, wird den Franziskaner-Observanten aus der Krakauer Vorstadt Stradom

[20] Vgl. Żelewski, Zaburzenia wyznaniowe w Krakowie (wie Anm. 13). – Materiały do dziejów Reformacji (wie Anm. 1), 3–19 (Nr. I–XI).
[21] Ebd., 20–69.
[22] Biblioteka Jagiellońska, Dział grafiki nr I. 7805, 135 II, 1574, 28 x 38 cm.
[23] Materiały do dziejów Reformacji (wie Anm. 1), 70.
[24] Ebd., 70f.
[25] Ebd., 132–138.
[26] Ebd., 138–159.
[27] 26. Juni 1588, ebd., 164–169.
[28] Ebd., 170–187.
[29] Schramm, Reformation und Gegenreformation in Krakau (wie Anm. 14), 38f.

zuerkannt, die dort ein Kloster und die Kirche der Jungfrau Maria „an der Krippe“ errichten (1624).[30] An dem Ort, wo sich zuvor das von der antitrinitarischen Gemeinde genutzte Anwesen befand, dürfen die Beschuhten Karmeliter aus der Vorstadt Garbary eine Filialstelle ihres Klosters und die St.-Thomas-Kirche erbauen (1621).[31]

Alle erwähnten Angriffe auf die protestantischen Gemeinden zeichnen sich durch einen ausgesprochen rituellen, zum Teil sogar quasi-liturgischen Charakter aus, was seit den Studien von Natalie Zemon Davies zu „Riten der Gewalt“ auch allgemein für die religiösen Konflikte der Reformationszeit diagnostiziert wird.[32] Den Anlaß zur ersten Zerstörung des „Schobers“ liefert offensichtlich eine Ritusverfehlung – aus katholischer Sicht – bei einer calvinistischen Verlobungszeremonie.[33] Nach dem Zwischenruf eines jungen Mannes, der die Erwähnung Mariä und der Heiligen vom Pfarrer verlangt, kommt es zu Handgreiflichkeiten und letztlich zu einem regelrechten Ansturm der Katholiken auf das Predigthaus. Während die Täter die Ausstattung der Kirche kurz und klein hacken und anschließend verbrennen, singen sie „Te Deum Laudamus“ und „Contere Domine inimicos nostros“.[34] Auch die Friedhofschändungen weisen eine rituelle Überformung auf, die an Strafpraktiken gemahnt. Chronikalische Berichte schildern die Eskalation der Gewalt, die mit dem Zerstören und Abtragen der Umzäunung bzw. der Friedhofmauer ansetzt, so daß der Ort seinen abgeschlossenen Charakter verliert und den weiteren Angriffen schutzlos ausgeliefert wird.[35] Als nächste Stufe folgt die Zerstörung der Grabmonumente, wobei die Verstümmelung der Bildwerke ausdrücklich erwähnt wird.[36] So halten die Gerichtsakten aus dem Jahre 1585 fest, daß z. B. die „tabula cum epitaphio“ eines gewissen Herrn Oleśnicki zertrümmert und die „effigie[s] cum statua“ auf dem Grab des adligen Strzeszkowski verstümmelt und verunstaltet („mutilata et deturpata“) wurden. Ein Haufen zerbrochener, verstümmelter Bildwerke wurde vor den

[30] Bieniarzówna (wie Anm. 14), 280; der Konvent ist 1788 aufgelöst worden.

[31] Katalog Zabytków Sztuki w Polsce [Katalog der Kunstdenkmäler in Polen]. Bd. 4: Miasto Kraków [Die Stadt Krakau]. Hg. v. Adam Bochnak und Jan Samek. Warszawa 1978, Teil 3: Kościoły i klasztory śródmieścia 2 [Kirchen und Klöster der Innenstadt 2], hier 109.

[32] Davis, Natalie Zemon: The rites of violence: religious riot in sixteenth-century France. In: Past & Present 59 (1973), 51–91.

[33] Dies wird von mehreren Zeugen und Berichterstattern geschildert, u. a. in einem Brief von Christoph Trecius an die Zürcher reformierte Gemeinde: „10-ma octobris, qui fuit dies Dominicus, cum in coetu eorum, qui profitentur orthodoxorum religionem, habitae fuissent conciones tam mane, quam a meridie, tunc temporis, ut fere moris est, celebratio matrimonii habita est, idque non statim a concione illa pomeridiana, sed circiter horam post, non cito adventante pompa nuptiali, quae ex suburbiis, ubi cerdones habitant, prodibat. Quare plebs cum animadverteret frequentem panygirim, confluit trumatim in illas aedes sacris concionibus orthodoxorum dicatas, accurrunt pueri, feminae, studiosi multi et scholastici Academiae Cracoviensis, inconditorumque hominum genus. Minister verbi, hymno sacro lingua populari praemisso, accingit se ad paranesin de matrimonio et eius dignitate ac sanctitate, qua absoluta incipit sponso et sponsae praeire in forma mutuae sponsionis et stipulationis, ac cum iam sub finem adiungeret hanc clausulam: quod felix faustumque sit, auspice Deo Optimo Maximo, Patre, Filio et Spiritu Sancto, tunc scholastici et studiosi exclamare coeperunt illum ministrum improbe omisisse virginis Mariae et sanctorum invocationem […].“ In: Materiały do dziejów Reformacji (wie Anm. 1), 46–52, hier 46f. (das Original befindet sich im Staatsarchiv Zürich, E II 367, 467–472).

[34] Siehe ebd., 49 sowie 21f. (Nr. 23) und 35–38 (Nr. 45), hier 37.

[35] So am 24. Juni 1575, siehe ebd., 70f.; am 14. Februar 1578, ebd., 86f. und am 22. April 1580, ebd., 120–122.

[36] Beispielsweise im Bericht von Wojciech Węgierski über die Ereignisse am 21. Juni 1577, ebd., 83 (Nr. 110).

Toren des Friedhofs gesichtet.[37] Auf die Gewalt gegen die bildlichen Repräsentationen folgt dann die Verstümmelung oder schändliche Inszenierung der Leichen. Vor allem das Entkleiden und Aufstellen der toten Körper kopfüber kommt in den Quellen immer wieder vor, womit offenbar angestrebt wird, die Stätte des Gedächtnisses und der Reverenz gegenüber den Verstorbenen in einen Richtplatz von vermeintlichen Übeltätern zu verwandeln.[38]

Eine besondere inszenatorische Ausgestaltung bekommen Stürme auf die protestantischen Predigthäuser seit dem Jahr 1587. Zu diesem Datum ist zum ersten Mal überliefert, daß die Liturgie des Himmelfahrtsfestes, in der „handelnde Bildwerke" verwendet werden, quasi nahtlos in eine gewaltsame Aktion gegen die Andersgläubigen und die Stätten ihrer Religionsausübung übergeht. Offensichtlich ist es in der Krakauer Marienkirche, wie auch vielerorts in Mitteleuropa, Brauch gewesen, eine Christusfigur im Rahmen der liturgischen Feier unter das Gewölbe hinauffahren zu lassen.[39] Deutlich seltener und umstrittener war eine weitere Ausschmückung des liturgischen Dramas, die anschließend den Sturz einer Teufelsfigur oder -puppe vorsah.[40] Hans-Joachim Krause und Johannes Tripps weisen in ihren Untersuchungen zu handelnden Bildwerken der Gotik auf den streng liturgischen Gebrauch des

---

[37] Ebd., 136 (Nr. 179). Einen Vergleich zwischen der Vorgehensweise der Münsteraner Bilderstürmer, die auf gezielte Deformation der Bilder/Statuen abzielte, mit den Strafpraktiken zieht bereits Warnke (wie Anm. 6), bes. 91–96. Anknüpfend daran weist Michalski, Das Phänomen Bildersturm (wie Anm. 8) auf Parallelen zur *effigies*-Praxis hin.

[38] Materiały do dziejów Reformacji (wie Anm. 1), 71 (Nr. 84) und 198f. (Nr. 264–266). Zum strafrechtlichen Kontext der Leichenschändung als einer Art *executio in effigie* immer noch grundlegend: Brückner, Wolfgang: Bildnis und Brauch. Studien zur Bildfunktion der Effigies. Berlin 1966, bes. die Kap. „Strafvollzug an Toten und *executio in effigie*", 228–282 und „Die Praxis der Leichen- und Bildnishinrichtungen seit dem späten 15. Jahrhundert", 283–310; zur italienischen Praxis der Hinrichtung „capite traverso" und zu den entsprechenden Schandbildern als Bestrafung von *crimen laesae maiestatis* siehe ebd., 213f.; zum kopfüber Aufhängen der Leiche des in der Bartholomäusnacht 1572 umgebrachten Hugenottenführers Gaspard de Chatillon als Beispiel einer Häretikerbestrafung siehe ebd., 298f.; zum Kontext der Schand-Denkmäler: Graf, Klaus: Das leckt die Kuh nicht ab. „Zufällige Gedanken" zu Schriftlichkeit und Erinnerungskultur der Strafgerichtsbarkeit. In: Kriminalgeschichte. Beiträge zur Sozial- und Kulturgeschichte der Vormoderne. Hg. v. Andreas Bauert und Gerd Schwerhoff. Konstanz 2000, 245–288, hier 261–281. Vgl. auch Schnitzler, Geschmähte Symbole (wie Anm. 5).

[39] Zum Gebrauch der Christusfigur in der Himmelfahrtsliturgie siehe Tripps, Johannes: Das Handelnde Bildwerk in der Gotik. Forschungen zu den Bedeutungsschichten und der Funktion des Kirchengebäudes und seiner Ausstattung in der Hoch- und Spätgotik. Berlin [2]2000 [[1]1998], 122–168; Krause, Hans-Joachim: „Imago ascensionis" und „Himmelloch". Zum „Bild"-Gebrauch in der spätmittelalterlichen Liturgie. In: Skulptur des Mittelalters. Funktion und Gestalt. Hg. v. Friedrich Möbius und Ernst Schubert. Weimar 1987, 280–353; Weber, Hans Ruedi: Die Umsetzung der Himmelfahrt Christi in die zeichenhafte Liturgie. Bern-Frankfurt/Main-New York-Paris 1987; Haastrup, Ulla: Medieval Props in the Liturgical Drama. In: Hafnia 11 (1987), 133–170; Jezler, Peter: Das „handelnde" Christusbild und seine Verwendung in der städtischen Zelebration der Herrenfeste im spätmittelalterlichen Deutschland. In: World Art, Themes of Unity in Diversity. Acts of the XXVIth International Congress of the History of Art. Bd. 3. Hg. v. Irving Lavin. University Park-London 1989, 619–622; Ders., Bildwerke (wie Anm. 4); Tauber, Gesine/Tauber, Johannes: Mittelalterliche Kruzifixe mit schwenkbaren Armen. Ein Beitrag zur Verwendung von Bildwerken in der Liturgie. In: Zeitschrift des Deutschen Vereins für Kunstwissenschaft 23 (1969), 79–121.

[40] Beispiele bei Tripps (wie Anm. 39), 126f., 156 und Krause (wie Anm. 39), 310. Der Brauch, im Anschluß an die Auffahrt einer Salvator-Figur eine Teufelsfigur herabzuwerfen, war Gegenstand innerkirchlicher Kritik und von Ermahnungen. Hans-Joachim Krause sieht darin den „Übergang in die extraliturgische Sphäre des Passions- und Mysterienspiels", ebd.

Bildes im Himmelfahrtritus hin.[41] In Krakau jedoch entwickelt das Spiel eine über die Liturgie weit hinausgehende Eigendynamik. Das Kirchenvolk übernimmt die Teufelspuppe und setzt mit ihr das Schauspiel nach eigenen Regeln vor dem Kirchengebäude fort. Die Figur wird mißhandelt und über den Markplatz geschleift, anschließend zum calvinistischen Predigthaus getragen und dort am Fenstergitter befestigt. Diese „Markierung“ wird von beiden Seiten offensichtlich als Signal zum Übergang auf die nächste Stufe der Gewalt verstanden: von der symbolischen zur realen.[42] In zwei gut überlieferten Fällen, 1587 und 1591, endet das, was als liturgisches Drama begann und als extraliturgisches Ritual fortgesetzt wurde, mit der Zerstörung des Predigthauses samt seiner Einrichtung.

Gerade in den letztgenannten Fällen wird deutlich, daß ein mit handelndem Bildwerk operierender liturgischer Vollzug in vielfacher Hinsicht ein Handlungsmuster für das Austragen konfessioneller Konflikte in der Stadt bereitstellt. Andernorts bemächtigen sich auch protestantische Bilderstürmer der Formen des kirchlichen Bildrituals, allerdings mit dem Ziel, die Bilder und den Bilderkult zu verhöhnen und zu zerstören. Dabei werden besonders häufig gerade „handelnde“ Bildwerke sowie andere Bilder, die im Rahmen kirchlicher Inszenierungen eingesetzt werden, zur Zielscheibe ikonoklastischer Gewalt: große Kruzifixe, Marienbilder, Ölberggruppen und Palmesel.[43] Unter den vielen Beispielen sei hier an die in der Bildersturm-Historiographie vielkommentierte Kruzifixverspottung während des Basler Bildersturms im Jahre 1529 erinnert.[44] Aus den Aufzeichnungen eines Basler Kartäusers erfährt man: „Namlich namen sie ein grosz crucifix im hohen stift und banden ein lang seil daran, un vil junger knaben, by 8, 10 und 12 jar alt, zugen es uff den Kornmarg und sungen: Ach du armer Judas.“ Dann wandten sich die Frevler an das Bild mit den Worten: „Bistu got, so wer dich, bistu aber mensch, so blut“ und verbrannten es.[45] Der Unterschied zwischen den beiden Ritualen ist eindeutig: In Basel steht der Spott, der die Ohnmacht des Bildes entlarven soll – eines Bildes, das sich weder wehren noch die Fragen beantworten kann –, in der Tradition der Kontroverse um das christliche Kultbild. Dagegen werden in den Krakauer Himmelfahrtritualen die Legitimität des Bildgebrauchs und die Macht des Bildes nicht direkt thematisiert. Die Krakauer Teufelsprozession rückt nichtsdestotrotz in gefährliche Nähe zu einer

41 Krause (wie Anm. 39); Tripps (wie Anm. 39), z. B. die Einleitung, 9–29.

42 Zur Gewalt in der Stadt vgl. Groebner, Valentin: Der verletzte Körper und die Stadt. Gewalttätigkeit und Gewalt in Nürnberg am Ende des 15. Jahrhunderts. In: Physische Gewalt. Studien zur Geschichte der Neuzeit. Hg. v. Thomas Lindenberger und Alf Lüdtke. Frankfurt/Main 1995, 162–189; Ders.: „Abbild“ und „Marter“. Das Bild des Gekreuzigten und die städtische Strafgewalt. In: Kulturelle Reformation. Sinnformationen im Umbruch 1400–1600. Hg. v. Bernhard Jussen und Craig Koslofsky. Göttingen 1999, 209–238.

43 Vgl. Burg (wie Anm. 5).

44 Burkart, Lucas: Aus der Fasnacht in den Bildersturm: Knaben und junge Männer schänden und verbrennen das Kruzifix aus dem Basler Münster. In: Bildersturm: Wahnsinn oder Gottes Wille? (wie Anm. 5), 128. Dort und bei Schnitzler, Der Vorwurf des „Judaisierens“ (wie Anm. 4), 353f. weitere Literaturhinweise. Siehe auch Koerner (wie Anm. 5), 170. Wichtige Impulse zur Analyse der bilderstürmerischen Verhöhnungs- und Zerstörungsriten kamen von Robert Scribner, vgl. z. B. seinen Aufsatz: Volkskultur und Volksreligion: zur Rezeption evangelischer Ideen. In: Zwingli und Europa. Hg. v. Peter Blickle u. a. Zürich 1985, 151–161.

45 Basler Chroniken. 7 Bde. Hg. v. der Historischen und Antiquarischen Gesellschaft in Basel. Basel-Stuttgart 1872–1915, hier Bd. 1, 1872, 447f.

solchen parodistischen Inszenierung wie der in Basel. Zusammen mit dem Kirchenbruch und der Kirchhofschändung gehört der Bildfrevel/Bilderspott zu den inkriminierten Handlungsweisen des „Häretikers".[46]

Ähnlich wie in den bilderstürmerischen Verhöhnungs- und Zerstörungsritualen wird das Bildwerk für die Krakauer Katholiken zum „Medium des sozialen Konfliktes" in dem Sinne, daß es bestimmte Gruppen repräsentiert, die nun *in effigie* bestraft werden können.[47] Darüber hinaus ermöglicht es offensichtlich, das Ritual, dessen sichtbares, handelndes Zentrum es bildet, von einem Ort an den anderen zu verlagern. Die Teufelsfigur wird in Krakau dazu benutzt, das evangelische Predigthaus als „Synagoge des Teufels" zu diffamieren, was der Diktion der zeitgenössischen katholischen Polemik entspricht.[48] Schließlich scheint dem Bildwerk eine Rolle bei der Transformation des Rituals zuzukommen. Es markiert die Schnittstelle, an der die ritualisierten Formen symbolischer Gewalt in physische Gewalt gegen Menschen übergehen. Dies wurde bereits am Beispiel der Anbringung der Teufelspuppe an der evangelischen Kirche als Signal zum tätlichen Angriff erwähnt und wird auch im Fall der Krakauer Friedhofschändungen deutlich: Das Zertrümmern der Statuen und Epitaphien trennt – im allen Anschein nach festgefügten narrativen Muster der zeitgenössischen Berichte – nur ein Schritt von der Anwendung körperlicher Gewalt. Es ist zu betonen, daß es sich bei diesen Handlungen nicht nur um einen Anschlag auf die individuelle Memoria der Bestatteten handelt, sondern auch um die Diffamierung des Ortes als eines, dem keine Sakralität gebührt. Die Beispiele der protestantischen Epitaphien, die man z. B. an den Außenwänden der Krakauer Marienkirche findet, zeugen davon, daß ein gewisses Maß an friedvoller Koexistenz an anderen Orten der Stadt möglich war und die protestantischen Verstorbenen nicht als solche aus der städtischen Erinnerung getilgt werden sollten.[49] Die konfessionellen

---

46 SCHNITZLER, Der Vorwurf des „Judaisierens" (wie Anm. 4), bes. 342–345.

47 BREDEKAMP, Horst: Kunst als Medium sozialer Konflikte. Frankfurt/Main 1975; WARNKE (wie Anm. 6); MICHALSKI, Das Phänomen Bildersturm (wie Anm. 8); SCHNITZLER, Ikonoklasmus – Bildersturm (wie Anm. 4).

48 Materiały do dziejów Reformacji (wie Anm. 1), 60 (Nr. 69): „synagoga(m) sathanae" (Brief des Kardinals Stanislaus Hosius, pol. Stanisław Hozjusz, aus dem Jahr 1575); 88 (Nr. 118): „Antichrixti satellites ex ea synagoga" (Brief von Hosius aus dem Jahr 1577). Siehe auch Anm. 17.

49 Auch wird eine der prominenten Figuren der Krakauer reformierten Gemeinde, der Wojewode Stanisław Myszkowski, dessen Grab auf dem evangelischen Friedhof geschändet wurde, einige Jahre darauf in die Ahnengalerie in der Familienkapelle der Myszkowskis in der Krakauer Dominikanerkirche aufgenommen (zur Myszkowski-Kapelle siehe FISCHINGER, Andrzej: Kaplica Myszkowskich w Krakowie [Die Myszkowski-Kapelle in Krakau]. In: Rocznik Krakowski 33 (1956), 83–112; Katalog Zabytków Sztuki w Polsce. Miasto Kraków (wie Anm. 31), 131–133). – Zu Epitaphien der Protestanten in der Marienkirche siehe MADEJ-ANDERSON, Agnieszka: Bildpraxis und Konstituierung des sakralen Raumes in Krakau zur Zeit der konfessionellen Pluralität und der katholischen Reform – Marienkirche am Ring. In: Bild und Konfession. Funktionen und Konzepte von Bildern in den gesellschaftlichen und kulturellen Formierungsprozessen des konfessionellen Zeitalters in Mitteleuropa. Hg. v. Maria DEITERS, DERS. und Evelin WETTER. Ostfildern 2009 [in Vorbereitung zum Druck]. – Eine Einführung in die Geschichte der religiösen Toleranz in Polen-Litauen bietet TAZBIR, Janusz: Dzieje polskiej tolerancji [Geschichte der polnischen Toleranz]. Warszawa 1973. – Zum Untergang der „polnischen Toleranz" siehe MÜLLER, Calvinism (wie Anm. 19). – Zur friedlichen Koexistenz der katholischen und protestantischen Bestattungsriten in Frankreich siehe LURIA, Keith P.: Separated by Death? Burials, Cementeries, and Confessional Boundaries in Seventeenth-Century France. In: French Historical Studies 24 (2001), 185–222; hierzu siehe auch BENEDICT, Philip: „Un roi, une loi, deux fois": Parameters for the history of Catholic-Reformed co-existence in France, 1555–1685. In: Tolerance and Intolerance in the European Reformation (wie Anm. 19), 65–93.

Grenzen können demnach, je nach Kontext und Bedarf, innerhalb derselben Stadt unterschiedlich scharf gezogen werden. Die polemische Rhetorik kann das Problem der Koexistenz der Konfessionen jedoch dramatisch auf die Spitze treiben. So dient z. B. der katholischen Seite die Körpermetaphorik dazu, die Anwesenheit der Andersgläubigen und der Stätten ihrer Religionsausübung als Verletzung des Stadtorganismus erscheinen zu lassen.[50] Die katholische Rhetorik, in der die Kirche als Corpus mysticum Christi, das Kirchengebäude, das Bildwerk und der Körper der Stadt stets aufeinanderbezogen werden, kommt im zeitgenössischen Bericht eines anonymen Krakauer Bürgers gut zur Geltung.[51] Am Tag der Verkündigung Mariä, dem 6. April 1592, lösen sich, vielleicht aufgrund einer tektonischen Bewegung, einige Steine aus dem Gewölbe des Chores der Krakauer Marienkirche am Ring. Die Steine fallen während einer Marienandacht herunter und zerschmettern Teile des neuen Chorgestühls, ohne jedoch jemanden zu verletzen. Die Chronik gibt ein eindrückliches Zeugnis der konsternierten Reaktion, die durch diese Begebenheit ausgelöst wird. Die Erzählung springt, quasi den Gedankengang der Zeugen nachahmend, vom versehrten Kirchengewölbe zu der gleichzeitig in Lublin abgehaltenen Versammlung des protestantischen Adels, bei der u. a. die Folgen der Zerstörung des calvinistischen Predigthauses in Krakau im Jahr zuvor auf der Tagesordnung stehen.[52] Die protestantischen Beratungen eröffnen einen bedrohlichen Horizont für die Deutung des Ereignisses in der Marienkirche. Eine große Erleichterung glaubt man zwischen den Zeilen des Berichtes zu spüren, als sich folgende Auslegung als Lösung des Problems anbietet: Die Kirche Gottes wird der Gefahr, die von den Andersgläubigen ausgeht, standhalten, weil aus dem bei der Andacht versammelten Kirchenvolk keiner verletzt worden ist. Neben der symbolischen Gleichsetzung der katholischen Kirche mit dem konkreten Kirchengebäude und dem Krakauer Kirchenvolk kommt hier eine weitere Analogie zum Tragen: Die Versehrtheit des Kirchenbaues wird auf die Verletzung der Stadt als Glaubensgemeinschaft durch die Abtrünnigen bezogen. Nicht ohne Gespür für die Ambivalenz dieses Bildes stellt der Bericht dem zerstörten evangelischen Gemeindehaus die unter dem eingestürzten Gewölbe der Marienkirche heilgebliebene katholische Gemeinde entgegen. Die Verletzung des mystischen Körpers der Kirche durch die sich abspaltenden Gruppen

---

[50] Zum Corpus mysticum der Kirche als dem allumfassenden geistlichen Prototyp körperschaftlicher Begriffe siehe KANTOROWICZ, Ernst: The Kings Two Bodies. Princeton 1957, bes. 193–232; dt. Ausgabe: Die zwei Körper des Königs. München 1992, 208–243. – Die Gemeinschaft als Körper/Organismus: DEMANDT, Alexander: Metaphern für Geschichte. München 1978, 20–27; CHROUST, Anton Hermann: The Corporate Idea and the Body Politic in the Middle Ages. In: The Review of Politics 9 (1947), 423–452; REUDENBACH, Bruno: Die Gemeinschaft als Körper und Gebäude. Francesco di Giorgios Stadttheorie und die Visualisierung von Sozialmetaphern im Mittelalter. In: Gepeinigt, begehrt, vergessen. Symbolik und Sozialbezug des Körpers im späten Mittelalter und in der frühen Neuzeit. Hg. v. Klaus SCHREINER und Norbert SCHNITZLER. München 1992, 171–198. – Als politische Metapher in der polnischen frühneuzeitlichen Literatur: MALESZYŃSKI, Dariusz Cezary: Corpus politicum. Śródziemnomorskie i staropolskie konteksty topiki organicznej [Corpus politicum. Mediterrane und altpolnische Kontexte der organischen Topik]. In: Pamiętnik Literacki 76 (1985), 1–46. – Auf die Frage der Darstellungen Krakaus in den zeitgenössischen graphischen (Stadtansichten, Stadtpläne) und literarischen (Reiseberichte, Kirchenführer u. a.) Quellen als eines vor allem sakralen Raumes geht ein: GAPSKI, Henryk: Klasztory krakowskie w końcu XVI i w pierwszej połowie XVII w. [Krakauer Klöster am Ende des 16. und in der ersten Hälfte des 17. Jahrhunderts]. Lublin 1993, 19–40.

[51] Kronika mieszczanina (wie Anm. 12), 102.

[52] Ebd.

ist ein in der katholischen Polemik häufig eingesetztes Bild. In einem Brief an den König von Polen-Litauen, Stephan Báthory, in dem Kardinal Stanislaus Hosius die Existenz des Krakauer reformierten Gemeindehauses beklagt, bezeichnet dieser die Andersgläubigen als diejenigen, die den mystischen Körper Christi in Stücke reißen („qui Christi corpus mysticum Ecclesiam [...] in tot particulas consiciderunt").[53] Das Wort des Kollosser-Briefes, nach dem Christus das Haupt des Leibes, der Leib aber die Kirche sei, wird auch zum Lieblingsmotiv der polemischen Schriften des langjährigen Pfarrers der Krakauer Marienkirche, Hieronymus Powodowski, der davon die unumgängliche Notwendigkeit der kirchlichen Einheit ableitet.[54] Entsprechend wird in den Schriften des Krakauer Klerus das reformierte Predigthaus zum absoluten Gegenbild der Kirche, zur Synagoge Satans. Die Gleichsetzung des Bildes vom triumphierenden, in den Himmel auffahrenden Christus-Salvator mit der katholischen Gemeinde und des gestürzten Satans mit der evangelischen, die im Himmelfahrtritus vollzogen wurde, könnte also nicht präziser sein, obwohl die Geistlichen selbst es gerne als „Kinderspielereien" abtun.[55]

In diesem Kontext ist es interessant, den protestantischen Sprachgebrauch zu beobachten. Die Bezeichnung des „Schobers" als „kościół" (pol. für „Kirche") wird vermieden. Es wird üblicherweise das Wort „zbór" gebraucht, was so viel wie „Versammlung" oder „Versammlungsort" der Gemeinde bedeutet und somit dem von der lateinischen „ecclesia" abgeleiteten polnischen Substantiv „kościół" eine neue Übersetzung des Terminus gegenüberstellt. Darüber hinaus werden jedoch auch Bemühungen deutlich, den städtischen Raum als einen durch die profane Rechtsprechung und nicht als einen durch die sakral-organische Metaphorik bestimmten Raum zu definieren. Bereits nach der ersten Zerstörung des Krakauer Predigthauses betont der evangelische Adel in einem Brief an alle Provinzlandtage (pol. „sejmiki"), daß das Vorkommnis „nihil quidem tangit religionem", sondern „afficit pacem" und „tranquilitatem publicam ac legum conservationem" sei.[56] Man beklagt die Verletzung der königlichen Privilegien und des Privatbesitzes. Die Protestanten beklagen, daß aus der Schatztruhe im Gemeindehaus silberne und goldene Gegenstände geplündert wurden, ohne zu spezifizieren, ob sich darunter z. B. auch das Abendmahlgerät befand. Dies ist gerade angesichts der Begründung der religiösen Toleranz in Polen-Litauen in den Adelsprivilegien verständlich.[57] Die polnischen Städte hatten für die Freiheit der Religionsausübung keine vergleichbare Grundlage besessen. Einen Vorstoß, der die rechtliche Grundlage für den religiösen Frieden auch für die Stadt

---

53 Materiały do dziejów Reformacji (wie Anm. 1), 107f. (Nr. 142).

54 Powodowski, Hieronim: Pochodnia Kościół Boży prawdziwy od ciemnych iaskiń kacyrskich nie omylnymi znakami rozeznawaiąca [Die Fackel, welche die wahre Kirche Gottes von den dunklen Ketzerhöhlen nach untrüglichen Zeichen unterscheidet]. Poznań 1584, 1, 16f., 23f. und 300f.: „Und so ein christlicher Mensch ist ein Katholik, solange er im Körper (der universalen Kirche) lebt, wird aber ein totes Glied, in dem kein Geist wohnt, sobald er sich durch seine Ketzerei [von diesem Körper, A. M.-A.] abgeschnitten hat", übersetzt von der Verfasserin („Tak i człowiek Krześcijański Katholikiem iest/poki w ciele (Kościoła powszechnego) żywie/odciąwszy się przez kacyrstwo/stal się członkiem martwym/w którym ducha nie masz.").

55 Zu obrigkeitlich initiierten Bilderstürmen siehe Schnitzler, Ikonoklasmus – Bildersturm (wie Anm. 4).

56 Materiały do dziejów Reformacji (wie Anm. 1), 35–38 (Nr. 45), hier 38.

57 Müller, Calvinism (wie Anm. 19).

garantieren sollte, stellte ein (nicht realisierter) Verfassungsentwurf dar, der nach der Zerstörung der beiden protestantischen Gemeindehäuser in Krakau entstand. Auch hier jedoch sollten die Fragen der Sakralität und des sakralen Raumes ausgeklammert werden, und als Verständigungsgrundlage sollte der „säkulare" Stadtraum dienen: Im Falle künftiger Tumulte sollten zwei Kommissare, ein katholischer und ein evangelischer, ohne auf die „discrimen religionis" zu achten, die Verletzung der weltlichen Gesetze und des Stadtfriedens ahnden.[58]

Man gewinnt den Eindruck, daß sich hier zwei Konzepte des Stadtraumes im Widerstreit befinden: einerseits der Stadtraum als neutraler, durch Rechtsprechung und Besitzverhältnisse geordneter Raum, in dem die Bereiche des Sakralen oder Quasi-Sakralen als Gegenstand der Aushandlung bestimmter Privilegien und Freiheiten betrachtet werden;[59] und andererseits der Stadtraum, der von den sakralen Zentren aus definiert wird und sich im Abbildverhältnis mit dem mystischen Körper der Kirche befindet.

Es wäre jedoch falsch, nun von einem katholischen – sakralen und sich der organischen Metaphorik bedienenden – Konzept des Stadtraumes auszugehen und von einem protestantischen, das im Gegensatz dazu die Stadt als ein durch säkulare Gesetzgebung bestimmten Raum auffaßt. Bereits die Studie von Natalie Zemon Davies zum Stadtraum von Lyon brach mit dem Weberschen Schema der „Entzauberung" und Desakralisierung der Welt durch den Protestantismus, indem sie die Re-Definition (und nicht die Abschaffung) des Sakralen durch die Calvinisten in der Stadt aufzeigte.[60] Weitere Untersuchungen bestätigen die These, daß man in der reformierten Kirche mit – gleichwohl gewandelten – Konzepten der Sakralität und durchaus auch mit einem räumlichen Bezug derselben rechnen muß.[61] Die organische Metaphorik kann mit einem Einheitsideal verbunden und dann eingesetzt werden, wenn es um Eingrenzung und Polemik geht. So wird mit den Bildern von Haupt und Gliedern auch im Zweiten Helvetischen Bekenntnis im Sinne des einzigen Hauptes (Jesus Christus) der allgemeinen (d.h. der „katholischen") Kirche gegen den römischen Klerus und seinen Anspruch auf die Bezeichnung nur der römischen Kirche als „katholisch" argumentiert (Kap. XVII). In Krakau dient die organische Metapher mit ihrem Einheits- und Universalitätsanspruch der katholischen Mehrheit, während die evangelische Minderheit sich auf eine nüchterne Sprache der Gesetzbefolgung und des Stadtfriedens zurückzieht, die heikle Fragen der Sakralität meidet. Die Tatsache, daß in Krakau die Katholiken zum Mittel des Kirchenbruchs, der Friedhofschändung und der Bildzerstörung/Bilddeformation greifen, um die konfessionellen Konflikte auszutragen, kann man ähnlich interpretieren.

---

58 Materiały do dziejów Reformacji (wie Anm. 1), 175f. (Nr. 243).

59 Gotthard, Axel: Säkularisierung – Toleranz – Menschenrechte. Ideen- und mentalitätsgeschichtliche Blicke auf die Augsburger Ordnung. In: Als Frieden möglich war: 450 Jahre Augsburger Religionsfrieden. Aust.-Kat. Augsburg 2005. Hg. v. Carl A. Hoffmann u. a. Regensburg 2005, 282–289; Blaschke, Karlheinz: Die Bedeutung der Reformationstheologie für die Ausbildung der Menschen- und Freiheitsrechte. In: Zwingli und Europa (wie Anm. 44), 237–257.

60 Davies, Natalie Zemon: The sacred and the body social in sixteenth-century Lyon. In: Past & Present 90 (1981), 40–70.

61 Grosse, Christian: Places of sanctification: the liturgical sacrality of Genevan Reformed churches, 1535–1566. In: Sacred Space in Early Modern Europe. Hg. v. Will Coster und Andrew Spicer. Cambridge 2005, 60–80.

Es scheint sich hier um Aushandlungsprozesse im Stadtraum zu handeln: Zu welchen „rhetorischen Kniffen“ man jeweils greift, ist vielleicht nicht beliebig, aber doch ganz stark vom jeweiligen lokalen Kontext abhängig und nicht alleine durch konfessionelle Lehren bestimmt, die z. B. den Bildgebrauch oder den Kirchenraum betreffen. Die Aushandlungsprozesse scheinen somit – trotz aller immer wieder auflodernder Heftigkeit – doch in einem gewissen kommunikativen und symbolischen Kontinuum stattzufinden, wobei die Bedeutungsverschiebungen in den polemischen Schriften wie in der ritualisierten konfessionellen Gewalt gern als „Brüche“ inszeniert werden. Ein solches symbolisches Kontinuum wird gut durch eine Stadtansicht Krakaus illustriert, die als Vignette in der Sammlung der Adelsprivilegien die Bestätigung derselben durch König Stephan Báthory auf dem Krönungs-Sejm von 1576 illustriert (Abb. 2).[62] Krakau erscheint hier vor allem als Krönungs- und Residenzstadt: Über die eigentliche Stadt dominieren das Schloß und die Kathedrale auf dem Wawelberg. Die Silhouette der Stadt erscheint als von Kirchentürmen und -dächern bestimmt, darunter auch das charakteristische spitze Dach des „Schobers“. Die Stadtansicht scheint die darunterstehende Versprechung des Königs, dem Adel freie Religionsausübung zu gewähren, aufzugreifen. Krakau wird zwar als eine sakrale Metropole charakterisiert,[63] aber als eine solche, die mehrere Konfessionen umfaßt. Nach der Zerstörung des „Schobers“ wird sich das Stadtbild entscheidend gewandelt haben. Die neugewonnene konfessionelle Einheit wird Mitte des 17. Jahrhunderts durch den Autor eines Pilgerführers wieder in einem organisch-mystischen Bild der Stadt zum Ausdruck gebracht:

> Wie der Schöpfer der Natur und die Natur selbst das Herz in der Mitte des menschlichen oder auch des tierischen Leibes eingepflanzt hat, aus dem das Leben in alle des Körpers Glieder ausstrahlt: so steht die Marienkirche in der Mitte des Krakauer Ringes, damit aus ihr das seelische Leben durch die Sakramente und die heilsame Lehre, so wie auch das Leben des Leibes durch die Heiligen und durch die Gebete der Geistlichen, die darin stattfinden, in die ganze Stadt hinein ausstrahlen können.[64]

---

62 Constitucie Statuta y Przywileie na Walnych Seymiech od Roku Pańskiego 1550 aż do Roku 1581 uchwalone [Konstitutionen, Statuten und Privilegien der allgemeinen Sejmzusammenkünfte, die von 1550 bis 1581 verabschiedet wurden]. Kraków 1581, fol. 158r (Holzschnitt, 144x38). Zu der Stadtansicht von 1581 siehe Banach, Jerzy: Dawne widoki Krakowa [Alte Ansichten Krakaus]. Kraków 1967, 28–35 und 178 (Kat.-Nr. 3). Banach will das spitze Dach als Westgiebel der Markuskirche identifizieren, gibt allerdings selbst zu, daß es dafür zu hoch sei.

63 Bogucka, Maria: Krakau – Warschau – Danzig. Funktionen und Wandel von Metropolen 1450–1650. In: Metropolen im Wandel. Zentralität in Ostmitteleuropa an der Wende vom Mittelalter zur Neuzeit. Hg. v. Evamaria Engel, Karen Lambrecht und Hanna Nogossek. Berlin 1995, 71–91, hier 76–78. – Gapski (wie Anm. 50), 14–16.

64 Pruszcz, Piotr Hiacynt: Kleynoty Stołecznego Miástá Krakowa, abo Koscioły, y co w nich iest widzenia godnego y znácznego, krotko opisane ... [Kleinodien der Hauptstadt Krakau oder ihre Kirchen und was darin sehenswertes und bedeutendes ist, kurz beschrieben ...]. 2. veränderte Ausgabe, Kraków 1650, 35f.: „Iako Author natury/y natura sama serce w poysrodku ciała ludzkiego y bydlecego/zktoregoby się żywot y czerstwość na wszytko ciało rozchodziła/zasadziła: tak Kościoł ten Przezacny y wspaniały we środ Rynku Krak. aby z niego tak duszny przez Sakramenta y nauki zbawienne/iako y cielesny żywot przez przyczyny Swiętych/y modlitwy nabożne sług Bożych w nim sie odprawuiące/na wszytko Miasto płynął.“ In der Erstausgabe des Kirchenführers von 1647 operiert die organische Metapher an dieser Stelle mit dem Bild der Pupille des Auges und wird weniger ausgeführt als in der hier zitierten zweiten Ausgabe. Zum Primat des Herzens – als Quelle des ewigen Lebens – vor dem – die Glieder des Körpers regierenden – Kopf im Rahmen der organischen Metapher in den Schriften des in Krakau tätigen Jesuiten und berühmten Predigers Piotr Skarga siehe Maleszyński (wie Anm. 50), 22.

Anna Ohlidal

Präsenz und Präsentation

Strategien konfessioneller Raumbesetzung in Prag um 1600 am Beispiel des Prozessionswesens

Im Jahr 1609 sammelten sich die Teilnehmer der ersten großen marianischen Wallfahrt von Prag nach Altbunzlau (tsch. Stará Boleslav) bei der Altstädter Minoritenkirche St. Jakob, wo sie zuvor die Messe gehört hatten. An der Spitze des Prozessionszugs schritt ein Minorit mit dem Kreuz. Die in zwei Chöre aufgeteilten Sänger sangen die lateinische Allerheiligenlitanei, und hinter den katholischen Priestern und Ordensmännern ging ein Domherr von St. Veit im Pluviale. Danach folgten die Laien, zumeist mit Pilgerstäben in den Händen und tschechische – am Ende des Zugs auch deutsche – Litaneien und Lieder singend. Die Zahl der Pilger sei angeblich so groß gewesen, daß sich die drei Abteilungen im Gesang nicht gegenseitig gestört hätten. Bevor die marianischen Wallfahrer Prag in Richtung Altbunzlau verließen, bewegte sich ihr Prozessionszug eine ganze Stunde lang durch die Hauptstraßen der Prager Alt- und Neustadt und wurde dabei auch über den Altstädter Ring geführt (Abb. 1).[1]

Die Länge des Aufenthalts in den Prager Städten und die Überquerung des zentralen Platzes der Altstadt, an dem sich nicht nur das Altstädter Rathaus befand, sondern auch die damalige Hauptkirche des böhmischen Utraquismus, die Marienkirche vor dem Teyn, mußte in der gespannten Atmosphäre jenes Jahres, das Böhmen den Majestätsbrief und mit ihm eine gewisse Religionsfreiheit bringen sollte, wie eine Provokation wirken. Denn das rudolfinische Prag, Kaiserresidenz und Metropole, ist nicht nur im Hinblick auf die Zahl der in seinen Mauern vertretenen Konfessionen als ein vielfältig kodierter städtischer Raum zu bezeichnen.[2] Das heutige Prag bildete bis 1784 allerdings keine Einheit, sondern bestand aus drei beziehungsweise seit der Erhebung der Burgstadt Hradschin 1598 aus vier königlichen Städten mit einem jeweils eigenen sozialen, konfessionellen und ethnischen Charakter. Die Prager Altstadt nahm nach Größe und Bedeutung den ersten Rang unter den königlichen Städten Böhmens ein. In unmittelbarer Nachbarschaft lebten hier Utraquisten, Lutheraner, Calvinisten, böhmische Brüder und Katholiken, wobei leider nicht nur

[1] Das Geschehen findet sich geschildert nach den „Annales Provinciae Boh. Soc Jesu" bei: Ryneš, Václav: Paladium země České. Kapitola z českých dějin náboženských [Das böhmische Palladium. Ein Kapitel aus der böhmischen Religionsgeschichte]. Praha 1948, 153f.

[2] Grundlegende Literatur zu Prag: Ledvinka, Václav/Pešek, Jiří: Praha [Prag]. Praha 2000 (mit weiterführender Literatur); Státníková, Pavla u. a.: Dějiny Prahy I. Od nejstarších dob do sloučení pražských měst (1784) [Geschichte Prags I. Von den ältesten Zeiten bis zur Vereinigung der Prager Städte (1784)]. Praha-Litomyšl 1997; Hausenblasová, Jaroslava/Šroněk, Michal: Urbs aurea. Praha císaře Rudolfa II. [Urbs aurea. Das Prag Kaiser Rudolfs II.]. Praha 1997; Janáček, Josef: Malé dějiny Prahy [Kleine Geschichte Prags]. Praha [3]1983 [[1]1967]; Borkovský, Ivan u. a.: Dějiny Prahy [Geschichte Prags]. Praha 1964.

deren zahlenmäßiges Verhältnis zueinander kaum erforscht ist.[3] Die Altstadt verfügt zudem über die breiteste Quellenbasis, so daß ein Großteil der im folgenden genannten Beispiele aus dieser Stadt stammt. Für die Neustadt, die eindeutiger protestantisch-utraquistisch geprägt war, ist die Überlieferungssituation weniger günstig. Die beiden Städte am linken Moldauufer, die Kleinseite und die Burgstadt Hradschin, wiesen durch die unmittelbare Nähe des Hofes, die vielen hier ansässigen Adligen und deren Bedienstete anscheinend konfessionell eine Art Pattsituation zwischen dem Katholizismus und den protestantischen Denominationen bzw. dem Utraquismus auf. Die ständigen Umbrüche in der Positionierung der einzelnen Konfessionen durch die katholische Offensive des späten 16. Jahrhunderts, das Streben der protestantischen Bekenntnisse nach offizieller Anerkennung und die Versuche des Utraquismus, die im 15. Jahrhundert gewonnene Führungsposition in Böhmen zu sichern, ließen auch und gerade die Prager Städte zu einem exponierten Schauplatz dynamischer, konfessionell geprägter Interaktion werden, die zugleich ihre eigenen Rückwirkungen auf den städtischen Raum zeitigte.

Im städtischen Kontext führt Multikonfessionalität zwingend dazu, daß zahlreiche konfessionelle Raumansprüche nebeneinander Geltung beanspruchen, wobei sowohl distinkte, voneinander abgegrenzte Räume der einzelnen Konfessionen entstehen können – wie die Kirchengebäude, wenn man die Institution des Simultaneums einmal unberücksichtigt läßt – als auch Mischzonen im öffentlichen Raum der Straßen, Plätze und Wirtshäuser oder im Privatbereich. Betrachtet man die Konstituierung konfessionell geprägter städtischer Räume näher,[4] so ist festzuhalten, daß diese auf unterschiedliche Art und Weise erfolgen konnte. Konfessionelle Raummarkierungen unterschieden sich beispielsweise in der Dauerhaftigkeit und in der Intensität; sie konnten auch verschiedene menschliche Sinne ansprechen. Das Phänomen umfaßt sowohl die auf Dauer angelegte, wenn auch im Endeffekt nicht unbedingt tatsächlich dauerhafte Raumbesetzung, die sich in kirchlichen Neubauten, anderskonfessioneller Nutzung bestehender Kirchen oder der Errichtung religiös konnotierter Denkmäler in der Stadt manifestiert, als auch die temporäre Raumbesetzung beispielsweise durch Prozessionen, religiöse Volksfeste oder Umzüge mit konfessioneller Motivierung. Auch in der Intensität einer temporären Markierung sind Abstufungen denkbar, so zwischen einer großen Prozession anläßlich eines kirchlichen Hochfestes, die einen

---

[3] Nicht näher untersucht habe ich die konfessionelle Formierung des Raumes im Hinblick auf die Juden, obwohl diese in der Judenstadt auf dem Gebiet der Altstadt lebten und sich in den Quellen auch einige Anhaltspunkte gerade über Streitigkeiten hinsichtlich der Nutzung des Stadtraumes finden lassen. – Was das zahlenmäßige Verhältnis der Konfessionen zueinander anbelangt, so fehlt es bisher an Schätzungen. Eine gewisse Ausnahme bildet hier eine Schätzung der Anzahl von Katholiken im rudolfinischen Prag, die von ungefähr 2000 Personen ausgeht: Maur, Eduard: Gegenreformation und Rekatholisierung in Prag. In: Prager Barock. Ausst.-Kat. Schallaburg 1989. Wien 1989 (Katalog des NÖ Landesmuseums N. F. 227), 136–139, hier 136.

[4] Als Beispiele für die Operationalisierung des überwiegend als sozial konstituiert verstandenen Raumbegriffs im Bereich der Frühneuzeitforschung seien hier genannt: Zwischen Gotteshaus und Taverne. Öffentliche Räume in Spätmittelalter und Früher Neuzeit. Hg. v. Susanne Rau und Gerd Schwerhoff. Köln u. a. 2004; Kirchen, Märkte und Tavernen. Erfahrungs- und Handlungsräume in der Frühen Neuzeit. Hg. v. Renate Dürr und Gerd Schwerhoff. Frankfurt/Main 2005; Sacred Space in Early Modern Europe. Hg. v. Will Coster und Andrew Spicer. Cambridge 2005; Dürr, Renate: Politische Kultur in der Frühen Neuzeit. Kirchenräume in Hildesheimer Stadt- und Landgemeinden 1550–1750. Heidelberg 2006, bes. 15–22.

Großteil der städtischen Straßen und Plätze erfaßt, und einem Leichenzug vom Haus des Verstorbenen zu Kirche oder Friedhof oder auch nur dem Gang eines katholischen Mönchs im Ordensgewand durch die Straßen der zu antikatholischen Ausbrüchen neigenden Prager Neustadt. Viele dieser konfessionellen Raumbesetzungen beschränken sich zudem nicht nur auf das visuelle Moment; auch die Rolle der auditiven Effekte bei einer solchen Markierung sollte nicht unterschätzt werden. Nicht nur das in der Kirche erklingende Wort trug zur Konstituierung des konfessionellen Raumes bei, sondern auch der religiöse Gesang im kirchlichen – sowohl öffentlichen als auch privaten – Raum: So vernahm beispielsweise der Prager Erzbischof Berka auf dem Weg von seiner Residenz zur Messe in der Augustinerkirche zu St. Thomas auf der Kleinseite aus geöffneten Fenstern die Lieder der Calvinisten, die sich in einem Privathaus zum Gottesdienst versammelt hatten.[5] Religiöse Lieder erklangen während der Gottesdienste, bei Prozessionen, religiösen Festen und Wallfahrten. Spottlieder auf andere Konfessionen prägten, wenn man den normativen Quellen glauben darf, das Klangbild der Prager Straßen, Plätze und Wirtshäuser. Auch die Glocken, im Läuten oder im ostentativen Schweigen, trugen zur Klanglichkeit der konfessionellen Topographie bei.

Aus diesem breiten Spektrum möglicher Demonstrationsobjekte, an denen sich die Formierung des konfessionellen Raumes aufzeigen läßt, wird hier exemplarisch ein Aspekt herausgegriffen, der Auskunft über eine temporär angelegte konfessionelle Kodierung des Stadtraumes geben könnte – nämlich das Prozessionswesen.[6] Zugleich wird durch die Wahl des Begriffs „Strategie" im Titel der Fokus auf gezieltes und gewolltes Handeln gelegt, was zugleich das Konfliktpotential der multikonfessionellen Topographie deutlich macht. Damit kann man auch der angespannten politischen Situation gerecht werden, die um 1600 in Prag herrschte. Deutlich werden sollte die Dynamik und permanente Neukonstituierung des nicht per se konfessionell markierten städtischen Raumes, in dem sich auch Möglichkeiten zu konfessioneller Mehrfachcodierung eröffneten.[7] Nun scheinen Prozessionen zwar auf den ersten Blick ein fester Bestandteil der katholischen Ritualität zu sein, dem das Luthertum genauso ablehnend gegenüberstand wie die Calvinisten und die Brüderunität. Aber die Prager Straßen und Plätze wurden eben nicht nur von Katholiken, sondern auch von Utraquisten und manchmal sogar von Protestanten für offen oder versteckt konfessionell konnotierte Umzüge genutzt, die dazu dienen konnten, die Präsenz der eigenen Konfession im öffentlichen Raum zu demonstrieren und eventuell auch deren Bekenntnisinhalte zu präsentieren. So erging bis 1611 jedes Jahr vom Rektor der utraquistisch-protestantischen Karlsuniversität eine Einladung an die Magister

[5] Národní archiv (Prag). Archiv pražského arcibiskupství. B 2/2, fol. 57v (23.9.1598).

[6] Eine Untersuchung zum Prager Kirchenbau als Beispiel für eine dauerhaft angelegte Manifestierung der eigenen Konfession im städtischen Raum liegt ebenfalls vor: Ohlidal, Anna: Kirchenbau in der multikonfessionellen Stadt. Zur konfessionellen Prägung und Besetzung des städtischen Raums in den Prager Städten um 1600. In: Stadt und Religion in der Frühen Neuzeit. Soziale Ordnungen und ihre Repräsentationen. Hg. v. Vera Isaiaz u. a. Frankfurt/Main-New York 2007, 67–81.

[7] Eine hervorragende Untersuchung eines französischen Fallbeispiels: Eurich, Amanda: Sacralizing space: reclaiming civic culture in early modern France. In: Sacred Space in Early Modern Europe (wie Anm. 4), 239–281.

und Studenten, sich im Großen Kolleg in der Altstadt zu versammeln und von dort „zum Gedächtnis an Karl IV. und die anderen Wohltäter der Universität“[8] durch die Straßen der Alt- und Neustadt zur Fronleichnamskapelle in der Neustadt zu ziehen. Unter Karl IV. war die Fronleichnamskapelle für die Schau der Reichsreliquien erbaut worden, und der Umzug der Universität fand in zeitlicher Nähe zu diesem Feiertag statt.[9]

So legte die lutherische Gemeinde der Altstadt am 27. Juli 1611 feierlich den Grundstein für ihre Salvatorkirche. Die Festpredigt wurde morgens in der Kreuzkirche in der Nähe des Moldauufers gehalten, wobei der Grundstein auf dem Altar ruhte. Anschließend transportierte man ihn auf einem Wagen bis zum Altstädter Ring und weiter zum Bauplatz, begleitet von der Gemeinde und den kirchlichen Würdenträgern, den adligen Gönnern und vielen Schaulustigen. Unter dem Gesang des *Te deum laudamus* in deutscher Sprache wurde der Grundstein an der Stelle des neu zu errichtenden Chors niedergelegt. Es mochte die Gemeindemitglieder dabei durchaus mit Genugtuung erfüllen, daß sie sich nun – nachdem ihr Antrag auf Abhaltung deutscher Predigten in der Marienkirche vor dem Teyn von der utraquistischen Kirchenverwaltung energisch abgelehnt worden war – auf einen eigenen Kirchenbau freuen konnten, der damals nur durch einen Durchgang vom prestigeträchtigen Altstädter Ring getrennt war.[10] Und mag man in diesem Fall auf den wesentlichen Unterschied zur katholischen Prozession verweisen können, nämlich auf das Fehlen eines mitgeführten Sakralobjekts, in der Regel des Altarsakraments, so gilt dieses Argument für die kirchlichen Feste und Prozessionen der Utraquisten nur bedingt.

Obwohl die Quellen zur utraquistischen Gestaltung der Liturgie und der Feier des Kirchenjahrs eher spärlich gesät sind,[11] finden sich vereinzelte Hinweise auf wöchentliche Prozessionen an der Marienkirche vor dem Teyn, bei denen es sich vermutlich um die Umgänge der Literatenbruderschaft um die Kirche gehandelt haben dürfte, die erst nach 1609 eingestellt wurden.[12] Mindestens bis in die 1570er Jahre, vermutlich aber länger, ordnete das utraquistische Konsistorium Prozessionen

8 In der Übersetzung der Verfasserin zit. nach: Winter, Zikmund: Život církevní v Čechách. Kulturně-historický obraz z XV. a XVI. století [Das kirchliche Leben in Böhmen. Ein kulturhistorisches Bild aus dem 15. und 16. Jahrhundert]. 2 Bde. Praha 1895–1896, hier Bd. 2, 875.

9 Ebd.

10 Pavla Skály ze Zhoře Historie Česká od r. 1602 do r. 1623 [Die Böhmische Geschichte von 1602 bis 1623 des Pavel Skála von Zhoř]. 5 Bde. Hg. v. Karel Tieftrunk. Praha 1865–1870, hier Bd. 1, 325f.; Hrejsa, Ferdinand: U Salvatora. Z dějin evangelické církve v Praze (1609–1632) [Zu Salvator. Aus der Geschichte der evangelischen Kirche in Prag (1609–1632)]. Praha 1930, 19.

11 Für das 15. Jahrhundert sei verwiesen auf: Macek, Josef: Víra a zbožnost jagellonského věku [Glaube und Frömmigkeit des Jagiellonen-Zeitalters]. Praha 2001; Holeton, David: The Evolution of Utraquist Eucharist Liturgy: a textual study. In: Bohemian Reformation and Religious Practice. Bd. 2. Hg. v. Zdeněk David und David Holeton. Praha 1998, 97–126. – Der aufgrund der schlechten Überlieferungssituation in der Geschichtswissenschaft kaum behandelte Utraquismus des 16. Jahrhunderts wird dank einer neueren Studie wesentlich plastischer: David, Zdeněk: Finding the Middle Way. The Utraquists' Liberal Challenge to Rome and Luther. Washington-Baltimore-London 2003.

12 Winter (wie Anm. 8), Bd. 1, 334. – Zur Gestalt dieser Prozession im 15. Jahrhundert siehe Macek (wie Anm. 11), 156, wonach in Prag bei der Marienkirche vor dem Teyn die Literatenbruderschaft einen vermutlich älteren Brauch erneuerte und eine Prozession um die Kirche veranstaltete. An der Spitze schritten die reichsten Mitglieder mit großen Kerzen in den Händen, dahinter der Priester, der den Zuschauern die Monstranz entgegenhielt. Anschließend betrat die Prozession die Kirche, und die Mitglieder beteiligten sich mit ihrem Gesang an der festlichen Messe mit Orgelbegleitung.

in der Kreuzwoche für die Pfarrer sowie die Lehrer und Schüler der Prager Pfarrschulen an, die an einem Tag in der Altstadt von der Marienkirche vor dem Teyn zu St. Gallus und am nächsten Tag in der Neustadt von St. Heinrich zur Marienkirche des utraquistischen Emaus-Klosters führen sollten.[13] Hier wurden bedeutende Kirchen in den beiden Städten miteinander verbunden, und der Weg der Prozession verlief entlang der belebtesten Straßen und Plätze der Alt- bzw. Neustadt. Die zunehmend klareren Trennungslinien zwischen Utraquismus und Protestantismus und das Bekenntnis vieler Prager Pfarrer und Gemeinden zu letzterem scheinen aber dafür gesorgt zu haben, daß die Möglichkeit, öffentlichen Raum durch Prozessionen temporär als utraquistisch zu markieren, immer weniger genutzt wurde. Vielleicht kann man diese Erscheinung auch als Erfolg der katholischen Konfessionalisierung werten, der es anscheinend gelungen war, diesen Prozessionen – ebenso wie dem Fronleichnamsfest, auf das später noch einzugehen sein wird – den Ruch der Katholizität zu verleihen und einer konkurrierenden utraquistischen Raumbesetzung den Boden zu entziehen.

Wirft man vom Prozessionswesen einen Seitenblick auf andere Festlichkeiten im öffentlichen Raum, so besaß ein utraquistisches Fest für die Katholiken zweifellos das größte Provokationspotential, und zwar der Festtag des Johannes Hus; die Lutheraner feierten den Hustag ebenfalls, allerdings im kleineren Rahmen, denn nach der böhmischen Agenda von 1581 handelte es sich um einen der fünfzehn „kleineren" neben den zwölf „großen" Feiertagen.[14] Die böhmischen Brüder ehrten indes nur das Andenken des Johannes Hus. Die Utraquisten hielten am 6. Juli in den Kirchen Gottesdienste mit einer speziellen Liturgie ab, und auch der öffentliche Raum wurde von ihnen besetzt: Leider liegen nur sehr wenig Quellen vor, die für den hier behandelten Zeitraum beschreiben, was sich an diesem Tag genau auf den Straßen und Plätzen der Prager Städte zutrug. Aus dem frühen 16. Jahrhundert sind Hinweise überliefert, die den demonstrativen Charakter des Festes erahnen lassen: Feuer wurden entzündet, Schüsse abgefeuert, auf den Straßen erklangen Lieder auf Hus und Hieronymus von Prag, in denen die katholische Hierarchie verspottet wurde, es fanden Prozessionen statt, bei denen man das Altarsakrament durch die Straßen trug.[15] Die größte Provokation lag aber wohl bereits im Fest selbst, durch das der Alltag in den Prager Städten praktisch zum Erliegen kam und auch die Katholiken gezwungen waren, ihre Lebensführung diesem genuin utraquistischen Festtag anzupassen. Wie intensiv von katholischer Seite versucht wurde, an diesem Tag die Verfügungsgewalt über den öffentlichen Raum zu erlangen, belegt ein Beispiel von der Prager Kleinseite: Hier sollte die Feier des Hustages dadurch verhindert werden, daß man auf dem zentralen städtischen Platz wie gewöhnlich Markt abhielt und die Verkäufer von den städtischen Bütteln mit Gewalt vor Ort bringen ließ.[16]

---

13 Winter (wie Anm. 8), Bd. 2, 871.

14 Ebd., 874.

15 Ebd., 873; Flegl, Michal: Z dějin Husovy tradice v Praze. Příspěvek k 550. výročí upálení M. J. Husa [Aus der Geschichte der Hus'schen Tradition in Prag. Ein Beitrag zum 550. Jahrestag der Verbrennung von Magister Jan Hus]. In: Staletá Praha 1 (1965), 66–73, bes. 66–68.

16 Apologie druhá stavův Království českého, tělo a krev Pána Ježíše Krista pod obojí spůsobou přijímajících [Zweite Apologie der Stände des Königreichs Böhmen, die Fleisch und Blut des Herrn Jesus Christus unter beiderlei Gestalt zu sich nehmen]. Hg. v. Václav Šubert. Praha 1862, 214.

Was setzten die Katholiken dem protestantisch-utraquistischen Umfeld aber an eigenen Raumbesetzungsritualen entgegen? Welche Prozessionen werden in zeitgenössischen Quellen besonders wahrgenommen, was weiß man über die Routen der Prozessionen, über deren audiovisuelle Komponente, über die eventuelle Einbeziehung neuer, im mitteleuropäischen Kontext bisher ungewohnter Frömmigkeitsformen? Obwohl man für die katholische Konfession in den Prager Städten aufgrund der Situation nach 1620 eigentlich eine bessere Überlieferungssituation erwarten sollte, lassen sich auch hier nur Mosaiksteine zusammentragen. So finden sich einzelne Hinweise auf Prozessionen, die anläßlich von Grundsteinlegungen und Kirchenweihen stattfanden, Verweise auf Dank- und Bittprozessionen in enger Anbindung an dynastische Ereignisse[17] oder äußere Anlässe wie die Türkengefahr, auf Prozessionen in und um einzelne Kirchen in der Stadt oder auf der Burg. Weiter ergab die Analyse der Tagebücher dreier böhmischer Hofadliger[18] zwei Prozessionsanlässe, die in Prag besonders stark rezipiert wurden: Dabei handelt es sich um die von den Kapuzinern spätestens seit 1604 veranstaltete Karfreitagsprozession und um jene Prozessionen, die rund um Fronleichnam in allen Prager Städten in verschiedensten Ausgestaltungen abgehalten wurden. Die in den Quellen gut nachweisbare Kleinseitner Karfreitagsprozession verband in der Regel die Kapuzinerkirche mit der St. Thomaskirche der Augustinereremiten auf der Kleinseite, d. h., die Prozession bewegte sich von der Burgstadt aus vermutlich über die Rathaustreppe und die Spornergasse den Burgberg hinunter in die Stadt und drückte dem Raum dabei den Stempel einer besonders exaltierten katholischen Frömmigkeit auf: nämlich der öffentlichen Geißelung der Mitglieder der Flagellantenbruderschaft, die sich wohl hauptsächlich aus Spaniern zusammensetzte.[19] Adam d. J. von Waldstein, selbst katholisch, hielt in

[17] Als Beispiel ein Vermerk aus den nach Dresden gesandten Nachrichten eines sächsischen Agenten, in dem einmal die Start- und Zielpunkte solcher Prozessionen festgehalten wurden (Sächsisches Hauptstaatsarchiv Dresden. 10 024. Geheimer Rat (Geheimes Archiv). Loc. 10 728/3, fol. 157r (13.7.1617): „Gestern umb 7. uhr fruehe wegen der Jubilei ein procession von der Schloskirchen [Veitsdom, A. O.] hinüber gehen Maria ad Nives [Franziskanerkirche Maria Schnee in der Neustadt, A. O.] gehalten, damit die fürnembsten lanndtofficiren, thaile der geheimben Räth, H. Erczbischoff mit andren Prelaten, Eß haben auch Ir Königl. May. mit gehen wöllen, aber ein verhinderung eingefallen. – Heut ist ein procession von der Muetter Gottes [Kirche der Prämonstratenser oder der Kapuziner oder sogar die Marienkirche vor dem Teyn? A. O.] gehn S. Margaretha [in Břevnov bei Prag? A. O.]. – Ahn Freytage also morgen wiederumb von der Schlosskirchen zue S. Thomas [Augustinerkirche auf der Kleinseite A. O.] (am Sambstag nochmalen von der Schlosskirchen gegen Strahoff), unndt würdt sc. Jubileum godtsfürchtig celebriret."

[18] Analysiert wurden die Aufzeichnungen von Adam d. J. von Waldstein, Christoph von Lobkowitz und Zdenko Adalbert von Lobkowitz. – Das Tagebuch des ersteren liegt gedruckt vor: Deník rudolfinského dvořana. Adam mladší z Valdštejna 1602–1633 [Das Tagebuch eines rudolfinischen Höflings. Adam d. J. von Waldstein 1602–1633]. Hg. v. Marie Koldinská und Petr Maťa. Praha 1997. – Ich bin Dr. Petr Maťa (Wien/Prag) zu großem Dank verpflichtet, da er mir großzügig und uneigennützig seine eigenen Abschriften der bisher nicht edierten Tagebücher von Christoph von Lobkowitz und Zdenko Adalbert von Lobkowitz für die Erhebung der prozessionsrelevanten Daten zur Verfügung gestellt hat.

[19] Národní archiv (Prag). Řádový archiv Kapucínů, Nr. 66: Das unter dieser Nummer verwahrte, 1606 angelegte Bruderschaftsbuch trägt die Wappen des spanischen Gesandten am rudolfinischen Hof, Don Guillén de San Clemente, und des späteren kaiserlichen Generals Baltazar de Marradas. Leider enthält es keine Mitgliederverzeichnisse, was in der Literatur auch zu der Ansicht geführt hat, das Vorhaben der Bruderschaftsgründung sei nie in die Tat umgesetzt worden: Rudolf II. a Praha. Císařský dvůr a rezidenční město jako kulturní a duchovní centrum střední Evropy. Katalog vystavených exponátů [Rudolf II. und Prag. Der Kaiserhof und die Residenzstadt als kulturelles und

seinem Tagebuch in einer Mischung aus Distanz und Neugier nicht nur die Tatsache als solche, sondern sogar die jeweilige Zahl der Flagellanten fest.[20] Leider konnten bisher keine Reaktionen von Utraquisten oder Protestanten auf diese zugespitzte Präsentation einer katholischen Identität, die in ihrer theatralischen Eroberung des städtischen Raumes eigentlich im höchsten Maße provozierend hätte wirken müssen, aufgefunden werden.

Als *die* Chance, den katholischen Glauben im städtischen Raum zu präsentieren, kristallisierte sich allerdings das Fronleichnamsfest heraus. Das seit dem 13. Jahrhundert nachweisbare, im Spätmittelalter mit höchster Prachtentfaltung begangene Fest war in der protestantischen Reformation scharf kritisiert worden. Für viele Reichsterritorien sind Fälle überliefert, in denen es zu Störungen der Prozessionen und zu tätlichen Angriffen auf das in der Monstranz getragene und das „spatial and referential centre"[21] der Prozession bildende Altarsakrament kam. In den protestantischen oder mehrheitlich protestantischen Reichsstädten fanden die Prozessionen entweder gar nicht mehr oder zumindest nicht im öffentlichen Raum statt. Für Böhmen hat man zu berücksichtigen, daß mindestens bis in die 1570er Jahre nicht nur katholische, sondern auch und vielleicht sogar überwiegend utraquistische Fronleichnamsprozessionen abgehalten wurden; bei diesen führte man neben dem Altarsakrament auch den Kelch mit.[22] Wie sehr es bei diesen Prozessionen um Vorrang und Prestige, aber auch um die eigenkonfessionelle Markierung von Raum ging, belegt bereits ein Zwischenfall aus dem jagiellonischen Prag, als eine katholische Prozession, an der der König persönlich teilnahm, in den engen Prager Gassen mit einer utraquistischen Prozession zusammentraf und keiner der Umzüge dem anderen den Vortritt lassen wollte.

Ab den 1560er Jahren läßt sich am Beispiel der jesuitischen Fronleichnamsprozessionen für die Prager Altstadt beobachten, wie Prozessionen zur allmählichen Eroberung des städtischen Raumes dienen konnten, indem sie sich nach und nach vom Kircheninneren auf das unmittelbare Umfeld der Kirche und weiter in die umliegenden Straßen der Stadt ausdehnten. In den ersten Jahren des jesuitischen Wirkens werden die Prozessionen in den Diarien nicht gesondert vermerkt,[23] was für eine eher unauffällige Begehung spricht. Für 1564 findet sich die erste Beschreibung

---

geistiges Zentrum Mitteleuropas. Katalog der ausgestellten Exponate]. Hg. v. Eliška Fučíková u. a. Praha 1997, 472, Nr. V/580.

20 Deník rudolfinského dvořana (wie Anm. 18), 105 (8.4.1605), 124 (71 Flagellanten, 24.3.1606), 158f. (46 Flagellanten, 17.4.1609), 245 (98 Flagellanten, 1.4.1605). – Ron, Vojtěch: Velkopáteční pašijová procesí [Passionsprozessionen am Karfreitag]. In: Český lid 80 (1993), 293–304, bes. 294–296.

21 Zit. nach Zika, Charles: Hosts, Processions and Pilgrimages. Controlling the Sacred in fifteenth-century Germany. In: Past and Present 118 (1988), 25–64, hier 41. – Zu Störungen von Prozessionen beispielsweise: Sturminger, Walter: Der Milchkrieg zu Wien am Fronleichnamstag 1578. In: Mitteilungen des Instituts für Österreichische Geschichtsforschung 58 (1950), 614–624, bes. 614f.; Mitterwieser, Alois: Geschichte der Fronleichnamsprozession in Bayern. München 1930, 29.

22 Macek (wie Anm. 11), 265f.; Ders.: Jagellonský věk v českých zemích (1476–1526). III. Města [Das jagiellonische Zeitalter in den böhmischen Ländern (1476–1526). III. Die Städte]. Praha 1998, 273. – Winter (wie Anm. 8), 866–868 liefert eine ausführliche, quellennahe Beschreibung der Fronleichnamsprozessionen des 16. Jahrhunderts.

23 Straka, Cyrill A.: Jak slavilo se Boží tělo v Praze v XVI. a XVII. století [Wie das Fronleichnamsfest im Prag des 16. und 17. Jahrhunderts gefeiert wurde]. In: Časopis katolického duchovenstva 57 (1916), 161–173, 323–336, hier 164.

einer Prozession, bei der vier Stationen im Hof des Kollegs errichtet wurden.[24] Den Jesuiten gelang es in den nächsten zwei Jahrzehnten, nicht nur die Zahl der von ihnen veranstalteten Prozessionen auf insgesamt drei zu erhöhen, sondern sie verließen auch den Hof des Kollegs und bezogen zumindest die umliegenden Straßen mit ein. Ihren Höhepunkt erreichten die Prozessionen in den Jahren 1599 und 1600, als der päpstliche Nuntius als Träger der Monstranz gewonnen werden konnte und eine große Menge Schaulustiger dem Umzug zusah.[25] In den folgenden Jahren zwang die politische Situation die Jesuiten zwar dazu, die Pracht ihrer Prozessionen nicht weiter zu steigern und einen Teil des „eroberten" städtischen Raumes wieder preiszugeben, insofern sie sich auf das unmittelbare Umfeld des Kollegs zurückzogen. So ist für das Jahr 1606 überliefert, daß nicht mehr das ganze Viertel, in dem die Gebäude des Kollegs standen, in die Prozession einbezogen wurde. Vielmehr wandte sich die Prozession nach Verlassen der Salvatorkirche sofort zum Hof des Kollegs, wo an der Nordseite die erste Station in der Mitte errichtet worden war. Die zweite Station befand sich in der St. Clemens-Kirche, die man durch das Hauptportal verließ, um sich die heutige Karlsgasse entlang zum Haus des Buchdruckers Georg Nigrinus zu begeben, das an der Ecke der Gasse gegenüber der Brücke stand, und dann in die Salvatorkirche zurückzukehren. Aber nicht nur die politische Situation bestimmte die Gestaltung der Fronleichnamsprozession, sondern auch deutlich banalere Faktoren wie die Wetterlage. 1607 konzentrierte sich die Prozession wegen anhaltenden starken Regens auf die Altäre der Salvatorkirche.[26] Trotzdem ist es sicher nicht verfehlt, in den jesuitischen Prozessionen ein Beispiel für den Versuch einer allmählichen – wenn auch temporären – Aneignung eines bis dato kaum katholisch konnotierten Stadtraumes zu sehen. Indem die Jesuiten mit ihrer Präsentation von Katholizität im semi-öffentlichen Raum der unmittelbaren Umgebung des Kollegs verblieben, machten sie das Zusehen für die Glaubensgegner zu einer freiwilligen Angelegenheit, wobei der Stachel des katholischen Fronleichnamsverständnisses durchaus hinter dem prunkvoll-theatralischen Mantel der Prozession verborgen geblieben sein konnte. Daß das Vorgehen der Jesuiten von den Zeitgenossen nicht unbedingt in seiner ganzen Symbolkraft erfaßt wurde, mag durch die Tatsache belegt werden, daß sich der Orden das für die Prozession benötigte Gerät wie Kerzenleuchter, Teppiche, Decken und ähnliches mehr gewohnheitsmäßig beim Altstädter Rat auslieh, der vor 1621 keineswegs mehrheitlich katholisch besetzt war.[27]

Gerade in den Jahren um 1600 wurden in allen Prager Städten am Fronleichnamstag und in der Oktav zahlreiche Prozessionen bei den Kirchen der katholischen Orden abgehalten. Da die Ordensmitglieder auch an den Prozessionen anderer Orden teilnahmen – so ist eine Beteiligung der Jesuiten an den Prozessionen bei St. Jakob

---

24 Schmidl, Joannes: Historiae Societatis Jesu Provinciae Bohemiae Pars Prima ab Anno Christi MDLV ad annum MDXCII. Pragae 1747, 190. – Eine beispielhafte, detaillierte Wiedergabe des Fronleichnamsfests 1583 findet sich nach dem Eintrag im Diarium bei Zahradník, Isidor: Obřady velikonoční r. 1582 a slavnost Božího Těla r. 1583 v kolleji jesuitské u sv. Klimenta v Praze [Die Osterfeiern 1582 und das Fronleichnamsfest 1583 im Jesuitenkolleg zu St. Clemens in Prag]. In: Časopis katolického duchovenstva 45 (1904), 190–194, 255–258, 306–313.

25 Straka (wie Anm. 23), 333.

26 Zu beiden Jahren siehe ebd., 334f.

27 Archiv Národního muzea (Prag). Bestand F – Praha: kostely, Karton 145 (sv. Kliment), ohne Paginierung.

in der Altstadt und St. Thomas auf der Kleinseite belegt, wo sie auch in der Seelsorge aushalfen[28] – und die weltlichen Würdenträger in der Regel ebenfalls mehr als eine Fronleichnamsprozession besuchten, wurde so für den betreffenden Zeitraum eine Art konfessionelles Netz zwischen den katholischen Enklaven im städtischen Raum geknüpft. Welchen Eindruck dieser alle menschlichen Sinne ansprechende Versuch einer vereinheitlichenden Katholisierung des Stadtraumes zumindest bei den protestantischen Eliten hinterließ, zeigt eine Predigt des Gallus Žalanský, calvinistisch orientierter Prager Pfarrer zu St. Aegidius und Freund des kurpfälzischen Hofpredigers Abraham Scultetus:

> In diesem großen Prozessionslärm, wenn überall in allen Ecken laut geläutet wird, ja, sogar mit kleinen Glocken und Zimbeln gelärmt wird, wenn sie mit ihrem klangvollen Gesang den Wind übertönen, die Erde mit Gras, Rosen, Blüten bestreuen, Kreuze, Fahnen, Banner ausstellen, Gold, Silber, Perlen, Bilder, goldenes Gerät, Tafeln, Scharlachgewänder und auch sonst alles, was die Narrheit der Welt verwundert, vorzeigen und tragen, ja, auch aus Büchsen schießen, bis das arme einfache Volk, betäubt durch Lärm, Geschmetter und eitlen Glanz, glaubt, daß Gott nicht im Himmel ist, sondern in diesem goldenen Schrein.[29]

Neben die Fronleichnamsprozessionen der Orden, wo ein Wetteifern um die Teilnahme der höchsten Würdenträger, um die prächtigste Ausstattung, die beste Musik und das größte Spendenaufkommen zu beobachten ist,[30] wo die innerkatholischen Formierungsprozesse eine gewichtige Rolle spielten und in der Interaktion mit dem Prager Umfeld eine demonstrativ-lockende bis provokative Präsentation des katholischen Glaubens im Vordergrund stand, traten jene Fronleichnamsprozessionen, die hier als die „städtischen" bezeichnet werden sollen. Seit der Übersiedlung des Kaiserhofes nach Prag zu Beginn der 1580er Jahre erließ die Böhmische Kanzlei bis mindestens 1615 jedes Jahr ein kaiserliches Dekret, daß sich die Stadträte der königlichen Städte an dieser Fronleichnamsprozession zu beteiligen hätten.[31] Für die

---

28 Straka (wie Anm. 23), 334; Kroess, Alois: Geschichte der böhmischen Provinz der Gesellschaft Jesu. Bd. 1: Geschichte der ersten Kollegien in Böhmen, Mähren und Glatz von ihrer Gründung bis zu ihrer Auflösung durch die böhmischen Stände 1556–1619. Wien 1910, 169f.

29 In der Übersetzung der Verfasserin zit. nach Winter (wie Anm. 8), Bd. 2, 869: „V tom velikém processním hluku, když se všudy ve všech koutích hlasitě zvoní, ano i zvonci malými a cimbálky hlučí a zvučí, zpěvem zvučných všady vítr rozrážejí, trávou, růží, kvítím zemi posejpají, kříže, praporce, korouhve vystavují, s rozsvícenými svěcmi v nejjasnější polední světlo stojí, zlato, stříbro, perly, obrazy, zlaté nádoby, tabule, roucha šarlatová a jiné všecko, čemu se bláznovství světa diví, ukazují a nosí, ano i z ručnic střílejí, již tu lid ten nebožátko sprostný tím hlukem, vřeskem a marným bleskem jsa omámený, mní, že Bůh není na nebi, ale v té skříni zlaté."

30 Dies zeigt beispielsweise eine Untersuchung der Rechnungsbücher des Konvents der Augustinereremiten zu St. Thomas auf der Kleinseite, die sehr genau Buch darüber führten, ob Angehörige des Herrenstandes ihren Konvent nach einer Prozession mit einer Spende beehrten oder nicht. Národní archiv (Prag). Řádový archiv České provincie augustiniánského řádu. Nr. 139. II c 4: S. Thomas: Liber expensarum (1611–1637), passim.

31 Das bisher älteste von mir gefundene Dekret stammt vom 23.5.1586 und ist im tschechischen Wortlaut abgedruckt bei Borový, Klement: Martin Medek, arcibiskup pražský. Historicko-kritické vypsání náboženských poměrů v Čechách od roku 1581–1590 [Martin Medek, Prager Erzbischof. Historisch-kritische Beschreibung der religiösen Verhältnisse in Böhmen von 1581–1590]. Praha 1877, 84. – Der Unterkämmerer achtete auf Anweisung des Kanzlers besonders darauf, daß die Bürger den Anordnungen Folge leisteten und die jährliche Prozession veranstalteten: Winter (wie Anm. 8), Bd. 1, 232.

Prager Städte wurde zudem die Universität aufgefordert, mit allen Prager Schulen an den Stadtprozessionen teilzunehmen.[32] Und auch das utraquistische Konsistorium hielt die ihm unterstellten Pfarrer und Laien, darunter die Zünfte, bis zu seiner Reform 1609 regelmäßig dazu an, sich diesen Prozessionen anzuschließen, und beschwerte sich darüber, daß es gute Tradition für die Ratsherren sei, zusammen mit den Zünften an der Fronleichnamsprozession teilzunehmen.[33]

Hatten wir es bisher mit „positiver" Raumbesetzung zu tun, d. h. mit Präsenz und Präsentation der eigenen Konfession im städtischen Raum, so liegt hier ein Fall vor, der eine andere Facette im Konstituierungsprozeß des konfessionellen Raumes offenbart. Die katholische bzw. utraquistische Obrigkeit – die Böhmische Kanzlei als Sprachrohr des Herrschers, das Konsistorium als oberstes Organ der utraquistischen Kirchenverwaltung – versuchte Stadträte und Zünfte, bis 1609 auch Universität und Pfarrer, die offensichtlich in Prag mehrheitlich einem protestantischen Prozessionsverständnis zuneigten, dazu zu zwingen, sich im Rahmen eines offensichtlich anderskonfessionellen Rituals im öffentlichen Raum zu präsentieren – und damit ihre politische Unterlegenheit, aber auch die Unterlegenheit ihrer Konfession manifest werden zu lassen. Die Teilnahme wurde in den Prager Städten vom königlichen Hauptmann überwacht; für einige Jahre haben sich für die Altstadt Teilnehmerlisten erhalten, auf denen minutiös festgehalten wurde, wer zur Prozession erschien und wer nicht.[34] Stadträte und Zunftmeister, die sich der Prozession entzogen, wurden bei der Böhmischen Kanzlei denunziert und öfters mit Gefängnisstrafen bedacht. Wie sich eine Prozession gewissermaßen in einen Akt symbolischer Gewalt verwandeln konnte, wie sogar die Klanglichkeit genutzt wurde, um diese „Niederlage" nicht nur sicht-, sondern auch hörbar werden zu lassen, zeigt eine Beschwerde der Kleinseitner Ratsherren und Gemeindeältesten über die von der Kanzlei angeordneten Fronleichnamsprozessionen:[35] So wurde einer der Altäre jedes Jahr direkt vor dem Kleinseitner Rathaus errichtet, und ab 1613 hatte die Gemeinde hierfür kostenlos das Baumaterial aus der Gemeindemühle zur Verfügung zu stellen. Die Kerzen für den königlichen Hauptmann und den Richter sowie die Ratsherren waren ebenfalls aus der Gemeindekasse zu begleichen, ebenso die Gagen der Musiker. Sobald sich der Prozessionszug in Bewegung setzte, mußten in der utraquistischen St. Nikolaus-Kirche unter Androhung von Haftstrafen, falls der Anordnung zuwider gehandelt werden sollte, ebenfalls auf Kosten der Stadtgemeinde die Glocken geläutet werden, und zwar in manchen Jahren eine ganze Stunde lang. Die Fronleichnamsprozession verließ hier eindeutig den Bereich der ostentativen Demonstration des eigenen Glaubens; sie schien diesen sogar in gewisser Weise zu konterkarieren: Der religiöse Gegner wurde gezwungen, zur Sicht- und Hörbarkeit des Katholizismus beizutragen, seine eigene Niederlage vor den Zuschauern und Zuhörern ein-

[32] Ebd., 186.

[33] Gindely, Anton: Geschichte der böhmischen Brüder. Bd. 2: 1564–1609. Prag 1858, 494. Dort findet sich für 1589 der Hinweis, daß die Schreiber aus dem Fenster des Rathauses auf die Prozession schauten, lachten und mit den Fingern auf die Teilnehmer zeigten.

[34] Diese Listen stammen aus den Jahren 1592, 1600, 1604 und 1603/1605: Národní archiv (Prag). Stará manipulace. K 146/5.

[35] Später wurde diese Beschwerde in die Zweite Apologie der böhmischen Stände aufgenommen; Apologie druhá (wie Anm. 16), 206–215, hier 206f.

zugestehen. Die Prozession wurde zum Mittel des politischen Machtkampfes; die angedrohte faktische und die ausgeübte symbolische Gewalt erzwangen zumindest für die Dauer der Prozession den einheitlichen, katholisch geprägten Stadtraum, bevor dieser nach Ende der Prozession in den Alltagszustand der konfessionellen Fragmentierung zurückkehrte.

Stefan Samerski

Zentrum und Peripherie

Die St. Ignatius-Kirche bei Danzig

Seit der Gründung der Mendikanten hatte das europäische Ordensleben institutionell-organisatorisch vom urbanen Raum Besitz ergriffen.[1] Auch die Jesuiten errichteten ihre Kirchen, Kollegien und Schulen in den Städten und bevorzugten dabei explizit den Kern des urbanen Bereichs.[2] „Jedem Projekt ging eine genaue Bestandsaufnahme des Ortes, der Bedingungen des Bauplatzes und der Nachbargrundstücke voraus.“[3] Das wird bei der Bauplatzsuche von Il Gesù in Rom und auch in München bei der Errichtung von St. Michael mit Kolleg ganz deutlich.[4] Vergleichbares läßt sich über die allermeisten anderen Niederlassungen der Gesellschaft Jesu sagen.[5] In Danzig (pol. Gdańsk) haben wir eine nahezu singuläre Situation vor uns, da dort Anfang des 17. Jahrhunderts außerhalb der Stadtmauern eine Kirche mit zugehörigem Baukomplex errichtet wurde, die bis zur Säkularisierung Ende des 18. Jahrhunderts von den Jesuiten bedient wurde.[6] Die Ursachen und Hintergründe für diese

1 Frank, Isnard W.: Franz von Assisi. Frage auf eine Antwort. Düsseldorf 1982 [Reprint: Mainz 1992], 165–219; Ders.: Kirchengeschichte des Mittelalters. Düsseldorf 41997 [11984], 125–129.

2 Terhalle, Johannes: … ha della Grandezza de padri Gesuiti. Die Architektur der Jesuiten um 1600 und St. Michael in München. In: Rom in Bayern. Kunst und Spiritualität der ersten Jesuiten. Hg. v. Reinhold Baumstark. München 1997, 83–146, bes. 88f.; O'Malley, John W.: Die ersten Jesuiten. Würzburg 1995, 409f.; Lucas, Thomas M.: The Vineyard at the Crossroads: The Urban Vision of Ignatius of Loyola. Phil. Diss., Berkeley 1991; Nising, Horst: „… in keiner Weise prächtig“. Die Jesuitenkollegien der süddeutschen Provinz des Ordens und ihre städtebauliche Lage im 16.–18. Jahrhundert. Petersberg 2004.

3 Terhalle (wie Anm. 2), 83.

4 Zu Il Gesù: Schwager, Klaus: La chiesa del Gesù del Vignola. In: Bollettino del Centro Internazionale di Studi d'Architettura Andrea Palladio 19 (1977), 251–271; Bösel, Richard: Jesuitenarchitektur in Italien 1540–1773. Die Baudenkmäler der römischen und der neapolitanischen Ordensprovinz. Wien 1986, 212–222. – Übergreifend: L'architettura della Compagnia di Gesù in Italia XVI–XVIII secolo. Hg. v. Luciano Patetta und Stefano della Torre. Genova 1992 (Atti del convegno, Milano Centro Culturale S. Fedele. Milano 1990). – Zu St. Michael in München: Terhalle (wie Anm. 2), 102–139; Paal, Bernhard: Jesuitenkirche St. Michael, München. Regensburg 2001.

5 Braun, Joseph: Die Kirchenbauten der deutschen Jesuiten. Ein Beitrag zur Kultur- und Kunstgeschichte des 16., 17. und 18. Jahrhunderts. Freiburg/Br. 1910; Sauter, Marion: Die Jesuitenkirchen in der oberdeutschen Ordensprovinz bis zur Mitte des 17. Jahrhunderts. Petersberg 2003.

6 Eine gründliche Studie der heute noch existierenden Jesuitenkirche wäre sehr wünschenswert. Bauhistorisch liegen keine befriedigenden Untersuchungen vor. Auch die letzte Studie trägt größtenteils nur Bekanntes zusammen: Kościelak, Sławomir: Jezuici w Gdańsku od drugiej XVI do końca XVIII wieku [Jesuiten in Danzig von der zweiten Hälfte des 16. bis zum Ende des 18. Jahrhunderts]. Kraków 2003, 116–126; Friedrich, Jacek: Gdańskie zabytki architektury do końca XVIII w. [Architektonische Sehenswürdigkeiten in Danzig bis zum Ende des 18. Jahrhunderts]. Gdańsk 1997, 168–170. Unveröffentlicht und nicht sehr weiterführend: Konitzer, Georg: Die Ignatiuskirche in Altschottland. Geschichte, Bau und Ausstattung. [o. O.] 1925 (mschr. Exemplar in der Danziger Staatsbibliothek). Ebenfalls auf dem alten Stand der Literatur sind die spärlichen Ausführungen über den Kirchenbau in: Załęski, Stanisław: Jezuici w Gdańsku 1584–1773 [Jesuiten in Danzig 1584–1773]. In: Jezuici w Polsce. Bd. 4, Heft 2. Hg. v. Dems. Kraków 1905, 483–555. Erich Keyser bringt in seiner Danziger Baugeschichte nichts über den Jesuitenbau: Keyser, Erich: Die Baugeschichte der Stadt Danzig. Köln-Wien 1972 (Ostmitteleuropa in Vergangenheit und Gegenwart 14), 373f. (nur Erwähnung). Auch die

Sonderstellung sowie die Reaktion von Stadtbevölkerung und Gesellschaft Jesu sind Thema dieses Beitrags. Dabei ist zu betonen, daß die Forschungs- und Dokumentationssituation für die Frühneuzeit trotz neuester monographischer Studien über die Danziger Jesuiten denkbar schlecht ist. Vor allem sind zahlreiche Zusammenhänge erst herzustellen, um den komplexen Kontext der Danziger Konfessionalisierung zu verdeutlichen. Daher soll an erster Stelle die religiöse Situation Danzigs beleuchtet werden, um dann dem tastenden Suchen der Patres und ihrer Gönner nach einer festen Wirkungsstätte innerhalb der Stadtmauern nachzugehen. Weshalb und wie sie dann außerhalb bauten, wird hier erstmals dargestellt. Abschließend wird ihre pastorale Verortung in der Peripherie sowie ihr architektonisches Auftreten am Stadtrand vorgestellt und analysiert.

Konfessionalisierung des urbanen Lebens

In Danzig hatte schon Anfang 1523 ein lutherischer Prediger ungehindert die neue Lehre verbreitet.[7] 1524/1525 kam es in der Stadt zu einem öffentlichen Aufstand der sozial unteren Schichten, der vor allem Klöster und Konvente betraf. Das Birgittenkloster im Herzen Danzigs überstand diese Plünderungen und Verwüstungen besser als vergleichbare Institutionen.[8] Der Klostersturm, der in Danzig besonders heftig wütete, rief eine Strafaktion des polnischen Königs hervor, so daß im Oktober 1525 sämtliche mobilen und immobilen Klostergüter restituiert werden konnten.[9] Dann allerdings setzte als Gegenschlag eine rigorose lutherische Konfessionalisierung des städtischen Lebens ein, indem man vor allem versuchte, neben den Altgläubigen auch die breite calvinistische Bürgerschicht kirchenpolitisch auszuschalten. Trotz der eindeutigen politischen Absicht des Danziger Rates, die neue Lehre in der Stadt zu fördern, war um 1570 eine klare Trennung zwischen Protestanten und Katholiken und ihren Instituten noch nicht deutlich vollzogen. Erst im November 1572 wurde in

---

1986 edierte Danziger Jesuitenchronik enthält nur dürftige Hinweise zur Baugeschichte: Historia Residentiae Gedanensis Societatis Jesu ab anno 1585. Hg. v. Richard Stachnik in Zusammenarbeit mit Anneliese Triller, geb. Birch-Hirschfeld. Köln-Wien 1986 (Forschungen und Quellen zur Kirchen- und Kulturgeschichte Ostdeutschlands 21). Fehlerhaft: Deurer, Wolfgang G.: Danzig. Die Dokumentation 52 historischer Kirchen. Hamm 1996, 433f.

7 Hirsch, Theodor: Die Ober-Pfarrkirche von St. Marien in Danzig in ihren Denkmälern und in ihren Beziehungen zum kirchlichen Leben Danzigs überhaupt. Bd. 1. Danzig 1843, 265f. Der Bischof protestierte am 3. Februar gegen solche Predigten, die das katholische Schrift- und Traditionsverständnis angriffen.

8 Zum Aufstand in der Stadt: Historia Gdańska [Geschichte Danzigs]. Bd. 2: 1454–1655. Hg. v. Edmund Cieślak. Gdańsk 1982, 233–248; Simson, Paul: Geschichte der Stadt Danzig. Bd. 2: Von 1517 bis 1625. Danzig 1924 [Reprint: Aalen 1969], 69–98; Keyser, Erich: Danzigs Geschichte. Danzig [2]1928 [[1]1921], 87–90; Stachnik, Richard: Die Katholische Kirche in Danzig. Entwicklung und Geschichte. Münster 1959, 87–89; Hirsch (wie Anm. 7), 275–308. – Zum Birgittenkloster in jenen Jahren jüngst: Samerski, Stefan: Schweden in Danzig – der erfolglose Kulturtransfer im Danziger Birgittenkloster (1596–1625). In: On the Opposite Side of the See. Hg. v. Jan Harasimowicz. Wrocław 2007 [im Druck].

9 Stachnik, Richard: St. Brigitten, Danzig. Geschichte des Brigittinnenklosters und der St. Brigittenkirche in Danzig. Danzig 1940, 44.

der Hauptkirche der Stadt, in St. Marien, der katholische Kultus ganz abgeschafft.[10] Im Pfarrhaus konnte derweil immer noch ein Weltgeistlicher wohnen, der dort allerdings nur geduldet war und in anderen Gotteshäusern die Sakramente spenden mußte. Katholischer Gottesdienst wurde jetzt nur noch in den Ordenskirchen der Stadt abgehalten: bei den Karmeliten, Dominikanern und den Birgitten. Zu den Nonnen schickten die Danziger Patrizier ihre Töchter zur Schulausbildung, während die Söhne zur Erziehung zu einem Prediger gesandt wurden.[11]

Außerdem verschärften die verfassungsrechtlichen Rahmenbedingungen zweifellos die konfessionelle Situation in der Stadt: Sie war trotz reicher Privilegierung dem polnischen König unterstellt, der nur dann Einfluß auf die Kirchenpolitik der Stadt nahm, wenn er wirtschaftlich und militärisch stark genug und nicht auf seine Danziger Kreditgeber angewiesen war. Eine solche Situation entstand 1576, als der polnische König Stephan Báthory (pol. Stefan Batory, ung. István Báthory) die Stadt belagerte, um ihre Sonderstellung in der polnischen Adelsrepublik zu brechen. Die Wut der Eingeschlossenen gegen den katholischen König entlud sich im September 1576 gegen katholische Einrichtungen, so gegen das Birgittenkloster, dessen Nonnen für über ein Jahr Kloster und Stadt verlassen mußten.[12] Nach deren Rückkehr ging es mit der dortigen Klosterdisziplin und der wirtschaftlichen Lage steil bergab; von zahlreichen Hochzeiten und einem Weggang vieler Nonnen war die Rede.[13] Der Rat machte sich die Situation zunutze und förderte noch den wirtschaftlichen und religiösen Ruin der Birgitten, um sich den Gebäudekomplex in der Altstadt anzueignen.

Jesuiten und Birgitten

In dieser Situation traten die Jesuiten auf den Plan. Im Juli 1565 war ein erster Pater aus Braunsberg (pol. Braniewo) nach Danzig gekommen, um dort in der Birgittenkirche über drei Wochen lang zu predigen.[14] In der Folgezeit versuchten die zuständigen Bischöfe von Leslau (pol. Włocławek) in Verbindung mit dem polnischen König, die Jesuiten dauerhaft in Danzig heimisch zu machen. Dabei stand seit 1568 die Absicht fest, ihnen – wie üblich – eine Residenz in der Stadt zu verschaffen. Dazu sollte eine säkularisierte Klosterkirche oder ähnliches verwendet werden. Ohne den Danziger Rat war das aber nicht zu bewerkstelligen, vor allem nicht, da die in Frage kommende Birgittenkirche selbst vom Stadtregiment beansprucht wurde.

---

10 Hirsch (wie Anm. 7), 352. Diese Neuerung trat ein, als die dortige Pfarrstelle erledigt war. Am 9. November wurde der Hochaltar für den neuen Kultus hergerichtet und erstmals das Abendmahl nach dem neuen Ritus gespendet.

11 Als Beispiel führt Theodor Hirsch die Familie Gruneweg an: Martin Gruneweg wurde von einem Herzberger Prediger erzogen, die Schwester von den Danziger Birgitten, ebd., 351; Simson (wie Anm. 8), 373. Die Schule wurde 1422 von den Nonnen erworben: Fritzler, Helmut: Die Birgittenkirche zu Danzig. Phil. Diss., Danzig 1940, 29.

12 Politisch-militärische Ereignisse: Simson (wie Anm. 8), 270–337; Historia Gdańska (wie Anm. 8), Bd. 2, 579–585. – Kirchlich: Hirsch (wie Anm. 7), Bd. 2, 92f.; Stachnik, St. Brigitten, Danzig (wie Anm. 9), 45.

13 Dazu anschaulich auch: Fritzler (wie Anm. 11), 30; Stachnik, St. Brigitten, Danzig (wie Anm. 9), 46. Sogar Stachnik gibt an, daß die wenigen Nonnen ein „zucht- und sittenloses Leben" führten.

14 Dazu zuletzt Kościelak (wie Anm. 6), 24–33.

Als nun die konfessionellen Auseinandersetzungen zwischen dem lutherischen Rat und calvinistischen Bürgerschichten um 1585 eskalierten, bat ausgerechnet der Bürgermeister Konstantin Ferber um die Entsendung von Jesuiten im Kampf gegen die verhaßten Calvinisten. Tatsächlich traf im Mai 1585 auch ein Pater aus Braunsberg ein, der erst zögerlich Unterstützung von seinen Mitbrüdern erhielt. Das Problem war auch in Zukunft die ständige Bleibe. Zunächst arbeitete man im Ordensambiente der Stadt und der näheren Umgebung. 1589 schienen die Patres festen Fuß bei den Dominikanern gefaßt zu haben, wo sie regen Zulauf aufgrund ihrer deutschen Predigten hatten. Sie wohnten vermutlich immer noch beim katholischen Offizial in der Stadt, der vom polnischen König gestützt wurde. Als sie jedoch 1590 aus dem Dominikanerkloster kurzzeitig vertrieben wurden, zeigte sich die ganze Misere ihrer Danziger Mission. In der Stadt auch von den Katholiken eher geduldet als gefördert, beabsichtigte der Jesuitenprovinzial, die Patres abzuziehen und Danzig den Rücken zu kehren.[15] Das war durchaus kein Kalkül, sondern Einsicht in die ordensinterne Notwendigkeit. In Danzig wurden in den Anfängen große Ressourcen verschlissen. Die Gründungsgeschichte der Jesuiten in Danzig war daher – aus ihrer Perspektive – mehr ein Opfergang als eine Erfolgsgeschichte: Die Patres wurden im Rahmen des gegenreformatorischen Geschehens in Danzig eindeutig von anderen katholischen Vertretern dominiert; als Protagonisten dieser Vorgänge fungierten der Bischof und der polnische König, die die Jesuiten geschoben, wenn nicht sogar genötigt hatten.

Zunächst eröffnete sich nun den Patres innerhalb der Stadtmauern eine neue Perspektive: Sie fanden bei den Birgitten in der Altstadt ein fruchtbares Betätigungsfeld. Obgleich die Tätigkeit der Jesuiten innerhalb der Stadt vom Rat ausdrücklich verboten war,[16] konnten sie im dortigen Konvent Fuß fassen, indem sie die ansässigen Nonnen betreuten und auch in verdeckter Form Seelsorge in der Stadt ausübten.[17] Das war nur möglich, da die Jesuiten ihre große spirituelle Nähe zu den Birgitten nutzen konnten (beispielsweise bei der Eucharistie- und der Marienfrömmigkeit, der Papsttreue und der Sakramententheologie),[18] um sich als Beichtväter und Seelenführer zu empfehlen.[19] Sie wurden dabei eifrig vom Danziger Offizial und vom Bischof gefördert. Dem Wirken der Jesuiten war es zu verdanken, daß der Birgittenkomplex in der Danziger Altstadt in katholischen Händen blieb. Sie sorgten nämlich dafür, daß die Klosterdisziplin verbessert wurde und auch neue Novizinnen in den Konvent eintraten. Solche Förderung war allerdings eine zweischneidige Sache: Sie zog am Ende den Patres den städtischen Boden unter den Füßen weg. Zunächst hatte der

---

15 Siehe dazu ebd.

16 Duhr erklärt das vordergründig mit der lutherischen Konfessionalisierung des städtischen Lebens: DUHR, Bernhard: Geschichte der Jesuiten in den Ländern deutscher Zunge. Bd. 1: Geschichte der Jesuiten in den Ländern deutscher Zunge im XVI. Jahrhundert. Freiburg/Br. 1907, 381f. Tatsächlich ging es aber um mehr, beispielsweise um die Immobilien des Birgittenklosters.

17 Dazu ausführlicher SAMERSKI, Schweden in Danzig (wie Anm. 8).

18 O'MALLEY, John W.: Die frühe Gesellschaft Jesu. In: Rom in Bayern (wie Anm. 2), 31–39. Zu Spiritualität und Anpassungsfähigkeit der Jesuiten um 1600 zuletzt: Jesuitische Frömmigkeitskulturen. Konfessionelle Interaktion in Ostmitteleuropa 1570–1700. Hg. v. Anna OHLIDAL und Stefan SAMERSKI. Stuttgart 2006.

19 Bereits am Anfang ihrer Tätigkeit betreuten die Patres schwerpunktmäßig Frauenklöster, etwa das Prämonstratenserinnenkloster in Zuckau (pol. Żukowo) oder das Benediktinerinnenkloster in Zarnowitz (pol. Żarnowiec). 1589 sorgten sie sich um achtzig Nonnen in zwei Frauenklöstern in Danzig: Historia Residentiae Gedanensis (wie Anm. 6), 8, 11.

zuständige Bischof Anfang 1592 das vom Aussterben bedrohte Birgittenkloster samt seinen Besitzungen den Jesuiten übertragen und dies vom polnischen König auch im gleichen Jahr bestätigen lassen.[20] Bischof, König und Gesellschaft Jesu planten, im stark entvölkerten Kloster mitten in der Altstadt ein jesuitisches Seelsorgezentrum einzurichten, nahezu gleichzeitig aber außerhalb der Stadt, in Altschottland, eine Kirche zu bauen, die allerdings nur ein Provisorium und einen Notbehelf darstellen sollte. Der Plan, in der Stadt eine Jesuitenniederlassung zu errichten, stieß jedoch auf den erbitterten Widerstand des Rates, der ein eigenes Interesse an den Liegenschaften hatte und erkannte, daß die Patres als Speerspitze der Rekatholisierung in Danzig dienen sollten.[21] Tatsächlich stellten die Jesuiten in den folgenden Jahren die einzig aktive Reformgruppe innerhalb der Stadtmauern dar. Die Jesuitenpartei, zu der auch der Offizial gehörte, ging sogar so weit, die Birgitten mit Geld abzufinden und die Bewohner der Klosterdörfer im Oktober 1593 auf den neuen Herrn zu vereidigen.[22] Auch von päpstlicher Seite unterstützte man den Plan, den Jesuiten in Danzigs Innenstadt ein Forum zu bieten, nachdem sich die konfessionelle Situation im Königlichen Preußen leicht zugunsten der Katholiken verändert hatte:[23] Immerhin konnte der Bischof innerhalb weniger Jahre dreißig protestantische Gotteshäuser für den katholischen Kultus zurückgewinnen.[24] Um 1600 bekannten sich jedoch immer noch die bedeutenden Patrizierfamilien der Stadt zum Protestantismus; nur eine einzige Familie war noch katholisch geblieben.[25] In diesem Moment der sich für die Katholiken leicht bessernden Situation war es nur folgerichtig, daß die neuen Novizinnen, die die Jesuiten zunächst zur faktischen Sicherung des Gebäudekomplexes angeworben hatten, wieder aus dem Kloster entfernt wurden. Die Patres hofften auf eine baldige Übernahme, denn institutionell und wirtschaftlich waren alle Weichen für eine Tätigkeit innerhalb der Stadtmauern gestellt. Doch die wichtigste Institution in diesem Ringen, der Rat, spielte immer noch nicht mit. Dieser hoffte auch weiterhin, den Birgittenkomplex an sich zu bringen, zumindest aber der katholischen Reform

---

20 Der Bischof stellte den Jesuiten am 8. Januar 1592 den ruinösen Klosterkomplex zur Verfügung; König Sigismund III. Wasa (pol. Zygmunt III Waza) übertrug am 9. Juni 1592 Bischof Rozrażewski alle Patronatsrechte über das Birgittenkloster. Kurz darauf ordnete Papst Clemens VIII. an, alle Klöster in der Diözese Włocławek zu visitieren und zu reformieren. Am 1. Juli 1593 schenkte der König das Birgittenkloster samt seinen Einkünften und Besitzungen dem Jesuitenkolleg: FREYTAG, Hermann: Die Geschichte der Jesuitenmission in Danzig. In: Altpreussische Monatsschrift N.F. 26 (1889), 521–570, hier 535f.; HIRSCH (wie Anm. 7), Bd. 2, 153f.; STACHNIK, St. Brigitten, Danzig (wie Anm. 9), 48. – Gleichzeitig wurde das Jesuitenkolleg in Altschottland, das aber erst etwa dreißig Jahre später errichtet wurde, gegründet. Die Patres erhielten Anfang 1592 den Auftrag, in Altschottland ein Schulgebäude, einen Garten und eine Kapelle zu errichten. Altschottland lag außerhalb der Stadtmauern, war aber in bischöflichem Besitz; das Birgittenkloster dagegen lag in der Altstadt, daher für die Jesuiten ein bevorzugter Ort für ihre Seelsorge. Der Bischof überwies den Patres außerdem etliche Dörfer aus verschiedenem Klosterbesitz. – In der Jesuitenchronik wird der Stiftungsakt nicht behandelt. Simson weist bereits darauf hin, daß die Jesuitenniederlassung in Altschottland anfangs als Provisorium gedacht war: SIMSON (wie Anm. 8), 403; PASZENDA, Jerzy: Budowle jezuickie w Polsce XVI–XVIII w. [Jesuitische Gebäude in Polen vom 16. bis 18. Jahrhundert]. Bd. 2. Kraków 2000, 9–12.

21 DUHR (wie Anm. 16), 382.

22 Die Vereidigung geschah bezeichnenderweise durch den Offizial Milonius: STACHNIK, St. Brigitten, Danzig (wie Anm. 9), 48.

23 LEVINSON, Arthur: Zwei Gedanensia aus der Bibliotheca Borghese. In: Mitteilungen des Westpreußischen Geschichtsvereins 8 (1909), 57–60, hier 57f.

24 Historia Residentiae Gedanensis (wie Anm. 6), 24 (Eintrag 1595–1596).

25 HIRSCH (wie Anm. 7), Bd. 2, 158, Anm. 1. Es handelte sich dabei um die Familie Bischof.

unerbittlichen Einhalt zu gebieten. Daher ließ er die finanziellen Verhandlungen mit dem Bischof, der den Ausbau des Klosters mit Geld förderte, 1596 gerade wegen der Tätigkeit der Jesuiten scheitern.[26] In den folgenden Jahren verschlechterte sich jedoch die Lage für die katholische Seite gravierend: 1600 starb der tatkräftige Bischof von Leslau, und König Sigismund III. Wasa verhielt sich nach dem vorläufigen Erwerb der schwedischen Krone 1592 in kirchlichen Angelegenheiten neutral.[27] Damit war der von außen an die Jesuiten herangetragene Plan, eine Residenz in Danzigs Innenstadt aufzuschlagen, gescheitert, obgleich Mittel und Verträge vorlagen.

Altschottland

Obgleich die Verhandlungen des Königs und des Bischofs über Catholica in Danzig periodisch fortgesetzt wurden, aber immer am Widerstand des Rates scheiterten, schienen sich die Jesuiten ab 1600 tatsächlich umorientiert zu haben. Schon 1601 erwarben sie ein Vorstadthaus in Altschottland und intensivierten nun ihre pastorale Tätigkeit in den ländlichen Bezirken.[28] Schon im Jahr darauf zogen zwei Patres in dieses Haus ein. Aber auch innerhalb der Stadt setzten sie ihre Seelsorge fort, bemühten sich vor allem um die dortigen Polen, was die Kluft zum protestantischen Rat noch verstärkte. Innerhalb der Stadt waren sie nach wie vor auf die stets wechselnde Gunst katholischer Ordenseinrichtungen angewiesen, wie die der Birgittinnen oder der Dominikaner. 1612 wurden die Patres endgültig aus dem Birgittenkonvent vertrieben und hatten daher keine sichere Bleibe mehr in der Stadt.[29] Daher rückte nun der Plan einer Niederlassung außerhalb der Stadt in das Gesichtsfeld der Patres – alles andere wäre auch eine Illusion gewesen. Einen Bauplatz für ihre Kirche hatten die Jesuiten in Altschottland vom Bischof zugewiesen bekommen. Insgesamt war diese Ortschaft kirchlichen Besitzes und ethnisch wie konfessionell gemischt; der Bischof hatte benachbart auf dem Bischofsberg einen größeren Wirtschaftshof unterhalten, und auch die Äbte von Pelplin hatten in Altschottland Liegenschaften (Abb. 1). Dieses Siedlungskonglomerat vor den Toren Danzigs war so etwas wie eine Gegenstadt zu Danzig, deren Aktivität vom Rat argwöhnisch beobachtete wurde. Der Bischof baute mit allen Mitteln die wirtschaftliche Stärke seiner Ortschaft Altschottland aus, um ein Gegengewicht zur reichen deutschen Kaufmannsstadt zu installieren. Dazu war ihm fast jedes Mittel recht. Der altgläubige Bischof siedelte dort glaubensverfolgte Niederländer und Flamen – Mennoniten – an, um die 1520 ganz verwüsteten Besitzungen zu rekultivieren. Der Oberhirte, der in einer Art Dauerzwist mit dem lutherischen Rat von Danzig lag, stellte dogmatische Gesichtspunkte zurück und nutzte stattdessen die Wirtschaftskraft und die Fertigkeiten der Anabaptisten zur

[26] 1596 wird die „Missionsstation" in Danzig zum Kolleg umgewandelt. Zu den Finanzverhandlungen, die in direktem Zusammenhang mit der Übereignung des Birgittenbesitzes an die Jesuiten stand: ebd., 23–25. Dazu ausführlicher, wenn auch proprotestantisch: Freytag (wie Anm. 20), 537–539.

[27] Historia Gdańska (wie Anm. 8), Bd. 2, 598–600; Freytag (wie Anm. 20), 535; Stachnik, St. Brigitten, Danzig (wie Anm. 9), 48f.

[28] Historia Residentiae Gedanensis (wie Anm. 6), 38; Kościelak (wie Anm. 6), 37f.

[29] Historia Residentiae Gedanensis (wie Anm. 6), 85.

wirtschaftlichen Restrukturierung seiner Besitzungen.[30] Seither ließ sich ein Großteil der Danziger Mennoniten am Fuße des Bischofsberges, in Altschottland, nieder, wo später auch das Gemeindezentrum mit einem Gotteshaus entstand.[31] Die Danziger Gilden klagten in zunehmendem Maße gegen den mennonitischen Konkurrenzdruck beim Rat, der seinerseits den Bischof aufforderte, die Wiedertäufer zu verjagen.[32] Außerdem ersuchte der Rat den polnischen König 1583 vergeblich, die Ansiedlung der Mennoniten aus Schottland entfernen zu lassen.[33] Noch 1688 findet sich bei Reinhold Curicke ein Reflex dieser Danziger Antipathie gegenüber Schottland, das in seiner Chronik „Schadeland" genannt wird.[34] Ebenso wie der Bischof gestattete auch der Abt des Zisterzienserklosters Pelplin zahlreichen flämischen Leinenwebern die Ansiedlung auf seinem Klostergut Hoppenbruch bei Danzig.[35]

Nachdem sogar die persönlichen Bemühungen des Bischofs in Danzig im Oktober 1614 gescheitert waren, den Jesuiten das Birgittenkloster in der Innenstadt auch faktisch zu übertragen, faßte man Altschottland für den Bau der Jesuitenkirche ins Auge, um der Raumnot der Patres abzuhelfen.[36] Fast gleichzeitig, am 10. September, hatte ein gebürtiger Danziger, P. Heinrich Puhentus, auf Geheiß des Ordensgenerals die Mission an der Weichselmündung übernommen,[37] was als Entgegenkommen gegenüber dem Danziger Kontext verstanden werden muß.[38] In dieser Situation legte der Olivaer Abt am 24. Mai 1615 den Grundstein für das Provisorium in Altschottland, der bereits einen Monat später von Danziger Protestanten geschändet wurde – ein deutliches Zeichen für die konfessionelle wie politische Antipathie der Bürgerschaft.[39]

Die Jesuitenkirche wurde 1615 in Altschottland am linken Ufer der Radaune errichtet – ein extrem hochwassergefährdetes Gebiet, da das Gelände abschüssig war. Um Grund und Boden hatten sich bislang der Bischof und der Pelpliner Abt gestritten; beide verzichteten nun auf ihre Ansprüche zugunsten der Jesuiten. Finanziert wurde

---

30 Penner, Horst: Die ost- und westpreußischen Mennoniten in ihrem religiösen und sozialen Leben, in ihren kulturellen und wirtschaftlichen Leistungen. Bd. 1: 1526 bis 1772. Kirchheimbolanden 1978, 52. – Balthes/Fischer räumen dem Umstand, daß der Bischof den Neuankömmlingen eine Bleibe bot, sogar „entscheidende [...] Bedeutung" für die Ansiedlung in Danzig ein: Balthes, Hanne/Fischer, Friedrich: Die Mennoniten. Bauern und Pioniere in Europa und Amerika. Eine kulturgeographische Untersuchung. Blieskastel 2001, 7. Dazu auch jüngst: Samerski, Stefan: „Die Stillen im Lande". Die Danziger Mennoniten im 16. und 17. Jahrhundert. In: Mennonitische Geschichtsblätter 63 (2006) [im Druck].

31 Das älteste überlieferte Verzeichnis der Gemeindeältesten datiert auf das Jahr 1598: Simson (wie Anm. 8), 436.

32 Penner (wie Anm. 30), 52f.; Kizik, Edmund: Mennonici w Gdańsku, Elblągu i na Żuławach Wiślanych w drugiej połowie XVII i w XVIII wieku [Die Mennoniten in Danzig, Elbing und im Weichselwerder in der zweiten Hälfte des 17. und im 18. Jahrhundert]. Gdańsk 1994, 25f.

33 Neumeyer, Heinz: Kirchengeschichte von Danzig und Westpreußen in evangelischer Sicht. Bd. 1: Von den Anfängen der christlichen Mission bis zum Ende des 18. Jahrhunderts. Leer 1971, 107.

34 Curicke, Reinhold: Der Stadt Dantzig historische Beschreibung. Faksimile-Druck nach der Originalausgabe Amsterdam und Dantzigk 1687 mit einer Einführung von Ernst Bahr. Hamburg 1979, 31: „dass es gleichsam ein Schadeland, und ein schadhafter Orth der Stadt ist". Schottland wurde in jener Zeit außerdem als „belgischer", also flämischer Ort bezeichnet.

35 Penner (wie Anm. 30), 53.

36 Auch zum folgenden siehe: Historia Residentiae Gedanensis (wie Anm. 6), 101–103.

37 Ebd., 102.

38 Puhentus entstammte einer protestantischen Danziger Familie, hatte aber bei den Jesuiten in Pultowa studiert und wurde dort katholisch. Er leitete die Residenz bis 1624.

39 Historia Residentiae Gedanensis (wie Anm. 6), 105f.; Kościelak (wie Anm. 6), 117.

der Kirchenbau durch den pommerellischen Adel der Umgebung und Privatstifter aus Marienburg (pol. Malbork).[40] Damit war die Peripherie eindeutig als Geldgeber auszumachen. Gleicherweise wurden Teile der Ausstattung später von Personen aus Altschottland und Umgebung finanziert.[41] Dadurch war der Kirchenbau auf die Ansiedlung vor den Toren Danzigs fixiert. Allerdings verweist schon der gefährdete Bauplatz auf den Charakter eines Provisoriums. Dafür spricht auch die Bauweise, denn bereits das Gotteshaus selbst, das noch im selben Jahr hochgezogen wurde, verrät eine nichtdauerhafte Ausrichtung. Am 8. November 1615 konnte der Generalvikar dort mit zahlreichen Gläubigen die Messe zelebrieren.[42] Die Konsekration der Kirche mußte freilich bis zum Besuch des Bischofs warten: Sie erfolgte erst am 1. Oktober 1617 auf den bei Jesuiten nicht untypischen Titel „Maria Heimsuchung".[43] Die Jesuitenchronik berichtet über eine so große Volksmenge, daß zahlreiche Gläubige vor der neuen Kirche dem Gottesdienst bewohnen mußten. Glaubhaft wird diese Angabe dadurch, daß die Jesuitenaufzeichnungen allein von 250 Firmlingen sprechen, die bei dieser Gelegenheit das entsprechende Sakrament empfingen.

Über das Aussehen des ersten Kirchenbaus ist nur wenig bekannt. Aus einem Stich von Aegidius Dickmann wissen wir, daß sie ein schlichter, aber vom Bauvolumen nicht unscheinbarer Fachwerkbau gewesen war (Abb. 2). Für ein stabiles Gebäude spricht außerdem, daß die Kirche eine Krypta als Grablege für die Patres und Stifter sowie einen Glockenturm bzw. einen Dachreiter für die mit Priorität angefertigte Glocke (1615) besaß.[44] Diese war in der Peripherie ein wichtiges akustisches Instrument der Seelsorge, der Turmaufbau ein weithin sichtbares Ausrufungszeichen katholischer Konfessionalität. Auch die Jesuitenchronik vermerkt über das Gotteshaus, daß es als Fanal des Katholizismus zu gelten habe.[45]

Das polygonale Presbyterium der Jesuitenkirche wies nach Norden. Sie war damit nicht wie üblich orientiert, sondern nahm auf die örtlichen Strukturen Rücksicht, in die sie eingebettet war. Der Bau lag nämlich an einer Kreuzung von wichtigen Handelswegen; im Süden grenzten an das Gotteshaus zahlreiche Wohnhäuser, während die Patres nördlich der Kirche eine Niederlassung hatten. Sie war damit architektonisch nicht auf die Stadt Danzig bezogen, sondern auf Altschottland. Der Kupferstecher Dickmann beschrieb die Danziger Vorstadt mit ihren mehrgeschossigen Fachwerkbauten, als daß sie „fast in einer Stadtform, so wol der Heuser grösse halben als der Kauffleute und Werckmeister menge, gebawet ist, einer Stadt nicht unehnlich ist".[46] Damit bildete die Kirche im quasiurbanen Mikrokosmos Altschottland gewissermaßen das Zentrum. Dort wie bei anderen Jesuitenkirchen war nämlich

---

40 Ebd.

41 Ebd., 118.

42 Ebd., 117.

43 Auch zum folgenden siehe: Historia Residentiae Gedanensis (wie Anm. 6), 101–103; Kościelak (wie Anm. 6), 117.

44 Ebd., 118. – Der Stich von Dickmann ist auf das Jahr 1617 zu datieren. Dazu: Aegidius Dickmann und das Danziger Stadtbild um 1617. Als Festgabe zum 65. Geburtstag von Dr. phil. Karl Heinz Gehrmann. Hg. v. Eckhard Jäger, mit Einführung und Kommentaren von Ernst Bahr. Lüneburg 1979, 8–37.

45 Historia Residentiae Gedanensis (wie Anm. 6), 113: „rei catholicae calcar accessurum, si ecclesia noviter erecta in vico Scotlandico".

46 Aegidius Dickmann (wie Anm. 44), 36.

die Ausrichtung auf urbane Konstanten wie Märkte oder Straßen wichtiger als die theologisch fundierte Ostung des Gotteshauses. Damit erwiesen sich die Patres wieder einmal mehr als Propagatoren einer urbanen Inkulturation. Ihre Ausrichtung auf die seelsorglichen Aufgaben zeigte sich auch in der Ausstattung der Kirche: Das Innere wies drei Altäre auf, die der Muttergottes – der Patronin der Kirche –, dem Hl. Kreuz und Stanislaus Kostka geweiht waren.[47] Vor allem der letzte Altarpatron ist interessant, da Stanislaus Kostka (1550–1568) ein polnischer Jesuit mit starkem Rombezug war: Auf den Rat von Petrus Canisius ging er 1567 nach Rom, wo er als Novize der Gesellschaft Jesu aufgenommen wurde, aber schon nach zehn Monaten 1568 verstarb. Bereits 1670 selig- und erst 1726 heiliggesprochen, gilt der Jesuit als Patron Polens, der studierenden Jugend und der Sterbenden.[48] Dieses Altarpatrozinium wiegt um so schwerer, als die Dedizierung einer Kirche oder eines Altares an einen noch nicht Beatifizierten oder Kanonisierten kirchenrechtlich nicht gestattet war. Das Programm der Kirche war demnach nicht nur jesuitisch-konfessionell, sondern wandte sich auch prononciert an die Polen der Umgebung.

Der Titel der Jesuitenkirche – Maria Heimsuchung – hob ausdrücklich auf die konfessionelle Konfrontation mit der lutherischen Stadt ab: die lobende Bestätigung von Jesu Jungfrauengeburt durch die Verwandte Elisabeth. Maria wird in den Texten des Evangeliums hier erstmals als „Mutter des Herrn" qualifiziert, was ihre Fürbittfunktion unterstreicht.[49] Auch die Reliquien, die 1620 aus dem Zisterzienserkloster Pelplin nach Altschottland übertragen wurden, betonen die konfessionelle Auseinandersetzung mit dem protestantischen Stadtregiment: Neben Petrus und dem Abtvater Benedikt von Nursia wurden auch frühchristliche Katakombenmärtyrer wie Vitalis und Alexius transferiert,[50] die die authentische Tradition der katholischen Kirche verdeutlichen sollten.[51]

Auch nach den Aussagen der Jesuitenchronik jener Jahre schien man stark auf die Danziger Protestanten fixiert zu sein. Schon 1616 werden zahlreiche Danziger als Schüler auf der neuen Jesuitenschule erwähnt.[52] Man hielt in jenen Jahren sogar Exerzitien in der Stadt ab, pflegte Religionsgespräche und versuchte mit mäßigem Erfolg, seit 1621 eine Fronleichnamsprozession im urbanen Ambiente zustande zu bringen.[53] Ohne Zweifel lagen das Schwergewicht und die Perspektive noch immer auf der städtischen Tätigkeit der Patres: Noch im Jahr der Kirchweihe lebte ein Teil der Jesuitenkommunität (der ältere Teil) in der Stadt, während die übrigen Patres bei

---

47 Kościelak (wie Anm. 6), 118. Ein vierter Altar kam 1637 hinzu, der ebenfalls der Muttergottes geweiht wurde. Die übrigen drei Altäre waren schon bei der Konsekration unter ihrem Titel vorhanden.

48 Wrba, Johannes: Kostka, Stanisław. In: Lexikon für Theologie und Kirche. Bd. 6. Freiburg/Br. 1997, 405f.

49 Dazu Kirchschläger, Walter: Heimsuchung. I. Exegese. In: Marienlexikon. Bd. 3. Hg. v. Remigius Bäumer und Leo Scheffczyk. St. Ottilien 1991, 117f.; Lechner, Martin G.: Maria Gravida. Zum Schwangerschaftsmotiv in der bildenden Kunst. München-Zürich 1981.

50 Kościelak (wie Anm. 6), 117.

51 Vgl. zur Deutung von barocken Reliquientranslationen: Angenendt, Arnold: Heilige und Reliquien. Die Geschichte ihres Kultes vom frühen Christentum bis zur Gegenwart. München ²1997 [¹1994], 242–256; Polonyi, Andrea: Römische Katakombenheilige – Signa authentischer Tradition. Zur Wirkungsgeschichte einer Idee in Mittelalter und Neuzeit. In: Römische Quartalschrift 89 (1994), 245–259.

52 Auch zum folgenden: Historia Residentiae Gedanensis (wie Anm. 6), 109–111.

53 Ebd., 136.

der neuen Kirche angesiedelt waren.[54] Die Kirche muß aber auch innerhalb des Altschottländer Kontextes gesehen werden, der bei weitem nicht homogen katholisch war. Hier galt es, die bereits wirtschaftlich erfolgreich ansässigen Mennoniten auf die katholische Seite zu ziehen, was jedoch wegen des geschlossenen Milieus der Mennoniten nur in sehr geringem Umfang gelingen konnte. So wird beispielsweise 1619 und 1622 von Konversionen jeweils zweier Mennonitinnen berichtet.[55]

Die bisher analysierte ambivalente Positionierung der Jesuiten an der Weichselmündung wird auch durch eine Denkschrift dokumentiert, die im Generalatsarchiv der Jesuiten in Rom aufbewahrt wird. Sie ist um 1600 vermutlich vom zuständigen Provinzial angefertigt worden und legt die Gründe für eine mögliche Niederlassung in Altschottland dar.[56] Darin ist als wichtigster Grund die Unterstützung der katholischen Kräfte im protestantischen Umfeld angegeben. Es geht hier vor allem um die Stützung, aber auch um die Kontrolle der katholischen Geistlichen und Ordensleute innerhalb und außerhalb der Stadt, um Häresie und Skandale zu verhindern und so einer „schlechten Presse" vorzubeugen. Ausdrücklich werden die Klöster der Innenstadt, aber auch die in Zuckau, Pelplin und Oliva genannt. Diese sollten zu Multiplikatoren der Rekatholisierung Pommerellens und Kujawiens instrumentalisiert werden, wie es explizit in der Denkschrift heißt. Es ging also nicht nur um die Stadt, sondern um den größeren pommerellischen Bereich; auch stand nicht nur – wie üblich – die Rekatholisierung der Region im Mittelpunkt der Arbeit, sondern die Klosterreform sowie die Stärkung der katholischen Kräfte Pommerellens. Altschottland war strategisch auch deshalb interessant, weil der alte Wallfahrtsort St. Albrecht radauneaufwärts gut zu erreichen war. Wie anderswo plante man demnach eine Reaktivierung der alten vitalen Pilgerstätte zum hl. Adalbert. Messen und Exerzitien hatte ein Pater dort schon durchgeführt. Außerdem bezieht die Denkschrift auch gezielt polnische Gläubige mit ein, für die die Patres ein Seelsorgeangebot einrichten sollten.

Als Zwischenergebnis läßt sich festhalten: Die erste Jesuitenkirche lag erzwungenermaßen außerhalb der Stadt – aber in einer quasiurbanen Zone –, nachdem man nach zahlreichen Anläufen von höchsten Autoritäten in Danzig nicht dauerhaft seßhaft werden konnte. Der erste Bau in Altschottland galt als Notlösung, als man das bereits in die Wege geleitete Projekt eines Kirchenbaus innerhalb der Mauern hatte aufgeben müssen. Seelsorglich und wohnlich blieb man jedoch noch über Jahrzehnte innerhalb der Stadtmauern verortet. Die erste Kirche in Altschottland spiegelt die Bautraditionen der Jesuiten beim Kirchenpatrozinium wie bei der baulichen und funktionalen Ausrichtung des Gotteshauses auf den quasiurbanen Kontext Altschottland wider. Der Bau bietet hingegen zur Stadt hin keinerlei architektonische Bezüge. Damit schien man einen möglichen Kirchenbau in der Stadt Danzig noch nicht aufgegeben zu haben; dafür sprechen auch der unwirtliche Bauplatz und die schlichte Bauweise der Altschottländer Kirche. Ihr Einzugsbereich war neben Danzig auch dessen Umgebung sowie der westpreußische Raum, was in Chronik und Denkschrift klar zum Ausdruck kommt. Ihr Programm war klar gegenreformatorisch, der Adressatenkreis multiethnisch und multikonfessionell.

---

54 Ebd., 112.
55 Ebd., 123, 137.
56 Auch zum folgenden: Archivum Romanum Societas Iesu (ARSI), F. G. 1407A/9.

Spätere Kirchenbauten

Die exponierte Lage der ersten Kirche brachte Gefährdungen und Zerstörungen mit sich. So verwundert es nicht, daß der Bischof 1620 unter hohem Kostenaufwand am anderen Radauneufer, das höher und nahe dem Hang lag, einen großen Garten mit sechs Häusern für die Jesuiten erwarb, die dort 1621 Schul- und Kollegräume einrichteten.[57] Die Jesuitenchronik beschreibt diesen Platz als „qui adiacet Gedano“[58], also klar auf das urbane Zentrum ausgerichtet. Das bedeutete, daß der Ort von Schule und Kolleg der Arbeit der Jesuiten adäquater war als das abschüssige andere Radauneufer. Noch gefährlicher für die Kirche war jedoch die vollständig ungeschützte Lage Altschottlands außerhalb der Stadtmauern. Dieser Umstand wurde der Kirche 1626 zum Verhängnis, als im Ersten Schwedischen Krieg die Kirche in der zweiten Jahreshälfte geschlossen werden mußte.[59] Die Jesuitenchronik berichtet sogar, daß Kirche und Kolleggebäude den Flammen zum Opfer gefallen seien.[60] Immerhin: Trotz Zerstörung und Diebstahl sind bis 1630 alle Schäden beseitigt worden; der Schulbetrieb wurde dann sogar ausgebaut.[61]

Als man im Jahr 1649 alle Hoffnungen begraben hatte, Kirche und Konvent der Birgitten inmitten der Stadt nutzen zu können, ging man trotz der Ungunst der Zeit daran, die Jesuitenkirche „Maria Heimsuchung“ zu vergrößern.[62] Denn schon 1641 zählte der früher vom Aussterben bedrohte Frauenkonvent 34 Nonnen, zu denen nun noch drei Birgittanermönche kamen, die in den wiederaufgebauten Mönchstrakt zogen.[63] Der so sanierte Konvent wandte sich im November sogar strikt gegen die Jesuiten, denen im Birgittenkloster Predigt, Messe und Beichte dezidiert verboten wurden. Damit waren die Patres „auf ihre Kollegsgründung [in Altschottland, S. S.] verwiesen“[64], wie die Jesuitenchronik deutlich vermerkt. Allerdings wohnten Patres immer noch in der Stadt selbst.[65] Für einen umfassenden Neubau in Altschottland fehlte in den Kriegszeiten offensichtlich das Geld. So begann man im August 1649 mit dem Bau eines Turmes und erweiterte die Krypta. Auch dieses Mal baute man in Fachwerk. Zügig wurde man mit dem Turm im November 1650 fertig. Das alles war jedoch vergebliche Anstrengung. Denn folgenschwerer als die bereits erwähnte erste Beschädigung der Kirche war der Zweite Schwedische Krieg 1656/1660.[66] Im Rahmen der Verteidigungsvorbereitungen der Stadt sollten die Vorstädte niedergelegt werden. Verständlicherweise sträubten sich die Einwohner Altschottlands und die Jesuiten vehement dagegen. Daraufhin wurden am 21. Januar 1656 Häuser und

---

57 Mit Rückgriff auf die Jesuitenchronik: Konitzer (wie Anm. 6), 6.

58 Historia Residentiae Gedanensis (wie Anm. 6), 129.

59 Konitzer (wie Anm. 6), 6f. – Zur Kriegssituation vgl. Keyser, Danzigs Geschichte (wie Anm. 8), 124–126.

60 Historia Residentiae Gedanensis (wie Anm. 6), 150.

61 Konitzer (wie Anm. 6), 6f.

62 Dazu Kościelak (wie Anm. 6), 118f.

63 Stachnik, St. Brigitten, Danzig (wie Anm. 9), 56f.

64 Historia Residentiae Gedanensis (wie Anm. 6), 188.

65 Ebd. Die Patres wohnten in der Innenstadt direkt neben der Marienkirche in deren Pfarrhaus, das noch im Besitz des katholischen Pfarrers war.

66 Zu diesem Krieg vgl. Keyser, Danzigs Geschichte (wie Anm. 8), 129–132; Historia Gdańska [Geschichte Danzigs]. Bd. 3/1: 1655–1793. Hg. v. Edmund Cieślak. Gdańsk 1993, 36–56.

Kirche von den Danziger Stadtsoldaten gewaltsam angezündet, wodurch man einen wirtschaftlichen und konfessionellen Gegner eliminiert zu haben glaubte.[67] Sicher überliefert ist, daß die Stadtsoldaten zunächst den Beichtstuhl zerschlugen, dann den Altar entblößten und das Altarsakrament schändeten, bevor sie den neuen Turm in Brand steckten und die gerade fertiggestellte Friedhofskapelle zerstörten.[68] Neben strategischen Motiven waren eindeutig konfessionsorientierte Intentionen bei der Zerstörung der Jesuitenkirche in der Vorstadt Altschottland maßgeblich. Die Schul- und Wohnräume blieben zunächst unversehrt, dienten dann den Schweden als Stützpunkt und wurden erst bei deren Abzug abgebrannt.[69]

Erst 13 Jahre nach Ende der Kriegshandlungen erfolgte ein Neubau der Jesuitenkirche – nun aber auf der anderen Seite der Radaune, direkt neben dem in Mitleidenschaft gezogenen Jesuitenkolleg: Als der Provinzial Martin Olczewski im Oktober 1663 Danzig und Altschottland besuchte, unterstrich er das Bedürfnis, dort ein neues Gotteshaus zu bauen.[70] Schon zu jener Zeit war aber deutlich, daß es nicht um die Rekonstruktion der Kirche „Maria Heimsuchung" ging. Der Provinzial riet den Danziger Patres, einen sicheren neuen Bauplatz zu suchen, der neben Schule und Kolleg am anderen, höher gelegenen Radauneufer gefunden wurde, also an den Hügel angelehnt war. Schon im August 1664 wurde ein dortiger Bauplatz erworben. Vermutlich stammte die Idee von den Danziger Jesuiten, die Kirche nach ihrer Verlegung „zu drehen", so daß die neu zu erbauende Fassade nun der Stadt zugewandt war. Denn gegen die Ausrichtung „ultra Scholas versus Civitatem" hatte der Provinzial nichts einzuwenden.[71]

Der Grundstein zu der Kirche wurde am 12. Mai 1676 unter Beteiligung zahlreicher geistlicher und weltlicher Würdenträger gelegt. Das neue Gotteshaus wurde schon am 31. Juli 1677 fertiggestellt. Die finanzielle Grundlage für diesen Neubau speiste sich überwiegend aus Spendengeldern und Vergünstigungen der katholischen Autoritäten, wie die des polnischen Königs, der kostenlosen Holzschlag für den Dachstuhl konzedierte.[72] Der Baumeister der Kirche, Bartel Ranisch,[73] der später auch das katholische Gotteshaus in der Stadt Danzig, die Königliche Kapelle, errichtet hatte, überlieferte persönlich zumindest die Ausmaße der Kirche: ca. 33 m Länge und 11 m Breite. Die neue Kirche war somit merklich kleiner als die alte. Dafür schien sie aber massiv aus Ziegeln gebaut worden zu sein (Abb. 3).[74] Damit wies das neue Gotteshaus einen dauerhaften Charakter auf, wenn es auch aufgrund der kriegsbedingten Knappheit der Mittel von geringeren Dimensionen war. Auch die schleppende Ausstattung des Gotteshauses deutet auf Finanzprobleme hin: Erst

---

67 Konitzer (wie Anm. 6), 7; Kościelak (wie Anm. 6), 119.

68 Ebd.

69 Konitzer (wie Anm. 6), 7.

70 Auch zum folgenden Kościelak (wie Anm. 6), 120.

71 So der Bericht des Provinzials, siehe ebd.

72 Konitzer (wie Anm. 6), 7f. Ausführlicher: Kościelak (wie Anm. 6), 122.

73 Zu Ranisch vgl. Ranisch, Bartel: Beschreibung derer vornähmesten Gebäude in der Stadt Dantzig. Vollständige Textedition. Hg. v. Arnold Bartetzky und Detlev Kraack. Marburg/L. 1997 (Quellen zur Geschichte und Landeskunde Ostmitteleuropas 1), 1–3.

74 Kościelak berichtet von 15000 Ziegeln für den Neubau: Kościelak (wie Anm. 6), 122. – Das Aussehen der Kirche und des Ambientes ist kurz vor der Zerstörung festgehalten in der niederländischen Beschreibung: J. L. Schuer: Beschryving van de Stadt Dantzig. [o. O.] 1735 (Abb. 3).

1678 wurde der Hochaltar fertiggestellt, der dem neuen Kirchenpatron, Ignatius von Loyola, gewidmet wurde. Mit diesem Patronatswechsel wurde auch die übrige Ausstattung ganz klassisch auf die Gesellschaft Jesu zugeschnitten: Der rechte Seitenaltar wurde Franz Xaver gewidmet, der linke Franz Borgia.[75] Abgesehen von solchen kultisch-liturgischen Purifizierungstendenzen beim Neubau und dem Patronatswechsel ist für unseren Zusammenhang die neue topographische Situation von entscheidender Bedeutung. Der Ortswechsel auf das andere Radauneufer brachte nicht nur eine Zusammenführung der jesuitischen Funktionsbauten mit sich (Kirche, Schule und Kolleg waren nun räumlich verbunden), sondern auch eine architektonische Ausrichtung auf die Stadt Danzig. Für die Glocken wurde 1687 über dem Giebel ein zierliches Türmchen errichtet, das vermutlich 1734 wegen Baufälligkeit abgetragen werden mußte.[76] Eingerahmt und inszeniert wurde die Kirchenfassade durch das Schul- und das Kollegiatsgebäude. Trotz jesuitenuntypischer[77] geringer Größe des Gotteshauses und schlichter Bauweise aufgrund eingeschränkter wirtschaftlicher Möglichkeiten wird doch der Anspruch der Patres, architektonisch auch für die Stadt Danzig zu sprechen, deutlich erkennbar. Verstärkt wurde diese ostentative Permanenz des Baus durch eine institutionelle Neuerung: 1717 erhielt St. Ignatius die Pfarrrechte über das Gebiet von Altschottland, Hoppenbruch, Teile des Stadtgebietes, Ohra und St. Albrecht mit seiner Wallfahrt.[78] Voraussetzung hierfür war der Bau der Königlichen Kapelle im Zentrum der Stadt, die durch eine Spende des polnischen Königs 1677 möglich geworden war.[79] Sie wurde nun zur Stadtpfarrkirche der Danziger Katholiken. Damit war 1717 auch institutionell die kirchenpolitische Situation der neuen Jesuitenkirche definitiv zementiert: Sie war und blieb seelsorglich außerhalb der Stadt.[80] St. Ignatius war damit kein Provisorium mehr, sondern definitiver Mittelpunkt der Seelsorge und dauerhafter architektonischer Exponent der Gesellschaft Jesu und damit der katholischen Konfessionalisierung außerhalb der Stadt. Der unmittelbare pastorale und institutionelle Rückzug aus der Stadt bedeutete jedoch eine architektonische Hinwendung zur Stadt, denn abgesehen von den Pfarrfunktionen galt das pastorale Angebot der Patres indirekt üblicherweise gerade auch den Bewohnern des benachbarten urbanen Ballungsraumes.

Auch dieser Bau, der bis 1701 sukzessive im Inneren ausgestattet wurde und 1722 bis 1725 eine neue Orgel erhielt, wurde durch Kriegswirren zumindest stark beschädigt:[81] Im polnischen Erbfolgekrieg belagerten die Russen 1734 Danzig, das zu Polen hielt. In der Stadt hatte sich das unbegründete Gerücht verbreitet, die

---

75 Kościelak (wie Anm. 6), 122f.

76 Das bezeugt der Architekt Ranisch selbst: Ranisch, Bartel: Beschreibung aller Kirchen-Gebäude der Stadt Dantzig. Danzig 1695, 74; Konitzer (wie Anm. 6), 7f. Andere Version (Dachreiter): Kościelak (wie Anm. 6), 123.

77 Terhalle (wie Anm. 2), 83f., 87f.

78 Konitzer (wie Anm. 6), 8.

79 Drost, Willi: Kunstdenkmäler der Stadt Danzig. Bd. 3: Sankt Nikolai, St. Joseph, Königl. Kapelle, Hl. Leichnam, St. Salvator. Stuttgart 1959 (Bau- und Kunstdenkmäler des deutschen Ostens Reihe A. Hg. v. Günther Grundmann), 173–201; Stachnik, Die Katholische Kirche in Danzig (wie Anm. 8), 112–114.

80 Neben der Königl. Kapelle erhielten auch die drei katholisch gebliebenen Klöster St. Nikolai (Dominikaner), St. Brigitten und St. Joseph (Karmel) Pfarrechte: Stachnik, Die Katholische Kirche in Danzig (wie Anm. 8), 114f.

81 Kościelak (wie Anm. 6), 123. Andere Quellen sprechen von Zerstörung.

Jesuiten würden mit den Russen gemeinsame Sache machen. Außerdem vermutete man in der Krypta der Kirche, die seit 1678 als Grablege der Jesuiten fungierte, Waffen.[82] Nun wiederholte sich die Geschichte: Die Danziger durchlöcherten mit Artilleriefeuer das Dach der Kirche, die ohnehin bereits in schlechtem Zustand gewesen sein mußte und Stützkonstruktionen aufwies. Zudem drohte der Kirchturm zusammenzubrechen.[83] Tatsächlich war also auch bei dieser starken Beschädigung der Jesuitenkirche – sie wurde immerhin noch im Juli 1748 genutzt[84] – ganz offensichtlich die Antipathie des Danziger Bürgertums im Spiel, die sich gegen die prononciert katholische Konfessionskirche richtete, die sich architektonisch auf die Stadt bezog. Im Frühjahr 1748 kam es wiederum schleppend zu einem Neubau in Form der heute noch bestehenden luftigen Hallenkirche, die zwar ähnlich ausgerichtet war wie der Vorgängerbau, aber einen neuen, benachbarten Bauplatz hatte. Die wesentlich größere Jesuitenkirche wurde nun zwischen dem Schulgebäude links und dem Kollegiatsgebäude rechts errichtet, das mit dem Pförtnerhaus bis an die Straße reichte. Damit erhielt der weithin sichtbare gesamte Jesuitenkomplex eine repräsentative Struktur und innere Geschlossenheit. Die knappen Finanzressourcen des Ordens in den letzten Jahren seines Bestehens erklären, weshalb es bis 1757 dauerte, bis die Kirche eingewölbt sowie mit Fliesen und Bänken ausgestattet war.[85] Obgleich das Gotteshaus als solches bereits im Mai fertig sein mußte, da der zuständige Bischof damals die Zustimmung zur Konsekration gegeben hatte, mußte die Kirchweihe aus ungeklärter Ursache noch bis 1765 warten. Das erste Hochamt in der neuen St. Ignatius-Kirche wurde aber schon 1755 durch den Abt von Oliva gehalten.[86] Von diesem wuchtigen Neubau mit seinen zwei massiven Türmen ist eine Ansicht überliefert, die die beherrschende Position der Kirche inmitten der Ansiedlung gegenüber der Stadt verdeutlicht (Abb. 4). Wie der Vorgängerbau bezog sie sich auf das urbane Zentrum, war durch ihre Größe nun auch in der Landschaft kenntlicher und dominanter als der wesentlich kleinere Vorgängerbau. Typisch jesuitisch war auch der Hallenkirchentyp, der sich für die pastoralen Zwecke der Jesuiten besser eignete als andere.[87]

Nachdem Altschottland in der Ersten Teilung Polens 1772 an Preußen fiel, wurde der Jesuitenbesitz vom Staat eingezogen, das Kolleg als akademisches Gymnasium seit 1781 fortgeführt. Die Bausubstanz wurde erst durch die napoleonische Belagerung in Mitleidenschaft gezogen: 1807 erlitt das Kollegsgebäude durch Einquartierung und Beschießung schwere Schäden, die Kirche erst 1813.[88] Gotthilf Löschin schrieb 1860 über diese Ereignisse: „Bei der Belagerung im Jahre 1813 wurde der

---

82 Dazu Konitzer (wie Anm. 6), 8f.

83 Kościelak (wie Anm. 6), 123.

84 Ebd.

85 Dazu ebd., 124.

86 Kościelak (wie Anm. 6), 10.

87 Vor allem die frühen Jesuitenkirchen knüpfen strukturell an die Tradition der einschiffigen Bettelordenskirchen Mittelitaliens an: Terhalle (wie Anm. 2), 86.

88 Zur napoleonischen Besetzung der Stadt: Keyser, Danzigs Geschichte (wie Anm. 8), 196–219; Historia Gdańska [Geschichte Danzigs]. Bd. 3/2: 1793–1815. Hg. v. Edmund Cieślak. Gdańsk 1993, 91–225; Samerski, Stefan: Der „Duc de Dantzig" und die französische Besetzung der Stadt (1807–1814). In: Deutsch-Polnische Begegnung zu Wissenschaft und Kultur im zusammenwachsenden Europa. Hg. v. Gilbert H. Gornig. Bonn 2000, 133–147.

zierlich geformte Giebel sehr beschädigt, und ist späterhin so abgestumpft und so buntfarbig übertüncht worden, wie wir ihn jetzt finden."[89] Die beschädigten Türme wurden wegen zu hoher Kosten abgetragen[90] und an deren Stelle im Obergeschoß eine geschwungene Fassadenfront installiert, die die Dachschräge verbarg. Erst dadurch ergab sich eine Bausituation, die man noch heute sehen kann und die in ihrer Formensprache an die römische Kirche Il Gesù erinnert (Abb. 5). Die Ähnlichkeit mit der jesuitischen „Mutterkirche" ist also erst durch mehrere Zufälle am vierten Danziger Jesuitenbau aus dem 18. Jahrhundert entstanden. Die Zweigeschossigkeit und Dreiteiligkeit der Fassadengestaltung mit dem zentralen Fenster im Obergeschoß des Mittelrisalits war allerdings schon im Kirchenbau von 1748/1757 angelegt. Wenn man auch kriegsbedingte Vergröberungen bei der Fassadenrestaurierung annehmen muß, so spricht doch heute noch St. Ignatius in Altschottland die typische und angestammte Formensprache der Gesellschaft Jesu, auch wenn es keinen dezidierten Kanon für den Kirchenbau gegeben hat:[91] „Die Fassaden der Kirchenbauten der Gesellschaft Jesu sind in der Regel abstrakte Flächen von betonter Nüchternheit, in denen bewußt auf körperlich-plastische Details verzichtet wurde."[92] Trotz aller Armut im äußeren Dekor, die die Lebenshaltung und Bedürfnislosigkeit der Patres widerspiegeln sollte, wird jedoch nicht auf das Moment des durch kubische Mächtigkeit und Sichtbarkeit Beeindruckenden verzichtet. Genau diese Elemente wies schon die dritte Jesuitenkirche auf, die auf die Stadt Danzig ausgerichtet war. Der Bezugsrahmen der neuen Kirche ist nun nicht mehr allein Altschottland, sondern Danzig selbst, das man als Residenzort längst aufgegeben hatte. Diese Ausrichtung der Peripherie auf das Zentrum wird durch die bauliche Orientierung, die hoch aufragende Fassade der Kirche und die sie flankierenden Gebäuderiegel erreicht. Zur Sichtbarkeit kam noch die Hörbarkeit, denn die Danziger Jesuitenkirche verzichtete von Anfang an nicht auf Glocken, die zum Gottesdienst und zu den Seelsorgeeinheiten einluden, aber auch zur Tagesheiligung (Ave-Läuten etc.) aufriefen und damit im Dienst der katholischen Konfessionalisierung standen.

Zusammenfassend läßt sich festhalten: Die Jesuiten übernahmen ihre pastorale Aufgabe in einem konfessionell feindlichen Umfeld nur widerstrebend. Der Bischof und der polnische König instrumentalisierten sie auch zum Zwecke der wirtschaftlichen und politischen Schwächung der reichen Handelsstadt. Zunächst war an einen Kirch- und Kollegbau in der Stadt gedacht, nämlich innerhalb des Birgittenkomplexes, den man vertraglich erworben hatte. Fast gleichzeitig stand außerhalb der Stadt ebenfalls ein Bauplatz bereit. Die Jesuiten nutzten diese Möglichkeit aber erst nach 1614, als deutlich wurde, daß eine Niederlassung innerhalb der Stadtmauern kaum realisierbar war. Da aber Patres immer noch innerhalb Danzigs seelsorglich tätig waren, betrachtete man das neue Gotteshaus in Altschottland als Provisorium,

---

89 Löschin, Gotthilf: Danzig und seine Umgebungen. Danzig 1860, 103. Löschin dürfte noch ein Augenzeuge der napoleonischen Besatzung Danzigs sein. Seine zweibändige Danziger Geschichte erschien 1822.

90 Konitzer (wie Anm. 6), 11.

91 Terhalle (wie Anm. 2), 87. Die Bauten der Jesuiten sollten nach den Regeln der Generalversammlung von 1558 tauglich, gesund und kraftvoll sein sowie die gelobte Armut widerspiegeln. Für den Kirchenbau ist nichts Konkretes vorgeschrieben worden.

92 Ebd., 97.

das auf den Mikrokosmos der Ortschaft und nicht auf die Stadt ausgerichtet war. Die erste (und später auch die zweite) Zerstörung der Jesuitenkirche wurde bezeichnenderweise vom konfessionellen Gegner, den protestantischen Danzigern, betrieben, die sich durch die pure Präsenz der Gesellschaft Jesu an der Peripherie herausgefordert fühlten. Der Neubau des Gotteshauses von 1676 basierte dagegen auf einer völlig veränderten Konzeption: Der Birgittenstützpunkt mußte ganz aufgegeben werden, so daß Altschottland nun nicht mehr als Provisorium diente. Hier ging es um eine feste Bleibe, was bereits in der Bauweise deutlich wird. Da das neue Gotteshaus mit Schule und Kolleg nun die Basis für die gesamte (!) Arbeit der Jesuiten bildete, wurde das Gebäude als deutlich sichtbares konfessionelles Ausrufungszeichen auf Stadt und Umland ausgerichtet. So erklärt sich auch schlußendlich das Drehen der Kirchenfassade. Der Auszug der pastoralen Praxis aus dem urbanen Kontext führte zu einer architektonischen Hinwendung zur Stadt. Die Stadtferne wurde durch die Sichtnähe wettgemacht. Damit ist St. Ignatius in Altschottland funktional eine typische Jesuitenkirche, wurde zu dieser architektonisch allerdings erst im 19. Jahrhundert durch Neubauten und Kriegsereignisse, während sie in ihrer topographischen Situation eine nahezu singuläre Erscheinung ist. Aber selbst diese Aussagen sind bei näherer Betrachtung zu relativieren, denn die ältere These von einem vermeintlichen „Jesuitenstil" stößt in der Realität auf eine breite Palette von unterschiedlichen architektonischen Lösungen innerhalb der Ordensarchitektur. Der Ordensgeneral Claudio Aquaviva (1581–1615) schrieb an die venezianische Provinz, daß man sich keineswegs an einem Bautyp orientieren, sondern auf die Bedingungen des Ortes eingehen müsse, ganz so wie es am besten wäre.[93]

[93] Ebd., 101.

Markierungen von Konfession im territorialen Raum

Agnieszka Gąsior

Der Reliquienschatz eines protestantischen Landesherrn
Joachim II. von Brandenburg und Hedwig von Polen in Berlin

Mit der Einnahme des Sakraments in beiderlei Gestalt durch Kurfürst Joachim II. (1535–1571) in Berlin hielt die Reformation am 1. November 1539 in der Mark Brandenburg offiziell Einzug.[1] Eine neue Kirchenordnung entstand kurz darauf im Jahre 1540 unter Mitwirkung des aus Ansbach gekommenen Hofpredigers Jakob Stratner, des Berliner Propstes Georg Buchholzer sowie des zweifach konvertierten Theologen Georg Witzel. Die Einleitung steuerte der Kurfürst selbst bei, beratend waren im Vorfeld Philipp Melanchthon und Fürst Georg III. von Anhalt, Dompropst zu Magdeburg, tätig.[2] Die Joachimische Kirchenordnung suchte nach Kompromissen, das alte Zeremoniell sollte schrittweise abgeschafft, die neue Lehre zunächst nur in ihren Grundelementen wie dem Laienkelch und der Priesterehe übernommen werden – in der Literatur hat sie somit den Ruf, die „katholisierendste der ganzen Reformationszeit" zu sein. Gleichzeitig kann sie aber auch als eine diplomatische Meisterleistung gelten, denn Joachim II. gelang es, hierfür sowohl die Zustimmung des Kaisers (1541) als auch die der Wittenberger (1541) zu gewinnen.[3] Diese Mittelposition des Landesfürsten in Glaubensfragen geriet jedoch in der Mark sowohl bei den Lutheranern als auch bei den Katholiken in die Kritik, was sich besonders deutlich in der Ablehnung des Interims in den Jahren 1548 und 1549 zeigte.[4]

---

1 Der Gottesdienst mit dem Laienkelch wurde in der Nikolaikirche zu Spandau durch Bischof Matthias von Brandenburg in Anwesenheit des Kurfürsten vollzogen. Codex diplomaticus Brandenburgensis [im folgenden CDB]. Sammlung der Urkunden, Chroniken und sonstigen Geschichtsquellen für die Geschichte der Mark Brandenburg und ihrer Regenten. Hg. v. Adolph Friedrich Riedel. Hauptaptheilung 1. Bd. 11 (=A 11). Berlin 1856, 472; Ribbe, Wolfgang: Der Reformationstag der Mark Brandenburg. In: Jahrbuch für Berlin-Brandenburgische Kirchengeschichte 49 (1974), 59–65; Escher, Felix: Kurfürstentum Brandenburg im Zeitalter des Konfessionalismus. In: Brandenburgische Geschichte. Hg. v. Ingo Materna und Wolfgang Ribbe. Berlin 1995, 231–290, hier 268–272; einen Überblick über den Stand der älteren Forschung gibt Delius, Hans-Ulrich: Die Reformation in Berlin. In: Beiträge zur Berliner Kirchengeschichte. Hg. v. Günter Wirth. Berlin (Ost) 1987, 23–43.

2 Heinrich, Gerd: Neue Kirchenordnung und „stille" Reformation. Die Landesfürsten und die „Luthersache" in der Mark Brandenburg. In: Jahrbuch für Berlin-Brandenburgische Kirchengeschichte 57 (1989), 65–98; Ders.: „Mit Harpffen, Paucken, Zimbeln und Schellen". Martin Luther, die Kirchenreform und Landeskirchen-Herrschaft in der Mark Brandenburg, in den Herzogtümern Pommerns und in Preußen. In: „Gott kumm mir zu hilf", Martin Luther in der Zeitenwende. Hg. v. Hans-Dietrich Loock. Berlin 1984, 27–57, hier 27; Nischan, Bodo: Prince, people, and confession: the Second Reformation in Brandenburg. Philadelphia 1994, 17; Weichert, Friedrich: Die Anfänge des märkischen Summepiskopats; eine Analyse der ersten reformatorischen Kirchen- und Visitations-Ordnungen Brandenburgs. In: Jahrbuch für Berlin-Brandenburgische Kirchengeschichte 50 (1977), 79–124, hier 124. – Kommentar Luthers im Brief an Propst Buchholzer (Br. 3421 vom 4.12.1539). In: Luther WA, Bd. B 8, 624–627.

3 Heinrich, Neue Kirchenordnung (wie Anm. 2), 40; Ders., „Mit Harpffen, Paucken, Zimbeln und Schellen" (wie Anm. 2), 89f.; Rudersdorf, Manfred/Schindling, Anton: Die Reformation in Kurbrandenburg. In: Wichmann-Jahrbuch N. F. 3 34–35 (1994–1995), 141–157, hier 143f.

4 Escher (wie Anm. 1), 272f.; Delius, Hans-Ulrich: Religionspolitik und kirchliche Ausgleichsbemühungen des Kurfürsten Joachim II. von Brandenburg. In: Jahrbuch für Berlin-Brandenburgische

Auf dem Landtag im Sommer 1540 wurde die neue Kirchenordnung durch die weltlichen Stände der Mark trotz des Widerstandes, den die meisten Prälaten und Geistlichen (ausgenommen der evangelisch gesinnte Bischof von Brandenburg, Matthias von Jagow) leisteten, angenommen. Bald darauf wurde auch das Konsistorium in Berlin als Kirchenverwaltungsbehörde eingerichtet.[5] Mit den anschließenden Kirchenvisitationen sollten lokale und regionale Fundamente der entstehenden Landeskirche juristisch, ökonomisch und disziplinarisch gefestigt werden und damit die Glaubensfrage als landesherrliche Domäne durchgesetzt sowie das Herrschaftsgebiet im Sinne einer einheitlichen kirchlich-weltlichen Neuordnung gestaltet werden.[6]

Auf die drei brandenburgischen Hochstifte, die zunächst von den Visitationen ausgenommen blieben, konnte der Kurfürst erstmals mittels Neubesetzungen vakanter Stellen bzw. Bischofsstühle Einfluß nehmen. So gelang es ihm in Havelberg schon 1548, seinen noch unmündigen, rasch mit den niederen Weihen versehenen Sohn Friedrich zu installieren, während in Lebus noch 1550 erneut ein katholischer Bischof gewählt wurde. Den beiden folgte auf dem Bischofsstuhl Joachims Enkel, Joachim Friedrich, der 1553 Bischof von Havelberg, 1555 Bischof von Lebus und 1560 Bischof von Brandenburg wurde.[7] Somit vereinte dieser nun alle drei märkischen Hochstifte in seiner Hand, die mit seinem Tode 1598 (faktisch aber schon früher) in den landesherrlichen Besitz überführt werden konnten.

Vor dem Hintergrund der skizzierten Entwicklung in der Mark Brandenburg wird im folgenden die Stiftskirche Joachims II. in den Blick genommen, um unter dem Aspekt ihrer Gestaltung und Nutzung nach der Bedeutung und den Funktionen dieses sakralen Raumes für die Glaubenspraxis des Herrscherhauses und im Prozeß der Konfessionsbildung in der Mark Brandenburg zu fragen. Dabei stehen die

---

Kirchengeschichte 52 (1980), 25–87; NISCHAN (wie Anm. 2), 27–29.

[5] Die evangelischen Kirchenordnungen des XVI. Jahrhunderts. 5 Bde. Hg. v. Emil SEHLING. Leipzig 1902–1913; DELIUS, W.: Die Kirchenpolitik des Kurfürsten Joachim II. von Brandenburg in den Jahren 1535–1541. In: Jahrbuch für Berlin-Brandenburgische Kirchengeschichte 40 (1965), 86–123; HEINRICH, Neue Kirchenordnung (wie Anm. 2), 39.

[6] Ebd., 27; ZIEGLER, Walter: Klosteraufhebungen im Zeitalter der Reformation in der Mark Brandenburg. In: Wichmann-Jahrbuch N. F. 1 30–31 (1990–1991), 69–87.

[7] ESCHER (wie Anm. 1), 277f.; TEICHMANN, Heinz: Von Lebus nach Fürstenwalde. Kurze Geschichte des mittelalterlichen Bistums Lebus (1124–1555/98). Leipzig 1991, 108. – Zu Bestrebungen der Hohenzollern, seit dem 15. Jahrhundert ein landesherrliches Kirchenregiment in der Mark Brandenburg einzuführen, siehe WIGGER, Annette: Vom Chordienst zur Regierungswerkstatt. Brandenburger Prälaten als Gehilfen für das Kirchenregiment der Hohenzollern vor der Reformation. In: Wichmann-Jahrbuch des Diözesengeschichtsvereins Berlin N. F. 4 36–37 (1996–1997), 95–127. – Zur Kirchenpolitik der Hohenzollern an der Wende zum 16. Jahrhundert siehe KURZE, Dietrich: Das Mittelalter. Anfänge und Ausbau der christlichen Kirche in der Mark Brandenburg (bis 1535). In: Tausend Jahre Kirche in Berlin-Brandenburg. Hg. v. Gerd HEINRICH. Berlin 1999, 15–146, hier 84–88; SEYBOTH, Reinhard: Die Markgraftümer Ansbach und Kulmbach unter der Regierung Markgraf Friedrichs des Älteren (1486–1515). Göttingen 1985 (Schriftenreihe der Historischen Kommission bei der Bayerischen Akademie der Wissenschaften 24), 309f.; AHRENS, Karl-Heinz: Die verfassungsrechtliche Stellung und politische Bedeutung der märkischen Bistümer im späten Mittelalter. In: Mitteldeutsche Bistümer im Spätmittelalter. Hg. v. Roderich SCHMIDT. Lüneburg 1988, 19–52; DERS.: Residenz und Herrschaft. Studien zu Herrschaftsorganisation, Herrschaftspraxis und Residenzbildung der Markgrafen von Brandenburg im späten Mittelalter. Frankfurt/Main 1990 (Europäische Hochschulschriften Reihe 427), 306f. – Einen kompakten Überblick über die Kirchengeschichte der Mark Brandenburg gibt KURZE, Dietrich: Die Kirche. In: Bürger, Bauer, Edelmann. Berlin im Mittelalter. Ausst.-Kat. Zitadelle Spandau 8. Mai – 1. November 1987. Hg. v. MUSEUM FÜR VOR- UND FRÜHGESCHICHTE BERLIN. Berlin 1987, 130–161, bes. 147–149.

handelnden Akteure, deren Interessen in die konfessionellen Kodierungsprozesse in der Stiftskirche zu Berlin eingeflossen sind, im Vordergrund. Ausgehend davon, daß herrschaftliche Repräsentation stets symbolisches Handeln ist, das politisch-soziale Ordnungen inszeniert bzw. konstituiert, stellt sich die Frage, inwiefern die Formierung des Cöllner Stifts auf den städtischen bzw. landesherrlichen Raum einwirkte, und umgekehrt, wie stark dieser Prozeß den Einwirkungen inner- bzw. auch außerpolitischer Konstellationen unterworfen war.

Während die evangelische Konfession in der Mark auf dem Vormarsch war, wurde in der Doppelstadt Berlin-Cölln der Aufbau eines kurfürstlichen Stifts vorangetrieben, das in besonderem Maße die Werte des alten Glaubens vertrat. Die Idee, den in unmittelbarer Nähe des kurfürstlichen Schlosses in Berlin-Cölln gelegenen Dominikanerkonvent nach Brandenburg an der Havel zu verlegen und dessen Kirche in den Dienst des Hofes und der Dynastie zu stellen, hatte schon Joachim I. ins Auge gefaßt.[8] Sein Sohn, Joachim II., nahm sich dieser Aufgabe gleich nach seinem Regierungsantritt 1535 an, ließ alsbald den Bau aufwendig renovieren, mit einem Turmpaar das schlichte Erscheinungsbild der Westfassade repräsentativ aufwerten und vor allem den Innenraum nach einem einheitlichen Konzept völlig neu gestalten.[9] Die älteren Altaraufsätze wurden gänzlich entfernt und durch modernere Werke aus der Werkstatt des gefragten Lukas Cranach d. Ä. ersetzt.[10]

Sowohl die Ausstattung der joachimischen Kirche als auch deren Liturgie und Organisation waren dem Vorbild des Neuen Stifts in Halle/Saale, einer Gründung

---

8 Wagner, Friedrich: Die älteste Geschichte des Doms und des Domstifts zu Köln-Berlin bis 1535. In: Hohenzollern-Jahrbuch 8 (1904), 37–59, hier 59; Wiesinger, Liselotte: Das Berliner Schloß. Von der kurfürstlichen Residenz zum Königsschloß. Darmstadt 1989, 14; Müller, Nikolaus: Der Dom zu Berlin. Kirchen-, kultus- und kunstgeschichtliche Studien über den alten Dom in Köln-Berlin. Bd. 1. Berlin 1906; Müller, Gottfried: Die Dominikaner der ehemaligen Ordensnation „Mark Brandenburg". Berlin 1914, 145–154; Kothe, Julius: Die ehemalige Kirche der Dominikaner in Berlin. In: Die Denkmalpflege 24 (1922), 59–61; Abb, Gustav/Wentz, Gottfried: Das Bistum Brandenburg. Berlin-Leipzig 1929 (Germania Sacra 1/1), 401–409; Müller, Hans: Die Geschichte und der ursprüngliche Zustand der ehemaligen Kirche der Dominikaner auf dem Schloßplatz zu Berlin. In: Berliner Heimat (1957), 169–176.

9 Die Baugestalt und die Ausstattung der Berliner Stifts- bzw. Domkirche läßt sich nur mit Hilfe von schriftlichen und graphischen Quellen annähernd rekonstruieren, denn der Bau selbst wurde 1747 auf Befehl König Friedrichs II. (1740–1786) niedergerissen. Es handelte sich dabei um eine dreischiffige Hallenkirche von sieben Jochen Länge. Der zweijochige Vorchor war durch Treppenstufen in den Unterchor (chorus) und den hohen Chor (sanctuarium) unterteilt sowie von der fünf Joche langen Laienkirche durch einen Lettner getrennt. Der einschiffige Altarraum schloß mit einer 5/8-Apsis. Erste umfassende Beschreibungen der Berliner Domkirche verfaßten Müller, Johann Christoph/Küster, Georg Gottfried: Altes und neues Berlin. 5 Teile in 2 Bdn. Berlin 1737–1769, 1. Teil, 1737, 29–31. Siehe auch: Wagner, Geschichte des Doms und des Domstifts zu Köln-Berlin (wie Anm. 8), 37–59; Cante, Markus: Kirchen bis 1618. In: Berlin und seine Bauten. Teil IV: Sakralbauten. Berlin 1997, 1–15, hier 6f., 14f.

10 Grundlegend ist die Untersuchung von Tacke, Andreas: Der katholische Cranach: zu zwei Großaufträgen von Lucas Cranach d. Ä., Simon Franck und der Cranach-Werkstatt (1520–1540). Berlin 1992, 170–267, bes. 176–188. – Zu der ursprünglichen Ausstattung der Dominikanerkirche gehörte wahrscheinlich u. a. das Altarretabel in der Pfarrkirche St. Moritz in Mittenwalde (Kreis Königswusterhausen), eine Stiftung Kurfürstin Elisabeths von Dänemark (1485–1555) aus dem Jahre 1514; Cárdenas, Livia/Schumann, Dirk: Das mittelalterliche Altarretabel der Moritzkirche zu Mittenwalde. In: Kunst – Kontext – Geschichte. Festgabe für Hubert Faensen zum 75. Geburtstag. Hg. v. Tatjana Bartsch und Jörg Meiner. Berlin 2003, 129–155.

Kardinal Albrechts von Brandenburg im Zuge seines Residenzausbaus um 1520, verpflichtet.[11] Albrecht adaptierte zu diesem Zweck ebenfalls eine Dominikanerkirche und ließ den Innenraum aufs aufwendigste ausstatten. Den opulenten Retabelzyklus aus Passionsfolge und Heiligendarstellungen, in den sich der Kardinal mit seinen Kryptoporträts gewissermaßen selbst einfügte, lieferte gleichermaßen das Atelier Lukas Cranachs d. Ä.[12] Das Hauptaugenmerk des Kirchenfürsten galt jedoch der großen Reliquiensammlung, die den prunkvollen Zeremonien einen besonderen Glanz verlieh, zugleich aber das Ziel der Kritik Luthers war.[13]

Das neue Cöllner Gotteshaus nahm das Stift „Mariae Magdalenae Sancti Erasmi Episcopi et Sanctum Crucem" auf, das Kurfürst Friedrich II. im Zuge der Residenzgründung in Berlin-Cölln um die Mitte des 15. Jahrhunderts in der Erasmus-Kapelle des neuerrichteten Stadtschlosses installiert hatte.[14] Die Verlegung des Stifts in einen dem gewachsenen Repräsentationsanspruch besser genügenden Raum leitete eine weitreichende Umgestaltung des Schloßareals allerdings erst ein. In den Jahren 1538–1540 ließ Joachim einen neuen Schloßflügel errichten, der sich in Typus und Gestalt eng an das gerade fertiggestellte Schloß Hartenfels in Torgau (errichtet in den Jahren 1533–1537), die Residenz Johann Friedrichs von Sachsen, anlehnte.[15] Der imposante Renaissancebau des Berliner Schlosses erstreckte sich vom älteren

---

11 Tacke, Der katholische Cranach (wie Anm. 10), 193f.; Müller, Der Dom zu Berlin (wie Anm. 8), 15–27. – Literaturauswahl zum Neuen Stift in Halle: Nickel, Heinrich L.: Der Dom zu Halle. München 1991; Krause, Hans-Joachim: Die Kirche des „Neuen Stifts" in Halle und die Schloßkirche in Wittenberg. Zur Geschichte und ursprünglichen Gestalt beider Bauten. In: Meisterwerke auf Vorrat. Die Erlanger Handzeichnungen der Universitätsbibliothek. Ausst.-Kat. Erlangen 1994. Hg. v. Andreas Tacke. München 1994, 21–36, bes. 21–29; Smith, Jeffrey Chipps: Die Kunst des Scheiterns. Albrecht von Brandenburg und das Neue Stift in Halle. In: Der Kardinal Albrecht von Brandenburg – Renaissancefürst und Mäzen. Ausst.-Kat. Halle/Saale 2006. 2 Bde. Hg. v. Thomas Schauerte. Regensburg 2006, hier Bd. 1: Katalog, 17–51, 18f.

12 Den sakralen Identifikationsporträts Albrechts als Heiligen sind mehrere Beiträge im Essayband der Ausstellung in Halle gewidmet, bes.: Tacke, Andreas: Albrecht als heiliger Hieronymus. Damit „der Barbar überall dem Gelehrten weiche!". In: Der Kardinal Albrecht von Brandenburg (wie Anm. 11), Bd. 2: Essays, 117–129; Hecht, Christian: Die Aschaffenburger Gregorsmessen. Kardinal Albrecht von Brandenburg als Verteidiger des Messopfers gegen Luther und Zwingli. In: Ebd., Bd. 2, 81–115. – Grundlegend für die Rekonstruktion der Ausstattung ist die Untersuchung von Tacke, Der katholische Cranach (wie Anm. 10), 16–169.

13 Winterhagen, Wilhelm Ernst: „Ich dachte fur war, Er were ein Engel". Albrecht von Brandenburg im Urteil seiner Zeitgenossen. In: Der Kardinal Albrecht von Brandenburg (wie Anm. 11), Bd. 2, 131–167, hier bes. 137–139 und 147–151.

14 Die Schloßkapelle erhielt 1450 das Pfarrrecht. 1465 wurde ein Kollegiatsstift mit neun Kanonikern und dem Berliner Propst an der Spitze gegründet, Abb/Wentz (wie Anm. 8), 211–232. Da die Propstei Berlin und die Pfarrkirchen Berlins und Cöllns seit 1319 zu einem ungeteilten Lehen vereinigt waren, hatte der Propst gleichsam in Personalunion auch das Amt des Pfarrers von St. Petri, St. Nikolai und St. Marien inne, Kurze, Das Mittelalter (wie Anm. 7), 48; Ders., Die Kirche (wie Anm. 7), 146–149; Ahrens, Residenz und Herrschaft (wie Anm. 7), 302–307.

15 Aufgrund der weitgehenden Übereinstimmungen beider Bauten in Typ, Stil und Gesamtkonzeption wird die Beteiligung des kursächsischen Hofarchitekten Konrad Krebs, des Erbauers des Renaissanceflügels von Schloß Hartenfels, bei der Konzeption und Ausführung des Berliner Schlosses angenommen. Als Bauleiter ist für Berlin allerdings Caspar Theiß belegt. Zuletzt dazu Hinterkeuser, Guido: Sächsische Architektur für Brandenburg. Der Johann-Friedrich-Bau von Schloss Hartenfels in Torgau und das Berliner Schloss unter Kurfürst Joachim II. (1535–1571). In: Glaube & Macht. Sachsen im Europa der Reformationszeit. Ausst.-Kat. Torgau 2004. Bd. 1–2, hier Bd. 2 [Aufsätze]. Hg. v. Harald Marx und Cecilie Hollberg. Dresden 2004, 220–235, mit weiterführender Literatur. – Zur Gestalt des Stechbahnflügels, mit einem Katalog des architektonischen Dekors vom Bau Joachims II., siehe: Peschken, Gerd: Das königliche Schloß zu Berlin. Bd. 1: Die Baugeschichte von 1688–1701 mit

Spreeflügel in Richtung Stiftskirche und öffnete sich mit seiner reich gegliederten Schaufassade, die bei den Stechrennen gleichsam als Tribüne diente, zur Stadt (Abb. 1, 2). Die Verbindung von Schloß und Kirche verdeutlichte in dieser neuen städteräumlichen Situation eine funktionale Verschränkung von sakraler und profaner Ebene und somit zugleich auch den auf diese beiden Sphären bezogenen Herrschaftsanspruch des Landesherrn. Zum Tragen kam diese Einheit insbesondere im Zusammenhang mit Prozessionen, die mit großem Aufwand gefeiert wurden und in die außer dem Kirchenareal auch die Erasmuskapelle im Schloß einbezogen war.[16] Ein hölzerner Gang in der Höhe des zweiten Geschosses schuf außerdem eine sichtbare Verbindung zwischen den beiden Bauten und gewährleistete ein direktes Betreten der Kirche vom Schloß aus durch eine mit Herrscherporträts geschmückte Galerie (Abb. 3).[17] Im Zuge der Zentralisierung und Festigung der Herrschaftsstrukturen in Berlin-Cölln wurde auch die fürstliche Grablege aus dem entfernten Zisterzienserkloster Lehnin in das Kollegiatsstift verlegt und dieses hiermit als nunmehr zentrale Memorialstätte des Hauses Hohenzollern in seiner herrschaftslegitimatorischen Funktion aufgewertet.[18]

Nur wenige Jahrzehnte nachdem die Gründung des kurfürstlichen Schlosses durch Friedrich II. noch mit Gewalt gegen einen erbitterten Widerstand der Städte, den sogenannten „Berliner Unwillen", durchgesetzt werden mußte, führte Joachim II. mit seinen Ausbaumaßnahmen, die weit in den städtischen Raum eingriffen, eine Neuordnung und -hierarchisierung der urbanen Struktur auch im Sinne einer symbolischen Territorialisierung durch. Die Ausdehnung von herrschaftlicher Präsenz in der Hauptresidenzstadt, die mit einer Zentralisierung der Macht einherging, bildete die im Zuge der Reformation auf Landesebene realisierte Verschränkung von kirchlicher Erneuerung und Territorialgewalt gleichsam sinnbildlich ab. Das joachimische Stift mit dem Berliner Propst an der Spitze, dem alle Pfarrkirchen der Doppelstadt unterstanden, stieg nun auch zur Hauptkirche des Landes auf, wobei es

---

Nachträgen zur Baugeschichte des Schlosses seit 1442. Berlin 1992, 31–36, 40–63; DERS./KLÜNNER, Hans-Werner: Das Berliner Schloß. Berlin [4]1998 [[1]1982], 20–27; WIESINGER (wie Anm. 8).

16 Belegt sind solche reichbestückten Prozessionen, bei denen auch Reliquienbehältnisse mitgeführt wurden, für die Osterliturgien der Jahre 1537–1540. In der Schloßkapelle wurden außerdem im 16. und 17. Jahrhundert die verstorbenen Mitglieder des brandenburgischen Kurhauses aufgebahrt, um dann in einer feierlichen Prozession an ihren Bestattungsort in der Stiftskirche überführt zu werden (so u. a. die Kurfürsten Joachim II., Johann Georg, Joachim Friedrich sowie mehrere Kurfürstinnen und jung verstorbene Prinzen). MÜLLER, Der Dom zu Berlin (wie Anm. 8), 133–135; TACKE, Der katholische Cranach (wie Anm. 10), 211.

17 Von diesem auf hohen Pfeilern ruhenden Gang („podium", „ambitus") berichtet als erster der polnische Bischof Lukas Górka im Jahre 1540; PRZEŹDZIECKI, Aleksander: Jagiellonki Polskie [Polnische Jagielloninnen]. 5 Bde. Kraków 1868–1878, hier Bd. 1, 1868, 284; WIESINGER (wie Anm. 8), 31f. Die dort beherbergte Ahnengalerie erwähnt auch 1572 THURNEYSSER, Leonhardt: PISON. Das erste Teil. Von Kalten/Warmen Minerischen und Metallischen Wassern [...]. Frankfurt/Oder 1572, 354; vgl. auch KONTER, Erich W. H.: Aspekte der Organisation der Gesellschaft und des architektonischen Raumes im Absolutismus. Dargestellt am Beispiel Brandenburg-Preußens, des königlichen Schlosses in Berlin und seiner Nutzung. Phil. Diss., Hamburg 1984.

18 Der Berliner Lehrer und Chronist Peter Hafftiz benennt als einen Grund, das Stift in das Dominikanerkloster zu verlagern, die Absicht Joachims II., dort die Grablege seines Hauses zu installieren. MÜLLER, Der Dom zu Berlin (wie Anm. 8) 1914, 146. – Die Särge der Vorfahren – Joachims I. und Johann Ciceros – wurden zwar erst um 1545 aus Kloster Lehnin nach Cölln überführt, jedoch wurden schon in den Domstatuten von 1536 die Bestattungsplätze benannt. Vgl. WIESINGER (wie Anm. 8), 14, 16.

den Hof nicht nur im Hinblick auf die Frömmigkeitspraxis, sondern auch auf den Beamtendienst versorgte.

Die feierliche Weihe des auch als Dom bezeichneten Kollegiatsstifts erfolgte zu Pfingsten des Jahres 1536 und war mit einer Weisung der neuen Reliquiensammlung verbunden, die Joachim II. nach dem Vorbild von und gleichzeitig in Konkurrenz zu den Sammlungen Friedrichs des Weisen in Wittenberg und Kardinal Albrechts von Brandenburg in Halle anlegte.[19] Die Präsentation der 136 kostbaren Reliquiare auf einer vierstufigen, mit Stoffen behängten Staffel vor und auf dem Hochaltar bildete den Höhepunkt der Messe. In der Mittelachse waren mit einem Kreuz aus Frankfurt/Oder zwischen den Reliquien des hl. Erasmus und der hl. Magdalena die Patrone des Stifts sowie mit einer Monstranz aus Spandau und zwei Särgen aus Lehnin und Tangermünde die wichtigsten Herrschaftszentren der Mark Brandenburg vertreten.[20] Stellten die Reliquien durch ihre kostbaren Behältnisse Prunkobjekte dar, so war ihr Gebrauch in erster Linie nach wie vor durch ihren Inhalt, d. h. die Heiligengebeine mit ihrer Seelenheil spendenden Wirkung bestimmt.[21] So kann der Aufbau des Reliquienschatzes keinesfalls nur auf die Sammelleidenschaft des Kurfürsten und seine Prunksucht zurückgeführt werden, sondern ist zunächst als Ausdruck seiner Glaubenshaltung zu verstehen.

Diese Inkonsequenz blieb den Zeitgenossen natürlich nicht verborgen – das parallel zur Einführung der Reformation realisierte Großprojekt der Stiftskirche lief dem bereits eingeleiteten Übertritt zum neuen Glauben geradezu entgegen. Obwohl der Empfang des Abendmahls in beiderlei Gestalt erst 1539 stattfand, waren die Vorbereitungen schon viel früher im Gange. Die Besuche Melanchthons am kurfürstlichen

---

19 Grundlegend ist Tackes Analyse der Reliquiensammlung Joachims II.: Tacke, Andreas: Der Reliquienschatz der Berlin-Cöllner Stiftskirche des Kurfürsten Joachim II. von Brandenburg. Ein Beitrag zur Reformationsgeschichte. In: Jahrbuch für Berlin Brandenburgische Kirchengeschichte 57 (1989), 125–235. – Der im Dreißigjährigen Krieg fast gänzlich eingeschmolzene Schatz ist vor allem in Beschreibungen der Inventare überliefert. Erhalten blieben nur wenige Objekte; das Aussehen der aus der Sammlung Kardinal Albrechts übernommenen Exemplare vermitteln die Abbildungen im Halleschen Heiltumsbuch (Liber ostensionis): Halle 1526/1527, Hofbibliothek Aschaffenburg, Sign. Ms. 14; dazu (in Auswahl): Das Hallesche Heiltum. Man[uskript] Aschaffenb[urg] 14. Hg. v. Philipp Maria Halm und Rudolf Berliner. Berlin 1931 (Jahrgabe des Deutschen Vereins für Kunstwissenschaft); Rasmussen, Jörg: Untersuchungen zum Halleschen Heiltum des Kardinals Albrecht von Brandenburg. In: Münchner Jahrbuch der Bildenden Kunst 3. F. 27 (1976), 59–118 und 28 (1977), 91–132; Das Rätsel Grünewald. Aust.-Kat. zur Bayerischen Landesausstellung Aschaffenburg 2002–03. Hg. v. Rainhard Riepertinger. Augsburg 2002 (Veröffentlichungen zur Bayerischen Geschichte und Kultur 45/2), bes. 283–285, Kat.-Nr. 169; Der Kardinal Albrecht von Brandenburg (wie Anm. 11), Bd. 1, 92–95, Kat.-Nr. 27. – Mit der Reliquiensammlung Friedrichs des Weisen in Wittenberg beschäftigte sich zuletzt Cárdenas, Livia: Friedrich der Weise und das Wittenberger Heiltumsbuch. Mediale Repräsentation zwischen Mittelalter und Neuzeit. Berlin 2002, mit weiterführender Literatur.

20 Der Aufbau der Präsentation und die Bestückung der einzelnen Staffeln zu Pfingsten 1536 ist durch ein im Geheimen Staatsarchiv erhaltenes Inventar mit dem Titel „Vorzeichnus der Silberin Bilden und Klinodien der Newen Stifft Kirchen S. Marie Magdalene ad S(an)ctam Crucem zu Coln an der Sprew. Act(um) am pfingstag Anno D(omini) 1536“ überliefert: Geheimes Staatsarchiv Berlin, Rep. II Nr. 1, Bl. 23r–32r. – Ein Abdruck dieses und weiterer Reliquien-Inventare aus der Stiftskirche in Cölln an der Spree sowie deren kritische Analyse Tacke, Der Reliquienschatz der Berlin-Cöllner Stiftskirche (wie Anm. 19), 129 und 165–223.

21 Die Inventare benennen bedauerlicherweise nur die Reliquienbehältnisse und nicht die in ihnen aufbewahrten Heiligengebeine. Tacke, Der katholische Cranach (wie Anm. 10), 176, 209.

Hof in den Jahren 1537 und 1538 hatten bereits mit den Gesprächen über die neue Kirchenordnung in Zusammenhang gestanden.[22]

Während die Kirchenvisitationen ab 1540 im Auftrag des Kurfürsten den alten Bräuchen in der Mark ein Ende bereiteten, blieb die Cöllner Stiftskirche davon seltsam unberührt, und zwar noch über Jahrzehnte. Mit der neuen Kirchenordnung von 1540 traf Joachim II. zugleich auch Regelungen, die dem Ausbau seines Reliquienschatzes dienlich waren. Gefordert war ein systematischer Einzug von Kirchengütern der aufzulösenden Klöster und Bruderschaften, wobei der Umgang mit heiligen Geräten und Ornaten wie folgt reglementiert war:

> [...] mit den kelchen, Monstrantzen, kreutzen, Patenen, Rauchfessern, pacifical, silber Bilden, kennichen, pechern, Loffeln, der Prelaten vnd Ebtissin silbern stabe, Infulen vnd andern Silberweck, Auch mit den casel vnd ornat, was man zur kirchen notdurfftig nicht bedarff, [soll] gehaltten werden, das sie In eines Iden Closter ader kirchen lade ader Casten verwart, alher gegen Coln sollen vberschickt werden, Doch das die Closter vnd kirchen den Slussel datzu behalten. Allein das dieser vnderscheid gebraucht, das In der Sted Pfarkirchen zwen vnd In den Dorffkirchen aleine ein kelch pleibt vnd gelassen werde.[23]

Der Verbleib der Schlüssel in den jeweiligen Kirchen hatte lediglich symbolische Bedeutung. Das mobile Kirchengut wurde konfisziert und anschließend dem Cöllner Stift einverleibt, wo es nach wie vor gemäß seiner ursprünglichen Funktion genutzt werden konnte. Im Jahre 1561 ist „in der Sakristei derselben Kirche“ neben dem aus den Kirchen der Mark gewonnenen Silberwerk auch „eine Zahl von Meßgewändern aller Art aus Sammet und Brokat mit eingewirkten Bildern aus Gold und Perlen [...]“[24] nachweisbar. Somit kam in der Ausstellung des aus den Kirchenschätzen märkischer Pfarreien bestückten Reliquienschatzes gleichsam der Herrschaftsanspruch des Kurfürsten über die Landeskirche symbolisch zum Ausdruck.

Die Stiftskirche Joachims II. besaß neben dem Hochaltar, der dem hl. Erasmus geweiht war, 14 Nebenaltäre,[25] die bis auf den Kreuzaltar am Lettner in den Seitenschiffen untergebracht waren. Von ihrem bildlichen Schmuck haben sich zehn auf die

---

22 Der Übertritt des Hauses Brandenburg zum Luthertum muß spätestens seit dem Tod Joachims I. im Jahr 1535 Gegenstand von Erwägungen gewesen sein. Die fränkische Hohenzollernlinie, die enge Kontakte nach Berlin pflegte, gehörte schon seit 1527 mit Georg dem Frommen zu den Vorreitern des neuen Glaubens. Im Jahre 1538 trat unter Hans von Küstrin, dem Bruder Joachims II., die brandenburgische Neumark dem lutherischen Bekenntnis bei. SCHULTZE, Johannes: Die Mark Brandenburg. Bd. 4. Berlin 1964, 104; ESCHER (wie Anm. 1), 264f. – Zu Georg dem Frommen von Brandenburg-Ansbach siehe auch MÜLLER, Uwe: Markgraf Georg der Fromme. Ein protestantischer Landesherr im 16. Jahrhundert. In: Jahrbuch der fränkischen Landeskunde 45 (1985), 107–123; SEYBOTH, Reinhard: Markgraf Georg der Fromme von Brandenburg-Ansbach und Martin Luther. In: Jahrbuch der fränkischen Landeskunde 57 (1997), 125–144; DERS.: Markgraf Georg (der Fromme) von Brandenburg-Ansbach (1484–1543). In: Fränkische Lebensbilder 17 (1998), 43–71.

23 CDB (wie Anm. 1), Hauptapth. III. Bd. 3 (=C 3). Berlin 1861, Nr. 331, 471–473, hier 472.

24 SCHÄFER, Karlheinrich: Ein italienischer Reisebericht über die Mark Brandenburg a. d. Jahre 1561. In: Wichmann-Jahrbuch 4–6 (1933–1936), 62–79, 74f. – Über eine reiche Ausstattung an Teppichen, Antependien und anderen Stoffen, mit denen die Stiftskirche zu feierlichen Anlässen geschmückt wurde, MÜLLER, Der Dom zu Berlin (wie Anm. 8), 143–165.

25 Vgl. die Inventare von 1537 und 1538, in: ebd., 145f., 149f.; WIESINGER (wie Anm. 8), 21.

Jahre 1537–1538 datierte Gemälde mit der Passion Christi im Berliner Jagdschloß Grunewald und im Kunsthistorischen Museum Wien erhalten.

Lange Zeit galt die Cöllner Ausstattung als Ausdruck des evangelischen Wandels in der Mark, behandeln die überlieferten Werke doch ausschließlich das Martyrium Christi. Daß dies jedoch ein Überlieferungsmerkmal späterer Zeit ist und ursprünglich die Passionsszenen – nach dem Hallenser Muster – als Mitteltafeln mehrerer Retabelaufsätze fungierten, deren doppelte Flügelpaare mit Heiligendarstellungen ausgestaltet waren, gilt inzwischen als erwiesen.[26] Der Zyklus bezog alle Altäre mit ein und wurde durch zusätzliche, einzeln hängende Gemälde vervollständigt. Die Bestellung von 117 Tafeln – 19 Passionsszenen (150 x 110 cm), 84 Flügelgemälde mit Heiligen (150 x ca. 50 cm) sowie 14 Predellenszenen (ca. 55 x 100 cm) – realisierte in den Jahren 1535–1538 Lukas Cranach d. Ä., Inhaber einer großen, gut organisierten Werkstatt, die hohe Arbeitsqualität bot.[27] Durch seine Tätigkeit im Dienste Kardinal Albrechts in Halle, dessen Neues Stift Cranachs Atelier in den Jahren 1520–1525 mit einer vergleichbar umfangreichen Retabelfolge ausschmückte, war dieser bereits als ein Malerunternehmer ausgewiesen, der imstande war, den Auftrag Joachims II. innerhalb kürzester Zeit und bei gleichbleibender Qualität zu bewerkstelligen.[28] Die Aufstellung der Werke, die Andreas Tacke auf überzeugende Weise rekonstruiert hat, nahm auf die Vorgaben der Osterliturgie und den Verlauf der Prozessionen in der Karwoche Bezug.[29] Der Zyklus begann im nördlichen Seitenschiff am Lettner, nahe dem Eingang zum Kreuzgang mit dem „Einzug in Jerusalem“, setzte sich auf dieser Seite in Richtung Westen fort, verlief von dort entlang des südlichen Seitenschiffs nach Osten, so daß die „Kreuzigung“ am Kreuzaltar am Lettner ihre Aufstellung fand. Jenseits des Lettners führte die Reihe gegen den Uhrzeigersinn vom südlichen in das nördliche Seitenschiff wieder zu ihrem Ausgangspunkt zurück (Abb. 4).[30] Der Maler griff dieses, die gesamte Kirche umspannende räumliche Konzept auf, indem er die vorgesehenen Standorte der Werke berücksichtigte und gegebenenfalls die gewohnte Leserichtung von links nach rechts zugunsten einer Komposition aufgab, die der Logik des Kirchenraumes entsprach, so beispielsweise in den Szenen des „Ecce Homo“ und der „Kreuztragung“, deren Standorte im südlichen Seitenschiff lagen (Abb. 5, 6).

Nach dem bereits in Halle erprobten Aufbauschema wurden auch in Berlin-Cölln den heilsgeschichtlichen Szenen in der Mitte Darstellungen von Heiligen auf den flankierenden einfachen oder doppelten Flügelpaaren beigegeben sowie ein typologisch darauf bezogenes Thema aus dem Alten Testament in der Predella hinzugefügt. Dieses Prinzip kann anhand des einzigen für das Cöllner Stift erhaltenen Modells aus dem Pariser Louvre verdeutlicht werden (Abb. 7, 8). Mit Hilfe solcher

---

26 Grundlegend für die Frage der Ausstattung: TACKE, Der katholische Cranach (wie Anm. 10), 217–267, der ausgehend von der Analyse der Ausstattung des Neuen Stifts in Halle eine Rekonstruktion des Zyklus in der Berlin-Cöllner Stiftskirche vorlegte.

27 Ebd., 265.

28 Ebd., 71–169; DERS.: Cranachs Altargemälde für Albrechts Stiftskirche. Zu einem Bilderzyklus von europäischem Rang. In: Der Kardinal Albrecht von Brandenburg (wie Anm. 11), Bd. 2, 193–212.

29 TACKE, Der katholische Cranach (wie Anm. 10).

30 Ebd., 238–262.

dreidimensionalen Entwürfe mit wandelbaren Flügeln, die der Maler vermutlich für alle Werke vorlegte, wurden Absprachen mit dem Auftraggeber über das Programm und die Einzelheiten der Ausführung getroffen.

Das überlieferte Modell ist noch aus einem weiteren Grund interessant – es zeigt in geschlossenem Zustand mit dem hl. Stanislaus einen polnisch-dynastischen Heiligen und gibt somit einen Hinweis auf die 1535 geehelichte Gattin Joachims II., Prinzessin Hedwig von Polen (1513–1573). Augenscheinlich wird daran zudem, daß in Zeiten, in denen die Retabelflügel aufgeklappt waren, also an allen Werk- und Sonntagen, die Kirchenbesucher mit einer Heiligengalerie konfrontiert waren, die mit der durch Luther geforderten Abkehr vom Heiligenkult kaum zu vereinbaren war. Auf bildhafte Weise kam damit zum Ausdruck, was der Frömmigkeitspraxis in der Stiftskirche voll und ganz entsprach: Die Zahl der durch Dombreviere vorgeschriebenen Heiligenoffizien wurde erst nach dem Tod Johann Georgs eingeschränkt.[31]

Zu einer Zeit, als Halle und Wittenberg geradezu paradigmatisch für einander ausschließende theologische Programme standen, bezog Joachim II. mit der bewußten Orientierung des Cöllner am Hallenser Stift eine Position, die mit seiner Haltung als Landesherr kollidierte.[32] Daß diese Diskrepanz nicht unproblematisch war, lassen die Reaktionen der Zeitgenossen erkennen. Für den Cöllner Propst und Mitverfasser der Kirchenordnung von 1540, Georg Buchholzer, war das ausschweifende Zelebrieren mit der neuen Glaubensrichtung nur schwer zu vereinbaren. So schilderte er das Problem Martin Luther, der im Dezember 1539 beschwichtigend antwortete:

> [S]o gehet im Gottes Namen mit herumb und tragt ein silbern oder gülden Creutz und Chorkappe oder Chorrock von Sammet, Seiden oder Leinwandt, und hat ewer Herr, der Churfürst, an einer Chorkappe oder Chorrock nicht genug, die jr anziehet, so ziehet der 3 an, […] haben auch jre Churfürstliche G.[naden A. G.] nicht genug an einem Circuitu oder Procession, das jr umbher gehet, klingt und singet, so gehet sieben mal mit herumb […].[33]

Dieses Schreiben benutzte Joachim noch 1568 quasi als „Freibrief" gegenüber den Kritikern seines aufwendigen Kirchenzeremoniells, indem er es ergänzend zum Vorwort des deutschen Missale der Stiftskirche abdrucken ließ.[34] Damit überging er die Empfehlung Luthers vom Dezember 1539, „die anruffung der Heiligen, das sie nicht Nothelffer, Mittler noch fürbiter sein" abzustellen, und schenkte auch dessen Warnung, der Kurfürst möge von der Heiligenanbetung ablassen, damit „der Teufel nicht aus der gantzen Reformation ein geschwetz unnd gelechter anrichte",[35] wenig Beachtung.

Die Beweggründe für die kirchenpolitische Inkonsequenz des Fürsten und seine Hartnäckigkeit bei der Beibehaltung und Kultivierung des alten Ritus im Berliner Dom sind schon mehrfach diskutiert worden: seine abwägende, kaisergefällige

---

31 Müller, Der Dom zu Berlin (wie Anm. 8), 285–290.

32 Tacke, Der katholische Cranach (wie Anm. 10), 174.

33 Luther WA, Bd. B 8, 624–626 (Br. 3421 vom 4.12.1539).

34 Tacke, Andreas: Quellenfunde und Materialien zu Desideraten der Berliner Kirchengeschichte des 16./17. Jahrhunderts. Mit Anmerkungen zu dem Hallenser Vorbild des Kardinals Albrecht von Brandenburg. In: Berliner Theologische Zeitschrift, Theologica Viatorum N. F. 5 (1988), 237–248, 240.

35 Luther WA, Bd. B 8, 620–624 (Br. 3420 vom 4.12.1539; Br. 3421 vom 4.12.1539).

Haltung im Prozeß der Konfessionsbildung, der Einfluß Kardinal Albrechts, der zweifellos von Gewicht war, und nicht zuletzt die Prunksucht, der Joachim in seiner Stiftskirche nach Belieben frönen konnte. Auch wenn die angeführten Gründe ihre Gültigkeit haben, verengt eine Betrachtung der Stiftskirche als privates Verwirklichungsfeld des Fürsten den Blick doch zu sehr.

In diesem Kontext verdient insbesondere die Gattin Joachims II., Hedwig von Polen, größere Beachtung. Bisher von der Forschung kaum einbezogen, spielte sie im sozialen Beziehungsgeflecht Joachims II. doch eine bedeutende Rolle. Die Aussage des Bologneser Advokaten Fulgentius Ruggieri, der den päpstlichen Nuntius Commendone 1561 auf seiner Reise durch Norddeutschland begleitete, weist auf eine konfessionelle Differenz im Herrscherhaus hin. Hedwig hat

> [...] immer katholisch sein wollen trotz der Überredungen, die von ihrem Manne bei ihr versucht wurden, auch von ihren Söhnen und vielen anderen Personen. Sie ist aber noch eifriger katholisch geworden und sehr fromm, hat auch immer die Messe gehört, obwohl sich nur sehr schwer Priester finden, da sie mißhandelt und fortgejagt wurden.[36]

Der Kurfürst war hingegen

> [i]n religiösen Dingen [...] Lutheraner, trotzdem er großes Gewicht auf die Ceremonien legt, täglich die Vesper und andere Gottesdienste hört, auch die Messe, freilich mit einem anderen Kanon, lesen läßt in einer Kirche [...] [in der] noch viele Priester der katholischen Religion gemäß geweiht [sind], einige auch der neuen Lehre in Wittenberg.[37]

Betrachtet man die konfessionelle Konstellation in der Fürstenfamilie neben der Tatsache, daß im Berliner Dom Geistliche beider Konfessionen tätig waren und zwar so viele, daß im Zuge des personellen Abbaus im Jahre 1608 zunächst 55 von ihnen „entlassen" wurden,[38] so muß die Frage nach der Einflußnahme der Kurfürstin auf die Gestalt und Nutzung des Stifts gestellt werden.

Die Eheschließung mit Hedwig von Polen kam im Jahre 1535 auf Vermittlungen Albrechts von Brandenburg-Ansbach (1490–1568) zustande. Der fränkische Vetter Joachims II. war seit der Säkularisierung des Deutschen Ordens im Jahre 1525, dem er als Hochmeister vorstand, zum Herzog von Preußen und somit zum Lehnsmann Polens geworden.[39] Ein enges Verhältnis zum Königreich Polen-Litauen war für die Hohenzollern seit ihrer Belehnung mit der Mark Brandenburg zu Beginn des

---

36 Zit. nach SCHÄFER (wie Anm. 24), 76.

37 Ebd., 74f.

38 Erlaß des Kurfürsten vom 27.6.1608, zit. bei MÜLLER, Der Dom zu Berlin (wie Anm. 8), 30, 119.

39 Am 8. April 1525 wurde in Krakau die Säkularisierung Preußens als Lehnsträger der Krone Polens vereinbart und die feierliche Belehnung Albrechts als erstem Herzog in Preußen am 10. April vor dem Krakauer Rathaus gefeiert. HUBATSCH, Walther: Albrecht von Brandenburg-Ansbach. Deutschordens-Hochmeister und Herzog in Preußen 1490–1568. Heidelberg 1960, 134f.; THIELEN, Peter G.: Albrecht von Brandenburg-Ansbach (6.VII.1511–10.IV.1525). In: ARNOLD, Udo: Die Hochmeister des Deutschen Ordens 1190–1994. Marburg 1998 (Quellen und Studien zur Geschichte des Deutschen Ordens 40), 160–165, 163f. – Zur Genese des Krakauer Vertrags POCIECHA, Władysław: Geneza hołdu pruskiego (1467–1525) [Genese der preußischen Huldigung (1467–1525)]. Gdynia 1937. – Zur Politik Albrechts von Preußen nach 1525 siehe DOLEZEL, Stephan: Preußen als polnisches Lehen. In: Albrecht von Brandenburg-Ansbach und die Kultur seiner Zeit. Ausst.-Kat. Bonn 1968. Bearbeitet v. Iselin GUNDERMANN. Düsseldorf 1968, 37–41; ŁOWMIAŃSKI, Henryk: Polityka Jagiellonów [Die Politik der Jagiellonen]. Poznań 1999, 487–503, 601–608.

15. Jahrhunderts stets ein zentrales Anliegen und Ziel dynastischer Bemühungen. Von zahlreichen Versuchen, eine Allianz mit dem Königshaus der Jagiellonen zu bilden, ist nur einer geglückt – die Ehe Friedrichs d. Ä. mit Sophie von Polen im Jahre 1479, aus der u. a. Albrecht von Preußen als Sohn hervorging.[40] Von dieser Verbindung profitierten im besonderen Maße die Kinder des Fürstenpaares.[41] Angesichts der politischen Entwicklungen schien es ratsam, dieses positive Verhältnis durch weitere Bündnisse zu stärken. Die Rechnung ging auf, denn eine wichtige Folge der Eheschließung Joachims II. war seine Mitbelehnung 1569 mit dem Herzogtum Preußen, was sich in späterer Konsequenz bekanntlich auf die Erlangung der Königswürde durch das Haus Brandenburg auswirkte.[42]

Insofern war die religiöse Einstellung Hedwigs nicht nur eine persönliche, sondern stets auch eine höchst politische Angelegenheit. König Sigismund I. von Polen verfolgte diese mit großer Wachsamkeit. Schon im Sommer 1536 bat er Kardinal Albrecht mittels einer Gesandtschaft um Schutz für seine Tochter in Glaubensfragen gegenüber deren Gatten.[43] Auch der geheime Auftrag, mit dem Pfalzgraf Ottheinrich nach seinem Besuch am Krakauer Hof zu Beginn des Jahres 1537 nach Berlin kam, stand möglicherweise in diesem Zusammenhang.[44] Die Initiative für solche Interventionen kam allerdings von Hedwig selbst, die sich der Rückenstärkung aus Polen mit zahlreichen Schreiben versicherte und damit ihren Gatten in Erklärungsnot gegenüber den polnischen Schwiegereltern brachte.[45] Joachim versuchte die religiösen Diskrepanzen auf das sprachliche Verständigungsproblem der Ehegatten

40 Zur dynastischen Verflechtung zwischen den Hohenzollern und den Jagiellonen SEYBOTH, Reinhard: Die Markgraftümer Ansbach und Kulmbach unter der Regierung Markgraf Friedrichs des Älteren (1486–1515). Göttingen 1985 (Schriftenreihe der Historischen Kommission bei der Bayerischen Akademie der Wissenschaften 24), 38f., 86–91; NOLTE, Cordula: Familie, Hof und Herrschaft. Das verwandtschaftliche Beziehungs- und Kommunikationsnetz der Reichsfürsten am Beispiel der Markgrafen von Brandenburg-Ansbach (1440–1530). Ostfildern 2005, 97, 100; demnächst SEYBOTH, Reinhard: „Hetten wir doinnen und hieaussen fruntschaft von Polan und Beheim“. Die Beziehungen der fränkischen Hohenzollern zu den Jagiellonen im 15. und frühen 16. Jahrhundert. In: Hofkultur der Jagiellonendynastie und verwandter Fürstenhäuser. Hg. v. Andrea LANGER. Ostfildern 2008 (Studia Jagellonica Lipsiensia 5) [in Vorbereitung zum Druck] sowie GĄSIOR, Agnieszka: Friedrich d. Ä. von Brandenburg-Ansbach und Sophie von Polen als Stifter. Ein Beitrag zur künstlerischen Repräsentation der Hohenzollern in Franken im ausgehenden 15. und zu Beginn des 16. Jahrhunderts. Ostfildern 2009 (Studia Jagellonica Lipsiensia 7) [in Vorbereitung zum Druck].

41 Neben Albrecht, dem späteren Deutschordensmeister und Herzog von Preußen, sei insbesondere Georg (der Fromme) erwähnt, der es durch die Unterstützung seines Onkels, Wladislaw II. von Böhmen und Ungarn, sowie dessen Nachfolgers Ludwig II. zu großen Besitztümern zunächst in Ungarn und dann in Schlesien brachte.

42 ESCHER (wie Anm. 1), 270.

43 DUCZMAL, Małgorzata: Jagiellonowie. Leksykon biograficzny [Die Jagiellonen. Biographisches Lexikon]. Kraków 1996, 299.

44 Pfalzgraf Ottheinrich unternahm im Winter 1536/1537 eine Reise nach Polen, um die seit 1475 ausstehende Auszahlung des Heiratsgeldes seiner Großmutter Hedwig von Polen (∞ 1475 mit Herzog Georg von Bayern-Landshut) zu erwirken. Auf der Rückreise nahm er einen Umweg über Berlin auf sich, wahrscheinlich in diplomatischer Mission im Dienste König Sigismunds I. von Polen. BILLER, Josef H.: Die Entstehungsgeschichte der Ansichtenfolge. In: Die Reisebilder Pfalzgraf Ottheinrichs aus den Jahren 1536/37 von seinem Ritt von Neuburg a. d. Donau über Prag nach Krakau und zurück über Breslau, Berlin, Wittenberg und Leipzig nach Neuburg. Hg. v. Angelika MARSCH, DEMS. und Frank-Dietrich JACOB. 2 Bde. Weißenhorn 2001, Kommentarband, 43–62, hier 59.

45 DUCZMAL (wie Anm. 43), 299f.; NISCHAN (wie Anm. 2), 18; HOLTZE, Friedrich W.: Zur Geschichte der märkischen Reformation. In: Forschungen zur Brandenburgischen und Preußischen Geschichte 2 (1889), 395–406, bes. 402–404.

zu schieben. Bei der offiziellen Einführung der Reformation in der Mark mußte er jedoch mit einer Reaktion seitens Polens rechnen. Kein Geringerer als der Bischof von Krakau, Lukas Górka, sollte im Auftrag des Königs „nach dem Rechten" schauen. Er berichtete Sigismund I. erleichtert über die Zustände im Cöllner Schloß (hier in freier Übertragung aus dem Lateinischen):

> [E]r habe bei dem Besuch eines abendlichen Gottesdienstes in der Stiftskirche in Berlin die Gebete in gleicher Ordnung und Art gehört, wie bei ihm zu Hause die zu singenden Stundengebete. Darüber hinaus habe er die „signa" der alten Religion auf Gemälden gesehen, welche mit erlesenem Geschmack gemacht seien und auf Altären stünden, die mit heiligen Tüchern und vielen edlen goldenen und silbernen Kelchen und Reliquiaren ausgestattet seien, und zwar so viele, daß er sich nur an wenige Kirchen erinnere, die es dieser Kirche an Ausstattung gleichtun könnten.[46]

Diese Passage enthält gleich mehrere wichtige Hinweise. Es ist von der Verwendung der alten Liturgie die Rede, die mit einer entsprechenden altgläubigen Ausstattung verbunden war, wobei insbesondere der Heiligenkult ins Gewicht fiel. Die Heiligen waren im Kirchenraum nicht nur in ihren zahlreichen bildlichen Darstellungen anwesend, sondern durch ihre prunkvoll gefaßten Körperreliquien auf den zugehörigen Altären realpräsent. Die Teilnahme an der feierlichen Meßfeier bestätigte den polnisch-königlichen Gesandten in der Überzeugung, der katholische Ritus und die altgläubige Frömmigkeit würden am Berliner Hof kultiviert, zugleich konnte ihm mit der neuen Ausstattung der Stiftskirche eine der Krakauer Residenz ebenbürtige Prachtentfaltung vorgeführt werden.[47]

Der päpstliche Nuntius Commendone konnte während seines Besuchs in Berlin im Jahre 1561 die Sammlung von „viele[n] silberne[n] Statuen verschiedener Heiliger [...] mit vielen Perlen und Edelsteinen; dann silberne und goldene Kreuze, Kelche, Kandelaber, Monstranzen und andere kirchliche Geräte, von denen man sagte, sie seien mehr als 800 000 Taler wert", „in einem Raum zu ebener Erde" besichtigen (gemeint ist die Allerheiligen-Kapelle im zweiten östlichen Joch des südlichen Seitenschiffes, die keinen Altar besaß, sondern einzig zur Aufbewahrung der Reliquien bestimmt war).[48] Keineswegs dürfte jedoch der Eindruck entstanden sein, der Reliquienschatz sei inzwischen „musealisiert" worden. Denn noch 1591 fand es ein durchreisender Theologie-Student, Michael Franck, befremdlich, daß in Berlin „die silbern Götzen" zu Weihnachten „zur Zierde auf den hohen altar gesezzet" wurden.[49]

---

[46] Zit. nach Tacke, Der katholische Cranach (wie Anm. 10), 219; Przeździecki (wie Anm. 17), Bd. 1, 1868, 284, der ganze Brief 283–288. Die Bewunderung der Zeitgenossen für das kurfürstliche Stift, die durch mehrere Aussagen belegt ist, mag nicht ausschließlich dem zur Schau getragenen Reichtum, der insbesondere an hohen Festtagen mit der Aussetzung von Reliquien dargeboten wurde, geschuldet gewesen sein, sondern vor allem auch der Modernität und der Einheitlichkeit seiner Innenraumgestaltung. Von der überwiegenden Zahl von Kirchen, deren Ausstattung im Laufe der Zeit angewachsen war, hob sich das Stift in Berlin-Cölln damit deutlich ab.

[47] Der Besuch Joachims II. am Krakauer Hof anläßlich seiner Heirat mit Hedwig von Polen 1535, bei dem der Kurfürst den soeben vollendeten Arkadenhof des Königsschlosses sowie den Dom mit der königlichen Grablege gesehen hatte, gab möglicherweise einen wichtigen Impuls für die Umgestaltung der Berliner Residenz, so Hinterkeuser (wie Anm. 15), 220.

[48] Tacke, Der Reliquienschatz der Berlin-Cöllner Stiftskirche (wie Anm. 19), 131f.

[49] Bülow, V. von: Wanderungen eines fahrenden Schülers durch Berlin. In: Der Bär 5/5 (1879), 44–46, 46, zit. nach einem Manuskript der Zittauer Ratsbibliothek.

Der Bericht von 1561 ist außerdem insofern interessant, als er in seinem weiteren Verlauf gleichsam ein wichtiges Zeugnis vom persönlichen Engagement Hedwigs in Angelegenheiten der Stiftskirche und der Reliquiensammlung ablegt. Die Kurfürstin war diejenige, die dem Nuntius die Besichtigung der Stiftskirche und der Allerheiligenkapelle nahelegte, um ihn anschließend um seine Vermittlung beim Papst bei der Beschaffung einer Kreuzreliquie für ein bereits vorhandenes schönes Kreuz zu bitten.[50] Die Heiligkreuzverehrung hatte bei den Jagiellonen traditionell einen besonderen Stellenwert. Mit der Errichtung der Heiligkreuzkapelle als königliche Grablege an der Krakauer Kathedrale knüpften Kasimir IV. und Elisabeth von Habsburg, Hedwigs Großeltern, an die Frömmigkeitspraxis der Piasten-Könige an und stellten sich zugleich in die luxemburgisch-habsburgische Tradition der Heiligkreuzverehrung unter Kaiser Karl IV. auf der Burg Karlstein.[51] In Bemühungen Hedwigs um die Heiligkreuz-Reliquie und in der möglicherweise auch von ihr initiierten Darstellung Adalberts auf einem der Retabelflügel wird die Absicht der Kurfürstin erkennbar, Elemente der dynastisch-jagiellonischen Frömmigkeitspraxis in das Cöllner Stift einzubringen.

Hinweise auf ihre Beteiligung an der Stiftsgründung seit der Planungsphase dürfen dabei ebenfalls nicht außer acht gelassen werden. Erste diesbezügliche Absprachen werden für den Besuch Albrechts von Brandenburg in Berlin im Herbst 1535 angenommen. Dieser galt in erster Linie der Begrüßung der Frischvermählten, die kurz zuvor in Krakau ihre Hochzeit gefeiert hatten. Ein halbes Jahr später weilten wiederum Joachim und Hedwig zwei Wochen lang bei Kardinal Albrecht und nahmen an den Osterfeierlichkeiten im Neuen Stift zu Halle aktiv teil. Ihre Eindrücke müssen sie wahrscheinlich zu dem Schluß gebracht haben, den Berliner Dom nach dem Vorbild des Hallenser Stifts zu gestalten und zu nutzen. Im Mai 1536 erhielt Joachim aus der Hand seines Onkels das Stiftswappen, was ausdrücklich mit der Gründung der Kollegiatskirche sowie deren Ausstattung mit Reliquien begründet wurde.[52]

Das Einvernehmen der Ehegatten prägte auch nach der Einführung der Reformation die Gestalt der Gottesdienste und der Ausstattung nachhaltig. Im Konfessionsbildungsprozeß in der Mark Brandenburg wurde das Cöllner Domstift zu einem Ort, an dem persönliche Interessen einzelner dynastischer Akteure in der Bemühung um innerfamiliäre Konsenslösungen aufeinandertrafen. Der Nachfolger Joachims II., Johann Georg (1571–1598), nahm geringe Änderungen des Ritus in Angriff, allerdings erst nach dem Wegzug Hedwigs auf ihren Witwensitz in Ruppin 1572, und mußte dabei auch mit seiner Halbschwester Elisabeth Magdalena rechnen, die dafür einstand, daß es in der Stiftskirche „bei ihres Herrn Vaters Ordnung aller Dinge

[50] Tacke, Der Reliquienschatz der Berlin-Cöllner Stiftskirche (wie Anm. 19), 142.

[51] Labuda, Adam S.: Die architektonische Gestalt der Trinitäts- und der Heiligkreuzkapelle an der Krakauer Kathedrale im Kontext der königlichen Residenz auf dem Wawel. In: Die Länder der Böhmischen Krone und ihre Nachbarn zur Zeit der Jagiellonenkönige (1471–1526). Kunst – Kultur – Geschichte. Hg. v. Evelin Wetter. Ostfildern 2004, 69–83, hier 77; Borkowska, Urszula: Królewskie modlitewniki. Studium z kultury religijnej epoki Jagiellonów (XV i początek XVI wieku) [Königliche Gebetsbücher. Studie zur religiösen Kultur der Jagiellonen-Ära (15. und Anfang des 16. Jahrhunderts)]. Mschr. Phil. Diss., Lublin 1988, 187f., 196–198; Dies.: Polskie pielgrzymki Jagiellonów [Die polnischen Pilgerfahrten der Jagiellonen]. In: Peregrinationes. Pielgrzymki w kulturze dawnej Europy. Hg. v. Halina Manikowska und Hanna Zaremska. Warszawa 1995, 185–203.

[52] Tacke, Der Reliquienschatz der Berlin-Cöllner Stiftskirche (wie Anm. 19), 129f.

bleiben möge", auch wenn manches „päpstisch Wesens" war.[53] Erst der nachfolgende Joachim Friedrich (1598–1608) ging seit Beginn seiner Regentschaft 1598 gegen die „Papistischen Irthumber" entschiedener vor, ließ die Stiftskirche von „viel vnnötigem Affen vnnd Pfaffenwerck" reinigen, sie „der hochgelobten Dreyfaltigkeit zueignen" und auch die „weitern auffsetzung des Silberwercks" abschaffen.[54]

Stärker als andernorts hatten die Mitglieder des Herrscherhauses den Anspruch und die Möglichkeit, im Berlin-Cöllner „Dom" ihren Einfluß auf Gestaltung und Nutzung des sakralen Raumes geltend zu machen, wenngleich in einem zulässigen Rahmen. Auch wenn nach außen hin der Kurfürst als Akteur in seiner Funktion als Landesherr und Familienoberhaupt wirkte, vertrat dieser sakrale Raum doch in hohem Maße den Repräsentationsanspruch des Herrscherhauses als ganzes sowie dessen Mitglieder im einzelnen und war in erster Linie ein dynastisches Anliegen. Das unterstrich am deutlichsten die Verlegung der Hohenzollern-Grablege aus dem Zisterzienserkloster Lehnin.[55] In diesem Sinne wurde die Berliner Stiftskirche als Bühne der konfessionellen Aushandlungsprozesse zwischen den dynastischen Trägern geprägt. Die betont taktierende Haltung Joachims II. in Glaubensfragen ist ohne eine nähere Auseinandersetzung mit seiner Gattin, Hedwig von Polen, eingedenk aller politischen Hintergründe dieser Konstellation, nur schwer verständlich.

---

[53] PRUNNER, Hieronymus: Leichpredigt Bey der Christlichen vnd Fürstlichen Begrebnus … Elisabeth Magdalenae Gebornen Marggrefin zu Brandenburg, vnd Hertzogin zu Braunschweig und Lüneburg … welche den 22. Augusti … 1595 … entschlaffen … vnd Fürstlicher massen im Thumbstifft zu Cöln an der Sprew, zur Erden bestetiget worden. Franckfurt/Oder 1595. – Aus dem Reskript Johann Georgs an seinen Sohn Joachim Ernst vom 28.11.1595 (Geheimes Staatsarchiv Berlin, Rep. II, 3) geht hervor, daß Elisabeth Magdalena, Tochter Joachims II. und Hedwigs von Polen, „das Direktorium" über die Domkirche zu Berlin-Cölln innehatte und dort „das ganze Regiment" führte. MÜLLER, Der Dom zu Berlin (wie Anm. 8), 278; vgl. dazu auch das Schreiben von Franz Stüler vom 16.4.1601, Geheimes Staatsarchiv Berlin, Rep. II, 5.

[54] Geheimes Staatsarchiv Berlin, Rep. 2, Nr. 1, Bl. 124 v f.; MÜLLER, Der Dom zu Berlin (wie Anm. 8), 467f., TACKE, Der Reliquienschatz der Berlin-Cöllner Stiftskirche (wie Anm. 19), 144.

[55] Verlegung der Gebeine sowie die Errichtung des Messinggrabmals vor dem Hohen Chor MÜLLER/KÜSTER (wie Anm. 9), 1. Teil, 38.

Jan Harasimowicz

Die ehemalige evangelische Schloßkirche St. Hedwig in Brieg als Zeugnis ständischer Repräsentation der Reformationszeit in Schlesien

Von den schlesischen Fürsten aus dem Geschlecht der Piasten, die die Fürstentümer Liegnitz (pol. Legnica), Brieg (pol. Brzeg), Wohlau (pol. Wołów) und Teschen (pol. Cieszyn, tsch. Český Těšin) im 16. und 17. Jahrhundert regierten, fand der jüngere Sohn Friedrichs II. von Liegnitz und Brieg, Georg II. von Brieg, die größte Anerkennung. Er wurde allgemein „Vater der Heimat/pater patriae" genannt, denn seine lange Herrscherzeit, von 1547 bis 1586, brachte dem Fürstentum wirtschaftliche Entwicklung, politische Stabilisation und konfessionelle Ordnung.[1] Der von Georg II. praktizierte patriarchalische Regierungsstil war zwar sehr umständlich, er ließ ihn jedoch das Geschehen völlig kontrollieren und ermöglichte es, sich anbahnende Konflikte und Spannungen im Keim zu ersticken.

Von seinen ersten Regierungstagen an stellte sich die Frage nach einer möglichst vornehmen Gestalt der fürstlichen Residenz zu Brieg, die Friedrich II. Anfang der 1530er Jahre vorläufig modernisieren ließ (Abb. 1). Dank der Beauftragung einer Gruppe von Architekten und Steinmetzen aus der Gegend um den Luganer See im Tessin unter Führung von Jacob Parr aus Bissone umfaßte das Brieger Schloß um das Jahr 1550 bereits drei Wohnflügel mit dem Arkadenhof (Abb. 2) und den mit Stuckarbeiten geschmückten Innenräumen.[2] Der Eingang zum Schloß führte durch das mit einem Turmbelvedere gekrönte Torhaus, dessen Fassade in den Jahren von

1 Schönwälder, Karl Friedrich: Die Piasten zum Briege oder Geschichte der Stadt und des Fürstenthums Brieg. Bd. 2: Von der Kirchenreformation bis zur Verleihung des Majestätsbriefes (1521–1609). Brieg 1855, 100–199, 222–229; Krebs, Julius: Georg II. der Schwarze, Herzog von Brieg. In: Allgemeine Deutsche Biographie. Bd. 8. Hg. v. der Historischen Kommission bei der Königlichen Akademie der Wissenschaften. Leipzig 1878, 689–693; Eichbaum, Gerda: Georg II. Herzog von Brieg. In: Schlesische Lebensbilder. Bd. 4: Schlesier des 16. bis 19. Jahrhunderts. Hg. v. Friedrich Andreae, Erich Graber und Max Hippe. Breslau 1931, 59–68; Pieradzka, Krystyna: Jerzy II (1523–1586), książę brzeski i oławski [Georg II. (1523–1586), Herzog von Brieg und Ohlau]. In: Polski Słownik Biograficzny. Bd. 11. Wrocław 1964–1965, 184–186; Rudkowski, Tadeusz: Mecenat artystyczny Jerzego II księcia brzeskiego [Das Kunstmäzenatentum des Herzogs Georg II. von Brieg]. In: Funkcja dzieła sztuki. Materiały Sesji Stowarzyszenia Historyków Sztuki Szczecin, listopad 1970. Warszawa 1972, 193–206; Jaeckel, Georg: Geschichte der Liegnitz-Brieger Piasten. Bd. 1: Die geschichtliche Entwicklung bis zu Herzog Georg II. von Liegnitz-Brieg-Wohlau (1547–1586). Lorch/Württemberg 1980 (Beiträge zur Liegnitzer Geschichte 10), 124–131; Prokop, Krzysztof R.: Jerzy II [Georg II.]. In: Piastowie. Leksykon biograficzny. Hg. v. Stanisław Szczur und Krzysztof Ożóg. Kraków 1999, 511–515.

2 Kunz, Hermann: Das Schloß der Piasten zum Briege. Ein vergessenes Denkmal alter Bauherrlichkeit in Schlesien. Brieg 1885; Bimler, Kurt: Das Piastenschloß zu Brieg. Breslau 1934; Schönaich, Gustav: Die Piastenresidenz zum Briege: Eine städtebauliche Studie. Brieg 1935; Zlat, Mieczysław: Brama zamkowa w Brzegu [Das Torhaus des Brieger Schlosses]. In: Biuletyn Historii Sztuki 24 (1962), 284–322; Kozakiewicz, Helena und Stefan: Renesans w Polsce [Renaissance in Polen]. Warszawa 1976, Kat.-Nr. 121–123; Zlat, Mieczysław: Brzeg [Brieg]. Wrocław u. a. ²1979 [¹1960] (Śląsk w Zabytkach Sztuki. Hg. v. Tadeusz Broniewski und Dems.), 44–116; Ders.: Zamek piastowski w Brzegu [Das Piastenschloß in Brieg]. Opole 1988 (Encyklopedia Wiedzy o Śląsku. Hg. v. Janusz Kroszel).

1551 bis 1553 zwei lebensgroße, Herzog Georg II. und seine Gemahlin Barbara von Brandenburg darstellende Figuren verzierten. Oben war ein Doppelfries mit den Büsten von 24 Herrschern aus dem Piastengeschlecht angebracht worden, den Vorgängern des Herzogs: Fürsten und Könige ganz Polens, Herrscher des schlesischen Teils des polnischen Staates sowie des souveränen Herzogtums Schlesien.[3]

Das Bildprogramm des Torhauses ergab sich aus der spezifischen Situation in Schlesien, nachdem der Schlesische Fürstentag 1546 unter dem Druck König Ferdinands I. von Habsburg das Abkommen über das gegenseitige Erbe, die sogenannte „Erbverbrüderung", für nichtig erklärt hatte. Diese war 1537 zwischen Herzog Friedrich II. und dem brandenburgischen Kurfürsten Joachim II. geschlossen worden.[4] Friedrich III. von Liegnitz und Georg II. von Brieg mußten zwar nach dem Tode des Vaters im Jahre 1547 – unter Androhung einer Ablehnung der Investitur – Originale einschlägiger Urkunden dem König aushändigen; sie waren jedoch kraft des Testaments Friedrichs II. verpflichtet, dem „Geiste" des Vertrags treu zu bleiben. Die in den öffentlichen Raum hinein agierenden Figuren Georgs und Barbaras, eines aufgrund der „Erbverbrüderung" vermählten Ehepaares, sind damit als bildliches Äquivalent des Vertrags zu interpretieren,[5] zumal die Büsten polnischer und schlesischer Ahnen Alter und Macht des Geschlechts zu bezeugen scheinen.

Nach dem Abschluß der Arbeiten am Schloß wurde damit begonnen, die Ruhestätte für den Herzog und seine Nachkommen, also das Familienmausoleum, einzurichten. Diesem Zweck sollte die ehemalige Schloßkapelle dienen, die neben dem Bergfried vor der Mitte des 14. Jahrhunderts auf Veranlassung Herzog Boleslaus' III. errichtet und anschließend, in den 1360er Jahren, durch Herzog Ludwig I. in ansehnlichen gotischen Formen umgebaut worden war. Dieser Kunstmäzen sowie Liebhaber der Heimatgeschichte[6] verlieh dem Bau eine Form, die jener der Grabkapelle

---

[3] Zlat, Brzeg (wie Anm. 2), 71–77; Jakimowicz, Teresa: Temat historyczny w sztuce epoki ostatnich Jagiellonów [Das historische Sujet in der Kunst zur Zeit der letzten Jagiellonen]. Warszawa-Poznań 1985 (Prace Komisji Historii Sztuki PTPN 15), 65–69; Zlat, Zamek piastowski w Brzegu (wie Anm. 2), 34–41; Popp, Dietmar: Das Skulpturenprogramm des Schloßportals in Brieg/Schlesien (um 1550–1556): Zur Selbstdarstellung eines Fürsten im Spannungsfeld der territorial-politischen Interessen der Großmächte Mitteleuropas. In: Bildnis, Fürst und Territorium. Hg. v. Andreas Beyer. München-Berlin 2000, 111–125; Harasimowicz, Jan: Die „nahe" und „ferne" Vergangenheit in den ständischen Bildprogrammen der Frühen Neuzeit: Schlesien und Großpolen im historischen Vergleich. In: Die Konstruktion der Vergangenheit: Geschichtsdenken, Traditionsbildung und Selbstdarstellung im frühneuzeitlichen Ostmitteleuropa. Hg. v. Joachim Bahlcke und Arno Strohmeyer. Berlin 2002 (Zeitschrift für historische Forschung, BeiHeft 29), 221–244, hier 228–236; Ders.: Historia idei – historia prawa – historia sztuki. Polityczno-dynastyczne programy obrazowe doby nowożytnej jako „teksty kultury" [Ideengeschichte – Rechtsgeschichte – Kunstgeschichte. Die politisch-dynastischen Bildprogramme der Frühen Neuzeit als „Texte der Kultur"]. In: Dzieło sztuki: Źródło ikonograficzne czy coś więcej? Materiały sympozjum XVII Powszechnego Zjazdu Historyków w Krakowie, 15–18 września 2004. Hg. v. Marcin Fabiański. Warszawa 2005, 79–94, hier 85–93.

[4] Grünhagen, Colmar: Die Erbverbrüderung zwischen Hohenzollern und Piasten vom Jahre 1537. In: Zeitschrift für preußische Geschichte und Landeskunde 5 (1868), 337–366; Schönborn, Theodor: Die Liegnitzer Erbverbrüderung. In: Mitteilungen des Geschichts- und Altertumsvereins zu Liegnitz 16 (1936–1938), 209–218; Jaeckel, Georg: Die Liegnitzer Erbverbrüderung von 1537 in der brandenburgisch-preußischen Politik bis zum Frieden zu Hubertusburg 1763. Lorch/Württemberg (Beiträge zur Liegnitzer Geschichte 18).

[5] Harasimowicz, Historia idei – historia prawa – historia sztuki (wie Anm. 3), 90–93.

[6] Karłowska-Kamzowa, Alicja: Fundacje artystyczne księcia Ludwika I brzeskiego. Studia nad rozwojem świadomości historycznej na Śląsku XIV–XVIII w. [Die Kunststiftungen des Herzogs

für die heilige Hedwig in Trebnitz (pol. Trzebnica) nahestand. Seiner großen Ahnin und gleichzeitig Schutzheiligen Schlesiens widmete er nicht nur die Schloßkapelle selbst, sondern auch ein im Jahre 1368 gegründetes Kollegiatsstift. Alle Bauten und das reichhaltige Stiftsvermögen, die durch Herzog Friedrich II. im Jahre 1534 mit Einführung der Reformation beschlagnahmt worden waren, bestimmte Georg II. für die Bedürfnisse des von ihm gegründeten humanistischen Gymnasiums, das bald ein hohes Niveau erreichte und überregionalen Rang gewann.[7]

Im Jahre 1567 wurde unter der ehemaligen Stiftskirche eine Gruft gebaut, in der die sterblichen Reste der Piasten aus der Brieger Linie ruhen sollten, die bisher – zusammen mit den Piasten aus der Liegnitzer Linie – in der Kirche St. Johannes in Liegnitz bestattet wurden.[8] Das Innere der Kapelle wurde in zwei Bereiche unterteilt; ein Ziergitter trennte den für das Mausoleum vorgesehenen Chor von dem Querschiff, in dem sich die Hofgemeinde versammeln sollte. In der Mitte des Chors positionierte man einen Steinaltar und an den Seitenwänden zwei große Grabmäler, die aus den knienden Figuren Georgs II. und seines Sohns Joachim Friedrich mit Gattinnen und Kindern bestanden. Am polygonalen Chorabschluß wurde der Stammbaum der Piastenfamilie dargestellt, daneben befanden sich gemalte Wappen und Epitaphien für die hervorragendsten Adelsfamilien Schlesiens. Das wichtigste Element des mit Gestühlen und Logen gefüllten Kirchenschiffes war die große steinerne, auf die Figur des Mose gestützte Kanzel. Neben ihr stand das ebenso reichverzierte Taufbecken. Die Wände wurden mit Gemälden geschmückt, die die Stammbäume der Dynastien der Hohenzollern und Habsburger zeigten.[9]

In der oben dargestellten Form überstand die Kapelle sowohl den Übertritt des Herzogs Johann Christian zum Calvinismus im Jahre 1613 als auch die Übernahme des Schlosses durch die habsburgische Verwaltung nach dem Tode des letzten Piasten, Herzog Georg Wilhelms, im Jahre 1675. Zwei Jahre später wurde sie zur katholischen Pfarrkirche mit Gottesdiensten in deutscher und polnischer Sprache. Als im April und Mai 1741 preußische Truppen auf Befehl König Friedrichs II. Brieg vielfach beschossen, wurde die Kapelle – samt dem Schloß – stark beschädigt. Am besten hat sich der Chor, also das eigentliche Piastenmausoleum, erhalten. Er wurde jedoch im

---

Ludwig I. von Brieg. Studien über die Entwicklung des historischen Bewußtseins in Schlesien vom 14. bis zum 18. Jahrhundert]. Opole-Wrocław 1970.

7 Nieländer, Franz: Das Brieger Gymnasium. Brieg 1931; Zlat, Brzeg (wie Anm. 2), 137–144.

8 Przała, Jan: Sarkofagi Piastów w Brzegu i Legnicy [Die Prunksärge der Piasten in Brieg und Liegnitz]. In: Roczniki Sztuki Śląskiej 9 (1973), 39–65; Mauzolea piastowskie na Śląsku [Die Mausoleen der Piasten in Schlesien]. Eingeleitet v. Jan Harasimowicz. Wrocław 1993, 116–119, 122–125.

9 Schickfuss, Jacob: New Vermehrte Schlesische Chronica und Landes Beschreibung, Darinnen Weyland H. Joach. Curaeus Der Artzney D. Einen Grundt geleget. Itzo Biß an das 1619 Jahr/da sich der Oesterreichischen Wienerischen Linien Regierung gantz endet. Mit sehr vielen Nothwendigen Sachen vermehret und gebessert. [...] Das ander Buch. Leipzigk [1625], 67; Lucae, Friedrich: Schlesiens curieuse Denckwuerdigkeiten oder vollkomene Chronica von Ober- und Nieder-Schlesien [...]. Franckfurt/Main 1689, 1371–1374; Burgemeister, Ludwig: Die Hedwigskirche und das Schloß in Brieg. In: Schlesien 2 (1908–1909), 249–256; Chrzanowski, Tadeusz: Rzeźba lat 1560–1650 na Śląsku Opolskim [Die Plastik der Jahre 1560–1650 im Oppelner Schlesien]. Warszawa 1974, 38–49, 121; Zlat, Brzeg (wie Anm. 2), 125–135; Pokora, Jakub: Sztuka w służbie reformacji. Śląskie ambony 1550–1560 [Kunst im Dienste der Reformation: Die schlesischen Kanzeln 1550–1650]. Warszawa 1982, 148–151; Zlat, Zamek piastowski w Brzegu (wie Anm. 2), 68–75; Harasimowicz, Jan: Der evangelische Kirchenbau in Schlesien unter der habsburgischen Regierung. In: Jahrbuch für Schlesische Kirchengeschichte 81 (2002), 79–87, hier 81.

Jahre 1783 durch Jesuiten seiner ursprünglichen Ausstattung beraubt. Pater Xaver Bönisch ließ beim Wiederaufbau der Kapelle für die Bedürfnisse des katholischen Kultus „alle alten Verzierungen" von den Wänden beseitigen.[10] Protestantische Geschichtsschreiber aus Brieg berichteten empört über die Zerstörung der fürstlichen Grabmäler und das Zerkleinern der Epitaphien in Bauschutt. Die neue Ausstattung – also der Altar, die Kanzel, der Orgelprospekt und die Gestühle, größtenteils bis heute erhalten, – ist in den Formen des späten Rokoko und Klassizismus gehalten.[11]

Im Rahmen von Konservierungsarbeiten, die in der Schloßkirche St. Hedwig in den Jahren 1908–1909 durchgeführt wurden, fand man im Fußboden vier Steinplatten mit den Reliefs der Evangelisten (Abb. 3–5). Ludwig Burgemeister und anschließend andere deutsche und polnische Forscher wie Kurt Bimler, Tadeusz Dobrowolski, Mieczysław Zlat, Tadeusz Chrzanowski und Jakub Pokora stuften sie als Überreste der oben erwähnten Kanzel ein,[12] deren Bau, wie schlesische Chronisten im 16. und 17. Jahrhundert berichteten, im Jahre 1573 vollendet gewesen sei. Wie Eugen Czihak bereits im ausgehenden 19. Jahrhundert feststellte, sollte im Jahre 1569 in Naumburg an der Queis der Brieger Bildhauer Stentzel Ludwig den Baustoff dafür gewählt haben.[13] Da dieser gemäß späteren Erkenntnissen Schüler von Michael Kramer aus Dresden war, einem der besten Bildhauer, die im letzten Drittel des 16. Jahrhunderts in Brieg und Neiße (pol. Nysa) wirkten,[14] wurde die Urheberschaft der Brieger Kanzel, zusammen mit zahlreichen anderen Werken, der weitgefaßten „Werkstatt Michael Kramers" zugeschrieben.[15] Zwar tauchten bei Chrzanowski und Pokora Zweifel auf, ob die gefundenen Evangelisten-Reliefs der Kanzel entstammen können; insofern jedoch in alten Überlieferungen deutlich von biblischen Szenen an deren Körpern und insbesondere von einer Darstellung der Erhöhung der ehernen Schlange die Rede ist, erhoben die beiden Forscher keinen Einspruch gegen Burgemeisters ursprüngliche Identifizierung.

Der bis heute erreichte Kenntnisstand zur Kunst des 16. und der ersten Hälfte des 17. Jahrhunderts in Schlesien und in den Nachbarländern wie auch der Einbezug

[10] Zlat, Brzeg (wie Anm. 2), 135; Zlat, Zamek piastowski w Brzegu (wie Anm. 2), 77.

[11] Zlat, Brzeg (wie Anm. 2), 136; Zlat, Zamek piastowski w Brzegu (wie Anm. 2), 78.

[12] Burgemeister (wie Anm. 9), 249f.; Günther, Ernst: Illustrierter Führer durch Brieg. Brieg 1929, 76; Kersten, Günther: Brieg als Kunststadt. In: Schlesische Monatshefte 6 (1929), 367–377, hier 369; Bimler, Kurt: Die schlesische Renaissanceplastik. Breslau 1934, 94; Dobrowolski, Tadeusz: Sztuka na Śląsku [Die Kunst in Schlesien]. Katowice-Wrocław 1948, 238; Chrzanowski, Tadeusz: Płyty nagrobne z postaciami w XVI–XVIII wieku na Śląsku Opolskim [Die Figurengrabplatten aus dem 16. bis 18. Jahrhundert im Oppelner Schlesien]. In: Roczniki Sztuki Śląskiej 7 (1970), 75–102; Rudkowski (wie Anm. 1), 202; Zlat, Brzeg (wie Anm. 2), 129f.; Pokora (wie Anm. 9), 148–154; Zlat, Zamek piastowski w Brzegu (wie Anm. 2), 70.

[13] Czihak, Eugen von: Beiträge zur Geschichte der Renaissance-Baukunst in Schlesien. In: Schlesiens Vorzeit in Bild und Schrift 6 (1896), 219–232, hier 227–229.

[14] Bimler, Die schlesische Renaissanceplastik (wie Anm. 12), 94–99; Hentschel, Walter: Dresdner Bildhauer des 16. und 17. Jahrhunderts. Weimar 1966, 60, 126; Chrzanowski, Rzeźba lat 1560–1650 (wie Anm. 9), 39–49; Harasimowicz, Jan: Mors janua vitae. Śląskie epitafia i nagrobki wieku reformacji [Mors janua vitae. Die schlesischen Epitaphien und Grabmäler der Reformationszeit]. Wrocław 1992 (Acta Universitatis Wratislaviensis 1 098. Historia Sztuki III), 85–87; Ders.: Kunst- und Kulturtransfer in Ostmitteleuropa: Das Beispiel Oberlausitz. In: Die Oberlausitz im frühneuzeitlichen Mitteleuropa. Beziehungen – Strukturen – Prozesse. Leipzig-Stuttgart 2007 (Quellen und Forschungen zur sächsischen Geschichte 30), 365–386, hier 375–379.

[15] Chrzanowski, Rzeźba lat 1560–1650 (wie Anm. 9), 39f., 42.

alter Chroniken ermöglichen eine neue Betrachtung sowohl der Reliefs mit den Evangelisten als auch des gesamten künstlerischen und ikonographischen Programms der Brieger Schloßkapelle. Von weiterführendem Interesse ist insbesondere der vollständige Wortlaut der Beschreibung des Innenraumes durch Friedrich Lucae, enthalten in „Schlesiens curieuse Denckwuerdigkeiten“, die 1689 in Frankfurt/Main erschienen. Der Verfasser war ehemaliger Hofprediger der letzten Herzöge von Liegnitz und Brieg und dürfte die Kappelle daher wie kein anderer gekannt haben. Unter anderem lesen wir dort:

> Mitten in der Kirche stehet der kuenstliche Predigt=Stuhl aus einem Stein gehauen/welchen Anno 1573. den 16. Augusti Hertzog Georgius II. mit 16. Pferdten aus dem Strehlischen Steinbruch hieher fuehren/und dermaßen durch kuenstliche Steinmetzen ausarbeiten lassen. Man sihet an demselben sehr viel kuenstlich und subtil eingeetzte Biblische Geschichte/sonderlich die Erhoehung der ehernen Schlangen/und andere mehr/also daß man billich diese Cantzel mit unter Schlesiens Seltsamkeite[n] zehlet. Unter derselben schwebet Moses laengst ausgestrecket mit denen Gesetz=Tafeln/welcher die Cantzel auff seinen Schuldern traegt. Die vornehmsten Figuren/und die Haupt=Saeulen/worauff der Himmel von gleicher Materie ruhet/sind allerseits starck verguldet.[16]

Weiter unten heißt es:

> Etwas zur Seiten/jedoch mitten in der Kirche/stehet der Tauff=Stein/umgeben mit einem zierlichen uebermahleten/und auch an dem Laubwerck vergoldeten Gegitter/aus einem Stein ausgearbeitet/und sind gleichfals allerhand schoene eingeetzte Biblische Historien daran zusehen. In demselben ist ein sehr grosses zinnern Tauff=Becken eingefueget/welches ein roth=sammeter Deckel mit starcken guldenen Posamenten besetzt/bedecket; nechst darbey stand vor diesem das Pulpet, darfuer die Collecten und Gebeter gelesen wurden/ebenfals mit gleichem Zierath belegt.
> Der Chor/darinnen vorwaerts zur rechten die Sacristey befindlich/und in derselben das Kirchen Geraethe verwahret wird/ist von einem kuenstlichen und starcken bemahleten und vergueldeten eisernen Gegitter in so weit von der Kirche abgesondert. Am Ende desselben stehet der hohe steinerne/auch mit schoenen Biblischen Geschichten gezierete Altar/auff den man etliche Staffeln steiget/und rings umher kan umgangen werden [...].
> Am meisten pranget der Chor mit denen Fuerstlichen Begraebnuessen und Monumentis; sonderlich stehen zu beyden Seiten die beyden Hertzoge/Hertzog Georgius II. und Hertzog Joachim Friderich samt ihren Gemahlinnen und Kindern/in vollkommener Lebens Groesse/wiewol knyende und im Kuerass/ausgehauen/auff einem zierlichen steinernen Gelaender/und laest sich darbey Hertzog Joachim Friedrichs Epitaphium wol sehen.
> Oben im Chor hangen die Fuerstlichen Begraebnuess=Fahnen und Schilde in guter Disposition, und auff beyden Seiten eine grosse Menge gemahleter Wappen der vornehmsten Schlesischen Noblesse und Fuerstlicher Officirer. Gleichfals hafften ausser dem Chor/rings um die Kirche her/viel schoene Fahnen/und Schilde dess in dieser Kirche begrabenen Adels und Standes=Personen. Unter denselben bekleiden auch die Kirchen=Waende rings umher ueberaus viel grosse/Sinn=reiche/und kostbare Epitaphia Edler und Standes=Personen. So bedecken auch den Boden lauter grosse Leich=Steine/und bedeuten mit ihren Ueberschrifften die darunter ruhenden [...].[17]

Auf den folgenden zwei Seiten ist von Logen, Emporen, der Orgel und großen Gemälden in der oberen Zone der Kirchenwände die Rede:

---

[16] LUCAE (wie Anm. 9), 1371.
[17] Ebd., 1372.

> Ebenmaessig vermehren der Kirche den Zierath die Fuerstlichen Staende/oder Borleiben/in der Hoehe/davon etliche/als besondere Oratoria gantz verschlossen/und mit hellen grossen Fenstern/und vorwaerts schoenen ligenden roth=sammeten/und andern colorirten Decken/wie auch mit zierlichen Mahlwerck/und inwendig mit bequemen Gestuehlen/von gleicher Livrée, meubliret sind. Die uebrigen Borleiben/rings um die Kirche herum/worauff die Raethe und Adeliche Hoff=Officirer sassen/praesentiren vorwaerts/in schoenen Gemaehlden und in abgetheilten Feldern/die vornehmsten Geschichten Mosis.
> Nicht einen geringeren Zierath gibt der Kirche das Musicanten=Chor/samt der schoenen Orgel/derer aeusserliche Pfeiffen wohl vergueldet seyn; Auff derselben Obertheil stehen drey grosse Engels=Bilder/Posaunen in Haenden haltende/welche wenn selbiger Zug gehet an dieselben stossen/gleichsam machten sie das Gethoene [...].[18]

Ausführlich beschreibt er den Stammbaum:

> Ebenmaessig vergroessert den innerlichen Splendeur dieser Kirche/der in dem obern Feld/Morgen=waerts Piastische Stamm=Baum. Unterwaerts ligt Piastus in Lebens=Groesse/samt der Beyschrifft/welche unter dem Titul von denen Schlesischen Ober=Regenten gesuchet/und bey der Description seiner Person kan gefunden werden. Das Bild ist von Gyps erhoben/und mit seiner natuerlichen Farben ueberzogen. Aus desselben Hertzen steiget ein vergueldeter Zweig/aus dem die Schlesischen Hertzoge entsprossen/und sich ausbreiten/also dass/nachdem sie posteriren/ein vergueldeter Zweig den andern herfuer bringt. Die Bildnisse der Hertzoge an diesen Zweigen sind gleichfals/wiewol nur biss an die Brust erhoben/bemahlet. Ein jedes Bildnuess hat unten ein kleines Feld/und traegt von gueldenen grossen Buchstaben den Namen dessen den es bedeutet/fast auf die Art wie sie Daniel Czepko/in dem Schlesischen Frauenzimmer/durch das Kupferbild vorstellet.
> An der Mitternachts=Seite praesentiret sich eben in der Form der itzige Chur=Brandenburgische Stamm/Hohenzollerischer Linie/mit seinem Urheber/und bedecket auch ein Feld an der Morgen=Seite. Hinter dem gedachten Stand der Raethe/ist der Ertz=Hertzogliche Stamm/von Rudolpho Habspurgico an/biss auf Kaeyser und Koenig Rudolphum II. auf einem blauen Feld/ueber die massen wohl gemahlet zusehen/und sind die Angesichter der Brust=Bilder auch recht fein getroffen.[19]

Die Beschreibung Lucaes umfaßt noch die sogenannte alte Kirche, die während des Umbaus im ausgehenden 18. Jahrhundert nicht wiederhergestellt wurde, sowie die Außenseite des Ensembles, die bauplastische Verzierung der Kirchenwände, die Grabmäler des Adels auf einem kleinen Friedhof. Die angeführten Zitate selbst reichen jedoch dafür aus, sich eine Meinung über das Bildprogramm der Kapelle zu bilden: Tatsächlich stellte sie etwas mehr dar als ein herkömmliches fürstliches Mausoleum, wie sie damals auch andernorts in Mitteleuropa entstanden. Sie verband die Person des Herzogs, der – wie bereits erwähnt – „Vater der Heimat/pater patriae" genannt wurde, mit der „vornehmsten Schlesischen Noblesse" und weiteren „Standes-Personen", also mit dem „politischen Volk" des Fürstentums Brieg und Schlesiens insgesamt. Sie war – wenn man es so nennen darf – „das Heiligtum der evangelischen Stände Schlesiens", Symbol der Konzentration der gesamten „legalen konfessionellen

[18] Ebd., 1373.
[19] Ebd., 1374.

Opposition" um die Piasten von Liegnitz und Brieg, die Hochburg der historisch-kulturellen Identität des Oderlandes.[20]

Kann man sich heute, zumindest in allgemeinen Umrissen, das ursprüngliche Aussehen des Kircheninneren vorstellen? Sind die Kenntnisse der Kunst dieser Epoche bereits komplex genug, um aus Analogieschlüssen glaubhafte Hypothesen zu formulieren? Das geringste Fehlerrisiko scheint in bezug auf die vier Evangelisten-Reliefs zu bestehen. Sie verzierten höchstwahrscheinlich nicht die Kanzel, sondern den Altar. Er war, wie aus der Beschreibung Lucaes zu schließen ist, mehrstöckig, und man konnte um ihn herumgehen. Das heißt, daß die künstlerische Ausgestaltung ebenso seine Rückseite umfassen konnte. Die vier Evangelisten, „Notare der Heiligen Schrift", wie sie von evangelischen Predigern im ausgehenden 16. Jahrhundert genannt wurden,[21] konnten sehr wohl die in der Beschreibung erwähnten „schoenen Biblischen Geschichten" begleiten. Am wahrscheinlichsten erscheint ihre Plazierung an beiden Seiten der Darstellung in der Mitte des Hauptstockwerkes – zum Beispiel so, wie es heute im Steinaltar der evangelischen Pfarrkirche in Löwen (pol. Lewin Brzeski), Kreis Brieg, in der Steinmetzwerkstatt des Brieger Schlosses in der Mitte der 1570er Jahre entstanden, der Fall ist (Abb. 6).[22] Vieles weist darauf hin, daß dieser Altar, als Stiftung der die Stadt regierenden Adelsfamilie von Bees errichtet, eine verkleinerte und vereinfachte Kopie des Steinretabels aus der Brieger Schloßkirche St. Hedwig war.

Die nächste Analogie zu den großen Grabmälern Georgs II. und Joachim Friedrichs mit Ehefrauen und Kindern, „knyend und im Kuerass ausgehauen", scheint das Grabmal für Herzog Ulrich II. von Mecklenburg und seine zwei Frauen im Chor des Doms zu Güstrow zu sein, das in den Jahren 1585–1597 durch den niederländischen Bildhauer Philipp Brandin geschaffen wurde (Abb. 7).[23] Auch hier kann angenommen werden, daß die Brieger Werke erwünschte Vorbilder lieferten, denn schlesische Piasten waren mit dem fürstlichen Haus Mecklenburgs, das ähnliche slawische Wurzeln hatte, durch zahlreiche familiäre Beziehungen verbunden: Zum Beispiel war die Herzogin Katharina, Tochter Heinrichs V. von Mecklenburg, die Ehefrau von Friedrich III. von Liegnitz und damit Schwägerin Georgs II. Das wichtigste Argument für diese Hypothese bildet jedoch die Tatsache, daß das in den Jahren

---

20 HARASIMOWICZ, Jan: Śląski luteranizm wieku reformacji – próba charakterystyki [Schlesisches Luthertum der Reformationszeit: Ein Charakterisierungsversuch]. In: Śląski Kwartalnik Historyczny Sobótka 39 (1984), 493–516.

21 DERS.: Evangelische Heilige? Die Heiligen in Lehre, Frömmigkeit und Kunst in der evangelischen Kirche Schlesiens. In: Heilige und Heiligenverehrung in Schlesien: Verhandlungen des IX. Symposions in Würzburg vom 28. bis 30. Oktober 1991. Hg. v. Joachim KÖHLER und Gundolf KEIL. Sigmaringen 1997 (Schlesische Forschungen 7), 171–216, hier 184.

22 LIEBEHERR, Martin: Die Peter-Paulskirche zu Löwen. Mitteilungen über das Kirchgebäude. Löwen 1910, 52; CHRZANOWSKI, Rzeźba lat 1560–1650 (wie Anm. 9), 37f.; HARASIMOWICZ, Jan: Typy i programy śląskich ołtarzy wieku reformacji [Typen und Bildprogramme der schlesischen Altäre der Reformationszeit]. In: Roczniki Sztuki Śląskiej 12 (1979), 7–27, hier 11, 19f.; DERS.: Treści i funkcje ideowe sztuki śląskiej reformacji 1520–1650 [Ideenprogramme und ideologische Funktionen der Kunst der schlesischen Reformation]. Wrocław 1986 (Acta Universitatis Wratislaviensis 819. Historia Sztuki II), 53, 62; BANIK, Joanna/KOCHLER, Jerzy: Lewin Brzeski: Monografia miasta [Löwen: Eine Monographie der Stadt]. Lewin Brzeski 2005, 206f.

23 GEHRIG, Oskar: Philipp Brandin: Eine biographische Studie über den 1563 bis 1594 tätigen Hauptmeister der mecklenburgischen Renaissance. Phil. Diss., Rostock 1921; HELWIG, Christoph: Der Dom zu Güstrow. München-Berlin [8]2006 [[1]1991] (DKV-Kunstführer 413).

1557–1572 errichtete fürstliche Schloß in Güstrow das Schema der Arkaden von Brieg beinahe wörtlich wiederholt. Es entstand nämlich nach dem Entwurf des gleichen Architekten, Franciscus Parr.[24] Am Grabmal für Ulrich II. fallen darüber hinaus die über den knienden Gestalten angebrachten Ahnentafeln auf,[25] die vielleicht auch von analogen Lösungen in Brieg inspiriert wurden. Sie hatten dort – so die Beschreibung – die Form des großen Stammbaums der Piasten, der der liegenden Gestalt des Geschlechtsgründers entsproß – „fast auf die Art, wie sie Daniel Czepko in dem Schlesischen Frauenzimmer durch das Kupferbild vorstellet". Friedrich Lucae meinte sicherlich den Kupferstich des Breslauer Radierers Caspar Pfister,[26] der heute vor allem durch ein anderes Werk Daniel Czepkos bekannt ist, und zwar das in Leipzig 1626 veröffentlichte „Gynaeceum Silesiacum Ligio Bregense" (Abb. 8).[27]

Die in der Brieger Kirche erkennbare Darstellungsabsicht, das „Alter" der Familie und ihre hochherrschaftlichen Beziehungen, etwa zu den Hohenzollern oder den Habsburgern, zu belegen, begegnet bereits wenige Jahre später auch in den Innenräumen der Patronatskirchen des schlesischen Adels.[28] An den Altären, Kanzeln, Taufsteinen, Emporen- und Logenbrüstungen erschienen Hunderte von geschnitzten und gemalten Wappen, die dort – wie die Inschrift an der Brüstung der Patronatsloge in der Pfarrkirche in Queitsch bei Zobten (pol. Stary Zamek) verkündet – „DEI GLORIAM, SUI MEMORIAM ET POSTERITATIS USUM" angebracht wurden (Abb. 9).[29] Manche der Logen, „als besondere Oratoria – ähnlich wie in Brieg – gantz verschloßen", „mit hellen großen Fenstern [...] wie auch mit zierlichen Mahlwerck" versehen, wurden zum sichtbaren Zeichen der vollen Macht der adeligen Patrone

---

24 Hahr, August: Die Architektenfamilie Pahr: Eine für die Renaissancekunst Schlesiens, Mecklenburgs und Schwedens bedeutende Künstlerfamilie. Straßburg 1908 (Studien zur deutschen Kunstgeschichte 97); Zlat, Mieczysław: Działalność architektoniczna rodziny Parrów na Śląsku w latach 1539–1600 [Die baukünstlerische Tätigkeit der Familie Parr in Schlesien in den Jahren 1539–1600]. In: Roczniki Sztuki Śląskiej 14 (1986), 37–51; Torbus, Tomasz: Od Brzegu przez Güstrow do Szwecji: Komaskowie z rodziny Parrów i ich wpływ na rozwój architektury renesansowej w środkowej i północnej Europie [Von Brieg über Güstrow nach Schweden: Die Komasken aus der Familie Parr und ihr Einfluß auf die Entwicklung der Renaissancearchitektur in Mittel- und Nordeuropa]. In: Po obu stronach Bałtyku. Wzajemne relacje między Skandynawią i Europą Środkową. On the Opposite Sides of the Baltic Sea. Relations between Scandinavian and Central European Countries. Bd. 1. Hg. v. Jan Harasimowicz, Piotr Oszczanowski und Marcin Wisłocki. Wrocław 2006, 143–162.

25 Zum Begriff vgl. Möller, Karl/Neubecker, Ottfried: Ahnentafel. In: Reallexikon zur deutschen Kunstgeschichte. Bd. 1. Hg. v. Otto Schmitt. Stuttgart 1937, 227–233.

26 Oszczanowski, Piotr/Gromadzki, Jan: Theatrum Vitae et Mortis. Grafika, rysunek i malarstwo książkowe na Śląsku w latach ok. 1550–ok. 1650 [Theatrum Vitae et Mortis. Graphik, Zeichnung und Buchmalerei in Schlesien in den Jahren um 1550 bis 1650]. Wrocław 1995, 46f., 116.

27 Zepke [Czepko], Daniel: Gynaeceum Silesiacum Ligio-Bregense. Kurtze Historische Beschreibung und Außführung der Stamlinien von den Hochlöblichen Ahnen etlicher Fürstlichen Frewlin in Schlesien, die an Kayserliche/Königliche/Chur und Fürstliche/Gräffliche/Herrliche Stammen und Häuser ausserhalb Landes verheuraht worden und im gegentheyl, etzlicher Kayserlicher, Königlicher, Chur unnd fürstlicher Gräfflicher Frewlein ausserhalb Landes/so ins Landt und Hertzogthumb Schlesien gebahret/und etlichen Schlesischen Fürsten Beygelegt worden. Gestellet durch [...], Sampt einem hierbey Außfürlichen Stammbaum von Piasto her/biß uff ietzige Zeit, inn Kupffer gebracht. Leipzig 1626.

28 Harasimowicz, Treści i funkcje ideowe (wie Anm. 22), 142–151, 171–173; Ders.: Paläste der Heiligen Dreifaltigkeit, Werkstätten des Heiligen Geistes: Die Kirchen der evangelischen Schlesier in der habsburgischen Zeit. In: Geschichte des protestantischen Kirchenbaues. Festschrift für Peter Poscharsky. Hg. v. Klaus Raschzok und Reiner Sörries. Erlangen 1994, 128–144, hier 137–139.

29 Harasimowicz, Treści i funkcje ideowe (wie Anm. 22), 143.

über die Gemeinden. Jeder Teilnehmer des Gottesdienstes in Klitschdorf (pol. Kliczków) bei Bunzlau (pol. Bolesławiec), der die in der Patronatsloge sitzenden Vertreter der Familie von Rechenberg sowie die darüber befindlichen Darstellungen Gottvaters und des Gnadenstuhls sah,[30] mußte sich mehrfach an die berühmten Worte des hl. Paulus aus dem Römerbrief erinnert fühlen: „Denn es ist keine Obrigkeit außer von Gott“ (Röm 13,1) (Abb. 10).

Weitere Belege über die Ausstrahlung der Form und des Bildprogramms der evangelischen Schloßkapelle Georgs II. von Brieg zu erbringen, soll nachfolgenden Forschungen vorbehalten bleiben. Festzuhalten ist, daß sie anders als die Schloßkapellen in Torgau oder Stuttgart zwar keinen neuen Typus der Innenraumordnung schuf.[31] Doch obwohl sie von der künstlerischen Raffinesse der Schloßkapellen in Celle[32] und Gottorf[33] weit entfernt war, stellte sie zweifellos einen der wichtigeren Kirchenräume dieser frühen Phase lutherischer Konfessionalisierung dar. Die Rezeption dieses Kirchenraumes zeigt darüber hinaus das von seiten der Stände genutzte Potential einer Erneuerung kirchlicher Raumkonzepte. Schließlich signalisiert die zwar nicht „flächendeckende“, aber doch „punktuelle“ Ausstrahlung auf ein fürstliches Territorium gleichermaßen die Schaffung eines umfassenden konfessionellen Raumes. Deutlich wird indes, daß hier stets zwei Aspekte bedient wurden, ja gar der eine im anderen: nämlich die Durchsetzung und Pflege der Konfession im Dienste herrschaftlicher Memoria.

---

30 Ebd., 145.

31 Der Kirchenbau des Protestantismus von der Reformation bis zur Gegenwart. Hg. v. Karl Ernst Otto Fritsch. Berlin 1893, 31–34, 36–38; Wex, Reinhold: Ordnung und Unfriede. Raumprobleme des protestantischen Kirchenbaus im 17. und 18. Jahrhundert in Deutschland. Marburg 1984 (Kulturwissenschaftliche Reihe 2), 147–175; Grossmann, Dieter: Die Bedeutung der Schloßkapellen für den protestantischen Kirchenbau. In: Renaissance in Nord-Mitteleuropa. Bd. 1. München-Berlin 1990 (Schriften des Weserrenaissance-Museums Schloß Brake 4), 127–147, hier 128–130, 132f.; Jöckle, Clemens: Überlegungen zu einer Typologie evangelischer Schloßkapellen des 16. Jahrhunderts. In: Geschichte des protestantischen Kirchenbaues (wie Anm. 28), 37–43, hier 38–41.

32 Zweite, Armin: Marten de Vos als Maler: Ein Beitrag zur Geschichte der Antwerpener Malerei in der zweiten Hälfte des 16. Jahrhunderts. Berlin 1980, 85–117, Kat.-Nr. 19–38; Bock, Burghard: Bilder mit Bedeutung: Lutherische Theologie um 1570 in der Ausstattung der Celler Schloßkapelle. Celle 2003.

33 Moraht-Fromm, Anna: Theologie und Frömmigkeit in religiöser Bildkunst um 1600: Eine niederländische Malerwerkstatt in Schleswig-Holstein. Neumünster 1991 (Schriften des Vereins für Schleswig-Holsteinische Kirchengeschichte, Reihe 1, 37), 16–27, 111–113; Bieber, Dietrich: Die Kapelle von Schloß Gottorf – Ein Sakralraum des Frühabsolutismus. In: Gottorf im Glanz des Barock: Kunst und Kultur am Schleswiger Hof 1544–1713. Ausst.-Kat. Schloß Gottorf 1997. 4 Bde. Hg. v. Heinz Spielmann und Jan Drees. Schleswig 1997, Bd. I: Die Herzöge und ihre Sammlungen, 157–177.

Krista Zach

Katholische Milieus im multikonfessionellen Raum

Siebenbürgen und ihm benachbarte Regionen

Zu den noch wenig zahlreichen neueren Arbeiten, die das Verhältnis von Raum und Geschichte aus Sicht der Historie theoretisch erfassen, zählt ein Vortrag von Reinhart Koselleck gleichen Titels, den er auf dem Historikertag zu Trier 1986 gehalten und 2003 – mit hinzugefügter neuester Literatur in der Druckfassung – erstveröffentlicht hat.[1] Diese Arbeit läßt Ambivalenzen erkennen und vermuten, daß der Altmeister klassischer Historiographie mit der Kategorie des „sozialen Raumes" nicht eben viel anfangen mochte. Koselleck wartet zwar gleich mit einer konzisen Formulierung auf:

> Raum so gut wie Zeit gehören, kategorial gesprochen, zu den Bedingungen möglicher Geschichte. Aber ‚Raum' hat selbst auch eine Geschichte. Raum ist sowohl jeder nur denkbaren Geschichte metahistorisch vorauszusetzen wie selbst historisierbar, weil er sich sozial, ökonomisch und politisch verändert. Der doppelte Gebrauch der Raumkategorie hat nun Anlass zu zahlreichen Zweideutigkeiten gegeben [...].[2]

Der hier zugleich als „metahistorisch vorauszusetzen[de]" wie „historisierbar" definierte Raum der Geschichte, den Koselleck anhand einer bipolaren Figuration beispielreich beschreibt,[3] scheint jedoch nicht dazu angetan, gewisse oben angedeutete Zweideutigkeiten im Umgang mit der Raumkategorie aufzuheben. Seine Kommentare und Folgerungen zeigen, daß er vor allem dem weitgefächerten Gebrauch der Raumkategorie in bestimmten soziologischen, kulturwissenschaftlichen oder geopolitischen Kontexten mißtraut. Das mag Ratlosigkeit oder doch eher die Warnung vor einer Modeerscheinung sein.

Ein jüngerer Kollege Kosellecks, Markus Schroer,[4] stellt denn auch 2006 aktuell und bündig fest: „Die Geschichtswissenschaft beginnt gerade [erst] selbst, den Raum als Kategorie zu erkennen."[5] Sein Verweis zielt direkt auf den oben zitierten Vortrag Kosellecks. Daß es sich im Zusammenhang von „sozialem Raum" und „Geschichtsschreibung" nicht um eine Aporie oder eine neue Kategorie handelt, vermittelt Schroer unter Heranziehung eines nachgelassenen Diktums von Hannah Arendt, mit dem diese das Verhältnis von handlungsaktiver Politik und sozialem Raum verdeutlicht. Er baut hiermit zugleich eine Genese dieses Raumbegriffs – von Kant bis Simmel – auf:

---

1 Koselleck, Reinhart: Raum und Geschichte. In: Ders.: Zeitschichten. Studien zur Historik. Frankfurt/Main 2003, 78–96.
2 Ebd., 82.
3 Ebd., 83–89.
4 Schroer, Markus: Räume, Orte, Grenzen. Auf dem Weg zu einer Soziologie des Raumes. Frankfurt/Main 2006.
5 Ebd., 25, Anm. 11 sowie Schlögel, Karl: Kartenlesen, Raumdenken. In: Merkur 56/4 (2002), 308–318.

> Politik [so Hannah Arendt, Kr. Z.] handelt von dem Zusammen- und Miteinander-Sein der Verschiedenen. Raum ergibt sich aus dem Zusammen- und Miteinander-Sein des Verschiedenen.[6]

Zu Arendts Verortung von Politik und Raum kommentiert Schroer: „Die Definition der Politik zielt auf Menschen, während die des Raums auch Dinge umfaßt."[7] Diese Definitionen eröffnen auch weniger theoriebewußten Historikern den Zugang zum angesprochenen Raumkonzept.

In dem anregenden Buch von Schroer wird beispielsweise die Permanenz von Raumkonzepten seit der Antike (von Platon und Aristoteles) bis Einstein und Luhmann vermittelt, und es werden dafür einschlägige, von Soziologen geprägte Konzepte dargestellt.[8] Von einem – wie immer definierten – „konfessionellen Raum" wird aber nicht explizit gesprochen. Doch im abschließenden Kapitel zu Teil I, „Auf dem Weg zu einer Soziologie des Raumes",[9] verweist Schroer auf bestimmte Erkenntnisse, die auch die Annäherung an einen „konfessionellen Raum" aus der Perspektive der Geschichte erlauben. Zu denken ist hier an Schroers Konzept von einem „räumlichen Prinzip des Nebeneinanders"[10] von Verschiedenen (nach Hannah Arendt), mehr noch an die Interaktion von „Raum" und „Grenze" als Beschreibungsraster, das auch für einen „konfessionellen Raum" dienen kann:

> Raum ermöglicht Grenzen, besteht aus Grenzen, zieht Grenzen, stellt Zugehörigkeiten her, regelt Zugänge, [...] definiert [...] Grenzen von innen und außen, eigen und fremd, privat und öffentlich.[11]

Die Beschaffenheit eines ost(mittel)europäischen „konfessionellen Raumes" als eines sozialen Teilraumes des 16. und 17. Jahrhunderts läßt sich anhand von unterschiedlichen Kriterien beschreiben. Jeder Raum kann zunächst naturräumlich (als statisch, als Kulisse) und epochenbezogen-chronologisch (hier als Zeit, z. B. „Türkenherrschaft") dargestellt und beschrieben werden, was für unsere Fragestellung jedoch nur mittelbar von Interesse ist. Unter sozialem Blickpunkt erscheint er jedoch als belebt – und als handlungsbewegt, kommunikativ. Im Ergebnis entsteht dann, perspektivunabhängig (um dies vorwegzunehmen), ein Konstrukt aus Handlungsräumen mit immer wieder neu bzw. anders zu ziehenden Umgrenzungen. Drei Metaphern aus jeweils unterschiedlichen Forschungsperspektiven, die für den südöstlichen Raum Europas des öfteren gebraucht worden sind, können hier als Beschreibungskriterien eingeführt werden: Dies sei in besonders ausgeprägter Weise ein Raum mit „wandernden Grenzen" (Julius von Farkas[12]), erfüllt von „Menschen in Bewegung".[13] Edgar Hösch

---

6 Arendt, Hannah: Was ist Politik? Hg. v. Ursula Ludz. München 2003, 9.

7 Schroer (wie Anm. 4), 164.

8 Ebd., Teil I: Zur Theorie des Raumes, 17–173.

9 Ebd., 174–181.

10 Ebd., 179.

11 Ebd., 180; diesbezüglich bestehe, so Schroer, noch ein Theoriedefizit.

12 Farkas, Julius von: Südosteuropa. Ein Überblick. Göttingen 1955, 7.

13 Vgl. zusammenfassend Zach, Krista: Migrationsbewegungen in Mitteleuropa. Der Donau- und Karpatenraum im 20. Jahrhundert. In: Migration im südöstlichen Mitteleuropa. Auswanderung, Flucht, Deportation, Exil im 20. Jahrhundert. Hg. v. Krista Zach und Cornelius R. Zach. München 2005, 11–18, hier 11f. Die Metapher wird seit 1932 immer wieder in Abwandlung verwendet, als Alexander

zählt Südosteuropa zu den „klassischen multiethnischen Überschichtungsräumen“, wo – fern jeglicher großflächig wirksamer Autarkie – immer wieder Einwirkungen von außen die internen Handlungszusammenhänge beeinflußten und die entstehenden Kraftfelder sozialer Dynamik bestimmt hätten.[14]

Setzt man das Arendtsche „räumliche Nebeneinander“ verschiedener sozialer Handlungsträger und -abläufe wie ebenso auch mobile Grenzen als Leitkategorien voraus, ist ebenso eine „Neukonfiguration des Raumes“[15] zu erwarten. Gerade diese Neukonfiguration vermittelt sich bei Betrachtung und Beschreibung des südosteuropäischen als eines „konfessionellen Raumes“ eindeutig seit dem 16. und 17. Jahrhundert. Hierfür sei als ein viertes Beschreibungskriterium die regional verdichtete konfessionelle Diversifizierung der Handlungsträger wie der ihrem Agieren unterliegenden rechtlichen, sozialen und kulturell kodierten Normen eingeführt, die damals infolge der Konfessionalisierung in ostmitteleuropäischen ständischen Gesellschaften entstanden war.

Nachfolgend wird versucht, einen „konfessionellen Raum“ für Siebenbürgen und ihm benachbarte Regionen im genannten Zeitraum unter drei Aspekten zu beschreiben. Auf die einführende konventionelle Beschreibung dieses Raumes und seiner Neukonfiguration infolge der Konfessionalisierung im 16. Jahrhundert werden einige katholische Missionen als soziale Milieus um die Mitte des 17. Jahrhunderts skizziert, denen Beispiele für Religionsausübung im öffentlichen Raum folgen. Einige Betrachtungen zur Historiographie beschließen diesen Beschreibungsansatz.

Raumbeschreibung und Neukonfiguration des sozialen Raumes

Naturräumliche Gegebenheiten haben das südöstliche Europa als kulturell mehrschichtigen und politisch wenig stabilen, durch immer neue Herrschaftsstrukturen überdachten Raum in Erscheinung treten lassen. Hösch faßt zusammen, daß sich hier seit der Antike und bis heute „keine tragfähige Grundlage“ für eine übergreifende „Ordnung“ bilden konnte.[16] Eine über längere Zeit stabile politische oder konfessionelle Gesamtraumstruktur fehlte zwar, aber es waren gerade die naturräumlichen Gegebenheiten, die bestimmte Muster von Grenzziehungen – auch des sozialen Raumes – ermöglichten oder erzwangen. Kulturelle Vielfalt wurde für diese älteste europäische Teilregion zu einem positiv besetzten Begriff, Balkanisierung zu seinem negativen Pendant.

Die naturräumlichen Gegebenheiten ermöglichten oder erforderten sowohl Abschließung nach außen als auch den meist freien, selten einen erzwungenen Durchzug von Fremden sowie die Anbindung an Benachbartes. Diese naturräumliche Evidenz hat den „historischen Raum“ Südosteuropa bzw. seine Teilräume präfiguriert. Das

---

Kulischer „Weltgeschichte als Völkerbewegung“ (Berlin 1932) beschrieb. Es folgten beispielsweise Kulischer, Eugene: Europe on the Move. War and Population Changes 1917–1947. New York [2]1997 [[1]1948] und Bade, Klaus J.: Europa in Bewegung. Migration vom späten 18. Jahrhundert bis zur Gegenwart. München 2000, 11.

14 Hösch, Edgar: Geschichte des Balkans. München 2005, 28–31, hier 25.

15 Schroer (wie Anm. 4), 213.

16 Hösch, Geschichte des Balkans (wie Anm. 14), 28.

waren immer schon Räume der Begegnung und der Übergänge,[17] bi- und mehrkonfessionell strukturiert, häufig auch Austragungsorte von rivalisierenden Großmachtinteressen,[18] wieder und wieder ein *Theatrum belli*.

Christianisierung und Staatsbildung oder Wirtschaft und Handel müssen im südöstlichen Europa immer zu extraregionalen Einwirkungen in Bezug gesetzt werden.[19] Unter der aktiven Steuerung und nachfolgenden Außendominanz von Konstantinopel und Rom entstanden hier zwei große konfessionelle Teilräume, die – trotz evidenten und ebenfalls von außen gesteuerten Verschiebungen im 16. und 17. Jahrhundert – heute wieder raumbestimmend sind. Vor allen an den Berührungsgrenzen der beiden alten Konfessionsräume des römischen mit dem griechischen Christentum sind zahlreiche Überlappungen entstanden, zum Beispiel in Polen-Litauen, in den beiden rumänischen Fürstentümern, Siebenbürgen und ebenso auch in den südlichen Komitaten des historischen Ungarn.[20] Dieser konfessionelle Raum mit seinen Übergängen und Überschichtungen bildet die Grundlage für nachfolgende Überlegungen.

Die Neukonfiguration des südosteuropäischen sozialen Raumes begann im 16. Jahrhundert, als die überkommene zweigeteilte Struktur des über viele Jahrhunderte bikonfessionellen katholisch-orthodoxen Raumes weiter aufgespaltet wurde. Drei wohlbekannte außendominante Ereignisse waren im 16. Jahrhundert bestimmend für die Neukonfigurationen innerhalb des südosteuropäischen konfessionellen Raumes: Erstens löste das Vordringen der Osmanen ab 1354 nach Europa und schließlich 1521 über die Donaugrenze hinweg – als der Knotenpunkt Belgrad (sbkr. Beograd, ung. Nándorfehérvár) endlich in ihrer Hand war und Süleymans I. Truppen bis 1541 ein breites dreieckförmiges Gebiet Ungarns mit der Donau als Mittellinie und Ofen (ung. Buda) an dessen Spitze erobert hatten –, weitere, länger anhaltende Migrationsbewegungen unter der christlichen Bevölkerung Südosteuropas und Ungarns aus. Zugleich wurde der Islam in den Balkan und in Teile Ungarns transportiert. Zweitens wirkten die Erfolge der Reformation im Heiligen Römischen Reich nachhaltig auf die katholische Bevölkerung in Ungarn, Siebenbürgen und Polen ein; es entstanden große reformierte Gemeinden aller Denominationen, die – außer in Siebenbürgen – erst nach der Mitte des 17. Jahrhunderts wieder zusammenschmolzen.[21] Drittens sind die Bemühungen Roms zu nennen, die Katholiken im südöstlichen

[17] ZACH, Krista: „Wir wohnten auf dem Königsboden ...“. Identitätsbildung bei den Siebenbürger Sachsen im historischen Wandel. In: Minderheitenfragen in Südosteuropa. Hg. v. Gerhard SEEWANN. München 1992, 115–137, hier 115.

[18] HÖSCH, Geschichte des Balkans (wie Anm. 14) nennt sie „externe Raumkonstellationen“, 28. Dazu ebd., 28–34; DERS.: Geschichte der Balkanländer. Von der Frühzeit bis zur Gegenwart. München [4]2004 [[1]1988], 13–28.

[19] DERS., Geschichte des Balkans (wie Anm. 14), 28–34; DERS., Geschichte der Balkanländer (wie Anm. 18), 13–28.

[20] Vergleichende Religionsstatistiken für die Länder Südosteuropas im 20. Jahrhundert bei ZACH, Krista: Der Balkan in der Vielfalt seiner Kulturen. Das religionsgeschichtliche Motiv. In: DIES.: Konfessionelle Pluralität, Stände und Nation. Hg. v. Joachim BAHLCKE und Konrad GÜNDISCH. Münster 2004 (Religions- und Kulturgeschichte in Ostmittel- und Südosteuropa 6), 323–343, hier 341–343.

[21] CRĂCIUN, Maria/GHITTA, Ovidiu/MURDOCK, Graeme: Religious reform, printed books and confessional identity. In: Confessional Identity in East-Central Europe. Hg. v. DENS. Aldershot 2002, 1–30, hier 16–27; MURDOCK, Graeme: Calvinism on the Frontier, 1600–1660. Oxford 2000, 67 (für Ungarn).

Europa mit einer Infrastruktur zu versehen, die ihren Bestand sichern und festigen sollte. Diese Bemühungen Roms setzten mit einer Verspätung von etwa einhundert Jahren ein, nachdem die Osmanen Ungarn (1526) erobert, ihre Oberhoheit über die Donaufürstentümer (1538, Moldau) und Siebenbürgen (1541) gefestigt bzw. errichtet hatten und es im 16. Jahrhundert zahlreichen diplomatischen Missionen des Kaisers an die Hohe Pforte nur gelungen war, den politischen Staus quo, auch durch Tributzahlungen, zu erhalten. Die von Wien aus gelenkte Katholische Reform (Gegenreformation) kam im 17. Jahrhundert hier nur schrittweise voran. Im wieder befreiten Ungarn konnte der Protestantismus (ausgenommen Siebenbürgen) erst nach dem Frieden von Karlowitz (1699) bzw. nach den Kuruzzenaufständen (1711) und dem Frieden von Passarowitz (1716) wieder entscheidend zurückgedrängt werden.

Zu den wichtigen Veränderungen, die unter der politischen Außendominanz des Osmanischen Reiches und dank der Zurückdrängung der Habsburgischen Präsenz in der zweiten Hälfte des 16. und im frühen 17. Jahrhundert in Siebenbürgen und den ihm benachbarten Regionen entstanden waren, gehört u. a. auch ein beträchtlicher, nur wenig homogen strukturierter neuer konfessioneller Raum. Er umfaßte Siebenbürgen und mehrere unmittelbar angrenzende Teilräume, die zwar politisch, sozial und rechtlich unterschiedlich geordnet, aber in einigem auch vergleichbar waren: Das waren die Fürstentümer Moldau und Walachei mit innenpolitisch dominanten autochthonen Herrschern und eigenständigen Institutionen unter osmanischer Oberhoheit sowie das sogenannte südöstliche Niederungarn (in der Sprache der römischen Quellen nicht sehr präzise „Hungaria Inferior“ oder „Ungheria Inferiore“ genannt), das eine Kette von Teilräumen unter direkter osmanischer Hoheit bildete, die den Status von „eroberten Gebieten“ hatten und aus denen sich nach 1526 die ungarischen adeligen Grundherren und Bischöfe – als ehemalige Ordnungsfaktoren im Mittelalter – für 175 Jahre verabschiedet hatten. Vor allem hier, im Bergland zwischen Save und Drau (Syrmien und Slawonien) und in den Marktorten, überdauerten kleine Gemeinden, deren gemeinsame Identitätskodierung eine konfessionell altgläubig-katholische war, und dies in mehrkonfessionell geprägten Milieus in orthodoxer, protestantischer und mancherorts islamischer Nachbarschaft – so beispielsweise in Belgrad, der Batschka oder im Gebiet zwischen Temeswar (rum. Timişoara, ung. Temesvár) und Lippa (rum. Lipova, ung. Lippa).[22]

Die in den Teil- und Kleinräumen („Milieus“) verbliebenen katholischen Gemeinschaften bestanden in Niederungarn zwischen Marosch (rum. Mureş, ung. Máros), Theiß (rum. Tisa, ung. Tisza), Donau und Save aus Reliktgruppen wie den Karaschowanern[23] und – von Lippa, Lugosch (rum. Lugoj, ung. Logos) und Karansebesch (rum. Caransebeş, ung. Karánsebes) über Temeswar und Arad nach Szegedin

22 Vgl. etwa die beiden Karten des Stechers Matthias Zündt, Nürnberg 1566 und 1567, beschrieben bei Szathmáry, Tibor: Descriptio Hungariae. Magyarország és Erdély Nyomtatott Térképei 1477–1600 [Ungarn und Siebenbürgen in alten Landkarten]. Fusignano 1988, Nr. 68, mit Abb. („Ain warhafftige beschreibung des Khünigreichs Hungern, die viernemsten Stetten und Vestungen mit sampt den belagerten Orten, ouch der Christlich und Thurkisch Herzug angezaygt“, Nürnberg 1566) sowie Nr. 69 („Newe und gründtliche beschreibunge des ganczen Künigreichs Unngern mit den anstoßenden Landen – NOVA TOTIUS VNGARIAE DESCRIPTIO accurata et diligens desumpta ex pluribus aliorum editis Cosmographicis et Typis“, Nürnberg 1567).

23 Zach, Krista: Die Karaschowaner im rumänischen Banat. Neue Quellen aus dem 17. Jahrhundert. In: Dies., Konfessionelle Pluralität (wie Anm. 20), 231–266.

(ung. Szeged), Belgrad, Bač – überwiegend aus bäuerlichen südslawischen Migranten. Überall beschreiben die römischen Missionare ähnliche Zustände. Die Katholiken waren durch lange Jahrzehnte ohne Seelsorger gleichsam „verwahrlost“, d. h. der Riten und Gebete nicht mehr kundig. Eine katholische Gemeindestruktur war nicht mehr vorhanden, Belgrad wird hier (wenn auch übertreibend) als die einzige „Pfarre“ weitum bezeichnet.[24] Kirchen mußten repariert und mit dem Nötigsten versehen werden, Inventar und Bildschmuck fehlten. Oft wurde die Messe in Bauernhäusern abgehalten.[25]

Ähnliche Zustände herrschten zur gleichen Zeit auch im nördlichen, katholisch gebliebenen Szeklerland an der Innenseite der Ostkarpaten wie in den ungarischen Csángó-Siedlungen zwischen Ostkarpaten und Sereth (rum. Siret) in der Moldau, die den Szeklergebieten der Csík in Siebenbürgen benachbart waren. Auch hier lagen die Gründe der Vernachlässigung ähnlich: Sie hing zusammen mit einer diskontinuierlichen Glaubenspraxis und regionalen (Un-)Sitten wegen Priestermangels. Im Szeklerland schützte ein katholisch gebliebener lokaler Adel die überkommenen Strukturen und Bräuche (einschließlich der als soziales Bindemittel fungierenden Priesterehe) und vertrat die zwar „rezipierte“ (öffentlich anerkannte), aber von der protestantischen Mehrheit behinderte katholische Konfessionsgruppe auch politisch im Landtag der Provinz.[26] In der Moldau gab es – nach einem gravierenden demographischen Einbruch um 1600, der alle Teile der moldauischen Bevölkerung betraf, aber auch den katholischen Anteil dezimierte[27] – im 17. und 18. Jahrhundert nur noch wenige Katholiken, aber die Kirchenräume und Kultgeräte, also Elemente einer formalen Kontinuität, die eine Revitalisierung hätten erlauben können, waren mancherorts noch vorhanden.

Über diese zwischen Balaton und Ostkarpaten, Ofen und Belgrad gelegenen Kleinräume spannte sich im 17. Jahrhundert, nur locker zwar, ein – imaginiertes – Netz, bestehend aus römischen Missionsbeauftragten, einigen ungarischen Jesuiten sowie Franziskanern mit ihren Wirkungsstätten. Beides, die fehlende Infrastruktur der katholischen Gemeinden wie die Präsenz von überwiegend fremden Missionaren

---

24 So Missionsbischof Mato Benlić 1653: „Fuor di questa sola parochia in questa dioecesi [di Belgrado] non trovo altra parochia“. Bischof Benliés hundertseitiger Bericht (1651–1658) jetzt vollständig in: Litterae missionariorum de Hungaria et Transilvania (1572–1717). Bd. 1–4. Hg. v. István-György Tóth. Roma-Budapest 2002–2005, hier Bd. 3, 2005, Nr. 813, 2174–2200, hier 2175. – Teilübersetzungen ins Deutsche nach dem in braunes Leder gebundenen Originalmanuskript im Archiv der Kongregation de Propaganda Fide, Rom (Scritt. Rifer. nei Congressi, Miscell. Bosnia, Vol. 1, f. 1r – f. 54v) in: Zach, Krista: Konfessionsgruppen in Slavonien und Syrmien 1640–1680. Anmerkungen zur Integration von Christen im Osmanischen Reich anhand römischer Archivquellen. In: Dies., Konfessionelle Pluralität (wie Anm. 20), 267–285.

25 Ebd.; Dies.: Die bosnische Franziskanermission des 17. Jahrhunderts im südöstlichen Niederungarn. Aspekte ethnisch-konfessioneller Schichtung in der Siedlungsgeschichte Niederungarns. München 1979 (Studia Hungarica 13), mit Gebietskarte im Einband.

26 Szegedi, Edit: Die katholische Autonomie in Siebenbürgen. In: Zeitschrift für siebenbürgische Landeskunde 27 (2004), 130–142.

27 Der Bevölkerungsrückgang wurde kürzlich beziffert, und zwar von ca. 25 000 (um 1500) auf ca. 15 000 (1591) und ca. 5 500 (1646). Erst im 19. Jahrhundert war er durch Neuzuzug ausgeglichen, als ca. 45 700 Katholiken (1807) gezählt wurden. Tánczos, Vilmos: About the Demography of the Moldavian Csángós. In: Hungarian Csángós in Moldavia. Hg. v. László Diószegi. Budapest 2002, 117–147, hier 123 (Table I). – Kartenskizzen zu den Wohngebieten der Csángós bei Benda, Kalmán: The Hungarians of Moldavia (Csángós) in the 16th–17th Centuries. In: Ebd., 7–50, hier 18, 20, 22.

aus verschiedenen Orden als Handlungsträger, können diese Gebiete als einen sehr weitläufigen „konfessionellen Raum" in der Diaspora erscheinen lassen. So sah man es anfangs auch in Rom. Die frühen Berichte zur Erkundung der Lage visierten – wenn auch äußerst vage – den gesamten Raum an.[28]

Die hierarchische Überbauung war durch die aus Rom entsandten Missionare und sogenannten Missionsbischöfe für die Katholiken in diesen Regionen um 1630 zwar begonnen worden, aber nur unzureichend gefügt und wenig verläßlich. Denn diese fremden Bischöfe kamen nur selten vorbei – in Siebenbürgen waren sie gar nicht zugelassen –, sie sprachen vielerorts nicht die Sprache der katholischen Gemeinden, die sie besuchten, sie lagen im Streit mit den ungarischen (nach königlichem Patronatsrecht ernannten) Titularbischöfen, den sogenannten *episcopi electi*, die wiederum vom Hl. Stuhl nicht geweiht wurden, weil sie mit Hinweis auf die Türken die seit dem Tridentinum bestehende Residenz- und Visitationspflicht verweigerten.[29] Aber aus den Visitationsberichten der nicht sehr zahlreichen Missionsbischöfe an die römische Oberbehörde, die Kongregation de Propaganda Fide, erschließt sich dieser südosteuropäische konfessionelle Raum entsprechend den Grenzen ihrer Wirkungsfelder als ein multikonfessioneller Raum mit wenig genau umgrenzten katholischen Teilbereichen. Die Visitationsberichte sind nicht in regelmäßiger Folge an die römische Zentrale gelangt. Sie sind überwiegend sehr knapp gehalten, enthalten meist nur Ortsangaben mit Firmungszahlen und gelegentlich einem Patrozinium.[30] Darunter finden sich jedoch auch umfangreichere Beschreibungen von Orten, Bevölkerungsgruppen und ihren Lebensumständen, den verschiedenen Konfessionen an manch einem Ort oder Angaben zu den Reisewegen, der Sicherheit oder den Gefahren der Reise.[31] Der erste, 1647 von Rom ernannte und geweihte Missionsbischof von Belgrad, Marin Ibrišimović OFMObs, amtierte nur drei Jahre. 1649 versuchte er, schon

28 Der Bericht von Bartolomeo Sfondrato (1580) findet sich in: Litterae missionariorum de Hungaria et Transilvania (wie Anm. 24), Bd. 1, 2002, Nr. 5, 113f.; der Bericht von Bonifacio di Ragusa (1581) ist abgedruckt in: Ebd., Nr. 7, 118f.; ebenso Marko Bandulaević OFMObs (1639): Ebd., Bd. 2, 2003, Nr. 357, 1058.

29 Simone Matković Bosnese beschreibt 1622 die Lage für das südöstliche Niederungarn und schlägt zu ihrer Verbesserung der Propaganda-Kongregation drei Maßnahmen vor: 1. tüchtige, einheimische Priester zu entsenden, die über Ragusa (sbkr. Dubrovnik) und nicht über das Habsburgerreich (Ungarn) einreisen sollten, deren Missionsprivileg 2. von den türkischen Behörden anerkannt werde, und 3. die Behinderungen durch die *episcopi electi* im Habsburgerreich zu unterbinden. Litterae missionariorum de Hungaria et Transilvania (wie Anm. 24), Bd. 1, 2002, Nr. 16, 143–145, hier 144f.

30 So bei Bischof Marin Ibrišimović OFMObs von Belgrad aus Türkisch-Ungarn von 1649 mit 36 Ortsangaben und dazu 17 Patrozinien. Zach, Krista: Die Visitation des Bischofs von Belgrad Marin Ibrišimović in Türkisch-Ungarn (1649). In: Dies., Konfessionelle Pluralität (wie Anm. 20), 207–230, hier Nr. 9, 228–230: „Ali 6. Marzzo à Belgrado n.o 2001./Ali 7. di Marzzo nel medesimo luogo n.o 40./A di 12. di Marzzo in Samandria nella Chiesa di San Michaele n.o 6." – Ähnlich knapp nur berichtet der Bischof von Skradin, Pave Posilović, 1649 aus Slavonien. In: Litterae missionariorum de Hungaria et Transilvania (wie Anm. 24), Bd. 3, 2005, Nr. 628, 1731f.

31 Aufschlußreich dazu ist Bischof Mato Benlićs OFMObs großer Visitationsbericht von 1652 bis 1658, jetzt vollständig veröffentlicht in: Ebd., Nr. 813, 2174–2200 und auszugsweise auf deutsch: Zach, Konfessionsgruppen in Slavonien und Syrmien (wie Anm. 24), 269–273. – An Ausführlichkeit messen lassen sich diese Berichte über Ungarn mit jenen über die beiden rumänischen Fürstentümer, insbesondere die Moldau, die andere Missionsbischöfe verfaßten, so Petar D. Bakšić OFMObs (ca. 1601–1674). In: Călători străini despre țările române [Ausländische Reisende über die rumänischen Fürstentümer]. Bd. 5. Hg. v. Maria Holban u. a. București 1973, 194–270, hier bes. 194–196, 215, 217, 225f., 235 oder Marko Bandulaević OFMObs (1646–1648, † 1650) und Petar Parčević OFMObs (1668–1673, † 1674). In: Ebd. Bd. 7. București 1980, 53, 137–151, 183, 172–188.

leidend, seine allzu riesige Diözese zu visitieren, was ihm nur unzureichend möglich war, wie er im eben genannten Bericht nach Rom mitteilte. Die Osmanen gestatteten diesen Bischöfen Präsenz und Visitation nur dann, wenn sie es für gesichert wähnten, daß diese nicht „Spione" des „Erbfeinds" Habsburg seien. Um Lösegeld zu erpressen, wurden Missionare und Bischöfe unter Spionageverdacht oft auch grundlos eingekerkert, um nach erbrachter Forderung wieder frei zu kommen.

Es wäre reizvoll, diesen riesigen konfessionellen Raum in seiner Gesamtheit zu untersuchen, doch wäre das schon angesichts des inzwischen umfangreich vorliegenden Quellenbestandes eine nur in Teamarbeit zu bewältigende wissenschaftliche Herausforderung.

Im Bild der zahlreichen Quellengattungen aus diesem Zeitraum erscheint das südöstliche Europa als ein vielbegangener Raum. Berichte liegen für das Mittelalter und die Frühneuzeit u. a. aus der Kreuzzugschronistik,[32] aus Pilgeritinerarien, vor allem dem „Itinerarium de Burgis" aus dem 14. Jahrhundert,[33] den zahlreichen Reise- und Gesandtschaftsberichten,[34] die auch Wegstrecken und Orte beschreiben, sowie den osmanischen Feldzugstagebüchern und Geschichtswerken aus dem 16. Jahrhundert,[35] dem Eroberungsjahrhundert, vor. In vielen dieser Quellengattungen finden sich auch mehr oder weniger genaue Itinerarien und Ortsbeschreibungen.

Der neue „konfessionelle Raum" tritt im 17. Jahrhundert in einer weiteren, oben schon erwähnten Quellengattung in Erscheinung, die erst seit kurzem wieder beachtet und erschlossen wird – in den katholischen Missionsberichten. Die hier vorzufindenden Itinerarien werden als solche gar nicht ausgewiesen, können aber aus der chronologischen Abfolge der visitierten Orte leicht kenntlich gemacht werden. Dann zeigt sich, daß diese Missionare nicht die aus der Gesandtschafts- und Pilgerliteratur bekannten Routen wie z. B. die Via Traiana entlang der Donau, die seit der Antike bekannt war, benutzten, sondern Ragusaner und bosnischen Kaufleuten[36] sowie

[32] Dazu Popović, Mihailo: Von Budapest nach Istanbul. Die Via Traiana im Spiegel der Reiseliteratur des 14. bis 16. Jahrhunderts. Leipzig 2006, 105.

[33] Ebd., 110–112. Das Pilgeritinerar enthält eine andere Route durch Ungarn als die meist gewählte entlang der Donau. Sie führte von Ofen über Wardein (rum. Oradea, ung. Várad), Klausenburg (rum. Cluj, ung. Kolozsvár), Thorenburg (rum. Turda, ung. Torda) und Hermannstadt (rum. Sibiu, ung. Nagyszeben) in die Walachei nach Târgovişte, Giurgiu sowie Russe an der Unteren Donau, Veliki Trnovo in Bulgarien und schließlich nach Konstantinopel (türk. Istanbul).

[34] Diese Reiseliteratur wurde zusammengestellt von Yerasimos, Stéphane: Les Voyageures dans l'Empire Ottoman (XIV–XVIe siècles). Bibliographie, Itinéraires et Inventaire des lieux habités. Ankara 1991 (Publications de la Société Turque d'Histoire, Serié 7 117) und kürzlich, leider nur bis 1611, prosopographisch und inhaltlich aufgeschlüsselt von Müller, Ralf C.: Franken im Osten. Art, Umfang, Struktur und Dynamik der Migration aus dem lateinischen Westen ins Osmanische Reich des 15./16. Jahrhunderts auf der Grundlage von Reiseberichten. Leipzig 2005; Ders.: Prosopographie der Reisenden und Migranten ins Osmanische Reich (1396–1611). Berichterstatter aus dem Heiligen Römischen Reich, außer burgundische Gebiete und Reichsromania. Bd. 1–10 (A–Z). Leipzig 2006.

[35] Popović (wie Anm. 32), 71f., passim, 79f.; Fehér, Géza: Türkische Miniaturen. Wiesbaden 1978.

[36] Molnár, Antal: Katolikus missziók a hódolt Magyarországon. [Die katholischen Missionen im Eroberungsgebiet Ungarns]. Bd. 1 (1572–1647). Budapest 2002, siehe Karte der ragusanischen Handelsniederlassungen in Südosteuropa. – Daß es außer der Via Traiana, den Wegen entlang der Donau, noch andere Strecken gäbe, berichtete auch der Ragusaner in ungarischen Diensten Felix Petančić, der häufig zwischen Zengg (sbkr. Senj), dem Westbalkan, Venedig und Ofen unterwegs war, in seinem Werk „De itineribus in Turcicam libellus" (ca. 1501/1502), Popović (wie Anm. 32), 69–71, 158f.

südslawischen Geistlichen bekannte Wegstrecken auch jenseits der großen Reise- und Truppentransportstraßen.

Die folgenden Ausführungen beziehen sich – exemplarisch nur – auf diese eine Quellengruppe, auf die katholischen Missionsberichte und Briefe der Bischöfe und Missionare an den römischen Jesuitengeneral sowie an die 1599 bzw. 1622 gegründete vatikanische Kongregation de Propaganda Fide in Rom. Es gibt zu diesem Gebiet auch weitere Quellen von katholischen Geistlichen, die nicht nach Rom schrieben, u. a. von polnischen Jesuiten und Franziskanern und von ungarischen Franziskanern an ihren Provinzial im Heiligen Römischen Reich. Sie sind in ihrer Mehrheit schon lange bekannt und werden hier nicht berücksichtigt. Diese Quellenauswahl erscheint einseitig, ist aber zu begründen. Zum einen können die römischen als die aussagehaltigsten Quellen über den „konfessionellen Raum“ bzw. einzelne Teilräume im untersuchten Zeitraum gelten. Ihre Zahl ist immens bzw., da erst vor wenigen Jahren veröffentlicht, noch nicht vollständig zu überblicken. Sie vermitteln – dank Vorgaben der römischen Zentrale für ihre Abfassung[37] – ein globales wie auch relativ einheitliches Bild der Handlungsabläufe in diesem „konfessionellen Raum“ bzw. in seinen kleinen katholischen Milieus. Zum anderen waren Berichte über das katholische Raumsegment im Vergleich zu den übrigen konfessionellen Gemeinschaften[38] und „Räumen“ (über die in Bälde kaum neue Quellen zu erwarten sein werden) noch gering an Zahl, die vorhandenen Quellen wurden lange Jahre vernachlässigt. Ihre Auswertung und Bewertung hat erst begonnen. Nicht zuletzt ist das Genre der Reiseberichte des 17. Jahrhunderts noch nicht so vollständig erschlossen wie jenes zum 14. bis 16. Jahrhundert, wobei sich interessante Verweise und Vergleiche ergeben könnten.[39]

Wie die Reiseberichte[40] sind auch die Visitations- und Missionsberichte verhältnismäßig gleich strukturiert und sehr zahlreich. Das macht letztere ebenso zu einer ergiebigen „mentalitätsgeschichtlichen Massenquelle“,[41] wie Ralf Müller die ersteren einschätzt.

Katholische „Missionen“ als soziale Milieus

Zitate aus manchen Visitationsberichten des 17. Jahrhunderts lesen sich wie kleine Milieuskizzen. Dazu gehört zum Beispiel ein italienisch abgefaßter Bericht des Bischofs Mato Benlić OFMObs über Belgrad von 1651:

---

[37] 1660 wurde in Rom eine Richtlinie mit neunzig Punkten zusammengestellt, die beim Verfassen eines Missionsberichts befolgt werden sollten. Sie wurden aber nur selten vollzählig beachtet. Tóth, István-György: Relationes missionariorum de Hungaria et Transilvania (1627–1707). Roma-Budapest 1994, 409–413.

[38] An publizierten Quellen zu den ostkirchlichen Gemeinschaften mangelt es immer noch.

[39] Aus den Feldzugsberichten Süleymans I. ist bekannt, daß er 1521 die südslawische Zivilbevölkerung Belgrads in seine Hauptstadt umsiedeln ließ, wahrscheinlich aus wirtschaftlichen Erwägungen. Popović (wie Anm. 32), 71f., 161–166, hier 163f.; gleiches geschah 1541 mit den Juden aus Ofen. 1651 fand Bischof Benlić die Südslawen in Belgrad wieder zahlreich vor, vgl. nachfolgendes Zitat.

[40] Popović (wie Anm. 32), 40.

[41] Müller, Franken im Osten (wie Anm. 34), 14f.

> Ich kam [...] in Belgrad an und wurde von den guten Katholiken hier, von den ragusanischen wie von den bosnischen Herren Kaufleuten respektvoll empfangen und während meines Aufenthaltes wohl angesehen und behandelt. Diese Stadt Belgrad ist schön, in schöner Lage [...], nach Osten hin Wiesen und weitläufige, mit vielen Reben bedeckte Hügel [...]. Heute ist die Stadt gut besiedelt und mit allem Notwendigen [Fischarten aus Donau und Save, Früchte, Obst aller Art aus den umliegenden Gärten werden aufgezählt] versehen. In dieser Stadt gibt es nur eine Kirche des römischen Ritus, zum hl. Johannes dem Täufer, die allein als Kathedrale und Pfarrkirche dient und in der alle Gottesdienste abgehalten werden. [Sie] befindet sich an einem zentralen Ort in der Stadt und wird von den ragusanischen Herren Kaufleuten mit allem für den Gottesdienst Notwendigen versorgt, mit Kelchen, Patenen, Silberkreuzen, Weihrauchgefäßen, Paramenten, Altärchen. Diese Kirche benötigt keine Renovierung, denn sie besorgen sie sehr gut. [...] In der Kirche befinden sich drei Altäre, keine Reliquien außerhalb der Altäre, [...] keinerlei Einkünfte. Es gibt vier Bruderschaften – Corpus Christi, Rosenkranz, Mariä Empfängnis und Karmel, jede mit ihren Ablässen.
> In der Stadt gibt es jetzt keinen Bischofspalast und keine Einkünfte, weil sie gänzlich von den Türken besetzt [...] ist; wenn der Bischof eintrifft, wohnt er bei den ragusaner oder bosnischen Herren Kaufleuten. In dieser Stadt haben die Herren Ragusaner 31 Häuser und die bosnischen Katholiken wie die der anderen Nationen haben 135 Häuser, ungefähr 166 katholische Häuser, bewohnt von 90 Personen ragusanischer Nation, Bosnier und die anderen Nationen etwa 700 Personen und 50 Kinder. In der Stadt sind 840 Seelen und noch etwa 100 Fremde. In dieser Stadt gibt es außer den beiden Minoritenpriestern keine anderen katholischen Geistlichen, keine Klöster, keine Mönche und Nonnen. [...] In der Stadt gibt es noch zwei Kirchen, die der schismatischen Griechen und eine andere für die armenische Nation. [...] Die Türken haben sich in dieser Stadt sehr vermehrt und auch die schismatischen Griechen [Südslawen] sind zahlreich.[42]

Aus Quellen wie dieser ist der konfessionelle Raum nicht allein als „Ort des Geschehens“ ersichtlich – in Ziffern, Konfessionsgruppen und ihren Gotteshäusern usw. Ersichtlich sind auch Mobilität, Konflikte unterschiedlichster Art, die Beziehungen zur Obrigkeit. Von allgemeinem Interesse sind außerdem Landschaftsbeschreibungen mit Hinweisen zu Befestigung, Bebauung und zum Alltagsleben – Bodenbeschaffenheit, Anbau, Markt, Handel u. a. –, die manche Missionare in ihre Visitationsberichte einstreuen, so Bischof Benlić 1653:

> Die Stadt Fünfkirchen [ung. Pécs] ist schön, am Fuße eines Berges, gelegen, ringsum von Mauern umgeben und nach einer Seite hin erstrecken sich Vororte; unterhalb der Stadt liegen weite Felder und [...] sehr fruchtbare Hügel voller Rebgärten, Mandelbäume, eine fruchtbare, reiche Gegend und eine dicht besiedelte, große Stadt. Außerhalb der Stadt wurde im oberen Vorort, neben der Kirche der Arianer, die früher uns gehörte, eine neue Holzkirche gebaut. Die Katholiken besitzen die Hälfte der Kirche der Arianer bzw. die Sakristei. Im Vorort befindet sich auch das Haus der Jesuitenpatres; üblicherweise sind es zwei [...]. Sie sind sehr arm, haben viel unter den Türken zu leiden, und sie haben in diesen schlechten Zeiten viel Geld verloren. Der Grund ist, daß andere ungarische Patres, die nur zum Spionieren und zur Unterstützung der Haiduken in diese Gegend kommen, ihnen Abgaben abverlangen.[43]

---

[42] Zit. aus Benlićs großem Visitationsbericht nach Zach, Konfessionsgruppen in Slavonien und Syrmien (wie Anm. 24), 269f.

[43] Zit. nach ebd., 270. Der hier angedeutete Dissens zwischen Franziskanern der strikten Observanz (wie die Bosnier und Bulgaren) und den weniger strengen ungarischen Konventualen findet in allen Berichten aus dem 17. Jahrhundert seinen Niederschlag.

Ebenso aufschlußreich sind Daten zu Katastrophen wie Hungersnöte oder Seuchen. Im Mittelpunkt dieser Berichtquelle steht aber immer ein bestimmter konfessioneller Teilbereich, in dem sich die Gruppe der Katholiken handelnd bewegt. Weniger deutlich erscheinen die sozialen und rechtlichen Verhältnisse. Beschrieben werden, wie in den beiden Beispielen, Handlungsräume sowohl der Bevölkerung als auch der Missionare, die oftmals weite Gebiete bereisen und auf verschiedensprachige wie diverse politische Milieus treffen. Die Berichterstattung wirkt im allgemeinen nüchtern. In Rom prüfte sie der Sekretär der Propaganda Fide und versah sie häufig mit Kommentaren und Empfehlungen für die Kardinalssitzungen, in denen über das weitere Handeln Roms in den einzelnen Missionen beraten wurde.

Zur Entstehung der Missionen

In alle drei genannten Teilräume hatte Rom etwa zehn bis zwanzig Jahre nach Abschluß des Tridentinischen Konzils (1546–1563) Apostolische Visitatoren entsandt, u. a. Bartolomäus Brutinak (1587), Bischof Bernardino Quirini (1599) und schließlich 1640 Bischof Marko Bandulaević OFMObs, der Verfasser des sogenannten „Codex Bandinus", einer umfangreichen Beschreibung der Walachei und der Moldau.[44] Über einige Teilräume Niederungarns sammelten zunächst Ragusaner Benediktiner erste Daten – z. B. 1572 und 1581 Bischof Bonifacio di Ragusa, der ein Jahr darauf in Temeswar verstarb[45] –, ab 1650 dann die Missionsbischöfe Ibrišimović OFMObs und Benlić OFMObs, z. B. über Belgrad, Lippa, Bač, Fünfkirchen und Ofen. Diesen ersten vom Vatikan gesteuerten Erkundungsreisen waren Jesuitenmissionen vorausgegangen, so 1588 in der Moldau[46] und 1612 im Gebiet von Temeswar und Karansebesch.[47]

Bonifacio di Ragusa OSB hatte 1581 von über siebzig katholischen Orten in der Gegend von Temeswar berichtet, in denen die Bevölkerung sich der „antitrinitarischen und calvinistischen Häresie verweigert" habe.[48] Ähnliches berichtete Paolo Papić über Teile der Batschka. Vor allem in Niederungarn waren so geeignete Gebiete für die Einrichtung von katholischen „Versorgungsmittelpunkten" (Missionen) ausgekundschaftet worden, die dann ab 1624 und 1626 von der Propaganda-Kongregation mit bescheidenen Mitteln ausgestattet wurden. Wegen ihrer besseren Vertrautheit mit den osmanischen Behörden und Sitten (Bakschisch) und ihrer Unauffälligkeit wurden vor allem Franziskaner-Observanten der Provinz Bosna Argentina nach Niederungarn entsandt. 1630, nach dem Tod des Fürsten Gabriel Bethlen, kamen vier von ihnen nach Siebenbürgen ins Szeklerland, und 1640 gingen einige noch in die Moldau, darunter vor allem Apostolische Visitatoren und Administratoren wie Benlić, Bandulaević (Bandini) oder Parčević.

---

44 Benda (wie Anm. 27), 7–50, Anm. 77, 45.

45 Litterae missionariorum de Hungaria et Transilvania (wie Anm. 24), Bd. 1, 2002, Nr. 1, 2, 6 und 7, 101–119.

46 Benda (wie Anm. 27), 23/31, 35–37; Ders.: Documenta Hungarorum in Moldavia 1467–1706. Budapest 2003, Nr. 11, Bericht von Stanislav Warszewicki SJ, 84f.

47 Zach, Die bosnische Franziskanermission (wie Anm. 25), 26–27, 30.

48 In der Übersetzung der Verfasserin zit. nach: Litterae missionariorum de Hungaria et Transilvania (wie Anm. 24), Bd. 1, 2002, Nr. 7, 118.

Die Sprachen in den Missionen

Überall in diesem großen „konfessionellen Raum" wurden hauptsächlich bosnische, dalmatinische und italienische (in die Moldau auch polnische) Missionare von Rom aus entsandt. In Niederungarn waren südslawische Mundarten adäquate Kommunikationsformen. Die Nordwanderung unterschiedlicher Bevölkerungsgruppen aus balkanischen Gebieten hatte seit dem 14. Jahrhundert dafür gesorgt. Für die hier und in den beiden rumänischen Fürstentümern tätigen bosnischen Franziskaner, die u. a. Italienischkenntnisse hatten, war auch Rumänisch keine Sprachhürde. Doch fast keiner dieser Missionare sprach Ungarisch, obwohl in Siebenbürgen und der Moldau Priester mit dieser Sprachkompetenz dringend benötigt worden wären. Die Sprachsituation wurde zu einem andauernden Problem in den beiden Regionen und gefährdete vor allem in Siebenbürgen den Erfolg der römischen Bemühungen. Ungarische Missionare waren nach der weitgreifenden Konfessionalisierung in allen Teilen des ehemaligen Ungarn auch um die Mitte des 17. Jahrhunderts noch nicht in ausreichender Zahl verfügbar; hinzu kam noch das Mißtrauen der ungarischen Franziskaner den bosnischen Brüdern gegenüber, die der strengen Observanz folgten.

Besonders aktiv waren die bosnischen Franziskaner in den kleinen Gebieten an der Theiß und im Karaschtal, wo die Gruppe der Katholiken heterogen aus Südslawen (Karaschovaner), Rumänen und auch einigen Ungarn zusammengesetzt war. Hier ist dank einer sehr guten Quellenlage mit zahlreichen Berichten und Briefen nach Rom eine kontinuierliche Beschreibung dieses konfessionellen Teilraumes über Jahrzehnte hin möglich. Aus einer knappen Zustandsbeschreibung des Fra Paolo da Cinquefonti OFMObs von 1667 geht hervor, wie sich das niederungarische Missionsgebiet nach 1658, nach dem Verlust des Banats von Lugosch und Karansebesch an das Paşalık Tımışvar (Temeswar), nachteilig veränderte:

> Die Missionspräfektur von Lippa, Karansebesch und benachbarten Orten im Grenzgebiet von Niederungarn wurde 1659 Fra Paolo da Cinquefonti anvertraut. [...] Obgleich die Türken den Katholiken nicht erlaubten, im Marktort (*borgo*) Lippoua [Lippa] zu wohnen, gibt es dort 100 Häuser von Schismatikern, die dort eine Kirche haben und 700 Katholiken, die im Ort keine Kirche haben, aber zwei [Missions-]häuser, in dem einen wird die Messe gelesen, in dem anderen wohnen die Missionare. Doch außerhalb des Ortes gibt es eine [katholische] Kirche mit zwei Altären aus Holz, und hierher kommen an Christi Himmelfahrt auch die Katholiken aus Temeswar und den benachbarten Ortschaften, um den vollständigen Ablaß (*indulgentia plenaria*) zu erhalten. [...] Gewöhnlich gehen viele Katholiken in dieser Stadt unterschiedlichen Interessen nach. Die meisten von ihnen bieten den Türken ihre Dienste an, und die Missionare haben alle Mühe, sie vor dem [Glaubens-]Abfall zu bewahren. Wir meinen, daß die Unterhaltszahlung (*sussidio*) eines Schulmeisters für die Unterweisung der Knaben vonnöten wäre, denn die Katholiken sind, wie auch die Missionare zu arm um diese von sich aus aufzubringen.
> Eine Tagreise von Lippa entfernt befindet sich die vom Großvesir nach der Einnahme von Karansebesch neu befestigte Stadt Arad. Hier befinden sich 1130 Häuser von Schismatikern, und 600 Katholiken, die in den benachbarten Orten leben. Es betreut sie Frat' Andrea Stipanouich, der sich auch um die Häuser in Micalac(a) und Féregyház [rum. Firiteaz] kümmert. [...]
> In Karansebesch gibt es keine Katholiken mehr, in der Umgebung noch zehn Häuser, alle anderen sind wegen der hohen Besteuerung durch die Türken nach Siebenbürgen gezogen. Diese haben keinen Pfarrer. [...]

> In Kraschova [rum. Caraşova, ung. Krassóvár] leben 600 Katholiken und unter ihnen leben weder Schismatiker noch Häretiker. Es sind lauter Bauern und einmal im Jahr kommen sie zum Abendmahl, weniger freiwillig gehen sie zu ihrer verfallenden Kirche, die nicht wieder aufgebaut werden kann. Das Haus des Missionars steht noch. Hier werden zwei kundige Missionare benötigt, für deren Unterhalt gesorgt werden müßte, weil die Leute zu arm sind.[49]

Bei dieser Bevölkerung handelt es sich überwiegend um südslawische Katholiken, mit denen die bosnischen und bulgarischen Franziskaner keine Sprachprobleme hatten. Die Orthodoxen waren Rumänen und Serben. In der Gegend am Plattensee und in Fünfkirchen benötigten die Franziskanermönche des Ungarischen kundige Dolmetscher. In Siebenbürgen stellte dieses Sprachproblem eine ernsthafte Schwierigkeit für die Pastorierung der Katholiken dar, die mehrheitlich ungarischsprachig waren. Ende 1665 berichtet der Wiener Nuntius Giulio Spinola zusammenfassend nach Rom über den Zustand des Katholizismus in diesem Fürstentum, in dem ein wahrhaft multikonfessioneller Raum entstanden war. Der Anfang des Berichts gleicht den zahlreichen Landesbeschreibungen Siebenbürgens aus dem vorangegangenen Jahrhundert:[50]

> In Siebenbürgen leben Ungarn, Szekler, Sachsen und Walachen (Rumänen), darunter außer den Katholiken verschiedene Sekten, nämlich die calvinistische, arianische, lutherische, sabbatarische und puritanische. Von diesen sind folgende rezipierte[51] Konfessionen: die katholische, lutherische, calvinistische und arianiache. Diese haben sich bei der Gründung des Fürstentums zu einer Union zusammengeschlossen, und jeder neue Fürst muß den Eid auf diese Union leisten.
> Die Ungarn, die in den Komitaten leben, sind überwiegend Calvinisten, einige von ihnen sind Arianer, dazwischen eingestreut befinden sich die Katholiken – sowohl Magnaten, Adelige als auch einfaches Volk (*plebaei*).
> Die Szekler, die sich überwiegend der ungarischen Sprache bedienen, sind mehrheitlich katholisch, darunter befinden sich aber auch viele Calvinisten, Arianer und Krypto-Sabbatarier.
> Die Sachsen, die eine korrumpierte deutsche Sprache [Mundart] verwenden, sind alle Lutheraner. Sie haben ihren eigenen Bischof, wie auch die Calvinisten und Arianer ihre Superintendenten als quasi-Bischöfe haben.
> Die Walachen sind alle Schismatiker des griechischen Ritus. Sie haben einen Bischof, der in Weißenburg [rum. Alba Iulia, ung. Gyulafehérvár] außerhalb der Stadtmauer residiert. Die meisten Walachen aus dieser Gegend sind Bauern, ausgenommen die adeligen Walachen in den Distrikten Fogarasch, Hatzeg und Kővár. Im Distrikt [Banat von] Lugosch und Karansebesch gab es ebenfalls Walachen, die katholisch oder calvinistisch waren, aber dieser wurde [1658] von den Türken besetzt. In Hatzeg gibt es katholische Walachen in guter Zahl, doch wohnen sie verstreut.[52]

Es folgt eine genaue Auflistung der katholischen Pfarreien im Szeklerland, in den Komitaten, im Partium und auch im türkischen Hoheitsgebiet an der Theiß/Marosch-Grenze.

---

49 In der Übersetzung der Verfasserin zit. nach Tóth, Relationes missionariorum (wie Anm. 37), Nr. 23/a, 209–211. Sein Missionsbericht war verlorengegangen, ein weiterer erreichte Rom erst 1667, ebd., 209.

50 Veröffentlicht in: Călători străini despre ţările române (wie Anm. 31), Bd. 1–3.

51 D. h. gesetzlich anerkannte, formal aber in der Alltagspraxis nicht gleichberechtigte Konfessionen.

52 In der Übersetzung der Verfasserin zit. nach Tóth, Relationes missionariorum (wie Anm. 37), Nr. 34, 358–368, hier 361.

Religion im öffentlichen Raum

Die Ausübung von Religion im öffentlichen Raum erfolgte regional unterschiedlich, wie sich auch der politische, rechtliche und soziale Status der katholischen Gruppen in den Teilräumen deutlich unterschied.

Der soziale Status der katholischen Bevölkerung der Moldau wird in den römischen Quellen des 17. Jahrhunderts als „nicht untertänig", als „an den Fürsten direkt Steuern zahlend" beschrieben.[53] Nach neueren Berechnungen entsprach diese aus verschiedenen Nationalitäten zusammengesetzte heterogene katholische Gruppe damals etwa 4,5 vom Hundert der moldauischen Gesamtbevölkerung.[54] Die Religionsausübung der katholischen Bevölkerung wurde im 17. Jahrhundert in der Moldau im allgemeinen nicht behindert. Ihre Kirchen standen damals in den alten Marktorten wie Cotnari, Bacău, Baia, Siret oft in zentraler Position, und sie wurden achtzig Jahre später auch von Dimitrie Cantemir noch als stattlich beschrieben.[55]

1641 bereiste Petar Bakšić OFMObs die Moldau. Seine Visitation führte vor allem durch die Marktflecken und die Hauptstadt – Iassy (rum. Iaşi, ung. Jászvár), Sutschawa (rum. Suceava), Huşi (ung. Husz), Kotnar (rum. Cotnari, ung. Kotnár), Bacău (ung. Bákó) –, wo er nach dem offiziellen Antrittsbesuch beim Fürsten, der ihn gnädig aufnahm,[56] überall Katholiken vorfand, denen er, unbehindert durch moldauische Autoritäten, die Firmung spenden und die Messe lesen konnte, so etwa auch im wohlhabenden Marktstädtchen Kotnar, wo schon weitgehend sprachassimilierte katholische Sachsen und Ungarn wohnten und es noch drei katholische Kirchen mit Friedhöfen gab, die eine mit allem Meßgerät und einem Altar „nach Art der Italiener"[57] ausgestattet, die andern beiden nur noch zu hohen Feiertagen in Gebrauch:

> Es liegt zwischen Hügeln in einem Tal und oberhalb eines Sees mit verschiedenen Fischarten. Hier sind sehr viele Weinberge – sie gehören dem Fürsten und einigen Bojaren –, denn dieser Boden gibt den besten Wein des Landes. [...] Hier kamen 380 Katholiken zur Beichte [...], Sachsen und Ungarn, und sie haben eine große, sehr schöne gemauerte Kirche, die dem Marientod geweiht ist. [...] Es gibt noch eine zweite gemauerte katholische Kirche. [...] Die einhundert Häuser der Rumänen oder Moldauer ergeben 300 Bewohner. Auch sie haben zwei Kirchen, eine aus Ziegelsteinen und eine aus Holz. [...] Die Katholiken wohnen in der besten Gegend, weil sie die ersten hier waren und auch die Rebgärten anlegten.[58]

---

53 Călători străini despre ţările române (wie Anm. 31), Bd. 5, 227f., 328. Hier war sehr wahrscheinlich die bürgerliche Bevölkerung und nicht die der bäuerlichen Csángós gemeint. – Später gerieten die Csángós immer mehr in die Abhängigkeit von orthodoxen Klöstern und Bojaren als Grundherren, so beschrieben auch von Kantemir, Demetrii: Historisch-geographisch- und politische Beschreibung der Moldau, nebst dem Leben des Verfassers und einer Landcharte. Frankfurt-Leipzig 1771, 296.

54 Die Statistik von Ferenc Pozsoni weist insgesamt rund 4 000 Katholiken (oder 4,5 %) gegenüber einer moldauischen Gesamtbevölkerung von ca. 300 000 aus; Benda (wie Anm. 27), 24.

55 Kantemir (wie Anm. 53), 271.

56 Fürst Vasile Lupu empfing den bulgarischen Bischof *in partibus* (Gallipoli) und Apostolischen Vikar für die Donaufürstentümer, Petar Bakšić OFMObs, nach einigem diplomatischen Geplänkel, das der besorgte, formal für einen Teil der Moldau damals zuständige polnische Bischof ausgelöst hatte, freundlich. Călători străini despre ţările române (wie Anm. 31), Bd. 5, 236.

57 In der Übersetzung der Verfasserin zit. nach ebd., 237.

58 In der Übersetzung der Verfasserin zit. nach ebd., 237f.

Obwohl alle Katholiken „und besonders ihre Frauen Rumänisch besser als die andere Sprache beherrschten, wäre es gut, wenn der Missionar auch Ungarisch könnte“, notierte Bakšić.[59]

In der Hauptstadt Iassy war die Bevölkerung sehr viel kosmopolitischer. Hier waren 160 ungarische Katholiken zur Beichte erschienen:

> Die ganze Zeit über befinden sich hier neben den genannten Katholiken viele aus anderen Völkern, u. a. Polen, Franzosen, Italiener, Ungarn, Slawen, die hier Handel treiben, oder es sind Soldaten und Gesandte des Fürsten.[60]

Die ungarischen Csángó-Dörfer im Westen der Moldau, am Abhang der Ostkarpaten gelegen, streifte Bakšić nur: Sie seien zahlreich, an der Grenze zu Siebenbürgen gelegen. Die Bauern seien keinem Grundherrn untertan. Als der Fürst einmal zwei Csángó-Dörfer einem orthodoxen Kloster geschenkt habe, wären die Bauern einfach von dort fortgegangen und nicht zurückgeholt worden.[61]

Während der fremde Visitator Petar Bakšić sein Amt überall in der Moldau frei und in aller Öffentlichkeit ausüben durfte – was auch für die wenigen dort vorhandenen katholischen Priester galt – mußten sich die Missionare in Niederungarn und Siebenbürgen restriktiveren und örtlich jeweils anderen Bedingungen anpassen. In Niederungarn war die fast ausschließlich bäuerliche Bevölkerung hörig, aber nicht schollengebunden. Die genauen sozialen Verhältnisse werden in den Missionsberichten nicht direkt angesprochen. An der Religion ihrer nichtmuslimischen Untertanen nahmen die osmanischen Landesherren keinerlei Anstoß. Die Steuern versuchten die orthodoxen Vladikas auch von den Katholiken einzutreiben, was unentwegt Ärgernisse zwischen den beiden nebeneinander wohnenden Konfessionsgemeinschaften verursachte.

Die Religionsausübung selbst war in Niederungarn von Schikanen der örtlichen osmanischen Verwalter begleitet, die sich jeden Freiraum – sei es ein Kirchen- oder Bethausbau, sei es eine Visitationsreise – von den armen katholischen Bauern bzw. den sparsam dotierten römischen Missionaren erkaufen ließen. Klagen bei höheren Verwaltungsinstanzen waren aber oft erfolgreich, weil Bakschisch als Hauptzweck solcher Schikanen galt. Von beträchtlicher Bedeutung war es, daß katholische Kaufleute, die ein gutes Verhältnis zu den Türken unterhielten, den Missionaren auf ihren Reisen und bei Freikaufaktionen beistanden. Gelegentlich werden – meist in Karansebesch – auch Kleinadelige als Spender erwähnt.

In Siebenbürgen entfaltete sich in den Szeklerstühlen ein traditionell ausgerichtetes Eigenleben. Die katholischen adeligen Herren und Grundbesitzer mit Sitz im Landtag schlossen sich gegen Ende des 16. Jahrhunderts in einer später „Status catholicus“ genannten Institution zusammen, um politische und kulturelle Anliegen der Katholiken vor allem im Landtag zu vertreten,[62] denen trotz der Rezeption auch

---

59 Ebd., 238.

60 In der Übersetzung der Verfasserin zit. nach ebd., 234.

61 Ebd., 328f.

62 Szegedi (wie Anm. 26); Bahlcke, Joachim: Status catholicus und Kirchenpolitik in Siebenbürgen. Entwicklungsphasen des römisch-katholischen Klerus zwischen Reformation und Josephinismus.

dieser Kirche in der Zeit des autonomen Fürstentums (1541–1689) ein Bischof als Oberhaupt verweigert wurde.

Eine vernetzte Struktur läßt sich auch aus den Karrieren einzelner bosnischer Franziskanermissionare ablesen: Marko Bandulaević, bekannter als Marco Bandini (1593–1650), baute ab 1626 als erster die Missionsstation im südöstlichen Niederungarn mit Sitz in der alten südslawischen Kolonie bei der ungarischen Grenzburg Kraschova im abgelegenen Tal der Karasch (rum. Caraş, ung. Krassó) auf. Er ging um 1627 als Definitor der Provinz Bosna Argentina in das Kloster Sutiska, kam aber 1639 als Priester (*parocco*) in Belgrad wieder in diese Region zurück, wurde 1642 zum Erzbischof von Marcianopolis ernannt, um danach als Apostolischer Visitator auch in der Moldau zu erscheinen, wo er 1650 schließlich auch verstarb.[63] Seine Karriere führte ihn, von Amt zu Amt aufsteigend, durch die ganze hier beschriebene Region. Der von ihm verfaßte „Codex Bandini" ist eine der wichtigsten Quellen zur Geschichte der Moldau um 1650. Weniger spektakulär verliefen die Laufbahnen der meisten seiner Mitarbeiter und Nachfolger in diesem Missionsgebiet, aber sie entfalteten sich immerhin noch genügend raumübergreifend, um hier skizziert zu werden.

Nach 15jähriger Pause richtete der Dalmatiner P. Ivan Dežmanić OFMObs – er war auf Empfehlung von Marko Bandulaević dorthin gesandt worden – als Präfekt die Mission in Kraschova zwischen 1640 und 1652 wieder auf. Davor war auch er drei Jahre lang Pfarrer von Belgrad gewesen, und er wechselte schließlich 1653 nach Karansebesch, das damals noch zu Siebenbürgen gehörte, ehe es 1658 von den Türken erobert wurde und die Katholiken von hier wegzogen.[64] Frat' Andrija Stjepančić (auch Stipanović) OFMObs aus dem kroatischen Omiš war sein Mitarbeiter. Er baute die Mission in Lippa und Umgebung weiter aus, und auf ihn geht vor allem auch die Errichtung des Marienheiligtums Radna, der später mehrmals erneuerten, wichtigsten Wallfahrtskirche des Banats (seit 1895 Maria-Radna) zurück.[65] Nachfolger Dežmanićs in Kraschova wurde der Dalmatiner aus Split P. Ante Sulić OFMObs. Nach 1658 erfuhr dieses katholische Milieu Einbußen, wie Paolo da Cinquefonti OFMObs 1667 berichtete.[66]

Im Jahr 1653 gab es 38 Franziskaner aus der Bosnischen Provinz im gesamten konfessionellen Raum der Hungaria Inferior, ausgenommen die beiden slawonischen Klöster Velika und Našice mit ihren zahlreichen Pfarreien.[67] Die Missionsstation von Dežmanić bestand in „guten" Zeiten aus elf Franziskanern, neun von ihnen kamen aus Dalmatien.

In: Siebenbürgen in der Habsburgermonarchie. Vom Leopoldinum bis zum Ausgleich (1690–1867). Hg. v. Zolt K. Lengyel und Ulrich A. Wien. Köln-Weimar-Wien 1999, 151–178.

63 Litterae missionariorum de Hungaria et Transilvania (wie Anm. 24), Bd. 1, Nr. 244, 799, Nr. 355–357, 1053–1062; Bd. 2, Nr. 366.

64 Zach, Die bosnische Franziskanermission (wie Anm. 25), 39–46: Tóth, Relationes missionariorum (wie Anm. 37), Nr. 8, 93–99. Vgl. auch das Zitat weiter oben auf S. 273 und Anm. 51.

65 Roos, Martin: Maria-Radna. Ein Wallfahrtsort im Südosten Europas. Bd. 1–2. Regensburg 1998–2004, Bd. 1, 26–29 und Bd. 2, 439. Dieser bosnische Franziskaner erbaute in Radna die erste Wallfahrtskirche mit dem Patrozinium St. Elias, die um 1651/1652 der hl. Maria geweiht wurde.

66 Vgl. Zitat auf S. 272 weiter oben.

67 Zach, Konfessionsgruppen in Slavonien und Syrmien (wie Anm. 24), 283f.

In diesen drei Teilräumen war, über lange Wegstrecken hinweg, dennoch ein kleines Netzwerk katholischer Mission und Kommunikation entstanden. Es funktionierte zwar weder kontinuierlich noch reibungslos, war aber für die Kontinuität katholischen Glaubenslebens nicht ohne Relevanz.[68] Aus diesen drei Teilräumen sind heute ansonsten keine materiellen Gegenstände und fast keine Kultstätten mehr erhalten, die es erlaubten, einen konkreten sakralen Raum zu (re-)konstruieren.[69]

Ein besonderer Kommunikationsraum auf hoher theologischer Ebene sei hier nur erwähnt. Er bestand im „interkonfessionellen Disput", der durch Gespräche unter katholischen und orthodoxen Theologen – wie 1641 in Cotnari und 1642 in Iassy – dokumentiert ist, hier aber den thematischen Rahmen überschreitet.

Eine partielle historiographische Wahrnehmung

Die Erforschung und Darstellung der römischen Quellen begann – wenn auch noch nicht systematisch – im späten 19. Jahrhundert. Sie weist seit diesem Zeitpunkt und noch im 20. Jahrhundert eine dem hier beschriebenen Gegenstand fremde Zielsetzung auf. Die Auswahl- und Umgrenzungskriterien für die Quellenerschließung wurden damals und werden auch heute noch rein national gesetzt und ignorieren so zum Teil den Verlauf von historischen Konfessions- und Sprachgrenzen.

Das fällt vor allem bei den ungarischen Publikationen auf. Fast durchgehend werden nur Quellen erschlossen und bearbeitet, die Katholiken gleicher Muttersprache betreffen. Es gibt umfassende Sammlungen über die Csángós in der Moldau, doch fehlen anderssprachige Gruppen, z. B. Polen, Sachsen, Italiener u. a. (Benda, Veress). Im historischen Ungarn werden die von Kroaten, Rumänen, Bosniern bewohnten Regionen als eigene katholische Milieus fast gänzlich ignoriert (sogar in der vierbändigen, bislang größten Quellensammlung aus römischen Archiven von István-György Tóth). In bosnischen Quellenpublikationen wird ähnlich verfahren (Basilio Pandžić OFMObs).

Von rumänischer Seite gibt es seit Ende des 19. Jahrhunderts eine kontinuierliche Quellenpublikation „aus Vatikanischen Archiven", die auch während der kommunistischen Jahrzehnte fortgeführt wurde.[70] Hier wird ein breiteres Spektrum präsentiert, stets jedoch unter dem Gesichtspunkt, daß es sich bei diesen katholischen Beständen vor allem um Quellen über die Rumänen handelt, die, wie anzumerken ist, als „Schismatiker" allerdings nicht durchweg im Mittelpunkt derselben stehen.

Einen weiteren historiographisch isoliert publizierten Bereich bilden die Jesuitenquellen. Die für die Kašić-Mission und ihre Nachfolger ab 1612 in Temeswar und Karansebesch wichtigen Bestände sind nur bruchstückhaft publiziert, im Unterschied

---

68 Nur ein Beweis dafür ist Maria-Radna im Banat, vgl. Roos (wie Anm. 65).

69 Die katholischen Bauwerke der Moldau sind heute nur noch aus Lapidarien erkennbar, wie 2004 eine Fotoausstellung in Budapest dokumentierte.

70 Ob nur in Bearbeitung des bis 1940 in Rom gesammelten und in vier Bänden publizierten Materials oder auch unter Heranziehung neuer Bestände bleibt in: Călători străini despre ţările române (wie Anm. 31), Bd. 5 in der Schwebe. Die Sammlung wird heute unter anderen Auspizien fortgesetzt; ein Band aus der neuen Reihe war mir nicht verfügbar.

zu den für Siebenbürgen und das Partium in der Zeit des autonomen Fürstentums wichtigen älteren Editionen.

Fazit

Anhand der Vielzahl und strukturellen Ähnlichkeit der römischen Quellen aus dem 17. Jahrhundert können die konfessionellen Raumsegmente, die Siebenbürgen umschließen, gut zueinander in Bezug gesetzt und interaktiv abgefragt werden. Ihnen war gemeinsam, daß sie in diesem Jahrhundert alle, wenn auch in verschiedenen Graden, staatspolitisch unter osmanischer Hoheit standen. Das war eine Macht, die sich politisch scharf – aber immer mit dem Bezug auf die Religion – von anderen katholischen Mächten (Habsburg, Venedig, Neapel) abgrenzte. Das aktive Einwirken des Vatikans auf den hier betrachteten „konfessionellen Raum" wurde von der jeweiligen Staatsmacht toleriert bzw. mit unterschiedlichen Mitteln eingeschränkt, ohne dieses jedoch gänzlich zu verhindern. Vorauszusetzen ist dafür ein Desinteresse der Osmanen an der Konfession ihrer nichtmuslimischen Untertanen – sie wurden als Steuerzahler für „nützlich" befunden, besaßen aber in religiösen Angelegenheiten – die mit interner Verwaltung zusammenfiel – Autonomie. Im Fall der christlichen Herrscher in Siebenbürgen und den Donaufürstentümern ergab sich ein nach ihrer Abhängigkeit zur Hohen Pforte wie konfessionalistischen Interessen bemessener, variabler konfessioneller Handlungsspielraum. Die gesamträumlich-politische Konfiguration ermangelte der Homogenität und begünstigte hier folglich die Entfaltung einer größeren konfessionellen Diversität, als dies in den Nachbarstaaten des Abendlandes möglich gewesen wäre.

Von nicht minderer Bedeutung war die Diskontinuität der katholischen Herrschaftsstrukturen – Diözesanverwaltung, bischöfliche Präsenz, Kloster- und Priesternetzwerke, lokal wirksames grundherrliches Patronatsrecht zum Kirchenbau usw. – im historischen Ungarn über einen Zeitraum von fast zweihundert Jahren.[71] Protestantische und orthodoxe Konfessionsstrukturen konnten sich, regional unterschiedlich, daher in diesen Leer- und Fehlräumen stärker entfalten.

Die katholischen Bevölkerungsgruppen gehörten fast ausnahmslos sozialen Unterschichten an. Nur im Szeklerland und in Dörfern des Partium gab es auch katholische Adelige, die konfessionelle Belange der Bauern politisch vertreten konnten, in der Moldau auch Stadtbürger.

Die alten politischen, kulturellen, sprachlichen, diözesanen etc. Grenzziehungen erwiesen sich im 17. Jahrhundert als wenig relevant. Nach der Zurückdrängung der islamischen Macht aus den Territorien des historischen Ungarn wurde im 18. Jahrhundert *manu saeculare* wieder eine partielle konfessionelle Homogenisierung dieses Raumes durch die katholische Staatsmacht Habsburg angestrebt und teilweise auch erreicht. Das wie in Mitteleuropa angestrebte Landes- und grundherrliche Prinzip

---

[71] ZACH, Krista: Politische Ursachen und Motive der Konfessionalisierung in Siebenbürgen. In: Konfessionsbildung und Konfessionskultur in Siebenbürgen in der frühen Neuzeit. Hg. v. Volker LEPPIN und Ulrich A WIEN. Stuttgart 2005 (Quellen und Studien zur Geschichte des östlichen Europa 66), 57–70, hier 69f.

des *Cuius regio, eius religio* als Ordnungsfaktor setzte sich hier aber an keinem Ort flächendeckend durch – wie es dann nach 1716 im Kameralgut Banat geschehen sollte. Ebenso nur Stückwerk blieben diesbezügliche Bemühungen im neuen Königreich Rumänien nach 1881 unter ostkirchlichem Vorzeichen.

Im 19. und im 20. Jahrhundert erfolgte die Erforschung und Darstellung dieses konfessionellen Raumes mit einer dem Gegenstand fremden Zielsetzung, nämlich gemäß nationalstaatlichen Umgrenzungskriterien, also teilweise unter Ignorierung des Verlaufs von historisch variablen Konfessions- und Sprachgrenzen. Dieses politische Grundkonzept generierte auch bestimmte historiographische Stereotype. Solche Einäugigkeit könnte durch die Verwendung des „Raum"-Begriffs wesentlich korrigiert werden.

Eine moderne Betrachtungsweise entlang nationalgeschichtlicher oder gruppenspezifischer Grenzziehungen legt immer auch eine lediglich partielle Wahrnehmung ganzer Epochenzusammenhänge in der Geschichte des südöstlichen Europa nahe und sollte, als dem historischen Gegenstand nicht angemessen, überwunden werden können. In der Frühneuzeit war auch der hier anhand von katholischen Milieus beschriebene konfessionelle Raum – trotz konkreter, nach rechtlichen, sozialen, kulturellen und politischen Gesichtspunkten verschieden strukturierter Erfahrungs- und Handlungsräume, in denen Angehörige unterschiedlicher Statusgruppen miteinander in Verbindung standen – Teilbestand einer in breiterem Maße definierbaren Struktur, die sich dem osteuropäischen Ständegesellschaftsmodell einordnet.

Norbert Spannenberger

Konfessionsbildung unter den Grenzsoldaten im osmanischen Grenzraum Ungarns im 16. Jahrhundert

> Recken hoch zu Pferde,
> gibt es auf der Erde
> größres Glück als Burg und Feld?
> Schallt zu Frühlingszeiten
> Sang durch alle Weiten,
> nirgends ist so schön die Welt.
> Wiesen spenden Düfte,
> milden Tau die Lüfte – oh, wie gut das euch gefällt!
> Wenn sich Feinde melden,
> schwillt die Brust den Helden,
> allzeit sind sie kampfbereit.
> Hält der Türk sich stille,
> ist es oft ihr Wille,
> anzuzetteln einen Streit,
> um, bedeckt mit Wunden,
> Arm und Bein verbunden,
> heimzubringen Fang und Beut'.

So lobt der bekannteste Sänger der Grenzkrieger, Bálint Balassi, als Troubadour diese Lebensform in seinem „Soldatenlied".[1] Diese ungarischen Grenzkrieger waren ein Novum infolge des Vordringens der Osmanen und verkörperten eine spezielle soziale Schicht. In der Rezeption der Reformation wird meistens die klassische Konstellation von Prediger – Fürst oder Prediger – Stadt-/Landvolk problematisiert. Die Grenzsoldaten jedoch zeigen eine spezifische Form, insofern sie nicht nur als Adressaten, sondern auch als Multiplikatoren der neuen Lehren fungierten. Sie prägten und formten „bewegte Räume", deren Konturen in der Forschung

[1] BALASSI, Bálint: Egy katonaének [Ein Soldatenlied] („Vitézek, mi lehet e széles föld felett"), in der literarischen Übersetzung von Géza ENGEL unter dem Titel „Lob der Grenzhüter". In: http://mek.oszk.hu/00600/00608/00608.htm (20.11.2006). – Der Literaturkritiker Antal Szerb charakterisierte Balassi als größten „religiösen Dichter der ungarischen Literatur vor Endre Ady". SZERB, Antal: Magyar irodalom történet [Ungarische Literaturgeschichte]. Budapest 1934, 117. – Balassi (1554–1594) stammte aus einer vornehmen Adelsfamilie und gilt als der größte ungarische Lyriker der Spätrenaissance. Sein Erzieher war der berühmte evangelische Prediger und Dichter Péter Bornemisza, der ihn schon früh an die Literatur heranführte. Mit elf Jahren ging er nach Nürnberg zur Schulausbildung. Er eignete sich acht Sprachen, unter anderen auch Türkisch, an. Früh wurde ihm auch das Kriegshandwerk beigebracht. Mit seinem Vater nahm er an Feldzügen teil. Mit bereits zwanzig Jahren leistete er seinen Dienst als Grenzkrieger in Erlau (ung. Eger), wobei er z.B. die Festung Sárospatak im Nordosten mit Gewalt besetzte. Seine religiöse Dichtung ist ein emotionales Zeugnis seines protestantischen Gottesbildes. Lange Zeit waren lediglich seine religiösen Gedichte bekannt, weil der Rest als Manuskript in einer Schublade verschwand. Aus politischen Gründen konvertierte er zum Katholizismus, ohne damit seine Karriere absichern zu können. Nach einem zweiten Exil in Polen versuchte er sein Glück verarmt und enttäuscht als Wein- und Viehhändler. Der Kreis schloß sich, als er sich 1594 erneut zum Militärdienst meldend als „vitéz" (Recke) bei der Erstürmung der Festung Gran (ung. Esztergom) von einer Kanonenkugel tödlich getroffen wurde.

nur skizzenhaft bekannt sind.[2] Was waren die wichtigsten Strukturmerkmale des osmanischen Herrschaftssystems in Ungarn, die gleichsam die Voraussetzung für den Terraingewinn der Reformation bildeten?

Religionen im osmanisch-ungarischen Kondominium

Lange Zeit ging die ungarische Forschung von einer „Sonderstellung" Ungarns innerhalb des Osmanischen Imperiums aus, wobei als wichtigstes Argument diente, daß Ungarn dank seiner festen soziopolitischen Strukturen aus dem Hochmittelalter eine letztlich nie zu überwältigende Hürde darstellte, während die deutlich „unterentwickelteren" balkanischen Staaten leichter einzugliedern und anzupassen waren.[3] Die jüngere ungarische Forschung weist aber im Einklang mit der internationalen darauf hin, daß es sich bei Ungarn nicht um einen „Sonderfall" handelt, sondern um eine bestimmte Variante der „klassischen" osmanischen Eroberung. Komparatistische Untersuchungen zeugen von parallelen Ansätzen etwa in Trapezunt und auf dem Balkan, und nicht selten wurden etablierte Wirtschaftsstrukturen wie Steuersysteme und Währungen etc. von den Osmanen nahtlos übernommen.[4]

Demnach war Ungarn ein typisches Beispiel für eine sogenannte „halbe Okkupation" (*félig-foglalás*): Die unterworfene Bevölkerung wurde doppelt besteuert, das gesamte System der Rechtsprechung wie der Verwaltung auf der unteren Ebene jedoch belassen. Der in den USA lehrende ungarische Osmanist Gábor Ágoston betont, daß sich auch die etablierten Modelle um so stärker tradieren und Eingang in das osmanische Verwaltungssystem finden konnten, je weiter sich eine Provinz von der Zentrale befand. Er plädiert im Sinne des Grenzland-Diskurses für das Modell Kern- versus Grenzgebiete, womit eine Typologisierung osmanischer Zentralisierungsbemühungen greifbarer erscheint.[5]

---

[2] Zur Aushandlung des sozialen Raumes und zum Terminus siehe Löw, Martina: Raumsoziologie. Frankfurt/Main 2001, 65.

[3] Diese These der „welthistorischen Kuriosität" vertraten Ferenc Szakály und Ferenc Salamon. Die Grundlage dieser These bildete die Monographie von Salamon, Ferenc: Magyarország a török hódítás korában [Ungarn zur Zeit der osmanischen Eroberung]. Pest 1864, 308–310. Die zweite, 1886 erschienene Auflage wurde auch ins Deutsche übersetzt: Ungarn in der Türkenzeit. Leipzig 1887. – Diesen Ansatz führte fort Szakály, Ferenc: Magyar adóztatás a török hódoltságban [Besteuerungssystem im osmanischen Ungarn]. Budapest 1981, 474. Der ungarische Osmanist Gyula Káldy-Nagy sah darin jedoch lediglich „örtliche Besonderheiten", ebd., 475f.

[4] Dávid, Géza: Administration in Ottoman Empire. In: Ders.: Studies in Demographic and Administrative History of Ottoman Hungary. Istanbul 1997, 187–204; Ágoston, Gábor: Törzsterület és végvidék: berendezkedési stratégiák és centralizációs korlátok a 16.–17. századi Oszmán Birodalomban [Kerngebiet und Grenzland: Einrichtungsstrategien und Zentralisierungsgrenzen im Osmanischen Reich vom 16. bis 17. Jahrhundert]. In: Tanulmányok Szakály Ferenc emlékére. Hg. v. Pál Fodor, Géza Pálffy und György István Tóth. Budapest 2002, 29–51, hier 34.

[5] Ágoston, Gábor: A hódítók világa [Die Welt der Eroberer]. In: Művelődéstörténet. Tanulmányok és kronológia a magyar nép művelődésének, életmódjának és mentalitásának történetéből. Hg. v. Katalin B. Gelencsér. Budapest [o. J.], 384–397. Als Beispiel sei hier erwähnt, daß – wie zuvor in Ost-Anatolien – auch in Ungarn die Osmanen zunächst (1541) loyalen Herren wie Johannes Sigismund oder Péter Petrovics die Herrscherfunktion über ein begrenztes Gebiet übertragen hatten, aus denen später reguläre Sandschaks wurden. Dieser Vorgang ließ sich auch auf dem Balkan beobachten.

Ebenso wurde früher in der Forschung behauptet, daß das starke *antemurale Christianitatis* („Vormauer der Christenheit"), nämlich Ungarn, mit einer besonders hohen Anzahl von Sandschaks, also osmanischen Verwaltungsbezirken, in Zaum gehalten werden sollte.[6] Doch ausgerechnet zur Zeit Süleymans des Prächtigen (1520–1566) wuchs die Anzahl der Beglerbegs und Sandschaks im ganzen Reich an; es handelt sich also nicht um einen „ungarischen Sonderfall". Die Einteilung der eroberten Gebiete in osmanische Verwaltungseinheiten erfolgte nach dem Prinzip der Sicherung der Soldatenmobilisierung und zeigt die gleichen Konturen in allen Grenzgebieten des Imperiums.[7] Die Osmanen wandten also in Ungarn ihr eigenes Herrschaftssystem sehr flexibel an, wobei tradierte Formen, die z. B. auf dem Millet-System, d. h. auf der autonomen Selbstverwaltung der einzelnen religiösen Gemeinschaft, basierten, auch in Ungarn Eingang fanden.[8] Zugleich wies Ungarn als Kondominium durchaus eine Besonderheit auf, nämlich insofern die alte Elite ins sogenannte Königliche Ungarn floh und von dort aus mit Hilfe der Habsburger ihre Ansprüche auf Steuer und Mitherrschaft geltend machen konnte. In den ostanatolischen Sandschaks war dies keineswegs der Fall.[9] Dies ist wichtig zu konstatieren, da das eroberte Gebiet als besonderer Raum nicht als Erklärung für die rasche Verbreitung der Reformation dienen kann.

Einen weiteren Ansatz bildete in der Forschung die These, daß die Osmanen in religiösen Fragen Toleranz zeigten und die Reformation in Ungarn deshalb einen günstigen Nährboden fand. Die Osmanen waren jedoch in religiösen Fragen nicht tolerant, sondern auf den ersten Blick indifferent, in erster Linie aber dachten sie in strategischen Kategorien. Das verlangten ihre ökonomischen, militärischen und politischen Interessen.[10] Es scheint, als ob die Osmanen in Ungarn eher die Protestanten bevorzugt hätten, um die Katholiken zu schwächen.[11] Dies leuchtet aus dem Blickwinkel der Osmanen auch ein: Die katholische Kirche verkörperte eine internationale Institution, deren Oberhaupt in Rom gleichfalls als Expansionsziel betrachtet wurde. Zudem flohen die katholischen Würdenträger aus dem nunmehr eroberten Gebiet unter den Schutzmantel des katholischen Kaisers in Wien, also zum wichtigsten politischen Feind.

In einem Bericht über das Konzil von Vaskaszentmárton aus dem Jahre 1550, der für die Schweizer Glaubensgenossen angefertigt und namentlich an Heinrich

---

6 Zum Phänomen des *antemurale* oder *propugnaculum Christianitatis* in Ungarn siehe Őze, Sándor/Spannenberger, Norbert: „Hungaria vulgo apellatur propugnaculum Christianitatis". Zur politischen Instrumentalisierung eines Topos in Ungarn. In: Geschichtswissenschaft und Nationsbildung in Ostmittel- und Südosteuropa im 19. und 20. Jahrhundert. Hg. v. Markus Krzoska und Hans-Christian Maner. Münster 2005, 19–39.

7 Ágoston, Törzsterület és végvidék (wie Anm. 4), 40–42; Fodor, Pál: Állandóság és változás az oszmán történelemben [Beständigkeit und Veränderung in der osmanischen Geschichte]. In: Ders.: A szultán és az aranyalma. Tanulmányok az oszmán török történelemről. Budapest 2001, 11–25, hier 16.

8 Ursinus, Michael: Millet. In: Lexikon zur Geschichte Südosteuropas. Hg. v. Edgar Hösch, Karl Nehring und Holm Sundhaussen. Wien-Köln-Weimar 2004, 442–444.

9 Ágoston, Törzsterület és végvidék (wie Anm. 4), 48.

10 Vgl. u. a. Ursinus, Michael: Zur Diskussion um „millet" im osmanischen Reich. In: Südost-Forschungen 48 (1989), 195–207.

11 Diese These von Ferenc Szakály teilt auch Péter, Katalin: A reformáció: kényszer vagy választás? [Die Reformation: Zwang oder Wahl?]. Budapest 2004, 95.

Bullinger in Zürich adressiert worden war, findet sich folgendes über das multipolare Verhältnis der Religionen und Konfessionen zueinander:

> Das Papistentum verfällt Tag für Tag: wir standen häufig vor Amtsträgern, Begs, Wojwoden und Kadis, um die himmlische Lehre zu verteidigen, und diese helfen uns auch zum Teil, damit wir das Papistentum besiegen. Weder verfolgen sie noch unterstützen sie uns, aber sie würden es gern sehen, wenn ein jeder sich gegen das Papistentum stellen würde, weil die Papisten den Fleischverzehr verbieten und die priesterliche Ehelosigkeit bzw. die Jungfräulichkeit gegen die Naturgesetze als verpflichtend verordnen. Deshalb gab Dervis Beg, der Statthalter von Fünfkirchen [ung. Pécs] und dem dazugehörigen Sandschak, seine erste Verordnung heraus und befahl die Priester beider Konfessionen zu sich. Nachdem wir uns dort versammelt, gemäß unserer bescheidenen Begabung mit der Gegenpartei diskutiert und über Christus Zeugnis abgelegt hatten, wurden die katholischen Pfarrer von uns besiegt, weil sie eben dies nicht taten. Sie alle legten ihren papistischen Glauben ab, und indem sie ihre Hand auf die Bibel legten, schworen sie, nunmehr allein das [protestantische, N. S.] Christentum auszuüben. [...] Sollten sie es jedoch in der Zukunft nicht tun, so würden sie außer ihren Gütern auch noch ihre Zunge verlieren. Denn als die Diskussion zu Ende war, verkündeten der Herr Wojwode und der Herr Kadi offiziell, wer der Lehre der Bibel widerspricht, dem soll seine Zunge herausgeschnitten werden, weil die Schriften der Bibel Gott selbst aus dem Himmel den Christen gegeben hatte.[12]

Über ähnliche Erfahrungen berichtet der evangelisch-lutherische Imre Eszéki Szigeti, der 1549 aus der osmanisch besetzten, wichtigen Hafenstadt Tolna ebenfalls an seine deutschen Glaubensgenossen geschrieben hatte: „[b]esonders unterstützen uns ihre Rechtsgelehrten, die Kadis genannt werden“.[13] Als die Osmanen die Katholiken nach den ersten Erfahrungen öffentlich brüskiert hatten, waren die Reformatoren überzeugt, daß die neuen Machthaber die „wahren Gläubigen“ schützen und fördern würden. Dies bestätigte auch András Batizi, und János Fejértói machte sich Hoffnungen, die Osmanen zum Protestantismus bekehren zu können. Auch Zsigmond Gyalui Torda sah in der Osmanenherrschaft einen Segen Gottes, denn der Osmane zwang niemanden zu seinem Glauben, und so konnte das *lumen Christi* leuchten.[14] Dies sahen nicht nur die Protestanten, sondern auch die Katholiken so und führten den Erfolg des Protestantismus auf den osmanischen Schutz zurück.[15]

Doch bald erfolgte ein Paradigmenwechsel, denn Pál Thuri Farkas wies in einem wohlbeachteten Rundschreiben auf die Praktiken der Osmanen hin, wie sie – etwa mit Steuervergünstigungen – auch unter den Anhängern der Reformation für den Glaubensübertritt warben. Zudem stellte er eine allzu große Adaptation von Sitte und

12 In der Übersetzung des Verfassers zit. nach: Thury, Etele: Az 1550. évi vaskaszentmártoni zsinat [Die Synode von Vaskaszentmárton im Jahre 1550]. In: Protestáns Szemle 25 (1913), 425–439 und 475–487. – Wolfgang Musculus magyar kapcsolatainak dokumentumai. Bevezeti és közli: Zsindely Endre [Dokumente der ungarischen Beziehungen von Wolfgang Musculus. Mit einer Einführung von Endre Zsindely]. In: Studia et Acta Ecclessiastica 3 (1973), 969–1005, hier 989f.

13 In der Übersetzung des Verfassers zit. nach Kathona, Géza: Fejezetek a török hódoltsági reformáció történetéből [Kapitel aus der Geschichte der Reformation im osmanischen Ungarn]. Budapest 1974, 45–51.

14 Őze, Sándor: A határ és a határtalan. Identitáselemek vizsgálata a 16. századi magyar ütközőzóna népességénél [Die Grenze und das Grenzenlose. Untersuchung von Identitätskomponenten bei der Bevölkerung der ungarischen Grenzzone im 16. Jahrhundert]. Budapest 2006, 194.

15 Takáts, Sándor: Rajzok a török világból [Zeichnungen aus der türkischen Welt]. Bd. 1. Budapest 1915, 129. Schreiben István Bathays aus Veszprém.

Sprache der Türken unter dem einfachen Volk fest, der – so seine Warnung – auch die Moral und die Religion folgen würden. Gegen diese Unterwanderung wehrten sich die Reformatoren mit aller Kraft.[16] Die Eroberer zeigten einige Jahrzehnte hindurch Interesse für die Religionsfrage, und bis zum letzten Drittel des Jahrhunderts versuchten sie die christlichen Gruppen gegeneinander auszuspielen, danach zeigten sie Gleichgültigkeit.[17]

„Säkularisierungstheorie": der Verfall der kirchlichen Strukturen

Den Erfolg der Reformation in erster Linie der Osmanenherrschaft zuzuschreiben, wäre vor dem Hintergrund der bisherigen Darlegungen folglich keine zufriedenstellende Erklärung. Nachdrücklich weist nämlich Géza Pálffy darauf hin, daß die Protestanten in der zweiten Hälfte des 16. Jahrhunderts in Niederösterreich einen ähnlichen Erfolg verzeichnen konnten wie ihre Glaubensgenossen in Ungarn unter osmanischer Herrschaft.[18] Wohl wurde die Verbreitung der Reformation durch die Tatsache begünstigt, daß die neuen spirituell-religiösen Strömungen keine institutionellen Hindernisse zu überwinden hatten. So ist hinlänglich bekannt, daß die reformierten Prediger in jenen Gebieten keinen Erfolg hatten, in denen noch funktionstüchtige Franziskanerklöster vorhanden waren.[19] Dennoch scheint hier die sogenannte Säkularisierungstheorie hilfreicher zu sein, wonach die katholische Kirche als Institution bereits vor 1526, also der Schlacht von Mohács, dermaßen geschwächt war, daß Mohács lediglich den bereits begonnenen Zerfallprozeß beschleunigte. Als 1541 auch die letzten Patronatsherren die Flucht ergriffen hatten, war die Institution der katholischen Kirche nur noch ihr eigener Schatten und mit lediglich losen Resten vorhanden.[20]

In der Tat fielen auf dem Schlachtfeld 1526 von den zwölf Bischöfen sechs, und die von den beiden Königen Ferdinand I. (1526–1564) und Johann Szapolyai (1526–1540) ernannten Bischöfe wurden von den Päpsten gar nicht oder erst nach langem Zögern bestätigt. 1538 gab es nur noch drei, 1574 insgesamt vier regulär geweihte Bischöfe in Ungarn. 1541 wurde Kalocsa, 1543 das Zentrum der Erzdiözese Gran (ung. Esztergom) von den Osmanen erobert und 1543 die Bischofsstädte Fünfkirchen und Waitzen (ung. Vác) in osmanische Festungen umgewandelt. Von 1540 bis 1560 wurden sämtliche Klöster in der Mitte Ungarns zerstört, die bis dahin

---

16 Ebd., 97 und 99. Der führende Reformator Péter Juhász Melius glaubte sogar in den Antitrinitariern eine Vorstufe der Muslime zu entdecken. So schimpften sich auch die Reformatoren untereinander „Ketzer", ebenso wie sie die katholische Gegenpartei bzw. die Juden, Zigeuner und „Sarazenen" mit diesem Schimpfwort belegten.

17 Péter, A reformáció: kényszer vagy választás? (wie Anm. 11.), 95.

18 Pálffy, Géza: A tizenhatodik század története [Geschichte des 16. Jahrhunderts]. Budapest 2000, 191.

19 Zugleich gehörten ausgerechnet ehemalige Franziskaner oft zu den ersten Reformatoren, wovon noch später die Rede sein soll. Auch weltliche Priester wurden oft Multiplikatoren der Reformation; so war z. B. der berühmte Márton Sánta Kálmáncsehi Mitglied des Domkapitels von Weißenburg (rum. Alba Julia, ung. Gyulafehérvár).

20 Zur Problematik katholischer Missionstätigkeit im osmanischen Ungarn siehe Molnár, Antal: A Pápaság és Magyarország a török uralom idején (1526–1686) [Das Papsttum und Ungarn zur Zeit der osmanischen Herrschaft (1526–1686)]. In: Közép-Európa harca a török ellen a 16. század első felében. Hg. v. István Zombori. Budapest 2004, 189–219, hier 213–217.

unversehrt geblieben waren, und auch im Bistum Veszprém – nördlich vom Plattensee – verschwanden ausnahmslos alle Klöster, während von den insgesamt 600 Pfarreien immerhin einige Dutzende noch zu überleben vermochten.[21]

Vor 1526 dürften 85 % der Bevölkerung des Königreiches Ungarn Angehörige der römisch-katholischen Kirche, der Rest vor allem der griechisch-orthodoxen Kirche gewesen sein; Juden machten nur eine marginale Minderheit aus. Innerhalb von fünfzig Jahren änderte sich diese Konstellation allerdings fundamental, denn nach einer Übergangszeit von 1520 bis 1540 etablierten sich die protestantischen Strömungen und verfestigten sich bis 1570, ja gewannen sogar die Oberhand. Ab etwa 1570 dürften 80 % der Bevölkerung protestantisch geworden sein, die Protestanten zählten in etwa 5 000 bis 6 000 Gemeinden drei Millionen Mitglieder.[22] Vor der Reformation gab es schätzungsweise 4 000 bis 5 000 Klöster mit etwa 10 000 Ordensleuten, bis zum Ende des 16. Jahrhunderts verschwanden davon 95 %, wobei an diesem Rückgang auch die Osmanenherrschaft ihren Anteil hatte. Auch Ausschreitungen seitens der Bevölkerung gegen Klöster gehörten eher zur Ausnahme; Mönche und Nonnen zogen sich meist „geordnet" via Österreich nach Tyrnau (slwk. Trnava, ung. Nagyszombat) und Preßburg (slwk. Bratislava, ung. Pozsony) zurück. Lediglich die Franziskaner und die Pauliner konnten eine nennenswerte Anzahl von Klöstern in den osmanischen Gebieten weiterhin ihr eigen nennen, wie u. a. Ofen (ung. Buda), Gyöngyös oder Szeged.[23]

99 % der Bevölkerung blieben allerdings christlich, und es gab nur wenige Konversionen zum islamischen Glauben, was nicht zuletzt auch damit zusammenhängt, daß die etwa 50 000 bis 80 000 Neuankömmlinge in der Vertretung der Besatzungsmacht keine anatolischen Muslime, sondern überwiegend Südslawen, nämlich Serben und Bosnier, waren. Diese stellten nicht nur das notwendige soldatische Potential, sondern selbst die mit den Tımar-Gebieten belehnten Spahis.[24] Auch die Institution der römisch-katholischen Kirche blieb formell bestehen. Um 1570 gab es noch in 300 bis 350 Gemeinden 150 000 bis 200 000 Gläubige, etwa 500 Mönche und 500 weltliche Priester, wobei auch die Hierarchie funktionstüchtig war.[25]

Zugleich muß betont werden, daß die reformatorischen Strömungen anfangs keine kohärenten Formen annahmen. Die reformatorischen Lehren wiesen noch etliche ambivalente Komponenten auf: Die Gemeinden schienen nach eigenem Belieben diese oder jene Lehren verinnerlicht zu haben und zeigten sich wählerisch bezüglich der Prediger. Die zahlreichen Disputationen unter den Vertretern der diversen Konfessionen wie die Synoden waren praktisch Teil eines „inneren Reinigungsprozesses". Auch die rituellen Handlungen folgten keineswegs einheitlich einer Religion: So wurde das Fasten abgeschafft, die Kommunion unter zweierlei Gestalt jedoch meist eingeführt, die Bilder aus manchen Kirchen verbannt, anderswo jedoch die gesamte

---

21 Pálffy (wie Anm. 18), 192f.

22 Péter, Katalin: A reformáció és a művelődés a 16. században [Reformation und Kultur im 16. Jahrhundert]. In: Magyarország története 1526–1686. Hg. v. Pach Zsigmond Pál. Budapest 1985, 475–605, hier 506.

23 Zum Franziskanerkloster und seiner Missionstätigkeit, vornehmlich im 17. Jahrhundert, siehe Molnár, Antal: Mezőváros és katolicizmus. Katolikus egyház az egri püspökség hódoltsági területein a 17. században [Oppidum und Katholizismus. Die katholische Kirche in den osmanischen Gebieten der Diözese Erlau im 17. Jahrhundert]. Budapest 2005.

24 Pálffy (wie Anm. 18), 188f. Dies bestätigen neue archäologische sowie philologische Forschungen.

25 Péter, A reformáció és a művelődés (wie Anm. 22), 509.

Einrichtung unberührt gelassen. Oft wurde noch gebeichtet, und die Lebensformen gingen nach den tradierten Formen weiter etc. Oft ernannten sich Handwerker und Troubadoure zu Predikanten, doch davon haben wir nur wenig Kenntnisse.[26]

Auf jeden Fall standen auch diese Strömungen untereinander in einem Konkurrenzverhältnis und suchten nach institutioneller Abschirmung durch die Macht- und Herrschaftsstrukturen. Dies begünstigte die Herausbildung lokaler Machtzentren unter konfessionellen Vorzeichen. Die radikalen politischen, demographischen und sozialen Umwälzungen schufen neue Rahmenbedingungen in einer Zeit, als das Bedürfnis nach religiöser Artikulierung – nicht zuletzt aufgrund der permanenten Bedrohung – sich mit neuer Kraft zu offenbaren vermochte.

Die Rezeption der Reformation unter den „Grenzkriegern"

Seit 1521 strebte das osmanische Militär nach der Niederschlagung des südlichen Verteidigungssystems von Syrmien aus an der Donau entlang gen Norden. Nach der Eroberung von Ofen 1541 änderte sich die Konstellation insofern, als es nunmehr um die Absicherung dieser Festung ging, die natürlich eine absolute Schlüsselbedeutung hatte. Von 1543 bis 1545 sollten mit der systematischen Eroberung der Burganlagen drei Ziele erreicht werden: die Verteidigung von Ofen, die Sicherung der Nachschubwege auf der Donau und die fundierte Vorbereitung der frisch eroberten Wehranlagen für weitere Expansionen. Insgesamt ließen die Osmanen – unabhängig vom Kriegs- oder Friedenszustand – stets etwa 10 000 Soldaten unter Waffen stehen, die schnell mit einem Kontingent von 8 000 bis 9 000 Mann aus den Gebieten jenseits der Drau und aus Bosnien ergänzt werden konnten.[27] Nach Klára Hegyis Berechnungen können diese Festungssoldaten mit einem Kontingent von insgesamt 5 000 beziffert werden, wovon 1 112 Spahis und 3 916 Dschebelük gezählt wurden, die zur Gefolgschaft dieser über Tımar-, Ziamet- oder Has-Lehen verfügenden berittenen Krieger und Amtsträger gehörten.[28]

Für die ungarische Elite galt es nach 1542, ein halbwegs effizientes Abwehrsystem aufzubauen, um diesem Expansionsvorhaben zumindest temporär Einhalt gebieten zu können. 1543 forderte die Ständeversammlung in Neusohl (slwk. Banská Bystrica, ung. Besztercebánya) vom Kaiser den Aufbau dieses Netzwerkes. Angesichts der Tatsache, daß die vorhandenen ungarischen Festungen veraltet waren und einem größeren Ansturm gar nicht widerstehen konnten, war dies eine enorme Aufgabe. Zudem waren die finanziellen Reserven für ein solches Vorhaben unbefriedigend, und es wurden sogar zwei Hauptmänner ernannt, was eine Rivalität im Hintergrund vermuten läßt. Doch die alten Anlagen wurden – sofern es ging – umgebaut, meist mit einer Vormauer und einem Wassergraben ergänzt, vielerorts wurden sogar Kirchengebäude und Klöster zu Wehranlagen umgebaut. Immerhin entstand so eine etwa 1 000 km lange Festungskette. Dabei zeigten Servitoren, einzelne Herrschaftsbeamte oder

---

26 Ebd., 511f. – Pálffy (wie Anm. 18), 195.

27 Hegyi, Klára: Török berendezkedés Magyarországon [Osmanische Herrschaftsetablierung in Ungarn]. Budapest 1995, 86f.

28 Ebd., 98f.

Burgoberste bemerkenswertes Improvisationstalent und Eigeninitiative wie Imre Martonfalvi in Pápa, dessen Beispiel als Initialzündung auch für andere wirkte.[29]

Palatin Tamás Nádasdy reichte in Wien 1555 einen Bericht ein, aus dem hervorging, daß an der Donau-Drau-Linie 43 intakte Wehranlagen vorhanden waren, von denen sich 85 % in der Hand privater Grundherren befanden. Diese erstreckten sich auf drei Verteidigungslinien, entlang der Städte Raab (ung. Győr), Tata und Palota bzw. entlang des Flusses Raab, des Plattensees und der Drau. Die insgesamt 100 bis 120 kleineren und größeren Festungen wurden in sechs Grenzoberhauptmannschaften erfaßt.[30] Sie waren wie eine Kette aufeinander angewiesen: Fiel eine Festung, waren auch die umliegenden gelähmt und meist von feindlichem Umfeld umgeben. Zugleich ermöglichten diese Festungen unter günstigen Umständen die Unterbindung der feindlichen Versorgung aus dem Hintergrund. Der Palatin betonte jedoch ausdrücklich, aufgrund der finanziellen Möglichkeiten komme die Aufstellung einer Feldarmee nicht in Frage, man müsse sich zumindest mittelfristig auf die Strategie der Festungskämpfe einstellen. Mit der hastigen Errichtung von sogenannten „Palánkfestungen", d. h. Festungsanlagen aus Holz und Schlamm, die einer ständigen Besetzung durch Soldaten und Hilfspersonal bedurften, entwickelte sich auch eine neue Schicht, die der „Grenzkrieger" (*végvári vitézek*).[31]

Ursprünglich bedeutete *egregius* „vornehme, edle Kämpfer", doch aus der Not der Zeit erfuhr auch dieser Terminus eine Metamorphose.[32] Auf dem Reichstag in Preßburg 1547 wurde festgehalten, daß viele waffentüchtige Vertriebene zur Verfügung stünden, die künftig in diesen Festungsanlagen beschäftigt werden könnten.[33] Tatsächlich meldeten sich etliche Adelige, meist zum berittenen Waffengang in den neu errichteten Wehranlagen, doch ebenso boten diese Einrichtungen Aufstiegschancen für Bauern, die sich freiwillig meldeten. Aus diesem Amalgam bildete sich rasch eine neue soziale Gruppe als Schicksals- und Interessengemeinschaft (*vitézlő rend*) heraus, die die prägnanteste soziale Neuerscheinung in der ungarischen Geschichte des 16. Jahrhunderts werden sollte.[34]

Die spezielle Lebensform dieser Soldaten war vom permanenten Kriegszustand geprägt: Beutezüge und kleinere Überfälle gehörten zum Alltag, wenn nicht gerade große Feldzüge unternommen oder Festungen erstürmt wurden. Wegen der bescheidenen Besoldung legten sie Allodien an und ließen diese durch Bauern bewirtschaften, oder sie erlangten lukrative Fleischbank- und Weinausschankkonzessionen, die

---

29 SINKOVICS, István: Az ország megosztottságának állandósulása (1541–1570) [Die Etablierung der Teilung des Landes (1541–1570)]. In: Magyarország története 1526–1686 (wie Anm. 22), 223–285, hier 235.

30 PÁLFFY (wie Anm. 18), 67. – Zum osmanischen Gegenpart siehe HEGYI, Klára: The Ottoman Network of Fortresses in Hungary. In: Ottomans, Hungarians, and Habsburgs in Central Europe. The Military Confines in the Era of Ottoman Conquest. Hg. v. Géza DÁVID und Pál FODOR. Leiden-Boston-Köln 2000, 163–195.

31 Auch die Osmanen errichteten solche Palankas, was in etlichen Ortsnamen z. B. in Serbien, Bosnien und Ungarn Niederschlag fand, so etwa Bačka Palanka, Drégelypalánk etc.

32 ZIMÁNYI, Vera: Gazdasági és társadalmi fejlődés Mohácstól a 16. század végéig [Wirtschaftliche und soziale Entwicklung seit Mohács bis zum Ende des 16. Jahrhunderts]. In: Magyarország története 1526–1686 (wie Anm. 22), 285–393, hier 389.

33 PÁLFFY (wie Anm. 18), 155.

34 Ebd., 154. – Diese Soldaten betrachteten sich als Stand im sozialen Sinne. Vgl. TAKÁTS (wie Anm. 15), 21.

eigentlich grundherrschaftliche Privilegien waren.[35] Doch als Gehaltsergänzung machten sie gleichfalls mit Geiseln, Gefangenen und Sklaven Geschäfte, plünderten wahllos Dörfer und durchziehende Händler, was aufgrund der unregelmäßigen Besoldung von den Vorgesetzten stillschweigend geduldet wurde.[36] Infolge dieser Eigendynamik entwickelte sich eine spezifische Lebensform, die mitunter von Selbstherrlichkeit, Gewalt und Willkür geprägt war.[37] So schrieb über die „Exekutionen", d.h. die mit Waffengewalt und Plünderungen verbundenen Steuereintreibungen, dieser Grenzkrieger, Musa Pascha von Ofen in der ersten Hälfte des 17. Jahrhunderts: „Die Ungarn rennen mit dem Kopf gegen die Wand an, denn sie verwüsten eigentlich das, was letztlich ihnen gehört."[38] In der zweiten Hälfte des 16. Jahrhunderts machten diese Recken bereits 20000 bis 22000 Personen aus, samt Familienangehörigen sogar über 100000, womit die Grenzkrieger quantitativ selbst den Adelsstand übertrafen.[39] Zählt man noch die in deren Wirkungskreis lebenden Untertanen, schollengebundene wie freie Bauern, hinzu, so ist deren Bedeutung noch weit größer zu veranschlagen.

Die schachbrettartig ausgebauten Festungsanlagen markierten den zentralen Punkt eines in sich geschlossenen Raumes, denn in diesen bildete sich nicht nur eine Subkultur mit eigenwilligen sozialen Strukturen heraus, wie etwa der eigenen Gerichtsbarkeit, sondern ihr Wirkungsradius erstreckte sich in noch weiteren Kreisen. Die großen Grenzfestungen Gyula, Pápa, Erlau, Wardein (rum. Oradea, ung. Várad), Szigetvár, Kálmáncsehi, Kanizsa, Ozora etc. waren zugleich Zentren und Höfe jener hochadligen Familien, die die Reformation tatkräftig unterstützt hatten.[40] Die Verteidigung

---

35 Als am 4. August 1577 osmanische Freischärler die wichtigste Festung Raab überfallen hatten, fehlte die Hälfte der berühmten Husarenbesetzung, einer Eliteeinheit, weil diese teils ihr eigenes Landgut bewirtschaftete, teils als Erntehelfer ihr Zubrot für die Wintermonate verdiente. Auch diese „friedliche Variante" war weit verbreitet. TAKÁTS (wie Anm. 15), 339.

36 Ebd., 309. Selbst der im Geiste der Nationalromantik schreibende Takáts gibt jedoch zu, daß die Ungarn diese Raubzüge (*portyázások*) öfters praktiziert hätten als die Osmanen.

37 Besser gestellt waren die Privatbanderien der Magnaten, allerdings herrschte hier auch größere Disziplin und eine straffere Hierarchie. Die Hofkammer übertrug in konkreten Fällen die dica-Steuern direkt den Magnaten, die aus diesen staatlichen Steuern zusätzliche Soldaten anwarben und die Armee belieferten. Dies bedeutete Macht- bzw. Prestigezuwachs für den Magnaten, aber auch ökonomische Bereicherung. Adelige, die sich in den persönlichen Dienst eines Magnaten stellten, wurden „Servitoren" genannt und erhielten ein „Jahrgeld" (*jargalás*). Sie schworen dem Dominus Treue, wofür dieser seinen Schutz anbot; etwa wenn er in Gefangenschaft geriet, hatte der Dominus für den Freikauf aufzukommen. ZIMÁNYI (wie Anm. 32), 391; VARGA, J. János: Szervitorok katonai szolgálata a XVI.–XVII. századi dunántúli nagybirtokon [Militärdienst der Servitoren auf dem Großgrundbesitz in Transdanubien vom XVI. bis XVII. Jahrhundert]. Budapest 1981. – Die Brutalität der Grenzsoldaten jedoch verblüffte mitunter selbst die osmanischen Würdenträger. De Wyss meldete am 15.2.1569 nach Wien, daß Großwezir Mehmet sich über den Burgkapitän von Erlau beschwert habe, weil dieser die Gefangenen verstümmeln und foltern ließ. Die Osmanen jedoch hielten die Gefangenen für Auslösegeld oder Galeriedienste, nicht aber zwecks Folterung. Auch der Pascha von Ofen (ung. Buda) wiederholte diese Klagen und betonte, auch sie könnten solche Mittel anwenden, verzichteten aber ganz bewußt darauf. TAKÁTS (wie Anm. 15), 223.

38 In der Übersetzung des Verfassers zit. nach ebd., 113. – Mustafa Pascha bezifferte 1576 den Schaden, den die ungarischen Burgkapitäne im osmanischen Ungarn verursacht hatten, auf 90000 Gulden, was ein Drittel aller nach Wien abgeführten Steuern ausmachte! Vgl. ebd., 132.

39 PÁLFFY (wie Anm. 18), 155.

40 Die jüngere Forschung bezweifelt allerdings die herausragende Rolle des Adels bei der Verbreitung der Reformation, die in der Zwischenkriegszeit noch allgemein angenommen wurde. Vgl. PÉTER, A reformáció: kényszer vagy választás? (wie Anm. 11), 87f.

als Hauptaufgabe verlangte nach untergeordneten, kleineren Festungen, die samt den umliegenden Bauerngemeinden als Reserve der professionellen Armee dienten: zur Auskundschaftung des Feindes, Sabotage seiner Vorstöße, ökonomischen Absicherung der Grenzfestung und zur Rekrutierung von Hilfstruppen. Insgesamt führte dies in diesem Raum zu einer Militarisierung der ganzen Gesellschaft. Den Kern dieser Struktur bildeten die Grenzsoldaten, laut Sándor Őze eine „militärische Aristokratie“, deren Wertesystem und Handlungsnorm maßgeblich waren.[41] Die Rezeption der protestantischen Strömungen unter diesen Kriegern ist in der Forschung noch nicht zufriedenstellend geklärt, doch die unausgegorenen Lehren der Wanderprediger fanden einen willkommenen Nährboden unter solchen Personen, die nicht bereit waren, sich der Autorität einer omnipotenten katholischen Kirche unterzuordnen. Religion wurde nämlich infolge der Reformation, die zu dieser Zeit als „lutherische Lehren“ benannt wurde und über keine festen Konturen verfügte, säkularisiert und bildete den diskursiven Gegenstand des Alltags. Die sozialen Umwälzungen und der Zerfall der katholischen Kirchenstruktur begünstigten eine selektive Wahrnehmung der religiösen Lehren, die von diesen Soldaten auch praktiziert wurde.

Eine Schlüsselbotschaft der Feldprediger in den Osmanenkriegen war im 15. und frühen 16. Jahrhundert, daß der Kampf gegen den Antichristen ihre Seele von den Sünden befreien und Erlösung bereiten würde. Die Absolution wurde also infolge der Kampfbereitschaft erteilt, denn der zum *athleta Christi* erklärte Soldat nahm im Zeichen des Kreuzes auch den Märtyrertod in Kauf. Der aktive Kampf gegen die Osmanen als Weg zur Erlösung wurde sowohl von der Elite als auch vom einfachen Volk verinnerlicht.[42] Diese Ideologie wurde von den protestantischen Predigern nahtlos übernommen und in der Volkssprache verbreitet, womit die Rezeption – zumal die Motive ohnehin bekannt waren – gesichert war. Demnach ging Ungarn zwar wegen der Sünden des Volkes unter, doch nach Trost, Sühne und Erneuerung bzw. Reinigung sollte die Befreiung kommen. Die These der Schuld der gesamten Nation befreite das Individuum von der Selbstanklage, der Kampf erhielt eine positive Konnotation, nachdem er von den Predigern zum „gerechten Kampf“ stilisiert worden war. Eigenwillig fügten die Soldaten die Tradition des *antemurale Christianitatis* hinzu, die weiter unten ausgeführt werden soll und über ein Sendungsbewußtsein hinaus folgendes beinhaltete: Die Träger dieser Idee seien das Pfand der Bewahrung des Glaubens wie des Vaterlandes.[43]

Diese Schicht von Grenzkriegern prägte jedoch wie keine zweite ihr Umfeld und schuf auf der Mikroebene auch eine entscheidende Grundlage für die Multiplizierung der Reformation im osmanisch beherrschten Grenzraum. Die Hauptmänner dieser Festungen und die Grenzsoldaten verlangten nachdrücklich den Konfessionswechsel der bäuerlichen Gemeinden im Umfeld dieser Festungen, denn aus den – bereits geschilderten – vielschichtigen Beziehungen ergab sich für sie die Notwendigkeit, konfessionell homogenisierend zu wirken. In erster Linie hatte die konfessionelle

41 Őze, A határ és a határtalan (wie Anm. 14), 23–25.

42 Fodor, Pál: Az apokaliptikus hagyomány és az „aranyalma“ legendája. A *török* a 15.–16. századi magyar közvéleményben [Die apokalyptische Tradition und die Legende des „Goldenen Apfels“. Das Stereotyp des Türken in der ungarischen Öffentlichkeit des 15. und 16. Jahrhunderts]. In: Ders., A szultán és az aranyalma (wie Anm. 7), 179–212, hier 190.

43 Ebd., 200.

Homogenisierung einen sicherheitspolitischen Aspekt und sollte disziplinierend wirken: Massenweise konvertierten (nicht nur) bäuerliche Untertanen und wurden zu „Türken". Die Klagen von christlichen Offizieren über den „Verrat" und die „Spionagetätigkeit" solcher „unzuverlässiger Elemente" werden häufig in den Quellen erwähnt.[44] In der Tat gab es solche Fälle, und 1543 erlangte ein früherer Augustinermönch Bekanntheit dadurch, daß er als Spion nicht nur Ungarn, sondern auch die Erbländer ausgekundschaftet haben soll.[45] Doch bei dem seßhaften Landvolk dürfte weniger Sympathie oder Antipathie die ausschlaggebende Rolle gespielt haben als vielmehr der Terror. Sowohl die osmanischen Krieger als auch die Grenzsoldaten wandten drakonische Maßnahmen an, wenn die Bauern keinen Aufklärungsdienst für die bewaffneten Einheiten leisten wollten.[46]

Deshalb gehörte die Organisation der religiösen Strukturen zur Vorbeugung und zur Eindämmung des Gefahrenpotentials. Der Burghauptmann Ákos Csányi berichtete 1562 Palatin Nádasdy darüber, daß die Bauern in der Nähe seiner Festung in den Osmanen wegen ihrer militärischen Erfolge die Gesandten Gottes sehen. Ihre Erfolge führte das Landvolk darauf zurück, daß sie auch im Besitz „der wahren Religion" seien. „Sie bräuchten einen Pfarrer, der ihnen das Wort Gottes predigt."[47] Damit erhoffte sich Csányi auch soziale Disziplinierung, denn der Bauernaufstand von 1514 wirkte selbst fünfzig Jahre später noch als Schreckensgespenst nach. Für Csányi bedeutete also konfessionelle Pluralität oder religiöse Verwahrlosung nicht nur Instabilität, sondern ein Gefahrenpotential ersten Ranges, das in dieser militärisch angespannten Lage von höchster Relevanz war.[48] Die Angst, die Bauern würden an der Seite der Osmanen gegen die eigenen Grundherren ziehen, wirkte selbst um die Jahrhundertwende nach. Der bekannte Publizist, János Baranyai Decsi, schrieb noch 1597 in einem Gedicht:

---

44 Takáts (wie Anm. 15), 159 und 305. – So berichtete der Gespan von Mórévár, István Tardossy, am 20.5.1530 an Pál Bakyth: „Die verräterischen Magyaren sind alle zum Türken! Nur ich selbst mit meinem armen Diener halte noch zu Eurem Hause als Christ. Alle Priester, Mönche und Schriftgelehrten, sie alle wurden zum vornehmen Türken, diese Schufte!" [Übersetzung d. Verfassers]. In der Eingabe des Komitates Baranya wurde ebenfalls betont, daß die Grenzsoldaten nichts unternehmen konnten, ohne daß die Bauern sie nicht den osmanischen Militärbehörden gemeldet hätten. Ebd., 312; Im Spiegel dieser Berichte läßt sich die Feststellung von Kálmán Benda, wonach im 16. Jahrhundert „das Landvolk in einem unbarmherzigen Krieg mit den Eroberern" gestanden haben soll, mit einem Fragezeichen versehen. Vgl. Benda, Kálmán: A nemzeti hivatástudat nyomában [Auf den Spuren des nationalen Berufungsbewußtseins]. Budapest 2004, 125.

45 Takáts (wie Anm. 15), 313.

46 Der Beg von Hatvan z. B. ließ 1581 Bauern pfählern, weil sie den Hinterhalt der Grenzsoldaten aus Erlau nicht gemeldet hatten. Ebenso ließ 1589 der Beg von Stuhlweißenburg (ung. Székesfehérvár) ein solches Versäumnis vergelten, als Bauern das Heranrücken der Truppen von Palatin Nádasdy bei ihm nicht angezeigt hatten. Vgl. Ebd., 226 und 230.

47 In der Übersetzung des Verfassers zit. nach Őze, Sándor: Ötszáz magyar levél a XVI. századból. Csányi Ákos levelei Nádasdy Tamáshoz 1549–1562 [Fünfhundert ungarische Briefe aus dem XVI. Jahrhundert. Die Briefe von Ákos Csányi an Tamás Nádasdy 1549–1562]. Bd. 2. Budapest 1996, 395–397.

48 Zum Phänomen der Erwartungen christlicher Untertanen gegenüber der osmanischen Expansion siehe Kissling, Hans Joachim: Türkenfurcht und Türkenhoffnung im 15./16. Jahrhundert. Zur Geschichte eines „Komplexes". In: Südost-Forschungen 23 (1964), 1–18.

> Auch der törichte Bauer wünscht sich den Türken,
> bittet Gott, den Türken zu erblicken
> und den Untergang seines Grundherren zu sehen.[49]

Deshalb war die Schaffung einer konfessionell homogenen lokalen Bevölkerung außerhalb der Festung in einem gewissen Umkreis wichtig. Die protestantischen Soldaten in der Festung Erlau z. B. drohten mit dem Abzug, wenn sie nicht ihre Konfession frei ausüben dürften. Damit wäre nämlich die Symbiose mit den ringsum wohnenden Bauern gestört gewesen, denn die Soldaten glaubten auch eine Art Schutzfunktion über diese ausüben zu müssen.[50] Sie trieben nicht nur die Steuern für die Grundherren ein, sondern beschützten zugleich diese Steuerquellen, die ja auch ihre eigene Existenz sicherten.[51] Dies erschöpfte sich nicht nur in der Herstellung von Lebensmitteln und diversen handwerklichen Produkten, sondern die Soldaten erwarben ihr Zubrot im Dienste der Bauern, wenn Raubzüge nicht durchführbar waren.[52]

Protestantische Militärseelsorge unter apokalyptischer Erwartung

Die Reformation unter den Grenzsoldaten erleichterte die Kontinuität in der Person und dem Milieu der Reformatoren, die zuvor oft Militärfeldgeistliche, vorzugsweise Franziskaner gewesen waren. Die Franziskaner bauten ihr Klosternetz in Südungarn und Slawonien im 15. Jahrhundert verstärkt aus, zu einer Zeit also, als andere Orden einen quantitativen Rückgang verzeichneten. Sie waren folglich vom Vormarsch der Osmanen existentiell bedroht. Von Anfang an waren sie als Feldgeistliche in den Türkenkämpfen an vorderster Front. Viele protestantische Wanderprediger waren ehemalige Franziskaner, meist einfacher Herkunft, zu deren Gottesbild die neue Strömung stichhaltige Argumente zu liefern schien. Seit den 1530er Jahren kennen wir sie auch namentlich.[53]

Von den zwanzig Vertretern der ersten Reformatorengeneration waren elf Franziskanermönche, die sämtlich aus einem Raum mit einem Franziskanerkloster stammten; insgesamt fünfzehn kamen zudem aus den von Kriegen erschütterten südlichen Regionen.[54] Diese spezielle Konstellation führte dazu, daß die Reformatoren nicht nur gezwungen waren, in der Türkenfrage Position zu beziehen, sondern auch das

---

49 In der Übersetzung des Verfassers zit. nach Fodor, A szultán és az aranyalma (wie Anm. 7), 197.

50 Őze, Sándor: „Bűneiért bünteti Isten a magyar népet". Egy bibliai párhuzam vizsgálata a 16. századi nyomtatott egyházi irodalom alapján [„Wegen seiner Sünden bestraft Gott das ungarische Volk." Analyse einer biblischen Parallele anhand der gedruckten Kirchenliteratur des 16. Jahrhunderts]. Budapest 1991, 129.

51 Insbesondere die Haiducken waren eine permanente Bedrohung für die Bauern, gegen die die Grenzsoldaten oft konsequent und mit Gewalt vorgangen. Vgl. Őze, A határ és a határtalan (wie Anm. 14), 40f.

52 Takáts (wie Anm. 15), 339.

53 Péter, A reformáció: kényszer vagy választás? (wie Anm. 11), 66; Fodor, Az apokaliptikus hagyomány (wie Anm. 42), 189.

54 Őze, Sándor: A ferencesek és a reformáció kapcsolata a XVI. századi Magyarországon [Das Verhältnis zwischen den Franziskanern und der Reformation im Ungarn des XVI. Jahrhunderts]. In: A ferences lelkiség hatása az újkori Közép-Európa történetére és kultúrájára [Wirkung der franziskanischen Spiritualität auf die Geschichte und Kultur des neuzeitlichen Mitteleuropa]. Hg. v. Dems. und Norbert Medgyesy-Schmikli. Piliscsaba-Budapest 2005, 157–176, hier 173. Selbst der Vertreter

Wesen, den Alltag der Türkenkriege wie auch die psychologische Verfassung der Grenzsoldaten bestens kannten. Doch nicht nur das: Auch das bäuerliche Umfeld der osmanisch eroberten Gebiete und das Einzugsgebiet der Grenzfestungen war diesen Reformatoren bestens vertraut. Nur so ist es verständlich, daß Mihály Sztárai von Südtransdanubien bis Banja Luka in Bosnien nach eigenen Angaben 300 Kirchengemeinden gründen konnte. Und so überrascht es nicht, wenn auf den oft veranstalteten Glaubensdisputationen, wie übrigens auch auf der bereits zitierten von Vaskaszentmárton, Reformatoren mit einer Vergangenheit als Franziskaner ihren Streit mit Franziskanermönchen austrugen.[55]

Wie erwähnt, waren diese Disputationen oft von stark improvisiertem Charakter, und die hier vorgebrachten Thesen waren nicht immer ausgegorene Gedanken- und Argumentationsführungen. Die sozio-politischen Umwälzungen unter der ersten Generation der Reformatoren begünstigten dieses Amalgam von theologischen Ansätzen und determinierten auch die Perzeption des Anderen. Dies wiederum begünstigte auch die Adaptation unter den Zielgruppen, hier unter den Grenzsoldaten, deren selektive Wahrnehmung der Glaubenssätze belegt, daß noch in den 1540er Jahren protestantisch orientierte Soldaten vor der Schlacht die Beichte ablegten.[56]

Der permanente Kriegszustand nährte apokalyptische Erwartungen, deren Genese auf die vorreformatorische Zeit zurückging. Die Franziskaner tradierten zur Zeit der Osmanenkämpfe, also noch vor der Eroberung, ein joachimitisches, apokalyptisch-eschatologisches Gedankengut, wonach seit dem 14. Jahrhundert ein neues Zeitalter im Zeichen des hl. Franziskus von Assisi angebrochen sei und die osmanisch-muslimischen Kämpfer dabei die apokalyptischen Heerscharen darstellten.[57] Diese Komponente ergänzte sich sehr gut mit der „doppelten Antichristus-Lehre" von Melanchthon, wonach die Türken die Exekutive des Antichrists seien.[58] Kein Wunder, daß inmitten der ständigen Grenzkämpfe diese Deutung unter den Soldaten eine zentrale Rolle spielen konnte.

Es ist aber eine weitere, wenn auch überraschende Kontinuität festzustellen: Für die ungarische Variante des *antemurale Christianitatis* waren die osmanischen Kämpfer die Nachfahren von Gog und Magog, den Reiterscharen der Apokalypse. Nach der Auffassung der Reformation waren die Sünden des Volkes und die römische Kirche der Grund für den Zorn Gottes und die Verfolgung der Gläubigen mit dem *flagellum Dei*, also den Osmanen. Es ist hinlänglich bekannt, daß für Luther die osmanische Expansion eigentlich eine Strafe Gottes war und letztlich im Sinne Gottes und der religiösen Läuterung geschah.[59] Diese Auffassung und Melanchthons

---

der zweiten Generation, Péter Juhász Melius, kam aus Horhi im Komitat Somogy, wo es ein Franziskanerkloster gab.

55 Ebd., 169.

56 Őze, Sándor: Felekezetváltás a 16. századi végvári katona népességnél [Konfessionswechsel unter dem Grenzkriegertum im 16. Jahrhundert]. In: Felekezetek és identitás Közép-Európában az újkorban. Hg. v. Pál Attila Illés. Piliscsaba-Budapest 1999, 26–35, hier 31.

57 Ebd., 174.

58 Siehe dazu ausführlich Bóka, Éva: Európa és az Oszmán Birodalom a XVI.–XVII. században [Europa und das Osmanische Reich im 16. und 17. Jahrhundert]. Budapest 2004, 20–22.

59 Fodor: A szultán és az aranyalma (wie Anm. 7), 185; Imre, Mihály: „Magyarország panasza". A Querela Hungariae toposz a XVI.–XVII. század irodalmában [„Die Klage Ungarns". Der Topos „Querela Hungariae" in der Literatur des 16. und 17. Jahrhunderts]. Debrecen 1995, 120.

„doppelte Antichristus-Lehre“ wurden auch von etlichen ungarischen Reformatoren adaptiert und zunächst propagiert. Laut Méliusz z. B. war das türkische Volk zwar ein „Brudervolk“, doch zugleich auch das Volk des Jüngsten Gerichtes. Wie Luther plädierte auch Bornemisza für eine spezielle Missionsaufgabe in dem Sinne, daß die Türken, die ja keine Heiden, sondern Ketzer seien, weil sie sich vom wahren Glauben getrennt hätten, sich bestimmt bekehren ließen.[60]

Während also für Luther die Aufgabe Ungarns darin bestand, von dem *propugnaculum* nach Leiden und Sühne Verkünder des Evangeliums zu werden, lehnten die protestantischen Grenzsoldaten diese Interpretation vehement ab und betrachteten sich weiterhin als Helden des *antemurale Christianitatis*. Der eingangs erwähnte Sänger Balassi setzte diesem Phänomen in folgendem Lied ein Denkmal:

> O geliebte Heimat, teures Ungarland!
> Schild der Christenheit in starker, sichrer Hand!
> Wehrst mit blutigem Schwert den anstürmenden Heiden.[61]

Diese Adaptation entsprach jedoch einer eigenwilligen Lesart der Prädestination, denn die Kampfbereitschaft und das Reckenleben erhielten dadurch nicht nur etwas Legitimes, sondern auch etwas Idealisiertes und Programmatisches, und zwar über die Gegenwart hinaus.

Unter den ungarischen Reformatoren erfolgte auch hierbei ein Paradigmenwechsel ab den 1560er Jahren, denn mit dem Frieden von Adrianopel 1568 rückte ein Befreiungskrieg in weite Ferne. Die mit den Soldaten in enger geistiger Symbiose lebenden Reformatoren propagierten vor Ort nunmehr beharrlich, daß sich die Gerechtigkeit Gottes in einem nahen apokalyptischen Untergang manifestiere. Sie wiesen dabei den Soldaten eine positive Rolle zu. Der Kampf wurde als weitgehend legitime Aufgabe apostrophiert – sie sei „wie das Heilen der Ärzte“. Dabei wurde als wichtig erachtet, „rein und sündenfrei“ den Waffengang aufzunehmen, denn der siegreiche Feind sei wohl wegen unserer Sünden gekommen, beschwor Péter Bornemisza.[62] Mit dem gleichen Argument, aber aus einem nüchterneren Grund plädierte auch Lukas Péchi dafür: Seiner Meinung nach waren die Soldaten gegenüber ihrer Obrigkeit disziplinierter, wenn sie ein moralisches und gerechtes Leben führten. Péchi sah zwar in den „Türken“ weiterhin das *flagellum Dei*, doch zugleich sah er in ihnen dumme und hemmungslose, expandierende Tyrannen. Daraus folgte die Vorstellung der „sich selbst befreienden Nation“, die auch die apokalyptischen Erwartungen ablöste.[63]

Der bosnische König schrieb 1461 an den Papst, daß die Osmanen mit den Bauern sehr „freundlich“ umgingen und ihnen die Freiheit versprachen.[64] Die Erosion und

---

[60] ŐZE, „Bűneiért bünteti Isten a magyar népet“ (wie Anm. 50), 91–94.

[61] In der Übersetzung von Géza ENGEL zit. nach: http://mek.oszk.hu/00600/00608/00608.htm. (20.11.2006).

[62] Diese Argumentation deckt sich mit der von Gáspár Károli, der betonte, Gott hätte den Sultan gegen das Christentum geschickt. Vgl. BENDA (wie Anm. 44), 127.

[63] ŐZE, „Bűneiért bünteti Isten a magyar népet“ (wie Anm. 50), 135. – Daraus entwickelte sich auch die Idee: „die Ungarn als auserwähltes Volk“, das „Ungarische Zion“ (*Magyar Sion*). Die moralische Kraft wurde nach dem Leiden gespendet. Vgl. FODOR, A szultán és az aranyalma (wie Anm. 7), 199f.

[64] BABINGER, Franz: Mehmed der Eroberer und seine Zeit. Weltenstürmer einer Zeitenwende. München 1959, 232f. – FODOR, A szultán és az aranyalma (wie Anm. 7), 196.

deren Folgen konnte der König nicht deutlich genug hervorheben. Nach der Schlacht von Mohács 1526 bis zum letzten Drittel des Jahrhunderts war die Alternative einer Massenislamisierung der Unterschichten auch im Königreich Ungarn real. Der Sieg der Reformation in den 1560er Jahren soll mitunter der Grund dafür gewesen sein, daß eine „Bosnisierung“ in Ungarn nicht erfolgte.[65] Ausgerechnet die Adaptation der Reformation, die eine klaglose Übernahme der neuen Herrschaft propagiert und einen aktiven Türkenkrieg abgelehnt hatte, schuf in einem Raum mit permanentem Kriegszustand ein neues, geistiges Krisenmanagement, indem sie die ideologische Legitimierung in einer ganz speziellen Form für jene Soldatenschicht lieferte, deren Lebensinhalt und -sinn im Kampf gegen die Osmanen bestanden hatte.

65 Őze, A határ és a határtalan (wie Anm. 14), 268; Fodor, A szultán és az aranyalma (wie Anm. 7), 200.

Juliane Brandt

Konfessionelle Existenz in einem rechtlich abgestuften Raum und Religionsausübung als Raumerfahrung

Ungarn im späten 17. und im 18. Jahrhundert*

Ziel des Beitrages ist es darzustellen, wie Menschen im Ungarn des späten 17. und des 18. Jahrhunderts aufgrund ihrer Konfessionszugehörigkeit in einem von spezifischen Trennlinien durchzogenen Raum lebten, in dem ihre Existenz an bestimmten Orten auf besondere Schwierigkeiten stieß bzw. im Vergleich zum Leben ihrer Mitmenschen durch zusätzliche Hürden gekennzeichnet war. Thema ist mit anderen Worten, wie Religionsausübung unter derartigen Bedingungen Raum formte und als Raumerfahrung wirksam wurde. „Raum" ist in diesem Zusammenhang nicht nur als rein metaphorische Formel zu begreifen, mit der Rechtslagen, da sie an Menschen gebunden sind und diese wiederum „im Raum" leben, zu einem „rechtlichen Raum" überhöht werden. Raum wird nicht nur durch Handeln geprägt, so daß er gleichsam eine bestimmte Qualität erhält und in besonderer Weise wahrgenommen wird, sondern Raum entsteht erst im Handeln.

Im Anschluß an den von Martina Löw entwickelten relationalen und prozessualen Raumbegriff wird Raum hier als „relationale (An)Ordnung sozialer Güter und Menschen an Orten" verstanden.[1] Objekte, die an Stellen plaziert sind, machen diese Stellen zu Orten.[2] Orte sind also „Ziel und Resultat der Plazierung".

---

* Für Diskussionen einzelner Aspekte des Themas bin ich auch mehreren Kollegen außerhalb des Kreises der Tagungsteilnehmer zu Dank verpflichtet. Anregende Gespräche über die erste Idee zu dem Beitrag gab es mit Dr. Isolde Dietrich (Universitätsbibliothek der Humboldt-Universität zu Berlin), zu dem Fall Tata über langjährigen Meinungsaustausch zur Religionsgeschichte hinaus mit Prof. László Kósa (ELTE Budapest). Herrn Dr. József Hudi (Archiv des Transdanubischen Reformierten Kirchendistrikts) und seinen Kollegen danke ich für die Unterstützung bei der Archivarbeit in Pápa, ebenso den Kollegen im Ungarischen Staatsarchiv Budapest und im Slowakischen Staatsarchiv Nitra-Ivanka. Bei Herrn Dr. Géza Körmendi und seiner Frau bedanke ich mich für weitere Einblicke in die Ortsgeschichte, in Hintergründe der Forschung zu Tata und nicht zuletzt eine eindrucksvolle Stadtführung. Dem Europa-Institut sei für die Aufnahme in das Haus während der Tataer Forschungen gedankt.

1 Löw, Martina: Raumsoziologie. Frankfurt/Main 2001, 224. Durch die Verwendung eines solchen relationalen Raumbegriffs und die konsequente Rückbindung der Konstituierung von Raum aus soziologischer Sicht an Handeln können begriffliche Doppelungen und Inkonsequenzen vermieden werden, wie sie etwa bei Schroer, Markus: Räume, Orte, Grenzen. Frankfurt/Main 2006 vorliegen, der sich zwar von einem Behälterraum-Verständnis abgrenzt und für einen „relativistisch-relationalen" Begriff plädiert (vgl. ebd., 11), dann aber doch physischen und sozialen Raum nebeneinanderstellt (ebd.) und „den Anteil menschlicher Akteure am Aufbau vorher sonst gar nicht vorhandener Räume" betont (ebd., 175).

2 Löw (wie Anm. 1), 146, 198f. – Anknüpfend an Giddens' Ansatz einer Dualität von Handeln und Struktur ist auch das Verhältnis von empirisch erhebbaren Räumen (vgl. dazu ebd., 131) und gesellschaftlichen Strukturen konzipierbar. Wenn Räume im Handeln konstituiert werden und dieses im Alltag in Routinen organisierte Handeln in einem rekursiven Prozeß gesellschaftliche Strukturen reproduziert, dann ermöglichen „gesellschaftliche Strukturen [...] raumkonstituierendes Handeln, welches dann diese Strukturen, die es ermöglichen (und anderes verhindern), wieder reproduziert.

> [Sie] entstehen durch Plazierungen, sind aber nicht mit der Plazierung identisch, da Orte über einen gewissen Zeitabschnitt hinweg auch ohne das Plazierte bzw. nur durch die symbolische Wirkung der Plazierung erhalten bleiben. [...] Raum ist also nie nur eine Substanz und nie nur die Beziehung, sondern aus der (An)Ordnung, das heißt aus Plazierung in Relation zu anderen Plazierungen, entsteht Raum. Dabei wird von einer (An)Ordnung gesprochen, um mit dem Ordnungsaspekt auf die strukturelle Dimension, mit dem Anordnen auf die Handlungsdimension der Konstitution von Raum hinzuweisen.[3]

Analytisch lassen sich in der Konstituierung von Raum Spacing und Syntheseleistung unterschieden. Im praktischen Handlungsvollzug verbinden sich beide. Sie sind in Aushandlungsprozesse eingebunden bzw. über Wahrnehmungsschemata und Habitus der Handelnden kulturell rückgebunden. Syntheseprozesse sind – u. a. als Wahrnehmung, Erinnerung oder Planung – auch außerhalb konkreter Handlungsvollzüge möglich. Sie ermöglichen es auch, „Ensembles sozialer Güter und Menschen wie ein Element zusammenzufassen". Umgekehrt sind Räume nach diesem Denkansatz nicht einfach vorhanden, „sondern müssen aktiv durch Syntheseleistungen (re)produziert werden".[4]

Unter diesen Voraussetzungen ist auch begrifflich faßbar, daß einzelne Räume aus anderer Perspektive Element anderer Räume sind. Während ein theoretisches Modell, das Räume zu Orten und Territorien verdinglicht, derartige Beziehungen nur als solche der Über- und Unterordnung beschreiben kann, als Relation des Enthaltenseins, ist mit diesem prozessualen Ansatz auch die Entstehung mehrerer Räume an einem Ort bzw. auf einem Territorium durch die Aktivität verschiedener Gruppen von Menschen, mit anderen Worten ist in diesem Modell die Überlagerung verschiedener Räume faßbar.[5] Was dabei aus einer bereits abstrahierenden Makroperspektive als der Raum einer Ortschaft, z. B. einer Stadt, erscheint, wird von Angehörigen verschiedener dort lebender Gruppen in individuell unterschiedlicher und zugleich gruppenspezifischer Weise in ihre Konstitution von Raum eingebunden.[6] Mit gewissen Einschränkungen läßt sich diese Verschiedenheit an Jakob von Uexkülls Unterscheidung von Umwelt und Umgebung veranschaulichen. Aufgrund ihrer unterschiedlichen biologischen Ausstattung hinsichtlich Sinneswahrnehmung und Aktionsmöglichkeiten überlagern sich Umwelten verschiedener Tiere als die Bereiche, mit denen diese jeweils interagieren, während sie für den höherentwickelten Beobachter in einer wesentlich komplexeren Umgebung leben.[7] Grenzen der Veranschaulichung anhand des

---

Gesellschaftlich organisiert wird solche Reproduktion über Institutionen. In Institutionen sind gesellschaftlichen Strukturen verankert." Ebd., 170.

[3] Ebd., 198, 224.

[4] Beide Zitate ebd., 225.

[5] Vgl. bes. ebd., 64, 131.

[6] Vgl. die Beispielanalysen zu offiziellem und gegenkulturellem Raum in der Raumkonstitution durch Lehrer und rebellierende Schüler (ebd., 231–246) sowie zu Stadträumen aus der Perspektive verschiedener Milieus, die jeweils andere Räume errichten, die nur teilweise mit „der Stadt" aus der Außenperspektive zusammenfallen (ebd., 254–262).

[7] Uexküll, Jakob von: Umwelt und Innenwelt der Tiere. Berlin 1909. *Umwelt* ist danach das, was einem Tier aufgrund seiner Sinneswahrnehmung und seiner Aktionsmöglichkeiten zugänglich ist. Diese Umwelt kann im konkreten Fall sehr karg sein. Für den beobachtenden Biologen wie generell für höherentwickelte Tiere lebt dieses Tier anscheinend aber in etwas viel Komplexerem: Seine *Umgebung*, die der höherentwickelte Beobachter wahrnehmen und nutzen kann, ist komplexer. *Umwelt*

Uexküllschen Modells liegen dort, wo das Umwelt-Umgebungs-Verhältnis eines des Enthaltenseins ist und die Handlungsoptionen biologisch vorgegeben sind. Ein handlungstheoretisch konzipierter bzw. eine Dualitätsbeziehung von Struktur und Handeln zugrundelegender Raumbegriff impliziert dagegen die Möglichkeit verschiedener Räume in verschiedenen Handlungskontexten bzw. der Überlagerung verschiedener institutionalisierter räumlicher Strukturen.

Dort, wo wirtschaftliche Beziehungen, rechtliche Abhängigkeiten und territoriale Zugehörigkeit oder die Zugehörigkeit von Individuen wie von lokalen Gruppen (Dörfern, Siedlungen u. a.) zu Gütern, Landesherrschaften, kirchlichen Organisationseinheiten und Staaten auf den verschiedenen Ebenen historisch auseinanderfallen,[8] sind solche Überlagerungen noch relativ einfach vorstellbar. Einzelne derartige Räume – z. B. Grenzen von Bistümern, Departements, Landesherrschaften, Staaten – werden traditionell auf Karten abgebildet. Auf diesem Wege unterstützen sie zudem unsere Neigung, Räume in verdinglichender Weise als Territorien zu betrachten. Neben diesen derart sichtbar gemachten Grenzen[9] existieren aber auch noch andere – in dem Sinne, daß sie durch Handeln konstituiert bzw. in Machtgefällen „ausgehandelt“ bzw. aufgezwungen werden. Diese Grenzen stecken Räume unterschiedlichen Rechts und rechtlicher Zuständigkeiten ab und sind gegebenenfalls für jeweils unterschiedliche Menschen relevant.

Reduziert auf den Restbestand unterschiedlicher Bewegungsräume und durch sie definierter Erfahrungsräume lassen sich solche Räume besonderen Zuschnitts und besonderer Limitierung auch noch in modernen bürgerlichen Gesellschaften beobachten. Als gruppenspezifisches Phänomen, nämlich als Phänomen, das für die Angehörigen von Statusgruppen[10] gilt, im Sinne der Schaffung speziell für sie geltender Räume und Grenzen, ist es vermutlich als Phänomen von ständischen Gesellschaften ubiquitär. Örtlich nebeneinanderlebende Menschen von unterschiedlichem Status – Männer und Frauen, Adelige und Nichtadlige, Angehörige privilegierter Kollektive und diesen nicht Angehörende, Militärangehörige und Zivilisten, Stadtbürger und Einwohner (Beisassen), um nur einige wichtige Unterscheidungslinien zu markieren

ist *davon* aber *nur das*, womit das Tier interagiert. In diesem Sinne überlagern sich Umwelten bzw. stehen verschiedene Umwelten verschiedener Tiere in einer Relation des Enthaltenseins zu einer Umgebung. Wenn wir nun nicht Arten und die Populationen, in denen sie leben, betrachten, sondern Gruppen von Menschen, interessieren uns nicht deren biologische Ausstattung, sondern ihre kulturell geschaffenen, hier insbesondere die mit ihrem je gemeinsamen Status verbundenen rechtlichen Möglichkeiten und die daraus ableitbaren Formen des Interagierens mit anderen.

[8] Beispiele und Beobachtungen zu Verläufen und politischen Aushandlungsprozessen u. a. bei: Nordman, Daniel: Frontieres de France. De l'espace au territoire XVIe–XIXe siècle. Paris 1998 bzw. Ders.: Történelmi jogok és a francia tér földrajzi megteremtése a XVII. században [Historische Rechte und die Schaffung des französischen Territoriums im 17. Jahrhundert]. In: Tér és történelem. Előadások az Atelier-ben. Hg. v. Gyula Benda und András Szekeres. Budapest 2002, 149–159. Vgl. auch Lepetit, Bernard: Tér és történelem [Raum und Geschichte]. In: Ebd., 65–76, bes. zur Überlagerung mehrerer „Raumordungen“ im modernen Frankreich: 71f.

[9] Zur „Grenze“ im Sinne des hier verwendeten Raumkonzepts vgl. den kurzen Überblick bei Osterhammel, Jürgen: Kulturelle Grenzen in der Expansion Europas. In: Saeculum 46 (1995), 101–138, bes. 108–129.

[10] Gemeint sind also nicht soziologische Gruppen, etwa auf der Linie eines Hegelschen „für sich“, sondern Mengen oder (Ordnungs-)Klassen von Menschen. Dem allgemeinen Sprachgebrauch folgend, und da sich derartige Mengen vielfach ohnehin mehr oder weniger umfassend zu Gruppenzusammenhängen im soziologischen Sinn entwickeln, wird hier von Gruppen gesprochen.

– haben dann unterschiedliche Möglichkeiten zu wirtschaftlichen Aktivitäten wie zur Bewegung durch den Raum, unterschiedliche Gerichtszuständigkeit, unterschiedliche Sicherheit am Ort bzw. andernorts. Auch Religions- und Konfessionszugehörigkeit (in den Dimensionen Christen – Nichtchristen, Katholiken – Akatholiken, Anhänger einer bestimmten Denomination – oder aber „andere") kann eine solche Trennlinie bilden. Religiöse Rechte von Individuen wiederum, insbesondere das Recht auf Ausübung konfessionell spezifischer religiöser Praktiken, können vom ständischen Status des Individuums abhängig sein (im Ungarn zu Beginn des 17. Jahrhunderts war z. B. entscheidend, ob jemand adlig oder wenigstens Städter war), von Status und Ort (wiederum mit dem vorigen Beispiel: Soldaten von Grenzburgen genossen Religionsfreiheit, d. h. durften auch Protestanten sein) und vom Zufall des Unterstelltseins unter einen bestimmten Grundherren.[11] Die Möglichkeit, einfach seine Religion zu leben, konnte natürlich gegeben sein durch die „zufällige" Übereinstimmung mit der Religion des Herrschers – in Deutschland nach Augsburger Religionsfrieden und Westfälischem Frieden mit der Konfession des Landesfürsten, in Ungarn, d. h. im königlichen Ungarn bzw. in dem vom Osmanischen Reich zurückeroberten Land ab Ende des 17. Jahrhunderts, in jedem Falle für Katholiken, mit dem Segen der Habsburger. Manchmal fielen derartige Konstellationen auch zusammen. Und zudem konnten die Rechte der „anderen", so etwa der Protestanten in Ungarn, von der Lage eines Ortes (als Wohnort oder Ort anderer sozialer Handlungsakte) auf einer „Landkarte" abgestufter rechtlicher Möglichkeiten abhängen.

Wie solche „Räume" unterschiedlichen Rechts aussahen, wie sie sich mit anderen Machträumen (Territorien kirchlicher und staatlicher Organisation), Handlungsräumen (wirtschaftlicher Beziehungen) sowie mit symbolischen und praktischen Räumen (Bezügen zu eigenen Zentren wie zu Orten des Entscheidens über die Betroffenen) überlagerten und als Lebensräume funktionierten, soll im folgenden vorgestellt und problematisiert werden.

Die räumliche und zeitliche Eingrenzung auf Ungarn und auf das 17. bis 18. Jahrhundert ist in diesem Fall wichtig. Es geht hier nicht um eine allgemeine Theorie des konfessionellen Raumes oder ständischer Gesellschaften, sondern um konkret dort und dann geltende Verhältnisse. In Deutschland waren, wenigstens idealtypisch betrachtet, die Verhältnisse anders.[12] Und in Ungarn änderten das Toleranzpatent sowie weitere Verfügungen und Gesetze der leopoldinischen Zeit und darüber hinaus die

---

[11] Hier seien z. B. die gelegentlich gewährten Siedlungsprivilegien für Protestanten auf den Gütern der Grundherren Mercy (Transdanubien) oder Harruckern (jenseits der Theiß) erwähnt. Auch die Privilegien für Sondergebiete ließen sich hierher rechnen, etwa die besondere, auch in religiöser Hinsicht privilegierte Stellung der Serben (als Akatholiken) an der Militärgrenze unter Maria Theresia, einschließlich der besonderern Rechte ihrer Kirche. Vgl. Turczynszki, Emanuel: Konfession und Nation. Zur Frühgeschichte der serbischen und rumänischen Nationsbildung. Düsseldorf 1976.

[12] Einen guten Überblick für katholische und protestantische Territorien gibt, kritisch die Konfessionalisierungsthese aufgreifend: Die Territorien des Reichs im Zeitalter der Reformation und Konfessionalisierung. Bd. 1–7. Hg. v. Anton Schindling. Münster 1989–1997. – Als ein neuerer und ein älterer Forschungsüberblick, die unter dem Thema der Konfessionalisierung die Rahmenbedingungen und Implikationen der Entwicklung instruktiv zusammenfassen, seien genannt: Ehrenpreis, Stefan/Lotz-Heumann, Ute: Reformation und konfessionelles Zeitalter. Darmstadt 2002; Schmidt, Heinrich Richard: Konfessionalisierung im 16. Jahrhundert. München 1992.

Lage ebenfalls grundlegend. Im Deutschen Reich hatten seit dem Augsburger Religionsfrieden bekanntlich die Landesherren das Recht, die Konfessionsentscheidung für das ihnen unterstehende Territorium zu treffen. Das Nebeneinander konfessionell verschiedener Territorien im Reich ging (weitgehend) mit dem Ausschluß des individuellen Konfessionsunterschieds im Territorium einher. Ein derartiges *cuius regio, eius religio* hat es in Ungarn nicht gegeben. Es fehlte nicht nur die formale Festlegung selbst, sondern es fehlten auch die *regiones* im Sinne verfassungsmäßig fundierter Territorialherrschaften – wenn man nicht das Fürstentum Siebenbürgen als den einzigen Sonderfall betrachten will.[13] In Siebenbürgen wiederum wurde gerade keine offizielle Religionsfestlegung getroffen.[14] Das Komitat als Verwaltungseinheit und Adelsverband hatte eine andere Struktur.[15] Was es im 16. Jahrhundert gab bzw. was vielfach generalisierend unterstellt wird, war das Bestreben der Grundherren, ein *jus reformandi* gegenüber ihren Untertanen in Anspruch zu nehmen und das *cuius regio* damit auf das Gut zu beziehen. Besonders den sehr wohlhabenden Grundherren wird dies gerne unterstellt – entweder in kritischer Sicht auf ihr vermeintlich antikatholisches oder aber gegenreformatorisches Vorgehen oder auch affirmativ im Sinne der Tat für den rechten Glauben. Für die Zeit vor dem 17. Jahrhundert sind die Belege neueren Untersuchungen nach jedoch problematisch. Aktuellere Forschungen verweisen auf ein bemerkenswertes, freilich in dem schon vorher „multikonfessionellen“ Ungarn traditionell etabliertes Desinteresse der Grundherren an der Religion ihrer Untertanen. Sie waren zwar Patron der Kirche auf ihrem Grund, das bedeutete aber zunächst die Pflicht zum Unterhalt. Das *jus praesentandi* galt eher der Person des Pfarrers – orthodoxe Untertanen hatten orthodoxe, katholische hatten katholische Pfarrer –, und vielfach, so scheint es nun, galt dies selbst dann für protestantische Dörfer und Pastoren, wenn der Grundherr katholisch war.[16]

---

13 Zum Fehlen von „Regionen“ im Sinne der deutschen Territorien vgl. auch PÉTER, Katalin: A reformáció – kényszer vagy választás? [Die Reformation – Zwang oder Wahl?]. Budapest 2004, bes. 101–117.

14 Wenn auch die Präferenzen der Fürsten in verschiedene Richtungen gingen, kam es zur gesetzlichen Verankerung eines Nebeneinanders von vier rezipierten Religionen und der Duldung der Orthodoxie. Einen guten Überblick zu den Schritten der Gesetzgebung wie den Inhalten der Gesetze gibt RÉVÉSZ, Imre: Magyar református egyháztörténet. I.: 1520 tájáról 1608-ig [Ungarische reformierte Kirchengeschichte. Bd. 1: Von ca. 1520 bis 1608]. Debrecen 1938, 284–310. Bereits die Formulierungen der Festlegungen verdeutlichen, daß eine bestehende Praxis im Nachgang anerkannt, aber keine moderne liberale Regelung getroffen wurde. In diesem Sinne diskutiert auch Révész die Bedeutung dieser Regelungen am Schluß des Kapitels. – Vgl. auch: BALÁZS, Mihály: Az erdélyi Antitrinitarizmus az 1560-as évek végén [Der siebenbürgische Antitrinitarismus am Ende der 1560er Jahre]. Budapest 1988, 190–213; PÉTER, Katalin: A reformáció és a művelődés a 16. században [Reformation und Kultur im 16. Jahrhundert]. In: Magyarország története. Bd. 3/1: 1526–1689. Hg. v. Ágnes R. VÁRKONYI. Budapest 1985, 475–604, hier bes. 523–532.

15 Zum Komitat aus verfassungsgeschichtlicher Sicht: ECKHART, Ferenc: Magyar alkotmány- és jogtörténet [Ungarische Verfassungs- und Rechtsgeschichte]. Hg. v. Barna MEZEY. Budapest 2000 [[1]1946], bes. 222–227; zum Komitat in der Neuzeit sowie ergänzend zur Herausbildung der Ämter vor 1526 siehe ebd., 103–114; zusammenfassend und mit Hinweisen auf weitere neue Literatur: Magyar alkotmánytörténet [Ungarische Verfassungsgeschichte]. Hg. v. Barna MEZEI. Budapest 1995, 121–126, 178f.

16 Belege dafür, wie in der Praxis der Übergang des Patronats zusammen mit dem Eigentum am Dorf, d. h. am Boden, an den neuen Eigentümer vonstatten ging, liefert PÉTER, A reformáció (wie Anm. 13), 28–35. – Zu der erratischen Weise, in der sich Patrone Mitte des 16. Jahrhunderts um Kirchen auf ihrem Grund und Boden kümmerten oder sich eben nicht darum scherten, siehe ebd., 87f.

Erst der Machtkonflikt mit dem Herrscher verwandelte auch die Religion für Magnaten und Gemeinadel in gewaltsam ausgefochtenen Auseinandersetzungen in eine Streitfrage und machte die Religionsentscheidung von der Macht abhängig.[17] Seit dem 17. Jahrhundert setzte sich so, wesentlich vorangetrieben von Rekatholisierungsbestrebungen der Habsburger Herrscher und der katholischen Kirche als in ihrem Herrschaftsbereich verankerter Organisation, eine Praxis der Rekatholisierung seitens der katholischen Grundherren durch. Ein *jus reformandi* stellt freilich auch dies nicht dar. Der Grundherr konnte seinem hörigen Bauern das Leben erheblich erschweren, er konnte ihn zwingen, dem katholischen Pfarrer Abgaben und Stola zu zahlen. Er konnte ihn daran hindern, einen Pfarrer seiner eigenen Konfession kommen zu lassen. Gestritten wurde um das Kirchengebäude und seine Nutzung, den Glockengebrauch, den Friedhof und die Schule.[18] Diesbezüglich hatte der Grundherr, in einem übrigens bald ziemlich verrechtlichten Verfahren, weitreichende Einflußmöglichkeiten. Darüber hinaus reichte jedoch seine unmittelbare Macht nicht. Selbst Aussiedlungen und Vertreibungen, die in der Kirchengeschichtsschreibung der Protestanten gelegentlich aufgeführt werden, blieben die Ausnahme. Häufig versuchte ein meist katholischer Grundherr, die ihm untertänigen Bauern zu katholisieren. Er nahm ihnen Kirchen weg oder verbot Reparaturen, verwehrte die Einsetzung eines neuen Pfarrers oder Schulmeisters und erschwerte oder machte ihnen so und auf anderem Wege das religiöse Leben unmöglich. Der Staat wiederum verbot in vielen Gebieten, an vielen Orten die öffentliche protestantische Religionsausübung und gestattete sie andernorts nur unter hohen – de facto räumlich wiederum abgestuften – Nachweispflichten und unter Hindernissen; somit schuf er spezifische, verschieden ausgestaltete konfessionelle Räume.

In Ungarn lassen sich unter diesen Voraussetzungen im späten 17. bis ins 18. Jahrhundert zum einen Zonen unterschiedlicher Rechte für Protestanten beobachten. Zum anderen erhielten die Betroffenen von den Angehörigen der katholischen Kirche selbst verschiedene Rechte. Die Begrenzungen, die dies für sie bedeutete – vielfach noch verstärkt durch eine Position unterhalb der ständischen Trennlinie –, und die alltagspraktischen Folgen dieses spezifischen Rechts prägten wiederum Raumerfahrung und -nutzung.

Auch der Glaubenswandel der Herren habe nichts an der schon vorher bestehenden Praxis des Patronats über jegliche Kirchen geändert (ebd., 115, 117).

17 Ebd., 117. Die ältere Forschungsliteratur sieht den Konflikt durch das Rekatholisierungsstreben der zur katholischen Kirche zurückgekehrten Grundherren gegenüber ihren noch protestantischen Bauern provoziert. Vgl. prototypisch: A Magyarhoni Protestáns egyház története [Die Geschichte der ungarländischen protestantischen Kirche]. Hg. v. Mihály ZSILINSZKY. Budapest 1907.

18 Zur Rechtsentwicklung vgl. ZSILINSZKY, Mihály: A magyar országgyűlések vallásügyi tárgyalásai [Die Verhandlungen von Religionsfragen auf den ungarischen Reichstagen]. Bd. 1–4. Budapest 1881–1897, Bd. 1: A reformátiótól a bécsi békéig (1523–1608) [Von der Reformation bis zum Wiener Frieden (1523–1608)]. Budapest 1881, Bd. 2: A bécsi békekötéstől a linczi békekötésig (1608–1647) [Vom Abschluß des Wiener Friedens bis zum Linzer Frieden (1608–1647)]. Budapest 1891, Bd. 3: 1647–1687. Budapest 1893, Bd. 4: 1687–1712. Budapest 1897. – DERS.: A Linczi békekötés és az 1647-ki vallásügyi törvényczikkek története [Die Geschichte des Linzer Friedensschlusses und der Religionsartikel von 1647]. Budapest 1890; in Zusammenfassung: BUCSAY, Mihály: Der Protestantismus in Ungarn 1521–1978. Bd. 1–2. Wien-Köln-Graz 1977–1979, hier bes. Bd. 1. – Péters Kommentar zur Religionsausübung „una cum templis": PÉTER, A reformáció (wie Anm. 13), 116f.

Zunächst soll auf das Problem der Zonen unterschiedlicher religiöser Rechte eingegangen werden. Das im Mittelalter zu Ungarn gehörige Siebenbürgen, das ab dem 16. Jahrhundert im Zuge von Thronstreitigkeiten und osmanischem Vordringen jedoch den Status eines selbständigen Fürstentums erlangt hatte, wurde von den Habsburgern bekanntlich nicht wieder an Ungarn angegliedert. Religionspolitisch galt dort formal altes Recht weiter, also weiterhin die Religionsfreiheit für die vier rezipierten Religionen und die Duldung der Orthodoxen, auch wenn die Habsburger de facto erhebliche Eingriffe zugunsten des Katholizismus vornahmen.[19] Mit dem Hinweis auf seine formale Sonderstellung wird es daher im folgenden nicht weiter behandelt. Ausgespart bleiben auch die Verhältnisse an der Militärgrenze und in Kroatien-Slawonien.[20]

Andere Zonen, in denen unterschiedliche Voraussetzungen für die protestantischen Einwohner des Königreichs galten, folgten früheren politischen Grenzziehungen bzw. verliefen entlang der einstigen Grenzen eroberter Gebiete und Einflußsphären. Während der Zeit der osmanischen Eroberung bestand ein wesentlicher Unterschied zwischen dem königlichen Ungarn und dem osmanischen Gebiet darin, daß sich die osmanische Herrschaft in die spezifischen religiösen Verhältnisse ihrer „ungläubigen" Untertanen nicht einmischte.[21] So hatte sich die Reformation in diesen Gebieten ausbreiten und halten können. Die Einwohner waren mehrheitlich protestantisch geworden. Die Habsburger betrieben dagegen in ihrem eigenen Einflußbereich bald eine Politik der Rekatholisierung des Landes, das Ende des 16. Jahrhunderts noch mehrheitlich protestantisch gewesen war. Dieses königliche Ungarn machte jedoch nur den westlichen und nördlichen Rand des Landes aus. Der höchste Druck in Richtung Katholisierung konnte innerhalb dieses Bereichs in den Gebieten aufgebaut werden, die dem Zentrum der Habsburger bzw. dem katholischen Gebiet in Nachbarschaft zu den Ländern der Stephanskrone am nächsten lagen. Dort trat auch der Adel relativ bald wieder zum Katholizismus über, unter dem Einfluß der Jesuiten, aber wohl auch aus Rücksichtnahme auf das Verhältnis zum Herrscher. Im Osten dagegen blieben größere Teile des Adels protestantisch. Ohnehin waren diese Gebiete

---

19 Zur Entwicklung im 16. Jahrhundert vgl. Anm. 15. Zu diesen Eingriffen, aus deutlich protestantischer Sicht: Mályusz, Elemér: Magyarország története a felvilágosodás korában. [Die Geschichte Ungarns im Zeitalter der Aufklärung]. Budapest 2002 [[1]1931/1932] (Milleniumi magyar történelem. Historikusok), bes. 153–238. – Zu den Eingriffen vermittels der Religionsunion für die Rumänen: Tóth, Zoltán I.: Az erdélyi román nacionalizmus első százada [Das erste Jahrhundert des rumänischen Nationalismus]. Budapest 1946 [Neuauflagen: Csíkszereda 1998, Máriabesenyő-Gödöllő 2005]; vgl. auch Bernath, Mathias: Habsburg und die Anfänge der rumänischen Nationsbildung. Leiden 1972; Turczynski, Emanuel: Konfession und Nation. Zur Frühgeschichte der serbischen und rumänischen Nationsbildung. Düsseldorf 1976.

20 Siehe als Überblick zu den hier relevanten Vorgängen Turczynski (wie Anm. 19).

21 Hegyi, Klára: Török berendezkedés Magyarországon [Die türkische Etablierung in Ungarn]. Budapest 1995; allgemeiner: Moacanin, Nenad: Some remarks on the supposed Muslim Tolerance towards Dhimmis. In: Südost-Forschungen 48 (1989), 209–215. – Zu katholischen Einrichtungen im osmanischen Gebiet neuerdings: Molnár, Antal: Mezőváros és katolicizmus. Katolikus egyház az egri püspökség területén a 17. században [Marktflecken und Katholizismus. Die katholische Kirche auf dem Gebiet des Bistums Erlau im 17. Jahrhundert]. Budapest 2005 sowie weitere Arbeiten des Verfassers. Mitunter wird, gerade in der protestantischen Kirchengeschichtsschreibung, die Lage der Christen unter osmanischer Herrschaft kritischer gesehen. Besonders deutlich repräsentiert diesen Ansatz: Ungváry, Sándor: The Hungarian Protestant Reformation under the Ottoman Impact. Lewiston 1989, 9–76.

aufgrund ihrer Entfernung vom Herrschaftszentrum schwerer zu kontrollieren. Zudem hatten dort im 17. Jahrhundert in den Friedensschlüssen nach Aufständen unter Beteiligung Siebenbürgens Komitate wiederholt den Besitzer gewechselt. Auch nach der Rückeroberung des gesamten Landes blieben die Spuren dieser Verhältnisse nicht nur in der Konfessionszugehörigkeit der Bevölkerung und ihrer Mentalität, sondern auch in Zonen unterschiedlicher rechtlicher Möglichkeiten für die Protestanten spürbar.

Der Wiener Frieden zwischen Bocskai und seinen Anhängern respektive dem Herrscher hatte 1606 Religionsfreiheit für den Adel, die Städte und die Soldaten der Grenzburgen verfügt. In den Krönungsartikeln von 1608 waren auch die Dörfer in die Regelung mitaufgenommen worden. Umstritten ist, ob diese Regelung – erlassen auf einem Höhepunkt protestantischer Macht in Ungarn – subjektives Recht der Bewohner durchsetzen sollte oder aber bedeutete, daß der König sich auch in Religionsfragen nicht in die Rechte der Grundherren über ihre Dörfer einmischen dürfe.[22] De facto hingen die Möglichkeiten vor Ort auch von der jeweils gegebenen Machtsituation ab – im 17. Jahrhundert wurden Grenzsoldaten, auch wenn evangelisch oder reformiert, unbedingt gebraucht. In den Städten dagegen ging die Konfiskation von Kirchen weiter, ebenso der Druck auf die Bürger zum Konfessionswechsel. Die Aufstände des 17. Jahrhunderts setzten immer wieder auch religiöse Forderungen auf ihre Fahnen. Erreicht wurden schließlich im wesentlichen nur die Bekräftigung der Artikel von 1608, so nach Bethlens Erhebung auf dem Frieden von Nikolsburg 1622 und dann in den Krönungsartikeln desselben Jahres, nach dem Rákóczi-Aufstand im Linzer Frieden von 1645 und in den Gesetzen von 1647.[23] Dieses Recht wurde allgemein formuliert, betraf in der Anwendung aber das königliche Ungarn. Das Eroberungsgebiet war für den Herrscher unzugänglich, und Siebenbürgen hatte wie schon angemerkt eigene Regelungen. Streitigkeiten vor Ort betrafen besonders häufig die Rechte an Kirchengebäuden und wurden vielfach auch auf den Reichstagen vorgebracht. Die für den König so wichtigen Steuerbewilligungen und andere Gesetze waren, auch bei insgesamt schwindenden protestantischen Positionen, meist erst nach Abarbeitung dieser Streitigkeiten möglich.

Eine solche Regelung stellte ursprünglich auch Gesetzesartikel (GA) 26/1681 auf dem Soproner Landtag dar. Zu dieser Zeit wurde Ungarn bereits einige Jahre lang von Kurutzenaufständen erschüttert, an deren Spitze sich Imre Tököly gestellt hatte. Konfiskationen von Kirchen und Atrozitäten aller Art – auch von sich als Gotteskrieger deutenden Kurutzen gegen Amtsinhaber der katholischen Kirche – waren verbreitet, wechselseitige Enteignungen von Kirchen ebenso. Art. 26/1681 regelte,

---

[22] Die Interpretation, daß die Religionsfreiheit auf die Leibeigenen ausgedehnt werden sollte, und die Deutung, man habe so auch die Untertanen der katholischen Kirche gewinnen wollen, ist weit verbreitet; vgl. Bucsay, Der Protestantismus in Ungarn 1521–1978 (wie Anm. 18), Bd. I, 147–149; Szabó, István: Tanulmányok a magyar parasztság történetéből [Studien aus der Geschichte der ungarischen Bauern]. Budapest 1948, bes. 203–264. – Eine andere Lesart präsentiert Péter, Katalin: Papok és nemesek [Priester und Adlige]. Budapest 1995, bes. 129–151. Diese Interpretation als ständische Auseinandersetzung auch in Péter, A reformáció (wie Anm. 13), bes. 87–117.

[23] Gesetzesartikel (GA) 1/1608 (vgl. Corpus Juris Hungarici); Zsilinszky, A magyar országgyűlések (wie Anm. 18), Bd. 2, 244–274; Artikel 2/1622, später GA 33/1639, GA 29/1635 und GA 1/1638, § 7, dazu jeweils Zsilinszky, A magyar országgyűlések (wie Anm. 18), Bd. 2; GA 5 und 6/1647; Zsilinszky, A Linczi békekötés (wie Anm. 18).

daß in bestimmten Komitaten, nämlich in Eisenburg (ung. Vas), Ödenburg (ung. Sopron), Preßburg (slwk. Bratislava, ung. Pozsony), Neutra (slwk. Nitra, ung. Nyitra), Barsch (slwk. Tekov, ung. Bars), Trentschin (slwk. Trenčín, ung. Trencsén), Altsohl (slwk. Zvolen, ung. Zólyom), Turz (slwk. Turiec, ung. Túróc), Liptau (slwk. Liptov, ung. Liptó), Arwa (slwk. Orava, ung. Árva), Zips (slwk. Spiš, ung. Szepes), die Protestanten als Ersatz für bereits entwendete und neugeweihte Kirchen in zwei bis drei Orten pro Komitat sowie in einigen Grenzorten und königlichen Freistädten freie Bauplätze erhalten sollten.[24] Diese Orte neben den Grenzorten und freien königlichen Städten wurden in dem Artikel aufgeführt. Damals war der Tököly-Aufstand auf seinem Höhepunkt angelangt. Nachdem jedoch die Osmanen vor Wien gescheitert waren, 1686 auch Buda zurückerobert worden war und der Feldzug gegen die Türken erfolgreich weiterging, wurde als Vergeltung für den Aufstand auf dem Preßburger Reichstag von 1687 nicht nur das Erbfolgerecht der Habsburger anerkannt und auf das Widerstandsrecht aus der Goldenen Bulle verzichtet, sondern auch festgesetzt, daß die bisherigen Rechte der Protestanten nur noch aus königlicher Gnade gelten sollten.[25] Eine entscheidende Einschränkung der Möglichkeiten brachte 1691 die Explanatio Leopoldina – kein Gesetz, sondern eine Erklärung des Herrschers, wie diese Gesetze künftig zu deuten wären.[26] Öffentlich ihre Religion ausüben durften Protestanten nun nur noch in den in Art. 16/1681 bezeichneten Orten. Außerhalb dieser Artikularorte waren Gottesdienst oder kirchliche Handlungen verboten. Dort durfte ein protestantischer Pfarrer die Gläubigen auch nicht aufsuchen, durfte keine Schule betrieben werden, und die Gläubigen unterstanden der Jurisdiktion des katholischen Pfarrers und mußten ihm Abgaben zahlen. Dies galt freilich nur in den aufgeführten Komitaten – zugleich denen, die 1681 zum Herrschaftsbereich des Königs gehört hatten. In den zurückeroberten Gebieten bestand einerseits die Tendenz, die Wiederbesiedlung möglichst mit katholischen Siedlern zu betreiben, was unterstützt wurde dadurch, daß Besitzansprüche zu belegen und ein Waffengeld an die Kammer zu zahlen waren. Andererseits war dieses Gebiet ja

---

24 Neben den königlichen freien Städten bzw. den Bergstädten betraf das im Komitat Eisenburg Dömölk und Nemcsó bzw. Oberwart (ung. Felsőőr) für die Reformierten, im Komitat Ödenburg Vadosfa und Nemeskér, im Komitat Preßburg Réte (slwk. Rece) (reformiert) und Pusztafödémes (slwk. Pusté Úľany), im Komitat Neutra Nyitraszerdahely (slwk. Nitirianska Streda) und Michelsdorf (slwk. Stráže pod Tatrami, ung. Strázsa), im Komitat Bars Simonyi (slwk. Partizánske) und Szelezsény (slwk. Sľažany), im Komitat Altsohl Osztroluka (slwk. Ostrá Luka) und Garamszeg (slwk. Hronsek), im Komitat Turóc Necpál (slwk. Necpaly) und Ivánkafalva (slwk. Ivančiná), im Komitat Liptó Geib (slwk. Hybe, ung. Hibbe) und Nagypalugya (slwk. Paludza), im Komitat Árva Felsőkubin (slwk. Vyšný Kubín) und Isztebnye (slwk. Istebné), im Komitat Trentschin Szujó (slwk. Šuja) und Zay-Ugróc (slwk. Uhrovec) und in der Zips Gorgau (slwk. Spišský Hrov, ung. Görgő), Toporc (slwk. Toporec) und Botzdorf (slwk. Batizovce, ung. Batizfalva). Als Grenzorte wurden Szentgrót, Tihany, Vázsony, Pápa, Veszprém, Raab, Komorn, Lewentz (slwk. Levice, ung. Léva), Karpfen (slwk. Krupina, ung. Korpona), Fülek, Putnok, Ónod, Szendrő, Tokaj, Kálló und Sathmar (ung. Szatmárnémeti) aufgeführt. Eine Karte, auf der diese Orte verzeichnet sind, ist zu finden bei Csepregi, Zoltán: Magyar pietizmus 1700–1756 [Ungarischer Pietismus 1700–1756]. Budapest 2000, 321.

25 GA 21/1687, dazu Bucsay, Der Protestantismus in Ungarn 1521–1978 (wie Anm. 18), Bd. 1; A magyarhoni (wie Anm. 17) bzw. Zsilinszky, A magyar országgyűlések (wie Anm. 18), Bd. 3, 537–574.

26 Kuzmány, Karl: Urkundenbuch zum österreichisch-evangelischen Kirchenrecht. Wien 1856, 127–129; Bucsay, Mihály: Das Toleranzpatent in der reformierten Kirche Altungarns. In: Im Lichte der Toleranz. Aufsätze zur Toleranzgesetzgebung des 18. Jahrhunderts im Reiche Joseph II., ihren Voraussetzungen und ihren Folgen. Eine Festschrift. Hg. v. Peter F. Barton. Wien 1981, 59–104, bes. 69–71.

nicht menschenleer und brauchten auch die katholischen Grundherren Arbeitskräfte. Mitunter erhielten daher auch im 18. Jahrhundert Protestanten im früheren Eroberungsgebiet Siedlungsprivilegien. Zum anderen waren in diesen Gegenden – neben nomadisierenden serbischen Viehzüchtern – viele magyarische Reformierte in Dörfern und Marktflecken verblieben.

1701 erließ der Herrscher eine weitere Verordnung, nach der in den wiedereroberten Gebieten, in denen damals keine Artikularorte benannt worden waren, allein das römisch-katholische Bekenntnis frei sein sollte. In den Grenzburgen, die einst ebenfalls das Recht zur öffentlichen protestantischen Religionsausübung besessen hatten, galt diese nun ebenfalls nicht mehr.[27] Dies konnte jedoch nicht komplett umgesetzt werden. Die Carolinischen Resolutionen von 1731 und 1734, die u.a. die Reorganisation der evangelischen und reformierten Kirchenorganisation verfügten und festlegten, unter welchen Bedingungen deren Führungsgremien Sitzungen abhalten durften, gingen implizit auch von einer weiteren regionalen Ausdehnung dieser Kirchenorganisationen aus.[28] Ansonsten griff unter Karl III. und Maria Theresia eine Politik der stillen Gegenreformation mit dem Bestreben, den Protestantismus allmählich auszudörren. De facto bildete sich neben der gesetzlichen Regelung, die man 1691/1701 einzuführen versucht hatte – nämlich zwei Orte pro Komitat in einer genannten Zone mit öffentlicher protestantischer Religionsausübung –, ansonsten nur die katholische Religionsausübung und eine etwas andere Zonengliederung heraus. Als Joseph II. sich zur Vorbereitung des Toleranzpatents Bericht über die rechtliche Lage und Praxis erstatten ließ,[29] ergab sich folgendes Bild: Auch in den im Artikel aufgeführten Komitaten hatte man die Explanatio Leopoldina nicht überall durchsetzen können. Gelungen war dies nur in sechs Komitaten, nämlich in Preßburg, Neutra, Barsch, Trentschin, Ödenburg und Eisenburg.[30] In den übrigen Komitaten hatte es zumindest bis 1749, als Maria Theresia sich der Sache intensiver annahm, auch in anderen Orten Gottesdienste gegeben und hatten protestantische Pfarrer weiterhin Gläubige außerhalb ihres eigenen Sitzes aufgesucht und versorgt.[31] In 19 weiteren Komitaten kam den Protestanten Kultfreiheit in allen Gemeinden zu, die dieses Recht 1681 besessen hatten.[32] Dies betraf Zala, Veszprém, Raab (ung. Győr), Komorn (slwk. Komárno, ung. Komárom), Abaújwar (ung. Abaúj), Scharosch (slwk. Šariš, ung. Sáros), Semplin (slwk. Zemlin, ung. Zemplén), Ungarisch Berg (ung. Bereg), Ugotsch (ung. Ugocsa), Tolnau (ung. Tolna), Gemer (slwk. Gemer, ung. Gömör),

---

27 Bucsay, Das Toleranzpatent (wie Anm. 26), 70f.

28 Zur Carolina Resolutio: Kuzmány (wie Anm. 26), 133–135, 137f.

29 Zu dem Bericht im Überblick: Bucsay, Das Toleranzpatent (wie Anm. 26). Der Verfasser verweist dort auf Archivquellen (Magyar Országos Levéltár [Ungarisches Landesarchiv], im folgenden: MOL Budapest: Schriften der ungarischen Kanzlei 3 521/1781, Sect. I. § 5f., vgl. ebd., 69). – Es verwundert, daß Bucsay nicht auf die gedruckt vorliegende Quellenedition von Mályusz verweist, die die angeführten Texte ebenfalls enthält, anders als die Darstellung des Themas auch in Ungarn allerdings nur in sehr wenigen Bibliotheken zugänglich ist: Iratok a türelmi rendelet történetéhez. Hg. v. Elemér Mályusz. Budapest 1940, hier 1–29 bzw. Ders.: A türelmi rendelet. II. József és a magyar protestantizmus [Das Toleranzpatent. Joseph II. und der ungarische Protestantismus.]. Budapest 1939. Für den Hinweis auf diesen Quellenband danke ich László Kósa.

30 Bericht Sect. I. § 5, bzw.: Iratok a türelmi rendelet történetéhez (wie Anm. 29), 11; dort zuvor auch ein Überblick zu den früheren Gesetzen und Erlassen.

31 Ebd.

32 Ebd.

Borschod (ung. Borsod), Hont, Neograd (slwk. Novohrad, ung. Nográd), Hewesch (ung. Heves), Pest-Pilis-Solt, Szabolcs und Sathmar. Das große Problem bestand darin, dies nachzuweisen.[33] Immerhin hatte es Kriege und Fluchtbewegungen gegeben, und die Betroffenen waren mehrheitlich hörige Bauern.

In einer dritten Zone, in dem gesamten ehemals eroberten Tiefland – in „comitatibus, qui attunc sub Turcico dominatu existentes non specificantur" –, war das Stichjahr 1731.[34] Alle Gemeinden, die nachweisen konnten, daß sie im Jahre der Bekanntgabe der ersten *Carolina Resolutio* freie Religionsausübung hatten, blieben im Besitz dieses Privilegs. Freilich arbeiteten auch hier Grundherren und Komitatsverwaltungen vielfach dagegen an.[35] Wo an einem Ort per Ansiedlung konfessionell und oft auch sprachlich verschiedene Menschen zusammenkamen, wurden die idealtypischen katholischen deutschen Neusiedler vielfach vom Grundherren gegen die noch ansässigen reformierten (und seltener evangelischen) und oft magyarischen Ortsansässigen ausgespielt, auf dem Weg von Entscheidungen über Kirche und Friedhof zugunsten einer neuen Mehrheit, über die Entwendung von Kirchen und viele andere Maßnahmen.

Diese drei Zonen bildeten zum einen Bereiche, in denen öffentliche Religionsausübung – also Gottesdienst, Taufe, Eheschließung, Beerdigung, Katechese und Schulunterhalt bzw. -besuch – in unterschiedlichem Maße möglich war. Wer außerhalb eines Artikularortes lebte, konnte Hausandacht halten, durfte aber keinen Fremden zulassen. Der Pfarrer konnte nicht zu ihm kommen. Wollte er am öffentlichen Gottesdienst teilnehmen, mußte er in einen anderen Ort gehen. Das bedeutete lange Fußmärsche oder zumindest Wege – auch Adlige unterlagen dieser Regelung.[36] Der Schulbesuch der Kinder war nur in einer katholischen Schule vor Ort möglich oder aber in weiter entfernt gelegenen Orten, und unter entsprechenden Opfern an Mühe, Zeit und zusätzlichen Transport- oder Unterbringungskosten. Wenn ein solcher Schulbesuch im Internat oder bei Fremden erfolgte, ging dies mit räumlicher Trennung einher.[37]

---

33 Bucsay, Das Toleranzpatent (wie Anm. 26), 71.

34 Iratok a türelmi rendelet (wie Anm. 29), 11.

35 Bucsay, Das Toleranzpatent (wie Anm. 26), 70f.

36 Als z. B. 1721 ein Landtagsausschuß in Pest tagte, mußten dessen adlige protestantische Mitglieder – ebenso wie die in Pest kasernierten Veteranen – nach Cinkota zum Gottesdienst gehen. Selbst eine Andacht in geschlossenem Kreis in privaten Räumen war nicht möglich. Doleschall, Alexander: Das erste Jahrhundert aus dem Leben einer hauptstädtischen Gemeinde. Aus Veranlassung des hundertjährigen Bestandes der Priester der evang. Kirchengemeinde A. C. geschildert von E. A. Doleschall, Pfarrer der deutschen evang. Gemeinde. Budapest (Franklin) 1887, 10.

37 Zum Volksschulwesen vor dem Toleranzedikt, mit zahlreichen Beispielen zur Lage der protestantischen Schulen: Fináczy, Ernő: A magyarországi közoktatás története Mária Terézia korában [Die Geschichte des Volksschulwesens in Ungarn zur Zeit Maria Theresias]. Bd. 1–2. Budapest 1899–1902. Zu den reformierten Kollegien und Akademien liegen teils aus der Zeit des Dualismus, teils aus jüngerer Zeit etliche Überblicksdarstellungen vor, dazu: Békefi, Remig: A Debreczeni ev. ref. főiskola XVII. és XVIII. századi története [Die Geschichte der Debreziner evangelisch reformierten Hochschule im 17. und 18. Jahrhundert]. Budapest 1899; A Debreceni Református Kollégium története [Die Geschichte des Debreziner reformierten Kollegiums]. Hg. v. József Barcza. Budapest 1988; A pápai kollégium története [Die Geschichte des Pápaer Kollegiums]. Hg. v. Zsolt Trócsányi. Budapest 1981; A sárospataki református kollégium. Tanulmányok alapításának 450. évfordulójára [Das reformierte Kollegium von Sárospatak. Aufsätze zu seinem 450jährigen Gründungsjubiläum]. Hg. v. Tiszáninneni Református Egyházkerület elnöksége. Budapest 1981; Kelemen, Gál: A kolozsvári unitárius kollégium története 1568–1900 [Die Geschichte des unitarischen Kollegiums in Klausenburg

In der zweiten und dritten Zone waren die Orte, in denen noch Gemeinden bestanden, zahlreicher, die Wege mithin etwas kürzer. Alte Kirchengebäude gingen jedoch im Laufe der Zeit vielfach an die Katholiken über, die entweder Rechtsnachfolger der ursprünglichen Erbauer waren oder die Baulichkeiten unter anderen Rechtstiteln nutzten. Die Protestanten hatten dann ein neues Gebäude, meist einfacher, nur aus Holz, als Oratorium zu errichten. Der Baugrund dazu wurde in der Regel am Ortsrand ausgewiesen, während das Zentrum katholisch besetzt war. Gab es nur einen Friedhof, bestand in der Regel ebenfalls eine Randzonenregelung. Der Gebrauch von Glocken war vielfach nicht möglich, oder es wurde wohl geläutet, jedoch mangels Ausstattung bescheidener. Das den öffentlichen Raum und das Leben aller strukturierende und durchtönende Läuten kam in aller Regel, d. h. in gemischten Siedlungen bzw. in solchen ohne besondere Rechtsregelung, vom katholischen Kirchgebäude. Nur in der dritten Zone gab es in größerer Dichte protestantische Siedlungsgebiete sowie Orte, in denen nicht nur einzelne protestantische Gemeinden bestanden, sondern überhaupt fast nur Protestanten lebten. Debreczin (ung. Debrecen), das ab 1693 allerdings freie königliche Stadt war, Hódmezővásárhely oder die Haiduckensiedlungen sind gute Beispiele dafür. In solchen Orten waren nicht nur Stadtrat und Konsistorium noch lange identisch und wurden auch die Kassen erst unter dem Druck Wiens und wegen des Zuzugs von Glaubensfremden getrennt. Hier standen protestantische, d. h. konkret reformierte, Kirchen im Ortszentrum und an allen markanten Positionen; ihre Glocken begleiteten den Alltag. Hier ging der Stadtrat in den protestantischen Gottesdienst, hier gab es der Kirche angegliederte Einrichtungen, so besonders das sogenannte große Kollegium in Debreczin, mitten im Zentrum der Ortschaft.[38]

Debreczin wurde denn auch zum Zentrum einer ganzen Kultur, zur Lieferstätte von Lehrern und Pfarrern, nach den Beschränkungen in der ersten und zweiten Zone teilweise auch für diese Gegenden, die eigentlich andere Zentren hatten, in denen aber Schulen vielfach geschlossen worden waren oder ihr Unterhalt sich so schwierig

---

1568–1900]. Bd. 1–2. [o. O.] 1935; Török, István: Adatok és részletek a kolozsvári ev. ref. kollégium 18. századi történetéből [Angaben und Details zur Geschichte des Klausenburger evangelisch reformierten Kollegiums um 1800]. In: Erdélyi Múzeum (1884), 247–313. – Zu den evangelischen Schulen liegen ähnliche Darstellungen meist nur aus dem 19. Jahrhundert vor, u. a.: Hörk, József: Az eperjesi evangélikus keresztyén collégium története [Die Geschichte des evangelischen Kollegiums in Preschau]. Bd. 1–2. Kassa 1896–1898; Ders.: Emléklap az eperjesi ev. templom és az eperjesi ev. ker. collégium visszaszerzésének 100. éves örömünnepe alkalmából [Erinnerungsblatt zum 100jährigen Jubiläum der Rückkehr der evangelischen Kirche und des evangelischen Kollegiums zu Preschau]. Zusammengestellt v. Dems. Kassa 1885; Bruckner, Győző: A késmárki ág. hitv. ev. kerületi liceum pártfogóságának története. Egyházjogi és művelődéstörténeti tanulmány [Die Geschichte des Patronats des Käsmarker evangelischen Distriktlyceums. Eine kirchenrechtliche und kulturgeschichtliche Abhandlung]. Sárospatak 1922; Palcsó, István: A késmárki ág. hitv. ev. kerületi lyceum története [Die Geschichte des Käsmarker evangelischen Distriktlyceums]. Késmárk 1893; Breznyik, János: A selmecbányai ágost. hitv. evang. egyház és lyceum története. XVII.–XIX.-ik. századbeli események [Die Geschichte der Schemnitzer evangelischen Kirche und des Lyceums. Die Ereignisse vom 17. bis zum 19. Jahrhundert]. Selmecbánya 1889; Payr, Sándor: Negyedfélszázados főiskola Sopronban [Vierhundertfünfzig Jahre evangelische Hochschule in Ödenburg]. Sopron 1907; Markusovszky, Sámuel: A pozsonyi ág. hitv. ev. lyceum története, kapcsolatban a pozsonyi ág. hitv. ev. egyház múltjával [Die Geschichte des Preßburger evangelischen Lyceums, im Zusammenhang mit der Geschichte der Preßburger evangelischen Kirche]. Pozsony 1896.

38 Die umfangreiche Literatur zu Debrecen kann hier nicht einmal ansatzweise zusammengefaßt werden. Einen guten und reich dokumentierten Einblick in das Verhältnis von Kirche und Stadt gibt Rácz, István: Protestáns patronátus [Protestantisches Patronat]. Debrecen 1997, bes. 85–94.

gestaltete, daß Debreczin und daneben Sárospatak Ersatzfunktionen übernahmen. Für die evangelischen Orte spielten die sogenannten Hochschulen, eine Art Mischung von philosophisch orientiertem Obergymnasium mit darauf aufsetzender juristischer und theologischer Ausbildung, besonders in Ödenburg und Preßburg eine solche Rolle. Daneben bestanden große evangelische Schulen an einigen anderen Orten Oberungarns, u. a. in Schemnitz (slwk. Banská Štiavnica, ung. Selmecbánya) und Käsmark (slwk. Kešmarok, ung. Késmárk). Gerade wegen der Beschränkungen im evangelischen „Kerngebiet" behielten und verstärkten die Gemeinden ihre Beziehung zum deutschen Raum, vor allem nach Mitteldeutschland: Wer Pfarrer werden wollte, mußte auch an einer ausländischen Universität studieren, und in der Regel tat er das an einer deutschen. Auch für die Reformierten gab es solche externen Zentren oder Bezugsorte, in Norddeutschland, aber durchaus auch in Holland und England. War es nicht anders möglich, suchte man diese Orte zu Fuß auf. Der Schule in Ungarn dankte man durch dorthin zurückgetragene Bücher, wie noch die Bibliothek des reformierten Kollegiums in Debreczin belegt. Die evangelischen und – seltener – auch die reformierten Theologen verfügten also durchaus über Erfahrungen im Ausland. Sie lebten in dem Bewußtsein, daß diese Distanzen zu überwinden und der Kontakt dorthin zu halten war. Eben daraus konstituierte sich eine konfessionelle Gemeinsamkeit über die einzelnen Gemeinden und Regionen hinaus.[39]

In die zentralen Orte der eigenen Konfession, aber auch in die administrativen Zentren Ungarns bis hin zu den zuständigen Stellen in Wien reichten die Bewegungsräume der Kirchenglieder. Wie schon angemerkt waren diese gerade im Fall der Reformierten oft hörige Bauern. Zu diesen weiträumigen Kontakten und Unternehmungen trug erstens bei, daß Religionsbeschwerden seit 1715 nicht mehr auf dem Reichstag verhandelt wurden, sondern nur noch persönlich dem Herrscher bzw. seiner Verwaltung vorgetragen werden durften. Ein Abgesandter der Gemeinde mußte also nach Wien reisen. Dort installierten beide protestantischen Kirchen denn auch juristische Vertreter, sogenannte Agenten, die derartige Fälle betreuten und betrieben. Auch diese rechtskundigen Männer mußten aber aufgesucht und bestellt werden.[40]

In der dritten Zone waren die an die Konfession geknüpften Einschränkungen etwas geringer bzw. schienen weniger ins Gewicht zu fallen.[41] In Orten mit

[39] Zu dieser protestantischen Peregrination im Detail u. a.: Régi és új peregrináció: Magyarok külföldön, külföldiek Magyarországon [Alte und neue Peregrination: Ungarn im Ausland, Ausländer in Ungarn]. Bd. 1–3. Hg. v. István Monok u. a. Budapest-Szeged 1993; Tar, Attila: Magyarországi diákok németországi egyetemeken és főiskolákon, 1694–1789 [Studenten aus Ungarn an deutschen Universitäten und Hochschulen, 1694–1789]. Budapest 2004; Gömöri, György: Magyarországi diákok angol és skót egyetemeken, 1526–1789 [Studenten aus Ungarn an englischen und schottischen Universitäten, 1526–1789]. Budapest 2005; Peregrinatio Hungarica. Studenten aus Ungarn an deutschen und österreichischen Hochschulen vom 16. bis zum 20. Jahrhundert. Hg. v. Márta Fata, Gyula Kurucz und Anton Schindling unter Mitarbeit v. Alfred Lutz und Ingomar Senz. Stuttgart 2006.

[40] Dazu kurz: Bucsay, Der Protestantismus in Ungarn 1521–1978 (wie Anm. 18), Bd. 1. Die Archivalien der reformierten Agenten sind im Archiv der Ráday-Sammlung (RLT) zu finden.

[41] Auskünfte hierzu gibt insbesondere die – sehr heterogene – Lokalgeschichtsschreibung vom 19. Jahrhundert bis zur Gegenwart sowie teilweise die volkskundliche Forschung. Einen guten Einblick in den Forschungsstand vermittelt László Kósas Darstellung der bäuerlichen Wirtschafts- und Lebensweise im 19. Jahrhundert, zu der der Verfasser jeweils auch Rückblicke in die Vorgeschichte gibt und dokumentiert: Kósa, László: Paraszti polgárosulás és a népi kultúra táji megoszlása

katholischen Einwohnermehrheiten und/oder schwachen protestantischen Positionen war es einfacher, Protestanten aus den Zünften fernzuhalten. Nach den Weisungen des Herrschers sollte dies so sein, freilich mußten derartige Regelungen umgesetzt werden. Dabei regte sich vielfach Widerstand unter Berufung auf alte Privilegien, die die Betroffenen nicht bereit waren aufzugeben. So gab es auch weiterhin mancherorts Protestanten in den Zünften. In mehrheitlich protestantischen Ortschaften aber zwang man die Zünfte gezielt zur Aufnahme von Katholiken. Auch in Orten, wo Protestanten begrenzten wirtschaftlichen Handlungsraum hatten, waren sie dennoch, z. B. als Kaufleute, anzutreffen, dazu zählte etwa auch Pest. Formale *no-go-areas* wurden zu Zonen erschwerten wirtschaftlichen Agierens. Vertreiben ließen sich die Betroffenen jedoch nicht immer, zumal es auch von Staatsseite den formalen Regeln zuwiderlaufende Interessen gab.

Öffentliche Ämter sollten laut *Carolina Resolutio* (1731) ebenfalls nicht mit „Akatholiken" besetzt werden. In den staatlichen Ämtern war dies weitgehend durchsetzbar, freilich nicht immer, wie u. a. die Zusammensetzung der Gruppen zeigt, die nach dem Toleranzpatent in Pest und Buda recht bald eine evangelische und reformierte Gemeinde gründeten. In den Komitatsämtern der stark protestantischen Komitate war man ohnehin kaum in der Lage, Protestanten fernzuhalten. Lediglich Obergespan wurden sie nicht. Da sie aber Rechte als Adelige hatten, konnten sie an der Komitatsversammlung teilnehmen und von dieser gewählt werden.

Abschließend soll an einem Beispiel vorgeführt werden, wie die Erfahrung von ganz konkretem Raum und das Durchmessen ausgedehnterer Räume in einer Ortschaft aussahen, der es nicht gelang, ein Privileg als Grenzburg zu bewahren oder die Kontinuität seiner Religionsausübung zu beweisen. Dieser Beispielfall ist der Marktflecken (das Oppidum) Tata, Zentrum einer Gutsherrschaft, gelegen in einem der in GA 26/1681 aufgeführten Komitate, aber in dessen südlichem Teil, am Rande zum osmanischen Eroberungsgebiet. In Zeiten intensiverer Kriegsführung hatte Tata im 16. und 17. Jahrhundert mehrmals den Besitzer gewechselt.[42] Wegen der Nähe zum Kriegsgebiet existierte hier bis zum späten 17. Jahrhundert unbehindert und auch danach faktisch weiterhin eine reformierte Gemeinde.[43] Der Ort hatte eine Burg, die

---

Magyarországon (1880–1920) [Die Verbürgerlichung der Bauern und die landschaftliche Gliederung der bäuerlichen Kultur in Ungarn (1880–1920)]. Budapest [3]1998 [[1]1987]; Kósas breite eigene volkskundliche Forschungen dokumentieren etliche Einzelfälle, z. B. Ders.: Magyarok, németek, románok Gyulán [Ungarn, Deutsche, Rumänen in Gyula]. In: Kőfallal, sárpalánkkal … Várostörténeti tanulmányok. Hg. v. Szófia Németh und Csaba Sasfi. Debrecen 1997 (Rendi társadalom – polgári társadalom 7), 190–198.

42 Biró, Endre: Tata története 1526-től az Esterházy uradalom létrejöttéig [Die Geschichte Tatas von 1526 bis zur Entstehung des Esterházy-Gutes]. In: Tata története. Bd. 1: Az őskortól 1727-ig. Hg. v. Dems. Tata [o. J.], 187–219, bes. 197–200; Szabad, György: A tatai és gesztesi Esterházy uradalom áttérése a robotrendszertől a tőkés gazdálkodásra [Der Übergang des Esterházy-Guts Tata und Gesztes vom Fronsystem zur kapitalistischen Wirtschaft]. Budapest 1957, 17f.

43 Szentkuti Kiss, Károly: Töredékek Nagy-Igmánd és vidéke múltjából [Bruchstücke aus der Vergangenheit Nagy-Igmánds und seiner Umgebung]. Komárom 1892, bes. 108–111. Szentkuti Kiss hatte als reformierter Pfarrer in Igmánd Zugang zu lokalem Material. Vor allem auf der Grundlage von „Tatai V. Tractus Protocolluma. I-ső Tómus, 1711–1791", einem nach seinem Angaben 529 Seiten starken, seitdem leider verlorengegangenen Manuskript, das 1711–1791 von den Senioren des Dekanats angefertigt wurde, gibt er in dem kleinen Büchlein mit dem ein wenig irreführenden Titel einen Überblick über die Entwicklung in Tata wie in dem umliegenden Gebiet (Auch für diesen

freilich nicht zu den ausdrücklich erwähnten Grenzburgen zählte. 1727 wurde Tata (zusammen mit dem Gut) von Graf Joseph Esterházy I. von Galántha gekauft. Nach dessen Tod übernahm sein Sohn Joseph II. das Gut, das später um weitere Besitzungen erweitert wurde. Etliche Dörfer auf diesem Gebiet waren ursprünglich ebenso wie Tata von magyarischen Reformierten bewohnt.[44] Ab den 1730er Jahren wurden in allen Orten deutsche Katholiken angesiedelt.[45] Schon 1674 hatten die Reformierten in Tata ein erstes Mal vorübergehend und dann nach einem Rückkauf 1721 ihre alte Kirche endgültig abgeben und ein Oratorium errichten müssen.[46] Nach dem Tod ihres Pfarrers 1751 kam es dann zu Problemen bei der Neubesetzung der Pfarrstelle, mußte diese doch vom Grundherrn genehmigt werden. Dies erfolgte erst 1755. Der Pfarrer der mittlerweile entstandenen katholischen Gemeinde sowie hohe Amtsträger des zuständigen und des benachbarten Bistums intervenierten jedoch weiterhin beim Grundherrn, bei dessen Beauftragten sowie in Wien. 1759 wurde das Oratorium zerstört und der Gottesdienst ganz verboten. Ab sofort galten alle Auflagen für Protestanten in Orten ohne öffentliche protestantische Religionsausübung.[47]

Was die Zugehörigkeit des Ortes zu verschiedenen Kontexten von Herrschaft bzw. Verwaltung angeht, so war der Marktflecken Tata Teil des gleichnamigen Gutes.[48] In der Komitatsordnung gehörte es zu Komorn (mit Komitatssitz am gleichnamigen Ort, ca. 25 km entfernt), in der Gliederung der katholischen Kirche zum Bistum Raab. Dessen Sitz war nach moderner Straßenkarte ca. 59 km entfernt, damals angesichts der noch nicht trockengelegten Sümpfe zur Donau hin faktisch deutlich

---

Hinweis danke ich László Kósa, der zudem den Kontakt zu dem in Tata tätigen Lokalhistoriker Géza Körmendi vermittelte). Ein Schwergewicht in Szentkutis Darstellung bildet die Kirchengeschichte. Szentkuti liefert zugleich ein Beispiel für ein eindeutig protestantisches Narrativ zur Ortgeschichte – das katholische Gegenstück liegt vor in Gestalt von: ROHRBACHER (RÉDEY), Miklós: Tata története. Az alapítástól 1848-ig [Die Geschichte Tatas. Von der Gründung bis 1848]. Tata 1888.

44 Ende des 17. Jahrhunderts waren nur sieben katholische Familien in Tata ansässig, siehe ebd., 165, unter Hinweis auf WENZELL, Károly: Tata egyházi múltja [Die kirchliche Vergangenheit Tatas]. In: Magyar Sion (1877), 336–345. – Durch Ansiedlung wuchs die Zahl der Katholiken dann ab den 1730er Jahren. Die genaue Zahl der Protestanten in Tata ist jedoch erst für die 1760er Jahre feststellbar. Ältere Visitationsprotokolle interessierten sich für die kirchlichen Zustände, nicht jedoch für die Zahl der Gläubigen. – Vgl. AVISITATIONAK RENDI Mellyet szokott gyakorolni az Ekklesiák visitatiojában. Komáromi Pál A TATAI Venerabilis Tractusok akkorbeli Seniora ANNO MDCCXXXVI. 17. Januarii A' Nagy Györi Helv. Confession levő Ekklesiában való Predikátorságának negyedik esztendejében ~ E t. Sua 54 [Ordnung der Visitation, wie sie Pál Komáromi, der damalige Senior der löblichen Trakte von Tata, anno … im vierten Jahre seines Predigeramtes in der großen Gemeinde helvetischer Konfession von Győr zu üben pflegte]. DREL II. (A tatai egyházmegye iratai), … (0. 1 052), Tata: fol. 16v, 1737: 28r. – Vgl. zur Praxis der Visitationen jener Zeit generell: HUDI, József/JAKAB, Réka: Bevezető tanulmány [Einführung]. In: Dunántúli egyházleírások a XVIII. századból. A Dunántúli Reformatus Egyházkerület 1774-ben. Hg. v. József HUDI. Pápa 2002 (Forrásközlések 5), 7–28.

45 KÖRMENDI, Géza: Tata története 1727-től a polgári forradalomig [Die Geschichte Tatas von 1727 bis zur bürgerlichen Revolution]. In: Tata története II: 1727–1970. Hg. v. DEMS. Tata 1984, 7–105, 9f.; DERS.: Tata településtörténete a XVIII–XIX. században – Egy történeti-néprajzi gyűjtés mai állása [Tatas Siedlungsgeschichte im 18. und 19. Jahrhundert – Zum Stand einer historisch-volkskundlichen Sammlung]. In: A Dunántúl településtörténete. Falvak, várak és puszták a Dunántúlon. Hg. v. Balázs SOMFAI. Veszprém 1989, 555–561 (mit Karten der Siedlung und des Umlandes); bzw. ROHRBACHER (wie Anm. 43), 167, 227. Zu Siedlungsentwicklung und Bautätigkeit unter der Herrschaft Esterházys und im Gefolge der Ansiedlung: RADOS, Jenő: Tata. Budapest 1964, bes. 42–51 (mit Illustrationen).

46 SZENTKUTI KISS (wie Anm. 43), 110.

47 Ebd., 62, 109f.

48 Zur Entwicklung des Gutes und seiner Gliederung: SZABAD (wie Anm. 42).

entfernt zu verorten. György Szabad beschreibt die später um die Herrschaft Gesztes (slwk. Hostišovce) erweiterte Besitzung ca. fünfzig Jahre darauf folgendermaßen:

> In der Gegend von Vértes und Gerecse, den beiden mittleren Erhebungen jener beiden Bergketten, die das Gebiet Transdanubiens in südwestlicher und nordöstlicher Richtung durchschneiden, [...] am Rande des von diesen Bergen und der Donau umgrenzten Hügellands hin zur Kleinen Tiefebene erstreckte sich die Herrschaft von Tata und Gesztes. [...] Der Stamm des riesigen Gutes [...] bildete eine zusammenhängende, geschlossene Masse, unter deren gewaltigem Druck im Vormärz nur das Komposessorat Kömlőd mit seinen Vorwerken als Fremdkörper „eingeklemmt" war. Große Teile des alten Komitats Komárom, auf der Seite südlich der Donau, aber auch gewaltige Gebiete der benachbarten Komitate Raab und Weißenburg (ung. Fejér) gehörten zu der Besitzung, die drei Marktflecken, 33 Gemeinden und 28 Einödhöfe umfaßte. Im Osten berührte es das Erzbistum Gran (ung. Esztergom) mit den Besitzungen der Familie Graf Sándor und das Graner Kapitel, im Westen, neben zahlreichen Komposessoraten und mittleren Gütern, die Güter der Familie Herzog Lichtenstein, der königlichen Kammer, der Familie Batthyány und des Raaber Kapitels, im Süden die Güter der Familien Graf Lamberg und Sziráky, im Südosten das Gut Alcsút, das vom katholischen Religionsfond in die Hände des Palatins Josef gelangt war.[49]

Innerhalb dieses Gutes waren die hier als Reformierte in den Blick geratenden Individuen untertänige Bauern, die sich in ihren Petitionen an den Grafen und seinen Verwalter als „armes elendes Volk" apostrophierten und als „untertänige simple Hörige" unterzeichneten.[50] Betrachtet man allerdings die in der Forschungsliteratur ausgewerteten Gutsverzeichnisse oder die Materialien der 1715er- und 1721er-Reskriptionen, so waren sie mittlere Bauern mit recht beträchtlichen Grundstücken. Ihr besonderes Selbstbewußtsein als Bewohner eines Marktfleckens schlägt auch in der – gleich auf den Status der „untertänigen simplen Hörigen" folgenden – Selbstbezeichnung als „Mitglieder der Reformierten Ecclesia der Stadt Tata" durch.[51]

Versucht man, die wirtschaftliche Situation Tatas zu verstehen, so ist zu berücksichtigen, daß der Marktflecken an einer überregional bedeutenden Handelsstraße in Ost-West-Richtung gelegen war und zudem von den zwei wichtigsten Verbindungswegen des Gutes in Nord-Süd-Richtung durchquert wurde.

> [D]er wichtigste Handelsweg zu Lande im neuzeitlichen Ungarn, die „Fleischerstraße", welche die Tiefebene mit den Erbländern verband, verlief mitten durch das Riesengut. Das Vieh, das von der Tiefebene her hier entlanggetrieben wurde, die auf Wagen transportierten Waren [gelangten auf diesem Weg] in das Tataer Hügelland und weiter, über Kocs, Nagyigmánd und andere Gutsdörfer, an den Rand der Kleinen Tiefebene [...].[52]

Auch die wichtigste Verbindung des Gutes zur Donau führte durch Tata nach Dunaalmás. Nach Süden führte sie von Tata über Környe nach Csákvár und weiter nach Stuhlweißenburg (ung. Székesfehérvár). Der dritte wichtige Weg führte von Tata über Szőny nach Komorn an die Donau. Selbst der Weg nach Stuhlweißenburg war noch im frühen 19. Jahrhundert nicht überall ausgebaut, andere Dörfer des Gutes

---

49 In der Übersetzung der Verfasserin zit. nach ebd., 11.

50 Vgl. Tataer Reformierte an Graf Esterházy, undatiert, 1751. MOL Budapest, P. 198, Esterházy cs. tatai Lt. [Das Tataer Familienarchiv der Esterházy] 106f., hier 106, 107, und weitere Schreiben.

51 Ebd., 107.

52 In der Übersetzung der Verfasserin zit. nach Szabad (wie Anm. 42), 12.

waren jedoch jeweils über diese Hauptwege an das Verkehrsnetz angeschlossen und miteinander oft nur durch Feldwege verbunden.[53]

In der zeitgenössischen Gliederung der reformierten Kirche war Tata Teil des Tataer Seniorats und gehörte bis 1734 zum Oberen Donaudistrikt. Nach den Bestimmungen der zweiten *Carolina Resolutio* wurde diese bis dahin selbständige Superintendenz mit der Baranyaer und der Veszprémer zum Transdanubischen Distrikt vereinigt.[54] Die reformierte Schule von Tata wurde wiederum nicht vom transdanubischen Pápa aus besetzt – bzw. von Adásztevel aus, wohin die Schule 1660–1783 verlegt worden war –, sondern war traditionell eine Partikula von Debreczin.

Was die Ausübung von Religion im öffentlichen Raum angeht, so hatte ursprünglich die Kirche der Reformierten – die alte Pfarrkirche aus der Árpádenzeit – in der Ortsmitte gestanden.[55] Diese alte Kirche hatten die Reformierten bereits 1721 endgültig verloren. Sie konnten jedoch ein Ersatzgebäude aus Holz errichten und weiter Gottesdienst halten. Dieses Oratorium war nicht mehr zentral gelegen, jedoch benachbart von Pfarrhaus und Schule, ausgestattet mit Grundstücken, die der Grundherr zur Verfügung gestellt hatte. Das alte, nun katholische Kirchengebäude ließ Joseph Esterházy später abreißen und 1783 durch eine neue barocke Kirche ersetzen.[56] Schon vor dieser baulichen Veränderung wuchs nicht nur die Zahl katholischer Einwohner, sondern auch die Präsenz der katholischen Kirche in und um Tata. 1733 wurden die Kamaldulenser nach Majk geholt. In Tata erhielten sie vom Gut 1747 ein Haus und ein Grundstück am Seeufer. Dort errichteten sie 1748 auch ein Wirtschaftsgebäude.[57] 1743 ließen sich die Kapuziner in dem Tataer Ortsteil Tóváros nieder, wo ihnen Esterházy in den Jahren 1743 bis 1746 eine Kirche errichtete.[58]

1759 mußten die Reformierten auf das Oratorium ebenso wie auf die Schule und das Pfarrhaus verzichten. Die Schule übergab man den Katholiken, das Oratorium wurde zerstört.[59] Erst 1787, mehrere Jahre nach dem Toleranzpatent, konnte die reformierte Gemeinde trotz Widerstand und unter Schwierigkeiten Baugrund in dem mittlerweile mehrheitlich katholischen Ort[60] erwerben und mit der Errichtung eines neuen reformierten Gotteshauses beginnen. Dieses lag ebenfalls am Rande des damaligen Ortsgebietes und fiel natürlich bescheidener aus als der von den Esterházys finanzierte katholische Kirchenbau. Die Reihe der katholischen Kirchengebäude und

---

53 Ebd.

54 Zoványi, Jenő: Tatai ref. egyházmegye [Das Tataer reformierte Seniorat]. In: Ders.: Magyar protestáns egyháztörténeti lexikon. Hg. v. Sándor Ladányi. Budapest 1977, 623f.; Szabó, Előd: A tatai református egyházmegye területi változásai [Die territorialen Veränderungen des Tataer Dekanats]. In: Örömben és bánatban csendesen. Tanulmányok a 350 éves Tatai Egyházmegyéről. Hg. v. Dems. Pápa 2004, 127–130 sowie Karten 1–3 im Anhang ebd. – Zu den Anfängen auch Thury, Etele: A dunántúli reformatus egyházkerület története [Die Geschichte des transdanubischen reformierten Kirchendistrikts]. Pápa 1908, 468. (Neuauflage einschl. des damals nicht erschienenen 2. Bandes: Pozsony 1998).

55 Szentkuti Kiss (wie Anm. 43), 109.

56 Der Entwurf dazu stammte von Anton Pilgram, der Bau wurde von dem 1751 damit betrauten Jakab Fellner ausgeführt. Vgl. Rados (wie Anm. 45), 46, 47, Abb. 22.

57 Körmendi, Tata története (wie Anm. 45), 10; Rohrbacher (wie Anm. 43), 168.

58 Körmendi, Tata története (wie Anm. 45), 10; Rohrbacher (wie Anm. 43), 169.

59 Szentkuti Kiss (wie Anm. 43), 109; zur Schule auch Körmendi, Tata története (wie Anm. 45), 42.

60 Nach der Volkszählung unter Joseph II. von 1784/1787 hatte Tata insgesamt 7 324 Einwohner. Siehe ebd., 13. Nach Angaben in einem schriftlichen Bericht auf Visitationsfragen lebten 1774 dort 1 428 Reformierte. Vgl. Dunántúli egyházleírások (wie Anm. 44), 441.

Ordenshäuser wurde indessen noch um ein Ordenshaus der Piaristen erweitert,[61] die sich 1765 in Tata niedergelassen hatten.

Mittels lokaler Quellen aus den Beständen der Gutsverwaltung, Spuren rechtlicher Schritte der Betroffenen, die in den Akten der Agenten und des Statthaltereirats zu finden sind, über Schriftstücke des Komitats wie auch aus einer narrativen Quelle, die die Innensicht der Betroffenen darstellt, lassen sich die Entwicklungen vor Ort relativ gut rekonstruieren. Als noch der alte Pfarrer der reformierten Kirche von Tata im Amt war, wechselten ringsum, verstärkt ab 1747, in immer mehr Dörfern zuvor reformierte Kirchen den Besitzer und entstanden an weniger zentralen Stellen hölzerne Gebetshäuser.[62] Zudem versuchte die Herrschaft, durch Einsatz jesuitischer Wanderprediger die Einwohner des Guts zu bekehren. Im Herbst 1747 bestellte der Gutsverwalter, nachdem er sich im Interesse der Wirkung von Graf Esterházy auch einen schriftlichen Befehl zur Vorlage verschafft hatte, den reformierten Prediger sowie zwölf „Alte" zu sich und befahl ihnen, die Predigten zweier Patres in der katholischen Kirche zu besuchen.[63] Tatsächlich zeigten sich die Betroffenen, wie Spitzelberichte an den Gutsverwalter belegen, beeindruckt. Freilich ließen die „Ketzer" deswegen jedoch nicht von ihrem Bekenntnis ab.[64] Auf der anderen Seite fanden die jesuitischen Prediger nicht die Infrastruktur vor, die sie erwartet hatten. So mußten die ursprünglich auch in Igmánd, Kocs und Császár geplanten Predigten[65] ausfallen, da der Gutsverwalter den Gästen hier „nirgends Privatquartiere assignieren" konnte. „Da es in Kocs nicht einmal einen [katholischen, J. B.] Pfarrer gab und zudem die Kirche noch restauriert wurde, fanden sich zum Abhalten ihrer Predigt nirgends geeignete Örtlichkeiten."[66] Unverrichteter Dinge zogen sich die jesuitischen Prediger nach Komorn zurück.

Nach dem Tod des reformierten Pfarrers von Tata 1751 wurde, wie schon erwähnt, die Neubesetzung der Pfarrstelle zum Problem.[67] Vorerst mußte man beim katholischen

---

61 Erbaut von Joseph Eder und Jakab Fellner. Körmendi, Tata története (wie Anm. 45), 10.

62 Szentkuti Kiss (wie Anm. 43), 62. Ein solcher Befehl zur Abgabe der Kirche und zur Errichtung eines Oratoriums in den in der Nachbarschaft Tatas gelegenen Dörfern Kocs und Igmánd bei: Pápai kézirattár 207/564 (Miscellanea. 1545–1946. 0.794). Die Urkunde ist im Findbuch eingeordnet als „Esterházy József gróf engedélyezi a tatai protestánsok vallásgyakorlatát. Tata 1746 [Graf Joseph Esterházy erlaubt den Protestanten von Tata ihre Religionsausübung]", eigentlich wird jedoch der eben erwähnte Befehl übermittelt. Vgl. auch Esterházy J. an Balogh, Pozsony, 5.5.1746. MOL, 50. cs. P. 197.-Fasc. 104 E. József országbiró Balog Ferenc uradalmi regenshez. 1741–1748, 95f., bes. 95 sowie Esterházy J. an Balogh, Pozsony, 10.5.1746, 98f., bes. 98.

63 Zur Vorbereitung der Aktion: Balogh an Esterházy, 26.9.1747. MOL, P. 197, 50. cs. Fasc. 105, fol. 318–310, bzw. J. Esterházy an Balogh, Pozsony 28.9.1747. MOL, 50. cs. P. 197. Fasc. 104 E. József országbiró Balog Ferenc uradalmi regenshez. 1741–1748, 159. – Zur Einbestellung der Betroffenen: Balogh an Esterházy, Tata, 7.10.1747. MOL, P. 197, 50. cs. Fasc. 105, fol. 321–322, „Ketzer", hier 321v, vgl. (in einem späteren Schreiben) 325.

64 Über den Mißerfolg: Balogh an Esterházy, Tata, 28.10.1747. MOL P. 197, 50. cs. Fasc. 105, fol. 325–327, hier 325.

65 Zur Planung: Balogh an Esterházy, Tata, 7.10.1747. MOL, P. 197, 50. cs. Fasc. 105, fol. 321–322, hier 321r.

66 In der Übersetzung der Verfasserin zit. nach: Balogh an Esterházy, Tata, 28.10.1747, 325. In Kocs hatten die ansässigen Reformierten ihren schon 1746 befohlenen Auszug aus der Kirche und den Bau ihres Oratoriums (vgl. Anm. 61) so lange hingezogen.

67 Für die Einsetzung eines neuen Pfarrers mußte die Genehmigung des Grundherren eingeholt werden, die dieser jedoch zunächst verweigerte. Siehe MOL, Esterházy cs. tatai Lt. P. 198 Fasc. 34, 106–119, Briefe der Betroffenen; A Tatai Ref. Sz. Ekklésia['nak] 1744dik eszt[endőtől] való Fatuma, 8

Priester taufen lassen, für das Abendmahl ließ man Pfarrer aus anderen Orten in der Nachbarschaft kommen.[68] Als auch der Schulmeister verstarb, schickte man zwei Bauern – mit Genehmigung des Grundherrn – auf die Reise in das 270 km entfernte Debreczin.[69] Dabei ist zu bedenken, daß die Theiß und ihrer Nebenflüsse zu dieser Zeit noch nicht reguliert waren, der zurückzulegende Weg also weitaus umständlicher und schwieriger zu bewerkstelligen war.[70] Aus Debreczin sollte ein neuer Schulmeister berufen werden, der grundsätzlich auch für den Pfarrdienst in Frage kam.[71] Zudem wandte man sich schon 1752 auch nach Wien an den Agenten der reformierten Distrikte.[72] Erst 1755 wurde die Neubesetzung der Pfarrstelle Esterházy genehmigt.[73] 1757 wurde, ebenfalls aus Debreczin, ein neuer Schulmeister nach Tata bestellt.[74] Wie die Akten der Agenten bezeugen, wurden ihre Dienste auch später, auch noch nach dem Verbot des Gottesdienstes, in Anspruch genommen.[75]

Im Besitz einer *benigna resolutio* wähnten sich die Tataer Reformierten 1755 generell auf der sicheren Seite. Allerdings focht der Raaber Bischof, unterstützt von seinem Waizener Kollegen Althann und assistiert von lokalen Pfarrern, die Entscheidung an und bezweifelte die Kontinuität der protestantischen Religionsausübung.[76]

(DREL Pápa, III./A tatai egyházközség iratai, Gyülekezeti vegyes jegyzőkönyv; II. k./) [im folgenden: FATUMA].

68 Ebd., 8f.

69 Ebd., 9. Leider wird nicht berichtet, wie dieser Weg zurückgelegt wurde. „Gemessen“ wurden, wie nachträgliche Summierungen zeigen, nur die Kosten in Geld.

70 Vgl. die Karte zu den permanent bzw. zeitweilig überschwemmten Gebieten in der Theißgegend: FRISNYÁK, Sándor: Magyarország történeti földrajza [Historische Geographie Ungarns]. Budapest 1995 14.

71 FATUMA (wie Anm. 67), 10.

72 Ebd., 11; A tatai ref. lakosok meghatalmazó levele Szücs Pál és Demjén Gergely számára, hogy prédikátorbeállítási ügyükben eljárjanak [Vollmacht der reformierten Einwohner von Tata für Pál Szücs und Gergely Demjén, in der Angelegenheit ihrer Predigerstelle vorzugehen] 1752. Dunamelléki Református Egyházkerület Ráday Levéltára (im folgenden DREL abgekürzt), Budapest, A. II. 2305, 275–278, und weitere einschlägige Akten aus dem Vorgang.

73 Ebd., 11f.

74 Ebd., 12.

75 A tatai ref. hívek beadványa. Vallásgyakorlatuk, templomépítésük, javításuk letiltása, stb. ügyében. [Gesuch der reformierten Gläubigen von Tata. Die Aufhebung ihrer Religionsausübung, ihres Kirchenbaus und der Renovierungstätigkeiten betreffend]. Undatiert (1759?). Ráday Levéltár A. II. 2305. 236–238, 225–232, Az ág. hitv. és helv. hitv. lakosok sérelmei –: a vallásgyakorlat visszaállítása [Die Beschwerden der Einwohner Augsburgischer und Helvetischer Konfession: die Wiederherstellung der Religionsausübung]. 1768. DREL A. II. 2305,133; A tatai ref. lakosok beadványa a földesúrhoz. Kérik régi vallásgyakorlatuk visszanyeréséhez pártfogását [Gesuch der reformierten Tataer Einwohner an den Grundherren. Sie bitten um Unterstützung bei der Rückgewinnung ihrer alten Religionsfreiheit]. 1768. Ráday Levéltár A. II. 2305, 329–332.

76 Bereits im Oktober 1756 forderte das Komitat den Marktfleck Tata und weitere Gemeinden in der Umgebung auf, ihre frühere Existenz zu belegen und einen vom Consilium Locumt. zusammengestellten Fragenkatalog zu beantworten. Dies und die eingereichten Zeugenaussagen: FÁTUMA (wie Anm. 67), 13–15, vgl. „Nevezetes egyháztörténeti adatok“, 1–4 (zu Tata) bzw. 5–8 (weitere Nachbarorte), DTRL Pápa II. 70./A tatai egyházmegye iratai/. – Zeugenaussagen zu Tata aus dem Jahre 1721, in beglaubigter Kopie von 1756: ŠK Nitra – ŽK I: Kongregačne pisomnosti 1756, Ladula 7, Fasc. E, No. 64 (ohne Numerierung). Kopie eines Briefes des Ofener Statthalters an die Einwohner von Tata, 29.7.1644; Beglaubigung durch Jurassesoren des Komitats Komorn, Casparus Ghiczy und Josephus Gabor, 21.1.1756 (ŠK Nitra ebd.). Zeugenaussagen zur Tataer Kirche, bestätigt durch Ecclesiae Curatores; undatiert, Kontinuität ab 1573 behauptet. 2 Seiten. (ŠK Nitra ebd.). – Beschwerden des lokalen katholischen Pfarrers u. a.: Summa Protestationis D. V: Archi Diaconi Tatensis. Ráday Levéltár Budapest, A. II. 2305, 325–328; A tatai plébános ellentmondása a tatai ref. vallásgyakorlat visszaállítása, és prédikátorbeállítása ügyében. 1755, ebd., A. II. 2305, 279–284. – Eingaben des

Als bauliche Ausbesserungen am Oratorium fällig wurden, bot sich ein neuer Anlaß einzugreifen. Um Baumaterial mußte der Grundherr gebeten werden, Ausbesserungen an Kirchen waren zudem über das Komitat beim Statthaltereirat zu beantragen. So erfolgte schließlich 1759 eine neue Entscheidung in Wien, die vom Komitat ausgeführt wurde.[77] Die Teilnehmer der Komitatsversammlung begaben sich, unterstützt von Militär aus Komorn, nach Tata (25 km entfernt), wo sie zuerst den Pfarrer aufsuchten, von ihm den Schlüssel verlangten und schließlich zunächst die Ausstattung des Oratoriums entfernten und dann das Gebäude versiegelten.[78] Schule und Pfarrhaus wurden beschlagnahmt, am folgenden Tag das Oratorium von „den Papisten" zerstört und die Überreste fortgetragen.[79]

Zum Leben im Raum des Ortes gehört, daß schon 1747 die Zünfte gezwungen worden waren, nur noch Katholiken aufzunehmen, ihre neu anzufertigenden Fahnen in der katholischen Kirche zu deponieren und an katholischen Gottesdiensten und Prozessionen teilzunehmen.[80] Der Versuch, die Untertanen zu rekatholisieren, und die Maßnahmen, um sie dem Grundherrn immer stärker zu unterstellen, stehen hier in enger Verbindung. Trotz des Widerstandes unter Berufung auf altes Recht führte der Schritt zu einer Separierung der Einwohner bzw. zu einer Ausgrenzung der Calvinisten aus bestimmten wirtschaftlichen Betätigungsfeldern. In einem neuen Schub von Maßnahmen wurde 1757 den Einwohnern von Tóváros, einer angrenzenden, jedoch eigenständigen Siedlung, verboten, die Schule der Reformierten in Tata zu besuchen. Ferner war Handwerksgesellen die Teilnahme am reformierten Gottesdienst untersagt. Auch den wenigen Evangelischen wurde verboten, weiter zum reformierten Gottesdienst zu kommen; gleiches betraf den Besuch der reformierten Schule durch evangelische Kinder.[81] Gegen Personen, die auch nur verbal Widerstand leisteten, wurden harte Eigentumsstrafen verhängt.[82] Anschließend befahl das Komitat, daß katholische Kinder aus Tata nur in katholische Schulen gehen dürften und nicht zu den Akatholiken.[83] Damit wurde nicht nur die konfessionell differenzierte

---

Raaber Bischofs an die Religionskommission vgl.: OL C. 40 170 cs. No-209 Fasc. 22, Briefe des Raaber Bischofs, 28.4.1755, 4.9.1755, 20.4.1756. Kontakte auf lokaler Ebene u. a.: Graf F. Zichy an Balogh, Raab, 11.4.1757, MOL 17. cs. P. 198 Fasc. 60, 96/07.

77 Sitzung der Religionskommission vom 18.6.1759, Protokoll vom 21.6. (MOL C. 40 170 cs. No-209 Fasc. 22.7 unpagiert). – Dazu *Benigna Resolutio* vom 30.7.1759. Rescript der Komitatsversammlung vom 23. und 24.8.1759 in Tata. ŠK Nitra – ŽK I: Kongregačné pisomnosti 1759 (Lad. 8. Fasc. 1, No. 24).

78 „[…] zusammen mit einigen bewaffneten Soldaten liefen die Herren des Komitats zuerst zum Haus unseres Predigers und verlangten mit großer Macht den Schlüssel […]. Sie gingen in die Kirche, und vor den Augen unseres Predigers/: denn weiter ließen sie niemanden hinein:/begannen die Schmiede und Schlosser mit großer teuflischer Geschwindigkeit, die Stühle, das Katheder und alles zu zerschneiden und zu zerstören, und nachdem sie es aus der Kirche hinausgeworfen hatten, versiegelten sie die Tür." In der Übersetzung der Verfasserin zit. nach Fatuma (wie Anm. 68), 27.

79 In der Übersetzung der Verfasserin zit. nach ebd. Die Glückwünsche des Raaber Bischofs hierzu an Balogh, mit der Ermunterung, weiter so eifrig gegen die „Ketzer" vorzugehen: Graf Ferenc Zichy an Balogh, 28.8.1759, MOL 17. cs. P. 198 Fasc. 60, 106f., hier 106.

80 Balogh an Esterhazy, Tata 27.1.1748, MOL 50. cs. P. 197. Fasc. 105, fol. 346–347; Balogh an Esterhazy, Tata 6.2.1747, ebd., 349f.

81 Fatuma (wie Anm. 67), 17f.

82 Ein solcher Einwohner wurde – nach dem Bericht der Betroffenen – aus seinem Haus vertrieben, sein Besitz geschätzt und er selbst ausbezahlt. Ebd., 17.

83 Ebd., 18.

Einwohnerschaft weiter separiert, sondern auch ihre Alltagsverrichtungen im Ort zunehmend räumlich auseinandergehalten.

Nach der Schließung des Oratoriums und dem Verbot weiterer Gottesdienste mußten die Reformierten von Tata ab 1759 zu Gottesdiensten in das elf Kilometer oder etwa zwei Wegstunden entfernte Naszály bzw. das neun Kilometer entfernte Kocs gehen.[84] Die Komitatsversammlung fand dies, ebenso wie andere Entfernungen, die zwischen Orten mit eingestelltem Pfarrbetrieb und noch funktionierenden Nachbarorten lagen, zuträglich. Daß die Regelung im folgenden Bestand hatte, belegt ein Visitationsprotokoll des reformierten Distrikts von 1774 unter dem Eintrag „Naszály". Dort besuchten die Kinder der Tataer Reformierten auch die Schule.[85]

Für den Superintendenten und seine Mitarbeiter war übrigens zu diesem Zeitpunkt der eigene Distrikt juristisch eine *no-go-zone*, durfte er sich selbst doch nicht in diese Orte begeben. Man schickte also schriftlich Fragen und erhielt die Antworten zugeschickt. Auch nach dem Patent hielten die katholische Kirche und Komitatsvertreter den Reformierten vor, sie bräuchten keine eigene Kirche, da die Entfernungen so groß doch nicht seien. Erst 1787 wurde dann, nach großem Widerstand, mit der Errichtung einer neuen Kirche – wiederum in einer Randlage des damaligen Ortes – begonnen.[86]

Resümierend läßt sich festhalten, daß die Praxis abgestuften Drucks auf die Akatholiken Regionen unterschiedlichen Rechts schuf und die Ausübung von religiösen Pflichten in unterschiedlichen Orten und Räumen damit in unterschiedlichem Maße möglich war. Dabei ist im untersuchten Fall (Ungarn bis 1781) zugleich ein Minimalbestand individueller Rechte zu beobachten, die man auch dem untertänigen Bauern nicht nehmen konnte. Der angestrebte Rekatholisierungsprozeß kam daher aufgrund der Eigensinnigkeit der Untertanen nie zu seinem gewünschten Ergebnis. Die Vereinheitlichung des beherrschten Raumes in konfessioneller Hinsicht, durchaus Ziel der Habsburger, gelang nicht. Die Herrschaft über die Person hatte also ihre Grenzen – innerhalb einer ohnehin mit rechtlichen Qualitäten räumlicher Bezüge operierenden Gesellschaft, in der viele Rechte bzw. spezifische Pflichten am Boden hafteten und bäuerliche Leistungen nach der rechtlichen Qualität des Bodens fällig wurden.[87] Aus der Logik des Handelns der eigensinnigen Protestanten gab es einen Raum dichterer räumlicher und symbolischer Präsenz des eigenen konfessionellen Lebens, eben der eigenen Existenz, von dem aus diese Präsenz sich über die Ränder dieses Raumes, entsprechend der Zone drei aus Wiener Sicht, ausdünnte, bis in Orte wie Tata. Von diesen aus führten jedoch wiederum viele Wege in die herrschaftlichen

---

[84] Körmendi, Tata története (wie Anm. 45), 559.

[85] Nemes Komárom vármegyében lévő Tatai szent társaságban virágzó és siránkozó helvetica confessión lévő szent ekklésiák állapotjának rövid leirása [Kurze Zustandsbeschreibung der blühenden und wehklagenden geschlossenen heiligen Kirchen der helvetischen Konfession im Tataer Seniorat im Komitat Komárom] [1774]. In: Dunántúli egyházleírások (wie Anm. 44), 427–443, hier 441.

[86] Zum Bau und den Widerständen: Fatuma (wie Anm. 67), 30, 34–36.

[87] Zu den Rechten und dem Land vgl. Beispiele in Szakály, Ferenc: Mezőváros és reformáció. Tanulmányok a korai magyar polgárosodás kérdéséhez [Marktflecken und Reformation. Studien zur Frage der frühen ungarischen bürgerlichen Entwicklung]. Budapest 1995; an einem extremen Beispiel vorgeführt: Péter, Katalin: Társadalom és gazdálkodás a kora újkori Sárospatakon [Gesellschaft und Wirtschaften im frühneuzeitlichen Sárospatak]. In: Századok 131/4 (1997), 809–856.

Zentren der katholischen „Gegenwelt“ wie auch zu den dort befindlichen Außenposten und Inseln des eigenen Raumes – insbesondere zu den Agenten der protestantischen Kirchen. Und über diesen anderen Raum hinweg ging man kontinuierlich Wege in weitere Bezugsorte im Ausland wie auch in die entfernten Zentren des eigenen Raumes – nach Debreczin und in andere Zentren der protestantischen Kultur. Aus der Sicht des Hofes und der katholischen Kirche wurden die Personen mit ihren Praktiken und Bewegungen zu Trägern von Störqualitäten in einem Raum abgestufter Rechte, in dem sie als bewegte Punkte Verknüpfungen – u. a. nach Wien und Debreczin – schufen. Diese Residuen persönlicher Qualitäten in einem durchherrschten Raum waren in der untersuchten Zeit noch ungleich. Als Untertanen eines aufgeklärten, merkantilistischen, gegen die Lokalmächte zentralisierend vorgehenden Staates wurden sie freilich zunehmend als abstrakt gleiche Rechtspersonen anerkannt. Von hier aus war für sie der Weg offen, um zu Individuen zu werden, die bald als auch rechtlich einander Gleiche in anderer Weise soziale Räume konstituieren konnten. Zudem hatte das Leben in diesen Sonderräumen und ihren Untergliederungen Folgen für die Betroffenen – für ihre Mentalität, ihr Handeln, die Dynamik ihres Lebens im intergenerationellen Verlauf, ähnlich wie die augenscheinlichen naturräumlichen Gegebenheiten, die wirtschaftsökologische Vorgaben und Handlungsspielräume für sie bedeuten. Konfessionelle Existenz in einem rechtlich abgestuften Raum prägte auch der Landkarte der Kulturgeographie ihre Spuren auf.

Petr Hlaváček

Die Christenheit oder Europa

Zu konfessionell-geographischen Vorstellungen im Böhmen des 15. und 16. Jahrhunderts*

Der böhmische König und römische Kaiser Karl IV. leitete einen anhaltenden Dialog Böhmens mit Europa ein, insofern unter seiner Regentschaft das Königreich Böhmen mit den deutschen, französischen und italienischen Kulturzentren intensiv interagierte. Der erste „literarische Dialog" Böhmens mit Europa wurde im ausgehenden 14. Jahrhundert geführt, in einer Zeit also, in der sich dieses mitteleuropäische Königreich aus der mentalen Peripherie der Christenheit in dessen Zentrum verschob und auf kirchenpolitischem sowie kulturellem Gebiet eine immer bedeutendere Rolle einnehmen sollte. Zu dieser Zeit entstand auch die altböhmische „Chronik vom Bruncvík".[1] Dieses Prosawerk schildert die Geschichte des legendären böhmischen Fürsten und Ritters Bruncvík, der in die Welt hinausgegangen war, um dort nach „der Ehre seiner Sprache zu suchen".[2] Zusammen mit seinem Gefolge durchreiste er viele Länder und gelangte bis ans Meer. Seine darauffolgende Schiffahrt nahm kein glückliches Ende – ein Sturm trieb Bruncvíks Schiff zu einer Insel mit einem Magnetberg: Er konnte sie nicht mehr verlassen. Bruncvík irrte auf der Insel umher, bis er einer Meerjungfrau begegnete. Sie hieß Europa. Bruncvík sprach sie furchtlos an. Er wollte wissen, ob dieses Wesen gut oder böse sei, und so begann ihr Dialog. „Bruncvík, ich bin so, wie du mich siehst, weder böse noch gut", antwortete Europa. Bruncvík fragte sie weiter, ob er bei ihr Trost finden könne in seiner Situation, in der er so weit von zu Hause entfernt und vom europäischen Festland isoliert sei, und sie antwortete ohne Umschweife und ein wenig geheimnisvoll: „Dann und wann kannst du es, und dann und wann auch wieder nicht." Bruncvík blieb noch länger bei der Meerjungfrau, und sie setzten ihr Gespräch fort.[3] Man möchte meinen, daß in ihrem Dialog ein erstes tschechisches Fragen nach Europa verschlüsselt sein könnte, nach ihrer beider Identität. Dies betrifft vor allem die Zweideutigkeit bzw. Formbarkeit

---

* Der Beitrag entstand im Rahmen eines von der Fritz-Thyssen-Stiftung geförderten Projekts zum Thema „Christianitas – Occidens – Europa. Der Europa-Begriff und die europäische Identitätsbildung in den Königreichen Ungarn, Polen und Böhmen (ca. 1450–1550)" am Geisteswissenschaftlichen Zentrum Geschichte und Kultur Ostmitteleuropas an der Universität Leipzig.

1 Kronika o Bruncvíkovi [Chronik vom Bruncvík]. In: Próza českého středověku. Hg. v. Jaroslav Kolár und Milada Nedvědová. Praha 1983, 163–178; sämtliche Zitate aus dieser Chronik in der Übersetzungen des Verfassers. – Zum historischen Kontext vgl. Baumann, Winfried: Von Heinrich dem Löwen zum Bruncvík. Zur strukturanalytischen und strukturvergleichenden Interpretation eines slavischen Volksbuchs. In: Die Welt der Slaven 28 (1983), 68–77; Bok, Václav: Zur Rezeption des Bruncvík-Stoffes in Böhmen. In: Jahrbuch der Oswald-von-Wolkenstein-Gesellschaft 10 (1998), 81–91.

2 Kronika o Bruncvíkovi (wie Anm. 1), 165.

3 Ebd., 167. – Zur Interpretation des Europa-Exempels z. B. Baumann, Winfried: Der tschechische Bruncvík und die Melusinensage. In: Die Welt der Slaven 19–20 (1974–1975), 7–11; Höslinger-Finck, Annette: Der tschechische „Bruncvík" im Vergleich mit deutschen Bearbeitungen der Heinrich-Sage. Mschr. Diplomarbeit an der Universität Wien 2000, 56–59.

ihres Charakters und Wesens: Europa ist weder böse noch gut, manchmal kann sie Trost spenden, ein andermal wiederum nicht. Bruncvíks Modell einer „Koexistenz mit Europa“ stellt für uns eine Aufforderung zu einem dialogischen Miteinander dar. Bruncvíks Europa, halb Frau, halb Fisch, soll weder abgöttisch verehrt noch verurteilt oder mißachtet werden. Europa wird vor unseren Augen immer wieder aufs neue geboren und gestaltet, und wir brauchen in diesem vielschichtigen Prozeß wahren Mut und Bruncvíks Ausdauer. Es ist sicherlich kein Zufall, daß Fürst Bruncvík in der Literaturwissenschaft als allegorische Personifizierung des böhmischen Königs und römischen Kaisers Karl IV. gelesen wird,[4] der den anhaltenden Dialog Böhmens mit Europa einleitete, als er das Königreich Böhmen mit den französischen, deutschen und italienischen Kulturzentren verknüpfte. In eben diesem Kulturklima entstand ein spezifischer tschechischer „Messianismus“, der das Resultat einer langandauernden Kontamination des Denkens böhmischer Eliten durch die Vorstellung ist, die Tschechen oder allgemein die Slawen seien ein auserwähltes Volk, und zwar in politischer wie religiöser Hinsicht.[5] Selbst die böhmische Reformation ist eventuell eines der Produkte dieser Überzeugung: So wird das tschechische Volk, dessen Wurzeln bis in biblische Zeiten nachvollziehbar seien, als Nachfolger der antiken Griechen apostrophiert; diesen aber habe Alexander der Große die Weltherrschaft überantwortet,[6] womit sie als „neues Israel“ in Erscheinung treten könnten, das zur Erneuerung des gesamten Volkes Gottes und der ganzen Welt berufen werde. Diese theologische Interpretation muß in eschatologischen Zusammenhängen verstanden werden. So wurde als schicksalhafter Hauptschauplatz des Jüngsten Tages Böhmen bzw. dessen Hauptstadt Prag ausgewählt. Hier sollte mit der Verwirklichung des Königreichs Gottes begonnen werden. So sah es zumindest um 1419 der Prager Reformprediger Jan Želivský.[7]

Im Grunde genommen leistete Karl IV. durch seine kirchenpolitischen und kulturellen Aktivitäten, vor allem aber durch seine Neigung zu einer mystischen und von platonisch-augustinischem Gedankengut geprägten Geschichtsauffassung dem böhmischen Grübeln über die ideale „Gemeinde Gottes“ Vorschub, das in der böhmischen Reformation einen ersten Höhepunkt fand. Ohne Karl IV. hätte es die böhmische Reformation nicht gegeben. Er träumte von der vollkommenen „Gemeinde Gottes“, nämlich von einem weltbeherrschenden Imperium und einer weltweiten

---

4 Kolár, Jaroslav: Textologie staročeských povídek o Štilfridu a Bruncvíkovi [Die Textologie der alttschechischen Erzählungen von Štilfrid und Bruncvík]. In: Listy filologické 97 (1974), 143–154.

5 Zum tschechischen Messianismus im Mittelalter Šmahel, František: Idea národa v husitských Čechách [Die Idee der Nation im hussitischen Böhmen]. Praha 2000, 90–143; zu spezifischen nationalen Streitigkeiten in Böhmen z. B. Hlaváček, Petr: „Lingua contra linguam, nacio contra nacionem“. Der Nationalpartikularismus unter den böhmischen Franziskaner-Observanten im ausgehenden Mittelalter. In: Die Länder der Böhmischen Krone und ihre Nachbarn zur Zeit der Jagiellonenkönige (1471–1526). Kunst – Kultur – Geschichte. Hg. v. Evelin Wetter. Ostfildern 2004 (Studia Jagellonica Lipsiensia 2), 261–267; Ders.: Die deutsch-tschechischen Streitigkeiten unter den böhmischen Franziskanern auf dem Generalkapitel in Urbino (1490). In: Language of Religion – Language of the People. Medieval Judaism, Christianity and Islam. Hg. v. Ernst Bremer u. a. München 2006, 373–385.

6 Vidmanová, Anežka: K privilegiu Alexandra Velikého Slovanům [Zur Privilegierung der Slawen durch Alexander den Großen]. In: Husitství – Reformace – Renesance. Festschrift für František Šmahel. Hg. v. Jaroslav Pánek, Miloslav Polívka und Noemi Rejchrtová. Praha 1994, 105–115.

7 Želivský, Jan: Dochovaná kázání z roku 1419 [Die erhaltenen Predigten aus dem Jahre 1419]. Teil 1. Hg. v. Amedeo Molnár. Praha 1953, 27, 29, 96, 184.

Kirche, die jedoch – konsequent zu Ende gedacht – eine vollendete platonische Diktatur sein müßten. Die ersten Theologen der böhmischen Reformation – Milíč von Kroměříž, Matthias von Janov (tsch. Matěj z Janova), Jan Hus und Jakob von Mies (tsch. Jakoubek ze Stříbra) –, die ebenfalls aus platonisch-augustinischen Quellen schöpften, lebten für die Idee der vollkommenen Kirche Gottes und arbeiteten an ihrer Verwirklichung. So ist im Denken dieser Theologen eine eschatologische Funktion der Gotteskämpfer präfiguriert, die ihre Kirchenvorstellung am liebsten der ganzen Welt aufzwingen würden – vergleichbar mit einer Vorstellung vom Papsttum, daß gerade dieses Repräsentant der Idee ekklesialer Vollkommenheit sei. Das Resultat mußte zwingend ein Konflikt sein: der direkte Zusammenstoß der institutionalisierten „Gotteskämpfer" mit der nicht minder stabilen Institution der „Ritter Christi",[8] der Kelch gegen das Kreuz, Europa gegen Europa. Solche Dynamik, die zuweilen zu einer Einheit verschmilzt, und eine solche Dichotomie identischer Werte, dies sind die grundlegendsten existentiellen Elemente Europas und des Abendlandes. Die spätere böhmische Utraquistenkirche ist hierbei nur ein bescheidener böhmischer Versuch, die „Gemeinde Gottes" zu reformieren. In Wahrheit war sie ein Jahrhundert lang – bis zu den europäischen Reformationen – für ganz Europa ein wichtiges, dabei aber gleichsam invalides Memento angesichts der Kräfte und Institutionen, die die vermeintliche Einheit des Abendlandes zementierten und so die europäische Dynamik gänzlich zu vernichten drohten.

Eine bedeutende Gründungspersönlichkeit dieses Stroms der böhmischen Reformation war Jan Hus selbst. Es genügt, etwa seinen polemischen Traktat „Contra Stanislaum de Znoyma" aus dem Jahr 1413 näher zu betrachten.[9] Dieser Traktat ist ein wichtiger Versuch, die mittelalterliche theologisch-geographische Konstruktion jener „Christianitas" oder „Ecclesia Universalis" zu demontieren, deren politisch-spirituelles Zentrum Rom sein soll bzw. in der Person des Papstes selbst liege. Hus, der durch die Schriften der Kirchenväter und die Interpretation Wycliffs geprägt war, greift hier biblisch-theologisch das imaginäre Zentrum an, das die Jurisdiktion über alle Christen und die gesamte Welt in die päpstliche Hand legt, und entwickelt auf Grundlage der Heiligen Schrift eine „exzentrische" evangelische Freiheit eigener Art: Die Apostel seien einander nicht unterworfen gewesen, statt dessen predigte jeder in einem anderen Teil der Welt; die universelle Kirche sei nicht mit der römischen Kirche identisch. Als christlicher Raum gelten Hus alle Kirchengemeinden, also ebenfalls die östlichen, nicht von Rom abhängigen Kirchen, die direkt von den Aposteln gegründet wurden. Die Bezugnahme auf die Ostkirche ist sowohl ein Ausweg aus der Notlage als auch eine Provokation, die als Argument für die Zerstörung der Vorstellungen von den apostolischen Grundlagen römischer Hegemonie dient. Als tiefgehendste Folgerung verlangt Hus auf diese Weise nach einer neuen Definition von Katholizität, die tatsächlich universell wäre. Hus reagiert vor allem auf das Traktat „De romana ecclesia", ebenfalls von 1413, in dem Stanislaus von Znaim (tsch. Stanislav ze Znojma), früher Anhänger der wycliffischen Weltanschauung,

---

[8] Soukup, Pavel: Dvojí ideál křesťanského rytíře v husitském období [Das zweifache Ideal des christlichen Ritters im hussitischen Zeitalter]. In: Český časopis historický 99 (2001), 1–32.

[9] Hus, Jan: Contra Stanislaum de Znoyma. In: Magistri Iohannis Hus Opera omnia. Bd. 12 (Polemica). Hg. v. Jaroslav Eršil. Pragae 1966, 271–367.

die Rolle der sichtbaren Kirche und ihrer Institutionen betont.[10] Für Hus, der sich in dieser Zeit bereits unter dem Einfluß der theologischen Derivate des Platonismus befindet, sind ähnliche Interpretationen und Behauptungen reine Blasphemie und Beleidigung Christi selbst, der der einzige Herrscher der Kirche und der Welt ist. Hus stützt seine Überzeugung vor allem auf neutestamentarische Zitate. Er verweist etwa auf das Beispiel des Apostels Paulus, der nach seiner Konversion nicht sogleich zu Petrus und den Aposteln nach Jerusalem ging, sondern mit seinen Predigten in Arabien fortfuhr. Unter Berufung auf das Matthäus-Evangelium leitet Hus ferner ab, daß jeder der Apostel seine Beauftragung direkt von Christus erhalten habe und somit Vikar Christi auf Erden gewesen sei. Demzufolge gingen die Apostel „in Asiam, in Affricam et Europam" hinaus, um das Evangelium zu predigen und „omnia genera gencium, Grecos, Latinos et barbaros" zu lehren.[11]

Der Versuch einer Vernichtung der böhmischen Reformation mit Hilfe von Kreuzzügen endete bekanntlich in den zerstörerischen Hussitenkriegen, die Europa bis in die erste Hälfte der 1430er Jahre hinein plagten. Mitte des 15. Jahrhunderts wirkte in den böhmischen Ländern und in ganz Ostmitteleuropa der franziskanische Prediger Johannes Kapistran. In seinem eschatologischen Enthusiasmus bemühte er sich um die Erneuerung des zerbrochenen „Leibes der Christenheit"; er forderte die böhmische Utraquistenkriche zur Rückkehr unter die römische Jurisdiktion auf und predigte gegen die nach Europa flutenden Türken.[12] Die böhmischen Utraquisten führten unterdessen diplomatische Verhandlungen mit der griechischen Kirche, die von dem in Konstantinopel residierenden Patriarch repräsentiert wurde. Beide ekklesialen Körper befanden sich damals an der Peripherie des national und kulturell bunten Gebildes der „Christianitas" – geographisch, kirchenpolitisch und mental. In den Jahren 1451 bis 1452 führte M. Peter Payne in Konstantinopel vertrauliche Verhandlungen über eine mögliche Zusammenarbeit beider Kirchen; erhalten ist auch die Korrespondenz zwischen dem Patriarchat von Konstantinopel und dem Prager Utraquistenkonsistorium.[13] Im Sommer 1453 unterlag Konstantinopel jedoch bekanntlich der türkischen Übermacht und wurde in Istanbul umbenannt. Die böhmische Utraquistenkirche blieb abermals isoliert, obwohl ihre Vertreter Kontakt mit den griechischen Bischöfen in Italien sowie mit den Armeniern in Lemberg hielten.

In Böhmen herrschte ohnedies die Überzeugung, daß die Zukunft der Christenheit ungewiß sei. Martin von Lenčice († 1462/1464), ein polnischer Gelehrter, der seit 1444 Professor an der Universität in Prag war, äußerte dies klar in seiner astrologischen

---

10 Sedlák, Jan: M. Jan Hus. Praha 1915 [Reprint: Olomouc 1996], 282–284.

11 Hus (wie Anm. 9), 317f.

12 Hofer, Johannes: Johannes Kapistran. Ein Leben im Kampf um die Reform der Kirche. Bd. II. Rom-Heidelberg 1965 (Bibliotheca Franciscana 2), 57–146; Hlaváček, Petr: Die Franziskaner-Observanten zwischen böhmischer und europäischer Reformation. Ein Beitrag zur Religionsgeschichte Ostmitteleuropas. In: Kirchliche Reformimpulse des 14./15. Jahrhunderts in Ostmitteleuropa. Hg. v. Winfried Eberhard und Franz Machilek. Köln-Weimar-Wien 2006 (Forschungen und Quellen zur Kirchen- und Kulturgeschichte Ostdeutschlands 36), 295–326; Ders.: „Ego Pragam intrare non possum, brevi tempore catuli mei intrabunt": Ein Beitrag zum böhmischen Itinerar des hl. Johannes Kapistran. In: Europa und die Welt in der Geschichte. Festschrift zum 60. Geburtstag von Dieter Berg. Hg. v. Raphaela Averkorn u. a. Bochum 2004, 660–669.

13 Bartoš, František M.: M. Petr Payne. Diplomat husitské revoluce [M. Peter Payne. Diplomat der hussitischen Revolution]. Praha 1956, 41–44.

Vorhersage für das Jahr 1455, die für Ulrich von Rosenberg, den führenden böhmischen Magnaten, ausgearbeitet wurde. Sie verweist auf die große Konjunktion von 1425, die den Aufstand einer neuen Sekte – gemeint sind die Hussiten – und den Machtaufschwung der Türken ankündigte. Diese Vorhersage, die überdies 1455 durch die Position von Saturn, Jupiter und andere Himmelsphänomene bestätigt worden sei, sollte ihre Gültigkeit für 57 Jahre behalten. Martin prophezeite der römischen Kirche, insbesondere dem Papst und den Kardinälen, große Schwierigkeiten. Gleichzeitig schilderte er pessimistisch den Verfall der allgemeinen Moral, den Ausbruch von Pest und Kriegen, wobei er betonte, daß seine Prophezeiung nicht unbedingt im Königreich Böhmen in Erfüllung gehen müßte. Das letzte Kapitel von Martins astrologischer Vorhersage beinhaltet eine bemerkenswerte Charakteristik der europäischen Völker. Zur nördlichen oder auch siebten Zone der Welt, die im Zeichen des Skorpions und unter der Macht des Saturn stehe, gehören Martin zufolge Böhmen, Polen, Preußen, Norwegen, Dänemark und andere Länder. Das Klima hier sei rauh, und die Menschen in diesen Gebieten hätten einen nur beschränkten Verstand, sie seien vergeßlich und wenig fromm. Auf ihren Charakter nehme auch der Mond Einfluß, welcher der Ursprung ihrer angeblichen Unbeständigkeit sei.[14] Während sich Martin von Lenčice den obskuren Zukunftsprophezeiungen für das Königreich Böhmen und die gesamte Christenheit widmete, schlug sein Universitätskollege, Jan Ondřejův genannt Šindel († post 1456), Arzt und Astronom, eine vollkommen entgegengesetzte Richtung ein. Dieser gebildete und ehemalige Rektor der Prager Universität konzentrierte sich auf die empirische Forschung und bestimmte aufgrund astronomischer Beobachtungen und Berechnungen den Breitengrad Prags und die Neigung der Ekliptik zum Äquator. Seine lateinische Schrift „De tabularum ratione et usu“ benutzten noch Tycho Brahe und Johannes Kepler.[15] Die Situation gab jedoch eher den apokalyptischen Visionen Recht: Das Osmanische Reich expandierte nach Europa, in Böhmen aber herrschte der „Ketzerkönig“ Georg von Podiebrad, der einen Zusammenschluß der Christenheit vorschlug, also ein gemeinsames Parlament, eine gemeinsame Armee, eine gemeinsame Währung. Anders ausgedrückt forderte er eine Einheit ohne Papst, bereit zu einem gemeinsamen Voranschreiten wider die Türken.[16] Sein Vorschlag wurde jedoch zurückgewiesen, und in den Jahren 1468 bis 1469 zogen die Kreuzritter nicht etwa gegen die „Heiden“ hinaus, sondern gegen die „böhmischen Ketzer“. Tatsächlich ist das Königreich Böhmen zu jener Zeit sowohl konfessionell als auch politisch gespalten. Welche Vorstellungen hatten nun die zeitgenössischen böhmischen Intellektuellen von dieser so komplexen Christenheit und von Europa? Wie sahen sie die Rolle Böhmens im europäischen Kontext?

---

[14] Výbor z české literatury doby husitské [Anthologie der tschechischen Literatur aus der Hussitenzeit]. Bd. 2. Hg. v. Bohuslav HAVRÁNEK, Josef HRABÁK und Jiří DAŇHELKA. Praha 1964, 546–551, 599.

[15] Ebd., 591–593, 609.

[16] Zum böhmischen Integrationsprojekt: Cultus pacis. Études et documents du „Symposium Pragense Cultus pacis 1464–1964“. Commemoratio pacis generalis ante quingentos annos a Georgio Bohemiae rege propositae. Hg. v. Václav VANĚČEK. Prague 1966; BOUBÍN, Jaroslav: Der Versuch einer Neuordnung Europas. Das Projekt König Georgs von Podiebrad und seines Rates Antonio Marini aus dem 15. Jahrhundert. In: Auf der Suche nach einem Phantom? Widerspiegelungen Europas in der Geschichtswissenschaft. Hg. v. Georg MICHELS. Baden-Baden 2003, 93–106.

Eine bemerkenswerte und sehr widersprüchliche Persönlichkeit der Podiebrader Zeit und des gesamten 15. Jahrhunderts war M. Pavel Židek.[17] Er wurde 1413 in Prag in einer jüdischen Familie geboren – daher sein Beiname (Židek, d. h. kleiner Jude). Noch als Kind wurde er aus unbekannten Gründen entführt und als überzeugter Reformchrist bzw. Utraquist erzogen. Er studierte in Prag und später in Wien, wo er offiziell zur römischen Kirche konvertierte. In Italien, an den Universitäten in Padua und Bologna, erlangte er den Magistertitel und den Doktortitel im Fach Medizin. Mit dem entstehenden italienischen Humanismus und seinen geistigen Ideen kam er höchstwahrscheinlich aber nicht in Kontakt und wurde so zu einem traditionellen „eklektischen" Gelehrten. 1442 wurde er in das Meisterkollegium der Prager Universität aufgenommen und war fortan einer von wenigen katholischen Pädagogen an dieser Hochschule. Nach zahlreichen Konflikten mit den Utraquisten ging Židek 1448 ins katholische Pilsen (tsch. Plzeň). Bereits 1451 war er jedoch an der Jagiellonen-Universität im polnischen Krakau tätig, von wo er sich ein Jahr später – aus Angst vor der Pestepidemie – ins schlesische Breslau (pol. Wrocław) flüchtete, wo zu dieser Zeit der eifrige italienische Franziskaner Johannes Kapistran wirkte, sonst Generalvikar der Franziskanerobservanz und päpstlicher Inquisitor. Židek informierte in seinen Schreiben den utraquistischen Erzbischof Jan Rokycana und seine Freunde über Kapistrans Aktivitäten, wahrscheinlich um den böhmischen Utraquisten gefällig zu sein und sich so die Möglichkeit einer Rückkehr nach Prag zu sichern. Eines von Žideks Schreiben gelangte jedoch in die Hände des Breslauer Bürgermeisters, und Židek wurde verhaftet. Freigelassen wurde er erst am 18. Mai 1453, nachdem er sich vor Kapistran persönlich vom Kelch losgesagt hatte. Anfang 1454 erschien Židek erneut in Krakau und trat mit neuer Energie in seinen Predigten gegen Kapistran auf. Kapistran ließ ihn verhaften, und der Krakauer Bischof Zbigniew Oleśnicki verurteilte ihn zu lebenslanger Haft. Erst 1455 wurde er aufgrund päpstlicher Erlaubnis entlassen. Er kehrte nach Pilsen zurück, wo er große Not erfuhr. 1466 ließ er sich für immer in Prag nieder und widmete sich dem Schreiben. Es gelang ihm, bis in die Kreise des Hofes vorzudringen, und bald speiste er sogar zusammen mit König Georg persönlich. In Prag erlebte er das Interdikt und die nachfolgenden Konflikte nach der Erklärung des Kreuzzugs gegen Georg und die böhmischen „Ketzer". Sein Hauptwerk ist die „Spravovna", also das „Buch der Berichte", eine allgemeine Enzyklopädie, die im Laufe des Jahres 1470 auf Veranlassung des Königs entstand. Noch im Jahr der Fertigstellung und Überreichung an den König 1471 verstarb er, kurz nach dem Tod seines Brotgebers.

Žideks „Buch der Berichte" stellt eine gewissermaßen verwirrende Kompilation der damals kursierenden enzyklopädischen Schriften dar und beinhaltet auch einige originäre historische und kirchenpolitische Konstruktionen. Zudem sind darin zahlreiche Schilderungen zu finden, die sich um die Eingliederung Böhmens in einen breiteren geographischen Kontext bemühen. Sie zeugen jedoch lediglich vom Mittelmaß der geographischen Kenntnisse Žideks. Andererseits gehören diese Texte zu den wenigen kostbaren Quellen, die uns über die geographisch-politischen und theologischen Vorstellungen eines böhmischen katholischen Intellektuellen der Podiebrader Zeit

---

[17] Zum Lebenslauf Žideks vgl.: M. Pavla Židka Spravovna [Das Buch der Berichte von M. Pavel Židek]. Hg. v. Zdeněk Tobolka. Praha 1908, I–VIII.

und über seine Sicht auf die ambivalenten Verhältnisse des konfessionell geteilten Königreichs Böhmen und der Christenheit informieren. Žideks „Weltanschauung" artikuliert sich in den philosophischen Kategorien der damaligen Zeit: Betont wird „die Rundförmigkeit der Welt", jedoch nicht im materiellen, sondern im philosophischen Sinne, denn „die runde Form faßt das meiste und ist am verständlichsten, und deshalb wurde sie der Welt gegeben." Die Welt hängt „allein am Worte Gottes" und ist vollkommen und in seiner Art einzigartig, „denn es gibt einen höchsten Herrn und der erschuf die Welt, um dort alle Geschöpfe zusammen zu haben."[18] Bei seiner Beschreibung der Welt stellt sich Židek latent in die scholastische Tradition und übergeht anscheinend absichtlich die antike geographische Vorstellung, die von humanistischen Gelehrten gerade neu entdeckt wurde. Židek ist der biblische Kontext wichtiger, weshalb wir bei ihm auch vergeblich nach Hinweisen auf die Sage von der Entführung der Europa suchen, die unserem Kontinent seinen Namen gab. Die Teilung der Welt in drei Erdteile beschreibt Židek im Rahmen der Weltbesiedelung nach der Erdüberschwemmung, wie sie in der Bibel und in Bibelinterpretationen geschildert wird. Der biblische Noah, der sich zusammen mit seiner Familie auf seiner Arche retten konnte, hatte drei Söhne, aus denen die Nationen entstanden, die die Welt besiedelten. Sem „zog nach Asien"; der entfernteste „asiatische" Zipfel war für Židek Indien, hinter dem sich das Paradies befinden sollte, das „der schönste Garten auf dieser Welt ist, der im Sonnenaufgang geschaffen wurde, in dem weder eine Brennessel noch schädliche Kräuter oder Obst wachsen."

Der zweite Sohn Noahs, Jaffet, „zog auf die andere Seite der Welt, nämlich nach Europa und ließ sich dort mit seinen Söhnen nieder". Sie errichteten hier zwanzig Länder, darunter Griechenland, Panonien, Italien, Gallien und Hispanien. Cham, Noahs dritter Sohn, vom Vater verflucht, „zog auf die dritte Seite der Welt, die Afrika heißt". Überdies besiedelten dessen Nachkommen jedoch auch einen Teil Europas, nämlich „Britannien, Schottland, Irland, Kreta, Sizilien" und viele andere westliche „deutsche, ungarische, böhmische, polnische, mährische Länder".[19]

Den Terminus „Europa" vergleicht Židek mit „Christianitas": ein theologisch-politischer und geographisch sehr unbeständiger Begriff. Die „Christenheit" oder anders auch das „Imperium" beschreibt Židek als „Königreiche, die der heutigen Römischen Herrschaft untergeben sind, nämlich dem Papst und dem Kaiser".[20] Daß es aber eine Gemeinschaft sei, die mit dem geographisch gefaßten Europa nicht identisch sein müsse, beweist die Tatsache, daß zu diesen Königreichen auch das afrikanische Nubia gezählt wird, das damals dem portugiesischen König gehörte.[21] Die Ostgrenze dieser „europäischen Gemeinschaft" bilden Ungarn und Polen-Litauen. Dabei handele es sich um eine „fließende Grenze": Europa reiche bis dorthin, wo das Schwert

[18] Spravovna (wie Anm. 17), 92f. Alle nachfolgende Zitate entstammen in der Übersetzung des Verfassers aus diesem Werk. – Zur philosophisch-geographischen Vorstellung im Mittelalter, u. a. auch zur Rundförmigkeit der Welt siehe SIMEK, Rudolf: Erde und Kosmos im Mittelalter. München 1992, 37–54.

[19] Alle Zitate: Spravovna (wie Anm. 17), 113. – Zur Weltbesiedlung im mittelalterlichen Kontext siehe BRINCKEN, Anna-Dorothee von den: Fines Terrae. Die Enden der Erde und der vierte Kontinent auf mittelalterlichen Weltkarten. Hannover 1992, 43–97.

[20] Spravovna (wie Anm. 17), 180.

[21] Ebd., 158.

des christlichen Herrschers hingelange; aufgrund der Eroberungserfolge des Osmanischen Reichs brach Asien in Europa ein. Židek erwähnt in diesem Zusammenhang das Schicksal des polnischen und ungarischen Königs Wladislaw III. d. Warneser (pol. Władysław III. Warneńczyk), „der sich bis tief nach Jerusalem vorkämpfte" und auf diese Weise Europa und die darin eingeschlossene Christenheit zum Nachteil Asiens und des Heidentums ausweitete, um schließlich 1444 bei Varna im Kampf gegen die osmanischen „Heiden" zu fallen. Židek fordert den böhmischen König Georg von Podiebrad auf, sich mit den europäischen Ländern zu vereinen, wobei er mit der Invektive endet: „Und will Ihre Hoheit besser sein als all diese?"[22]

Das Ziel des „Buches der Berichte" ist eindeutig: Židek will König Georg zur Verdammung des Kelches und zur Versöhnung mit der römischen Kirche bewegen. In seiner Schrift versucht er zu zeigen, daß das Königreich Böhmen sich aufgrund der böhmischen Reformation, des „hussitischen Ketzertums", vom christlichen Europa separiert habe. Und selbstverständlich preist er – wie sonst auch – die Herrschaft Karl IV., weil sich Böhmen damals in der christlichen Welt einer überaus großen Achtung erfreute. Als Kontrapositionen stellt Židek die eschatologische Auffassung der böhmischen Reformatoren vom heiligen Volk („sacrosancta natio bohemica"[23]) den katholischen Vorstellungen von der Heiligkeit der tschechischen Nation in der idealisierten Zeit Karl IV. gegenüber. In Žideks leicht vulgarisierter Interpretation hing die Heiligkeit der Nation mit der Kirchen- und Klosteranzahl, der Anzahl der Reliquien zusammen. Das eschatologische Selbstbewußtsein der böhmischen Reformatoren sieht Židek sehr kritisch, ist er doch selbst – obwohl mehrfacher Konvertit – treuer Sohn der römischen Kirche. Prokop Holý, dem früheren Priester und Hauptmann der taboritischen Heere, wirft er „närrischen Hochmut" vor, da dieser behauptet haben soll, unter seinem Schwert „die ganze Welt führen" und sogar „Jerusalem erobern und auf dem römischen Stuhl sitzen" zu wollen. Prokop starb jedoch „elendig" in der Schlacht bei Lipany und sei daher de facto schon in Vergessenheit geraten. Židek ermahnt Georg dennoch zur symbolischen Versöhnungsgeste: „Eure Königliche Hoheit, laßt doch den Kurimern, Brodern, Kölnern befehlen, in der kleinen Kirche, die auf dem Feld aufgebaut wurde, einen Gottesdienst für sie zu halten, denn dann sind sie doch Christen."[24] Vehement greift Židek ein Symbol des böhmischen Utraquismus an, nämlich Georgs Statue mit Schwert und Kelch an der Fassade der Prager Theinkirche: „Ist auf dem Bild ein Schwert zwischen den Kelchen zu sehen, weil Euere Hoheit einen Kampf um den Kelch gegen alle Christenheit führen will, obwohl dieser Kampf bereits mehrere Jahre andauert?" Stünde anstelle von Georgs Statue ein Passions- oder Marienbild, hätten sich angeblich „keine Kriege zusammengebraut". Židek kritisiert in seiner Schrift an vielen Stellen Georgs Krieg „gegen die gesamte Christenheit", also die Verteidigung des Landes und des Kelches gegen den Kreuzzug. „Bei einem Krieg um den Kelch, müßt Ihr wissen, daß Euere Hoheit diesen nicht gegen die Schriften heiliger Doktoren und gegen die Traditionen der gesamten Christenheit führen kann [...]." Im Gestus der Übertreibung empfiehlt

22 Ebd., 180f.; vgl. allgemein: Urbánek, Rudolf: Vladislav Varnenčík: Skutečnost i legenda [Wladislaw Warneser: Realität und Legende]. Praha 1937.

23 Dazu Šmahel, Idea národa (wie Anm. 5), 44–48.

24 Alle Zitate zu Prokop – Spravovna (wie Anm. 17), 67.

er ihm dagegen einen Krieg wider die Nürnberger, damit sie das „Reichssakrament“, also die Reichsheiligtümer, die einst in Böhmen aufbewahrt wurden, zurückgeben. „Das würde jeder loben, aber so weiß ich nicht, worum gekämpft und weshalb das Land ruiniert wird“, schließt Židek.[25]

Kurz gesagt, es ist Židek zufolge notwendig, „das Königreich und vor allem die jetzigen Priester, die sich der Ordnung der gesamten Christenheit entrissen, zum Gehorsam dem Papst gegenüber zu bewegen“.[26] Die Äußerung enthält ein gewisses Maß an katholischem Hyperkritizismus, sieht doch dieser böhmischer Intellektuelle tschechischer Sprache und jüdischer Herkunft, einst selbst Utraquist, das Königreich Böhmen aus der christlichen Gemeinschaft ausgeklammert. Gleichzeitig präsentiert Židek auf diese Weise unbewußt das klassische Klischee eines römischen Hegemonismus, demzufolge diejenigen Christen, die sich Rom nicht unterstellen würden, nicht der Christenheit angehörten. Diese Kritik geht weiter, als daß sie lediglich die utraquistischen Böhmen als Schismatiker bezeichnen würde. Židek stellt darüber hinaus einige theologische Aussagen des utraquistischen Erzbischofs Jan Rokycana in Frage: „Glaubt nicht, das ist meine innigste Überzeugung, daß ihr unter einerlei Gestalt, in Einheit mit der restlichen Christenheit, nicht erlöst werden könnt wie unter beiderlei Gestalt, außerhalb des christlichen Reiches [...].“ Ferner warnt Židek: „Konstantinopel und das Königreich Zypern sind zerstört, weil sie sich dem päpstlichen Gehorsam entzogen haben.“[27] Das heißt also, daß die Schwächung des Königreichs Zypern und die Eroberung Konstantinopels durch die Türken allesamt Gottesstrafen für die Mißachtung der päpstlichen Jurisdiktion sind. Der Papst ist nach Židek „Vater der gesamten Christenheit“ und de facto „Pförtner“ bzw. „Schließer“ des Himmelreiches, dem alle christlichen Könige untergeben sind.[28] Eine solche, auch damals nur allgemein aufzufassende Behauptung mußte den böhmischen Utraquisten mit Jan Rokycana und Václav Koranda an der Spitze als Gotteslästerung erscheinen.

Mit der Verve eines alternden und verkannten Gelehrten ließ sich Židek auch auf die theologisch-politologische Analyse des Begriffs „Imperium“ ein. Er konstatierte, daß das Römische Königreich, das aus christlicher Sicht der Mittelpunkt der gesamten Welt war, kein stabiles weltliches Zentrum habe. Nachdem Kaiser Konstantin Rom dem Papst Silvester schenkte, habe es im Westen keine kaiserliche Residenz mehr gegeben. Laut Židek existiere in Europa und in der Christenheit nur eine einzige Stadt, die rechtmäßig zur kaiserlichen Stadt ernannt werden könne: natürlich Prag, „denn es ist eine Stadt, welche die kaiserliche Macht wie auch die Bevölkerung tragen könnte und in der Nähe der Kurfürsten sei.“ Eine stabile Kaiserresidenz könnten nach Židek zwar auch Nürnberg oder Regensburg darstellen; Prag wäre allerdings am geeignetsten. Konsequent spinnt Židek seine Vorstellungen fort, wenn er klar und deutlich sagt, daß römischer Kaiser eben der böhmische König sein solle, weil „wahrlich kein anderer Fürst besser zum Kaiser gewählt werden könne als der böhmische König, da er sich inmitten der Kurfürsten befinde und da

[25] Ebd., 6f., 53.
[26] Ebd., 5f.
[27] Ebd., 23.
[28] Ebd., 25f.

Prag eine mächtige Stadt sei, die jede Würde, auch die kaiserliche, tragen könne".[29] Židek verfolgt hier Ideen, die seinerzeit auch die Anhänger des böhmischen Königs Georg von Podiebrad beschäftigten, die nach dessen Wahl zum römischen König strebten. Židek war jedoch Pragmatiker und vielleicht auch Opportunist. Mit Vorschlägen könnte er gleichermaßen versucht haben, Georg zu schmeicheln; in jedem Fall wollte er ihn aber zugunsten einer Änderung der kirchenpolitischen Situation im Königreich Böhmen bewegen. Damit Prag die Stellung des wahren Zentrums Europas anstreben könne, wäre es jedoch erforderlich, einige wichtige Vorkehrungen zu treffen. Als Beispiel einer solchen weitreichenden Reformpolitik sollte Georg der frühere böhmische König und römische Kaiser Karl IV. dienen, der als idealer Herrscher verehrt wird: „[...] wohin der Tscheche auch kam, überall betrachteten sie ihn als einen Heiligen, und die Menschen machten es sich zum Ereignis und sagten: Kommt, schaut euch einen Menschen aus dem heiligen Land an." Karl IV. habe in Prag nicht nur neue Kirchen und Klöster errichtet sowie das Erzbistum gegründet, sondern er achtete auch den römischen Bischof. Zudem habe er die Reichsheiligtümer nach Böhmen gebracht, die dann in Prag alljährlich zur Verehrung ausgestellt worden seien.[30] Ein wirklicher „Antiheld", Gegenpol eines idealen Herrschers, ist in Žideks Augen Karls Nachfolger, Wenzel IV., den er auch als „Gefräßigen und Säufer" bezeichnet, der die Würde des römischen Königs vertan und den Kaisertitel nie erlangt hätte, während sein Bruder Sigismund, ungarischer König und späterer böhmischer König und Kaiser, von den Prager Bürgern gebeten wurde, „als Wirtschafter nach Prag zu kommen".[31]

Und wie sollte nach Židek König Georg von Podiebrad Prag und dem Königreich Böhmen Ruhm und Ehre wiedergeben? Wie sollte er es wieder in der Mitte Europas und der Christenheit positionieren? Zuerst sollte er Legaten zum Papst schicken und diesen um die Entsendung von zwei Kardinälen und zehn Universitätsdoktoren bitten. Diese sollten eine große Versammlung einberufen, zu der Vertreter des Kaisers, der polnische, ungarische und französische König sowie andere Herrscher eingeladen würden, auch der bayerische Herzog und weltliche wie auch geistliche Kurfürsten. Hinzugezogen werden sollte auch der böhmische Aristokrat Zdeněk von Sternberg, Führer des katholischen Widerstandes gegen Georg von Podiebrad, um so den Willen zur kirchenpolitischen Einheit im Lande zu demonstrieren.[32] Židek ist in diesem Vorschlag nicht gerade originell, handelt es sich doch um eine Analogie zum einstigen Plan Georgs hinsichtlich der Einigung des christlichen Europas, wobei nach Žideks Vorstellung die Hauptinitiative jedoch dem Papst überlassen bleiben sollte.

König Georg sollte sich danach für die konfessionelle Unifizierung des Königreichs einsetzen, d. h. keine Utraquisten, geschweige denn die Brüdergemeinde, die „Pickharten", dulden. An erster Stelle sollte er die Wiederherstellung des Prager Erzbistums und die Ernennung eines neuen Erzbischofs, am besten irgendeines päpstlichen Legaten, da es in Böhmen keinen geeigneten Kandidaten gebe, in die Wege leiten. Dann werde das Königreich Böhmen wie alle anderen wichtigen Länder in

29 Beide Zitate: Ebd., 158f.
30 Ebd., 21, 177.
31 Ebd., 178f.
32 Ebd., 9f., 61f.

Europa sein, „die in ihren Hauptstädten eine herrliche Kirche, die sich *Diocesis* nennt, und hier einen geistlichen Vorsteher haben“. Ebenfalls sollte der König einen „kacermajstr“ ernennen, d. h. einen Inquisitor, der alle Ketzer ausrotten würde. Alle Klöster sollten als Zentren der vorgeschlagenen Romanisierung (d. h. der sogenannten Rekatholisierung) der böhmischen Christen wiederaufgebaut werden.[33]

Ein nicht minder bedeutender Schritt zur Wiederherstellung des Renommees der Hauptstadt Prag wäre nach Žídek die Erneuerung der Universität, da „die Stadt selig ist, die in ihrer Mitte den Sitz der Weisheit und der Kunst hat, der die erstklassige Jugend aus der ganzen Welt in sich versammelt [...]“. Prag würde dann kulturell wie auch wirtschaftlich aufblühen, und Gott würde „dem mit Doctores, Meistern und der Jugend verschönten Prag freudigen Himmelssegen und den Bürgern und Handwerkern jegliche Pracht und jeglichen Reichtum“ geben. König Georg solle für diese Erneuerung jeweils einen Doktor der Heiligen Schrift aus Wien, Leipzig und Paris berufen; die restlichen Wissenschaftler sollten Böhmen sein. Meistern und Studenten sollten dieselben Freiheiten und Privilegien zukommen wie zu Zeiten Kaiser Karls IV. Großes Gewicht legt Žídek auf den Wiederaufbau des Handels und des Handwerks. Seiner Meinung nach sei es nötig, qualitativ hochwertig arbeitende Handwerker nach Prag zu locken, damit es wieder wie „zu alten Zeiten“ sein würde, als Prager Waren nach Wien, Nürnberg, Venedig und Rom exportiert wurden.[34]

Georg wird ebenfalls aufgefordert, „Städte und in ihnen herrliche Gotteshäuser, wunderschöne Häuser, prächtige Burgen zu bauen“. An dieser Stelle bringt Žídek einen ausführlichen Vorschlag, wie bei dem Wiederaufbau der Hauptstadt Prag vorgegangen werden solle:

> Euere Hoheit, restauriert zerstörte Kirchen [...], befehlt den Hauswirten in Prag, ihre Häuser zu renovieren, erlaubt keine Schindelhäuser auf dem Ring [...], gestattet es nicht, Häuser niederzureißen, nirgends, weder auf dem Hradschin noch auf der Kleinseite, nicht beim Heiligen Apolinarius, auch nicht auf dem Vyschehrad, denn es werden noch Zeiten kommen, in denen die Leute sie gern renovieren werden. Eure Hoheit hat die Kirche am Teyn fertiggestellt, die Brücke repariert, [...] das wird ein ewiges Denkmal Euerer Hoheit sein. Und wenn Euere Hoheit auf die alte Altstädter Mauer eine schöne neue Mauer bis zum Podskalí oder bis auf den Vyschehrad erbauen ließe, würde die Stadt von der Seite sehr edel aussehen [...]. Und wenn Euere Hoheit beim hl. Wenzel haushalten würde, so daß es genügend Priester und einen Erzbischof gäbe [...], würde der Herrgott seine heiligen Engel senden, um die Krone in alle Ewigkeit auf Euerem Haupt zu halten.[35]

Der Höhepunkt von Georgs Wiederaufbau sollte dann der bereits erwähnte Krieg gegen Nürnberg um die Rückführung der Reichsheiligtümer nach Böhmen und die Erneuerung des Feiertags ihrer Ostensio in Prag sein, damit letzteres wieder zum geistlichen Zentrum der gesamten Christenheit werden würde.[36]

---

33 Ebd., 10. – Den Terminus „Rekatholisierung“ verwende ich absichtlich nicht; die böhmische Utraquistenkirche verstand sich selbst als integraler Bestandteil der universellen, d. h. katholischen Kirche, und die römische Camouflage der angeblichen Identität der Katholizität mit der Romanität sah sie sehr kritisch.

34 Alle Zitate ebd., 11.

35 Ebd., 23.

36 Ebd., 21f.

Židek war ein echter Provokateur. Als ob er nichts mehr zu verlieren hätte, trieb er seine Vorschläge ins Extreme. Sein Lebensweg endete, wie oben bereits erwähnt, in Prag 1471, im selben Jahr, in dem König Georg sowie der utraquistische Erzbischof Jan Rokycana starben. Der böhmische König erlangte also nicht die Kaiserkrone, Prag wurde nicht zum Zentrum Europas und der Christenheit. Es gelang nicht, an die glorifizierte goldene Zeit Karls IV. anzuknüpfen. Im Gegenteil – die böhmischen Länder blieben konfessionell wie auch politisch entzweit, genauso wie der böhmische Königstitel, der eine Zeitlang von Matthias Corvinus und von Wladislaw Jagiello, die um das Podiebrader Erbe stritten, gleichzeitig getragen wurde. Und Prag? Noch lange galt es als größtes Zentrum jeglichen Ketzertums, das jemals in der Geschichte Europas existiert hatte.[37]

Im 16. Jahrhundert, in der Zeit der europäischen Reformationen, änderte sich jedoch die konfessionelle Karte Europas radikal. Böhmen und Prag werden erneut als wichtiger Teil des Kontinents betrachtet. Mehr noch: 1537 publizierte Johannes Bucius seine Allegorie Europas *in forma virginis*, die häufig reproduziert und modifiziert wurde. Das Königreich Böhmen wird als eine kostbare Medaille dargestellt, die auf der Brust der Königin Europa hängt. „Bohemia" und „Praga" werden hier also als wirkliches „cor Europae" reflektiert, als das Herz Europas[38] – eine These, die die tschechische Denkweise bis heute beeinflußt: Böhmen wird so in der Frühen Neuzeit abermals ins Zentrum des theologisch-geographischen Nachdenkens europäischer Intellektueller gerückt.

Der reifste und originellste böhmische Denker dieser Zeit war Johann Amos Comenius (tsch. Jan Amos Komenský), dessen Werk sich – auch aufgrund seines Exulantenschicksals – europäischer Resonanz erfreute. Comenius, hervorragender Pädagoge und origineller Theologe der Brüdergemeinde, sieht die Bedeutung der tschechischen Nation im Herzen Europas in seiner speziellen (früh-)reformatorischen Mission. Diese Interpretation der tschechischen Existenz ist zum Beispiel aus seinem Brief an Samuel Hartlieb von 1638 herauszuhören:

> Schaut auf eine Nation, auf die als eine der ersten europäischen Nationen Christus selbst schaute, indem er sie aus der Dunkelheit des Antichrists herausriß, eine Nation, die, bevor alle anderen Nationen die Aufklärung annahmen, als einzige ein ganzes Jahrhundert hindurch das Toben und Wüten des Antichrists aushielt.[39]

---

[37] So besuchte z. B. im Jahre 1479 ein deutscher Franziskaner und gebürtiger Mähre, Nikolaus Glassberger, die Stadt Prag. Die böhmische Hauptstadt schien ihm wie ein Zentrum aller Ketzer und Schismatiker, vgl. dazu: Chronica fratris Nicolai Glassberger ordinis Minorum observantium. Hg. v. Patribus Collegii S. Bonaventurae. Quaracchi 1887 (Analecta Franciscana II), 469. – Signifikant ist ebenfalls ein Klagelied über Prag von Michael von Kärnten, einem böhmischen Franziskaner und Chronist zu Anfang des 16. Jahrhunderts: „O Praga, quondam civitas splendida Bohemorum, veritatis magistra, nunc perfidissimorum hereticorum magistra errorum [...]", zit. nach: Chronica Fratrum Minorum de Observancia Provincie Bohemie, Bibliothek des Nationalmuseums in Prag, Handschrift VIII F 75, 139.

[38] Schmale, Wolfgang: Europäische Identität und Europa-Ikonografie im 17. Jahrhundert. In: Studien zur europäischen Identität im 17. Jahrhundert. Hg. v. Dems. u. a. Bochum 2004, 88–94 (hier auch weitere relevante Literatur zur Rezeptionsgeschichte dieser konfessionellen Karte Europas).

[39] In der Übersetzung des Verfassers zit. nach: Komenský, Jan Amos: Listy přátelům a příznivcům [Briefe an Freunde und Gönner]. Hg. v. Bohumil Ryba. Praha 1970, 124f.

In seinen späten Arbeiten fordert dann Comenius unermüdlich zur geistlichen, kulturellen und politischen Vereinigung Europas und der Welt auf:

> Das, worüber wir Europäer uns zu beraten begannen, nämlich über die Wege des gemeinsamen Wohls, betrifft alle gleichermaßen [...]. Um in dieser Angelegenheit einer dem anderen helfen zu können, teilen wir Euch in Asien, Euch in Afrika, Euch in Amerika [...] mit, zu welchen Ergebnissen wir Europäer, die Gott durch seine Strafen niederbeugte und zum Nachdenken über die Wege der allgemeinen Reue brachte, in unseren Betrachtungen gekommen sind. Ihr aus Asien, ihr schickt uns Duftstoffe, Seide und Edelsteine, Ihr aus Afrika liefert uns Papageien, Affen, Löwen und Elfenbein, Ihr Amerikaner habt unser Europa mit Gold und Silber gefüllt. Und wir haben nichts, was wir verschenken könnten? Haben wir nichts, was wir zurückzahlen könnten? Seht, wir zahlen mit unseren Gedanken über unsere und Eure Erlösung und mit Funken zur Entfachung des Lichts der Weisheit für einen gemeinsamen Nutzen.[40]

Im Denken dieses Exulanten wächst die böhmische Reformation über den früheren Bohemozentrismus und Europazentrismus mit der Parole *Bohemia cor Europae, Europa cor mundi* hinaus und bietet somit einen Interpretationsschlüssel zu Reflexionen über universelle Probleme.

---

[40] So Comenius in seinem Manifest von 1666. In der Übersetzung des Verfassers zit. nach: Poselství J. A. Komenského současné Evropě [Die Botschaft von J. A. Comenius für das gegenwärtige Europa]. Hg. v. Pavel Floss. Praha 2005, 160f.

Epilog

Andrew Spicer

Confessional Space and Identity in Central and Eastern Europe[1]

The religious landscape of central and eastern Europe underwent a fundamental transformation during the early modern period, with the emergence of the Hussite movement in the fifteenth century and later the confessional fragmentation that followed the Reformation. The established Catholic and Orthodox faiths found themselves challenged and competing with new religious beliefs and their adherents: Utraquists, Bohemian Brethren, Lutherans, Anabaptists, Calvinists/Reformed, and Anti-Trinitarians. Furthermore the eastern and southern expansion of the Polish crown had led to Jews and Muslim Tartars being subject to their authority, while the westward advance of the Ottoman Turks brought significant swathes of eastern Europe under the tutelage of an Islamic regime. In the midst of this multi-confessional landscape, these different faiths competed for political and social support, as well as confessional spaces where they could gather freely for worship. Alignments between confessions and the territorial authorities contributed to the success of particular faiths, often providing them with legal protection for their beliefs as well as political and financial assistance in the development of their own Church infrastructure. Nonetheless achieving religious uniformity, the dominance of one confession, was more difficult to accomplish due to the political fragmentation of the Holy Roman Empire and the countries of eastern Europe.

The Religious Peace of Augsburg of 1555 established the principle of *cuius regio eius religio* within the Empire, allowing the princes to determine the confessional allegiance in their own territories, albeit restricted to a choice between either the Catholic or Lutheran faiths. Although this in theory established mono-confessional states within the wider Empire, the Peace was challenged by the adoption of the Reformed faith by the Elector Palatine in 1559 and the bi- or multi-confessionalism that characterized a number of imperial cities. This underscored the limitations of this Imperial solution to the politico-religious crisis caused by the Reformation. Further east, the political divisions and concerns of territorial states, the difficulty of rulers including the Habsburgs to exert their authority, together with the Turkish expansion made it more difficult for the exclusive practice of one religion to be enforced. This led the authorities in some regions of eastern Europe to grant official recognition and the right to freedom of worship to a number of different confessions. In the principality of Transylvania, for example, the diet of Turda in 1568 granted religious freedom to the four received confessions (Catholicism, Lutheranism, Calvinism and Anti-Trinitarianism), while in Poland the Act of the Warsaw Confederation in 1573 established peace amongst the dissidents *in religione christianae*, a religious grouping that was not further defined. Furthermore in the lands occupied by the

[1] I am grateful to Dr Matthias Range for his assistance and comments in preparing this article.

Ottomans, while Islam became the official faith the various Christian churches were still allowed to worship according to certain conditions.[2]

In such a diverse religious landscape, it was important for these rival faiths to establish their own confessional identity. One of the principal ways by which they did this was through drawing up their own clear statements of theology and religious practice. These doctrinal statements set out the fundamentals of belief for the different churches, thereby establishing their own position in relation to religious groups they themselves regarded as being radicals or even heretics. The publication of confessions of faith served to strengthen the development of distinct religious identities particularly among the educated and clerical establishments. While such works may have been beyond the mass of the population, catechisms provided the clergy with an important tool through which to inculcate the faithful with the key tenets of their own particular creed.[3]

While confessions of faith and catechisms provided clear statements of doctrinal belief and difference, the religious diversity of central and eastern Europe was most clearly manifested in their confessionalisation and use of space.[4] This diversity was perhaps most readily apparent from the appearance and interior arrangement of their places of worship; these were confessional spaces which reflected the different liturgical and religious priorities of these faiths. In Hungary, the distinction between the places of worship of different confessions could be easily recognized from the emblems atop the church spires. While Orthodox and Catholic churches were usually surmounted by either a Greek or a Latin cross, the Reformed temples favoured either a cockerel or a star, although in the regions close to the Turkish occupation a degree of dissimulation led some also to employ a crescent.[5] Lutheran churches later came to be distinguished by an orb or ball. Such symbols were a clear confessional statement within the wider landscape but how far did the visual and material culture of belief provide clear evidence of a distinct religious identity?

The establishment of confessional space was certainly complicated in many parts of central and eastern Europe as existing churches were taken over by other faiths. The various Protestant faiths often occupied buildings which had previously been used by the Catholics and had initially been constructed for the celebration of the mass. They therefore sought to adapt these places of worship to meet their own liturgical requirements, and thereby establish their own confessional identity within

---

2 MacCulloch, Diarmaid: Reformation. Europe's House Divided, 1490–1700. London 2003, 275; Müller, Michael G.: Protestant confessionalisation in the towns of Royal Prussia and the practice of religious toleration in Poland-Lithuania. In: Tolerance and intolerance in the European Reformation. Ed. by Ole P. Grell and Bob Scribner. Cambridge 1996, 262–281, here 267–270; Murdock, Graeme: Calvinism on the Frontier, 1600–1660. International Calvinism and the Reformed Church in Hungary and Transylvania. Oxford 2000, 16; Fodor, Pál: The Ottomans and their Christians in Hungary. In: Frontiers of Faith. Religious Exchange and the Constitution of Religious Identities, 1400–1750. Ed. by Eszter Andor and István György Tóth. Budapest 2001, 137–147. – See also Christin, Olivier: Making Peace. In: A Companion to the Reformation World. Ed. by Ronnie Po-Chia-Hsia. Oxford 2004, 426–439 and Kaplan, Benjamin J.: Coexistence, Conflict, and the Practice of Toleration. In: Ibid., 486–505.

3 See: Confessional Identity in East-Central Europe. Ed. by Maria Crăciun, Ovidiu Ghitta and Graeme Murdock. Aldershot 2002.

4 See the essay by Evelin Wetter.

5 Murdock, Calvinism on the Frontier (cf. n. 2), 154.

them. While some buildings were purged of their religious imagery and the trappings of the mass, the thoroughness with which this was done varied enormously from place to place and according to confession. The repeated condemnations of ecclesiastical assemblies as well as the evidence of visitations demonstrate that this was often a slow process. There was also a willingness to reuse certain liturgical fittings which could be adapted to new forms of worship, while other church furnishings survived untouched or neglected.

There was certainly a visual continuity between the pre-Reformation churches and those adapted for Lutheran worship, reflecting what has been described as the "preserving power" of Lutheranism. The survival of elaborate sacrament houses with soaring spires, which before the Reformation had housed the host and had been a focus of veneration, sometimes remained albeit devoid of their original purpose. In Nuremberg, the shrine of St Sebaldus was stripped of its precious metals and adornments but otherwise survived. Similarly the collection of relics and the richly decorated altars and altarpieces in the Stiftskirche in Berlin-Cölln similarly reflected this visual continuity with past forms, which was sanctioned in this case by Luther himself.[6] These instances reflect in part the attitudes of the authorities, whether Princes or urban magistrates whose approval was required before furnishings could be officially removed or discarded. The authorities were concerned to prevent religious radicalism, which could be symbolized by indiscriminate iconoclasm, especially as such actions challenged the legal and property rights of the donors of particular church fittings and images. Furthermore while some of these Catholic fittings were now regarded as being liturgically superfluous, others were nonetheless appreciated for their artistic merit.[7] While this sense of continuity and preservation might be truer of Lutheranism than the Reformed faith, even here there was a willingness to retain certain pre-Reformation furnishings such as pulpits, fonts and seating for liturgical use. Furthermore there is evidence that some medieval decoration such as images or the wall paintings of saints were not immediately removed from Reformed temples or whitewashed over.[8] Further afield the survival of stained glass and retention of organs in the churches of the United Provinces was viewed with surprise by foreign observers and regarded as evidence of Dutch tolerance.[9] These artistic and liturgical remnants might suggest only a partial confessionalisation of religious space which could therefore confuse the visual confessional identity of these buildings.

---

[6] See essays by Agnieszka Gaşior, Kinga German, Marcin Wisłocki. – HEAL, Bridget: Sacred image and sacred space in Lutheran Germany. In: Sacred Space in early modern Europe. Ed. by Will COSTER and Andrew SPICER. Cambridge, 2005, 39–59, here 51f.

[7] Ibid., 53. – See also DILLINGER, John: Images and Relics. Theological Perceptions and Visual Images in Sixteenth-Century Europe. New York 1999, 71–76.

[8] SPICER, Andrew: Calvinist churches in early modern Europe. Manchester 2007, 21f. – Several recent photographic surveys have drawn attention to the transformation of these churches, see for example: Közel az ég hozzám, közél az Istenem. Református templomok a Felső-Tisza-vidéken [Heaven and my God are near me. Reformed churches in the Upper Tisza region]. Debrecen 1999; Középkori Templomok Szabolcs-Szatmár-Bereg Megyében [Medieval churches in Szabolcs-Szatmár-Bereg county]. Nyíregyháza 2000.

[9] SPICER, Calvinist churches in early modern Europe (cf. n. 8), 121, 148, 150–152. – See also IDEM.: "So many painted Jezebels". Stained Glass Windows and the Formation of an Urban Identity in the Dutch Republic. In: Public Opinion and Changing Identities in the Early Modern Netherlands. Ed. by Judith POLLMANN and IDEM. Leiden 2006, 249–277, here 249–256.

As a number of the essays in this volume demonstrate, the confessional distinction between different Churches and their use of space was not always readily apparent to observers or required a closer understanding of the religious beliefs of their patrons and congregations to appreciate the subtleties and nuances displayed there. There was a clear visual confessional distinction between Lutheran and Reformed churches with regard to the presence of religious imagery. Calvin condemned its use as a didactic tool, but Luther had defended it as means through which to educate non-literate members of the congregation in the Scriptures.[10] While the distinction between the two Protestant faiths might have been readily apparent, the Lutheran use of religious iconography meant that there remained a resemblance with the buildings of their Catholic predecessors. Nonetheless there was a subtle distinction in this iconography which might not always have been as obvious to the casual observer. For example, while altarpieces behind the High Altar were retained in a number of churches, where these survived from before the Reformation there was an attempt through remodeling and repainting to ensure that they conformed with the tenets of Lutheran doctrine and were Christo-centric in their subject matter.[11] Similarly the Lutherans permitted the presence of statues of Biblical saints as well as of princes in their churches, while rejecting those for which there was no Scriptural evidence. The paintings and images within these Lutheran churches were not merely evidence of survivalism, new commissions for altarpieces or epitaph paintings depicted aspects of religious practice such as the sacraments or even made allusions to the sacrality of the place of worship as a means by which to establish the confessional identity of the building.[12]

It was no doubt the continuance of such decorative elements within Lutheran churches as well as the continued use of the old rites by some Princes which caused observers to be confused between denominations. It was quite possible for travelers such as Peter Lescalopier unwittingly to attend a Lutheran church service believing it to be a Catholic mass.[13] It was not only Lutheran churches where this visual confusion could emerge. The apparent similarity in the layout of Anti-Trinitarian churches and those of the Reformed, with their centralized pulpit and emphasis on preaching, also provoked confusion.[14] Their appearance masked the more radical and significant confessional differences between the two faiths. Furthermore local

---

10 Luther's Works. 54 vols. Ed. by Jaroslv PELIKAN et al. St Louis 1955–1976, here vol. 40, 99; CALVIN, John: Institutes of the Christian Religion. 2 vols. Ed. by John T. MCNEIL. Philadelphia PA 1960, here vol. 1, 106, 107.

11 See essays by Maria Crăciun, Edit Szegedi, Marcin Wisłocki. – See also CRĂCIUN, Maria: Iconoclasm and Theology in Reformation Transylvania: The Iconography of the Polyptych at the Church at Biertan. In: Archiv für Reformationsgeschichte 95 (2004), 61–97; EADEM: Reforming Church Space: Altarpieces and their Functions in Early Modern Transylvania. In: Church History and Religious Culture 87 (2007), 1–28.

12 See essays by Maria Deiters, Jan Harasimowicz, Marcin Wisłocki. – See also KOERNER, Joseph Leo: The Reformation of the Image. London 2004; BRÜCKNER, Wolfgang: Lutherische Bekenntnisgemälde des 16. bis 18. Jahrhunderts. Die illustrierte Confessio Augustana. Regensburg 2007; DIEDERICHS-GOTTSCHALK, Dietrich: Die protestantischen Schriftaltäre des 16. und 17. Jahrhunderts in Nordwestdeutschland. Regensburg 2005.

13 CRĂCIUN, Maria: Traditional practices. Catholic Missionaries and Protestant Religious Practice in Transylvania. In: Religion and Superstition in Reformation Europe. Ed. by Helen PARISH and William G. NAPHY. Manchester 2002, 75–93, here 82.

14 See essay by Edit Szegedi.

circumstances and popular customs could also cause significant differences in the appearance of churches of the same confession, as can be seen amongst the Reformed faith.[15] Nonetheless these examples of confusion over the religious identity of a place of worship should not obscure the fact that a clear visual distinction could be made between confessional spaces.

Besides the confessional distinctions that could be made between the appearance of different places of worship, there was also a significant conceptual difference in the way in which these buildings were regarded. For the Orthodox and Catholic faiths, the presence of relics sealed within the altar established a particular locus of the holy in these churches which was heightened by the separation of this part of the church from the congregation by either the iconostasis or the rood screen. With the Reformation, the belief that one place could be more holy than another was rejected. Both Martin Luther and Jean Calvin dismissed the notion that a place of worship could through "any secret sanctity of their own make prayers more holy, or cause them to be heard by God". A church building was merely a convenient place in which the congregation of the faithful could assemble for worship but if the circumstances arose they could gather elsewhere, even outdoors.[16] The Reformers also rejected the solemn ceremonies which consecrated churches and set them apart from the world, Luther claiming that they were "instituted out of stupid imitation, not on the basis of the sure Word of God". Furthermore Heinrich Bullinger condemned the notion that "the rehearsing of certain words or making of signs and characters, or with oil, or purging fire" could set a place apart from the world.[17]

In spite of this apparently unequivocal rejection of the sacrality and ritual separation of places of worship, the Lutheran and Reformed movements came to develop their own understanding of the importance of confessional space as set apart by the practices conducted in them. Through the removal of relics as well as the rejection of transubstantiation, the abolition of the regular round of masses and the veneration of the consecrated host, the Reformers could be regarded as desacralising the church. Nonetheless this was replaced with the preaching of the Word of God which became a quasi-sacrament; for Calvin, the minister was a mouthpiece and through his sermon the congregation heard the actual voice of God and were therefore expected to receive it with reverence. As a result, the Reformed Church attempted to prevent behaviour that was regarded as inappropriate for a place where the Word of God was preached, thereby suggesting that the building itself was set apart from the world by the religious services that were conducted there. This apparently contradictory dichotomy was reflected in the Second Helvetic Confession to which the Reformed Churches subscribed:

> [A]s we believe that God does not dwell in temples made with hands, so we know that on account of God's Word and sacred use places dedicated to God and his worship are

---

[15] Spicer, Calvinist churches in early modern Europe (cf. n. 8), 121, 148, 150–152, 232.

[16] Luther's Works (cf. n. 10), vol. 51, 337; Calvin, Jean: Institutes of the Christian Religion: 1536 edition. Transl. by Ford L. Battles. Grand Rapids 1986, 73; Calvin, Institutes of the Christian Religion (cf. n. 10), vol. 1, 25, vol. 2, 893.

[17] Luther's Works (cf. n. 10), vol. 12, 360; Bullinger, Heinrich: The Decades of Heinrich Bullinger. Ed. by Thomas Harding. Cambridge 1849–1852, vol. 4, 499.

> not profane, but holy, and that those who are present in them are to conduct themselves reverently and modestly, seeing that they are in a sacred place, in the presence of God and his holy angels.[18]

Places of worship thereby came to be regarded as being set apart from the rest of the world as a result of the ceremonies and services that were conducted within them, defining them as sacred spaces.[19]

Furthermore popular beliefs in the inherent sanctity of places of worship persisted after the Reformation as well as the notion that certain parts of the building were more holy than others. The practice of walking around the altar on certain ritual occasions survived in parts of Lutheran Germany. In spite of efforts by the authorities to prohibit burial within the church itself, the custom continued in many Reformed communities and in fact privileged interment close to the pulpit or at the east end over other sites within the church.[20] This perception of the church as a sacred place was reflected in the emergence of a liturgy for the consecration of Lutheran churches during the seventeenth century, and even the Reformed Church in Hungary inaugurated their new buildings with special services.[21]

The discussion has so far concentrated on the visual distinctions that existed between confessional spaces and the perception of the place that these buildings had within the religious and sacred landscape. The differences between faiths were more keenly felt and evident in the bi- or multi-confessional communities where rival faiths competed for adherents and liturgical space. The tensions between the Catholics and Reformed communities in Cracow reflected their different approaches to the "pollution" of the religious landscape of the city, with the liturgical character of the Catholic assaults upon the Reformed, while they in turn attempted to desacralise,

18 COCHRANE, Arthur C.: Reformed Confessions of the Sixteenth Century. London 1966, 289.

19 See essays by Maria Deiters, Volker Leppin, and Evelin Wetter.

20 SCRIBNER, Robert W.: The impact of the Reformation on daily life. In: Mensch und Objekt im Mittelalter und in der frühen Neuzeit: Leben – Alltag – Kultur. Ed. by Gerhard JARITZ. Vienna 1990, 315–144, here 328; MURDOCK, Calvinism on the Frontier (cf. n. 2), 18, 218. – See also ENGAMARRE, Max: L'inhumation de Calvin et des pasteurs genevois de 1540 à 1620. Un dépouillement très prophétique et une pompe funèbre protestante qui se met en place. In: Les funérailles à la Renaissance. Ed. by Jean BALSAMO. Geneva 2002, 271–293; KOSLOVSKY, Craig M.: The Reformation of the Dead. Death and Ritual in Early Modern Germany, 1450–1700. Basingstoke 2000; MURDOCK, Graeme: Death, prophecy and judgement in Transylvania. In: The Place of the Dead. Death and Remembrance in Late Medieval and Early Modern Europe. Ed. by Bruce GORDON and Peter MARSHALL. Cambridge 2000, 206–223; POLLMANN, Judith: Burying the dead, Reliving the past. Ritual, Resentment and Sacred Space in the Dutch Republic. In: Catholic communities in Protestant States. Britain and the Netherlands, 1580–c. 1720. Ed. by Henk VAN NIEROP and Bob MOORE [Manchester forthcoming 2008]; SPICER, Andrew: "Rest of their bones": Fear of Death and Reformed burial practice. In: Fear in Early Modern Society. Ed. by Penny ROBERTS and William G. NAPHY. Manchester 1997, 167–183; SPICER, Andrew: "Defyle not Christ's kirk with your carrion": burial and the development of burial aisles in post-Reformation Scotland. In: The Place of the Dead (cf. n. 20), 149–169.

21 See essays by Peter Johanek, Kai Wenzel, Ulrich Wien. See also SPICER, Calvinist churches in early modern Europe (cf. n. 8), 228f. – See also SCRIBNER, The impact of the Reformation on daily life (cf. n. 20), 327; MURDOCK, Graeme: "Pure and White": Reformed Space for Worship in Early Seventeenth-Century Hungary. In: Defining the Holy. Sacred Space in Medieval and Early Modern Europe. Ed. by Andrew SPICER and Sarah HAMILTON. Aldershot 2006, 231–250, here 241–246; SPICER, Andrew: "What kinde of house a kirk is": conventicles, consecrations and the concept of sacred space in post-Reformation Scotland. In: Sacred Space in Early Modern Europe (cf. n. 6), 81–103, here 98–102.

demystify the Catholic presence and appealed to secular and legal rights.[22] But it was not merely the presence of a rival faith in a particular community that created confessional rivalry; it also had a very clear spatial or topographical dimension as they worshipped in particular churches or places that had been won or assigned with varying degrees of legal authority. The use of the principal church was a statement of the significance either numerically or politically of a particular faith. These places of worship therefore provided visual symbols of the status of the different confessions within the urban landscape.[23]

Although the notion of a particular architectural style employed by the Jesuits has largely been discounted, the central location favoured by the order for their churches and schools reflected their status within the urban landscape and was a clear visible statement of their mission. The suburban location which was finally adopted for the Jesuit church at Gdańsk reflected their limitations within a predominantly Protestant city. Similarly at Emden in the late sixteenth century, the dominance of the Reformed Church meant that Lutheran worship came to be excluded from the urban landscape, being initially confined to the Prince's castle and then after 1664 to a suburban location.[24] Such distinctions between the privileged faith occupying the most prominent and central religious buildings, while religious minorities had to leave the town and travel to less favourable and more distant locations to worship, *Auslauf*, can be seen in a number of bi-confessional cities across Europe during the early modern period. Furthermore it also made those who left through the town gates at service time a clearly visible religious minority that was at times of tension vulnerable to attack.[25] The establishment of liturgical space beyond the urban environment reflected in part the attempt by different faiths to confessionalise the wider landscape. New Catholic shrines and pilgrimage sites were established or restored across Europe during the seventeenth century but they had to compete with Protestantised healing wells or evangelical holy trees or "Luther springs".[26]

In the urban environment confessional space was also not confined to places of worship; it could also extend beyond the structural limits that these buildings posed. Protestant and Catholic churches could compete for dominance in the soundscape of the early modern town, for example, through the ringing of bells for services or

22 See essay by Agnieszka Madej-Anderson. See also Davis, Natalie Zemon: The Rites of Violence. Religious Riot in Sixteenth-century France. In: Past and Present 59 (1973), 51–91.

23 Schilling, Heinz: Calvinist and Catholic Cities – urban architecture and ritual in confessional Europe. In: European Review 12 (2004), 293–312. I am indebted to Prof. R. J. W. Evans for drawing this article to my attention.

24 See essays by Peter Johanek, Stefan Samerski; DaCosta Kaufmann, Thomas: Court, Cloister and City. The Art and Culture of Central Europe, 1450–1800. London 1995, 217f., 240–242; Lucas, Thomas M.: Landmarking. City, Church and Jesuit Urban Strategy. Chicago 1997; Spicer, Calvinist churches in early modern Europe (cf. n. 8), 225–227.

25 Kaplan, Benjamin: Fictions of Privacy. House Chapels and the Spatial Arrangement of Religious Dissent in Early Modern Europe. In: American Historical Review 107 (2002), 1031–1064, here 1039–1042.

26 Po-Chia-Hsia, Ronnie: Social Discipline in the Reformation. Central Europe 1550–1750. London 1989, 154; Scribner, Robert W.: Incombustible Luther: The Image of the Reformer in early modern Germany. In: Past & Present 110 (1986), 38–68, here 66. – See also Walsham, Alexandra: The Reformation of the Landscape: Religion, Identity and Memory in Early Modern Britain and Ireland [forthcoming, Oxford University Press].

singing of psalms. In general, however, it was the Catholics who were often more successful in extending their confessional space beyond their places of worship into the secular sphere, in particular through the temporary sacrality created by religious processions. The carrying of relics or the Eucharistic host were employed as a means of cleansing the temporal sphere polluted by heresy and religious violence, reclaiming it for the Catholic faith or through associating certain routes with liturgical processions or pilgrimages.[27] In so doing the Catholic faith was making a clear visual statement of confessional identity and establishing a presence in the temporal landscape of a town that was not available to Protestants with their rejection of the efficacy of relics and the doctrine of transubstantiation. The processions of the feast of Corpus Christi in particular could provide a flashpoint for religious violence and in some instances could be used as a means to demonstrate the superiority of one confession over another. In Prague, such a visual distinction could not be made quite so easily. The Catholic authorities rejected the celebrations and processions of the Utraquists for the feast of Jan Hus. However, the Catholic processions celebrating the feast of Corpus Christi attracted support from the Utraquists. The confessional differences between the faiths were not always as visually apparent as might be supposed.[28]

The presence of a range of confessions within central and eastern Europe during the early modern period meant that it was important for the different religious groups to be able to make a clear statement of their beliefs. While they were able to do this doctrinally through confessions of faith it was the material presence and appearance of their places of worship – confessional spaces – which made a much more obvious statement within the religious landscape. The theological tenets of the different faiths and their liturgical requirements were reflected in the internal arrangements and decoration of the places in which they worshipped. It was however a gradual process, especially where these different faiths took over pre-Reformation buildings and were obliged to confessionalise these adopted spaces. Only where new churches were built did different confessions have the opportunity to build in order to meet their own liturgical needs, although even here there was a tendency to adopt traditional architectural forms with innovative new designs being relatively rare. Nonetheless their location, the materials chosen for their construction, the quality of their execution and decoration all made an important confessional statement. While there were occasionally instances where the apparent similarity in the appearance of a building obscured wider theological divisions, in general the liturgical arrangements and decorative schemes served to identify visually the differences between the faiths and their religious practices. The establishment and identification of confessional space was therefore an important visual symbol as to the status of a particular faith and its political and social importance in the religiously diverse landscape of early modern central and eastern Europe.

---

[27] Davis, Natalie Zemon: The Sacred and the Body Social in sixteenth-century Lyon. In: Past & Present 90 (1981), 40–70, here 56f.; Louthan, Howard: Breaking images and building bridges: the making of sacred space in early modern Bohemia. In: Sacred Space in Early Modern Europe (cf. n. 6), 283–301, here 290–301; Corpis Duane J.: Mapping the boundaries of confession: space and urban religious life in the diocese of Augsburg, 1648–1750. In: Ibid., 302–325, here 315–318; Spicer, Andrew: (Re)Building the Sacred Landscape: Orléans, 1560–1610. In: French History 21 (2007), 247–268, here 261f.

[28] See essay by Anna Ohlidal.

Anhang

Register

Nationalsprachliche Personennamen wurden in das Register aufgenommen, sofern sie in den Beiträgen der einzelnen Autoren Verwendung fanden. Im Sinne einer Ortsnamenkonkordanz finden sich ausschließlich die in den Texten benutzten Namensformen.

Personen

Orte

Das Register erstellte Annika Strupkus.

Autorenverzeichnis

Juliane Brandt, Dr. 1980–1986 Studium der Kulturgeschichte, Ästhetik und Hungarologie an der Humboldt-Universität Berlin; 1989 Promotion. Tätigkeit an der Humboldt-Universität, am Leipziger Geisteswissenschaftlichen Zentrum Geschichte und Kultur Ostmitteleuropas (GWZO), an der Universität Leipzig, an der ELTE Budapest und der Universität Miskolc; seit 2006 wiss. Mitarbeiterin am Institut für deutsche Kultur und Geschichte Südosteuropas in München. Publikationen: Historische Möglichkeiten individueller Entwicklung in ungarischen Romanen der sechziger Jahre (Budapest 1993); [als Koautorin:] Grundbegriffe und Autoren ostmitteleuropäischer Exilliteraturen 1945–1989. Ein Beitrag zur Systematisierung und Typologisierung (Stuttgart 2004); Budapest – Kaiserswerth – Beirut: Der Briefwechsel der Hermine Biberauer und ihrer Familie (München 2008).

Maria Crăciun, Dr. 1978–1982 Studium der Geschichte und Philosophie an der Babeş-Bolyai-Universität Cluj-Napoca/Rumänien; 1990–1996 Promotion. 1998–2007 Senior Lecturer am Department für Geschichte und Historiographie des Mittelalters und der Frühneuzeit an der Babeş-Bolyai-Universität; 2004–2005 Getty Fellowship am New Europe College, Bukarest; 2006 Visiting Professor an der Central European University, Budapest; seit 2006 Mitarbeiterin im VW-Projekt „Konfession und Konversion" am GWZO Leipzig. Publikationen: Protestantism şi Ortodoxie în Moldova secolului al XVI-lea [Protestantismus und Orthodoxie in der Moldau des 16. Jahrhunderts] (Cluj 1996); [als Hg.:] Confessional Identity in East-Central Europe (Aldershot 2002); Implementing Catholic Reform. The Jesuits and Traditional Religion in Early Modern Transylvania. In: Jesuitische Frömmigkeitskulturen. Konfessionelle Interaktion in Ostmitteleuropa 1570–1700. Hg. v. A. Ohlidal u. S. Samerski (Stuttgart 2006), 37–62; Rural Altarpieces and Religious Experiences in Transylvania's Saxon Communities. In: Religion and Cultural Exchange in Europe. Hg. v. H. Schilling (Cambridge 2006), 191–217.

Maria Deiters, Dr. 1986–1991 Studium der Kunstgeschichte an der Humboldt- und an der Technischen Universität Berlin; 2002 Promotion. Mehrjährige Tätigkeit in der praktischen Denkmalpflege; 1997–2002 wiss. Mitarbeiterin am Fachgebiet Denkmalpflege der TU Berlin; 2002–2005 Inventarisation, wissenschaftliche Erschließung und Vorbereitung der Neupräsentation des Kunstguts der mittelalterlichen Stadtkirchen Berlins; seit 2005 Mitarbeiterin im VW-Projekt „Bild und Konfession" am GWZO Leipzig. Publikationen: Kunst um 1400 im Erzstift Magdeburg. Studien zur Rekonstruktion eines verlorenen Zentrums (Berlin 2006); Bibel und Bild – Lutherische Bildprogramme und Bibelrezeption im Selbstverständnis einer Nürnberger

Patrizierfamilie. In: Bild und Konfession. Funktionen und Konzepte von Bildern in den gesellschaftlichen und kulturellen Formierungsprozessen des konfessionellen Zeitalters in Mitteleuropa. Hg. v. Ders., A. Madej-Anderson u. E. Wetter, in Vorbereitung zum Druck.

Agnieszka Gąsior, Dr. des. 1990–1995 Studium der Deutschen Philologie in Zielona Góra/Polen; 1993–2000 Studium der Kunstwissenschaft und Germanistik an der TU Berlin; 2005 Promotion. Seit 2001 wiss. Mitarbeiterin am GWZO Leipzig, bis 2006 im Projekt „Jagiellonen“, seitdem im Projekt „Erinnerungskulturen“. Publikationen: Hans Süß von Kulmbachs Krakauer Karriere. In: Künstlerische Wechselwirkungen in Mitteleuropa. Hg. v. J. Fajt u. M. Hörsch (Ostfildern 2006), 325–346; Die Figur der Jungfrau Maria in der religiösen und politischen Kultur Polens. In: Säkularisierung und Funktionalisierung von Nationalheiligen Ostmitteleuropas im 20. Jahrhundert. Hg. v. S. Samerski (Köln u. a. 2007), 77–98; Friedrich d. Ä von Brandenburg-Ansbach und Sophie von Polen als Stifter. Ein Beitrag zur künstlerischen Repräsentation der Hohenzollern in Franken im ausgehenden 15. und zu Beginn des 16. Jahrhunderts (Ostfildern 2009); phil. Diss. in Vorbereitung zum Druck.

Kinga German, M. A. 1992–1999 Studium der Kunstgeschichte, Baugeschichte und der allgemeinen Pädagogik an der Universität Karlsruhe; 2001–2007 Aufbaustudium Kulturmanagement an der Fernuniversität Hagen; zur Zeit Promotion an der Universität Stuttgart. Seit 2005 Lehrbeauftragte am Institut für Kunstgeschichte der Katholischen Péter- Pázmány-Universität Budapest-Piliscsaba. Publikationen: Die spätgotische Pfarrkirche in Birthälm in Siebenbürgen. Überlegungen zur Bauchronologie. In: Die Länder der Böhmischen Krone und ihre Nachbarn zur Zeit der Jagiellonenkönige (1471–1526). Kunst – Kultur – Geschichte. Hg. v. E. Wetter (Ostfildern 2004), 225–234; Katalogbeiträge zu den Arbeiten von Erika Baglyas, Ágnes Eperjesi, Éva Magyarósi und Ilona Lovas. In: Lost and Found. Ungarn im Spiegel seiner zeitgenössischen Kunst. Ausst.-Kat. Hg. v. Fritz Emslander. Baden-Baden 2006/2007.

Jan Harasimowicz, Prof. Dr. Studium der Kunstgeschichte und Theologie an den Universitäten Breslau und Zürich; 1985 Promotion; 1991 Habilitation. 1997–2001 Professor für Kunstgeschichte an der Universität Toruń; seit 2003 Lehrstuhl für Kunstgeschichte der Renaissance und Reformation an der Universität Wrocław. Mitgliedschaften in der Kommission für Kulturgeschichte der Polnischen Akademie der Wissenschaften, in der Historischen Kommission für Schlesien; Präsident des Polnischen Vereins für Reformationsforschung; Träger des Kulturpreises Schlesien des Landes Niedersachsen (2004). Publikationen: Treści i funkcje ideowe sztuki śląskiej reformacji [Die Kirchenkunst der Reformationszeit in Schlesien] (Wrocław 1986); Sztuka miast i mieszczaństwa XV–XVIII wieku w Europie Środkowowschodniej [Kunst der Städte und des Bürgertums im 15.–18. Jahrhundert in Ostmitteleuropa] (Warszawa 1990); Mors janua vitae (Wrocław 1992); Kunst als Glaubensbekenntnis. Beiträge zur Kunst- und Kulturgeschichte der Reformationszeit (Baden-Baden 1996).

Petr Hlaváček, Dr. 1992–1997 Studium der Geschichte und Philosophie an der Karlsuniversität Prag und der Universität Bern; 2002 Promotion. 1997–2000 Assistent des Lehrstuhls für Böhmische Geschichte in Prag; 2000–2001 wiss. Mitarbeiter der Akademie der Wissenschaften Prag; 2001–2007 wiss. Mitarbeiter am GWZO Leipzig; 2006–2007 Prodekan der Hussitischen Theologischen Fakultät der Karls-Universität Prag; seit 2006 wiss. Mitarbeiter der Südböhmischen Universität in České Budějovice; seit 2007 Koordinator des Zentrums für Europäische Ideengeschichte Prag. Publikationen: Čeští františkáni na přelomu středověku a novověku [Die böhmischen Franziskaner an der Wende vom Mittelalter zur Frühneuzeit] (Praha 2005); Deset kapitol z kulturních a náboženských dějin severozápadních Čech [Zehn Kapitel aus der Kultur- und Kirchengeschichte Nordwestböhmens] (Ústí nad Labem 2005).

Peter Johanek, Prof. Dr. Dr. h. c. 1958–1967 Studium in Würzburg und Wien, 1967 Promotion, 1979 Habilitation, beides in Würzburg. 1980/81 Lehrstuhlvertretung Marburg; 1981–1985 Professur für mittelalterliche Geschichte in Münster; 1985–2002 Lehrstuhl für westfälische Landesgeschichte und mittelalterliche Geschichte in Münster; 1984–2007 Direktor des Instituts für vergleichende Städtegeschichte in Münster. 1990–2003 Vorsitzender der Historischen Kommission für Westfalen; seit 2002 Ehrenmitglied des Instituts für österreichische Geschichtsforschung; Gastdozenturen in Budapest (1994, 2003), Fribourg (2003/04), Tokio (2004); Ehrendoktorwürde der Universität České Budějovice. Publikationen: Die Frühzeit der Siegelurkunde im Bistum Würzburg (Würzburg 1969); Die Vogel-Story: ein Verlag im Wandel der Zeit (Würzburg 1972); Was weiter wirkt. Recht und Geschichte in Überlieferung und Schriftkultur des Mittelalters (Münster 1997); [als Hg.:] Städteforschung; Deutscher Historischer Städteatlas u. a.

Volker Leppin, Prof. Dr. 1985–1991 Studium der Theologie und Germanistik in Marburg, Jerusalem und Heidelberg; 1994 Promotion; 1997 Habilitation, beides in Heidelberg. 1998–2000 Lehrstuhlvertretung Frankfurt/Main; seit 2000 Professor für Kirchengeschichte in Jena. Seit 2006 ordentliches Mitglied der Sächsischen Akademie der Wissenschaften. Publikationen: Geglaubte Wahrheit. Das Theologieverständnis Wilhelms von Ockham (Göttingen 1995); Antichrist und Jüngster Tag. Das Profil apokalyptischer Flugschriftenpublizistik im deutschen Luthertum 1548–1618 (Gütersloh 1999); Wilhelm von Ockham. Gelehrter – Streiter – Bettelmönch (Darmstadt 2003); Kirchen- und Liturgiegeschichte in Quellen, ein Arbeitsbuch, Bd. 3: Reformation (Neukirchen-Vluyn 2005); Luther privat. Sohn, Vater, Ehemann (Darmstadt 2006); Martin Luther (Darmstadt 2006); Die christliche Mystik (München 2007); Theologie im Mittelalter (Leipzig 2007); [als Hg.]: Theologische Realenzyklopädie u. a.

Agnieszka Madej-Anderson, Dr. 1988–1996 Studium der Kunstgeschichte an der Katholischen Universität Lublin (Polen) sowie der Kunstgeschichte und Philosophie an der Universität Tübingen; 2001 Promotion. 2002–2004 Postdoc-Stipendium des Graduiertenkollegs „Gesellschaftliche Symbolik im Mittelalter“ an der Universität Münster; seit 2005 Mitarbeiterin im VW-Projekt „Bild und Konfession“ am GWZO

Leipzig. Publikationen: Repräsentation in einer Bettelordenskirche. Die spätmittelalterlichen Bildtafeln der Dominikaner in Krakau (Ostfildern 2007); Bildpraxis und Konstituierung des sakralen Raumes in Krakau zur Zeit der konfessionellen Pluralität und der katholischen Reform – Marienkirche am Ring. In: Bild und Konfession. Funktionen und Konzepte von Bildern in den gesellschaftlichen und kulturellen Formierungsprozessen des konfessionellen Zeitalters in Mitteleuropa. Hg. v. Ders., M. Deiters u. E. Wetter, in Vorbereitung zum Druck.

Anna Ohlidal, M.A. 1992–2000 Studium der Geschichte und Bohemistik an der Humboldt-Universität Berlin und der Karls-Universität Prag. 2001–2007 wiss. Mitarbeiterin am GWZO in Leipzig; Promotion zur Konfessionalisierung in den Prager Städten um 1600. Publikationen: [als Hg.:] Jesuitische Frömmigkeitskulturen. Konfessionelle Interaktion in Ostmitteleuropa 1570–1700 (Stuttgart 2006); Kirchenbau in der multikonfessionellen Stadt. Zur konfessionellen Prägung und Besetzung des städtischen Raums in den Prager Städten um 1600. In: Stadt und Religion in der Frühen Neuzeit. Soziale Ordnungen und ihre Repräsentationen. Hg. v. V. Isaiaz u. a. (Frankfurt/Main-New York 2007), 67–81.

Stefan Samerski, PD Dr. 1982–1989 Studium der kath. Theologie, Geschichte und Kunstgeschichte in Bonn und Rom; 1991 Promotion; 2000 Habilitation. 1991–1997 Aktenedition Kölner Nuntiatur in Rom; seit 2000 wiss. Mitarbeiter am GWZO Leipzig; 2004–2006 Lehrstuhlvertretung in München. Publikationen: „Wie im Himmel, so auf Erden"? Selig- und Heiligsprechung in der Katholischen Kirche 1740 bis 1870 (Stuttgart 2002); Venezia settecentesca e il suo cielo dei santi (Venedig 2002); Das Bistum Danzig in Lebensbildern (Münster 2003); Die Renaissance der Nationalpatrone. Erinnerungskulturen in Ostmitteleuropa im 20./21. Jahrhundert (Köln u. a. 2007); [als Hg.:] Jesuitische Frömmigkeitskulturen. Konfessionelle Interaktion in Ostmitteleuropa 1570–1700 (Stuttgart 2006); Gobal-Player der Kirche? Heilige und Heiligsprechung im universalen Verkündigungsauftrag (Würzburg 2006).

Norbert Spannenberger, Dr. 1989–1995 Studium der Geschichte in München; 1999 Promotion. Seit 1999–2003 wiss. Mitarbeiter am GWZO in Leipzig; 2004–2006 wiss. Mitarbeiter an der Universität Bern; Lehrtätigkeit an den Universitäten Leipzig, Bern und Pécs/Ungarn. Publikationen: Der Volksbund der Deutschen in Ungarn 1938–1944 unter Horthy und Hitler (München 2002); Die katholische Kirche in Ungarn 1918–1939. Positionierung im politischen System und „katholische Renaissance" (Stuttgart 2006); [als Hg.:] Konfessionelle Identität und Nationsbildung. Die griechisch-katholischen Kirchen in Ostmittel- und Südosteuropa im 19. und 20. Jahrhundert (Stuttgart 2007).

Andrew Spicer, Dr. 1987–1994 Studium der Geschichte an der Universität Southampton; 1994 Promotion. Seit 2003 Senior Lecturer; seit 2007 Reader für Frühneuzeitliche europäische Geschichte an der Brookes University Oxford; Leitung des AHRC-Projekts „The Early Modern Parish Church and the Religious Landscape". Publikationen: The French-speaking community and their church in Southampton,

1567–1620 (London 1997); [als Hg.:] Society and Culture in the Huguenot World (Cambridge 2002); [als Hg.:] Sacred Space in Early Modern Europe (Cambridge 2005); [als Hg.:] Defining the Holy. Sacred Space in Medieval and Early Modern Europe (Aldershot 2006); [als Hg.:] Public Opinion and Changing Identities in the Early Modern Netherlands (Leiden 2006); Calvinist Churches in Early Modern Europe (Manchester 2007).

EDIT SZEGEDI, Dr. 1985–1989 Studium der Geschichte an der Babeş-Bolyai-Universität in Cluj-Napoca/Rumänien; 2001 Promotion. Seit 1995 Lektorin, seit 2002 Dozentin an der Babeş-Bolyai-Universität. Publikationen: Geschichtsbewußtsein und Gruppenidentität. Die Historiographie der Siebenbürger Sachsen zwischen Barock und Aufklärung (Köln u. a. 2002); Identităţi premoderne în Transilvania [Vormoderne Identitäten in Siebenbürgen] (Cluj-Napoca 2002); Tradiţie şi inovaţie în istoriografia săsească între baroc şi iluminism [Tradition und Neuerung in der sächsischen Historiographie zwischen Barock und Aufklärung] (Cluj-Napoca 2004).

KAI WENZEL, M.A. 1998–2004 Studium der Kunstgeschichte und Amerikanistik in Leipzig und Prag. 2004–2005 wiss. Mitarbeiter am GWZO Leipzig; seit 2005 Promotion „Konfessionelle Codierungen im frühneuzeitlichen Kirchenbau. Wandpfeilerkirchen in Mitteleuropa um 1600“ am Kunsthistorischen Institut der Universität Leipzig. Promotionsstipendiat der Zeit-Stiftung. Publikationen: Abgrenzung durch Annäherung. Überlegungen zu Kirchenbau und Malerei in Prag im Zeitalter der Konfessionalisierung. In: Bohemia 44/1 (2003), 29–66; [als Koautor:] Architektur auf Zeit. Baracken, Pavillons, Container (Berlin 2006); „Zimblich viel anguli, so vor Jaren im Pabstumb gebraucht worden“. Mitteleuropäische Wandpfeilerkirchen um 1600 im konfessionellen Wettstreit. In: Konfessionen im Kirchenraum. Dimensionen des Sakralraums in der Frühen Neuzeit. Hg. v. S. Wegmann u. G. Wimböck (Korb 2007), 96–114.

EVELIN WETTER, Dr. 1988–1995 Studium der Kunstgeschichte und Germanistik an der Technischen Universität Berlin; 1999 Promotion. 1999 freiberufliche Tätigkeit für das Domstift Brandenburg; 2000–2002 wiss. Mitarbeiterin am GWZO in Leipzig; 2002–2006 Fachkoordinatorin für Kunst- und Kulturgeschichte der Neuzeit ebendort; Leitung der Forschungsprojekte „Bild und Konfession“ sowie „Osmanischer Orient und Ostmitteleuropa“; seit 2006 Konservatorin an der Abegg-Stiftung in Riggisberg/Schweiz. Publikationen: Böhmische Bildstickerei um 1400. Die Stiftungen in Trient, Brandenburg und Danzig (Berlin 2001); [als Hg.:] Die Länder der Böhmischen Krone zur Zeit der Jagiellonenkönige 1471–1526. Kunst – Kultur – Geschichte (Ostfildern 2004); [als Koautorin:] Liturgische Gewänder und andere Paramente im Dom zu Brandenburg (Regensburg/Riggisberg 2005).

ULRICH ANDREAS WIEN, Dr. 1986–1992 Studium der ev. Theologie an den Universitäten Heidelberg und Tübingen; Ordination 1997; Promotion 1998 in Heidelberg. Gegenwärtig Akad. Oberrat am Institut für Ev. Theologie der Universität Koblenz-Landau. Seit 2001 Vorsitzender des Arbeitskreises für Siebenbürgische Landeskunde.

Publikationen: Kirchenleitung über dem Abgrund (Köln u.a. 1998); [als Hg.:] Humanismus in Ungarn und Siebenbürgen. Politik, Religion und Kunst im 16. Jahrhundert (Köln u.a. 2004); [als Hg.:] Konfessionsbildung und Konfessionskultur in Siebenbürgen in der frühen Neuzeit (Stuttgart 2005); [als Hg.:] Die Kirchenordnungen der Ev. Kirche A.B. in Siebenbürgen (Köln u.a. 2005).

Marcin Wisłocki, Dr. 1987–1995 Studium der Kunstgeschichte; 2001 Promotion, beides in Wrocław. Seit 2002 Adjunkt im Kunsthistorischen Institut an der Universität Wrocław. Publikationen: Sztuka protestancka na Pomorzu 1535–1684 [Protestantische Kunst in Pommern 1535–1684] (Szczecin 2005); From Emblem Books to Ecclesiastical Space: Emblems and Quasi-Emblems in Protestant Churches on the Southern Coast of the Baltic Sea and their Devotional Background. In: Emblems in Scandinavia and the Baltic. Hg. v. S. McKeown u. M. R. Wade (Glasgow 2006), 263–294; Zur Rezeption jesuitischer Ideen in der evangelischen Frömmigkeit und Kirchenkunst Pommerns. In: Jesuitische Frömmigkeitskulturen. Konfessionelle Interaktion in Ostmitteleuropa 1570–1700. Hg. v. A. Ohlidal u. S. Samerski (Stuttgart 2006), 295–321; [als Hg.:] Po obu stronach Bałtyku. Wzajemne relacje między Skandynawią a Europą Środkową/On the Opposite Sides of the Baltic Sea. Relations between Scandinavian and Central European Countries (Wrocław 2006).

Krista Zach, Prof. Dr. Studium der Geschichte Südosteuropas, Anglistik und Romanistik in Cluj-Napoca/Rumänien, München, Bristol und London; 1973 Promotion in München. 1973–1984 wiss. Mitarbeiterin am Lehrstuhl für Geschichte Ost- und Südosteuropas der Ludwig-Maximilian-Universität München; Forschungsaufenthalte in Rom und London; 1984–2004 Geschäftsführerin, dann Direktorin des Instituts für deutsche Kultur und Geschichte Südosteuropas an der LMU München; seit 2001 Gastprofessorin an der Babeş-Bolyai-Universität Cluj-Napoca/Rumänien. Publikationen: Orthodoxe Kirche und rumänisches Volksbewußtsein im 15. bis 18. Jahrhundert (Wiesbaden 1977); Die bosnische Franziskanermission des 17. Jahrhunderts im südöstlichen Niederungarn (München 1879); Konfessionelle Pluralität, Stände und Nation. Ausgewählte Abhandlungen zur südosteuropäischen Religions- und Gesellschaftsgeschichte (Münster 2004); [als Hg.:] Raymund Netzhammer: Bischof in Rumänien zwischen Staat und Vatikan. Bd. 1–2, in Verb. mit Nikolaus Netzhammer (München 1995, 1996 und rum. Bucureşti 2006).

Abbildungsnachweis

WETTER: Abb. 1–2 Attila Mudrák, Esztergom.

DEITERS: Abb. 1, 3 Maria und Ludwig Deiters; Abb. 2, 8–9 Maria Deiters; Abb. 3 Ludwig Deiters; Abb. 4 Landesdenkmalamt Berlin, Archiv; Abb. 5–6 Andreas Mieth; Abb. 7 nach: Rom in Bayern. Kunst und Spiritualität der ersten Jesuiten. Ausst.-Kat. Hg. v. Reinhold BAUMSTARK. München 1997, 477; Abb. 10 Stiftung Stadtmuseum, Oliver Ziebe; Abb. 11 nach: BREHM, Knut: Grabmalskunst aus vier Jahrhunderten. Epitaphien und Grabdenkmäler in der Nikolaikirche zu Berlin. Berlin 1994, Farbtafel 12.

WIEN: Abb. 1 Thomas Şindilariu.

CRĂCIUN: Abb. 1–9 Maria Crăciun.

GERMAN: Abb. 1–5 Kinga German.

WISŁOCKI: Abb. 1, 7–9, 14 Muzeum Narodowe Szczecin (Nationalmuseum zu Stettin); Abb. 2–6, 10–12, 15f. Marcin Wisłocki; Abb. 13, 17 Biblioteka Uniwersytecka we Wrocławiu (Universitätsbibliothek in Breslau).

WENZEL: Abb. 1 nach: PETER, Richard: Bautzen. Dresden 1957, Abb. 108; Abb. 2–4 Friedemann Raatz; Abb. 5, 8–10 Kulturhistorisches Museum Görlitz, René Pech; Abb. 6–7 nach: [o. V.]: Eigentliche Beschreibung des Görlitzischen Heiligen Grabes. Görlitz 1718.

MADEJ-ANDERSON: Abb. 1–2 Kraków, Biblioteka Jagiellońska (Krakau, Jagiellonen-Bibliothek).

OHLIDAL: Abb. 1 Jiří Ohlidal/Pavel Růt 2007.

SAMERSKI: Abb. 1 Herder-Institut/Marburg; Abb. 2 nach: Aegidius Dickmann und das Danziger Stadtbild um 1617. Hg. v. Eckhard JÄGER. Lüneburg 1979; Abb. 3 nach: SCHUER, J. L.: Beschreyving van de Stadt Dantzig. [o. O.] 1735; Abb. 4 nach: DEISCH, Matthäus: Fünfzig Prospecte von Dantzig. Facsimile-Druck der Kupferstiche. Danzig 1765 [Reprint: Lüneburg 1976]; Abb. 5 nach: STACHNIK, Richard: Die Katholische Kirche in Danzig. Entwicklung und Geschichte. Münster 1959.

Gąsior: Abb. 1 Potsdam, Stiftung Preußische Schlösser und Gärten Berlin-Brandenburg; Abb. 2 nach: Frank, Jacob: Historicae relationis continuatio. Frankfurt/Main 1596, Berlin, Kunstbibliothek Preußischer Kulturbesitz; Abb. 3, 5–6 Potsdam, Stiftung Preußische Schlösser und Gärten Berlin-Brandenburg/Jörg P. Anders; Abb. 4, 7–8 Andreas Tacke.

Harasimowicz: Abb. 1 nach: Dehio-Handbuch der Kunstdenkmäler in Polen: Schlesien. Hg. v. Ernst Badstübner u. a. München-Berlin 2005, 180; Abb. 2, 9–10 Mirosław Łanowiecki, Wrocław; Abb. 3–6 Instytut Sztuki PAN, Warszawa (Institut der Künste, Polnische Akademie der Wissenschaften, Warschau); Abb. 7 Jan Harasimowicz; Abb. 8 Biblioteka Uniwersytecka we Wrocławiu (Universitätsbibliothek in Breslau).

Spannenberger: Abb. 1 nach Õze, Sándor: A határ és a határtalan. Identitáselemek vizsgálata a 16. századi magyar ütközõzóna népességénél [Die Grenze und das Grenzenlose. Untersuchung von Identitätskomponenten bei der Bevölkerung der ungarischen Grenzzone im 16. Jahrhundert]. Budapest 2006, 30.

Abbildungen

1. Kelch des Benedek Suki, um 1440. Esztergom, Kathedralschatz.

2. Reliquienbüste des hl. Ladislaus, nach 1407. Győr, Kathedralschatz.

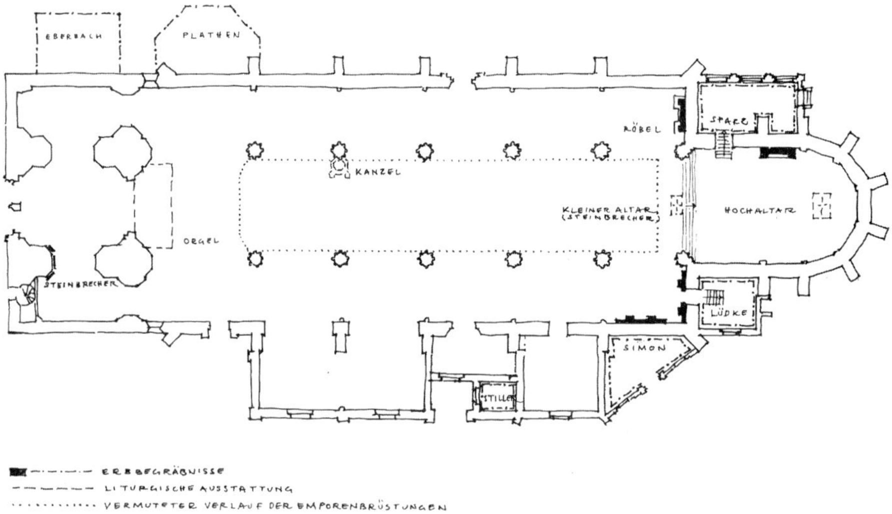

1. Grundriß der Marienkirche Berlin, Rekonstruktionsskizze zur Ausstattung des Raumes um 1762.

2. Darstellung des Innenraums von St. Nikolai auf dem Epitaph für Johann von Kötteritzsch, 1616. Berlin, St. Nikolai.

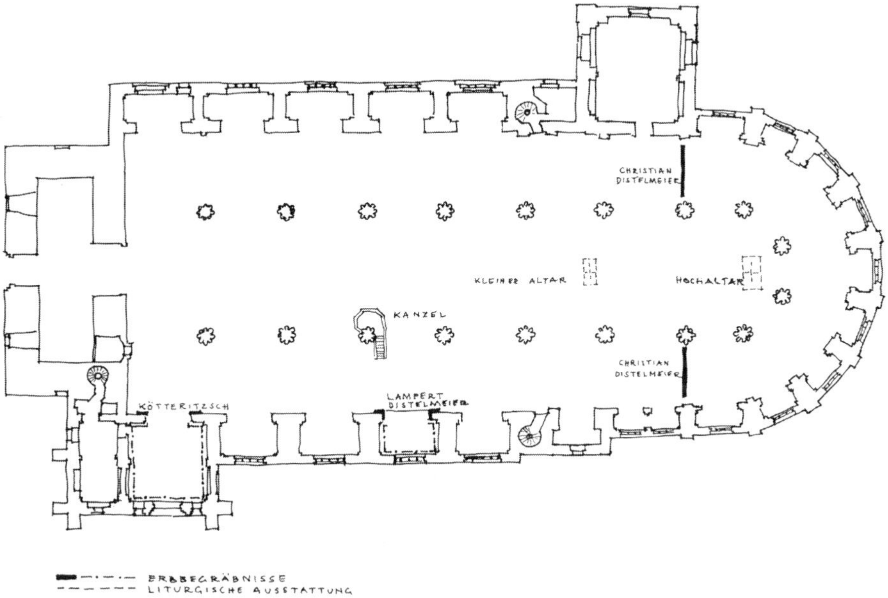

3. Grundriß der Nikolaikirche Berlin, mit Lage der Grabdenkmäler für Christian und Lampert Distelmcicr sowie Kötteritzsch.

4. Epitaph für Christian Distelmeier, 1612.
Berlin, St. Nikolai (Aufnahme 1939).

5. Verkündigung an Maria, ehemaliger Epitaphaltar für Joachim Steinbrecher und seine Familie, 1587. Berlin, St. Marien.

6. Tafel mit den Porträts der Familie Steinbrecher, ehemaliger Epitaphaltar für Joachim Steinbrecher, 1587. Berlin, St. Marien.

7. Verkündigung an Maria, Cornelis Cort nach Federico Zuccari, Kupferstich in zwei Platten, 1571. Coburg, Kunstsammlungen der Feste Coburg, Kupferstichkabinett.

8. Erbbegräbnis der Familie Steinbrecher, Ende 16. Jhdt. Berlin, St. Nikolai, Turmhalle.

9. Nathan Mau: Epitaph für Christian Distelmeier aus St. Nikolai, 1612. Berlin, Sühne-Christi-Kirche.

10. Epitaph für Lampert Distelmeier aus St. Nikolai, 1587/88. Berlin, Stiftung Stadtmuseum.

11. Epitaph für Johann von Kötteritzsch, 1616. Berlin, St. Nikolai.

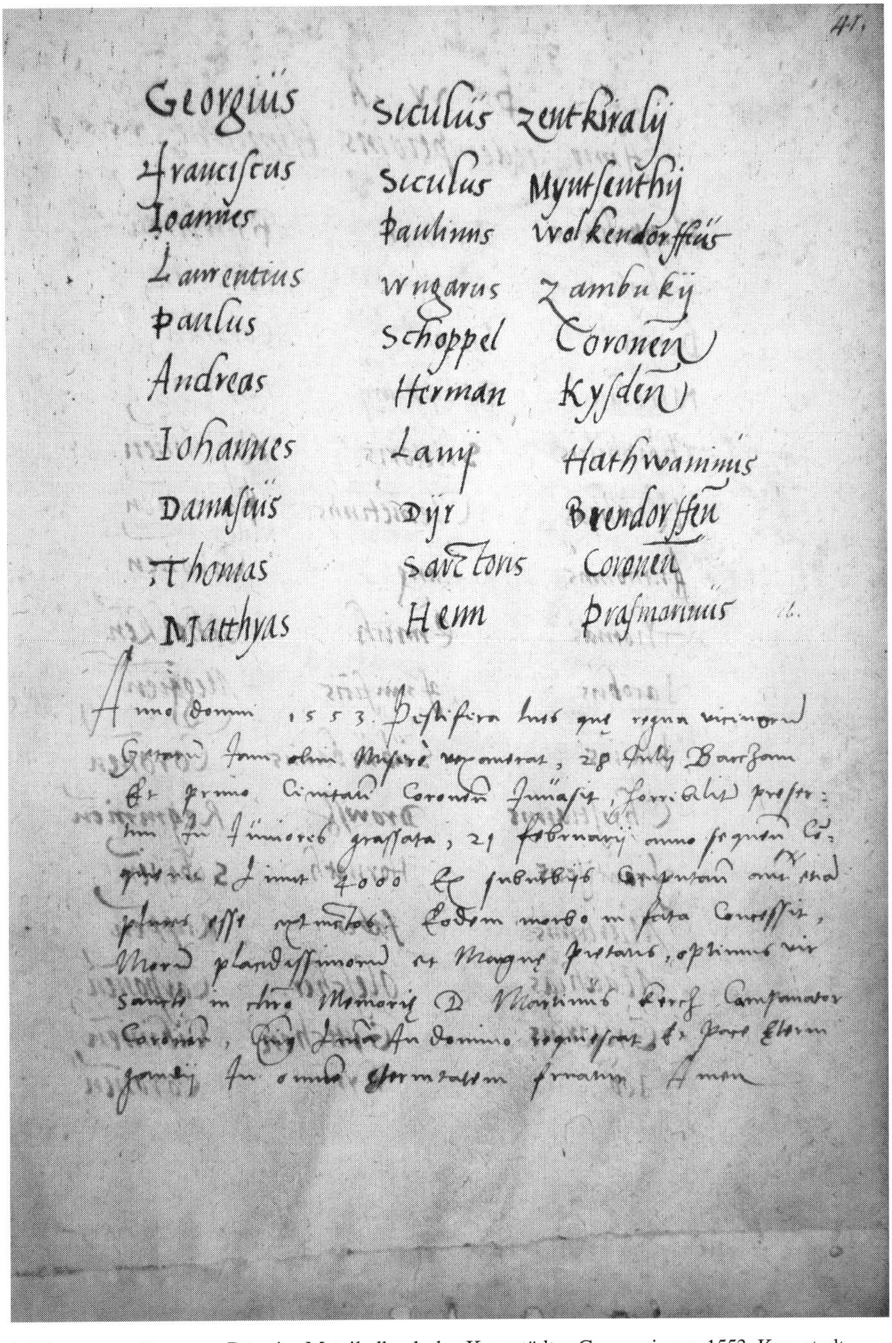
Georgius Siculus Zentkiraly
Franciscus Siculus Myntsenthy
Ioannes Paulinus Wolkendorffius
Laurentius Wngarus Zambuky
Paulus Schoppel Coronen
Andreas Herman Kysden
Iohannes Lany Hathwaninus
Damasius Dyr Brendorffen
Thomas Sartoris Coronen
Matthyas Heim Prasmannus

1. Eintrag von Damasus Dürr im Matrikelbuch des Kronstädter Gymnasiums, 1553. Kronstadt, Archiv der Honterusgemeinde, I. E. 145.

1. Altarpiece from Şaeş, central panel, c. 1520. Sighişoara, Bergkirche.

2. Altarpiece in Hălchiu, 1st quarter of the 16th century, with sculptural additions of the 17th century. Hălchiu, parish church.

3. Altarpiece from Jidvei, 1508, with additions from 1715. Tătârlaua, parish church.

4. St. John the Baptist and St. John the Evangelist, sculptures in the shrine of the altarpiece from Roadeş, 1st quarter of the 16th century. Sibiu, Johanneskirche.

5. Replaced crucifixion in the shrine of the altarpiece from Cund. Sighişoara, Bergkirche.

6. Vir dolorum, predella from the altarpiece from Cincu, c. 1470, today attached to the altarpiece in Moşna, parish church.

7. Crucifixion, central panel of the altarpiece in Prejmer, c. 1450. Prejmer, parish church.

8. The crucified Christ and angels presenting the arma christi, reassembled altarpiece from Dupuş. Mediaş, parish church.

9. Passion cycle on the workday side of the altarpiece in Hălchiu. Hălchiu, parish church.

1. Meschen, Situation im Chorraum mit Sakramentshaus, Sakristeiportal, Gestühl und nachreformatorischem Altarretabel.

2. Schäßburg, Sakramentshaus mit mittelalterlichem Gitter und begleitenden Wandmalereien.

3. Baaßen, Sakramentsnische mit originalem Gitter.

4. Michelsdorf, Sakramentsnische mit neugestifteter Tür.

5. Erldorf, zugemauerte Sakramentsnische.

1. Altarretabel, 1602, Zustand vor 1945. Stolp, Schloßkirche.

2. Epitaph für Anna von Croy († 1660), vor 1663. Stolp, Schloßkirche.

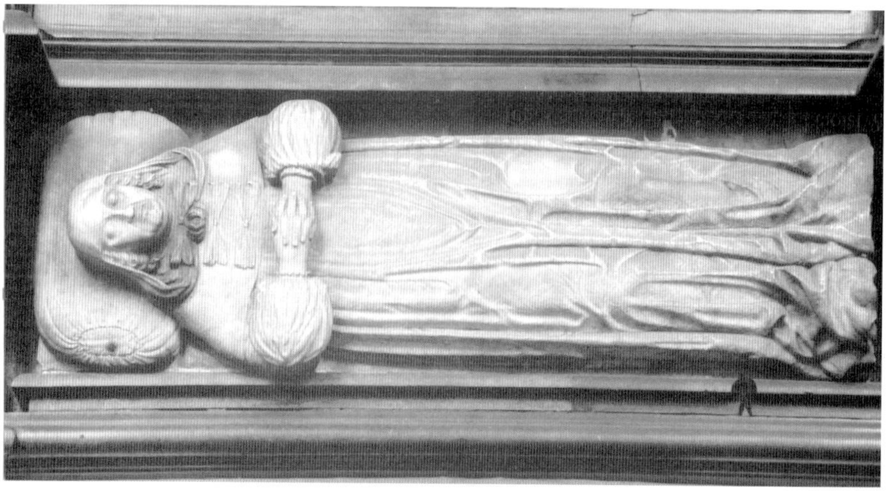

3. Liegende Figur der Herzogin, Epitaph für Anna von Croy. Stolp, Schloßkirche.

4. Bekrönung des Epitaphs für Anna von Croy. Stolp, Schloßkirche.

5. Hans Caspar Gockheller: Epitaph für Ernst Bogislaw von Croy, 1681–1682. Stolp, Schloßkirche.

6. Hans Caspar Gockheller: Kniende Figur des Herzogs auf dem Epitaph für Ernst Bogislaw von Croy. 1681–1682. Stolp, Schloßkirche.

7. Altarretabel, um 1669, Zustand vor 1945. Kammin, Domkirche.

8. Heinrich Redtel und Christian Blume: Altarretabel, 1663, Zustand vor 1945. Stargard, Marienkirche.

9. Altarretabel mit Ecce Homo, um 1669, Zustand vor 1945. Kammin, Domkirche.

10. Johann Grundmann: Kanzel, um 1682. Kammin, Domkirche.

11. Johann Grundmann: Dekoration der Treppenbrüstung der Kanzel, um 1682. Kammin, Domkirche.

12. Johann Grundmann: Dekoration der Treppenbrüstung der Kanzel, um 1682. Kammin, Domkirche.

13. Kupferstichillustration aus: Müller, Heinrich: Himmlischer Liebes-Kuß [Frankfurt a. M. [1]1659] [nach der Ausgabe Frankfurt a. M.-Leipzig 1704].

14. Taufstein, 13. Jhdt., und umgebendes Gitter von 1685, Zustand vor 1945. Kammin, Domkirche.

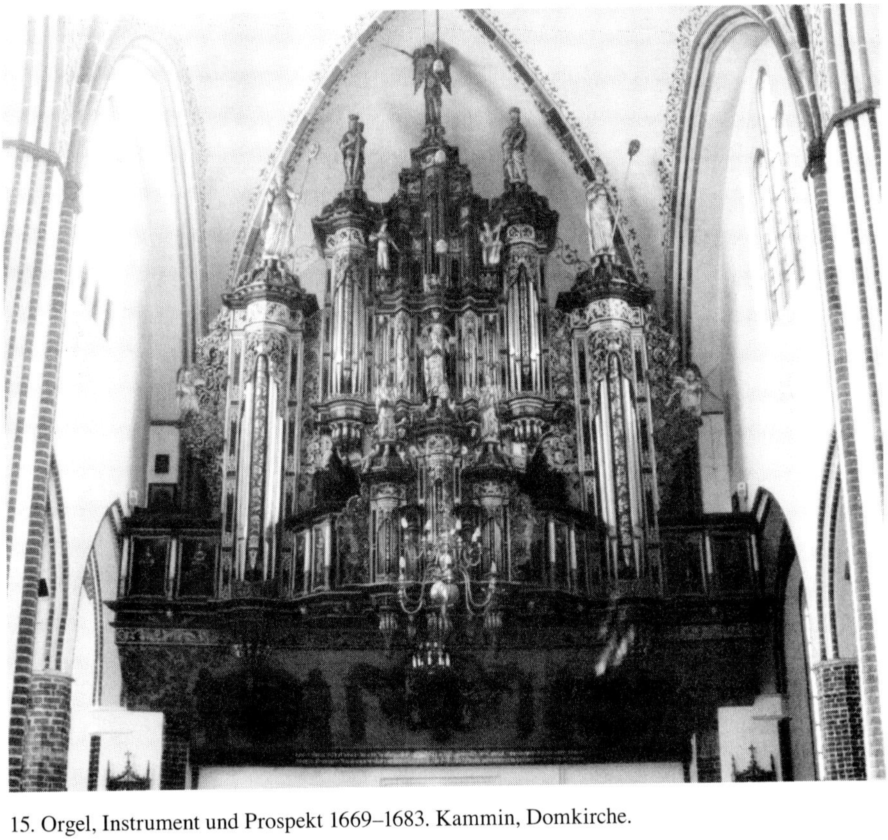

15. Orgel, Instrument und Prospekt 1669–1683. Kammin, Domkirche.

16. Dekoration der Emporenbrüstung der Orgel, 1682–1683. Kammin, Domkirche.

17. Philipp II. von Pommern-Stettin, das Schiff mit neun Musen und Pallas Athena ziehend. Holzschnittillustration zur panegyrischen Schrift „EMBLEM-ANAGRAMMA Philippus secundus dux Pomeraniae“ (Stettin 1617).

1. Bautzen, Taucherkirche, Nachfolgebau der versetzten, ursprünglich hölzernen Wallfahrtskapelle.

2. Görlitz, Heiliges Grab.

3. Görlitz, Heilig-Kreuz-Kapelle.

4. Görlitz, Heilig-Kreuz-Kapelle, Innenansicht des Kapellenraums im Erdgeschoß.

5. Görlitz, Salbhaus des Heiligen Grabes mit Pietà und zwei Betenden, um 1600.

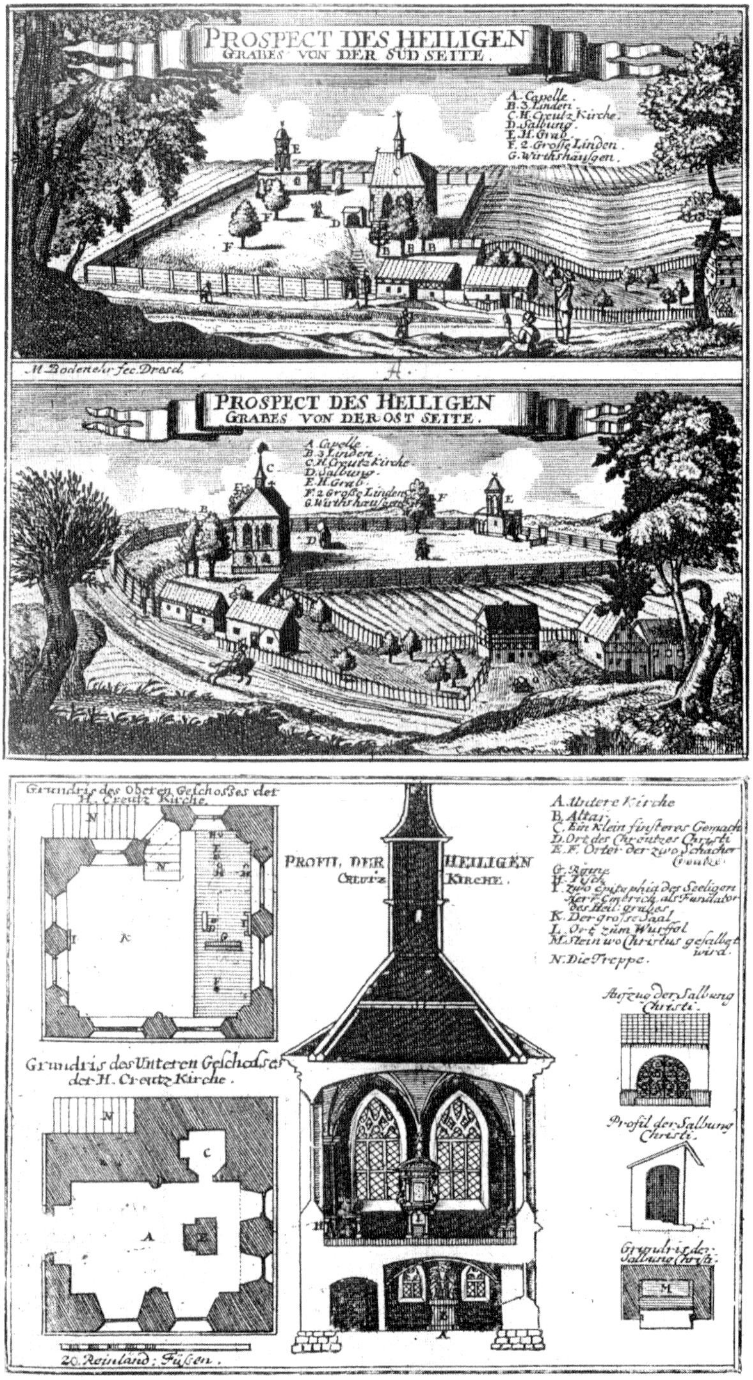

6. Moritz Bodenehr (nach Vorlagen von Daniel Petzold): Ansicht der Görlitzer Heilig-Grab-Anlage und der Heilig-Kreuz-Kapelle, Kupferstich, 1718.

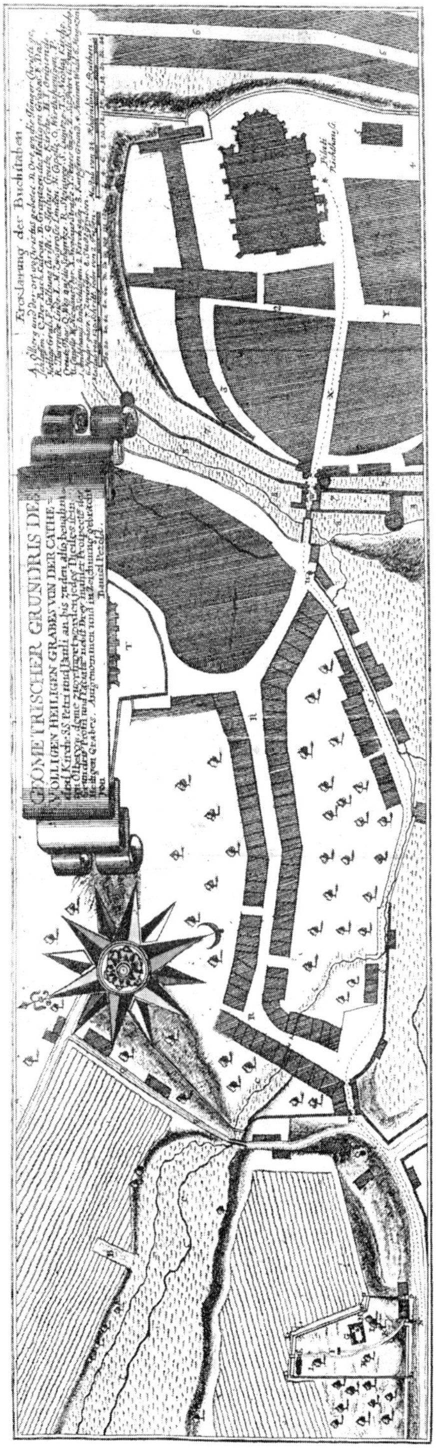

7. Moritz Bodenehr (nach Vorlage von Daniel Petzold): Plan des Görlitzer Stadtraums zwischen Peterskirche und Heiligem Grab, Kupferstich, 1718.

8. Johann Daniel de Montalegre: Eigentliche und accurate Abbildung von dem Heil. Grabe zu Görlitz, Kupferstich, 1733.

9. Moritz Bodenehr (nach Vorlage von Daniel Petzold?): Abbildung der Ausführung Christi zu seinem schmertzl. Leyden, nebst Vorstellung des so genannten heiligen Grabes und der Creutz-Kirche in Görlitz, Kupferstich, 1719.

10. Christus in der Rast, Görlitz um 1700. Görlitz, Heilig-Kreuz-Kapelle.

1. „Konterfei der Krakauer evangelischen Kirche (die man lutherisch nennt), zerstört am 10. Oktober 1574“, Krakau 1574. Kraków, Biblioteka Jagiellońska, Dział grafiki nr I. 7805, 135 II.

158.

Constitucye Seymu Walnego Koronácyey Krolewskiey 1576.

W Imie BOZE Amen/ ku wieczney pámieci. Gdyż nie pewna iest pámieć ludzka/ zwykli ſą ludzie piſmem to opátrowáć/ czego wieczna pámieć mieć chcą. Przeto my STEPHAN złáſki BOZey Krol POlſki / Wielkie Kśiążę Litewſkie/ Ruſkie/ Pruſkie/ Mázowieckie/ Zmodzkie/ Kijowſkie/ Wołhyńſkie/ Podláſkie/ Inflánckie/ Siedmigrockie/ ꝛc.

2. Ansicht der Stadt Krakau mit charakteristisch spitzem Dach des „Schobers“. Kraków, Biblioteka Jagiellońska, Constitucie Statuta (wie Anm. 55) 1581, fol. 158r.

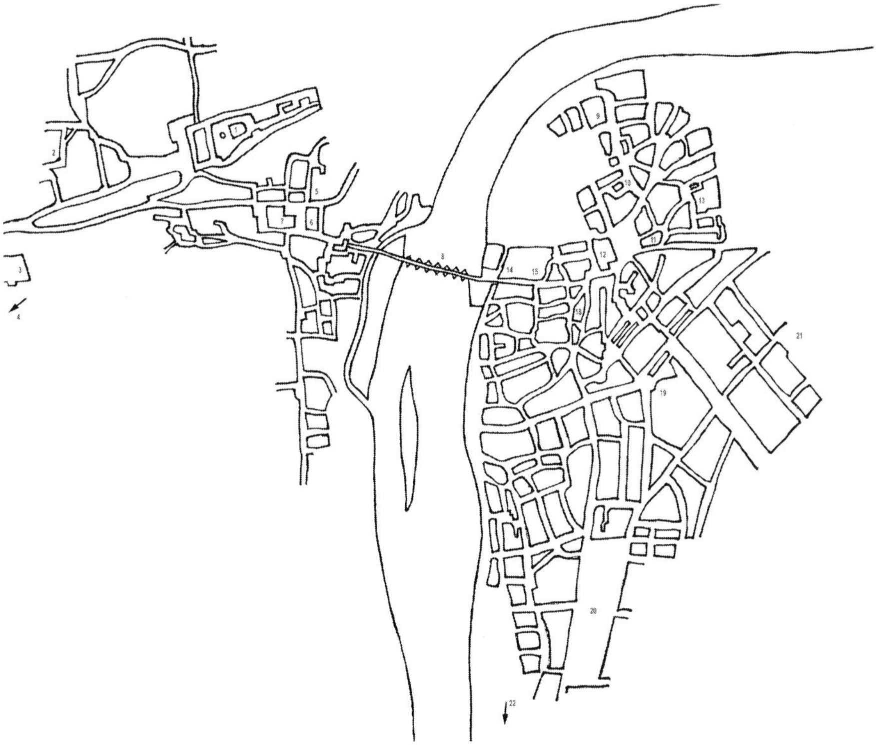

1. Schematische Karte der Prager Städte mit Lokalisierung der im Aufsatz genannten Bauten.

Burg, Burgstadt Hradschin und Strahov: Veitsdom (1), Marienkirche (Kapuziner) (2), Mariä Himmelfahrt (Prämonstratenser) (3), südwestlich jenseits der Stadtmauern: St. Margaretha in Břevnov (Benediktiner) (4).

Kleinseite: St. Thomas (Augustiner-Eremiten) (5), Kleinseitner Rathaus (6), St. Nikolaus (7), Karlsbrücke (8).

Altstadt: Heilig-Kreuz (9), Salvator (lutherisch) (10), Marienkirche vor dem Teyn (11), Altstädter Rathaus (12), St. Jakob (Minoriten) (13), Salvator (Jesuiten) (14), St. Clemens (Jesuiten) (15), Großes Kolleg (16), St. Gallus (17), St. Aegidius (18).

Neustadt: St. Maria Schnee (19), Fronleichnamskapelle (20), St. Heinrich (21), Marienkirche (Emmaus) (22).

1. Danzig und Altschottland, Ausschnitt eines Meßtischblatts, 1910.

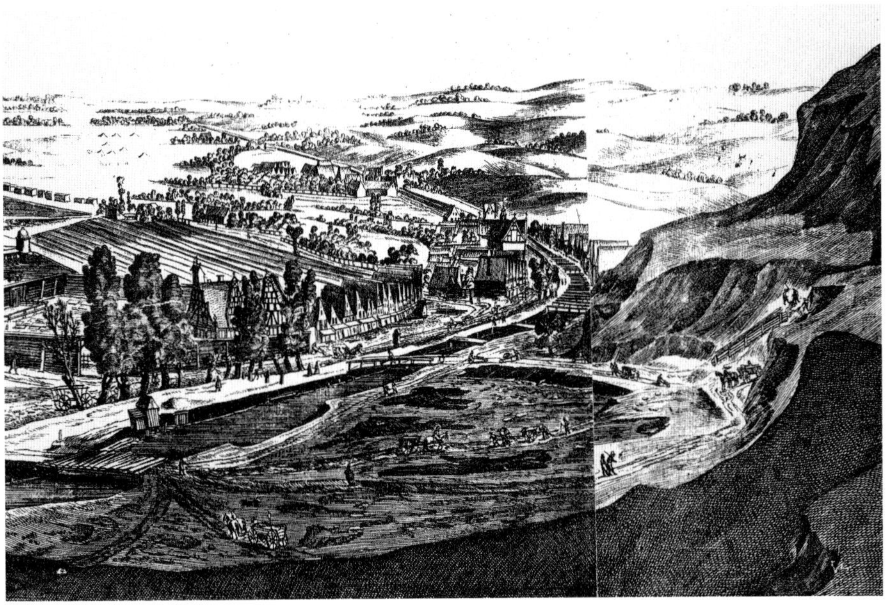

2. Altschottland, Jesuitenkirche, Stich um 1617.

3. Altschottland, Jesuitenkirche, Stich um 1734.

4. Altschottland, St. Ignatius, Stich um 1765.

5. Altschottland, St. Ignatius, Fassade, Aufnahme vor 1945.

1. Der Joachimsbau des Berliner Schlosses von der Stechbahnseite, Blick von Süden, Kupferstich 1593. Potsdam, Stiftung Preußische Schlösser und Gärten Berlin-Brandenburg.

2. Verbindungsgang zwischen dem Berliner Schloß und der Stiftskirche, Blick von Norden. Holzschnitt, 1595. Berlin, Kunstbibliothek Preußischer Kulturbesitz.

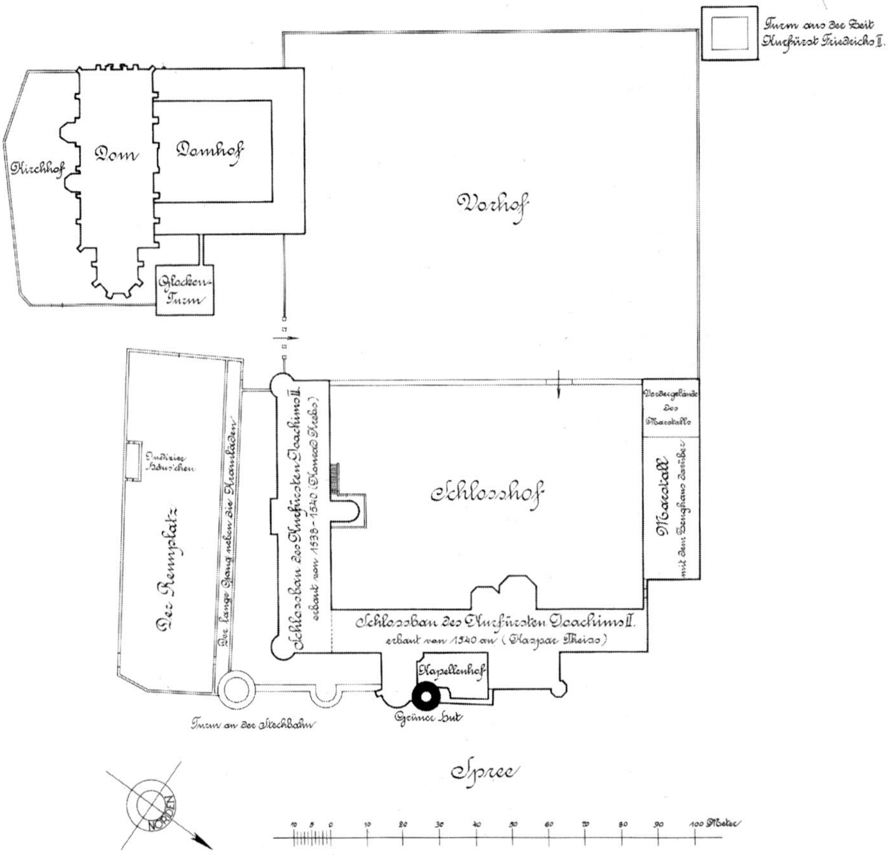

3. Rekonstruktion der Schloßanlage unter Kurfürst Joachim II. Berlin, Stiftung Preußische Schlösser und Gärten Berlin-Brandenburg.

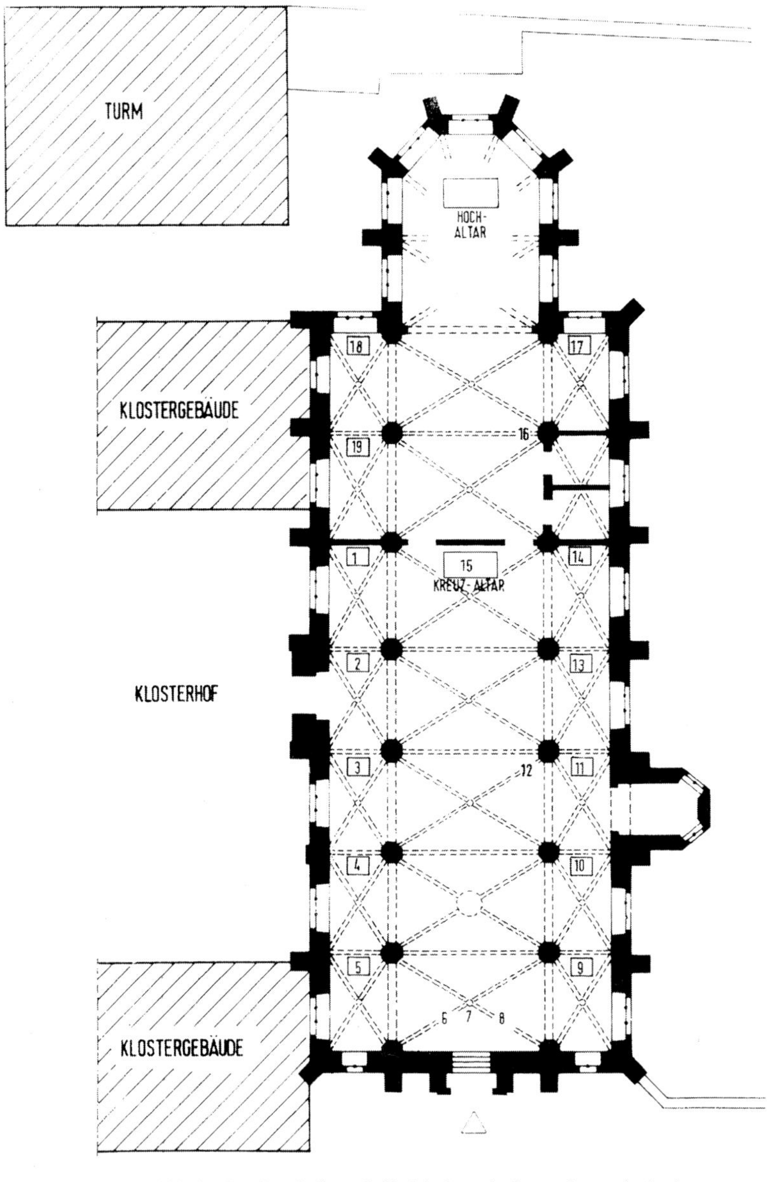

4. Systematischer Grundriß der Berlin-Cöllner Stiftskirche mit dem schematisch eingetragenen Verlauf des Heiligen- und Passionszyklus nach Andreas Tacke: Pankratius-Altar, Einzug in Jerusalem (1); Elisabeth-Altar, Abendmahl (2); Magdalenen-Altar, Fußwaschung (3); Vierzehn-Nothelfer-Altar, Ölberg (4); Nikolaus-Altar, Gefangennahme (5); Einzeltafel mit Christus vor Hannas (6); Einzeltafel mit Christus vor Kaiphas (7); Einzeltafel mit Christus vor Pilatus (8); Hieronymus-Altar, Geißelung (9); Katharinen-Altar, Dornenkrönung (10); Moritz-Altar, Ecce Homo (Abb. 5) (11); Einzeltafel mit der Handwaschung Pilati (12); Dionysius-Altar, Kreuztragung (Abb. 6) (13); Michael-Altar, Kreuzannagelung (14); Heilig Kreuz-Altar am Lettner, Kreuzigung (15); Einzeltafel Beweinung Christi (16); Ursula-Altar in der Kapelle des Propstes, Grablegung (17); Marien-Altar, Christus in der Vorhölle (18); Drei Königs-Altar in der Kapelle des Dekans, Auferstehung Christi (19).

5. Gemälde „Ecce Homo", ehemalige Mitteltafel des Moritz-Altars. Berlin, Jagdschloß Grunewald, Stiftung Preußische Schlösser und Gärten Berlin-Brandenburg.

6. Gemälde „Kreuztragung“, ehemalige Mitteltafel des Dionysius-Altars. Berlin, Jagdschloß Grunewald, Stiftung Preußische Schlösser und Gärten Berlin-Brandenburg.

7. Rekonstruktion des Altarretabels mit der Gefangennahme (halb geöffnet).

8. Rekonstruktion des Altarretabels mit der Gefangennahme (geschlossen).

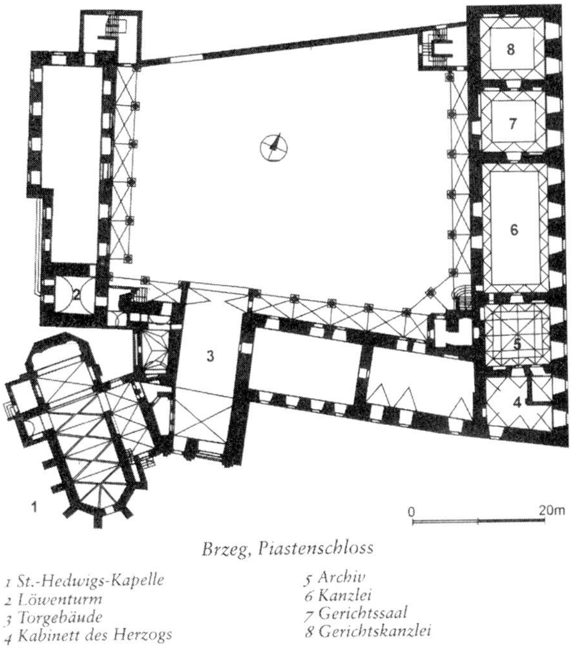

1. Brieg, Piastenschloß, Grundriß, 13.–16. Jhdt.

2. Brieg, Piastenschloß, Arkadenhof, 1544–1560.

3. Michael Kramer: Evangelist Markus aus dem ursprünglichen Steinaltar, 1569–1573. Brieg, Schloßkirche St. Hedwig.

4. Michael Kramer: Evangelist Lukas aus dem ursprünglichen Steinaltar, 1569–1573. Brieg, Schloßkirche St. Hedwig.

5. Michael Kramer: Evangelist Johannes aus dem ursprünglichen Steinaltar, 1569–1573. Brieg, Schloßkirche St. Hedwig.

6. Umkreis des Michael Kramer: Steinaltar, um 1575. Löwen, evangelische Pfarrkirche.

7. Philipp Brandin: Grabmal für Herzog Ulrich II. von Mecklenburg und seine zwei Frauen, 1585–1597. Güstrow, Dom.

8. Caspar Pfister: Stammbaum der Liegnitz-Brieger Piasten. Kupferstich in Daniel Czepkos „Gynaeceum Silesiacum Ligio-Bregense“ (Leipzig 1626).

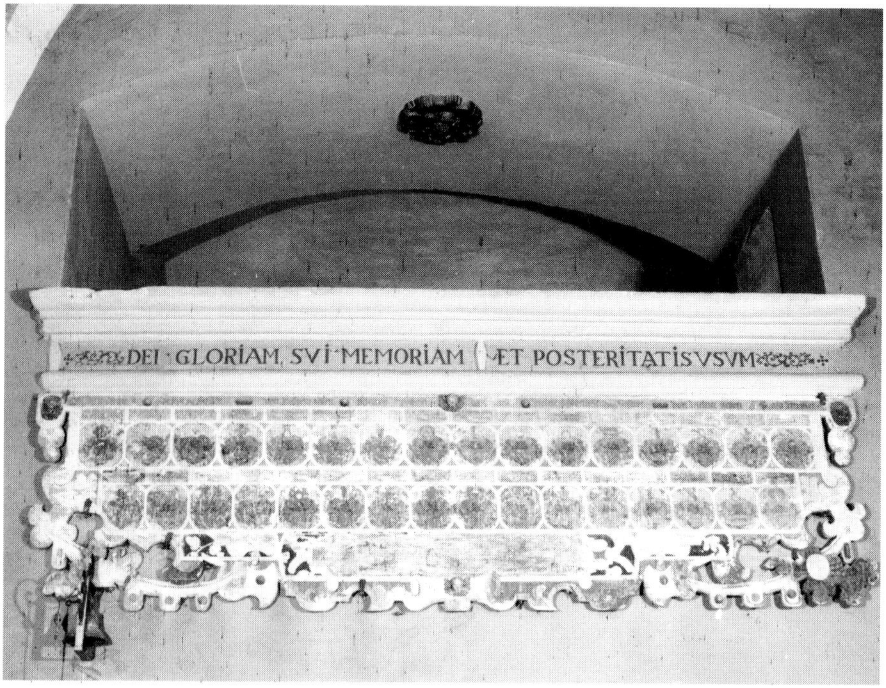

9. Queitsch bei Zobten, katholische Pfarrkirche, Brüstung der Patronatsloge, um 1600.

10. Klitschdorf bei Bunzlau, katholische Tochterkirche, Patronatsloge im Chor, um 1600.

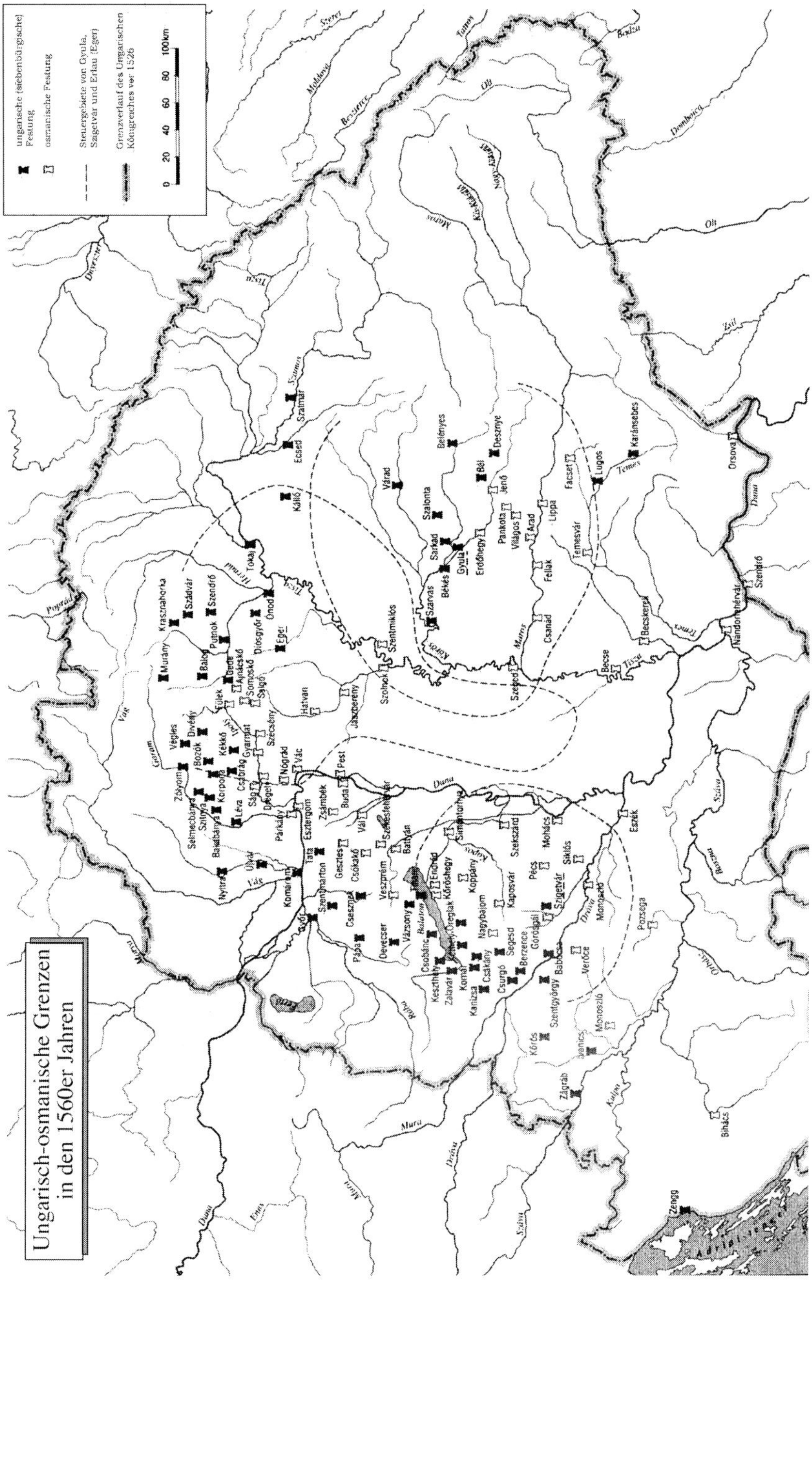

1. Ungarisch-osmanische Grenzen in den 1560er Jahren.